D1694717

DARON ACEMOGLU UND JAMES A. ROBINSON

WARUM NATIONEN SCHEITERN

Die Ursprünge von Macht, Wohlstand und Armut

Aus dem Englischen von Bernd Rullkötter

BÜCHERGILDE GUTENBERG

Lizenzausgabe für die Büchergilde Gutenberg,
Frankfurt am Main, Zürich, Wien
www.buechergilde.de
Mit freundlicher Genehmigung
des S. Fischer Verlags, Frankfurt am Main

Die amerikanische Originalausgabe erschien 2012 unter dem Titel
»Why Nations Fail. The Origins of Power, Prosperity, and Poverty«
im Verlag Crown Business, Crown Publishing Group,
Random House, Inc., New York.
© 2012 Daron Acemoglu und James A. Robinson

Für die deutsche Ausgabe:
© S. Fischer Verlag GmbH, Frankfurt am Main 2013
Karten © Peter Palm, Berlin
Satz: Pinkuin Satz und Datentechnik, Berlin
Druck und Bindung: CPI – Clausen & Bosse, Leck
Printed in Germany
ISBN 978-3-7632-6636-4

Für Ada und Asu – DA

Para María Angélica, mi vida y mi alma – JR

INHALT

VORWORT ZUR DEUTSCHEN AUSGABE

Während wir dieses Vorwort schreiben, ist Europa im Aufruhr. Die Krise der Eurozone setzt sich fort, und das Ausmaß der Konflikte sowohl innerhalb der europäischen Staaten als auch zwischen ihnen ist alarmierend. Überall fragt man sich, ob der Euro – und vor allem die Europäische Union – die Krise überleben wird. Viele sind davon überzeugt, dass der gesamte europäische Vereinigungsprozess ein Fehler war oder dass er zumindest mit der Währungsunion zu weit gegangen ist.

In solchen Momenten der Ungewissheit und Besorgnis kann leicht vergessen werden, was Europa in den vergangenen 65 Jahren erreicht hat – und warum.

* * *

Als der Zweite Weltkrieg am 8. Mai 1945 endete, lagen große Teile Europas in Trümmern, und Deutschland wurde zuerst von der Roten Armee, die es auf Zerstörung und Rache abgesehen hatte, und dann von den alliierten Streitkräften überrollt. Aber schon vorher war es verwüstet. Hamburg, Köln, Düsseldorf, Dresden und viele andere Städte waren durch Flächenbombardements dem Erdboden gleichgemacht worden. Allein in den letzten beiden Wochen der Schlacht um Berlin feuerte die Rote Armee dort ca. 40 000 Tonnen Granaten ab, wonach kaum noch ein Viertel der Gebäude bewohnbar war. Rund 20 Millionen Deutsche waren obdachlos, und 10 Prozent der Vorkriegsbevölkerung hatten den Tod gefunden. Bald darauf trafen zudem Wellen vertriebener und meist mittelloser Deutscher aus Osteuropa ein. Frankreich, Belgien und den Niederlanden erging es nach den Blutbädern und Plünderungen während der deutschen Besatzung nicht besser, und Großbritannien sollte Jahre benötigen, um sich von seinen gewaltigen Kriegsaufwendungen und den Folgen der deutschen Bombardierungen zu erholen.

Auch die wirtschaftliche Lage war katastrophal. Am Kriegsende war Europa zurückgefallen, und kaum jemand verfügte über Kühlschränke oder über Zentralheizungen oder hatte Wasserklosetts, die in den Vereinigten Staaten selbstverständlich waren. In Großbritannien hatte man nur in der Hälfte der Häuser fließendes heißes Wasser oder eine Innentoilette, in etwas mehr Wohnungen verfügte man über ein eingebautes Bad, und die 40 Millionen Einwohner besaßen nur 5000 Fernsehapparate. Der Kapitalbesitz war durch den Krieg vernichtet worden, und für die zivile Industrie existierte kaum noch hinreichend Investitionskapital.

Auch in politischer und sozialer Hinsicht hatten die Menschen wenig Grund zum Optimismus. Viele dachten, dass die Demokratie im größten Teil Europas nicht Fuß fassen könne und dass manche Länder konservativ-autoritär und andere kommunistisch werden würden. Zudem schien die Geschichte darauf hinzuweisen, dass ein weiterer Krieg bevorstand.

Aber zur allgemeinen Überraschung kam es in Europa nicht erneut zum Krieg, sondern die europäischen Demokratien gediehen und wurden stärker. Vielleicht am verblüffendsten ist, dass Westeuropa bis zum Ölpreisschock von 1973 die wirtschaftlich erfolgreichsten drei Jahrzehnte seiner Geschichte erlebte. Obwohl viele europäische Staaten in den späten 70er und frühen 80er Jahren diverse Krisen meistern mussten und einige unter beängstigend hohen Arbeitslosenzahlen litten, haben sich auch die vergangenen dreißig Jahre als recht positiv für Europa erwiesen. Es hat sein Wachstum fortgesetzt, auch wenn der Abstand zwischen ihm und den reicheren Ländern wie den Vereinigten Staaten und Kanada gewachsen ist.

Wie erklärt sich diese erstaunliche Wende im Schicksal Europas?

* * *

Über den Erfolg oder das Scheitern von Nationen wird viel geschrieben. Manche behaupten, dass die Geographie der entscheidende Faktor sei: Gewisse geographische Faktoren, etwa ein gemäßigtes Klima und ein ungehinderter Zugang zum Meer oder Bodenschätzen wie Kohle, seien förderlich für das Wirtschaftswachstum, andere dagegen nicht. Manche betonen kulturelle Faktoren: Bestimmte Werte und Verhaltensweisen, beispielsweise die protestantische Ethik oder vielleicht judäisch-christliche Ideale oder das nordische oder deutsche Arbeitsethos, seien hilfreich für die Wirtschaftsentwicklung, während südeuropäische oder afrikanische Einstellungen eher ein Hindernis bildeten. Noch andere sehen die Ursache bei einer aufgeklärten oder unaufgeklärten politischen Führung: Manche Regierungen würden in ihrem Staat für Wohlstand sorgen, weil sie die Probleme durchschauten oder den richtigen Rat erhielten, während andere überholten Ideen oder Ratgebern mit veralteten Theorien folgten und ihren Staat dadurch ruinierten.

Aber keiner dieser beliebten Ansätze gibt Aufschluss über die bemerkenswerte Wende in Europa. Die Geographie hat sich natürlich nicht geändert, weshalb geographische Theorien auch nicht erklären können, warum die europäische Demokratie in der ersten Hälfte des 20. Jahrhunderts so zerbrechlich und die europäischen Ökonomien so angeschlagen waren und wieso sich all das in der zweiten Hälfte des Jahrhunderts umkehrte. Das Gleiche gilt für die Kultur. Man kann darüber diskutieren, ob es eine typisch französische oder deutsche Kultur gibt, doch selbst wenn das der Fall ist, lassen sich damit die Entwicklungen dieser Staaten vor 1945 und nach 1945 nicht plausibel erklären.

Selbstverständlich kommt es auf die politische Führung an. Hitler brachte nicht nur Tod und Gemetzel über Europa, sondern auch Ruin und Schande über Deutschland. Aber er wurde nicht aus dem Weltraum an die Macht katapultiert, sondern viele gewöhnliche Bürger und eine große Zahl von Unternehmen unterstützten ihn. Vor allem jedoch gaben sich zahlreiche Angehörige des Establishments in Deutschland große Mühe, die Weimarer Republik zu unterminieren. Leider waren die Eliten und ihre Parteien sowie die Kommunisten, welche die Demokratie gleichermaßen ablehnten, letztlich erfolgreich. In der Nachkriegszeit dagegen kam es zu keinem derart konzertierten Angriff auf die Demokratie – oder auf das, was wir als *inklusive politische Institutionen* bezeichnen und wodurch umfassende politische Gleichheit und Restriktionen der Macht sichergestellt werden. Dies hat nichts mit aufgeklärter Führung oder mit der Weisheit oder Ignoranz von Politikern zu tun. Man kann nicht behaupten, dass die Vorkriegspolitiker über die Maßnahmen im Unklaren gewesen wären, die ihren Staaten Wohlstand oder Vernichtung brachten. Doch sie hatten andere Ziele, die in den Entscheidungen, welche sie für ihre Länder trafen, zum Ausdruck kamen.

Es ist kein Zufall, dass diese Theorien uns wenig Aufschluss über den europäischen Erfolg geben. Überhaupt teilen sie uns wenig über den Erfolg oder das Scheitern von Staaten mit.

Im vorliegenden Buch wird ein anderer Ansatz zur Untersuchung der Ursachen des Erfolgs und des Scheiterns von Nationen vertreten. Unserer Meinung nach sind es die von den Staaten gewählten Regeln – oder Institutionen –, die darüber bestimmen, ob sie wirtschaftlich erfolgreich sind oder nicht. Das Wirtschaftswachstum wird von Innovationen sowie vom technologischen und organisatorischen Wandel angetrieben, die sich den Ideen, den Begabungen, der Kreativität und der Energie von Individuen verdanken. Aber dazu bedarf es entsprechender Anreize. Zudem sind Fähigkeiten und Ideen breit über die Gesellschaft verstreut, weshalb ein Staat, der große Teile der Bevölkerung benachteiligt, kaum das vorhandene Innovationspotential nutzen und vom wirtschaftlichen Wandel profitieren dürfte. All das legt eine einfache Schlussfolgerung nahe: Den Schlüssel zu nachhaltigem wirtschaftlichem Erfolg findet man im Aufbau einer Reihe von Wirtschaftsinstitutionen – *inklusiver Wirtschaftsinstitutionen* –, welche die Talente und Ideen der Bürger eines Staates nutzbar machen können, indem sie geeignete Anreize und Gelegenheiten bieten, dazu gesicherte Eigentums- und Vertragsrechte, eine funktionierende Justiz sowie einen freien Wettbewerb, so dass sich die Bevölkerungsmehrheit produktiv am Wirtschaftsleben beteiligen kann.

Inklusive Wirtschaftsinstitutionen sind in der Geschichte jedoch durchweg die Ausnahme und nicht die Regel. Viele heutige und frühere Staaten stützen sich auf von uns als *extraktiv* bezeichneten Wirtschaftsinstitutionen, die keine sicheren Eigentumsrechte bieten, nicht für Gesetz und Ordnung und die Einhaltung von Verträgen sorgen und Innovationen nicht belohnen. Auf keinen Fall sorgen sie für faire Wettbewerbsbedingungen, sondern sie werden von den Herrschenden gestaltet, die auf Kosten der übrigen Gesellschaft aus den von ihnen geschaffenen Verhältnissen Gewinn ziehen.

Inklusive oder extraktive Wirtschaftsinstitutionen entstehen nicht als vorherbestimmte Resultate spezifischer geographischer Umstände. Sie sind auch nicht das Produkt spezifischer Kulturen oder kluger Ökonomen, auch wenn intellektuelle Innovationen genauso wichtig sind wie technologische. Vielmehr sind Institutionen das kollektive Ergebnis politischer Prozesse. Mithin ist die Schaffung inklusiver Wirtschaftsinstitutionen ein politischer Akt, und auch ihr Überleben hängt ausschließlich von der Politik ab.

Zum Beispiel müssen inklusive Wirtschaftsinstitutionen von inklusiven politischen Institutionen unterstützt werden, die politische Gleichheit und eine breite Beteiligung der Bevölkerung am politischen Geschehen sowie die Macht von zentralisierten Staaten zur Regulierung der wirtschaftlichen und gesellschaftlichen Aktivitäten erfordern. Ein freier wirtschaftlicher Wettbewerb kann ohne diese breite Beteiligung am politischen Geschehen nicht überleben, und ein Mangel an politischer Zentralisierung macht die Entstehung sicherer Eigentumsrechte, einer verlässlichen Justiz sowie die Wahrung von Recht und Ordnung schwierig oder unmöglich.

Extraktive Wirtschaftsinstitutionen hingegen werden zumeist ihrerseits von extraktiven politischen Institutionen unterstützt, unter denen sich die politische Macht auf eine kleine Elite konzentriert, deren Machtausübung kaum Kontrollen unterliegt (manchmal wird auch nicht einmal ein Mindestmaß an Recht und Ordnung garantiert). Schließlich würde sich eine unter inklusiven politischen Institutionen gestärkte Bevölkerungsmehrheit nicht für das Überleben von Wirtschaftsinstitutionen, von denen sie ausgebeutet wird, einsetzen.

Das vorliegende Buch erläutert, wie inklusive und extraktive Institutionen funktionieren, welche Auswirkungen sie auf die wirtschaftlichen Ergebnisse haben und wie sie sich im Lauf der Zeit entwickeln, in ihrem Zustand verharren oder sich ändern.

* * *

Was also verlief im Licht dieser Rahmenbedingungen nach dem Krieg richtig in Europa?

Bis zu einem gewissen Grad ist die Antwort ganz einfach. Die politischen europäischen Institutionen sind seit dem Krieg zunehmend inklusiv und demokratisch, was sich in einer breiten Beteiligung an den Wahlen und am politischen Geschehen auf nationaler und lokaler Ebene ausdrückt. Zudem sind sie im Umgang mit Konflikten und Herausforderungen viel robuster geworden und haben die Fallstricke vermieden, die jungen Demokratien wie der Weimarer Republik zum Verhängnis wurden. Wirtschaftlich garantieren sie Stabilität, sichere Eigentums- und Vertragsrechte, eine zuverlässige Justiz sowie, was das Wichtigste ist, einen freien Wettbewerb in ganz Westeuropa. Wenn man beispielsweise verstehen will, warum Deutschland Erfolg hatte, sollte man zunächst die Stärke und Intensität der wirtschaftlichen und politischen Institutionen im Westdeutschland der Nachkriegszeit zur Kenntnis nehmen.

Aber genauso wie lokale Wirtschaftsinstitutionen – auf regionaler, städtischer und dörflicher Ebene – nicht unabhängig von ihren nationalen Pendants sind, existieren diese im Kontext internationaler Institutionen. Die Weimarer Republik wurde nicht nur durch die Feindschaft vonseiten der traditionellen Eliten und durch die verschiedenen von ihnen kontrollierten Institutionen vernichtet, sondern auch durch den europäischen Kontext. Und das Naziregime, das sich aus der Asche der Weimarer Republik erhob, zerstörte die sich abmühenden Regierungen in Belgien, Frankreich, den Niederlanden, der Tschechoslowakei und Polen. Damit war klar, dass es in Westeuropa nicht zur Bildung inklusiver politischer und dann wirtschaftlicher Institutionen kommen würde, ohne dass internationale Einrichtungen für Frieden und Stabilität sorgten.

All das wurde letztlich Aufgabe einer einzigen zentralen Institution: der Europäischen Union. Es begann 1951 mit dem Vertrag von Paris über die Gründung der Europäischen Gemeinschaft für Kohle und Stahl, der sechs Staaten – Westdeutschland, Frankreich, Italien, Belgien, die Niederlande und Luxemburg – angehörten. Sie wurde 1957 durch den Vertrag von Rom zu dem ehrgeizigeren Integrationsprojekt der europäischen Wirtschaftsgemeinschaft und 1993 schließlich zur Europäischen Union erweitert.

Und es funktionierte: Europa ist seit 1951 einem Krieg nicht einmal nahegekommen, und die Mitgliedsländer sahen ihre Demokratien nie bedroht. Die Ausnahme bestätigte die Regel, denn Spanien entging 1981, nach Francos Tod, nur knapp einem Militärputsch; doch das geschah, bevor es sich 1986 der Europäischen Gemeinschaft anschloss. Zwar fand auf dem Kontinent, nämlich in Jugoslawien, ein blutiger Bürgerkrieg statt, aber er entwickelte sich außerhalb des Einflussbereichs der Europäischen Union.

Die Europäische Union und das von ihr geschaffene Bündnis bewirkten nicht nur, dass die inklusiven Institutionen in den sechs Gründerstaaten überlebten und gediehen, sondern sie dienten auch als Fundament für den Übergang zu inklusiveren Institutionen in Ländern wie Griechenland, Portugal und Spanien, die sich von ihren repressiven Diktaturen erholten und, nach 1989, in den osteuropäischen Staaten, die sich vom Kommunismus lösten.

Folglich ist es keine Übertreibung, die Europäische Union als Bollwerk für Frieden und Stabilität zu bezeichnen, auf das sich die inklusiven nationalen Institutionen und der umfassende wirtschaftliche Wohlstand im Nachkriegseuropa gründen.

* * *

Wenn es stimmt, dass die Institutionen den Schlüssel zum Verständnis des Wachstums der Nachkriegszeit liefern und die Europäische Union das Zentrum der kontinentalen Institutionen bildet, stehen wir dann kurz davor, das ganze Gebäude zusammenbrechen zu sehen?

Zurzeit kann man beim Gedanken an die Zukunft Europas verzweifeln. Es sind schwerwiegende Wirtschaftsprobleme entstanden, und es scheint an dem politischen Willen zu fehlen, den Euro zu retten oder die Europäische Union zu stärken, indem man glaubwürdige Schritte zur fiskalischen und politischen Zentralisierung, einschneidende Reformen der verbliebenen extraktiven wirtschaftlichen und politischen Institutionen alten Stils sowie kurzfristige makroökonomische Maßnahmen unternimmt, um das Abgleiten mehrerer Randstaaten in eine umfassende Depression zu verhindern. Gleichwohl stimmen uns die Lektionen, die man aus diesem Buch lernen kann, optimistisch.

Jegliche Institutionen, sogar durch und durch inklusive, können durch Krisen und Herausforderungen geschwächt werden – ähnlich wie die Weimarer Republik von ihren Gegnern und denen, die sich vor inklusiven Institutionen fürchteten, vernichtet wurde oder wie die inklusiven politischen Institutionen Venedigs den wirtschaftlich mächtigen Familien zum Opfer fielen, welche die Wettbewerbsbedingungen zu ihren eigenen Gunsten verzerren wollten (siehe sechstes Kapitel). Doch ihrem Wesen nach erzeugen inklusive Institutionen ein Feedback, eine Art Tugendkreis, der sie in den Stand versetzt, auszuhalten und sich Herausforderungen zu stellen. Wenn weiten Kreisen der Gesellschaft wirtschaftliche Anreize und Chancen geboten werden, dann gilt das Gleiche auch für Einkommen, Wohlstand und politische Macht. Dadurch wird die politische durch die wirtschaftliche Inklusivität gestärkt. Auf ähnliche Art sorgt die Verteilung politischer Macht auf breite Bevölkerungskreise in der Regel dafür, dass Wirtschaftsinstitutionen inklusiv werden. Im elften Kapitel zeigen wir, wie amerikanische und britische inklusive Institutionen im 19. und frühen 20. Jahrhundert mit großen Herausforderungen fertig wurden.

Die Herausforderung in Europa ist nicht durch fundamentale strukturelle Mängel oder durch die Inklusivität seiner Institutionen entstanden, sondern durch die Finanzkrise und die sich anschließende schwere Rezession, durch welche die bereits bestehenden Verwerfungen noch vertieft wurden. Ein bedeutender Teil des Problems besteht in den tatsächlichen oder von den Finanzmärkten so wahrgenommenen impliziten Garantien für die Staatsschulden sämtlicher europäischer Länder – als wären all diese Schulden so sicher wie die der Bundesrepublik, selbst wenn die dortigen Politiker gewaltige Schuldenberge aufgehäuft haben. Dies förderte eine unhaltbare Expansion der Kapitalströme in Richtung von Ländern, in denen noch keine inklusiven Institutionen Fuß gefasst haben und wo die politischen Eliten weiterhin in der Lage sind, die Regeln zu ihrem eigenen Vorteil und dem ihrer Anhänger zu verdrehen.

Die Beschäftigung mit diesen Problemen wird schmerzhaft sein und unzweifelhaft zum Aufstieg aller möglichen populistischen Politiker, von links wie von rechts, führen, die versuchen werden, die Inklusivität umzukehren. Trotzdem bleiben wir optimistisch, denn die inklusiven Institutionen der europäischen Staaten und der Europäischen Union leisten den Hauptwiderstand gegen ihr eigenes Verderben und stellen die Basis dar, auf welcher die für die Stärkung Europas erforderlichen Entscheidungen getroffen werden können.

Was getan werden muss, ist kein großes Geheimnis, doch es kommt darauf an, den geeigneten politischen Weg zu finden. Die Parallele zu den Vereinigten Staaten zwischen den Konföderationsartikeln von 1781 und der Ratifizierung der US-Verfassung von 1788 liegt auf der Hand. Damals waren die Gemeinwesen in den Vereinigten Staaten, genau wie heute in Europa, unter einer schwachen Zentralregierung ohne die Macht, Steuern zu erheben und eine Fiskalpolitik zu betreiben, zu einer Währungsunion zusammengeschlossen. Vor 1788 wäre das amerikanische Problem einem Beobachter genauso ausweglos erschienen. Aber der Sumpf wurde mit Hilfe der US-Verfassung trockengelegt, die der Zentralregierung die (beschränkte) Macht verlieh, Steuern zu erheben und Geldmittel über die Staatsgrenzen hinweg zu verteilen, während die Verschuldung der Staaten gleichzeitig auf die Zentralregierung übertragen wurde. Im heutigen Sprachgebrauch: Man rettete Staaten, die sonst zahlungsunfähig geworden wären. Diese neue institutionelle Regelung erwies sich als stabiler, weil es die Trittbrettfahrerprobleme vermied, die für ein System mit gemeinsamen Geldmitteln, doch mit einer unabhängigen einzelstaatlichen Fiskalpolitik typisch sind. Entscheidend war jedoch, dass sich die US-Regierung weigerte, den Finanzmärkten eine pauschale Garantie für die Staatsschulden zu geben. Nach 1829, als viele Staaten steigende Defizite aufwiesen, ließ die Regierung Zahlungsausfälle zu. Dies führte nicht zu einer untragbaren Arbeitslosigkeit und einer Einfrierung von Geldern auf den Finanzmärkten, weil es sich im Rahmen einer funktionierenden fiskalischen und politischen Union abspielte.

Der gleiche Weg steht Europa offen. Aber es ist auch wesentlich, dass dies nicht als ein weiteres Manöver von cleveren Bürokraten in Brüssel empfunden wird. Die Entscheidung für eine größere fiskalische und politische Zentralisierung ist fraglos eine politische, und sie kann und soll nur dann erfolgen, wenn sie über eine breite Unterstützung verfügt. Wenn es einen Punkt gibt, an dem es auf Führung ankommt, dann ist es der, an dem man sich der Situation gewachsen zeigt, die machbaren politischen Alternativen formuliert und die für den politischen Wandel erforderliche breite politische Koalition schmiedet. Hoffen wir, dass die heute in Europa maßgebenden Politiker die nötige Weisheit und den nötigen Mut aufbringen. Im vorliegenden Buch untersuchen wir Fälle, in denen die Regierenden einen solchen Mut hatten.

VORWORT

Dieses Buch handelt von den gewaltigen Unterschieden im Einkommen und Lebensstandard, die zwischen den reichen Ländern der Welt, zum Beispiel den Vereinigten Staaten, Großbritannien oder Deutschland, und den armen, etwa im subsaharischen Afrika, in Zentralamerika oder in Südasien, bestehen.

Während wir dieses Vorwort schreiben, wird der Nahe Osten vom »Arabischen Frühling« erschüttert, ausgelöst von der Jasmin-Revolution in Tunesien, die ihrerseits am 17. Dezember 2010 durch die öffentliche Empörung über die Selbstverbrennung des Straßenhändlers Mohammed Bouazizi eingeleitet wurde. Am 14. Januar 2011 trat Präsident Zine el-Abidine Ben Ali zurück, der Tunesien seit 1987 regiert hatte. Doch der revolutionäre Eifer, der sich gegen die Herrschaft der privilegierten Eliten in Tunesien richtete, flaute keineswegs ab, sondern wurde stärker und hatte bereits auf die anderen Länder des Nahen Ostens übergegriffen. Hosni Mubarak, der Ägypten seit fast dreißig Jahren mit fester Hand regiert hatte, wurde am 11. Februar 2011 aus dem Amt entfernt. Das Schicksal der Regime in Bahrain, Libyen, Syrien und Jemen ist während der Niederschrift dieses Vorworts noch unbekannt.

Die Wurzeln der Unzufriedenheit in diesen Ländern liegen in der Armut. Der Durchschnittsägypter hat ein Einkommensniveau von rund 12 Prozent des Durchschnittsbürgers der Vereinigten Staaten und eine Lebenserwartung von zehn Jahren weniger. Zwanzig Prozent der dortigen Bevölkerung leben in tiefster Not. Obwohl diese Unterschiede erheblich sind, erscheinen sie gering im Vergleich mit denen, die zwischen den Vereinigten Staaten und den ärmsten Ländern der

Welt wie Nordkorea, Sierra Leone oder Simbabwe bestehen, wo weit über die Hälfte der Bevölkerung arm ist.

Warum ist Ägypten so viel ärmer als die Vereinigten Staaten? Was hindert die Ägypter daran, wohlhabender zu werden? Ist die Armut Ägyptens unveränderbar, oder ließe sie sich beseitigen? Es ist nur natürlich, mit den Aussagen der Ägypter selbst über ihre Probleme und über ihren Aufstand gegen das Mubarak-Regime zu beginnen.

Noha Hamed, vierundzwanzig, Angestellte einer Werbeagentur in Kairo, meinte während ihrer Demonstration auf dem Tahrir-Platz: »Wir leiden unter Korruption, Unterdrückung und schlechter Ausbildung. Wir leben in einem bestechlichen System, das sich ändern muss.« Ein zwanzigjähriger Mitdemonstrant, der Pharmaziestudent Mosaab el-Shami, stimmte ihr zu: »Ich hoffe, dass wir bis Jahresende eine gewählte Regierung haben, dass die Grundfreiheiten gelten und wir der Korruption, die von diesem Land Besitz ergriffen hat, ein Ende setzen können.«

Die Protestierenden auf dem Tahrir-Platz äußerten sich einmütig über die Bestechlichkeit der Regierung, ihr Unvermögen, öffentliche Dienstleistungen bereitzustellen, sowie über die Chancenungleichheit in ihrem Land. Vor allem beklagten sie sich über Repressionen und das Fehlen politischer Rechte. So schrieb Mohammed el-Baradei, der frühere Generaldirektor der Internationalen Atomenergiebehörde, am 13. Januar 2011 auf Twitter: »Tunesien: Repression + Fehlen sozialer Gerechtigkeit + Verweigerung der Mittel zu friedlichem Wandel = eine tickende Bombe.« Ägypter wie Tunesier waren der Ansicht, dass ihre Wirtschaftsprobleme im Wesentlichen auf ihren Mangel an politischen Rechten zurückzuführen seien. Als die Demonstranten ihre Forderungen systematischer vorbrachten, konzentrierten sich die ersten zwölf unmittelbaren Wünsche auf den politischen Wandel. Veröffentlicht hatte sie der Programmierer und Blogger Wael Khalil, der zugleich einer der Führer der ägyptischen Protestbewegung war. Fragen wie die Erhöhung des Mindestlohns erschienen lediglich unter den Übergangsregelungen, die später verwirklicht werden sollten.

Die Dinge, welche die Ägypter nach ihrer eigenen Einschätzung bremsen, sind ein ineffektiver und korrupter Staat sowie eine Gesellschaft, in der sie ihre Begabung, ihren Ehrgeiz, ihren Einfallsreichtum und die ihnen zugängliche Ausbildung nicht nutzen können. Sie wissen, dass die Wurzeln dieser Probleme politisch sind. Alle wirtschaftlichen Hindernisse im Lande entstehen durch die Art, wie die politische Macht in Ägypten durch eine kleine Elite ausgeübt und monopolisiert wird. Ihnen ist klar, dass sich das als Erstes ändern muss.

Doch damit weichen die Protestierenden auf dem Tahrir-Platz stark von der gängigen Meinung zu diesem Thema ab. Die meisten Wissenschaftler und Kommentatoren verweisen auf völlig andere Faktoren, wenn sie erörtern, warum ein Land wie Ägypten arm ist. Manche meinen, dass die Armut Ägyptens in erster Linie von seiner geographischen Lage abhänge, von der Tatsache, dass das Land hauptsächlich aus Wüste bestehe, wo keine ausreichende Regenmenge falle, und dass seine Böden und sein Klima keine ertragreiche Landwirtschaft zuließen. Andere unterstreichen die kulturelle Prägung der Ägypter, die der Wirtschaftsentwicklung und dem Wohlstand angeblich schaden würden. Die Ägypter, behaupten sie, hätten nicht die Arbeitsethik und die kulturell geprägten Eigenschaften, durch die andere erfolgreich gewesen seien; vielmehr hätten sie islamische Überzeugungen akzeptiert, die dem wirtschaftlichen Erfolg widersprächen. Eine dritte Betrachtungsweise, die unter Ökonomen und Politikexperten vorherrscht, beruht auf dem Gedanken, dass die Herrscher Ägyptens schlicht nicht wüssten, wie sie ihrem Land zu Wohlstand verhelfen können, und in der Vergangenheit untaugliche Taktiken und Strategien eingeschlagen hätten. Wenn die richtigen Experten diesen politischen Führern die richtigen Ratschläge erteilten, so die Annahme, dann werde der Wohlstand folgen. Solchen Wissenschaftlern und Politikexperten scheint die Tatsache, dass Ägypten von kleinen Eliten beherrscht worden ist, die ihr Schäfchen auf Kosten der Gesellschaft ins Trockene gebracht haben, für das Verständnis der Wirtschaftsprobleme des Landes bedeutungslos zu sein.

Im vorliegenden Buch werden wir den Standpunkt vertreten, dass die Ägypter auf dem Tahrir-Platz und nicht die Mehrheit der Wissenschaftler und Kommentatoren recht haben. In Wirklichkeit ist

Ägypten genau deshalb arm, weil es von einer kleinen Elite beherrscht wurde, welche die Gesellschaft auf Kosten der großen Mehrheit der Bevölkerung zu ihrem eigenen Vorteil organisiert hat. Die politische Macht konzentrierte sich in wenigen Händen und diente dazu, Reichtümer für die Regierenden zu schaffen, etwa ein Vermögen in Höhe von 70 Milliarden Dollar, das Expräsident Mubarak anscheinend anhäufte. Die Verlierer waren die ägyptischen Bürger, wie sie nur zu gut wissen.

Wir werden zeigen, dass diese Deutung der ägyptischen Armut durch das Volk eine allgemeine Erklärung dafür liefert, warum sich notleidende Länder in ihrem gegenwärtigen Zustand befinden. Ob Nordkorea, Sierra Leone oder Simbabwe – wir werden nachweisen, dass sie aus demselben Grund arm sind wie Ägypten. Länder wie Großbritannien und die Vereinigten Staaten sind reich geworden, weil ihre Bürger die Machteliten stürzten und eine Gesellschaft schufen, in der die politischen Rechte viel breiter verteilt sind, in der die Regierung den Bürgern Rechenschaft schuldet und auf ihre Wünsche reagiert und in der die große Mehrheit des Volkes ihre wirtschaftlichen Chancen nutzen kann. Ferner werden wir zeigen, dass wir, um die Ungleichheit in der heutigen Welt verstehen zu können, die Vergangenheit erforschen und die historische Dynamik von Gesellschaften untersuchen müssen.

Wir werden darlegen, dass Großbritannien deshalb reicher als Ägypten ist, weil es (oder, genauer gesagt, England) 1688 eine Revolution erlebte, durch welche die Politik und mit ihr die Wirtschaft des Staates umgewandelt wurde. Die Menschen kämpften erfolgreich für mehr politische Rechte, um ihre wirtschaftlichen Chancen zu erweitern. Die Folge war eine grundsätzlich andere politische und wirtschaftliche Entwicklung, die ihren Höhepunkt in der Industriellen Revolution fand.

Die Industrielle Revolution und die von ihr freigesetzten Technologien erfassten Ägypten nicht, da es sich unter der Kontrolle des Osmanischen Reiches befand, welches das Land ähnlich behandelte, wie es später die Familie Mubarak tat. Die osmanische Herrschaft in Ägypten wurde 1798 von Napoleon Bonaparte beendet, doch dann geriet das Land unter den Einfluss des britischen Kolonialismus, der genauso wenig Interesse wie die Osmanen daran hatte, den Wohlstand Ägyptens zu fördern.

Obwohl sich die Ägypter von der Herrschaft des Osmanischen und des Britischen Reiches befreiten und 1952 ihre Monarchie stürzten, handelte es sich nicht um Revolutionen wie die von 1688 in England. Statt die Politik in Ägypten radikal zu ändern, brachten sie eine weitere Elite an die Macht, die das gleiche Desinteresse am Wohlstand des Durchschnittsägypters hatte wie früher die Osmanen und die Briten. Folglich lebte Ägypten weiter in Armut.

Im vorliegenden Buch werden wir untersuchen, wie sich solche Muster im Lauf der Zeit wiederholen und warum sie sich manchmal ändern wie durch die Revolutionen 1688 in England und 1789 in Frankreich. Auf dieser Basis wird es möglich zu beurteilen, ob sich die Situation in Ägypten inzwischen gewandelt hat und ob die Revolution, die Mubarak stürzte, zu einer Reihe neuer Institutionen führen wird, die gewöhnlichen Ägyptern zu Wohlstand verhelfen können. Ägypten hat etliche Revolutionen hinter sich, durch die sich nichts änderte, weil die Drahtzieher schlicht die Zügel von den ehemaligen Machthabern übernahmen und wieder ein ähnliches System schufen.

Für den Normalbürger ist es generell schwierig, wirkliche politische Macht zu erringen und die Funktionsweise seiner Gesellschaft zu verbessern. Aber es *ist* möglich, und wir werden untersuchen, wie es in England, Frankreich und in den Vereinigten Staaten sowie in Japan, Botswana und Brasilien dazu kam. Grundsätzlich ist ein politischer Wandel dieser Art erforderlich, damit eine arme Gesellschaft reich werden kann. Manches deutet darauf hin, dass sich ein ähnlicher Prozess in Ägypten vollzieht. Reda Metwaly, ein weiterer Demonstrant auf dem Tahrir-Platz, erklärte: »Jetzt sieht man Muslime und Christen zusammen, jetzt sieht man Alte und Junge zusammen, die alle das Gleiche wollen.«

Wir werden aufzeigen, dass derartige von der Mehrheit der Bevölkerung getragene Bewegungen eine Schlüsselrolle für jene anderen politischen Transformationen spielten. Wenn wir verstehen, wann und warum solche Wandlungsprozesse stattfinden, können wir besser abschätzen, ob derartige Bewegungen, wie so oft in der Vergangenheit, scheitern müssen, oder ob wir hoffen dürfen, dass sie Erfolg haben und das Leben von Millionen Menschen verbessern werden.

1.

SO NAH UND DOCH SO VERSCHIEDEN

Die wirtschaftliche Situation am Rio Grande

Die Stadt Nogales wird in der Mitte durch einen Zaun getrennt. Wenn man davorsteht und nach Norden blickt, sieht man Nogales, Arizona, im Santa Cruz County. Das Durchschnittseinkommen der dortigen Haushalte beträgt ungefähr 30 000 Dollar im Jahr. Die meisten Teenager besuchen die Schule, und die Mehrheit der Erwachsenen hat die Highschool absolviert. Trotz aller Klagen über die angeblichen Mängel des US-Gesundheitswesens ist die Bevölkerung relativ gesund und hat, global betrachtet, eine hohe Lebenserwartung. Viele der Einwohner sind über fünfundsechzig Jahre alt und haben Zugang zu der bundesstaatlichen Krankenversicherung Medicare. Dies ist nur eine der zahlreichen von der Regierung bereitgestellten Dienstleistungen, welche die meisten der dortigen Bürger für selbstverständlich halten, wie etwa auch Elektrizität, Telefon, Kanalisation, Gesundheitsbehörden, ein Straßennetz, das die Menschen mit anderen Städten in der Gegend und mit dem Rest der Vereinigten Staaten verbindet, und – nicht zuletzt – die Wahrung von Recht und Ordnung. Die Bürger von Nogales, Arizona, können ihrem Tagewerk nachgehen, ohne um ihr Leben fürchten und ohne ständig Angst vor Diebstahl, Enteignung oder anderen Dingen haben zu müssen, die ihre Investitionen in ihre Unternehmen und Häuser gefährden. Was genauso wichtig ist: Die dortigen Bewohner halten es für selbstverständlich, dass die Regierung trotz aller Ineffizienz und gelegentlicher Korruption ihre Interessen vertritt. Sie können ihre Bürgermeister, Kongressabgeordneten und Senatoren abwählen; sie nehmen an den Präsidentschaftswahlen teil, durch die bestimmt wird, wer ihr Land regiert. Die Demokratie ist ihnen in Fleisch und Blut übergegangen.

Das Leben südlich des Zaunes, nur ein paar Meter entfernt, ist ganz anders. Zwar leben die Ortsansässigen von Nogales, Sonora, in einem relativ wohlhabenden Teil Mexikos, doch ihr durchschnittliches Haushaltseinkommen macht nur ungefähr ein Drittel dessen aus, was den Bewohnern von Nogales, Arizona, zur Verfügung steht. Die meisten Erwachsenen in Nogales, Sonora, besitzen keinen Highschool-Abschluss, und viele Teenager gehen überhaupt nicht in die Schule. Mütter müssen sich Sorgen um die hohe Kindersterblichkeit machen, und das dürftige Gesundheitswesen lässt es wenig erstaunlich erscheinen, dass die Bewohner von Nogales, Sonora, nicht so lange leben wie ihre nördlichen Nachbarn. Außerdem ist ihnen der Zugang zu vielen öffentlichen Einrichtungen verwehrt, und die Straßen südlich des Zaunes befinden sich in einem kläglichen Zustand. Recht und Ordnung lassen ebenfalls zu wünschen übrig. Die Kriminalität ist hoch, und die Eröffnung eines Geschäfts riskant. Man muss nicht nur mit Überfällen rechnen, sondern es ist auch schwierig, sich sämtliche Genehmigungen zu besorgen und all die beteiligten Amtsinhaber zu schmieren. Die Bewohner von Nogales, Sonora, erleben täglich die Bestechlichkeit und Untauglichkeit ihrer Politiker. Anders als bei ihren nördlichen Nachbarn ist Demokratie für sie eine noch junge Erfahrung. Bis zu den politischen Reformen des Jahres 2000 befand sich Nogales, Sonora – genau wie das übrige Mexiko –, unter dem Daumen der korrupten Institutionellen Revolutionspartei (Partido Revolucionario Institucional, PRI).

Wie können die beiden Hälften derselben Stadt so verschieden sein? Es gibt keine geographischen oder klimatischen Unterschiede, und auch das in der Gegend vorherrschende Infektionsrisiko ist gleich, da Grenzen für Bakterien keine Hürde bilden. Natürlich sind die Gesundheitsverhältnisse sehr unterschiedlich, doch dies hat nichts mit dem Krankheitsumfeld zu tun, sondern damit, dass die Menschen südlich der Grenze unter schlechteren sanitären Bedingungen leben und über keine hinreichende Gesundheitsversorgung verfügen.

Aber vielleicht sind die Bewohner völlig unterschiedlicher Herkunft, und in Nogales, Arizona, wohnen die Enkel von europäischen Einwanderern, während im Süden die Nachfahren der Azteken leben? Durchaus nicht. Die Herkunft der Bürger auf beiden Seiten der Grenze ist recht ähnlich. Nachdem Mexiko 1821 die Unabhängigkeit von Spanien errungen hatte, war die Gegend um »Los dos Nogales« Teil des mexikanischen Staates Vieja California und blieb es auch nach dem mexikanisch-amerikanischen Krieg von 1846–1848. Erst durch den Gadsden-Kauf von 1853 wurde die US-Grenze in dieses Gebiet ausgedehnt. Leutnant N. Michler wies bei der Vermessung auf das »hübsche kleine Tal von Los Nogales« hin. Hier entstanden die zwei Städte zu beiden Seiten der Grenze. Die Einwohner von Nogales, Arizona, und Nogales, Sonora, haben die gleichen Vorfahren, verzehren die gleichen Speisen, hören die gleiche Musik und haben vermutlich auch die gleiche Kultur.

Natürlich gibt es, wie der Leser bestimmt längst erraten hat, eine einfache und offensichtliche Erklärung für die Unterschiede zwischen den beiden Hälften von Nogales: nämlich genau die Grenze, welche die beiden Hälften voneinander trennt.

Nogales, Arizona, liegt in den Vereinigten Staaten. Seine Einwohner haben Zugang zu den Wirtschaftsinstitutionen der USA. Sie können ihre Beschäftigung frei wählen, eine Schulausbildung und Qualifikationen erwerben und ihre Arbeitgeber zu Investitionen in die beste Technologie ermutigen, wodurch sie letztlich höhere Löhne beziehen. Außerdem verfügen sie über politische Institutionen, die es ihnen gestatten, am demokratischen Prozess teilzunehmen, ihre politischen Vertreter zu wählen und sie bei Fehlverhalten zu ersetzen. Folglich stellen die Politiker die von den Bürgern geforderte Grundversorgung bereit (vom Gesundheitswesen über Straßen bis hin zu Recht und Ordnung).

Die Einwohner von Nogales, Sonora, hingegen sind in einer weniger glücklichen Lage. Sie leben in einer anderen Welt, die von anderen Institutionen gestaltet wird. Dadurch werden sehr unterschiedliche Anreize für die Einwohner der beiden Nogales und für die Unternehmer und Betriebe geschaffen, die dort investieren. Diese Anreize, die von den unterschiedlichen Institutionen der beiden Nogales und der Länder, in denen sie liegen, gesetzt werden, sind der Hauptgrund für die wirtschaftlichen Gegensätze auf beiden Seiten der Grenze.

Warum begünstigen die Institutionen der Vereinigten Staaten den wirtschaftlichen Erfolg so viel stärker als die Institutionen Mexikos und überhaupt ganz Lateinamerikas? Die Antwort auf diese Frage ist in der Art und Weise zu finden, wie sich die unterschiedlichen Gesellschaften während der frühen Kolonialzeit entwickelten. Damals kam es zu einer institutionellen Divergenz, deren Folgen bis heute andauern. Um diese Divergenz zu begreifen, müssen wir mit der Gründung der Kolonien in Nord- und Lateinamerika beginnen.

Die Gründung von Buenos Aires

Am Anfang des Jahres 1516 segelte der spanische Entdecker Juan Díaz de Solís in eine breite Flussmündung an der Ostküste Südamerikas. De Solís watete an Land, nahm das Gebiet für Spanien in Beschlag und nannte den Fluss, da die Einheimischen Silber besaßen, Río de la Plata, »Silberfluss«. Die eingeborenen Völker auf beiden Seiten der Mündung – die Charrúa im heutigen Uruguay und die Querandí auf jenen Ebenen, die im modernen Argentinien als Pampas bezeichnet werden – begegneten den Fremden mit Feindschaft. Sie waren Jäger und Sammler, die in kleinen Gruppen ohne starke, zentralisierte Behörden lebten. Eine solche Gruppe von Charrúa war es auch, die de Solís zu Tode prügelte, als er die neuen Gegenden erforschte, die er für Spanien in Besitz nehmen wollte.

1534 entsandten die immer noch optimistischen Spanier eine erste Siedlergruppe unter Pedro de Mendoza. Im selben Jahr gründeten sie einen Ort an der späteren Stätte von Buenos Aires. Es war eigentlich eine ideale Umgebung für Europäer, denn Buenos Aires, buchstäblich ein Ort der »guten Lüfte«, hatte ein freundliches, gemäßigtes Klima. Aber der erste dortige Aufenthalt der Spanier erwies sich als kurzlebig.

Sie hatten es nicht auf gute Lüfte abgesehen, sondern auf Rohstoffe, die sie durch Zwangsarbeit abbauen wollten. Die Charrúa und Querandí erfüllten ihnen diesen Wunsch jedoch nicht. Sie waren nicht bereit, den Spaniern Lebensmittel zu liefern, und sie weigerten sich, für sie zu arbeiten, wenn sie gefangen wurden. Vielmehr griffen sie die neue Siedlung mit Pfeil und Bogen an.

Die Spanier hungerten, da sie nicht damit gerechnet hatten, sich selbst mit Nahrungsmitteln versorgen zu müssen. Buenos Aires entsprach nicht ihren Träumen. Die Einheimischen ließen sich nicht zur Arbeit zwingen, und es gab keine Silber- und Goldvorkommen, denn das Silber, das de Solís gefunden hatte, stammte aus dem weit westlich gelegenen Staat der Inka in den Anden.

Während die Spanier zu überleben versuchten, schickten sie gleichzeitig Expeditionen aus, um einen neuen Standort zu finden, der ihnen größere Reichtümer und eine leichter zu unterjochende Bevölkerung bot. 1537 drang eine der Expeditionen unter Führung von Juan de Ayolas auf der Suche nach einer Route zu den Inka auf dem Fluss Paraná vor. Unterwegs nahm sie Kontakt zu den Guaraní auf, einem sesshaften Volk mit einer auf dem Anbau von Mais und Maniok basierenden Agrarwirtschaft. De Ayolas begriff sofort, dass die Guaraní viel leichter zu handhaben sein würden als die Charrúa und die Querandí. Nach einem kurzen Konflikt brachen die Spanier den Widerstand der Guaraní und gründeten den Ort, der noch heute die Hauptstadt von Paraguay ist. Die Konquistadoren heirateten die Guaraní-Prinzessinnen und übernahmen rasch die Rolle einer neuen Aristokratie. Sie passten die bestehenden Zwangsarbeit- und Tributsysteme der Guaraní ihren eigenen Bedürfnissen an und setzten sich selbst an die Spitze der Gesellschaft. Dies war die Art Kolonie, die ihnen vorgeschwebt hatte, und innerhalb von vier Jahren war Buenos Aires verlassen, da sämtliche Spanier an den neuen Ort übersiedelten. Buenos Aires, das »Paris Südamerikas«, eine Stadt mit breiten Alleen im europäischen Stil, die sich auf den großen Agrarreichtum der Pampas stützte, wurde erst 1580 wieder besiedelt.

Die Preisgabe von Buenos Aires und die Unterwerfung der Guaraní enthüllen die Logik, mit der die Europäer Nord-, Mittel- und Südamerika kolonisierten. Frühe spanische und, wie wir noch ausführen werden, englische Kolonisten hatten kein Interesse daran, den Boden selbst zu bestellen. Sie wollten, dass andere ihnen diese Arbeit abnahmen, und sie wollten Reichtümer an sich bringen, vor allem Gold und Silber.

Von Cajamarca ...

Die Expeditionen von de Solís, de Mendoza und de Ayolas folgten bekannteren, die durchgeführt wurden, nachdem Christoph Kolumbus am 12. Oktober 1492 eine der Bahamainseln gesichtet hatte. Die ernsthafte spanische Expansion und Kolonisierung Amerikas begann 1519 mit der Eroberung Mexikos durch Hernán Cortés, mit dem Vorstoß von Francisco Pizarro nach Peru anderthalb Jahrzehnte später sowie mit der Expedition von Pedro de Mendoza zum Río de la Plata nur zwei Jahre danach. Im Lauf des folgenden Jahrhunderts eroberte und kolonisierte Spanien die größten Teile des zentralen, westlichen und südlichen Südamerika, während Portugal im Osten Brasilien für sich beanspruchte.

Die spanische Kolonisierungsstrategie war äußerst effektiv. Zuerst von Cortés in Mexiko perfektioniert, stützte sie sich auf die Erkenntnis, dass sich Widerstand am besten überwinden ließ, wenn man das Oberhaupt der Einheimischen gefangen nahm. Dies ermöglichte den Spaniern, den Reichtum des Führers zu rauben und die eingeborenen Völker zur Abgabe von Tribut und Nahrungsmitteln zu zwingen. Der nächste Schritt bestand darin, sich zur neuen Elite der einheimischen Gesellschaft zu machen und die Kontrolle über die bestehenden Formen der Besteuerung, der Tributzahlung und, vor allem, der Zwangsarbeit an sich zu reißen.

Als Cortés und seine Männer am 8. November 1519 in der großen Aztekenhauptstadt Tenochtitlan eintrafen, wurden sie von dem Aztekenherrscher Moctezuma empfangen, der entgegen zahlreichen Empfehlungen seiner Ratgeber beschlossen hatte, den Spaniern friedlich zu begegnen. Was danach geschah, wird ausführlich in dem Bericht beschrieben, den der Franziskanerpriester Bernardino de Sahagún 1545 in seinem berühmten Florentiner Codex vorlegte:

Und nachdem man am Palast angelangt ... war, ergriffen sie ihn ... Und danach wurden alle Geschütze abgefeuert ... Furcht lagert über ihnen, wie wenn alles Volk einen Todesschrecken erfahren hätte. Ebenso, als schon die Nacht angebrochen war, war alles noch voller Furcht ...
Und nachdem der Morgen angebrochen war, wird ausgeschrien, was die Spanier alles nötig haben: weiße Maisfladen, gebratene Truthühner, Eier, frisches Wasser, Holz, Brennholz, Kohlen ... Moctezuma befahl dies.
Und nachdem sich die Spanier in der Stadt festgesetzt hatten, fragten sie Moctezuma aus nach allem, was zum Staatsschatz gehört ... sie lagen ihm in den Ohren, erkundigten sich eifrig nach dem Golde. Und darauf führt Moctezuma die Spanier, sie umdrängen ihn, bilden einen Haufen um ihn, der in ihrer Mitte steht ... ergreifen ihn, halten ihn an der Hand.
Und nachdem sie an dem Schatzhause, das Teocalco genannt wird, angelangt waren, wurden alle Schmucksachen hervorgeholt, der Federschmuck der Tabasco-Leute, die Rangabzeichen, die Federschilde, die goldenen Brustscheiben ... die goldenen Nasenhalbmonde, die goldenen Wadenringe, der goldene Handgelenkriemen, die goldene Stirnbinde. Danach wurde das Gold abgelöst, das an den Schilden befestigt war, und an allen den Abzeichen; und nachdem alles Gold abgelöst war, zündeten sie alle die verschiedenen Kostbarkeiten an, steckten sie in Brand ...
Und das Gold schmolzen die Spanier in Barren ... Und sie gingen überallhin, stöberten alles durch ... Sie nahmen alles, was sie fanden, was ihnen gefiel.
Danach gingen sie nach dem eigentlichen Schatzhause Moctezumas, wo das persönliche Eigentum Moctezumas aufbewahrt wurde, nach dem Orte namens Totocalco ... Danach wird hervorgeholt all sein Privatbesitz, sein Privateigentum ... lauter Kostbarkeiten: die Halskette mit Gehängen, der mit einem Büschel Quetzalfedern ge-

schmückte Oberarmring, der goldene, mit zwei Edelsteinen besetzte Handgelenkriemen und das Armband, der goldene, am Knöchel befestigte Schellenring und die Krone aus Türkismosaik mit dem dreieckig aufragenden Stirnblatt ... alles wiesen sie sich zu.

Die militärische Unterwerfung der Azteken wurde 1521 vollendet. Dann begann Cortés als Gouverneur der Provinz Neu-Spanien, den wertvollsten Rohstoff, nämlich die einheimische Bevölkerung, mit Hilfe der *encomienda* aufzuteilen. Diese Institution war im Spanien des 15. Jahrhunderts im Rahmen der Wiedereroberung des Südens von den Mauren – also von den Arabern, die sich dort während des 8. Jahrhunderts und danach niedergelassen hatten – gegründet worden. In der Neuen Welt nahm sie eine viel bösartigere Form an, nämlich die eines erzwungenen Geschenks der einheimischen Völker an einen als *encomendero* bezeichneten Spanier. Die Eingeborenen mussten ihm Tribut und Arbeitsdienst leisten, wofür er damit betraut wurde, sie zum Christentum zu bekehren.

Ein lebhafter früher Bericht über die Funktionsweise der *encomienda* ist uns von Bartolomé de las Casas überliefert worden, einem Dominikanerpriester und Bischof, der die erste und eine der vernichtendsten Kritiken des spanischen Kolonialsystems verfasste. De las Casas erreichte die spanische Insel Hispaniola 1502 mit einer Flotte unter Führung des neuen Gouverneurs Nicolás de Ovando. Die grausame und ausbeuterische Behandlung der Eingeborenen, die er jeden Tag miterlebte, desillusionierte und beunruhigte ihn immer mehr. 1513 nahm er als Armeegeistlicher an der spanischen Eroberung von Kuba teil. Für seine Dienste wurde er sogar mit einer *encomienda* belohnt. Er lehnte diese Vergünstigung jedoch ab und begann eine lange Kampagne mit dem Ziel, die spanischen Kolonialinstitutionen zu reformieren. Seine Bemühungen gipfelten in dem *Kurzgefassten Bericht von der Verwüstung der Westindischen Länder* (1542), einer schneidenden Attacke gegen die Barbarei der spanischen Herrschaft. Über die *encomienda* in Nicaragua schrieb er Folgendes:

Da ihre Orte, wie schon gesagt, ausnahmslos alle ein höchst anmutiger Fruchtgarten waren, quartierten sich die Christen dort ein, jeder in dem Ort, den man ihm zugeteilt hatte (oder der, wie sie es nennen, ihm »anvertraut« wurde), und dort legte dieser Christ seine Felder an, wobei er sich von den armseligen Speisen der Indios ernährte. Und sie entrissen ihnen deshalb die persönlichen Ländereien und Erbgüter, von denen sie ihren Unterhalt gewannen. So hielten denn die Spanier alle Indios, die Herren wie die Frauen und Kinder, bei sich zu Hause fest. Und allen gebieten sie, ihnen Tag und Nacht zu dienen, ohne auszuruhen.

Im Zusammenhang mit der Eroberung Neugranadas, des heutigen Kolumbien, beschreibt de las Casas die gesamte damalige Strategie:

... während die Spanier untereinander die Ortschaften, deren Herren und Bewohner verteilt hatten (denn das ist alles, was sie als Mittel in die Hand bekommen wollen, um ihr letztes Ziel zu erreichen, das in Gold besteht) und nachdem sie alle der üblichen Gewaltherrschaft und Knechtschaft unterworfen hatten, nahm der tyrannische Oberbefehlshaber, der jenes Land regierte, den König und Herrscher jenes ganzen Reiches gefangen und kerkerte ihn ohne jede weitere Begründung und irgendeinen Rechtsgrund sechs oder sieben Monate lang ein, nur weil er Gold und Smaragde von ihm haben wollte.

Der genannte König, der Bogotá hieß, erklärte, weil sie ihn in solche Angst versetzt hatten, er werde ihnen ein goldenes Haus schenken, wie sie es von ihm verlangten, und er hoffte, sich hierdurch aus den Händen seiner Peiniger zu befreien, und er sandte Indios aus, die ihm Gold holen sollten, und diese brachten ihm mehrmals eine große Menge Gold und Edelsteine; da er ihnen jedoch kein goldenes Haus geben konnte, sagten die Spanier, der Hauptmann müsse ihn töten, jener habe sein Versprechen nicht gehalten. Der Tyrann befahl, sie sollten den Gefangenen vor ihn führen und ihn verklagen. So stellten sie denn einen Klageantrag und beschuldigten den genannten König des Landes. Und der Tyrann fällte das Urteil und

verdammte ihn zur Folter, wenn er ihnen nicht das goldene Haus beschaffte.
Sie folterten ihn, hängten ihn an den Wippgalgen. Sie schütteten ihm brennenden Talg auf den Unterleib. An jedem befestigten sie eine Kette, deren anderes Ende an einem Pfahl befestigt war, und der Hals war an einem weiteren Pfahl angekettet, und zwei Männer hielten ihm die Hände fest, und so zündeten sie nun ein Feuer unter seinen Füßen an. Und von Zeit zu Zeit ließ sich der Tyrann sehen und sagte, mit diesem Foltern müsse er ihn nach und nach töten, wenn jener ihm nicht das Gold gebe. Und so führte er es auch aus und peinigte den genannten Herrscher zu Tode.

Die in Mexiko perfektionierte Eroberungsstrategie und ihre Institutionen wurden in anderen spanischen Kolonien begierig übernommen. Nirgendwo wurden sie wirkungsvoller eingesetzt als bei Pizarros Eroberung von Peru. Dazu de las Casas am Anfang seines Berichts:

Im Jahre 1531 zog ein anderer großer Tyrann mit einigen Männern in die Königreiche von Peru, und dorthin kam er mit dem gleichen Rechtsanspruch, der gleichen Absicht und den gleichen Grundsätzen wie alle seine Vorgänger.

Pizarro marschierte von der Küste unweit des peruanischen Ortes Tumbes nach Süden. Am 15. November 1532 erreichte er die Gebirgsstadt Cajamarca, wo der Inkaherrscher Atahualpa mit seinem Heer lagerte. Am folgenden Tag näherte sich Atahualpa, der gerade seinen Bruder Huáscar im Kampf um die Nachfolge ihres verstorbenen Vaters Huyana Cápac besiegt hatte, mit seinem Gefolge dem spanischen Lager. Atahualpa war wütend, da ihm gerade mitgeteilt worden war, welche Gräueltaten, zum Beispiel die Schändung eines Tempels für den Sonnengott Inti, die Spanier bereits begangen hatten. Was dann geschah, ist gut bekannt: Die Spanier stellten Atahualpa eine Falle, töteten seine Wächter und Gefolgsleute, nicht weniger als rund zweitausend, und nahmen den König gefangen. Um freigelassen zu werden, musste Atahualpa versprechen, einen Raum mit Gold und zwei weitere von denselben Ausmaßen mit Silber zu füllen. Dies tat er, doch die Spanier brachen ihr eigenes Versprechen und erwürgten ihn im Juli 1533.

Im November eroberten sie die Inkahauptstadt Cusco, wo der Aristokratie Ähnliches widerfuhr wie Atahualpa: Die Männer wurden inhaftiert, damit sie Gold und Silber herbeischaffen ließen. Als sie die Forderungen nicht erfüllen konnten, wurden sie bei lebendigem Leibe verbrannt. Die Spanier entfernten das Gold an den großen Kunstschätzen von Cusco, etwa dem Tempel des Sonnengottes, und schmolzen es zu Barren. Danach konzentrierten sie sich auf die Bevölkerung des Inkareiches. Wie in Mexiko wurden die Bürger *encomiendas* zugeteilt, wobei den Konquistadoren, die Pizarro begleitet hatten, jeweils eine zufiel.

Die *encomienda* war die Hauptinstitution, mit der man die Arbeit in der frühen Kolonialzeit kontrollierte und organisierte, doch bald entwickelte sich ein dynamisches Konkurrenzsystem. 1545 suchte ein Ortsansässiger namens Diego Gualpa hoch oben in den Anden (im heutigen Bolivien) einen Eingeborenenschrein. Er wurde von einer Windbö zu Boden geworfen und sah eine Silberader vor sich. Sie war Teil eines mächtigen Silberbergs, den die Spanier El Cerro Rico (»Reicher Hügel«) tauften. Um ihn herum entstand die Stadt Potosí, die auf ihrem Höhepunkt im Jahr 1650 rund 160 000 Bewohner hatte und damit größer war als das damalige Lissabon oder Venedig.

Um das Silber abzubauen, benötigten die Spanier Bergleute – eine Menge Bergleute. Sie entsandten einen neuen Vizekönig, ihren Hauptkolonialbeamten Francisco de Toledo, der die vorrangige Aufgabe hatte, das Arbeitsproblem zu lösen. De Toledo, der 1569 in Peru eintraf, verbrachte zunächst fünf Jahre damit, herumzureisen und sein neues Gebiet zu erforschen. Außerdem ließ er die gesamte Erwachsenenbevölkerung erfassen. Um die erforderlichen Arbeitskräfte zu finden, ließ de Toledo fast alle Einheimischen in *reducciones* (»Zurückführungen«) umsiedeln, was die Ausbeutung der Arbeiter durch die spanische Krone erleichtern sollte. Dann führte er ein Arbeitssystem der Inka wieder ein, das als *mita* bekannt war (dies bedeutet in der Inkasprache Quechua »Arbeitstribut«). Unter dem *mita*-System hatten die Inka Zwangsarbeiter zum Betreiben von Plantagen eingesetzt, die Lebensmittel für die Tempel, die Aristokratie und das Heer lieferten. Im Gegenzug bot die Inka-Elite Sicherheit und Schutz vor Hunger.

Unter de Toledo sollte die *mita*, insbesondere die Potosí-*mita*, zur umfassendsten und gnadenlosesten Arbeitsausbeutung der spanischen Kolonialzeit werden. De Toledo definierte einen gewaltigen Einzugsbereich, der sich von der Mitte des heutigen Peru über den größten Teil Boliviens hinweg erstreckte und rund 520 000 Quadratkilometer groß war. In diesem Gebiet wurde ein Siebtel der männlichen Einwohner, die gerade in die reducciones umgesiedelt worden waren, zur Arbeit in den Bergwerken von Potosí gezwungen. Die Potosí-*mita* setzte sich während der gesamten Kolonialzeit fort und wurde erst 1825 abgeschafft. Karte 1 zeigt den Einzugsbereich für die *mita* im Inkareich zur Zeit der spanischen Eroberung, die sich weitgehend mit dem Landesinnern des Reiches deckte und auch die Hauptstadt Cusco einschloss.

Erstaunlicherweise sind die Auswirkungen der *mita* noch im heutigen Peru an den Unterschieden zwischen den dicht nebeneinanderliegenden Provinzen Calca und Acomayo zu beobachten. Sie scheinen sich stark zu ähneln. Beide befinden sich hoch in den Bergen und werden von den quechuasprachigen Nachfahren der Inka bewohnt. Doch Acomayo ist viel ärmer, und seine Bewohner verbrauchen etwa ein Drittel weniger als die von Calca. Das ist den dort lebenden Menschen nicht neu. In Acomayo werden die unerschrocken bis hierher vordringenden Ausländer gefragt: »Wissen Sie nicht, dass die Leute hier ärmer sind als dort drüben in Calca? Warum kommen Sie hierher?«

Es ist viel schwerer, nach Acomayo, dem alten Zentrum des Inkareiches, zu reisen als in die Provinz Calca. Die Straße nach Calca ist gepflastert, während die nach Acomayo äußerst baufällig wirkt. Um über Acomayo hinauszugelangen, benötigen Reisende ein Pferd oder ein Maultier. In Calca und Acomayo baut man die gleichen Pflanzen an, doch in Calca werden sie auf dem Markt verkauft, während sie in Acomayo dem Eigenbedarf dienen. Diese Ungleichheiten, die für Dritte ebenso wie für die Bevölkerung augenfällig sind, lassen sich durch die institutionellen Unterschiede zwischen den beiden Bezir-

Karte 1: Das Inkareich, das Inkastraßennetz und das Einzugsgebiet der Bergbau-*mita*

ken erklären, die bis zu de Toledo und seinem Plan für die effektive Ausbeutung der indigenen Arbeit zurückreichen. Der Hauptgegensatz zwischen Acomayo und Calca besteht darin, dass sich Acomayo im Einzugsbereich der Potosí-*mita* befand, Calca jedoch nicht. Zusätzlich zur Konzentration der Arbeitskräfte und der *mita* ergänzte de Toledo das *encomienda*-System durch eine fixe Kopfsteuer, die jeder erwachsene Mann alljährlich in Silber zu zahlen hatte. Dies war ein weiteres Verfahren, das Menschen auf den Arbeitsmarkt zwingen und die Löhne für spanische Grundeigentümer verringern sollte. Noch eine andere Institution, genannt *repartimiento de mercancias*, griff in de Toledos Amtszeit um sich. Abgeleitet von dem spanischen Verb *repartir* (»verteilen«), zog dieses *repartimiento*, also die »Verteilung der Güter«, den Zwangsverkauf von Waren durch Ortsansässige nach sich, wobei die Spanier die Preise festlegten. Und schließlich führte de Toledo noch den *trajín* (»Transport«) ein, durch den die Einheimischen genötigt wurden, anstelle von Packtieren schwere Lasten, zum Beispiel Wein, Cocablätter oder Textilien, für die Geschäftsunternehmungen der spanischen Elite zu befördern.

Überall in den amerikanischen Kolonien der Spanier wurden ähnliche Institutionen und Gesellschaftsstrukturen geschaffen. Nach einer Anfangsphase der Plünderungen und der Gier nach Gold und Silber schufen die Spanier ein Netzwerk von Einrichtungen zur Ausbeutung der einheimischen Bevölkerung. Die gesamte Bandbreite von *encomienda, mita, repartimiento* und *trajín* sollte den Lebensstandard der Eingeborenen auf ein Minimalniveau hinabdrücken, damit den Spaniern alle über das nackte Überleben hinausgehenden Einnahmen zufielen. Dies erreichten sie, indem sie das Land der indigenen Völker enteigneten, sie zur Arbeit zwangen, ihnen niedrige Löhne zahlten und hohe Steuern auferlegten sowie ihnen überteuerte Preise für Waren abverlangten, die nicht einmal freiwillig gekauft wurden. Diese Institutionen brachten zwar der spanischen Krone einen erheblichen Reichtum ein und ließen die Konquistadoren und deren Nachkommen ebenfalls sehr vermögend werden, aber sie bewirkten andererseits, dass Lateinamerika zum »ungleichsten« Kontinent der Welt wurde und einen großen Teil seines wirtschaftlichen Potentials verlor.

... nach Jamestown

Während die Spanier ihre Eroberung des amerikanischen Doppel-kontinents in den 1490er Jahren begannen, war England eine zweit-rangige europäische Macht, die sich von den verheerenden Folgen eines Bürgerkriegs, des Rosenkriegs, erholte. Es war nicht in der Lage, sich an der Jagd nach Beute und Gold und an der Ausbeutung der ein-heimischen Völker in Süd- und Nordamerika zu beteiligen. Fast ein-hundert Jahre später, 1588, löste der glückliche Sieg über die spanische Armada, mit der König Philipp II. versucht hatte, England zu erobern, politische Schockwellen in Europa aus. Bei allem Glück war die Ver-senkung der Armada auch ein Anzeichen für die wachsende englische Durchsetzungsfähigkeit auf den Meeren, die dem Staat ermöglichen sollte, selbst zur Kolonialmacht zu werden.

Mithin ist es kein Zufall, dass die Engländer mit ihrer Kolonisie-rung Nordamerikas zu ebendiesem Zeitpunkt begannen. Aber sie ent-schieden sich nicht deshalb für Nordamerika, weil es attraktiv gewe-sen wäre, sondern weil sie für eine Okkupation Südamerikas zu spät kamen und nichts anderes mehr zur Verfügung stand. Die »begeh-renswerten« Teile Amerikas, in denen es zahlreiche zur Ausbeutung geeignete Eingeborene gab und in denen sich Gold- und Silberminen befanden, waren bereits besetzt worden. Die Engländer mussten sich also mit den Resten zufriedengeben. Als der englische Schriftsteller und Landwirt Arthur Young im 18. Jahrhundert erörterte, wo einträg-liche »Grundprodukte« – womit er exportierbare Agrarerzeugnisse meinte – zu finden seien, merkte er an:

Insgesamt hat es den Anschein, dass die Grundproduktionen un-serer Kolonien wertmäßig proportional zu ihrer Entfernung zur Sonne sinken. Auf den Westindischen Inseln, die am heißesten von allen sind, machen sie den Betrag von 8 l. 12 s. 1 d. pro Kopf aus. In den südlichen kontinentalen Gebieten belaufen sie sich auf 5 l. 10 s. In den zentralen auf 9 s. 6 ½ d., in den nördlichsten Siedlungen auf 2 s. 6 d. Aus diesen Größenordnungen lässt sich gewiss eine höchst wichtige Lehre ziehen: Die Kolonisierung in nördlichen Breiten ist zu vermeiden.

Der erste Versuch der Engländer, eine Kolonie zu gründen – nämlich zwischen 1585 und 1587 in Roanake, North Carolina –, war ein völliger Fehlschlag. 1607 versuchten sie es erneut. Ende 1606 stachen drei Schiffe, Susan Constant, Godspeed und Discovery, unter dem Kommando von Kapitän Christopher Newport nach Virginia in See. Die Kolonisten, unter dem Patronat der Virginia Company, segelten in die Chesapeake Bay und einen Fluss hinauf, den sie James – nach dem herrschenden englischen Monarchen Jakob I. – nannten. Am 14. Mai 1607 gründeten sie die Siedlung Jamestown.

Auch wenn die Siedler an Bord der Schiffe, die der Virginia Company gehörten, Engländer waren, hielten sie sich an ein Kolonisationsmuster, das durch das Vorbild von Cortés, Pizarro und de Toledo geprägt war. Als Erstes planten sie, den örtlichen Häuptling gefangen zu nehmen, um der Bevölkerung Proviant abzupressen und sie zu zwingen, ihnen Lebensmittel und Wohlstand zu verschaffen.

Bei ihrer Landung in Jamestown wussten die englischen Kolonisten nicht, dass sie sich innerhalb des Territoriums des Powhatan-Bündnisses aus rund dreißig Gemeinschaften befanden, die einem König namens Wahunsunacock Loyalität schuldeten. Seine Hauptstadt war der lediglich dreißig Kilometer von Jamestown entfernte Ort Werowocomoco. Die Kolonisten planten, sich zunächst einen Überblick über die Situation zu verschaffen. Wenn die Einheimischen nicht veranlasst werden konnten, ihnen Lebensmittel und Arbeitskräfte zu liefern, würden sie vielleicht zumindest Handel mit ihnen treiben können. Der Gedanke, selbst zu arbeiten und Nutzpflanzen anzubauen, scheint den Siedlern nicht in den Sinn gekommen zu sein. So etwas war unter der Würde der Eroberer der Neuen Welt.

Wahunsunacock bemerkte die Anwesenheit der Kolonisten bald und hegte ihren Absichten gegenüber Misstrauen. Er stand an der Spitze eines für Nordamerika recht großen Reiches. Aber er hatte viele Feinde, und ihm fehlte die zentralisierte politische Kontrolle der Inka. Wahunsunacock beschloss, die Aktionen der Engländer abzuwarten, und schickte zunächst Boten aus, die kundtaten, dass er freundschaftliche Beziehungen zu den Siedlern aufnehmen wolle.

Während sich der Winter 1607 näherte, gingen den Siedlern in Jamestown die Vorräte aus, und der ernannte Leiter des herrschenden Rates der Kolonie, Edward Marie Wingfield, konnte zu keiner Entscheidung gelangen. Als Retter erwies sich Hauptmann John Smith. Dieser Mann, dessen Schriften eine der wichtigsten Informationsquellen über die frühe Entwicklung der Kolonie darstellen, war eine herausragende Gestalt. Im ländlichen Lincolnshire in England geboren, ignorierte er den Wunsch seines Vaters, ins Geschäftsleben einzutreten, und wurde stattdessen Glücksritter. Als Erstes kämpfte er auf der Seite des englischen Heeres in den Niederlanden, wonach er sich den österreichischen Streitkräften anschloss und in Ungarn diente, um den Soldaten des Osmanischen Reiches Widerstand zu leisten. Man nahm ihn in Rumänien gefangen, verkaufte ihn als Sklaven und zwang ihn, auf dem Feld zu arbeiten. Eines Tages überwältigte er seinen Herrn, stahl dessen Kleidung und Pferd und floh zurück auf österreichisches Territorium. Während der Reise nach Virginia auf der Susan Constant war Smith wegen Meuterei inhaftiert worden, nachdem er die Befehle von Wingfield missachtet hatte. Sobald die Schiffe die Neue Welt erreichten, sollte die Verhandlung gegen ihn eröffnet werden. Zum Entsetzen Wingfields, Newports und anderer führender Kolonisten stellte sich jedoch heraus, als sie ihre versiegelten Befehle öffneten, dass die Virginia Company Smith zum Mitglied des herrschenden Rates von Jamestown ernannt hatte.

Da Newport nach England zurückgesegelt war, um weitere Vorräte und Kolonisten zu holen, und Wingfield unschlüssig blieb, machte sich nun Smith daran, die Kolonie zu retten. Er unternahm eine Reihe von Handelsreisen, durch die der lebenswichtige Nachschub sichergestellt wurde. Auf einer dieser Reisen wurde er von Opechancanough, einem von Wahunsunacocks jüngeren Brüdern, gefangen genommen und dann in Werowocomoco vor den König gebracht. Er war der erste Engländer, dem Wahunsunacock begegnete, und bei diesem Anfangstreffen wurde er einigen Berichten zufolge nur durch das Eingreifen von Wahunsunacocks jüngerer Tochter Pocahontas vor dem Tod gerettet. Am 2. Januar 1608 durfte Smith nach Jamestown zurückkehren, das immer noch bedrohlich karge Lebensmittelvorräte hatte, doch später am selben Tag konnte Newports willkommene Rückkehr aus England gefeiert werden.

Die Kolonisten von Jamestown lernten wenig aus dieser ersten Erfahrung. Im Lauf des Jahres 1608 setzten sie ihre Suche nach Gold und anderen Edelmetallen fort. Sie schienen noch immer nicht zu begreifen, dass sie sich nicht darauf verlassen konnten, von den Eingeborenen entweder durch deren Knechtung oder durch Handel mit ihnen ernährt zu werden.

Smith erkannte als Erster, dass das Kolonisationsmodell, das Cortés und Pizarro so gute Dienste geleistet hatte, in Nordamerika nicht funktionieren würde. Die Verhältnisse waren zu unterschiedlich. Smith sah ein, dass die Völker in Virginia im Gegensatz zu den Azteken und Inka kein Gold hatten. Er notierte in sein Tagebuch: »Viktualien, muss man wissen, sind ihr ganzer Reichtum.« Anas Todkill, einer der frühen Siedler, der ein umfangreiches Tagebuch führte, machte die Frustration von Smith und den wenigen anderen deutlich, denen dieses Licht aufging:

Niemand redete, hoffte oder arbeitete, sondern man wollte nach Gold graben, Gold veredeln, Gold wegschaffen.

Als Newport im April 1608 erneut nach England segelte, nahm er eine Ladung Pyrit, also Narrengold, mit. Ende November kehrte er mit Anweisungen der Virginia Company zurück, die Einheimischen stärker an die Kandare zu nehmen. Man plante, Wahunsunacock zu krönen, weil er sich dadurch vielleicht dem englischen König Jakob I. gegenüber als folgsamer erweisen würde. Die Siedler luden ihn nach Jamestown ein, doch Wahunsunacock, der ihnen weiterhin zutiefst misstraute, hatte nicht die Absicht, eine Gefangennahme zu riskieren. John Smith brachte seine Antwort zu Papier: »Euer König mag mir Geschenke geschickt haben, aber auch ich bin ein König, und dies ist mein Land … Euer Vater muss zu mir kommen, nicht ich zu ihm, und ich werde auch nicht Eure Festung aufsuchen oder einen solchen Köder schlucken.«

Da Wahunsunacock »einen solchen Köder nicht schlucken« wollte, mussten Newport und Smith nach Werowocomoco aufbrechen, um die Krönung vorzunehmen. Das gesamte Ereignis scheint ein Fiasko gewesen zu sein und Wahunsunacock lediglich zu der Entscheidung veranlasst zu haben, dass es Zeit war, sich der Kolonie zu entledigen. Er verhängte ein Handelsembargo, so dass sich Jamestown nun keine Vorräte mehr beschaffen konnte. Wahunsunacock hatte vor, den Ort auszuhungern.

Im Dezember 1608 stach Newport ein weiteres Mal nach England in See. Er nahm einen von Smith geschriebenen Brief mit, in dem dieser den Vorstand der Virginia Company bat, seine Einstellung gegenüber der Kolonie zu ändern. Es gebe keine Möglichkeit, sich rasch durch Ausbeutung Virginias – wie im Fall Mexikos und Perus – zu bereichern. Gold und andere Edelmetalle seien nicht vorhanden, und die indigene Bevölkerung lasse sich nicht zwingen, für sie zu arbeiten oder ihnen Verpflegung zu liefern. Wenn die Kolonie lebensfähig sein wolle, würden die Kolonisten selbst arbeiten müssen. Deshalb empfahl er dem Vorstand dringend, geeignete Personen zu entsenden: »Wenn Ihr neue Leute schickt, ersuche ich Euch, rund dreißig gut ausgestattete Zimmermänner, Ackerbauern, Gärtner, Fischer, Schmiede, Maurer und Ausgräber von Bäumen und Wurzeln zu schicken statt eintausend solcher, wie wir sie haben.«

Smith brauchte keine nutzlosen Goldschmiede mehr. Wiederum überlebte Jamestown nur wegen seines Erfindungsreichtums. Er brachte die Eingeborenengruppen der Umgebung durch Schmeichelei und Drohungen dazu, mit ihm Handel zu treiben, und wenn sie sich nicht darauf einließen, nahm er ihnen ab, was er konnte. In der Siedlung übte Smith uneingeschränkte Macht aus und setzte die Vorschrift durch, dass »ein jeder, der nicht arbeitet, nicht essen soll«. Jamestown überstand einen zweiten Winter.

Die Virginia Company war als Profitunternehmen gegründet worden, doch nach zwei katastrophalen Jahren konnte von einem Gewinn keine Rede sein. Daraufhin beschloss der Vorstand, eine neue Organisationsstruktur einzuführen, in welcher der herrschende Rat durch einen Gouverneur ersetzt wurde. Als Erster bekleidete Sir Thomas Gates dieses Amt. Das Unternehmen berücksichtigte einige Aspekte von Smith' Warnung, weil es einsah, dass es eine neue Lösung benötigte. Diese Erkenntnis verstärkte sich durch die Ereignisse während der Hungerszeit im Winter 1609 / 1610. Die neue Organisationsstruktur bot keinen Platz mehr für Smith, der im Herbst 1609 verärgert nach England zurückreiste. Ohne seinen Einfallsreichtum und dadurch, dass Wahunsunacock ihnen die Lebensmittelversorgung abschnitt, kamen die meisten Kolonisten von Jamestown um. Von den fünfhundert, die sich bei Winterbeginn in dem Ort befanden, waren im März nur noch sechzig am Leben. Die Situation war so ausweglos, dass sich Fälle von Kannibalismus ereigneten.

»Die neue Lösung«, die Gates und sein Stellvertreter Sir Thomas Dale der Kolonie auferlegten, war ein drakonisches Arbeitssystem für die englischen Siedler – wenn auch natürlich nicht für die elitären Verwalter der Kolonie. Dale verkündete die »Gesetze Gottes, der Moral und des Krieges«, welche die Klauseln enthielten:

Kein Mann und keine Frau soll aus der Kolonie zu den Indianern überlaufen, andernfalls werden sie mit dem Tode bestraft.
Jeder, der einen öffentlichen oder privaten Garten oder einen Weinberg beraubt oder Kornähren stiehlt, soll mit dem Tode bestraft werden.
Kein Angehöriger der Kolonie wird ein Erzeugnis dieses Landes an einen Kapitän, Nautiker, Schiffsführer oder Matrosen verkaufen oder übergeben, um es für seinen privaten Gebrauch aus der Kolonie befördern zu lassen, andernfalls wird er mit dem Tode bestraft.

Wenn die indigenen Völker nicht ausgebeutet werden könnten, argumentierte man bei der Virginia Company, dann müsse man es bei den Kolonisten versuchen. Das neue koloniale Entwicklungsmodell hatte zur Folge, dass dem Unternehmen sämtliche Grundstücke gehörten. Die Menschen wurden in Kasernen untergebracht und mit von der

Karte 2: Bevölkerungsdichte im Jahr 1500 in Nord- und Südamerika

Company festgelegten Rationen versorgt. Man stellte, jeweils unter Aufsicht eines Agenten des Unternehmens, Arbeitsteams zusammen. All das kam dem Kriegsrecht nahe, und Exekutionen waren die vorrangige Bestrafung.

Im Rahmen der neuen Kolonialinstitutionen war die oben genannte erste Klausel bedeutsam. Die Company drohte Flüchtlingen mit der Hinrichtung. Angesichts des neuen Arbeitssystems erschien es den Kolonisten attraktiver, zu den Einheimischen überzulaufen und mit ihnen zusammenzuleben. Außerdem bot sich infolge der niedrigen Besiedlungsdichte der eingeborenen Bevölkerung im damaligen Virginia die Möglichkeit, sich im Grenzgebiet jenseits der Kontrolle der Virginia Company allein durchzuschlagen. Diese Optionen schränkten die Macht des Unternehmens ein; es konnte die englischen Siedler nicht zu harter Arbeit bei Rationen zwingen, die nur das Existenzminimum deckten.

Karte 2 zeigt eine Schätzung der Bevölkerungsdichte in verschiedenen amerikanischen Regionen zur Zeit der spanischen Eroberung. Auf dem Gebiet der heutigen Vereinigten Staaten belief sie sich, mit wenigen Ausnahmen, auf höchstens eine Dreiviertelperson pro Quadratmeile. In Zentralmexiko und im andischen Peru dagegen erreichte sie mit vierhundert Menschen pro Quadratmeile mehr als das Fünfhundertfache. Was in Mexiko oder Peru möglich war, ließ sich in Virginia nicht realisieren.

Das Unternehmen brauchte einige Zeit, um zu erkennen, dass sein anfängliches Kolonisationsmodell in Virginia nicht funktionierte, und es dauerte noch etwas länger, bis das Scheitern der »Gesetze Gottes, der Moral und des Krieges« augenscheinlich wurde. Ab 1618 schlug man eine radikal neue Strategie ein. Da weder die Einheimischen noch die Siedler zwangsverpflichtet werden konnten, bestand die einzige Alternative darin, den Siedlern Anreize zu bieten. Im Jahr 1618 führte die Company das »Kopfprämiensystem« ein, durch das jedem männlichen Siedler fünfzig Morgen Land und fünfzig weitere Morgen für jedes Familienmitglied und für sämtliche Bediensteten, die eine Familie nach Virginia mitbrachte, zugestanden wurden. Man überschrieb den Siedlern ihre Häuser und befreite sie von ihren Verträgen, und im Jahr 1619 gründete man eine Generalversammlung, die allen erwachsenen Männern ein Mitspracherecht an der Gesetzgebung und in den Institutionen der Kolonie einräumte. Dies war der Beginn der Demokratie in den Vereinigten Staaten.

Die Virginia Company benötigte zwölf Jahre, um ihre erste Lektion zu lernen, die besagte, dass das Vorgehen der Spanier in Mexiko sowie in Zentral- und Südamerika für den Norden ungeeignet war. Im weiteren Verlauf des 17. Jahrhunderts kam es zu einer langen Reihe von Kämpfen, welche die zweite Lektion hervorbrachten, dass eine wirtschaftlich lebensfähige Kolonie auf der Schaffung von Institutionen beruhte, die den Kolonisten Anreize zum Investieren und zu schwerer Arbeit boten.

Während sich Nordamerika entwickelte, versuchten die englischen Eliten immer wieder, Institutionen aufzubauen, welche die wirtschaftlichen und politischen Rechte der Kolonisten, mit Ausnahme einer privilegierten Minderheit, nach spanischem Vorbild einschränkten. Doch in jedem einzelnen Fall brach dieses Modell wie bereits in Virginia zusammen.

Einer der ehrgeizigsten Versuche begann kurz nach dem Strategiewechsel der Virginia Company. Im Jahr 1632 erhielt Cecilius Calvert, der den Titel Lord Baltimore trug, vom englischen König Karl I. zehn Millionen Morgen Land an der oberen Chesapeake Bay. Durch die Charta von Maryland wurde ihm zudem die uneingeschränkte Freiheit eingeräumt, jede ihm genehme Regierung zu gründen; in Artikel VII hieß es, Baltimore habe »für die gute und glückliche Regierung besagter Provinz durch Zustimmung der Anwesenden die freie, vollständige und absolute Macht, Gesetze welcher Art auch immer festzusetzen, abzufassen und zu erlassen«.

Baltimore entwarf einen detaillierten Plan zur Schaffung einer Grundherrengesellschaft, also für eine idealisierte nordamerikanische Version des ländlichen England im 17. Jahrhundert. Vorgesehen war, den Boden in Tausende von Morgen umfassende Liegenschaften zu unterteilen, die von Lords oder Feudalherren verwaltet wurden. Die Lords sollten Pächter rekrutieren, von denen erwartet wurde, dass sie das Land bestellten und der privilegierten Elite Zahlungen leisteten. Ein ähnlicher Versuch fand später – 1663 – statt, als acht Landbesitzer, darunter Sir Anthony Ashley Cooper, Carolina gründeten. Zusammen mit seinem Sekretär, dem großen englischen Philosophen John Locke, formulierte Ashley Cooper die Grundverfassung von Carolina. Dieses Dokument lieferte, wie zuvor die Charta von Maryland, den Entwurf für eine hierarchische, von einer Elite aus Landbesitzern kontrollierten Gesellschaft. In der Präambel hieß es, dass »die Regierung dieser Provinz für die Monarchie, unter der wir leben und von der die diese Provinz ein Teil ist, überaus gefällig gestaltet werden möge; und dass wir vermeiden mögen, eine vielköpfige Demokratie zu errichten«.

Die Artikel der Grundverfassung sahen eine starre Gesellschaftsstruktur vor. Zuunterst waren die »Hofknechte«, zu denen in Artikel 23 angemerkt wurde: »Alle Kinder von Hofknechten sollen Hofknechte sein, und das durch alle Generationen.« Über den Hofknechten, die keine politische Macht hatten, standen die Landgrafen und Kaziken, die den Adel bilden sollten. Landgrafen wurden jeweils 48 000 und Kaziken 24 000 Morgen zugewiesen. Es sollte ein Parlament geben, in dem Landgrafen und Kaziken vertreten waren, doch es durfte nur über Maßnahmen debattieren, welche die acht Grundeigentümer bereits gebilligt hatten.

Wie der Versuch, eine drakonische Herrschaft in Virginia zu errichten, fehlgeschlagen war, so scheiterten auch die Pläne zum Aufbau ähnlicher Institutionen in Maryland und Carolina. Die Gründe ähnelten sich ebenfalls: In sämtlichen Fällen erwies es sich als unmöglich, Siedler in eine starre, hierarchische Gesellschaft zu zwängen, da sie in der Neuen Welt schlicht zu viele andere Möglichkeiten hatten. Daher musste man ihnen stärkere Arbeitsanreize liefern. Und bald darauf forderten sie mehr wirtschaftliche Freiheit und zusätzliche politische Rechte. Auch in Maryland bestanden die Siedler darauf, eigenes Land zu erhalten, und sie bedrängten Lord Baltimore, bis er eine Versammlung gründete. Im Jahr 1691 veranlasste die Versammlung den König, Maryland zur Kronkolonie zu erklären, womit die politischen Privilegien Baltimores und seiner hohen Gefolgsleute aufgehoben wurden. Ein ähnlich langwieriges Ringen erfolgte in North und South Carolina, wobei die Grundeigentümer auch hier den Kürzeren zogen. 1729 wurde South Carolina ebenfalls zur Kronkolonie.

In den 1720er Jahren hatten sämtliche dreizehn Kolonien der künftigen Vereinigten Staaten ähnliche Regierungsstrukturen. In allen Fällen gab es einen Gouverneur und eine auf dem Stimmrecht männlicher Grundbesitzer beruhende Versammlung. Wirkliche Demokratien existierten noch nicht, da Frauen, Sklaven und landlose Männer nicht wählen durften. Doch die politischen Rechte waren im Vergleich zu zeitgenössischen Gesellschaften andernorts sehr großzügig. Die Versammlungen und ihre Führer bildeten 1774 den Ersten Kontinentalkongress, der die Unabhängigkeit der Vereinigten Staaten vorbereitete. Die Versammlungen vertraten den Standpunkt, dass sie befugt waren, sowohl ihre eigene Mitgliedschaft als auch ihre Steuerrechte zu bestimmen. Dadurch entstanden, wie wir wissen, Probleme für die englische Kolonialregierung.

Eine Geschichte aus zwei Verfassungen

Mittlerweile dürfte deutlich geworden sein, weshalb es kein Zufall war, dass die Vereinigten Staaten – und nicht Mexiko – sich eine Verfassung gaben und durchsetzten, die demokratische Prinzipien verfocht, den Gebrauch politischer Macht einschränkte und diese Macht auf breiter Ebene in der Gesellschaft verteilte. Das Dokument, das die Delegierten im Mai 1787 in Philadelphia unterzeichneten, war das Ergebnis eines langen Prozesses, der 1619 mit der Bildung der Generalversammlung in Jamestown seinen Anfang genommen hatte.

Der Gegensatz zwischen dem Verfassungsprozess, der sich zur Zeit der Unabhängigkeit der Vereinigten Staaten vollzog, und dem Prozess, der ein wenig später in Mexiko eingeleitet wurde, ist eklatant. Im Februar 1808 marschierten Napoleon Bonapartes französische Heere in Spanien ein. Bis März hatten sie Madrid erobert. Im September wurde der spanische König Ferdinand gefangen genommen und musste abdanken. Eine nationale Junta, die Junta Central, übernahm seine Rolle und führte den Kampf gegen die Franzosen fort. Die Junta tagte zunächst in Aranjuez und zog sich dann vor den französischen Armeen nach Süden zurück. Schließlich erreichte sie den Hafen Cádiz, der von napoleonischen Streitkräften belagert wurde, ihnen jedoch standhielt. Hier gründete die Junta eine als Cortes bezeichnete Ständeversammlung. 1812 legten die Cortes die Verfassung von Cádiz vor, in der die Einführung einer konstitutionellen Monarchie auf der Basis der Volkssouveränität gefordert wurde. Außerdem rief man dazu auf, Sonderprivilegien abzuschaffen und die Gleichheit vor dem Gesetz zu realisieren. Solche Forderungen waren den Eliten von Südamerika ein Gräuel, denn sie herrschten noch in einer institutionellen Umgebung, die von der *encomienda*, Zwangsarbeit und der von ihnen und dem Kolonialstaat beanspruchten absoluten Macht geprägt wurde.

Der Zusammenbruch des spanischen Staates und die napoleonische Invasion lösten überall im kolonialen Lateinamerika eine Verfassungskrise aus. Man diskutierte ausgiebig darüber, ob man die Autorität der Junta Central anerkennen solle, und die Folge war, dass viele lateinamerikanische Gebiete eigene Juntas bildeten. Es war nur eine Frage der Zeit, bis sie die Möglichkeit erahnten, sich wahre Unabhängigkeit von Spanien zu verschaffen. Die erste Unabhängigkeitserklärung wurde 1809 im bolivianischen La Paz abgegeben, wo aber aus Peru entsandte spanische Soldaten die Rebellion rasch niederwarfen.

In Mexiko war die politische Einstellung der Elite im Jahr 1810 durch die Ablehnung der von einem Priester, Pater Miguel Hidalgo, angeführten Revolte geprägt worden. Nachdem Hidalgos Heer am 23. September Guanajuato gebrandschatzt hatte, tötete es den Intendanten, den höchsten Kolonialvertreter, und begann dann, unterschiedslos alle weißhäutigen Menschen umzubringen. Es handelte sich eher um einen Klassenkrieg oder sogar um eine ethnische Säuberung als um eine Unabhängigkeitsbewegung, und sämtliche Eliten vereinigten sich zum Widerstand dagegen. Doch Unabhängigkeitsbewegungen wurden, wenn sie eine allgemeine Beteiligung der Bevölkerung an der Politik anstrebten, generell von den lokalen Eliten, nicht bloß von den Spaniern, abgelehnt. Infolgedessen betrachteten die führenden Schichten Mexikos die Verfassung von Cádiz, die den

Weg zu den politischen Rechten des Volkes ebnete, mit äußerster Skepsis; sie waren nicht bereit, ihre Legitimität je anzuerkennen.

Im Jahr 1815, als Napoleons europäisches Reich auseinanderbrach, kehrte König Ferdinand VII. an die Macht zurück, und die Verfassung von Cádiz wurde aufgehoben. Während die spanische Krone versuchte, ihre amerikanischen Kolonien wieder an sich zu bringen, hatte sie keine Probleme mit dem königstreuen Mexiko. Doch 1820 meuterte ein spanisches Heer, das aus Cádiz nach Amerika segeln sollte, um dort die spanische Autorität wiederherzustellen, gegen Ferdinand VII. Bald schlossen sich ihm überall im Land andere Einheiten an, und Ferdinand musste die Verfassung von Cádiz wiederaufleben lassen und die Cortes erneut einberufen. Diese Ständeversammlung war noch radikaler als jene, welche die Verfassung verabschiedet hatte, und sie schlug vor, sämtliche Formen der Zwangsarbeit zu beseitigen. Daneben attackierte sie Privilegien wie das Recht des Militärs auf eine eigene Gerichtsbarkeit. Da die Eliten in Mexiko letztlich mit der Durchsetzung dieses Dokuments rechnen mussten, beschlossen sie, dass es besser sei, im Alleingang zu handeln und die Unabhängigkeit auszurufen.

Die Unabhängigkeitsbewegung wurde von Augustin de Iturbide geleitet, der als Offizier im spanischen Heer gedient hatte. Am 24. Februar 1821 veröffentlichte er den Plan de Iguala, der seine Vision für ein selbständiges Mexiko enthielt. Der Plan sah eine konstitutionelle Monarchie mit einem mexikanischen Kaiser vor und verwarf jene Klauseln der Verfassung von Cádiz, welche die mexikanischen Führungsschichten als so bedrohlich für ihren Status und ihre Privilegien empfanden. Er stieß sofort auf Beifall, und Spanien begriff sehr schnell, dass es das Unvermeidliche nicht verhindern konnte.

Aber Iturbide organisierte nicht nur die mexikanische Abtrennung von Spanien. Da er sich des Machtvakuums bewusst war, nutzte er seine militärische Rückendeckung, um sich zum Kaiser ausrufen zu lassen. Dabei handelte es sich um eine Position, die der große südamerikanische Unabhängigkeitsführer Simón Bolivar als »abhängig von Gott und den Bajonetten« bezeichnete. Iturbides Macht wurde nicht durch die gleichen politischen Institutionen eingeschränkt wie die der

Präsidenten der Vereinigten Staaten, weshalb er sich rasch zum Diktator aufschwang. Bis Oktober 1822 hatte er den von der Verfassung sanktionierten Kongress entlassen und durch eine Junta seiner Wahl ersetzt. Er blieb zwar nicht lange an der Macht, doch dieses Muster der Ereignisse sollte sich im Mexiko des 19. Jahrhunderts dauernd wiederholen.

Die Verfassung der Vereinigten Staaten brachte keine den heutigen Maßstäben entsprechende Demokratie hervor. Es blieb den einzelnen Staaten überlassen zu bestimmen, wer wählen durfte. Während die nördlichen Staaten rasch sämtlichen weißen Männern, unabhängig von ihrem Einkommen oder ihrem Besitz, das Wahlrecht einräumten, vollzogen die südlichen Staaten diesen Schritt erst nach und nach. Nirgendwo wurde Frauen oder Sklaven das Wahlrecht verliehen, und obwohl man Eigentums- und Wohlstandsrestriktionen für weiße Männer aufhob, wurde schwarzen Männern dieses Recht explizit verwehrt. Sklaverei galt als fraglos verfassungsgemäß, während das Dokument in Philadelphia niedergeschrieben wurde, und die schäbigsten Verhandlungen drehten sich um die Verteilung der Repräsentantenhaussitze zwischen den Staaten. Diese Sitze sollten entsprechend der Bevölkerungszahl zugewiesen werden, doch dann verlangten die Kongressabgeordneten der Südstaaten, dass die Sklaven mitzuzählen seien. Die Vertreter der Nordstaaten erhoben Einspruch, und es kam zu einem Kompromiss: Bei der Verteilung der Sitze im Repräsentantenhaus wurde ein Sklave drei Fünfteln einer freien Person gleichgesetzt.

Die Konflikte zwischen dem Norden und dem Süden der Vereinigten Staaten traten während der Arbeit an der Verfassung in den Hintergrund, denn man konzentrierte sich darauf, die Drei-Fünftel-Regel und andere Kompromisse zu formulieren. Im Lauf der Zeit fügte man neue Absprachen hinzu, zum Beispiel den Missouri-Kompromiss, dem zufolge jeweils ein die Sklaverei befürwortender und ein die Sklaverei ablehnender Staat der Union gemeinsam beitraten, um das Gleichgewicht im Senat zu wahren. Durch diese Flickschusterei konnten die politischen Institutionen der Vereinigten Staaten friedlich arbeiten, bis die Konflikte schließlich durch den Bürgerkrieg zugunsten des Nordens gelöst wurden.

Der Bürgerkrieg war blutig und destruktiv, doch sowohl davor als auch danach eröffneten sich für einen großen Teil der Bevölkerung, besonders im Norden und Westen des Landes, umfassende wirtschaftliche Möglichkeiten. Die Situation in Mexiko dagegen war ganz anders. Während die Vereinigten Staaten zwischen 1860 und 1865 fünf Jahre politischer Instabilität durchmachten, erlebte Mexiko in den ersten fünfzig Jahren seiner Unabhängigkeit eine fast durchgängige Instabilität. Das beste Beispiel hierfür liefert die Karriere von Antonio López de Santa Ana.

Santa Ana, der Sohn eines Kolonialbeamten in Veracruz, erlangte als Soldat, der in den Unabhängigkeitskriegen für die Spanier kämpfte, Bekanntheit. 1821 wechselte er zu Iturbide über und blickte nie mehr zurück. Im Mai 1833 wurde er das erste Mal Präsident von Mexiko, doch er übte sein Amt nicht einmal einen Monat lang aus und überließ es dann Valentin Gómez Farías. Fünfzehn Tage später übernahm Santa Ana erneut die Macht. Diese Amtsperiode dauerte jedoch nicht länger als die erste, und Anfang Juli wurde er wieder von Gómez Farías abgelöst. Die beiden setzten diesen Tanz bis Mitte 1835 fort, als Santa Ana von Miguel Barragán ersetzt wurde. Aber Santa Ana ließ sich nicht unterkriegen und errang die Präsidentschaft erneut in den Jahren 1839, 1841, 1844, 1847 und schließlich zwischen 1853 und 1855. Insgesamt war er elfmal Präsident. Unter seine Ägide gingen Alamo und Texas verloren, und er führte den katastrophalen mexikanisch-amerikanischen Krieg, der den Verlust des künftigen New Mexico und des künftigen Arizona nach sich zog. Zwischen 1824 und 1867 gab es zweiundfünfzig Präsidenten in Mexiko, von denen nur wenige durch konstitutionell sanktionierte Verfahren an die Macht gelangten.

Die Folge dieser beispiellosen politischen Instabilität für die Wirtschaft und die Motivation der Menschen dürfte auf der Hand liegen. Die Situation führte zu höchst unsicheren Eigentumsrechten sowie zu einer erheblichen Schwächung des mexikanischen Staates, der nur noch wenig Autorität besaß und kaum in der Lage war, Steuern zu erheben oder öffentliche Dienstleistungen zu organisieren. Obwohl Santa Ana als Präsident Mexikos fungierte, befanden sich große Teile des Landes nicht unter seiner Kontrolle, was die Annexion von Texas durch die Vereinigten Staaten ermöglichte. Zudem diente die mexikanische Unabhängigkeitserklärung, wie erwähnt, dem Ziel, die in der Kolonialzeit entwickelten Wirtschaftsinstitutionen zu bewahren, wodurch Mexiko, mit den Worten des großen deutschen Erforschers und Geographen von Lateinamerika, Alexander von Humboldt, »das Land der Ungleichheit« wurde. Derartige Institutionen, welche die Gesellschaft von der Ausbeutung der einheimischen Bevölkerung und der Schaffung von Monopolen abhängig machten, verhinderten, dass für die große Masse der Bevölkerung wirtschaftliche Anreize geschaffen wurden und sie selbst die Initiative ergreifen konnte. Während die Vereinigten Staaten in der ersten Hälfte des 19. Jahrhunderts die Anfänge der Industriellen Revolution erlebten, wurde Mexiko noch ärmer.

Einen Einfall haben, eine Firma gründen und einen Kredit aufnehmen

Die Industrielle Revolution begann in England. Ihr erster Erfolg bestand darin, die Produktion von Baumwollstoff mit Hilfe neuer, durch Wasserräder betriebener Maschinen und später durch den Einsatz von Dampfmaschinen zu revolutionieren. Die Mechanisierung erhöhte zunächst in der Textilindustrie und später in anderen Branchen die Produktivität der Arbeiter beträchtlich.

Der Motor des technologischen Durchbruchs überall in der Wirtschaft war die vor allem von Unternehmern und Geschäftsleuten, die ihre neuen Ideen unbedingt in die Praxis umsetzen wollten, angetriebene Innovation. Diese Dynamik ergriff bald über den Nordatlantik hinweg auch die Vereinigten Staaten. Die Menschen dort erkannten die großen wirtschaftlichen Möglichkeiten, die sich ihnen durch die Übernahme der neuen, in England entwickelten Techniken boten. Außerdem fühlten sie sich zu eigenen Erfindungen inspiriert.

Wir können versuchen, das Wesen dieser Erfindungen zu verstehen, indem wir einen Blick auf die Patentanmelder werfen. Das geistiges

Eigentum schützende Patentsystem wurde durch das 1623 vom englischen Parlament verabschiedete Monopolgesetz systematisiert. Dies geschah teilweise, um den König daran zu hindern, willkürlich »Patentbriefe« auszustellen, durch die exklusive Rechte für die Ausübung gewisser Aktivitäten oder Geschäfte gewährt wurden. Auffällig an den Dokumenten zur Patentvergabe in den Vereinigten Staaten ist, dass die Patentinhaber aus allen möglichen Gesellschaftsschichten stammten und nicht bloß aus den Kreisen der Reichen und der Machtelite.

Viele verdienten sich durch ihre Patente ein Vermögen, zum Beispiel Thomas Edison, Erfinder des Phonogramms und der Glühbirne sowie Gründer von General Electric, einem der immer noch größten Konzerne der Welt. Edison war das Jüngste von sieben Kindern. Sein Vater, Samuel Edison, übte zahlreiche Tätigkeiten aus, von der Spaltung von Dachschindeln über die Schneiderei bis hin zum Betreiben eines Gasthauses. Thomas erhielt keine nennenswerte Schulausbildung, wurde jedoch zu Hause von seiner Mutter unterrichtet.

Zwischen 1820 und 1845 stammten nur 19 Prozent der Patentanmelder in den Vereinigten Staaten aus dem Mittelstand oder aus bedeutenden Landbesitzerfamilien, und 40 Prozent der Erfinder hatten, wie Edison, nur eine Grundschulausbildung oder nicht einmal das vorzuweisen. Genau wie die Vereinigten Staaten im 19. Jahrhundert politisch demokratischer waren als die meisten Länder der Welt, verhielten sie sich auch auf dem Gebiet der Innovationen demokratischer als andere. Dies war entscheidend für ihre Entwicklung zum wirtschaftlich innovativsten Staat der Welt.

Wer arm war, aber eine gute Idee hatte, konnte problemlos ein Patent anmelden, was schließlich nicht viel kostete. Er konnte jedoch auch direkt mit dem Patent Geld verdienen, indem er es weiterverkaufte. Genau das tat Edison am Anfang seiner Karriere, um sich Kapital zu beschaffen, indem er seinen Quadruplex-Telegraphen für 10 000 Dollar an Western Union veräußerte. Doch Patente zu verkaufen lohnte sich nur für jemanden wie Edison, der schneller neue Ideen hatte, als er sie in die Praxis umsetzen konnte. (Ihm wurden für die Vereinigten Staaten 1093 Patente und – ein Rekord – 1500 weltweit erteilt.) Der übliche Weg, durch ein Patent Geld zu verdienen, bestand jedoch darin, ein Unternehmen zu gründen. Aber dazu benötigte man Kapital oder Banken, die einem das erforderliche Geld liehen.

Erfinder in den Vereinigten Staaten hatten auch hier besonderes Glück. Im 19. Jahrhundert erweiterten sich das Kreditgeschäft und das Bankwesen rapide, was das Wachstum der Wirtschaft und die Industrialisierung entscheidend begünstigte. Während es 1818 in den Vereinigten Staaten nur 338 Banken mit einem Gesamtkapital von 160 Millionen Dollar gab, waren es 1914 bereits über 27 864 Banken mit einem Gesamtkapital von 27,3 Milliarden Dollar. Potentielle Unternehmer konnten sich problemlos Darlehen verschaffen, um ihre Betriebe zu gründen. Zudem führte die intensive Konkurrenz zwischen Banken und anderen Finanzinstitutionen in den Vereinigten Staaten dazu, dass Kredite zu relativ niedrigen Zinssätzen aufgenommen werden konnten.

Das galt nicht für Mexiko. Im Gegenteil, 1910, als die mexikanische Revolution begann, gab es im gesamten Land nur 42 Banken, wobei zwei von ihnen über 60 Prozent des gesamten Kapitals verfügten. Anders als in den Vereinigten Staaten, wo ein heftiger Konkurrenzkampf herrschte, kannte man unter den mexikanischen Banken praktisch keinen Wettbewerb. Dieser Umstand ermöglichte ihnen, ihren Kunden sehr hohe Zinssätze abzuverlangen, weshalb sich die Darlehensvergabe auf privilegierte und bereits wohlhabende Personen beschränkte, die ihre Kreditwürdigkeit nutzten, um ihren Einfluss auf die verschiedenen Wirtschaftssektoren zu erhöhen.

Die Form, die das mexikanische Bankwesen im 19. und 20. Jahrhundert annahm, ging direkt auf das Wirken der politischen Institutionen nach der Unabhängigkeit zurück. Dem Chaos der Santa-Ana-Ära folgte ein vergeblicher Versuch der französischen Regierung unter Kaiser Napoleon III., in Mexiko zwischen 1864 und 1867 ein Kolonialregime mit Kaiser Maximilian an der Spitze aufzubauen. Die Franzosen wurden vertrieben, und man schrieb eine neue Verfassung. Aber die zunächst von Benito Juárez und, nach dessen Tod, von Sebastián Lerdo de Tejada gebildete Regierung wurde bald von einem jungen General namens Porfirio Díaz herausgefordert. Díaz hatte im Krieg gegen die Franzosen Siege errungen und Machtgelüste entwickelt. Er stellte ein Rebellenheer zusammen und bezwang die Regierungstruppen im November 1876 in der Schlacht von Tecoac. Im Mai des folgenden Jahres ließ er sich zum Präsidenten wählen. Er regierte Mexiko mit einer vierjährigen Unterbrechung – und zunehmend autoritär – bis zu seinem Sturz beim Ausbruch der Revolution vierunddreißig Jahre später.

Wie Iturbide und Santa Ana schlug Díaz zunächst eine Militärkarriere ein. Ein solcher Weg in die Politik war auch in den Vereinigten Staaten nichts Neues. George Washington, der erste Präsident der USA, hatte sich als General im Unabhängigkeitskrieg ausgezeichnet. Ulysses S. Grant, einer der siegreichen Unionsgenerale des Bürgerkriegs, wurde 1869 Präsident. (Ähnlich war es auch später: Nach dem Zweiten Weltkrieg sollte Dwight D. Eisenhower, der oberste Befehlshaber der Alliierten Streitkräfte in Europa, das Präsidentenamt zwischen 1953 und 1961 ausüben.) Doch anders als Iturbide, Santa Ana und Díaz wandte keiner der nordamerikanischen Befehlshaber Gewalt an, um an die Macht zu gelangen. Sie hielten sich an die Gesetze. Die Verfassungen hingegen, die Mexiko im 19. Jahrhundert besaß, stellten für Iturbide, Santa Ana und Díaz kein Hindernis dar. Diese Männer konnten nur genauso aus dem Amt entfernt werden, wie sie es an sich gebracht hatten: durch Gewalt.

Díaz verletzte die Eigentumsrechte der Menschen, bereitete die Enteignung großer Landstriche vor und verschaffte seinen Anhängern in sämtlichen Geschäftsbereichen, darunter dem Bankwesen, Monopolpositionen und Vergünstigungen. Ein solches Verhalten war nicht neu. So hatten schon die spanischen Konquistadoren gehandelt, und Santa Ana und seine Nachfolger waren in ihre Fußstapfen getreten.

Dass die Vereinigten Staaten ein Bankwesen besaßen, das erheblich förderlicher für den wirtschaftlichen Wohlstand des Landes war, verdankte sich nicht etwa der Tatsache, dass die dortigen Bankeigentümer andere Motive hatten. Im Gegenteil, das Profitmotiv, das dem monopolistischen Bankgewerbe in Mexiko zugrunde lag, war auch in den Vereinigten Staaten vorhanden. Es wurde jedoch von den völlig anders strukturierten US-Institutionen in ebenfalls völlig andere Kanäle geleitet. Die Bankiers sahen sich Wirtschaftsinstitutionen gegenüber, durch die sie einem viel stärkeren Wettbewerb ausgesetzt wurden. Das lag weitgehend daran, dass die Politiker, welche die Regeln für die Bankiers festlegten, ihrerseits durch Anreize motiviert wurden, die durch andere politische Institutionen geschaffen worden waren.

Allerdings entstand im späten 18. Jahrhundert, kurz nachdem die Verfassung der USA in Kraft getreten war, ein Bankwesen, das dem später in Mexiko dominierenden ähnelte. Die Politiker versuchten, staatliche Bankmonopole einzurichten, die sie ihren Freunden und Partnern im Austausch gegen einen Teil der Monopolprofite überlassen konnten. Auch die US-Banken machten sich, genau wie in Mexiko, rasch daran, den Politikern, die sie regulierten, Geld zu leihen. Aber derartige Umstände waren in den Vereinigten Staaten nicht tragbar, da die Politiker, die Bankmonopole aufzubauen suchten, im Gegensatz zu ihren mexikanischen Pendants damit rechnen mussten, durch Wahlen abgestraft zu werden. Die Schaffung von Bankmonopolen, die Politikern Kredite gewähren, ist ein gutes Geschäft für die Volksvertreter, wenn sie dabei ungeschoren davonkommen, doch es ist nicht besonders gut für die Bürger. Anders als in Mexiko konnten die Wähler in den Vereinigten Staaten ihre Politiker im Zaum halten und sich derjenigen entledigen, die ihre Ämter nutzten, um sich selbst zu bereichern oder Monopole für ihre Kumpane zu schaffen. Infolgedessen zerfielen die Bankmonopole. Die insbesondere im Vergleich mit Mexiko breite Verteilung politischer Rechte in den USA garantierte einen fairen Zugang zur Finanzwirtschaft und zu Krediten. Dies wiederum hatte zur Folge, dass Menschen mit Ideen und Erfindungen davon profitieren konnten.

Pfadabhängiger Wandel

Die Welt änderte sich in den 1870er und 1880er Jahren auch in Lateinamerika. Die von Porfirio Díaz gegründeten Institutionen waren nicht identisch mit den von Santa Ana oder dem spanischen Kolonialstaat geschaffenen. Die Weltwirtschaft boomte in der zweiten Hälfte des 19. Jahrhunderts, und neue Verkehrsmittel wie Dampfschiffe und Eisenbahnen ermöglichten eine gewaltige Ausweitung des internationalen Handels. Die dadurch ausgelöste Welle der Globalisierung bewirkte, dass sich Rohstoffländer wie Mexiko – beziehungsweise deren Führungseliten – bereichern konnten, indem sie natürliche Ressourcen in das industrialisierte Nordamerika oder nach Westeuropa exportierten. Díaz und seine Spießgesellen fanden sich also in einer anderen und rasch voranschreitenden Welt wieder, und ihnen wurde klar, dass auch Mexiko sich wandeln musste. Aber das bedeutete nicht, dass sie die Kolonialinstitutionen beseitigt und sie durch ähnliche Organe wie in den Vereinigten Staaten ersetzt hätten. Vielmehr kam es zu einem »pfadabhängigen« Wandel, der lediglich zum nächsten Stadium der Institutionen führte, die bereits in großen Teilen Lateinamerikas Armut und Ungleichheit verursacht hatten.

Die Globalisierung ließ die weiten Flächen des amerikanischen Doppelkontinents, die »frei verfügbaren Grenzgebiete«, wertvoll werden. Häufig waren diese Grenzgebiete nur angeblich frei verfügbar, denn hier wohnten indigene Völker, die man brutal enteignete. Gleichwohl war das Ringen um die neuerlich wertvollen Gegenden einer der wesentlichen Prozesse im Nord- und Südamerika der zweiten Hälfte des 19. Jahrhunderts. Die plötzliche Erschließung der wertvollen Grenzgebiete führte jedoch nicht zu einer Parallelentwicklung in den Vereinigten Staaten und Lateinamerika, sondern zu einem weiteren Auseinanderdriften durch die bestehenden institutionellen Unterschiede, insbesondere durch jene, die den Zugriff auf das Land betrafen.

In den Vereinigten Staaten wurde durch eine Reihe von Gesetzen, von der Land Ordinance (Benutzungsverordnung) des Jahres 1785 bis zum Homestead Act (Heimstättengesetz) des Jahres 1862, breiten Bevölkerungsschichten der Zugang zu den Grenzzonen ermöglicht. Obwohl man die einheimischen Völker an den Rand gedrängt hatte, entstand dadurch ein egalitäres und wirtschaftlich dynamisches Grenzgebiet. In den meisten lateinamerikanischen Ländern dagegen sorgten die politischen Institutionen für ein völlig anderes Ergebnis. Man teilte die Grenzgebiete den politisch Mächtigen sowie denen zu, die Vermögen und Kontakte hatten, wodurch sie noch einflussreicher wurden.

Díaz begann auch, viele internationale Handelshemmnisse aus der Kolonialzeit abzubauen, weil er erwartete, sich und seinen Anhängern den Weg zu großen Reichtümern zu erschließen. Als Vorbild diente ihm allerdings weiterhin nicht die Art der Wirtschaftsentwicklung nördlich des Rio Grande, sondern das Vorgehen von Cortés, Pizarro und de Toledo, das der Oberschicht gewaltige Vermögen einbrachte, während alle Übrigen ausgeschlossen blieben. Wenn die Herrschenden investierten, wuchs die Wirtschaft zwar ein wenig, doch stets nur in enttäuschendem Ausmaß. Zudem ging das Wachstum auf Kosten derjenigen, die in der neuen Ordnung keine Rechte hatten, etwa des Yaqui-Volkes von Sonora im Hinterland von Nogales. Zwischen 1900 und 1910 wurden Schätzungen zufolge 30 000 Yaqui deportiert, also faktisch versklavt, und zur Arbeit auf den Agaveplantagen von Yucatán eingesetzt. (Die Fasern der Agave waren ein wertvoller Exportartikel, da man aus ihnen Seile und Bindfäden herstellen konnte.)

Das hartnäckige Fortbestehen spezifischer Institutionsmuster bis ins 20. Jahrhundert verhinderte, wie bereits im 19. Jahrhundert, jegliches Wachstum in Mexiko und Lateinamerika, wie die wirtschaftliche Stagnation und die politische Instabilität, Bürgerkriege und Staatsstreiche sowie der Kampf einzelner Gruppen um die mit der Macht verbundenen Vorteile veranschaulichten. 1910 wurde Díaz schließlich von revolutionären Kräften verdrängt. Der mexikanischen folgten andere Revolutionen in Bolivien (1952), Kuba (1959) und Nicaragua (1979). Zugleich tobten unablässig Bürgerkriege in Kolumbien, El Salvador, Guatemala und Peru. Enteignungen oder Androhungen der Enteignung setzten sich zügig durch umfassende Agrarreformen (oder Reformversuche) in Bolivien, Brasilien, Chile, Kolumbien, Guatemala, Peru und Venezuela fort. Revolutionen, Enteignungen und politische Instabilität gingen mit Militärregierungen und verschiedenen Diktaturtypen einher. Obwohl man allmählich zu einer Gewährung von mehr politischen Rechten tendierte, wurden die meisten lateinamerikanischen Länder erst in den 1990er Jahren zu Demokratien, und selbst dann verharrten sie weiter in ihrer früheren Instabilität.

Gleichzeitig kam es zu Massenrepressionen und -morden. Die Nationale Kommission für Wahrheit und Versöhnung in Chile befand 1991 in ihrem Bericht, dass während der Pinochet-Diktatur 2279 Menschen zwischen 1973 und 1990 aus politischen Gründen umgebracht worden seien. Schätzungen zufolge wurden 50 000 inhaftiert und gefoltert sowie Hunderttausende entlassen. Die Guatemaltekische Kommission für Historische Aufklärung identifizierte 1999 insgesamt 42 275 namentlich genannte Opfer, wobei andere behaupteten, dass zwischen 1962 und 1996 bis 200 000 Menschen in Guatemala ermordet worden seien, 70 000 von ihnen unter dem Regime von General Efrain Ríos Montt. Er konnte diese Verbrechen ungestraft begehen und 2003 für die Präsidentschaft kandidieren (zum Glück siegte er nicht). Und die Nationale Kommission über das Verschwinden von Menschen in Argentinien schätzte die Zahl der dort zwischen 1976 und 1983 vom Militär Umgebrachten auf 9000, merkte jedoch an, dass die tatsächliche Zahl höher sein könne (Menschenrechtsorganisationen setzen sie gewöhnlich auf 30 000 an).

Wie man ein oder zwei Milliarden erwirbt

Die dauerhaften Folgen der Organisation von Kolonialgesellschaften und deren institutionelle Vermächtnisse bestimmen die heutigen Unterschiede zwischen den Vereinigten Staaten und Mexiko und damit auch der beiden Teile von Nogales. Der Kontrast zwischen den Umständen, unter denen Bill Gates und Carlos Slim die beiden reichsten Männer der Welt wurden – auch Warren Buffett könnte als Beispiel dienen –, weist auf die hier wirksamen Faktoren hin. Der Aufstieg von Gates und Microsoft ist allgemein bekannt, doch Gates' Status als reichster Mann der Welt und als Gründer eines der technologisch innovativsten Unternehmen hinderte das amerikanische Justizministerium nicht daran, am 8. Mai 1998 einen Zivilprozess gegen die Microsoft Corporation wegen Missbrauchs ihrer Monopolstellung anzustrengen. Dabei ging es um die Art, wie Microsoft seinen Webbrowser Internet Explorer mit seinem Windows-Betriebssystem verknüpft hatte. Die Regierung hatte Gates schon seit einiger Zeit beobachtet. Bereits 1991 stellte die Federal Trade Commission Ermittlungen darüber an, ob Microsoft seine Monopolstellung im Bereich der PC-Betriebssysteme missbraucht habe. Im November 2001 schloss Microsoft einen Kompromiss mit dem Justizministerium. Der Firma waren die Flügel gestutzt worden, auch wenn die Strafe geringer ausfiel, als viele verlangt hatten.

In Mexiko verdiente Carlos Slim sein Geld nicht durch Innovation. Anfangs tat er sich durch Börsengeschäfte sowie durch den Aufkauf und die Sanierung unprofitabler Firmen hervor. Sein großer Coup war der Erwerb von Telmex, dem mexikanischen Telekommunikationsmonopol, das Präsident Carlos Salinas im Jahr 1990 privatisierte. Die Regierung verkündete im September 1989 ihre Absicht, 51 Prozent der Stimmrechtsaktien (20,4 Prozent des gesamten Aktienbestandes) zu verkaufen, und nahm im November 1990 Angebote entgegen. Obwohl Slim nicht das höchste Gebot abgab, setzte sich ein von seinem Grupo Carso angeführtes Konsortium bei der Auktion durch. Es gelang Slim, die Zahlung hinauszuzögern und die Dividenden von Telmex zum Erwerb der Aktien zu benutzen. So wurde ein früher staatliches Monopol zu Slims Monopol, und es war höchst einträglich.

Die Wirtschaftsinstitutionen, die Carlos Slim zu dem machten, was er ist, unterscheiden sich stark von denen der Vereinigten Staaten. Für einen mexikanischen Unternehmer spielen Zugangsschranken in jedem Stadium seiner Karriere eine entscheidende Rolle. Dazu gehören teure Lizenzen, bürokratische Hemmnisse, Politiker und Amtsinhaber, die ihm im Weg stehen, sowie die Schwierigkeit, Kredite von Finanzdienstleistern zu erhalten, deren Vertreter häufig mit möglichen Wettbewerbern unter einer Decke stecken. Diese Schranken können entweder unüberwindlich sein und den Bewerber von lukrativen Bereichen fernhalten, oder sich als sehr nützlich erweisen, weil sie die Ausschaltung der Konkurrenz bewirken. Entscheidend für den Ausgang ist natürlich, wen man kennt und wen man beeinflussen kann – ja, und auch, wen man zu bestechen vermag. Carlos

Slim, ein talentierter, ehrgeiziger Mann aus einer mittelständischen libanesischen Einwandererfamilie, ist ein Meister darin, sich Exklusivverträge zu verschaffen. Es gelang ihm nicht nur, den einträglichen Telekommunikationsmarkt in Mexiko zu monopolisieren, sondern auch, dessen Reichweite auf das übrige Lateinamerika auszudehnen.

Manche haben versucht, Slims Telmex-Monopol zu brechen, doch ohne Erfolg. Im Jahr 1996 stellte Avantel, ein Ferngesprächs-Telefonanbieter, bei der mexikanischen Wettbewerbskommission den Antrag zu überprüfen, ob Telmex eine beherrschende Stellung auf dem Telekommunikationsmarkt habe. 1997 erklärte die Kommission, Telmex besitze eine erhebliche Monopolmacht in den Bereichen Ortsgespräche, inländische und internationale Ferngespräche und manchen anderen mehr. Doch Versuche der Aufsichtsbehörden in Mexiko, diese Monopole einzuschränken, sind fruchtlos geblieben. Einer der Gründe dafür ist der, dass Slim und Telmex auf ein *recurso de amparo*, wörtlich ein »Schutzersuchen«, zurückgreifen können. Ein *amparo* ist im Grunde ein Antrag, feststellen zu lassen, dass ein Gesetz für den Betreffenden nicht gilt. Der Gedanke ging bereits in die mexikanische Verfassung von 1857 ein und hatte ursprünglich den Zweck, individuelle Rechte und Freiheiten zu sichern. In den Händen von Telmex und anderen mexikanischen Monopolen ist er jedoch zu einem beeindruckenden Werkzeug geworden, mit dem die Monopolmacht untermauert wird. Statt die Rechte des Volkes zu schützen, hebelt der *amparo* die gesetzliche Gleichheit aus. Slim hat sein Vermögen in der mexikanischen Wirtschaft überwiegend durch seine politischen Beziehungen erworben. Mit seinem Vorstoß in die Vereinigten Staaten hatte er dagegen wenig Erfolg. 1999 kaufte sein Grupo Carso den Computereinzelhändler CompUSA. Damals hatte CompUSA einer Firma namens COC Services eine Franchise für den Verkauf seiner Waren in Mexiko erteilt. Slim brach diesen Vertrag sogleich mit dem Ziel, eine eigene Ladenkette ohne die Konkurrenz durch COC aufzubauen. Daraufhin verklagte COC CompUSA vor einem Gericht in Dallas. Da es in Dallas keine *amparos* gibt, wurde Slim für schuldig befunden und zu einer Geldstrafe in Höhe von 454 Millionen Dollar verurteilt. Mark Werner, der COC-Anwalt, bemerkte anschließend:

»Dieses Urteil verkündet die Botschaft, dass Firmen in der globalen Wirtschaft die Regeln der Vereinigten Staaten respektieren müssen, wenn sie sich hier niederlassen wollen.« Sobald Slim mit den Institutionen der Vereinigten Staaten fertig werden musste, funktionierte seine gewohnte Taktik des Geldverdienens nicht mehr.

Ansatz für eine Theorie der Weltungleichheit

Wir leben in einer ungleichen Welt. Die Unterschiede zwischen einzelnen Staaten ähneln denen zwischen den beiden Teilen von Nogales, wenn auch in einem größeren Maßstab. Die Menschen in den reichen Ländern sind gesünder, leben länger und erhalten eine bessere Ausbildung. Auch haben sie Zugang zu etlichen Angeboten und Möglichkeiten, etwa Urlaubsaufenthalten und Karrieren, von denen die Menschen in den armen Ländern nur träumen können. Die Bürger in den reichen Ländern fahren zudem auf Straßen ohne Schlaglöcher und verfügen über Toiletten, Strom und fließendes Wasser in ihren Häusern. Typischerweise haben sie Regierungen, die sie nicht willkürlich verhaften oder schikanieren lassen. Im Gegenteil, die Regierungen sorgen für Dienstleistungen wie Erziehung, Gesundheitsversorgung, Straßenbau und Recht und Ordnung. Beachtenswert ist auch die Tatsache, dass die Bürger bei Wahlen ihre Stimme abgeben und einen gewissen Einfluss auf die politische Richtung ihres Landes nehmen können.

Die große Weltungleichheit liegt für jeden auf der Hand, sogar für die Menschen in den armen Ländern, obwohl viele von ihnen keinen Zugang zum Fernsehen oder zum Internet haben. Die Wahrnehmung und die Realität der Unterschiede treibt Menschen dazu, den Rio Grande oder das Mittelmeer illegal zu überqueren, damit sie sich ebenfalls den Lebensstandard und die Möglichkeiten der reichen Länder sichern können. Die bestehende Ungleichheit hat allerdings nicht nur für das Leben der Individuen in den armen Ländern Folgen, sondern sie erzeugt auch Verbitterung und Wut, die gewichtige politische Konsequenzen in den Vereinigten Staaten und anderswo haben. Zu verstehen, warum solche Unterschiede existieren und was sie hervorbringt, ist das Hauptanliegen dieses Buches. Ein derartiges Verständnis ist kein Selbstzweck, sondern ein erster Schritt auf dem Weg zur Entwicklung tauglicherer Ideen, wie man das Leben von Milliarden, die noch in Armut leben, verbessern kann.

Die Disparitäten auf den beiden Seiten des Zaunes in Nogales sind lediglich ein kleiner Teil des Ganzen. Wie die Bürger des übrigen Nordmexiko, das vom Handel mit den Vereinigten Staaten profitiert, wenngleich er nicht gänzlich legal ist, sind die Bewohner von Nogales wohlhabender als andere Mexikaner, deren durchschnittliches Jahreshaushaltseinkommen bei rund 5000 Dollar liegt. Der höhere relative Wohlstand von Nogales, Sonora, verdankt sich den Maquiladoras, das heißt Montagebetrieben in Gewerbeparks. Der Pionier auf diesem Gebiet war Richard Campbell jun., ein kalifornischer Korbhersteller. Der erste Pächter war Coin-Art, eine Musikinstrumentefirma, die Richard Bosse, dem Eigner der Artley Flute and Saxophone Company in Nogales, Arizona, gehörte. Coin-Art folgten Memorex (Computerkabel), Avent (Krankenhausbekleidung), Grant (Sonnenbrillen), Chamberlain (ein Hersteller von Garagentüröffnern für Sears) und Samsonite (Koffer). Interessanterweise handelt es sich ausschließlich um in den USA angesiedelte Unternehmen und Geschäftsleute mit amerikanischem Kapital und Know-how. Der gegenüber dem übrigen Mexiko relativ größere Wohlstand von Nogales, Sonora, stammt also von außen.

Die Unterschiede zwischen den Vereinigten Staaten und Mexiko sind jedoch gering, wenn man sie mit jenen auf dem gesamten Globus vergleicht. Der Durchschnittsbürger der USA ist siebenmal vermögender als der durchschnittliche Mexikaner und mehr als zehnmal so wohlhabend wie ein Einwohner von Peru oder Zentralamerika. Aber er ist ungefähr zwanzigmal reicher als der Durchschnittsbewohner des südsaharischen Afrika und fast vierzigmal begüterter als Menschen, die in den ärmsten afrikanischen Ländern wie Mali, Äthiopien und Sierra Leone wohnen. Und es geht nicht nur um die Vereinigten Staaten. Vielmehr gibt es eine kleine, doch wachsende Gruppe reicher

Länder – hauptsächlich in Europa und Nordamerika, dazu Australien, Japan, Neuseeland, Singapur, Südkorea und Taiwan –, deren Bürger ein ganz anderes Leben führen als die Bewohner der restlichen Erde. Der Grund dafür, dass Nogales, Arizona, viel reicher ist als Nogales, Sonora, ist kein Geheimnis: Die sehr unterschiedlichen Institutionen zu beiden Seiten der Grenze schaffen sehr unterschiedliche Anreize und Möglichkeiten für die Einwohner von Nogales, Arizona, einerseits und die von Nogales, Sonora, andererseits. Und die Vereinigten Staaten sind heutzutage viel reicher als etwa Mexiko oder Peru, weil ihre wirtschaftlichen und politischen Institutionen die Anreize für Unternehmen, Individuen und Politiker auf eine besondere Weise gestalten.

Jede Gesellschaft funktioniert auf der Basis einer Reihe wirtschaftlicher und politischer Regeln, die kollektiv durch den Staat und die Bürger geschaffen und durchgesetzt werden. Wirtschaftsinstitutionen formen die ökonomischen Stimuli, indem sie es beispielsweise als erstrebenswert erscheinen lassen, eine Ausbildung zu absolvieren, zu sparen und zu investieren, Neuerungen vorzunehmen, fortschrittliche Techniken einzuführen und so weiter. Der politische Prozess bestimmt, unter welchen Wirtschaftsinstitutionen die Menschen leben, und die politischen Institutionen sind dafür maßgeblich, wie sich dieser Prozess abspielt. Zum Beispiel gestalten die politischen Institutionen eines Staates die Möglichkeit der Bürger, Politiker zu kontrollieren und ihr Verhalten zu beeinflussen. Dies wiederum spielt eine Rolle dabei, ob Politiker – wenn auch unvollkommene – Vertreter der Bürger sind oder ob sie die ihnen anvertraute oder durch sie usurpierte Macht missbrauchen können, um eigene Vermögen anzusammeln und eigene Pläne auf Kosten der Bürger zu verfolgen. Politische Institutionen stützen sich auf schriftlich fixierte Verfassungen, sind jedoch nicht auf sie und auf demokratische Gesellschaften beschränkt. Sie erstrecken sich auf die Macht und Fähigkeit des Staates, die Gesellschaft zu regulieren und zu regieren. Daneben müssen die Faktoren gründlicher ins Auge gefasst werden, die bestimmen, wie sich die politische Macht in der Gesellschaft verteilt, besonders die Fähigkeit unterschiedlicher Gruppen, kollektiv zu handeln, um ihre eigenen Ziele zu verfolgen oder um andere an der Verfolgung ihrer Ziele zu hindern.

Da Institutionen das Verhalten und die Anreize im realen Leben beeinflussen, sind sie für den Erfolg oder das Scheitern von Staaten verantwortlich. Individuelle Begabung spielt auf jeder Gesellschaftsebene eine Rolle, doch auch sie benötigt einen institutionellen Rahmen, um zu einer positiven Kraft werden zu können. Bill Gates hatte, wie andere legendäre Persönlichkeiten der IT-Branche (etwa Paul Allen, Steve Belmer, Steve Jobs, Larry Page, Sergey Brin oder Jeff Bezos), ein außerordentliches Talent und einen ebensolchen Ehrgeiz. Aber letzten Endes reagierte er auf Anreize. Das Ausbildungssystem in den Vereinigten Staaten versetzte Gates und andere Personen wie ihn in die Lage, einzigartige Kompetenzen als Ergänzung ihrer Talente zu erwerben. Die Wirtschaftsinstitutionen der Vereinigten Staaten ermöglichten es diesen Männern problemlos, Unternehmen zu gründen, ohne mit unüberwindlichen Schranken konfrontiert zu werden. Die Institutionen bewirkten auch, dass sie die erforderlichen Geldmittel zur Finanzierung ihrer Projekte auftreiben konnten. Der US-Arbeitsmarkt bot ihnen qualifiziertes Personal, das sie einstellen konnten, und der relativ freie Wettbewerb auf den Märkten erlaubte ihnen, ihre Unternehmen zu expandieren und ihre Produkte zu vermarkten.

Diese Männer waren von Beginn an zuversichtlich, dass ihre Traumprojekte realisiert werden konnten. Sie vertrauten den Institutionen und der von ihnen geschaffenen Rechtsstaatlichkeit, und sie machten sich keine Sorgen um die Sicherheit ihrer Eigentumsrechte. Außerdem sorgten die politischen Institutionen für Stabilität und Kontinuität. Zum einen stellten sie sicher, dass kein Diktator die Macht übernehmen und die Spielregeln ändern konnte, indem er ihren Besitz enteignete, sie inhaftierte oder ihr Leben und ihren Unterhalt bedrohte. Zum anderen garantierten sie, dass keine Interessengruppe die Regierung in eine wirtschaftlich katastrophale Richtung zu zwingen vermochte, denn die politische Macht war sowohl begrenzt als auch hinreichend großflächig verteilt, so dass eine Reihe von Wirtschaftsinstitutionen, die den Anreiz für die Bildung von Wohlstand schufen, entstehen konnten.

In diesem Buch wird gezeigt werden, dass Wirtschaftsinstitutionen zwar entscheidend dafür sind, ob ein Land arm oder reich ist, doch dass die Politik und die politischen Institutionen festlegen, welche Wirtschaftsinstitutionen ein Land aufweist. Letztlich sind die guten Wirtschaftsinstitutionen der Vereinigten Staaten aus den politischen Organen hervorgegangen, die sich nach 1619 allmählich herausbildeten. Unsere Theorie der Weltungleichheit macht deutlich, wie politische und wirtschaftliche Institutionen bei der Entstehung von Armut oder Wohlstand zusammenwirken und wieso unterschiedliche Regionen der Welt zu so verschiedenen Institutionen gelangten. Unser kurzer Überblick über die Geschichte Amerikas sollte einen ersten Eindruck von den Kräften vermitteln, die sich auf politische und wirtschaftliche Institutionen auswirken. Die unterschiedlichen Muster der heutigen Institutionen sind tief in der Vergangenheit verwurzelt, denn sobald eine Gesellschaft auf eine spezifische Art organisiert ist, bleibt das Muster zumeist bestehen. Wir werden zeigen, dass diese Tatsache daher rührt, wie politische und wirtschaftliche Institutionen zusammenwirken.

Diese Beharrlichkeit und die Kräfte, die sie hervorbringen, machen auch deutlich, warum es so schwierig ist, die Ungleichheit der Welt zu überwinden und armen Ländern zu Wohlstand zu verhelfen. Obwohl Institutionen den Schlüssel zu den Unterschieden zwischen den beiden Nogales sowie zwischen Mexiko und den Vereinigten Staaten liefern, heißt das nicht, dass man sich in Mexiko über eine Änderung der Institutionen einigen wird. Es gibt keine Notwendigkeit für eine Gesellschaft, die Institutionen zu entwickeln oder zu übernehmen, die am günstigsten für das Wirtschaftswachstum oder für das Wohlergehen der Bürger sind, denn andere Institutionen könnten noch günstiger für diejenigen sein, welche die Politik und deren Organe kontrollieren.

Die Mächtigen und die übrigen Mitglieder der Gesellschaft werden oft uneins darüber sein, welche Institutionen unverändert bleiben und welche umgewandelt werden sollten. Carlos Slim würde sich nicht darüber freuen, seine politischen Beziehungen verschwinden und die Einstiegsschranken, die seine Unternehmen schützen, abbröckeln zu

sehen – auch wenn die Gründung neuer Firmen Millionen von Mexikanern reicher machen würde. Da ein solcher Konsens nicht existiert,
werden die gesellschaftlichen Regeln letztlich von der Politik festgelegt, also die Regeln dafür, wer Macht besitzt und wie sie ausgeübt
werden kann. Carlos Slim hat die Macht, sich zu verschaffen, was er
will. Bill Gates' Macht ist viel stärker begrenzt. Deshalb befasst sich
unsere Theorie nicht nur mit der Wirtschaft, sondern auch mit der
Politik. Sie analysiert die Wirkung von Institutionen auf den Erfolg
und das Scheitern von Staaten – also die Ökonomie der Armut und
des Wohlstands. Zudem handelt sie davon, wie Institutionen zustande kommen und sich im Lauf der Zeit wandeln oder warum sie sich
manchmal selbst dann nicht ändern, wenn sie Armut und Elend für
Millionen schaffen. Deshalb sprechen wir von der Politik der Armut
und des Wohlstands.

2.
THEORIEN, DIE NICHT FUNKTIONIEREN

Die Lage der Dinge

Der Schwerpunkt unseres Buches liegt darauf, die Ungleichheit in der Welt sowie ihre leicht erkennbaren großen Muster zu erklären. Das erste Land, das ein nachhaltiges Wirtschaftswachstum erlebte, war England – oder Großbritannien, gewöhnlich schlicht Britannien, wie man die Union von England, Wales und Schottland nach 1707 nennt. In der zweiten Hälfte des 18. Jahrhunderts begann hier ein langsames Wachstum, als die auf wichtigen technologischen Fortschritten und ihrer Anwendung in der Produktion basierende Industrielle Revolution Fuß fasste. Von England aus breitete sich die Industrialisierung dann auf den größten Teil Westeuropas und der Vereinigten Staaten aus. Zudem griff der englische Wohlstand rasch auf die britischen Siedlerkolonien in Kanada, Australien und Neuseeland über. Ein Verzeichnis der heutzutage reichsten dreißig Länder würde sie sowie Japan, Singapur und Südkorea einschließen. Die Prosperität der drei Letzteren ist wiederum Teil eines umfassenderen Musters, das dem raschen Wachstum vieler ostasiatischer Staaten, darunter Taiwan und später China, zugrunde liegt.

Die Schlusslichter der Welteinkommensverteilung lassen ein ebenso markantes und deutliches Bild erkennen wie die Spitzenländer. Erstellt man eine Liste der dreißig ärmsten Staaten in der heutigen Welt, so wird man fast alle im subsaharischen Afrika finden. Hinzu kommen Länder wie Afghanistan, Haiti und Nepal, die alle eine wesentliche Gemeinsamkeit mit den afrikanischen Staaten haben, wie wir noch erläutern werden. Schaut man fünfzig Jahre zurück, sehen die Listen der jeweils reichsten und ärmsten dreißig Staaten nicht sehr anders aus. Singapur und Südkorea würden nicht zu den reichsten Ländern gehören, und man fände mehrere andere Staaten unter den unbemittelsten dreißig, doch das Gesamtbild würde auf bemerkenswerte Art mit dem heutigen übereinstimmen. Auch wenn man hundert oder hundertfünfzig Jahre zurückblickt, trifft man überwiegend dieselben Länder in denselben Gruppen an.

Karte 3 zeigt die Lage der Dinge im Jahr 2008. Die am dunkelsten schattierten Länder sind die ärmsten der Welt, in denen das durchschnittliche Pro-Kopf-Einkommen (das man beispielsweise errechnet, indem man das Bruttonationalprodukt durch die Zahl der Bevölkerung im Lande teilt) weniger als jährlich 2000 Dollar beträgt. Fast ganz Afrika trägt diese Farbe, dazu Afghanistan, Haiti und Teile von Südostasien (zum Beispiel Kambodscha und Laos). Nordkorea gehört ebenfalls zu dieser Ländergruppe. Die Staaten in Weiß sind die reichsten; sie verfügen über ein jährliches Pro-Kopf-Einkommen von 20 000 Dollar oder mehr. Hier finden wir die üblichen Verdächtigen: Nordamerika, Westeuropa, Australasien und Japan.

Ein weiteres interessantes Muster lässt sich auf dem amerikanischen Doppelkontinent ausmachen. Auf einer Reichtumsskala stehen die Vereinigten Staaten und Kanada auf den ersten Plätzen, gefolgt von Chile, Argentinien, Brasilien, Mexiko, Uruguay und vielleicht auch – je nach Ölpreis – Venezuela. Dann kommen Kolumbien, die Dominikanische Republik, Ecuador und Peru. Am unteren Ende befindet sich eine ebenfalls ausgeprägte, viel ärmere Gruppe aus Bolivien, Guatemala und Paraguay. Vor fünfzig Jahren war diese Rangliste die gleiche, und vor hundert und vor hundertfünfzig Jahren ebenfalls. Es lässt sich also feststellen, dass nicht nur die Vereinigten Staaten und Kanada reicher sind als Lateinamerika, sondern dass wir es auch mit einer klaren und hartnäckig fortbestehenden Trennung zwischen den reichen und den armen Nationen innerhalb Lateinamerikas zu tun haben.

Abschließend sei noch auf ein interessantes Muster im Nahen Osten verwiesen. Dort finden wir ölreiche Nationen wie Saudi-Arabien und Kuwait, deren Einkommensniveau dem unserer führenden Dreißig nahekommt. Doch wenn der Ölpreis fiele, würden sie rasch auf der Tabelle nach unten sinken. Nahöstliche Länder mit wenig oder ohne Öl, etwa Ägypten, Jordanien und Syrien, gruppieren sich um ein ähnliches Einkommensniveau, wie es Guatemala oder Peru aufweisen. Ohne Ölvorkommen sind die nahöstlichen Länder ausnahmslos arm, wenn auch, wie die Länder in Zentralamerika und in den Anden, nicht so bedürftig wie jene im subsaharischen Afrika.

Die heutigen Wohlstandsmuster halten sich zwar sehr beharrlich, aber sie sind nicht unwandelbar. Zum einen ist der größte Teil der gegenwärtigen Weltungleichheit, wie bereits betont, seit dem späten 18. Jahrhundert im Gefolge der Industriellen Revolution entstanden. Noch in der Mitte des 18. Jahrhunderts war das Wohlstandsgefälle viel geringer, und auch die Rangfolge, die seitdem so stabil gewesen ist, sah davor, wenn wir weit genug zurückblicken, anders aus. In den Amerikas zum Beispiel unterscheidet sich das Ranking der letzten hundertfünfzig Jahre radikal von dem vor fünfhundert Jahren. Auch

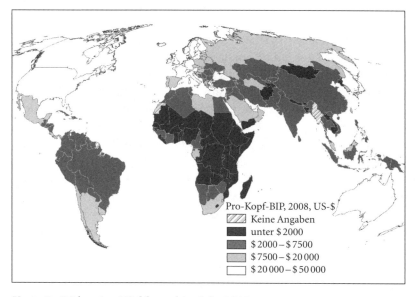

Karte 3: Weltweiter Wohlstand im Jahr 2008

haben viele heutige Staaten mehrere Jahrzehnte raschen Wachstums hinter sich, darunter manche Staaten in Ostasien seit dem Zweiten Weltkrieg und, in jüngerer Vergangenheit, China. In etlichen hat sich der Prozess jedoch umgekehrt. Beispielsweise wuchs Argentinien bis 1920 fünf Jahrzehnte lang zügig und wurde zu einem der reichsten Länder der Welt, bevor es eine langjährige Talfahrt antrat. Die Sowjetunion ist noch nennenswerter, denn sie wuchs zwischen 1930 und 1970 stürmisch, um dann einem raschen Kollaps zu erliegen.

Wie erklären sich diese bedeutenden Wohlstandsunterschiede und die Wachstumsmuster? Warum begannen die westeuropäischen Nationen und ihre kolonialen, mit Siedlern bestückten Ableger, im 19. Jahrhundert fast unaufhaltsam zu wachsen? Wie erklärt sich die beharrliche Rangliste der Ungleichheit innerhalb der Amerikas? Warum konnten subsaharische afrikanische und nahöstliche Staaten nicht das in Westeuropa zu beobachtende Wirtschaftswachstum erreichen, während sich zahlreiche ostasiatische Länder mit halsbrecherischer Geschwindigkeit entwickelten?

Man könnte glauben, dass es, da die Weltungleichheit so immens und folgenreich ist und so ausgeprägte Muster aufweist, eine allgemein akzeptierte Erklärung dafür gibt. Das ist nicht der Fall. Die meisten Hypothesen, die Sozialwissenschaftler zu den Ursachen von Armut und Wohlstand vorlegen, treffen nicht zu und können die Lage der Dinge nicht überzeugend erklären.

Die Geographie-Hypothese

Eine weithin akzeptierte Theorie über die Gründe der Weltungleichheit ist die Geographie-Hypothese, der zufolge die große Kluft zwischen reichen und armen Ländern durch geographische Faktoren geschaffen wird. Viele arme Staaten, nämlich jene in Afrika, Zentralamerika und Südasien, liegen zwischen dem nördlichen und dem südlichen Wendekreis. Reiche Staaten dagegen befinden sich zumeist in gemäßigten Breiten. Diese räumliche Konzentration von Armut und

Wohlstand lässt die Geographie-Hypothese, die den Ausgangspunkt für die Theorien und Ansichten zahlreicher Sozialwissenschaftler und anderer Experten bildet, auf den ersten Blick attraktiv erscheinen. Dadurch wird sie allerdings nicht weniger falsch.

Bereits im späten 18. Jahrhundert nahm der große französische Staatsphilosoph Montesquieu die geographische Konzentration von Wohlstand und Armut zur Kenntnis und legte eine Deutung vor. Er vertrat den Standpunkt, dass Menschen in tropischen Klimazonen zur Faulheit neigten und keinen Wissensdurst besäßen. Deshalb würden sie nicht schwer arbeiten, seien nicht innovativ und folglich arm. Daneben mutmaßte Montesquieu, dass träge Menschen oftmals von Despoten beherrscht würden, weshalb ein tropischer Wohnort nicht nur Armut, sondern auch manche der politischen Phänomene erkläre, die mit wirtschaftlichem Versagen verbunden seien, etwa eine Diktatur.

Die Theorie, dass heiße Länder grundsätzlich arm seien – eine Behauptung, der das jüngste Wirtschaftswachstum von Ländern wie Singapur, Malaysia und Botswana widerspricht –, wird immer noch energisch von einigen Spezialisten, etwa dem Ökonomen Jeffrey Sachs, vertreten. Die moderne Version dieser Ansicht verweist nicht auf die direkte Wirkung des Klimas auf Arbeitsleistung oder Denkprozesse, sondern führt zwei zusätzliche Argumente an: erstens, dass Tropenkrankheiten, vor allem Malaria, äußerst widrige Folgen für die Gesundheit und damit für die Arbeitsproduktivität hätten; und zweitens, dass tropische Böden keine ertragreiche Landwirtschaft ermöglichten. Die Schlussfolgerung ist die gleiche: Gemäßigte Klimazonen bieten einen Vorteil gegenüber tropischen und subtropischen Gegenden.

Die Weltungleichheit lässt sich jedoch nicht durch Klima oder Krankheiten oder irgendeine Variante der Geographie-Hypothese erklären. Man denke nur an Nogales. Die beiden Teile der Stadt werden nicht durch Klima, Geographie oder Krankheiten voneinander getrennt, sondern durch die Grenze zwischen den USA und Mexiko. Wenn aber die Geographie-Hypothese nicht auf die Unterschiede zwischen dem Norden und Süden von Nogales, zwischen Nord- und Südkorea oder zwischen Ost- und Westdeutschland vor dem Fall der

Berliner Mauer anzuwenden ist, kann sie dann immer noch nützlich sein, um die Gegensätze zwischen Nord- und Südamerika oder zwischen Europa und Afrika zu erklären? Keinesfalls.

Die Geschichte belegt, dass es keinen einfachen oder dauerhaften Zusammenhang zwischen Klima oder Geographie und wirtschaftlichem Erfolg gibt. Zum Beispiel trifft es nicht zu, dass die Tropen immer ärmer gewesen sind als gemäßigte Breiten. Wie im vorigen Kapitel ausgeführt, gab es zur Zeit der Entdeckung Amerikas durch Kolumbus in den Gebieten südlich des nördlichen Wendekreises und nördlich des südlichen Wendekreises, zu denen heute Mexiko, Zentralamerika, Peru und Bolivien gehören, die großen Zivilisationen der Azteken und der Inka. Ihre Reiche waren politisch zentralisiert und komplex, und sie bauten Straßen und leisteten Hungerhilfe. Die Azteken benutzten Geld als Zahlungsmittel und hatten auch eine Schrift, und die Inka hatten zwar weder Geld noch eine Schrift, aber sie speicherten riesige Informationsmengen mit Hilfe von Quipu genannten Knotenschnüren. Im krassen Gegensatz dazu existierten im Norden und Süden der damals von den Azteken und Inka bewohnten Gebiete, also auch in den heutigen Vereinigten Staaten, Kanada, Argentinien und Chile, hauptsächlich Steinzeitkulturen ohne solche Techniken. Mithin lebten in den Tropen des Doppelkontinents viel reichere Bewohner als in den gemäßigten Zonen, woraus zu schließen ist, dass die »offensichtliche Tatsache« tropischer Armut weder offensichtlich noch eine Tatsache ist. Vielmehr verweisen die größeren Reichtümer in den Vereinigten Staaten und Kanada auf eine fundamentale Schicksalswende seit der Epoche, in der die Europäer eintrafen.

Diese Wende hatte offenkundig nichts mit der Geographie zu tun, sondern, wie ausgeführt, mit der Art und Weise, wie man die betreffenden Gegenden kolonisierte. Und die Wende beschränkte sich nicht auf Amerika. In Südasien, besonders auf dem indischen Subkontinent, sowie in China waren die Menschen wohlhabender als die in vielen anderen Teilen Asiens, und erst recht als die Völker in Australien und Neuseeland. Auch diese Situation kehrte sich um, als Südkorea, Singapur und Japan zu den reichsten Nationen Asiens wurden und Australien und Neuseeland fast ganz Asien in puncto Wohlstand übertrafen.

Sogar im subsaharischen Afrika kam es zu einer ähnlichen Wende. Vor dem Beginn des intensiven europäischen Kontakts mit Afrika war die südafrikanische Region am dünnsten besiedelt und am weitesten von entwickelten Staaten mit einer gewissen Kontrolle über ihre Territorien entfernt. Gleichwohl ist Südafrika heute einer der reichsten Staaten im subsaharischen Teil des Kontinents. Auch in fernerer Vergangenheit findet man großen Wohlstand in den Tropen. Dort gediehen einige der bedeutenden vormodernen Kulturen, beispielsweise Angkor im heutigen Kambodscha, Vijayanagara in Südindien oder Axum in Äthiopien; ferner die bedeutenden Industal-Kulturen Mohenjo-Daro und Harappa im jetzigen Pakistan. Die Geschichte lässt also wenig Zweifel daran, dass es keine geradlinige Verbindung zwischen einer tropischen Lage und wirtschaftlichem Erfolg gibt.

Zwar erzeugen Tropenkrankheiten in Afrika viel Leid und bewirken eine hohe Säuglingssterblichkeit, doch sie sind nicht der Grund für die dortige Armut. Vielmehr sind Krankheiten überwiegend eine Folge der Armut und der Unfähigkeit oder des Widerwillens von Regierungen, öffentliche Gesundheitsmaßnahmen zu ihrer Bekämpfung einzuleiten. England war im 18. Jahrhundert ebenfalls ein sehr ungesunder Staat, aber die Regierung investierte schrittweise in sauberes Wasser, in die Abwasserklärung und schließlich in eine effektive Krankenversorgung. Die bessere Gesundheit und die höhere Lebenserwartung waren nicht die Ursache des englischen Wirtschaftserfolgs, sondern sie verdankten sich vielmehr den vorherigen politischen und wirtschaftlichen Veränderungen. Das Gleiche gilt für Nogales, Arizona.

Die Geographie-Hypothese besagt außerdem, die Tropen seien arm, weil die dortige Landwirtschaft ihrem Wesen nach unproduktiv sei. Es heißt, tropische Böden seien dünn und nicht geeignet, Nährstoffe zu speichern, und würden bei einer landwirtschaftlichen Nutzung zudem rasch durch Wolkenbrüche erodiert. Dieses Argument hat gewiss einiges für sich, aber wir werden nachweisen, dass der ausschlaggebende Faktor dafür, dass die Agrarproduktivität – der landwirtschaftliche Ertrag pro Morgen – in vielen armen Ländern, insbesondere im subsaharischen Afrika, so niedrig ist, wenig mit den

Bodenverhältnissen zu tun hat. Vielmehr sind die von den Regierungen und Institutionen für die Bauern geschaffenen Eigentumssysteme und Anreize hierfür verantwortlich. Wir werden außerdem aufzeigen, dass die Weltungleichheit gar nicht durch Unterschiede in der landwirtschaftlichen Produktivität zu erklären ist. Die große Ungleichheit in der modernen Welt, die im 19. Jahrhundert entstand, wurde durch die uneinheitliche Verteilung der industriellen Techniken und Fertigungsstätten verursacht, nicht durch unterschiedliche Agrarerträge.

Eine weitere einflussreiche Version der Geographie-Hypothese wird von dem Ökologen und Evolutionsbiologen Jared Diamond vertreten. Er führt aus, dass die Ursprünge der interkontinentalen Ungleichheit zu Beginn der Neuzeit, vor fünfhundert Jahren, auf der unterschiedlichen, historisch bedingten Ausstattung mit Pflanzen- und Tierarten beruhe, welche später die landwirtschaftliche Produktivität beeinflusst hätten. In einigen Gegenden, zum Beispiel im Fruchtbaren Halbmond im heutigen Nahen Osten, habe es zahlreiche Arten gegeben, welche die Menschen domestizieren konnten. Anderswo, beispielsweise in Amerika, sei dies nicht der Fall gewesen. Die Existenz vieler Arten, die sich zur Domestizierung anboten, habe es sehr attraktiv für Gesellschaften werden lassen, den Übergang von einem Jäger-und-Sammler- zu einem bäuerlichen Leben zu vollziehen. Dadurch habe sich die Landwirtschaft im Fruchtbaren Halbmond früher als in Amerika entwickelt. Die Bevölkerungsdichte sei gestiegen und habe Arbeitsteilung, Handel, Urbanisierung und politischen Fortschritt ermöglicht. Entscheidend dabei sei, dass es in Gegenden, in denen der Ackerbau dominierte, viel zügiger zu technologischen Neuerungen gekommen sei als in anderen Teilen der Welt. Die unterschiedliche Verfügbarkeit von Tier- und Pflanzenarten führte daher laut Diamond zu einer unterschiedlich intensiven Landwirtschaft, wodurch auf den Kontinenten differierende Wege zu technologischem Wandel und Wohlstand entstanden seien.

Obwohl Diamonds These einen plausiblen Ansatz zur Zusammensetzung des von ihm betrachteten Puzzles liefert, bietet sie keine Erklärung für die heutige Weltungleichheit. Beispielsweise argumentiert Diamond, dass die Spanier wegen ihrer längeren Agrargeschichte und ihrer deshalb überlegenen Verfahren fähig gewesen seien, die amerikanischen Kulturen zu dominieren. Doch nun müssen wir fragen, weshalb die Mexikaner und Peruaner, welche die früheren Länder der Azteken und Inka bewohnen, arm sind. Die Spanier mögen durch den Zugang zu Weizen, Gerste und Pferden reicher geworden sein als die Inka, doch der Einkommensabstand zwischen den beiden war nicht allzu groß. Das Durchschnittseinkommen eines Spaniers machte wahrscheinlich weniger als doppelt so viel wie das eines Bürgers des Inkareiches aus. Aus Diamonds These folgt, dass die Inka, nachdem sie die erforderlichen Tier- und Pflanzenarten sowie die Verfahren, die sie nicht hatten entwickeln können, kennengelernt hatten, rasch den Lebensstandard der Spanier hätten erreichen müssen. Aber nichts dergleichen trat ein. Im Gegenteil, im 19. und 20. Jahrhundert bildete sich eine ständig wachsende Einkommenslücke zwischen Spanien und Peru heraus. Heute ist der durchschnittliche Spanier über sechsmal so reich wie der durchschnittliche Peruaner. Diese Einkommensdifferenz ist eng mit der uneinheitlichen Verteilung moderner industrieller Technologien verbunden, doch das hat wenig mit der Fähigkeit zur Domestizierung von Tieren und Pflanzen oder mit wesentlichen Unterschieden der landwirtschaftlichen Produktivität zwischen Spanien und Peru zu tun.

Während Spanien, wenn auch mit einer gewissen Verzögerung, Innovationen wie Dampfmaschinen, Eisenbahnen, Elektrizität, Mechanisierung und Fließbandproduktion übernahm, verzichtete Peru darauf oder vollzog den Prozess nur sehr langsam und unvollkommen. Diese technologische Lücke besteht noch heute und weitet sich aus, während Innovationen vor allem im Bereich der Informationstechnologie in vielen entwickelten und einigen sich rasch entwickelnden Staaten weiteres Wachstum fördern. Diamonds These lässt offen, warum sich diese wichtigen Technologien nicht über die ganze Welt verbreiten und zur Anpassung der Einkommen beitragen. Genauso wenig erklärt sie, weshalb die nördliche Hälfte von Nogales so viel reicher ist als ihre Zwillingsstadt südlich des Zaunes, obwohl beide vor fünfhundert Jahren derselben Kultur angehörten.

Die Geschichte von Nogales verweist auf ein anderes grundlegendes Problem bei der Schlüssigkeit von Diamonds These: Wie gesagt, waren Peru und Mexiko, ungeachtet der Nachteile des Inka- und des Aztekenreiches im Jahr 1532, unzweifelhaft wohlhabender als Nordamerika, das ebendeshalb vermögender wurde, weil es voller Begeisterung die technischen Verfahren und Fortschritte der Industriellen Revolution übernahm. Die Bevölkerung wurde ausgebildet, und Eisenbahnstrecken durchzogen die Great Plains – ganz anders als in Südamerika. Dies lässt sich nicht mit Hinweisen auf die unterschiedlichen geographischen Bedingungen in Nord- und Südamerika erklären, die Südamerika begünstigt hätten.

Ungleichheit in der modernen Welt resultiert hauptsächlich aus der uneinheitlichen Verteilung und Übernahme von Technologien, und Diamonds These enthält tatsächlich wichtige Argumente hierzu. So trägt er, dem Historiker William McNeill folgend, vor, dass die Ost-West-Orientierung Eurasiens den Weg für die Ausbreitung von Nutzpflanzen, Tieren und Innovationen vom Fruchtbaren Halbmond nach Westeuropa ermöglicht habe, während die Nord-Süd-Orientierung der Amerikas die Ursache dafür gewesen sei, dass die in Mexiko entwickelten Schriftsysteme nicht bis in die Anden oder nach Nordamerika weitergegeben wurden. Allerdings liefert die Orientierung der Kontinente keine Begründung für die Ungleichheit der heutigen Welt.

Betrachten wir Afrika. Zwar bildete die Sahara eine bedeutende Schranke für den Warentransport und die Weitergabe von Ideen aus dem Norden in die Gebiete südlich der Wüste, doch sie war nicht unüberwindlich. Die Portugiesen – und dann andere Europäer – segelten um die Küste und beseitigten Wissensunterschiede zu einer Zeit, als das Einkommensgefälle im Vergleich zu heute noch sehr gering war. Seitdem hat Afrika den europäischen Kontinent nicht eingeholt, sondern ist ihm gegenüber im Gegenteil weit zurückgefallen, so dass mittlerweile ein beträchtlicher Einkommensunterschied zwischen den meisten afrikanischen und den europäischen Ländern besteht.

Außerdem liefern Diamonds Ausführungen zur Ungleichheit der Kontinente keine Erklärung für die Unterschiede auf den einzelnen Kontinenten selbst, die ein wesentliches Element der jetzigen Weltungleichheit darstellen. Während die Orientierung der eurasischen

Landmasse beispielsweise Aufschlüsse darüber gibt, wie es England gelang, Nutzen aus den Innovationen des Nahen Ostens zu ziehen, ohne sie seinerseits erfinden zu müssen, wird nicht deutlich, warum sich die Industrielle Revolution in England statt in einem Land wie, sagen wir, Moldawien abspielte. Zudem wurden China und Indien, wie Diamond selbst betont, stark durch den großen Reichtum an Tieren und Pflanzen und durch die Orientierung Eurasiens begünstigt. Doch die meisten armen Menschen der heutigen Welt leben in diesen beiden Staaten.

Am besten lässt sich die Reichweite von Diamonds These anhand seiner Erklärungsvariablen abschätzen. Karte 4 zeigt die Verbreitung von *Sus scrofa*, dem Vorfahren des heutigen Schweins, sowie des Auerochsen, des Ahnen unserer Rinder. Beide Arten waren in Eurasien und sogar in Nordafrika weitverbreitet. Karte 5 gibt die Verteilung einiger wilder Vorgänger heutiger Nutzpflanzen wieder, etwa der Stammpflanzen des asiatischen Kulturreises sowie des Weizens und der Gerste. Sie illustriert, dass die frühe Wildform des Reises in weiten Teilen Süd- und Südostasiens zu finden war, während sich die Vorgänger von Gerste und Weizen in einem langen Bogen verteilten: von der Levante durch den Iran bis nach Afghanistan und Turkmenistan, Tadschikistan und Kirgisistan. Diese Wildformen sind in vielen Gebieten Eurasiens anzutreffen, und ihre weite Verbreitung widerspricht der These, dass die Ungleichheit innerhalb Eurasiens auf dem Vorkommen von bestimmten Arten beruhte.

Die Geographie-Hypothese versagt nicht nur bei der Begründung der Ursprünge des Wohlstands im Lauf der Geschichte und ist überwiegend inkorrekt in ihrer Schwerpunktbildung, sondern sie bietet auch keinerlei Aufschluss über die zu Anfang dieses Kapitels beschriebene Lage der Dinge. Man könnte meinen, dass sämtliche beharrlichen Muster, etwa die Einkommenshierarchien in den Amerikas oder die starken und weitreichenden Unterschiede zwischen Europa und dem Nahen Osten, durch die unveränderliche Geographie zu erklären seien. Aber davon kann keine Rede sein. Wie dargelegt, wurden die Muster auf dem Doppelkontinent höchstwahrscheinlich nicht durch geographische Faktoren geprägt. Vor 1492 wiesen die Kulturen in Me-

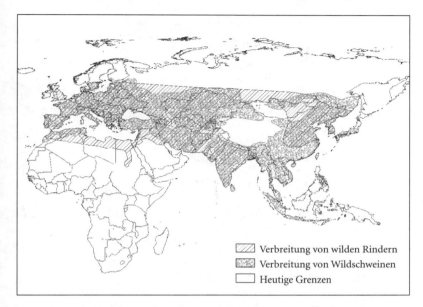

Karte 4: Die historische Verbreitung von wilden Rindern und Schweinen

xiko, Zentralamerika und den Anden gegenüber Nordamerika und Gebieten wie Argentinien und Chile einen höheren Lebensstandard auf. Während die Geographie unverändert blieb, bewirkten die von europäischen Kolonisten durchgesetzten Institutionen eine »Schicksalswende«.

Aus ähnlichen Gründen wird sich die Armut des Nahen Ostens nicht auf die Geographie zurückführen lassen. Schließlich war der Nahe Osten während der Neolithischen Revolution weltweit führend, und die ersten Städte entwickelten sich im heutigen Irak. Eisen wurde zuerst in der Türkei verhüttet, und noch im Mittelalter war der Nahe Osten von technischer Dynamik gekennzeichnet. Nicht die nahöstliche Geographie ließ die Neolithische Revolution in jenem Teil der Welt gedeihen, wie wir im fünften Kapitel noch ausführlich erläutern werden, und nicht die Geographie ließ den Nahen Osten später verarmen. Vielmehr liegt es an der Expansion und Konsolidierung des

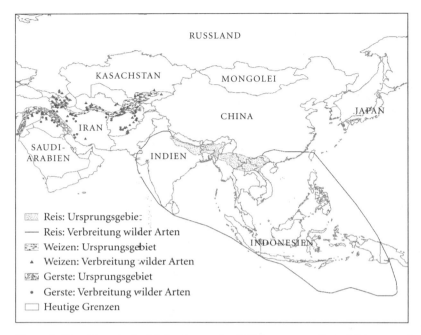

Karte 5: Die historische Verbreitung der Wildarten von Reis, Weizen und Gerste

Osmanischen Reiches und an seinem institutionellen Vermächtnis, dass der Nahe Osten verarmte und auch heute noch arm ist.

Geographische Faktoren liefern weder für die Diskrepanzen zwischen verschiedenen Teilen der modernen Welt eine Erklärung noch dafür, dass viele Staaten, zum Beispiel Japan oder China, über lange Zeiträume stagnieren und dann einen rapiden Wachstumsprozess erleben. Wir benötigen eine bessere Theorie.

Die Kultur-Hypothese

Die zweite weithin akzeptierte Theorie, die Kultur-Hypothese, stellt einen Zusammenhang zwischen Wohlstand und kulturellen Faktoren her. Wie die Geographie-Hypothese hat sie berühmte Urheber und geht mindestens auf den großen deutschen Soziologen Max Weber zurück, der anführte, dass die protestantische Reformation und ihre Ethik eine Schlüsselrolle für den Aufstieg der modernen Industriegesellschaft in Westeuropa gespielt hätten. Die Kultur-Hypothese stützt sich inzwischen jedoch nicht mehr ausschließlich auf die Religion, sondern geht auch auf andere Überzeugungen, Werte und Gesinnungen ein.

Obwohl es politisch nicht korrekt ist, dies öffentlich zu äußern, behaupten viele immer noch, Afrikaner seien arm, weil ihnen ein gutes Arbeitsethos fehle, weil sie noch an Hexerei und Zauberei glaubten oder weil sie sich neuen westlichen Technologien widersetzten. Genauso ist manch einer der Meinung, dass Lateinamerika nie wohlhabend werden könne, weil seine Menschen von Natur aus verschwenderisch und mittellos seien und unter einer »südlichen« oder »*mañana*«-Kultur litten. Allerdings hieß es früher oft auch, dass die chinesische Kultur und die konfuzianischen Werte dem Wirtschaftswachstum abträglich seien, während nun verkündet wird, das chinesische Arbeitsethos sei ein Wachstumsmotor für China, Hongkong und Singapur.

Ist die Kultur-Hypothese nützlich, wenn man die Gründe der Weltungleichheit verstehen will? Ja und nein. Ja, weil mit der Kultur zusammenhängende soziale Normen von Bedeutung und manchmal schwer zu ändern sind; außerdem zementieren sie zuweilen die Ungleichheiten verursachenden institutionellen Unterschiede. Aber überwiegend ist diese Frage mit Nein zu beantworten, denn viele der häufig hervorgehobenen Kulturaspekte – Religion, nationale Ethik, afrikanische oder lateinamerikanische Werte – reichen als Erklärung für den gegenwärtigen Zustand der Ungleichheiten auf der Welt nicht aus. Andere Aspekte, etwa der Grad, in dem Menschen einander vertrauen oder kooperationsfähig sind, müssen berücksichtigt werden, sind jedoch zumeist Auswirkungen der Institutionen, keine unabhängigen Ursachen.

Kehren wir zu Nogales zurück. Wie erwähnt, sind viele Kulturmerkmale nördlich und südlich des Zaunes miteinander identisch. Trotzdem könnten einige deutliche Unterschiede im Hinblick auf Gepflogenheiten, Normen und Werte bestehen, wiewohl diese keine Ursachen, sondern Folgen der sich gabelnden Entwicklungspfade beider Orte sind. Zum Beispiel ergeben Umfragen unter den Mexikanern regelmäßig, dass sie weniger Vertrauen zu anderen Menschen haben, als die Bürger der Vereinigten Staaten in Umfragen angeben. Es ist jedoch kein Wunder, dass es den Mexikanern an Vertrauen fehlt, wenn ihre Regierung nicht in der Lage ist, Drogenkartelle auszuschalten oder ein funktionierendes neutrales Rechtssystem aufzubauen. Das Gleiche gilt für Nord- und Südkorea, wie wir im nächsten Kapitel zeigen werden. Der Süden ist eines der reichsten Länder der Welt, während der Norden mit periodischen Hungersnöten und größter Armut zu kämpfen hat. Die »Kultur« mag im heutigen Süden völlig anders sein als im heutigen Norden, aber sie hat keine Rolle für die unterschiedliche wirtschaftliche Entwicklung in den beiden Hälften der Nation gespielt. Die koreanische Halbinsel hat eine lange einheitliche Geschichte. Vor dem Koreakrieg und der Teilung am 38. Breitengrad waren Sprache, Ethnizität und Kultur absolut homogen. Genau wie in Nogales ist auch hier die Grenze der entscheidende Faktor. Im Norden herrscht ein anderes Regierungssystem, das andere Institutionen und Anreize geschaffen hat. Kulturelle Gegensätze zwischen den Gebieten südlich und nördlich der Grenze, welche die beiden Teile von Nogales oder von Korea durchschneidet, sind mithin keine Ursache der Wohlstandsunterschiede, sondern vielmehr ihre Folge.

Wie steht es mit Afrika und der afrikanischen Kultur? Historisch gesehen war das subsaharische Afrika stets ärmer als die meisten anderen Teile der Welt. Seine frühen Kulturen erfanden weder das Rad noch eine Schrift (mit Ausnahme von Äthiopien und Somalia), noch den Pflug. Allerdings wurden die afrikanischen Gesellschaften mit diesen Innovationen, die erst mit dem Beginn der offiziellen europäischen Kolonisation im späten 19. und frühen 20. Jahrhundert weithin zum Einsatz kamen, schon viel früher bekannt als die meisten anderen Völker. Der Grund lag darin, dass die Europäer seit dem späten 15. Jahrhundert um die Westküste segelten und die Asiaten schon viel früher unablässig nach Ostafrika reisten.

Warum weder die Schrift noch die Techniken übernommen wurden, können wir aus der Geschichte des Königreichs Kongo an der Mündung des gleichnamigen Flusses ersehen, von dem auch die heutige Demokratische Republik Kongo ihren Namen hat. Karte 6 zeigt die Lage des Reiches sowie die eines anderen bedeutenden zentralafrikanischen Staates, des Königreichs der Kuba, auf das wir später in diesem Buch eingehen werden.

Das Kongo-Reich trat in einen intensiven Kontakt mit den Portugiesen, nachdem der Seefahrer Diogo Cão ihm im Jahr 1483 den ersten Besuch abgestattet hatte. Damals war Kongo nach afrikanischen Maßstäben ein hoch zentralisiertes Gemeinwesen, dessen Hauptstadt Mbanza eine Bevölkerung von 60 000 Menschen hatte. Damit war sie ungefähr so groß wie die portugiesische Hauptstadt Lissabon und übertraf London, das im Jahr 1500 rund 50 000 Einwohner aufwies. Der König des Kongo, Nzinga a Nkuwu, konvertierte zum Katholizismus und nannte sich fortan João I. Später wurde Mbanza in São Salvador umbenannt.

Dank der Portugiesen erfuhren die Kongolesen vom Rad und vom Pflug. Die Ersteren ermutigten sie durch Agrarmissionen 1491 und 1512 sogar, diese Gerätschaften einzusetzen. Aber alle derartigen Initiativen scheiterten. Andererseits waren die Kongolesen durchaus nicht jeder Innovation abgeneigt. So übernahmen sie sehr rasch eine traditionsreiche westliche Neuerung: das Gewehr. Dieses mächtige Werkzeug erleichterte ihnen, Sklaven gefangen zu nehmen und zu exportieren. Nichts deutet darauf hin, dass afrikanische Werte oder die dortige Kultur die Verwendung neuer Technologien und Praktiken verhinderten.

Während sich die Kontakte der Kongolesen zu den Europäern vertieften, übernahmen sie deren Schrift, Kleidungsstile und Hauskonstruktionen. Im 19. Jahrhundert nutzten viele afrikanische Gesellschaften überdies die durch die Industrielle Revolution geschaffenen

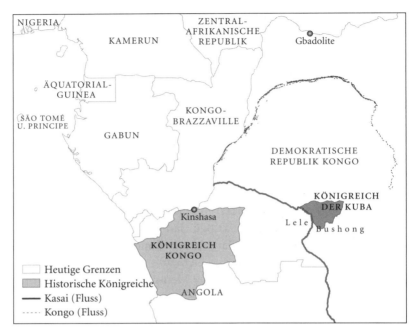

Karte 6: Königreich Kongo, Königreich der Kuba, die Bushong und die Lele

wirtschaftlichen Möglichkeiten, indem sie ihre Produktionsmuster änderten. Westafrika verzeichnete durch den Export von Palmöl und Erdnüssen ein zügiges Wirtschaftswachstum. Überall im südlichen Teil des Kontinents stiegen die Exporte in die sich rasch ausbreitenden Industrie- und Bergbaugebiete des südafrikanischen Rand. Diese vielversprechenden wirtschaftlichen Entwicklungen wurden nicht durch die afrikanische Kultur oder durch das Unvermögen der Durchschnittsafrikaner, in ihrem eigenen Interesse zu handeln, zunichtegemacht, sondern zunächst durch den europäischen Kolonialismus und dann, nach der Unabhängigkeit, durch afrikanische Regierungen.

Der wirkliche Grund, warum die Kongolesen auf überlegene Techniken verzichteten, bestand darin, dass ihnen die Anreize fehlten. Sie sahen sich dem hohen Risiko ausgesetzt, dass ihre gesamten Erträge von dem allmächtigen König, ob er nun zum Katholizismus konvertiert war oder nicht, enteignet oder massiv besteuert wurden. Und nicht nur ihr Eigentum war bedroht, selbst ihr Weiterleben hing an einem Faden. Viele wurden gefangen genommen und als Sklaven verkauft – schwerlich das Umfeld, das zu Investitionen in die Steigerung der langfristigen Produktivität ermutigte. Auch der König hatte keinen Anreiz, den Pflug im großen Maßstab einsetzen zu lassen und die Erhöhung der landwirtschaftlichen Produktivität zu einem vorrangigen Ziel zu machen, denn der Export von Sklaven war weitaus profitabler.

Heute mag es zutreffen, dass Afrikaner weniger Vertrauen zueinander haben als Menschen in anderen Teilen der Welt. Aber dies ist das Ergebnis einer langen Geschichte von Institutionen, welche die Menschen- und Eigentumsrechte in Afrika aushöhlten. Die Möglichkeit, als Sklave verkauft zu werden, wirkte sich im Lauf der Geschichte unzweifelhaft auf das Vertrauen aus, das Afrikaner einander entgegenbrachten.

Und Max Webers protestantische Ethik? Obwohl überwiegend protestantische Staaten wie die Niederlande und England die ersten wirtschaftlichen Erfolge der modernen Zeit verkörperten, besteht kaum eine Verbindung zwischen Religion und wirtschaftlichem Fortschritt. Frankreich, ein mehrheitlich katholisches Land, passte sich der Wirtschaftsleistung der Niederländer und Engländer im 19. Jahrhundert sehr bald an. Ähnliches gilt für Italien. Weiter östlich kann man feststellen, dass sich keiner der Wirtschaftserfolge Ostasiens der christlichen Religion verdankt. Auch in dem Fall gibt es keinen Zusammenhang zwischen Protestantismus und ökonomischer Leistung.

Wenden wir uns dem Lieblingsgebiet der Anhänger der Kultur-Hypothese zu: dem Nahen Osten. Nahöstliche Länder sind vornehmlich islamisch, und die Nicht-Ölförderer unter ihnen leben, wie wir bereits ausgeführt haben, in tiefster Armut. Länder mit Ölvorkommen sind reicher, doch dieser unerwartete Wohlstand hat es keineswegs vermocht, vielfältigere moderne Ökonomien in Saudi-Arabien oder Kuwait hervorzubringen. Lässt sich durch diese Tatsachen nicht überzeugend nachweisen, dass die Religion von Belang ist? Dieses Argument, obwohl plausibel, trifft ebenfalls nicht zu. Ja, Länder wie

Syrien und Ägypten sind arm, und ihre Bevölkerung besteht in erster Linie aus Muslimen. Aber sie weisen auch für den Wohlstand viel entscheidendere systemische Unterschiede auf. Zum einen waren sie alle Provinzen des Osmanischen Reiches, das ihre Entwicklung nachdrücklich negativ beeinflusste. Nach dem Zusammenbruch der osmanischen Herrschaft wurde der Nahe Osten von den englischen und französischen Kolonialmächten okkupiert, was erneut ihre Möglichkeiten beschnitt. Nach der Unabhängigkeit folgten sie dem Beispiel großer Teile der einstigen Kolonien und bauten hierarchische, autoritäre Regime und nur wenige der politischen Institutionen auf, die, wie wir noch ausführen werden, entscheidend für den ökonomischen Erfolg sind. Diese Entwicklungen wurden hauptsächlich durch die Geschichte der osmanischen und der europäischen Herrschaft geprägt. Es lässt sich also kein plausibler Zusammenhang zwischen dem Islam und der Armut im Nahen Osten herstellen.

Die Rolle dieser historischen Ereignisse – und nicht der kulturellen Faktoren – für die nahöstliche Wirtschaftsentwicklung zeigt sich auch an der Tatsache, dass diejenigen Teile des Nahen Ostens, die sich dem Zugriff des Osmanischen Reiches und der europäischen Kolonialmächte zumindest vorübergehend entzogen, wie zum Beispiel Ägypten zwischen 1805 und 1848 unter Muhammad Ali, einen Pfad des schnellen wirtschaftlichen Wandels einschlagen konnten. Muhammad Ali riss nach dem Rückzug der französischen Streitkräfte, die Ägypten unter Napoleon Bonaparte besetzt hatten, die Macht an sich. Indem er die Schwäche der damaligen osmanischen Herrschaft über das ägyptische Territorium nutzte, konnte er seine eigene Dynastie begründen, die bis 1952, also bis zur ägyptischen Revolution unter Nasser, fortbestehen sollte. Muhammad Alis erzwungene Reformen brachten Ägypten tatsächlich Wachstum, da die staatliche Bürokratie, das Heer und das Steuersystem modernisiert und die Landwirtschaft und die Industrie ausgebaut wurden. Allerdings endete dieser Prozess der Modernisierung und des Wachstums nach Alis Tod, als Ägypten unter europäischen Einfluss geriet.

Aber vielleicht sind die Faktoren, auf die es ankommt, eben nicht religiöser Natur, sondern an spezifische Nationalkulturen gebunden.

Könnte der Einfluss der englischen Kultur die Erklärung dafür liefern, dass die Vereinigten Staaten, Kanada und Australien so wohlhabend sind? Obwohl diese Überlegung zunächst plausibel klingen mag, ist sie ebenfalls abwegig. Ja, Kanada und die Vereinigten Staaten waren englische Kolonien, doch das Gleiche gilt für Sierra Leone und Nigeria. Das Wohlstandsgefälle zwischen den einstigen englischen Kolonien ist so groß wie das auf der ganzen Welt. Das englische Vermächtnis kann also nicht der Grund für den Erfolg Nordamerikas sein.

Es gibt aber noch eine weitere Version der Kultur-Hypothese: Vielleicht kommt es nicht auf den Gegensatz zwischen »englisch« und »nichtenglisch« an, sondern auf den zwischen »europäisch« und »nichteuropäisch«. Könnte es sein, dass die Europäer infolge ihres Arbeitsethos, ihrer Lebensanschauung, ihrer judäo-christlichen Werte oder ihres römischen Erbes irgendwie überlegen sind? Es stimmt, dass Westeuropa und Nordamerika, unter deren Bewohnern Menschen europäischer Herkunft überwiegen, die wohlhabendsten Regionen der Welt sind. Könnte es das herausragende kulturelle Vermächtnis der Europäer sein, das diesem Wohlstand zugrunde liegt und die letzte Zuflucht für die Kultur-Hypothese liefert?

Leider hat diese Version genauso wenig Erklärungspotential wie die anderen. In Argentinien und Uruguay ist ein größerer Prozentsatz der Bevölkerung europäischer Abstammung als in Kanada und den Vereinigten Staaten, doch die Wirtschaftsleistung Argentiniens und Uruguays lässt stark zu wünschen übrig. Japan und Singapur hingegen hatten stets nur sehr wenige Bewohner europäischer Herkunft, sind jedoch genauso wohlhabend wie viele Teile Westeuropas. Und China ist – trotz vieler Mängel seines wirtschaftlichen und politischen Systems – der am schnellsten wachsende Staat der vergangenen drei Jahrzehnte. Die Armut des Landes bis zu Mao Zedongs Tod hatte nichts mit der chinesischen Kultur zu tun, sondern sie war auf Maos katastrophale Politik und auf seine Wirtschaftsorganisation zurückzuführen. In den 1950er Jahren propagierte er den »Großen Sprung nach vorn«, eine radikale Industrialisierungsmaßnahme, die zu Hungersnot und Massensterben führte. In den 1960er Jahren verkündete er die Kulturrevolution, die in die Massenverfolgung der Gebildeten und überhaupt aller, deren Parteitreue angezweifelt werden konnte, mündete. Das Ergebnis waren Terror und eine gewaltige Vernichtung der gesellschaftlichen Talente und Ressourcen. Auch das gegenwärtige Wachstum hat nichts mit chinesischen Werten oder Änderungen der chinesischen Kultur zu tun, sondern es resultiert aus einer wirtschaftlichen Transformation, die durch die Reformen Deng Xiaopings und seiner Verbündeten eingeleitet wurde. Sie rückten nach Mao Zedongs Tod allmählich – zuerst in der Landwirtschaft und dann in der Industrie – von sozialistischen Wirtschaftsmaßnahmen und Institutionen ab.

Wie die Geographie-Hypothese trägt die Kultur-Hypothese wenig dazu bei, die heutige Lage der Dinge zu erklären. Gewiss gibt es zwischen den Vereinigten Staaten und Lateinamerika Unterschiede hinsichtlich des Glaubens, der kulturellen Einstellung und der Werte, doch genau wie jene zwischen Nogales, Arizona, und Nogales, Sonora, oder zwischen Süd- und Nordkorea sind diese Kontraste auf die unterschiedlichen Institutionen und die unterschiedliche institutionelle Geschichte der jeweiligen Länder zurückzuführen. Kulturhistorische Ansätze zur Erklärung der Prägung des spanischen Kolonialreiches durch die »hispanische« oder »lateinamerikanische« Kultur liefern keinen Aufschluss über die Unterschiede innerhalb Lateinamerikas – etwa darüber, warum Argentinien und Chile wohlhabender sind als Peru und Bolivien. Andere kulturelle Argumente – zum Beispiel zur zeitgenössischen indigenen Kultur – schneiden genauso schlecht ab. Zwar haben Argentinien und Chile weniger Ureinwohner als Peru und Bolivien, doch dadurch taugt die indigene Kultur trotzdem nicht als Erklärungsfaktor. Kolumbien, Ecuador und Peru weisen ein ähnliches Einkommensniveau auf, aber in Kolumbien gibt es heute nur noch sehr wenige Eingeborene, während in Ecuador und Peru zahlreiche von ihnen leben. Und schließlich dürften kulturell geprägte Einstellungen, die sich in der Regel langsam wandeln, schwerlich die plötzlichen Wachstumswunder in Ostasien und China bewirkt haben. Obwohl Institutionen ebenfalls einen Hang zum hartnäckigen Fortbestehen aufweisen, ändern sie sich unter bestimmten Umständen sehr rasch, wie wir noch darlegen werden.

Die Ignoranz-Hypothese

Abschließend sei noch eine ebenfalls verbreitete Theorie darüber, weshalb manche Staaten arm und andere reich sind, erwähnt: die Ignoranz-Hypothese. Ihr zufolge ist die Weltungleichheit darauf zurückzuführen, dass wir oder die uns Regierenden nicht wüssten, wie arme Länder reich zu machen seien. Diese Auffassung stützt sich auf die bekannte Definition des englischen Volkswirts Lionel Robbins aus dem Jahr 1935: »Ökonomie ist jene Wissenschaft, welche das menschliche Verhalten studiert als eine Beziehung zwischen Zielen und knappen Mitteln, die sich unterschiedlich einsetzen lassen.« Von dort ist es nur ein kleiner Schritt zu der Schlussfolgerung, dass sich die Wirtschaftswissenschaft auf den besten Einsatz knapper Mittel zur Erreichung gesellschaftlicher Ziele konzentrieren solle.

Eine der Kernthesen der Ökonomie, das Erste Wohlfahrtstheorem, definiert denn auch die Umstände, unter denen die Zuteilung von Ressourcen in einer Marktwirtschaft aus ökonomischen Gründen sozial wünschenswert sei. Eine Marktwirtschaft ist eine Abstraktion zur Definition der Bedingungen, unter denen sämtliche Individuen und Unternehmen ungehindert beliebige Produkte oder Dienstleistungen erzeugen, kaufen und verkaufen können. Liegen solche Umstände nicht vor, spricht man von »Marktversagen«. Solch ein Versagen liefert die Grundlage für eine Theorie der Weltungleichheit, denn je öfter ein Marktversagen unbeachtet bleibt, desto ärmer wird ein Land aller Wahrscheinlichkeit nach. Die Ignoranz-Hypothese besagt, dass arme Länder deshalb arm seien, weil es in ihnen häufig zu Marktversagen komme, ihre Ökonomen und politischen Entscheidungsträger jedoch nicht wüssten, wie dies zu beheben sei, und früher auf einen falschen Rat gehört hätten. Reiche Länder wiederum seien deshalb reich, weil man in ihnen bessere politische Strategien ausgearbeitet und Fälle von Marktversagen erfolgreich beseitigt habe.

Kann die Ignoranz-Hypothese die Weltungleichheit erklären? Ist es möglich, dass afrikanische Länder ärmer als die übrige Welt sind, weil all ihre Führer die gleiche irrtümliche Meinung darüber haben, wie man einen Staat lenkt, und dadurch Armut erzeugen, während westeuropäische Regierungschefs besser informiert sind oder besser beraten werden, was ihren relativen Erfolg verständlich macht? Zwar gibt es eine Fülle einschlägiger Beispiele dafür, dass führende Politiker katastrophale Entscheidungen treffen, weil sie die Konsequenzen falsch einschätzen, doch kann Ignoranz bestenfalls für einen kleinen Teil der Weltungleichheit verantwortlich gemacht werden.

Auf den ersten Blick wurde der anhaltende wirtschaftliche Niedergang, der kurz nach der Unabhängigkeit von Großbritannien in Ghana einsetzte, durch Ignoranz verursacht. Der britische Ökonom Tony Killick, der damals als Berater für die Regierung von Kwame Nkrumah arbeitete, beschrieb viele der Probleme im Detail. Nkrumahs politische Maßnahmen dienten der Entwicklung der Staatsindustrie, die sich als sehr ineffizient erwies. Killick erinnerte sich:

> Die Schuhfabrik ... die Teil einer durch Transportwege verbundenen Kette aus der Fleischfabrik im Norden und der Beförderung der Rinderhäute nach Süden (über eine Entfernung von mehr als 800 Kilometern) zu einer (nun leer stehenden) Gerberei bildete; diese Kette setzte sich durch den anschließenden Rücktransport des Leders zu der Schuhfabrik in Kumasi im Zentrum des Landes ungefähr 300 Kilometer nördlich von der Gerberei fort. Da sich der wichtigste Schuhmarkt in der großstädtischen Gegend von Accra befindet, mussten die Schuhe dann zusätzliche 300 Kilometer zurück nach Süden transportiert werden.

Killick bemerkt mit einigem Understatement, dass dies ein Projekt gewesen sei, »dessen Lebensfähigkeit durch eine schlechte Standortwahl untergraben wurde«. Die Schuhfabrik gehörte zu vielen derartigen Unternehmungen, ähnlich wie die Mango-Konservenfabrik in einem Teil von Ghana, in dem keine Mangos angebaut werden konnten, und deren Produktionskapazität gleichwohl so ausgelegt war, dass sie mehr als die gesamte Weltnachfrage abdeckte. Diese endlose Folge wirtschaftlich unsinniger Projekte war nicht darauf zurückzuführen, dass Nkrumah oder seine Berater schlecht informiert gewesen wären oder keinerlei Wissen über die geeigneten Wirtschaftsmaßnahmen besessen hätten. Unter den Beratern befand sich neben Kapazitäten wie Killick auch der Nobelpreisträger Sir Arthur Lewis, und alle waren sich über die Untauglichkeit der eingeschlagenen Wirtschaftspolitik im Klaren. Doch die Maßnahmen wurden dadurch bestimmt, dass Nkrumah sich politische Unterstützung erkaufen musste, um sein undemokratisches Regime aufrechtzuerhalten.

Weder Ghanas enttäuschende Wirtschaftsleistung nach der Unabhängigkeit noch die zahllosen anderen Fälle von Misswirtschaft können schlicht auf die Ignoranz der Entscheider geschoben werden. Wäre Unkenntnis wirklich das Problem, würden gutgesinnte Regierungschefs rasch herausfinden, durch welche Aktionen das Einkommen und das Wohl ihrer Bürger zu verbessern wären, und ihre Politik entsprechend ändern.

Betrachten wir die unterschiedlichen Wege der Vereinigten Staaten und Mexikos. Die Disparität zwischen ihnen auf die Unkenntnis der Entscheidungsträger in Mexiko zurückzuführen wäre bestenfalls unplausibel. Es waren nicht die Unterschiede im Wissen oder in den Absichten von John Smith und Cortés, welche die Divergenz in der Kolonialzeit begründeten, und es waren nicht die Wissensunterschiede zwischen späteren US-Präsidenten wie Teddy Roosevelt oder Woodrow Wilson einerseits und Porfirio Díaz andererseits, die Mexiko am Ende des 19. und am Anfang des 20. Jahrhunderts veranlassten, Wirtschaftsinstitutionen einzurichten, welche die Eliten auf Kosten der übrigen Gesellschaft reich machten, während Roosevelt und Wilson umgekehrt handelten. Ursächlich waren vielmehr die unterschiedlichen institutionellen Zwänge und Restriktionen in den jeweiligen Ländern. Auch ließen die Führer afrikanischer Staaten, die im letzten halben Jahrhundert unter unsicheren Eigentumsrechten und unzuverlässigen Wirtschaftsinstitutionen und in der Folge unter der Verarmung eines hohen Bevölkerungsanteils litten, diese Vorgänge nicht deshalb zu, weil sie das fälschlicherweise für eine gute Wirtschaftspolitik gehalten hätten. Sie agierten vielmehr so, weil sie ungestraft davonkamen, wenn sie sich auf diese Weise auf Kosten der Bevölkerung bereicherten, oder weil sie ihr Handeln für politisch opportun hielten, da sie an der Macht bleiben konnten, indem sie sich dadurch die Unterstützung einflussreicher Gruppen und Eliten erkauften.

Die Erfahrung des ghanaischen Premierministers Kofi Busia im Jahr 1971 verdeutlicht, wie irreführend die Ignoranz-Hypothese sein kann. Busia stand vor einer gefährlichen Wirtschaftskrise. Nachdem er 1969 an die Macht gelangt war, verfolgte er, wie Nkrumah vor ihm, eine nicht nachhaltige expansive Wirtschaftspolitik und hielt verschiedene Preiskontrollen mit Hilfe von Marktverbänden und einem überhöhten Wechselkurs aufrecht. Obwohl Busia ein Gegner Nkrumahs gewesen war und eine demokratische Regierung führte, sah er sich vielen der gleichen politischen Zwänge unterworfen wie sein Vorgänger. Wie Nkrumah schlug er seine Wirtschaftspolitik nicht deshalb ein, weil er »ignorant« gewesen wäre und geglaubt hätte, dass seine Maßnahmen ökonomisch ratsam oder ideal für die Entwicklung des Landes seien. Er entschied sich für diesen Weg, weil er für seinen Machterhalt ratsam war und ihm ermöglichte, politisch einflussreichen Gruppen, etwa in städtischen Gebieten, Mittel zukommen zu lassen, um sie bei der Stange zu halten. Die Preiskontrollen brachten die Landwirtschaft in Bedrängnis, doch sie verschafften den städtischen Wahlkreisen billige Lebensmittel und ermöglichten die Finanzierung der Regierungsausgaben. Natürlich waren die Kontrollen unhaltbar, und Ghana litt bald unter einer Reihe von Zahlungsbilanzkrisen und unter Devisenknappheit. Angesichts dieser Probleme unterzeichnete Busia am 27. Dezember 1971 ein Abkommen mit dem Internationalen Währungsfonds, das unter anderem eine massive Abwertung vorsah.

Der IWF, die Weltbank und die gesamte internationale Gemeinschaft übten Druck auf Busia aus, damit er die in der Vereinbarung vorgesehenen Reformen tatsächlich durchführte. Allerdings waren die internationalen Institutionen völlig ahnungslos, dass Busia ein enormes politisches Risiko einging. Die unmittelbaren Folgen der Abwertung waren Unzufriedenheit und Aufruhr in der Hauptstadt Accra. Die Situation spitzte sich zu, und schließlich wurde Busia vom Militär, mit Oberstleutnant Acheampong an der Spitze, gestürzt. Dieser machte die Abwertung sogleich rückgängig.

Im Gegensatz zur Geographie- und Kultur-Hypothese enthält die Ignoranz-Hypothese eine plausible Lösung des Armutsproblems: Wenn Ignoranz die Ursache war, dann können aufgeklärte, gut informierte Herrscher und andere politische Entscheidungsträger das Problem beheben. Mithin müssten die richtigen Ratschläge und das Pochen auf sinnvolle wirtschaftspolitische Strategien gegenüber den Politikern rund um den Globus zu Wohlstand führen. Busias Erfahrung bestätigt jedoch die Tatsache, dass das Haupthindernis für das Ergreifen von Maßnahmen zum Abbau von Marktversagen und zur Förderung des Wirtschaftswachstums nicht in der Ignoranz von Politikern liegt, sondern in den Anreizen und Zwängen, mit denen sie durch die politischen und wirtschaftlichen Institutionen in ihrer Gesellschaft konfrontiert werden.

Obwohl die Ignoranz-Hypothese bei den meisten westlichen Ökonomen und in den maßgeblichen politischen Kreisen des Westens, die sich fast ausschließlich mit der Erzeugung von Wohlstand befassen, noch immer den höchsten Stellenwert hat, funktioniert sie genauso wenig wie die übrigen Hypothesen. Sie erklärt weder die Ursprünge des Wohlstands auf der Welt noch die Lage der Dinge – beispielsweise, warum manche Nationen wie Mexiko oder Peru anders als die Vereinigten Staaten oder England Institutionen gründeten und Maßnahmen ergriffen, durch welche die Mehrheit ihrer Bürger verarmte, oder warum fast das gesamte subsaharische Afrika und der größte Teil Zentralamerikas so viel ärmer sind als Westeuropa oder Ostasien.

Wenn Staaten aus Institutionsmustern ausbrechen, die sie zur Armut verurteilen, und es schaffen, den Weg zum Wirtschaftswachstum einzuschlagen, dann nicht deshalb, weil ihre ignoranten Führer plötzlich besser informiert oder weniger eigennützig sind oder weil sie bessere Ökonomen als Ratgeber gewonnen haben. China zum Beispiel ist einer der Staaten, die den Wechsel von einer Wirtschaftspolitik, die Armut und Hunger für Millionen bedeutete, zu einer Politik vollzogen haben, die das Wachstum begünstigt. Aber dazu kam es, wie wir später noch gründlicher erläutern werden, nicht deshalb, weil die Kommunistische Partei Chinas endlich begriffen hätte, dass landwirtschaftliches und industrielles Kollektiveigentum keine ausreichenden wirtschaftlichen Anreize setzt. Vielmehr besiegten Deng Xiaoping und seine Verbündeten, die nicht weniger eigennützig waren als ihre Rivalen, doch andere Interessen und politische Ziele hatten, ihre mächtigen Gegner in der Kommunistischen Partei und leiteten so etwas wie eine politische Revolution ein, durch die sich das Führungspersonal und die Ausrichtung der Partei radikal änderten. Ihre Wirtschaftsreformen, die Marktanreize in der Landwirtschaft und danach in der Industrie schufen, gingen aus dieser politischen Revolution hervor. Es war also die Politik, die den Wechsel von kommunistischen zu marktwirtschaftlichen Prinzipien in China bewirkte, nicht eine bessere Beratung oder ein besseres Verständnis der wirtschaftlichen Funktionsprinzipien.

Im Folgenden werden wir die These vertreten, dass man, um die Weltungleichheit zu verstehen, herausfinden muss, warum manche Länder auf sehr ineffiziente und sozial nicht wünschenswerte Art organisiert sind. Zuweilen gelingt es einigen Staaten, effiziente Institutionen aufzubauen und Wohlstand zu erreichen, aber dabei handelt es sich leider um seltene Fälle. Die meisten Ökonomen und Entscheidungsträger befassen sich damit, wie man es »richtig macht«, während in Wirklichkeit eine Erklärung dafür benötigt wird, warum arme Staaten es »falsch machen«. Letzteres wird überwiegend nicht von Ignoranz oder der Kultur bewirkt. Wie wir aufzeigen werden, befinden sich arme Länder deshalb in ihrer kläglichen Lage, weil die Machthaber armutserzeugende Entscheidungen treffen. Sie machen es nicht irrtümlich oder aus Ignoranz falsch, sondern mit Bedacht. Um dies zu durchschauen, muss man die Wirtschaftswissenschaft und die Ratschläge von Experten hinter sich lassen und untersuchen, wie Entscheidungen wirklich zustande kommen, wer sie treffen kann und warum solche Menschen einen bestimmten Weg wählen. Es geht also um eine Untersuchung der Politik und der politischen Prozesse, die von der Wirtschaftswissenschaft traditionell ignoriert werden. Doch man muss die Politik verstehen, wenn man die Weltungleichheit erklären will. Wie der Ökonom Abba Lerner bereits in den 1970er Jahren anmerkte: »Die Ökonomie hat den Titel Königin der Sozialwissenschaften erlangt, indem sie gelöste politische Probleme zu ihrem Fachgebiet machte.«

Wir werden darlegen, dass man, um Wohlstand zu erzielen, einige politische Grundprobleme lösen muss. Eben weil sie von einer Lösung der politischen Probleme ausgeht, ist die Wirtschaftswissenschaft nicht fähig, eine überzeugende Erklärung für die Weltungleichheit zu liefern. Man braucht die Wirtschaftswissenschaft nach wie vor, um zu verstehen, wie sich unterschiedliche politische Maßnahmen und Sozialstrukturen auf ökonomische Anreize und Verhaltensweisen auswirken. Aber dazu bedarf es auch der Auseinandersetzung mit der Politik.

3.
DIE SCHAFFUNG VON WOHLSTAND UND ARMUT

Die Ökonomie am 38. Breitengrad

Im Sommer 1945, während sich der Zweite Weltkrieg seinem Ende näherte, brach die japanische Kolonie in Korea zusammen. Innerhalb eines Monats nach der bedingungslosen Kapitulation Japans am 15. August wurde Korea entlang des 38. Breitengrades in zwei Einflusssphären geteilt. Den Süden verwalteten die Vereinigten Staaten, den Norden übernahm Russland. Der unsichere Frieden des Kalten Krieges zerbrach im Juni 1950, als die nordkoreanische Armee in den Süden einmarschierte. Obwohl die Nordkoreaner zunächst weit vorstießen und die Hauptstadt Seoul eroberten, zogen sie sich bereits im Herbst wieder auf ganzer Linie zurück.

Damals wurden Hwang Pyŏng-Wŏn und sein Bruder voneinander getrennt. Hwang gelang es, sich zu verstecken und nicht von der nordkoreanischen Armee eingezogen zu werden. Er blieb im Süden und arbeitete als Apotheker. Sein Bruder, ein Arzt, der in Seoul verwundete südkoreanische Soldaten behandelte, wurde von den Nordkoreanern bei deren Rückzug mitgenommen. Die Brüder trafen einander im Jahr 2000 zum ersten Mal seit fünfzig Jahren, nachdem die Regierungen sich endlich geeinigt hatten, ein begrenztes Programm der Familienzusammenführung in die Wege zu leiten.

Als Arzt hatte Hwang Pyŏng-Wŏns Bruder Arbeit bei der Luftwaffe gefunden – in einer Militärdiktatur ein guter Posten. Aber nicht einmal die Privilegierten sind in Nordkorea zu beneiden. Bei ihrer Begegnung erkundigte sich Hwang Pyŏng-Wŏn nach dem Leben nördlich des 38. Breitengrads. Er hatte ein Auto, sein Bruder jedoch nicht.

»Hast du ein Telefon«, fragte er. »Nein«, erwiderte sein Bruder. »Meine Tochter, die im Außenministerium arbeitet, hat eines, aber wenn man den Code nicht kennt, kann man es nicht benutzen.« Hwang Pyŏng-Wŏn wusste, dass die meisten Personen aus dem Norden, die an der Wiederbegegnung teilnahmen, um Geld gebeten hatten, weshalb er seinem Bruder eine gewisse Summe anbot. Doch dieser sagte: »Wenn ich mit Geld zurückkehre, wird mir die Regierung befehlen: ›Gib es uns.‹ Also behalte es lieber.« Hwang Pyŏng-Wŏn bemerkte, dass der Mantel seines Bruders schäbig war. »Zieh den Mantel aus und lass ihn hier. Trag meinen, wenn du zurückkehrst«, schlug er vor. »Das geht nicht«, antwortete sein Bruder. »Die Regierung hat mir meinen nur für die Reise hierher geliehen.« Hwang Pyŏng-Wŏn berichtete, dass sein Bruder, während sie sich voneinander verabschiedeten, unbehaglich und nervös wirkte, als werde er abgehört. Er war ärmer, als Hwang erwartet hatte. Zwar beteuerte er, ein angenehmes Leben zu führen, doch Hwang Pyŏng-Wŏn fand, dass er schrecklich aussah und spindeldürr war.

Die Bürger von Südkorea haben einen Lebensstandard, der dem von Portugal und Spanien gleicht. Im Norden, in der Demokratischen Volksrepublik Korea, ist der Lebensstandard dagegen zehnmal niedriger und mit dem eines subsaharischen afrikanischen Landes zu vergleichen. Die Gesundheit der Nordkoreaner ist in einem noch schlimmeren Zustand; der Durchschnittsbürger hat eine zehn Jahre geringere Lebenserwartung als seine Landsleute südlich des 38. Breitengrads. Karte 7 illustriert die wirtschaftliche Kluft zwischen den beiden Koreas auf dramatische Weise. Sie gibt die nächtliche Lichtintensität anhand von Satellitenbildern wieder. Nordkorea ist wegen Strommangels fast völlig dunkel; Südkorea lodert vor Licht.

Diese erstaunlichen Gegensätze sind nicht alt. Vor dem Ende des Zweiten Weltkriegs existierten sie noch nicht. Aber nach 1945 organisierten die Regierungen im Norden und im Süden ihre Wirtschaft auf ganz unterschiedliche Art. Südkorea wurde, mit beträchtlicher Unterstützung der Vereinigten Staaten, von dem überzeugten Kommunismusgegner Syngman Rhee geführt, der in Harvard und Princeton ausgebildet worden war und die frühen wirtschaftlichen und politischen

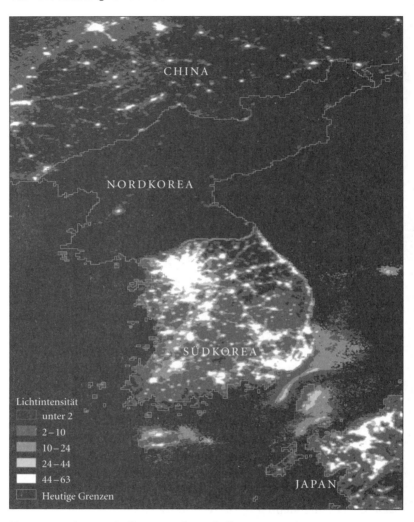

Karte 7: Lichter in Südkorea und Dunkelheit im Norden

Institutionen gestaltete. 1948 wählte man ihn zum Präsidenten. Durch den Koreakrieg bedingt und mit der Gefahr konfrontiert, dass sich der Kommunismus über den 38. Breitengrad vorschob, war Südkorea keine Demokratie. Rhee und sein gleichermaßen berühmter Nachfolger, General Park Chung-Hee, sicherten sich ihren Platz in der Geschichte als autoritäre Präsidenten. Aber beide richteten eine Marktwirtschaft ein, in der Privatbesitz anerkannt wurde, und nach 1961 nutzte Park Chung-Hee die Macht des Staates für die Förderung eines raschen Wirtschaftswachstums, indem er erfolgreichen Firmen Kredite und Subventionen zukommen ließ.

Die Situation nördlich des 38. Breitengrads sah anders aus. Kim Il-Sung, der im Zweiten Weltkrieg kommunistische Partisanen gegen die Japaner angeführt hatte, machte sich 1947 zum Diktator und etablierte im Rahmen des Juche-Systems mit Hilfe der Sowjetunion eine starre Form der zentralen Planwirtschaft. Privatbesitz und freier Handel wurden verboten. Man beschnitt die Freiheiten nicht nur auf dem Markt, sondern auch in jedem anderen Bereich des nordkoreanischen Lebens. Davon ausgenommen waren nur jene, die der sehr kleinen herrschenden Elite um Kim Il-Sung und später um seinen Sohn und Nachfolger Kim Jong-Il angehörten.

Es dürfte nicht überraschen, dass sich die Konjunktur in Süd- und Nordkorea ganz unterschiedlich entwickelte. Kim Il-Sungs Kommandowirtschaft und das Juche-System erwiesen sich schon bald als Katastrophe. Detaillierte statistische Angaben liegen aus Nordkorea nicht vor, da es, gelinde gesagt, ein verschwiegener Staat ist. Gleichwohl bestätigen die verfügbaren Daten das, was wir bereits durch die allzu häufig auftretenden Hungersnöte wissen: Davon abgesehen, dass die Industrieproduktion nicht in Gang kam, hat Nordkorea auch einen Zusammenbruch der Landwirtschaft erlebt. Das Fehlen von Privatbesitz bewirkte, dass kaum jemand einen Anreiz hatte, zu investieren oder Anstrengungen zur Erhöhung oder auch nur zur Aufrechterhaltung der Produktivität zu unternehmen. Zudem lehnte das erdrückende, repressive Regime jegliche Innovation ab, auch die Übernahme neuer Technologien. Aber Kim Il-Sung, Kim Jong-Il und ihre Kumpane hatten nicht die Absicht, das System zu reformieren,

das heißt Privateigentum, einen freien Handel und Privatverträge einzuführen oder die wirtschaftlichen und politischen Institutionen zu
ändern. Nordkorea stagniert daher weiter.

Im Gegensatz dazu förderten die Wirtschaftsinstitutionen im Süden Investitionen und Handel. Die südkoreanischen Politiker bauten
das Erziehungswesen aus, was zu einem hohen Bildungsstand führte.
Die einheimischen Unternehmen zögerten nicht, sich die relativ gut
qualifizierte Bevölkerung, die Förderungsmaßnahmen für Investitionen und Industrialisierung, die Exportmöglichkeiten und den Tech-
nologietransfer zunutze zu machen. Bald wurde Südkorea zu einem
der »Wirtschaftswunder« Ostasiens, einer der am zügigsten wachsenden Nationen der Welt.

In den späten 1990er Jahren, nach gerade mal einem halben Jahrhundert, wiesen das südkoreanische Wachstum und die nordkoreanische Stagnation ein zehnfaches Gefälle zwischen den beiden Hälften
des früher vereinigten Landes auf (man bedenke, wie die Situation
in ein, zwei Jahrhunderten aussehen könnte). Das wirtschaftliche
Desaster Nordkoreas, das Millionen in den Hunger trieb, ist umso
auffälliger, wenn man es mit dem wirtschaftlichen Erfolg Südkoreas
vergleicht: Weder Kultur noch Geographie noch Ignoranz können
die abweichende Entwicklung erklären. Um eine Antwort zu finden,
müssen wir die Institutionen ins Auge fassen.

Extraktive und inklusive Wirtschaftsinstitutionen

Länder erzielen wegen ihrer uneinheitlichen Institutionen, wegen der
Regeln, welche die Funktionsweise der Wirtschaft beeinflussen, und
wegen der Anreize zur Motivierung der Menschen unterschiedliche
wirtschaftliche Erfolge. Man vergleiche die Teenager in Nord- und
Südkorea und ihre Hoffnungen. Im Norden wachsen sie in Armut auf,
ohne unternehmerische Initiative, Kreativität und eine adäquate Ausbildung für eine qualifizierte Arbeit. Ein großer Teil ihrer Schulzeit ist
der reinen Propaganda gewidmet, welche die Legitimität des Regimes

vorgaukeln soll. Es gibt kaum Bücher, geschweige denn Computer. Nach der Schule muss jeder einen zehnjährigen Wehrdienst ableisten. Diese Teenager wissen, dass sie nie über Privateigentum verfügen, eine Firma gründen oder ein wenig mehr Wohlstand erwerben können, auch wenn viele illegal privaten Geschäften nachgehen, um ein Auskommen zu haben. Sie wissen auch, dass ihnen ein legaler Zugang zu den Märkten verwehrt ist, auf denen sie ihre Fähigkeiten nutzen oder ihre Einnahmen verwenden können, um sich die Güter zu erwerben, die sie benötigen und begehren. Sie können nicht einmal sicher sein, welche Menschenrechte ihnen zugestanden werden.

Die Teenager im Süden erhalten eine gute Ausbildung und werden ermutigt, sich anzustrengen und sich später in dem Beruf ihrer Wahl auszuzeichnen. Südkorea hat eine auf Privateigentum beruhende Marktwirtschaft. Die südkoreanischen Teenager wissen, dass sie, wenn sie als Unternehmer oder Angestellte Erfolg haben, eines Tages die Früchte ihrer Investitionen und Anstrengungen werden ernten können. Sie haben die Möglichkeit, ihren Lebensstandard zu erhöhen und sich Autos und Häuser zu kaufen und in ihre Gesundheitsvorsorge zu investieren.

Im Süden unterstützt der Staat wirtschaftliche Aktivitäten. Unternehmer können Kredite bei Banken und auf den Finanzmärkten aufnehmen, ausländische Firmen können Partnerschaften mit südkoreanischen Unternehmen eingehen und Einzelpersonen können Hypothekendarlehen beantragen, um sich ein Haus zu kaufen. Im Süden hat man im Großen und Ganzen die Freiheit, einen beliebigen Betrieb zu eröffnen. Davon ist im Norden keine Rede. Im Süden kann man Arbeitskräfte einstellen, seine Produkte und Dienstleistungen verkaufen und auf einem freien Markt mit seinem Geld machen, was immer man will. Im Norden gibt es lediglich Schwarzmärkte. Diese unterschiedlichen Regeln werden von den Institutionen bestimmt, unter denen Nord- und Südkoreaner leben.

Inklusive Wirtschaftsinstitutionen, wie es sie in Südkorea oder in den Vereinigten Staaten gibt, schaffen attraktive Bedingungen für die große Mehrheit, sich ins Wirtschaftsleben einzubringen und ihre Begabungen und Fähigkeiten optimal einzusetzen, und sie gestatten dem

Einzelnen, freie Entscheidungen zu treffen. Um inklusiv zu sein, müssen Wirtschaftsinstitutionen Sicherheit für das private Eigentum, ein neutrales Rechtssystem und öffentliche Dienstleistungen zur Schaffung fairer Bedingungen bieten, die dem Menschen ermöglichen, frei zu handeln und Verträge abzuschließen. Sie müssen ferner die Gründung neuer Unternehmen erlauben und ihren Bürgern gestatten, selbst über die eigene berufliche Laufbahn zu bestimmen.

Der Kontrast zwischen Süd- und Nordkorea veranschaulicht ebenso wie der zwischen den Vereinigten Staaten und Lateinamerika ein allgemeines Prinzip. Inklusive Institutionen fördern die Wirtschaftsaktivität, die Produktivitätssteigerung und den allgemeinen wirtschaftlichen Wohlstand. Die Rechtssicherheit von Privateigentum spielt dabei eine zentrale Rolle, da nur Menschen, die solch eine Sicherheit haben, bereit sind, zu investieren und die Produktivität zu erhöhen. Ein Geschäftsmann, der damit rechnen muss, dass sein Gewinn gestohlen, enteignet oder weggesteuert wird, verspürt wenig Motivation zu arbeiten, geschweige denn Investitionen zu tätigen und Neuerungen durchzuführen. Doch solche Rechte müssen für die Mehrheit der Gesellschaft gelten.

Im Jahre 1680 führte die englische Regierung einen Zensus in der westindischen Kolonie Barbados durch. Er ergab, dass von der Gesamtbevölkerung der Insel, die rund 60 000 Menschen umfasste, fast 39 000 afrikanische Sklaven waren, die dem übrigen Drittel der Bevölkerung gehörten. In ihrer Mehrheit waren sie das Eigentum der 175 größten Zuckerplantagenbesitzer, die auch fast den gesamten Boden besaßen. Diese Pflanzer konnten sich auf sichere und gut durchsetzbare Eigentumsrechte über ihr Land und ihre Sklaven stützen. Wenn ein Plantagenbesitzer einem anderen Sklaven verkaufen wollte, hinderte ihn nichts daran, und er konnte sich darauf verlassen, dass er dabei das Gericht auf seiner Seite hatte. Warum? Von den vierzig Richtern und Friedensrichtern auf der Insel waren neunundzwanzig Besitzer großer Plantagen, ebenso wie die acht höchsten Militärvertreter. Trotz klar definierter, verlässlicher und in die Praxis umsetzbarer Eigentums- und Vertragsrechte für die Elite der Insel hatte

Barbados keine inklusiven Wirtschaftsinstitutionen, da zwei Drittel der Bevölkerung Sklaven ohne Zugang zu einer Ausbildung oder zu wirtschaftlichen Chancen waren und weder die Möglichkeit noch den Anreiz hatten, ihre Begabungen und ihr Geschick zu nutzen. Inklusive Wirtschaftsinstitutionen erfordern solide Eigentumsrechte und wirtschaftliche Chancen nicht nur für die Elite, sondern für einen breiten Querschnitt der Gesellschaft.

Sichere Eigentumsrechte, Gesetze, öffentliche Dienstleistungen und die Freiheit, Verträge abzuschließen und Waren auszutauschen, hängen alle vom Staat ab – der Institution mit der Amtsgewalt, für Ordnung zu sorgen, Diebstahl und Betrug zu verhindern und zu ahnden und Verträgen zwischen Privatpersonen Geltung zu verschaffen. Um gut zu funktionieren, benötigt die Gesellschaft noch andere öffentliche Dienstleistungen: Straßen und ein Verkehrssystem zur Beförderung von Gütern; eine öffentliche Infrastruktur, damit die Wirtschaftstätigkeit gedeihen kann; und Grundverordnungen zur Verhinderung von Betrug und anderen Vergehen. Viele dieser öffentlichen Dienste können von der Wirtschaft und von Privatbürgern geleistet werden, doch die in großem Maßstab erforderliche Koordination ist oft nur einer Zentralbehörde möglich. Der Staat ist also unauflöslich mit den Wirtschaftsinstitutionen verknüpft, denn er sorgt für die Wahrung von Recht und Ordnung, sichert Privateigentum und Verträge und ist oft ein bedeutender Dienstleister. Inklusive Wirtschaftsinstitutionen benötigen und nutzen den Staat.

Den Wirtschaftsinstitutionen Nordkoreas oder denen des kolonialen Lateinamerika – *mita*, *encomienda* und *repartimiento* – fehlen solche Eigenschaften. Privateigentum existiert in Nordkorea nicht, und im kolonialen Lateinamerika verfügten zwar die Spanier über Privateigentum, doch das der einheimischen Völker war äußerst unsicher. In beiden Gesellschaftstypen war die große Bevölkerungsmehrheit nicht in der Lage, die von ihr gewünschten wirtschaftlichen Entscheidungen zu treffen, denn sie war Massenzwangsmaßnahmen unterworfen. In beiden Fällen wurde die Macht des Staates nicht eingesetzt, um für die Förderung des allgemeinen Wohlstands wichtige öffentliche Dienstleistungen bereitzustellen. In Nordkorea hat der

Staat ein Erziehungssystem aufgebaut, das den Menschen Propaganda eintrichtert, jedoch unfähig ist, Hungersnöte zu verhindern. Im kolonialen Lateinamerika konzentrierte sich der Staat auf die gewaltsame Unterwerfung der indigenen Völker. In beiden Fällen gab es weder Wettbewerbsgerechtigkeit noch ein neutrales Rechtssystem. In Nordkorea ist die Justiz der verlängerte Arm der herrschenden Kommunistischen Partei, und in Lateinamerika war sie ein Werkzeug zur Diskriminierung der Volksmassen. Institutionen, deren Eigenschaften im Gegensatz zu denen inklusiver Einrichtungen stehen, bezeichnen wir als extraktive Wirtschaftsinstitutionen – extraktiv deshalb, weil sie dem Zweck dienen, einem Teil der Gesellschaft Einkommen und Wohlstand zugunsten einer anderen zu entziehen.

Wohlstandsmotoren

Inklusive Wirtschaftsinstitutionen schaffen inklusive Märkte, die den Menschen nicht nur die Freiheit bieten, einen Beruf zu wählen, der ihrer Begabung am besten entspricht, sondern auch faire Wettbewerbsbedingungen zur Umsetzung dieser Freiheit schaffen. Wer gute Ideen hat, kann ein Unternehmen gründen, abhängig Beschäftigte werden sich vermehrt Tätigkeiten zuwenden, in denen ihre Produktivität höher ist, und weniger leistungsstarke Firmen können durch effizientere ersetzt werden. Man vergleiche die Möglichkeiten der Berufswahl unter inklusiven Marktbedingungen mit denen im kolonialen Peru und Bolivien, wo viele Menschen unter der *mita* gezwungen waren, ungeachtet ihrer Fähigkeiten und Wünsche in Silber- und Quecksilberbergwerken zu arbeiten. Inklusive Märkte sind auf vielfältige Art frei. Barbados verfügte im 17. Jahrhundert ebenfalls über Märkte, doch außer einer kleinen Oberschicht aus Plantagenbesitzern besaß dort niemand Eigentumsrechte, und auch die übrigen Bedingungen waren keineswegs inklusiv. Im Gegenteil, die Sklavenmärkte waren ein Bestandteil der Wirtschaftsinstitutionen, welche die Bevölkerungsmehrheit systematisch unterjochten und ihr die Möglichkeit raubten, eine freie Berufswahl zu treffen und ihre Begabungen nach eigenem Belieben zu nutzen.

Inklusive Wirtschaftsinstitutionen schaffen die Voraussetzung für zwei weitere Wohlstandsmotoren: für Technologie und Ausbildung. Ein dauerhaftes Wirtschaftswachstum wird fast immer von technologischen Verbesserungen begleitet, die es den Menschen als Arbeitskräften, der Landwirtschaft und den Besitzern von Gebäuden, Maschinen und so weiter ermöglichen, produktiver zu werden. Man denke nur an unsere Ururgroßeltern vor rund einem Jahrhundert, die nicht über die Flugzeuge und Automobile oder über die Gesundheitsversorgung verfügten, die heute für uns selbstverständlich sind, ganz zu schweigen von Innentoiletten, Klimaanlagen, Einkaufszentren oder gar Datenverarbeitung, Robotertechnik und computergesteuerten Maschinen. Blicken wir noch ein paar Generationen weiter zurück, so waren das technologische Know-how und der Lebensstandard noch niedriger, weshalb wir uns kaum vorstellen können, wie sich die Mehrheit der Menschen durchs Leben mühte.

Die Verbesserungen sind auf die Naturwissenschaften und auf Unternehmer wie Thomas Edison zurückzuführen, die auf der Basis wissenschaftlicher Erkenntnisse einträgliche Firmen aufbauten. Derartige Innovationsprozesse werden durch Wirtschaftsinstitutionen ermöglicht, die das Privateigentum fördern, für die Einhaltung von Verträgen sorgen, faire Wettbewerbsbedingungen schaffen sowie die Gründung von Unternehmen begünstigen, die neue technische Verfahren einsetzen. Deshalb ist es nicht verwunderlich, dass es die US-amerikanische Gesellschaft – nicht Mexiko oder Peru – war, die einen Thomas Edison hervorgebracht hat, und dass Südkorea, nicht Nordkorea, heutzutage innovative Firmen wie Samsung und Hyundai entstehen lässt.

Eng verbunden mit der Technologie sind die Ausbildung, die Fertigkeiten, die Qualifikationen und das Know-how, welche die Beschäftigten in Schulen, daheim oder im Arbeitsprozess erworben haben. Wir sind weitaus produktiver als vor einem Jahrhundert – und das nicht nur wegen der besseren Maschinen, sondern auch wegen des größeren Know-hows der Arbeitskräfte. Jegliche Technologie wäre von geringem Nutzen ohne Mitarbeiter, die sich ihrer zu bedienen verstehen.

Aber Kenntnisse und Qualifikationen bringen mehr mit sich als die Fähigkeit, mit Maschinen umzugehen. Die Ausbildung und die Fertigkeiten der Arbeitskräfte erzeugen das Fachwissen, auf dem sich unser Fortschritt aufbaut und das die Anpassung und Übernahme von Technologien in den verschiedensten Branchen ermöglicht. Zwar haben wir im ersten Kapitel darauf hingewiesen, dass viele Neuerer der Industriellen Revolution und der Zeit danach genau wie Thomas Edison keine hochrangige Ausbildung genossen hatten, aber es muss hinzugefügt werden, dass die damaligen Innovationen weniger kompliziert waren als die der modernen Technologie. Der jetzige technologische Wandel verlangt eine gute Ausbildung der Neuerer und des Personals.

Hier erkennen wir die Bedeutung der Wirtschaftsinstitutionen, die faire Wettbewerbsbedingungen schaffen. Die Vereinigten Staaten konnten Personen wie Bill Gates, Steve Jobs, Sergey Brin, Larry Page und Jeff Bezos hervorbringen (oder aus dem Ausland anziehen); dazu Hunderte von Wissenschaftlern, die grundlegende Entdeckungen auf Gebieten wie Informatik, Atomkraft und Biotechnologie machten und den genannten Unternehmern erlaubten, ihre Firmen zu gründen. Das Angebot an Talenten war vorhanden und brauchte nur noch genutzt zu werden, da die meisten Teenager in den Vereinigten Staaten Zugang zu der Ausbildung haben, die sie sich wünschen und zu der sie befähigt sind. Man vergleiche diese Situation beispielsweise mit den Verhältnissen im Kongo oder in Haiti, wo ein großer Bevölkerungsanteil entweder gar keine Möglichkeit hat, Schulen zu besuchen, oder wo das Ausbildungsniveau kläglich ist, weil die Lehrer nicht am Arbeitsplatz erscheinen oder weil es an Büchern fehlt.

Der niedrige Ausbildungsstand in den armen Ländern wird von Wirtschaftsinstitutionen verursacht, die Eltern keinen Ansporn bieten, ihre Kinder erziehen zu lassen, sowie von politischen Institutionen, welche die Regierung nicht bewegen, Schulen zu bauen und zu finanzieren sowie die Ausbildungswünsche von Eltern und Kindern zu unterstützen. Der Preis, den solche Staaten für das niedrige Bildungsniveau ihrer Bevölkerung und für das Fehlen von inklusiven Märkten zahlen, ist hoch. Sie können ihre eigenen Talente nicht nutzen, denn obwohl sie über manchen potentiellen Bill Gates und vielleicht über ein oder zwei Albert Einsteins verfügen, arbeiten diese nun gegen ihren Willen als arme, ungebildete Bauern, oder sie werden von der Armee eingezogen und bekommen nie die Gelegenheit, ihre Berufung zu realisieren.

Die Fähigkeit von Wirtschaftsinstitutionen, das Potential inklusiver Märkte zu erschließen, technologische Neuerungen zu fördern, in Menschen zu investieren sowie die Talente und Fertigkeiten einer großen Zahl von Individuen zu mobilisieren, ist entscheidend für das Wirtschaftswachstum. Die Beantwortung der Frage, warum so viele Wirtschaftsinstitutionen diese einfachen Ziele nicht erreichen, ist das Hauptthema dieses Buches.

Extraktive und inklusive politische Institutionen

Alle Wirtschaftsinstitutionen werden von der Gesellschaft geschaffen. Die in Nordkorea zum Beispiel wurden der Bevölkerung von den Kommunisten aufgezwungen, die das Land in den 1940er Jahren besetzten, während die im kolonialen Lateinamerika von spanischen Konquistadoren eingeführt wurden. Südkorea gründete ganz andere Wirtschaftsinstitutionen als der Norden, da dort andere Menschen mit anderen Interessen und Zielen die Entscheidungen über die künftige Gesellschaftsstruktur trafen. Kurz, in Südkorea betrieb man eine andere Politik.

Die Politik ist der Prozess, in dem eine Gesellschaft die Regeln für ihre Lenkung bestimmt. Extraktive Institutionen werden aus dem einfachen Grund gebildet, weil ihre inklusiven Pendants zwar vorteilhaft für den wirtschaftlichen Wohlstand eines Staates sein mögen, doch Personen oder Gruppen wie die Elite der Kommunistischen Partei Nordkoreas oder die Zuckerplantagenbesitzer des kolonialen Barbados viel stärker von extraktiven Institutionen profitieren. Wenn es zu einem Konflikt um die Institutionen kommt, hängt das Ergebnis davon ab, welche Person oder Gruppe sich im politischen Spiel durchsetzt und mehr Unterstützung erhält, zusätzliche Mittel erlangt und schlagkräftigere Bündnisse schmiedet. Mit anderen Worten, der Sieger wird durch die Verteilung der politischen Macht in der Gesellschaft ermittelt.

Die politischen Institutionen der Gesellschaft sind ein Schlüsselfaktor für das Ergebnis des Spiels. Sie liefern die Regeln, nach denen die politischen Anreize festgelegt werden. Außerdem bestimmen sie, wie die Regierung gewählt wird und welcher Teil der Regierung welche Rechte hat. Politische Institutionen entscheiden, wer über die Macht in der Gesellschaft verfügt und zu welchen Zwecken er sie einsetzen kann. Wenn die Machtverteilung auf einen engen Kreis beschränkt und unanfechtbar ist, sind die politischen Institutionen absolutistisch, wofür die entsprechenden Monarchien, die während eines großen Teils der Geschichte weltweit herrschten, als Beispiel dienen. Unter absolutistischen politischen Institutionen wie denen in Nordkorea und im kolonialen Lateinamerika können die Machthaber Wirtschaftsinstitutionen einrichten, die ihnen helfen, sich selbst zu bereichern und ihre Macht auf Kosten der Gesellschaft zu vergrößern. Im Gegensatz dazu sind politische Institutionen, welche die Macht auf breiter Ebene in der Gesellschaft verteilen und sie Kontrollen unterwerfen, als pluralistisch zu bezeichnen. Statt in den Händen eines Individuums oder einer kleinen Gruppe zu liegen, wird die politische Macht dann von einer breiten Koalition oder einer Pluralität von Gruppen ausgeübt.

Offensichtlich besteht ein enger Zusammenhang zwischen Pluralismus und inklusiven Wirtschaftsinstitutionen. Aber den Schlüssel zum Verständnis der Frage, warum Südkorea und die USA inklusive Wirtschaftsinstitutionen besitzen, ist nicht nur in ihren pluralistischen politischen Institutionen, sondern auch in der Tatsache zu finden, dass sie hinreichend zentralisierte und mächtige Staaten sind. Einen aufschlussreichen Kontrast bildet das ostafrikanische Somalia. Wie wir später noch erläutern werden, ist die politische Macht in Somalia seit Langem breit gestreut – auf fast pluralistische Art. Mehr noch, es gibt keine wirkliche Autorität, die zur Kontrolle oder zu Sanktionen gegenüber den Bewohnern fähig wäre. Die Gesellschaft spaltet sich in zutiefst antagonistische Clans, die einander nicht dominieren können. Die Macht des einen Clans wird nur durch die Gewehre eines anderen eingeschränkt. Solche Verhältnisse führen trotz der Machtverteilung nicht zu inklusiven Institutionen, sondern zu Chaos, und die Ursache von alledem ist das Fehlen politischer oder staatlicher Zentralisierung. Dadurch ist der somalische Staat unfähig, auch nur ein Minimum an Gesetz und Ordnung zur Absicherung wirtschaftlicher Aktivitäten, des Handels oder der elementaren Rechte seiner Bürger zu erzwingen.

Max Weber definierte den Staat, was allgemein akzeptiert wird, als »diejenige menschliche Gemeinschaft, welche innerhalb eines bestimmten Gebietes das Monopol legitimer physischer Gewaltsamkeit für sich beansprucht«. Ohne ein derartiges Monopol und die damit verbundene Zentralisierung kann der Staat seine Rolle als Wahrer von Recht und Ordnung nicht spielen, geschweige denn öffentliche Dienste bereitstellen sowie wirtschaftliche Aktivitäten fördern oder reglementieren. Wenn der Staat nicht die geringste politische Zentralisierung schaffen kann, gleitet die Gesellschaft früher oder später wie in Somalia ins Chaos ab.

Politische Institutionen, die ausreichend zentralisiert und pluralistisch sind, nennen wir inklusiv. Wenn eine der beiden Bedingungen nicht zutrifft, bezeichnen wir sie als extraktive politische Institutionen.

Es gibt eine starke Synergie zwischen wirtschaftlichen und politischen Institutionen. Extraktive politische Institutionen konzentrieren die Macht in den Händen einer kleinen Oberschicht und unterwerfen ihre Ausübung nur wenigen Kontrollen. Die Herrschenden gestalten die Wirtschaftsinstitutionen dann häufig auf eine Weise, die ihnen gestattet, der übrigen Gesellschaft Ressourcen zu entziehen. Extraktive Wirtschaftsinstitutionen gehen also üblicherweise mit extraktiven politischen Institutionen einher. Doch damit nicht genug, sie sind, um überleben zu können, zwangsläufig auf die Letzteren angewiesen. Inklusive politische Institutionen, durch die sich die Macht breitflächig verteilt, neigen demnach dazu, Wirtschaftsinstitutionen zu zerstören, welche die Ressourcen der Vielen enteignen, Eintrittsschranken errichten und das Funktionieren der Märkte zugunsten einer kleinen Minderheit unterdrücken.

Auf Barbados zum Beispiel hätte das Plantagensystem, das auf der Ausbeutung von Sklaven basierte, nicht ohne politische Institutionen überleben können, welche die Sklaven unterdrückten und sie völlig vom politischen Prozess ausschlossen. Das Wirtschaftssystem, das Millionen zugunsten einer kleinen kommunistischen Elite in Nordkorea verarmen lässt, wäre ebenfalls ohne die totale politische Dominanz der Kommunistischen Partei undenkbar.

Diese synergetische Beziehung zwischen extraktiven wirtschaftlichen und extraktiven politischen Institutionen führt zu einer starken Feedback-Schleife: Solche politischen Institutionen ermöglichen den Machteliten, Wirtschaftsinstitutionen mit geringen Beschränkungen und ohne Gegenkräfte einzurichten. Zusätzlich verschaffen sie den Herrschenden die Möglichkeit, auch künftige politische Institutionen und deren Entwicklung zu gestalten. Extraktive Wirtschaftsinstitutionen wiederum lassen denselben Eliten Reichtum zukommen, deren Vermögen und Macht dann dazu beitragen, ihre politische Dominanz zu festigen. Auf Barbados beispielsweise oder in Lateinamerika waren die Kolonisten in der Lage, mit Hilfe ihrer politischen Macht eine Reihe von Wirtschaftsinstitutionen aufzubauen, die ihnen enorme Reichtümer auf Kosten der übrigen Bevölkerung einbrachten. Die durch die Wirtschaftsinstitutionen geschaffenen Mittel befähigten die Eliten, Armeen und Sicherheitskräfte zur Verteidigung ihres absolutistischen Machtmonopols zusammenzustellen. All das impliziert natürlich, dass extraktive politische und wirtschaftliche Institutionen einander unterstützen und in der Regel langfristig existieren.

Die Synergie zwischen extraktiven wirtschaftlichen und extraktiven politischen Institutionen hat noch weitere Aspekte. Wenn bestehende Eliten unter extraktiven politischen Institutionen herausgefordert werden und die Angreifer den Durchbruch schaffen, sind diese ebenfalls nur wenigen Kontrollen unterworfen. Deshalb empfinden sie es als vorteilhaft, die politischen Institutionen beizubehalten und entsprechende Wirtschaftsinstitutionen zu schaffen, wie es bei Porfirio

Díaz und der ihn umgebenden Elite am Ende des 19. Jahrhunderts in Mexiko der Fall war.

Inklusive Wirtschaftsinstitutionen dagegen entstehen auf der von inklusiven politischen Institutionen für sie geschaffenen Basis. Diese verteilen die Macht breiter innerhalb der Gesellschaft und schränken ihre willkürliche Ausübung ein. Auch erschweren sie es anderen, die Macht an sich zu reißen und die Grundlagen der inklusiven Institutionen zu untergraben. Diejenigen, welche die politische Macht in Händen haben, können sie nicht mühelos nutzen, um extraktive Wirtschaftsinstitutionen zu ihrem eigenen Vorteil zu schaffen. Inklusive Wirtschaftsinstitutionen wiederum sorgen für eine gerechtere Verteilung der Ressourcen, was den Bestand der inklusiven politischen Institutionen sichert.

Als die Virginia Company 1618 den zuvor von ihr unterdrückten Kolonisten Land gab und ihre drakonischen Verträge aufhob, war es kein Zufall, dass die Generalversammlung ihnen im folgenden Jahr gestattete, sich selbst zu regieren. Wirtschaftlichen Rechten ohne politisches Gegenstück hätten die Kolonisten, welche die Unterdrückung durch die Virginia Company erlebt hatten, nicht getraut. Auch wären solche wirtschaftlichen Verhältnisse nicht von Dauer gewesen, weil Mischungen aus extraktiven und inklusiven Institutionen in der Regel instabil sind. Extraktive Wirtschaftsinstitutionen unter inklusiven politischen Bedingungen überleben gewöhnlich nicht lange, wie unsere Erörterung von Barbados gezeigt hat. Und inklusive Wirtschaftsinstitutionen können extraktive politische Organe weder unterstützen noch von ihnen unterstützt werden. Entweder verwandeln sie sich in extraktive Wirtschaftsinstitutionen zum Vorteil der kleinen Gruppe der Herrschenden, oder ihre Dynamik bringt die extraktiven politischen Institutionen ins Wanken und öffnet den Weg zur Entstehung ihrer inklusiven Pendants: Inklusive Wirtschaftsinstitutionen schränken die Vorteile ein, welche die Eliten aus ihrer Herrschaft über extraktive politische Institutionen beziehen können, da diese mit dem Wettbewerb auf den Märkten konfrontiert und durch die Verträge und Eigentumsrechte der übrigen Angehörigen der Gesellschaft gehemmt werden.

Warum entscheidet man sich nicht immer einfach für den Wohlstand?

Die durch Entscheidungen der Gesellschaft geprägten politischen und wirtschaftlichen Institutionen können inklusiv sein und das Wirtschaftswachstum fördern, oder sie können extraktiv sein und das Wirtschaftswachstum hemmen. Staaten mit extraktiven wirtschaftlichen und politischen Institutionen scheitern letztlich, weil diese das Wachstum behindern oder sogar blockieren. Das bedeutet, dass die Wahl der Art der Institutionen – also ihrer Politik – im Mittelpunkt unserer Suche nach den Gründen für den Erfolg oder das Scheitern von Staaten steht. Wir müssen begreifen, weshalb die Politik mancher Staaten zu inklusiven Institutionen führt, die das Wirtschaftswachstum begünstigen, während die Politik der großen Mehrheit der Staaten im Lauf der Geschichte extraktive Institutionen, die das Wirtschaftswachstum einschränken, hervorgebracht hat (und noch heute hervorbringt).

Es mag selbstverständlich erscheinen, dass jeder ein Interesse an der Schaffung von Wirtschaftsinstitutionen haben sollte, die Wohlstand erzeugen. Ist es nicht im Sinne jedes Bürgers, jedes Politikers und sogar jedes räuberischen Diktators, das eigene Land so wohlhabend wie möglich zu machen?

Kehren wir zum Königreich Kongo zurück. Es brach bereits im 17. Jahrhundert zusammen, doch es lieferte den Namen für das heutige Land, das im Jahr 1960 von der belgischen Kolonialherrschaft unabhängig wurde. Als unabhängiges Gemeinwesen erlebte es unter Joseph Mobutu zwischen 1965 und 1997 einen fast ungebrochenen Wirtschaftsverfall und wachsende Armut. Dieser Verfall setzte sich fort, nachdem Mobutu von Laurent Kabila gestürzt worden war.

Mobutu schuf eine Reihe äußerst extraktiver Wirtschaftsinstitutionen. Die Bürger verarmten, doch Mobutu und die ihn umgebende Elite, bekannt als Les Grosses Légumes (die Fetten Gemüse), wurden märchenhaft reich. Mobutu baute sich in seinem Geburtsort Gbadolite im Norden des Landes einen Palast mit einem Flughafen, der so riesig war, dass ein Concorde-Überschallflugzeug darauf landen konnte. Tatsächlich mietete er sich für seine Reisen nach Europa häufig eine solche Maschine von Air France. Dort kaufte er sich Schlösser und große Areale der belgischen Hauptstadt Brüssel.

Wäre es nicht besser für Mobutu gewesen, Wirtschaftsinstitutionen einzurichten, die den Wohlstand der Kongolesen erhöht hätten, statt ihre Armut zu vertiefen? Wenn es Mobutu gelungen wäre, seinem Land Reichtum zu verschaffen, wäre er dann nicht in der Lage gewesen, noch mehr Geld anzuhäufen und eine Concorde zu kaufen statt zu mieten, noch mehr Schlösser und Villen zu besitzen und möglicherweise eine größere, mächtigere Armee aufzubauen? Zum Unglück der Bürger vieler Länder der Welt lautet die Antwort nein. Wirtschaftsinstitutionen, die Anreize für wirtschaftlichen Fortschritt schaffen, können die Einnahmen und die Macht gleichzeitig so umverteilen, dass ein räuberischer Diktator und andere politische Machthaber schlechter abschneiden würden.

Das Grundproblem ist, dass es zwangsläufig zu Diskussionen und Konflikten um Wirtschaftsinstitutionen kommt. Unterschiedliche Institutionen wirken sich unterschiedlich auf den Wohlstand eines Landes sowie die Verteilung der Mittel und der Macht aus. Das von Institutionen ausgelöste Wachstum bringt Gewinner und Verlierer hervor. Dies wurde während der Industriellen Revolution in England deutlich, welche die Grundlagen für den Wohlstand bereitete, den wir heute in den reichen Ländern der Welt vorfinden. Sie konzentrierte sich auf eine Reihe bahnbrechender technologischer Neuerungen auf den Gebieten der Dampfkraft, des Verkehrs und der Textilproduktion. Doch obwohl die Mechanisierung die Gesamteinkommen enorm erhöhte und schließlich zur Basis der modernen Industriegesellschaft wurde, leisteten ihr viele heftigen Widerstand. Nicht aus Ignoranz oder Kurzsichtigkeit – ganz im Gegenteil. Der Widerstand gegen das Wirtschaftswachstum hatte seine eigene und leider kohärente Logik. Wirtschaftswachstum und technologischer Wandel werden von etwas begleitet, das der große Ökonom Joseph Schumpeter als schöpferische Zerstörung bezeichnete. Sie ersetzen das Alte durch das Neue. Neue Sektoren ziehen Gelder aus alten ab. Neue Firmen bringen etablierte

Unternehmen um Aufträge. Neue Technologien machen bestehende Fertigkeiten und Maschinen überflüssig. Der Prozess des Wirtschaftswachstums und die inklusiven Institutionen, auf denen er beruht, lassen politisch und wirtschaftlich Verlierer und Gewinner entstehen. Die Furcht vor solch einer schöpferischen Zerstörung ist häufig die Ursache des Widerstands gegen inklusive wirtschaftliche und politische Institutionen.

Die europäische Geschichte liefert ein anschauliches Beispiel für die Folgen der schöpferischen Zerstörung. Kurz vor der Industriellen Revolution im 18. Jahrhundert wurden die meisten europäischen Länder von Aristokratien und traditionellen Eliten regiert, deren Haupteinkommensquellen der Grundbesitz oder der Handel mit den Privilegien waren, die sie infolge der von Monarchen gewährten Monopole und Eintrittsschranken genossen. Im Einklang mit der Idee der schöpferischen Zerstörung führte die Ausbreitung von Industrien, Fabriken und Städten dazu, dass die Landgebiete Ressourcen einbüßten, die Pachten sanken und die Löhne, welche die Grundeigentümer ihren Arbeitern zahlen mussten, stiegen. Die bisherigen Eliten erlebten auch, dass ihre Handelsprivilegien durch neue Unternehmer und Händler eingeengt wurden. Alles in allem waren sie die eindeutigen wirtschaftlichen Verlierer der Industrialisierung.

Die Urbanisierung und die Entstehung einer gesellschaftlich bewussten Mittelschicht und Arbeiterschaft trugen zusätzlich dazu bei, dass das politische Monopol des Adels in Frage gestellt wurde. Mithin sahen sich die Aristokratien durch die Industrielle Revolution nicht nur als wirtschaftliche Verlierer, sondern sie liefen auch Gefahr, zu politischen Verlierern zu werden und ihre politische Macht aus den Händen geben zu müssen. Da ihre wirtschaftliche und politische Macht bedroht war, formten die bisherigen Eliten häufig eine beachtliche Opposition gegen die Industrialisierung.

Die Aristokraten waren nicht die Einzigen, denen die Industrialisierung schadete. Handwerker, deren Fertigkeiten durch die Mechanisierung entwertet wurden, wandten sich ebenfalls gegen die Ausbreitung der Industrie. Viele organisierten sich, begingen Ausschreitungen und zerstörten die Maschinen, die sie für den Verlust ihres Lebensunterhalts verantwortlich machten. Es handelte sich um die Ludditen, die Maschinenstürmer – ein Begriff, der heute generell mit dem Widerstand gegen den technologischen Wandel gleichgesetzt wird. John Kay, der englische Erfinder des »Flying Shuttle« (fliegendes Weberschiffchen), das er im Jahr 1733 entwickelt hatte – es war einer der ersten wichtigen Schritte in der Mechanisierung der Weberei –, musste 1753 erleben, dass sein Haus von Ludditen verbrannt wurde. James Hargreaves, der Erfinder der »Spinning Jenny«, einer revolutionären Verbesserung der Spinnerei, erlitt ein ähnliches Schicksal.

In ihrem Kampf gegen die Industrialisierung waren die Handwerker allerdings viel weniger erfolgreich als die grundbesitzenden Eliten, denn ihnen fehlte die politische Macht – die Fähigkeit, politische Entwicklungen gegen die Wünsche anderer Gruppen zu beeinflussen – der Grundbesitzer. In England schritt die Industrialisierung ungeachtet des Widerstands der Ludditen voran, weil sich die aristokratische Opposition zurückhielt. In Österreich-Ungarn und im Russischen Reich, wo die absolutistischen Monarchen und die Aristokratie viel mehr zu verlieren hatten, wurde die Industrialisierung blockiert. Dadurch geriet die Wirtschaft von Österreich-Ungarn und Russland ins Stocken. Die Länder blieben hinter anderen europäischen Nationen zurück, deren Wirtschaftswachstum im 19. Jahrhundert in die Höhe schnellte.

Ungeachtet des Erfolgs oder des Scheiterns spezifischer Schichten liegt die Lektion auf der Hand: Die bisherigen Machthaber wenden sich häufig gegen den wirtschaftlichen Fortschritt und gegen die Motoren des Wohlstands. Wirtschaftswachstum ist nicht bloß ein Prozess, in dem mehr und bessere Maschinen sowie mehr und besser ausgebildete Menschen eingesetzt werden, sondern auch eine transformative und destabilisierende Entwicklung, die mit einer umfassenden schöpferischen Zerstörung einhergeht. Das Wachstum setzt sich also nur fort, wenn es nicht von den wirtschaftlichen Verlierern, die um den Verlust ihrer wirtschaftlichen Privilegien fürchten, und den politischen Verlierern, die ihre politische Macht bedroht sehen, blockiert wird.

Der Kampf um knappe Ressourcen, Einkommen und Macht wird

zu einer Auseinandersetzung um die Spielregeln, also um die Wirtschaftsinstitutionen, welche die ökonomischen Aktivitäten und deren Nutznießer bestimmen. In einem Konflikt können nicht gleichzeitig die Wünsche aller Beteiligten erfüllt werden. Manche unterliegen und sind frustriert, während es anderen gelingt, für sie vorteilhafte Ergebnisse zu erzielen. Es hat fundamentale Auswirkungen auf die Wirtschaftsentwicklung eines Staates, wer die Gewinner eines Konflikts sind. Wenn die Gruppen, die sich dem Wachstum widersetzen, den Sieg davontragen, können sie den Fortschritt blockieren und die Stagnation der Wirtschaft bewirken.

Die Erklärung, warum die Mächtigen nicht unbedingt Wirtschaftsinstitutionen einrichten wollen, die dem ökonomischen Erfolg dienen, lässt sich ebenso auf die Wahl politischer Institutionen anwenden. In einem absolutistischen Regime vermögen die Herrschenden ihre Macht zu nutzen, um die von ihnen bevorzugten Wirtschaftsinstitutionen zu gründen. Können sie ein Interesse daran haben, die politischen Institutionen zu ändern und sie pluralistischer zu gestalten? Im Allgemeinen nicht, denn dadurch würde sich ihre politische Macht verringern, und es könnte schwierig, wenn nicht unmöglich, für sie werden, die Wirtschaftsinstitutionen ihren eigenen Interessen gemäß zu gestalten. Hier haben wir es wieder mit einer offenkundigen Konfliktquelle zu tun. Die Menschen, die unter extraktiven Wirtschaftsinstitutionen leiden, können nicht darauf hoffen, dass absolutistische Herrscher die politischen Institutionen und das Umverteilungsverfahren in der Gesellschaft freiwillig ändern. Der einzige Weg zum Wandel der politischen Institutionen besteht darin, dass man die Machthaber zwingt, ein pluralistischeres System zu schaffen.

Wie es keinen Grund dafür gibt, dass politische Institutionen automatisch pluralistisch werden, so existiert auch kein natürlicher Hang zur politischen Zentralisierung. Gewiss bestehen in jeder Gesellschaft Anreize, stärker zentralisierte Staatsinstitutionen aufzubauen, besonders in Ländern ohne jegliche Spur davon. Wenn zum Beispiel in Somalia ein Clan einen zentralisierten Staat gründen und im Land Ordnung schaffen würde, könnte dies von wirtschaftlichem Nutzen sein und den Clan bereichern. Warum ist das nicht der Fall?

Das Haupthindernis für die politische Zentralisierung ist wieder eine Form der Angst vor dem Wandel: Jeder Clan, jede Gruppe und jeder Politiker, die versuchen, die Macht im Staat zu zentralisieren, werden auch selbst an Macht gewinnen, was den Zorn anderer Clans, Gruppen und Individuen weckt. Das Fehlen einer politischen Zentralisierung bewirkt nicht nur das Fehlen von Recht und Ordnung auf einem großen Teil des Territoriums, sondern hat auch zur Folge, dass es viele Akteure gibt, die genug Macht besitzen, um Pläne zu blockieren oder zu durchkreuzen. Die Furcht vor ihrem Widerstand und ihrer gewalttätigen Reaktion schreckt potentielle Zentralisierer häufig ab. Eine Zentralisierung wird nur dann wahrscheinlich, wenn eine Gruppe hinreichend mehr Macht hat als andere, um einen Staat aufzubauen. Doch in Somalia ist die Macht gleichmäßig verteilt, und kein Clan kann einem anderen seinen Willen aufzwingen. Deshalb bleibt die politische Dezentralisierung dort bestehen.

Die lange Agonie des Kongo

Es gibt kaum bessere – oder deprimierendere – Beispiele als den Kongo, um die Kräfte zu veranschaulichen, die bewirken, dass wirtschaftlicher Wohlstand unter extraktiven Institutionen so durchgehend selten ist, oder um die Synergie zwischen extraktiven wirtschaftlichen und extraktiven politischen Institutionen zu illustrieren. Bereits im 15. und 16. Jahrhundert äußerten sich portugiesische und niederländische Reisende über die »elende Armut« des Landes. Dessen Entwicklung war nach europäischen Maßstäben rudimentär, denn die Kongolesen besaßen weder eine Schrift noch das Rad, noch den Pflug. Der Grund für diese Armut und der Widerwille der kongolesischen Bauern, sich effizienteren Möglichkeiten des Landbaus zuzuwenden, gehen aus den überlieferten historischen Quellen hervor. Sie zeigen die entscheidende Bedeutung der extraktiven Wirtschaftsinstitutionen des Landes auf.

Wie erwähnt, wurde das Reich vom König in Mbanza, später São

Salvador, regiert. Die Gebiete außerhalb der Hauptstadt beherrschte eine Elite, deren Mitglieder Gouverneursämter ausübten. Ihr Vermögen beruhte auf von Sklaven bestellten Plantagen um São Salvador und der Einziehung von Steuern im übrigen Land. Die Sklaverei stand im Mittelpunkt der Wirtschaft und wurde nicht nur von der Elite auf ihren eigenen Plantagen, sondern auch von Europäern an der Küste genutzt. Die Steuern waren willkürlich – eine wurde sogar jedes Mal erhoben, wenn das Barett des Königs hinunterfiel.

Um wohlhabender zu werden, hätte das kongolesische Volk sparen und investieren müssen, zum Beispiel in den Kauf von Pflügen. Aber dies hätte sich nicht gelohnt, denn jeder zusätzliche Ertrag, den man mit Hilfe besserer Gerätschaften produziert hätte, wäre vom König und seinem Gefolge vereinnahmt worden. Statt in die Erhöhung ihrer Produktivität zu investieren und ihre Erzeugnisse auf den Märkten zu verkaufen, verlegten die Kongolesen ihre Dörfer in möglichst ferne Gegenden. Sie strebten danach, nicht in der Nähe der Straßen zu leben, um die Plündereien einzuschränken und sich der Reichweite der Sklavenhändler zu entziehen.

Folglich war die Armut des Kongo auf die extraktiven Wirtschaftsinstitutionen zurückzuführen, die sämtliche Wohlstandsmotoren bremsten oder ihnen sogar entgegenwirkten. Die Regierung stellte den Bürgern zudem sehr wenig öffentliche Dienstleistungen zur Verfügung, nicht einmal elementare wie Maßnahmen zur Absicherung der Eigentumsrechte oder zur Wahrung von Recht und Ordnung. Im Gegenteil, die Regierung war selbst die größte Gefahr für die Eigentums- und Menschenrechte. Die Existenz der Sklaverei hatte zur Folge, dass der fundamentalste Markt von allen nicht existierte: ein inklusiver Arbeitsmarkt, auf dem die Menschen ihren Beruf oder ihre Tätigkeit frei wählen konnten, was entscheidend für eine prosperierende Ökonomie ist. Zudem kontrollierte der König den Fernhandel und alle anderen kommerziellen Aktivitäten, die nur seinen unmittelbaren Gefolgsleuten offenstanden. Obwohl die Elite rasch des Lesens und Schreibens mächtig wurde, nachdem die Portugiesen die Schrift eingeführt hatten, machte der König keinen Versuch, den Alphabetismus auf die Gesamtbevölkerung auszuweiten.

Zwar war die »elende Armut« im ganzen Land verbreitet, doch die kongolesischen extraktiven Institutionen enthielten ihre eigene makellose Logik: Sie sorgten dafür, dass einige Menschen, diejenigen mit politischer Macht, sehr reich wurden. Im 16. Jahrhundert konnten der König und die Aristokratie des Kongo europäische Luxusgüter importieren, und sie waren von Dienern und Sklaven umgeben.

Die Wirtschaftsinstitutionen der kongolesischen Gesellschaft hatten ihre Wurzeln in der Verteilung der politischen Macht und damit im Wesen der politischen Institutionen. Außer einem drohenden Aufstand konnte nichts den König daran hindern, den Besitz und die Körperkräfte des Volkes für sich zu beanspruchen. So real diese Möglichkeit war, reichte sie nicht aus, die Menschen oder ihren potentiellen Wohlstand zu schützen. Die politischen Institutionen des Kongo waren wahrhaft absolutistisch, weshalb der König und die Elite praktisch keinen Kontrollen unterlagen, und sie gewährten dem Bürger kein Mitspracherecht an der Organisation der Gesellschaft.

Es ist nicht schwer zu erkennen, dass die politischen Institutionen des Kongo in einem scharfen Kontrast zu inklusiven Organen standen, durch welche die Macht eingeschränkt und breit gestreut wird. Die absolutistischen Institutionen des Kongo wurden von der Armee gesichert. Der König verfügte Mitte des 17. Jahrhunderts über ein stehendes Heer von fünftausend Soldaten, mit einem Kern aus fünfhundert Musketieren – eine für die damalige Zeit beeindruckende Streitmacht. Und es liegt auf der Hand, warum der König und seine übrigen Machthaber so eifrig nach europäischen Feuerwaffen griffen.

Unter solchen Wirtschaftsinstitutionen waren die Aussichten auf ein nachhaltiges Wachstum und selbst die Anreize zur Schaffung zeitweiligen Wachstums äußerst begrenzt. Eine Reform der Wirtschaftsinstitutionen hätte die kongolesische Gesellschaft als Ganzes viel wohlhabender werden lassen. Aber es ist unwahrscheinlich, dass die Herrschenden von einem breiter angelegten Wohlstand profitiert hätten. Erstens wären die Aristokraten zu wirtschaftlichen Verlierern geworden, wenn man den durch Sklavenhandel und Sklavenplantagen angehäuften Reichtum beeinträchtigt hätte. Zweitens wären solche Reformen nur möglich gewesen, hätte die politische Macht des Königs und der Elite eingedämmt werden können. Wenn der König zum Beispiel weiterhin seine fünfhundert Musketiere kommandierte, wie hätte dann jemand einer Ankündigung, dass die Sklaverei abgeschafft worden sei, Glauben schenken können? Was hätte den König daran gehindert, seine Meinung wieder zu ändern?

Die einzige wirkliche Garantie wäre von einem Wandel der politischen Institutionen ausgegangen, durch den die Bevölkerung eine gewisse ausgleichende politische Macht und eine Mitsprache bei der Besteuerung oder bei den Einsätzen der Musketiere erhalten hätte. Aber dann wäre es zweifelhaft gewesen, ob die Aufrechterhaltung des Konsums und des Lebensstils der bisherigen Herrschenden hoch oben auf der Liste der Prioritäten gestanden hätte. Bei der Realisierung dieses Szenarios hätte der Übergang zu besseren Wirtschaftsinstitutionen den König und die Elite zu politischen und auch wirtschaftlichen Verlierern werden lassen.

Die Wechselwirkung zwischen wirtschaftlichen und politischen Institutionen vor fünfhundert Jahren lässt außerdem erkennen, warum der heutige Staat Kongo immer noch elend arm ist. Die Ankunft des europäischen Kolonialismus in dieser Gegend – und im Becken des Flusses Kongo – zur Zeit des »Gerangels um Afrika« im späten 19. Jahrhundert führte zu einer Unsicherheit der Menschen- und Eigentumsrechte, die noch ungeheuerlicher war als die der vorkolonialen Epoche. Daneben wiederholte sich nun das Muster der extraktiven Institutionen und des politischen Absolutismus, durch das einige wenige auf Kosten der Massen Macht und Reichtum erlangten, wobei die wenigen mittlerweile belgische Kolonialisten, vornehmlich in Gestalt von König Leopold II., waren.

Als der Kongo 1960 unabhängig wurde, wiederholte sich das gleiche Muster der Wirtschaftsinstitutionen, der Anreize und Leistungen. Die kongolesischen extraktiven Wirtschaftsinstitutionen wurden wieder von genauso extraktiven politischen Einrichtungen gestützt. Die Situation verschlimmerte sich jedoch noch, da der europäische Kolonialismus das Gemeinwesen Kongo aus vielen unterschiedlichen vorkolonialen Staaten und Gesellschaften geschaffen hatte, über die der von Kinshasa aus regierte Kongo wenig Kontrolle besaß. Obgleich

Präsident Mobutu den Staat dazu benutzte, sich selbst und seine Kumpane zu bereichern – beispielsweise durch das »Zairisierungs«-Programm von 1973, bei dem es um die Massenenteignung ausländischen Besitzes ging –, saß er einem nichtzentralisierten Staat vor, der über große Landesteile wenig Macht hatte (weshalb er in den 1960er Jahren ausländische Hilfe hatte erbitten müssen, um die Provinzen Katanga und Kasai an einer Abspaltung zu hindern). Dieser Mangel an politischer Zentralisierung, beinahe bis hin zum totalen Zusammenbruch, ist ein Merkmal, das der Kongo mit vielen Staaten des subsaharischen Afrika teilt.

Die heutige Demokratische Republik Kongo bleibt arm, weil ihren Bürgern noch immer die Wirtschaftsinstitutionen fehlen, welche die Hauptanreize für die Wohlstandsbildung einer Gesellschaft schaffen. Nicht wegen der Geographie, der Kultur oder der Ignoranz seiner Bürger und Politiker ist der Staat arm, sondern wegen seiner extraktiven Wirtschaftsinstitutionen. Diese bestehen nach all den Jahrhunderten weiter, weil sich die politische Macht noch immer auf ein paar Angehörige der Elite konzentriert, die kaum einen Anreiz verspüren, die Eigentumsrechte für das Volk abzusichern, elementare Dienstleistungen, durch die sich die Lebensqualität verbessern würde, anzubieten oder den wirtschaftlichen Fortschritt zu fördern. Ihr Interesse richtet sich vielmehr darauf, Gelder abzuschöpfen und ihre Macht zu festigen. Sie machen diese Macht allerdings nicht geltend, um einen zentralisierten Staat zu errichten, denn dann würden die gleichen Probleme wie bei einer Förderung des Wirtschaftswohlstands entstehen. Darüber hinaus haben, wie beinahe im gesamten subsaharischen Afrika, interne Machtkämpfe zwischen konkurrierenden Gruppen jegliche Tendenz zur staatlichen Zentralisierung ausgelöscht.

Die Geschichte des Königreichs Kongo und der jüngeren Demokratischen Republik Kongo zeigt anschaulich, wie politische die wirtschaftlichen Institutionen und damit auch die ökonomischen Anreize und Wachstumsperspektiven beeinflussen. Sie illustriert auch die symbiotische Beziehung zwischen politischem Absolutismus und Wirtschaftsinstitutionen, die wenige auf Kosten der Vielen mit Macht und Reichtum ausstatten.

Wachstum unter extraktiven politischen Institutionen

Der heutige Kongo mit seiner Gesetzlosigkeit und seinen überaus ungewissen Eigentumsrechten ist ein extremes Beispiel. In den meisten Fällen jedoch dienen derart extreme Verhältnisse nicht den Interessen der Machthaber, da sie sämtliche wirtschaftlichen Anreize beseitigen und wenige ausbeutbare Ressourcen erzeugen. Die Tatsache, dass Wirtschaftswachstum und Wohlstand mit inklusiven wirtschaftlichen und politischen Institutionen verknüpft sind, während extraktive Institutionen typischerweise Stagnation und Armut bewirken, bedeutet jedoch nicht, dass extraktive Institutionen nie Wachstum auslösen könnten oder dass alle derartigen Institutionen gleich beschaffen seien.

Es gibt zwei unterschiedliche komplementäre Möglichkeiten, wie extraktive politische Institutionen Wachstum hervorbringen können. Erstens ist, wiewohl die Wirtschaftsinstitutionen extraktiv sind, Wachstum denkbar, wenn die Machthaber Mittel direkt in leistungsfähige Wirtschaftsbereiche lenken, die sie selbst kontrollieren. Ein hervorragendes Beispiel für diesen Wachstumstyp unter extraktiven Institutionen bildeten die Karibischen Inseln zwischen dem 16. und 18. Jahrhundert. Die Bevölkerung bestand überwiegend aus Sklaven, die unter grässlichen Bedingungen auf den Plantagen arbeiteten und kaum über dem Existenzminimum lebten. Viele starben an Unterernährung und Erschöpfung. Auf Barbados, Kuba, Haiti und Jamaika verfügte eine kleine Minderheit, die Plantagenbesitzer im 17. und 18. Jahrhundert, über jegliche politische Macht und über sämtliche Vermögenswerte, darunter auch die Sklaven. Während die Mehrheit keine Rechte hatte, war das Eigentum der Plantagenbesitzer gut geschützt. Ungeachtet der extraktiven Wirtschaftsinstitutionen, welche die Bevölkerungsmehrheit brutal ausbeuteten, zählten die Inseln zu den reichsten Gebieten der Welt, da sie Zucker produzieren konnten, der auf den Weltmärkten verkauft wurde. Die Wirtschaft der Inseln stagnierte erst, als man zu neuen ökonomischen Aktivitäten überwechseln musste, die sowohl die Einnahmen als auch die politische Macht der Plantagenbesitzer ins Wanken brachten.

Ein weiteres Beispiel liefern das Wirtschaftswachstum und die Industrialisierung der Sowjetunion seit dem ersten Fünfjahresplan von 1928 bis in die 1970er Jahre hinein. Die politischen und wirtschaftlichen Institutionen waren überaus extraktiv und die Märkte starken Einschränkungen unterworfen. Nichtsdestoweniger erzielte die Sowjetunion ein rasches Wirtschaftswachstum, weil sie die Macht des Staates nutzte, um Mittel aus der Landwirtschaft, wo sie sehr ineffizient eingesetzt wurden, in die Industrie umzulenken.

Der zweite Wachstumstyp unter extraktiven politischen Institutionen entsteht dann, wenn die Entwicklung begrenzt inklusiver Wirtschaftsinstitutionen zugelassen wird. Viele Gesellschaften mit extraktiven politischen Institutionen schrecken, weil sie die schöpferische Zerstörung fürchten, vor inklusiven Wirtschaftsinstitutionen zurück. Aber der Grad, bis zu dem die Herrschenden die Macht monopolisieren können, variiert von einer Gesellschaft zur anderen. In manchen kann sich die herrschende Elite so sicher fühlen, dass sie gewisse Schritte in Richtung inklusiver Wirtschaftsinstitutionen zulässt, weil sie ihre politische Macht nicht bedroht sieht. Andererseits kann ein extraktives politisches Regime durch die historische Entwicklung mit relativ inklusiven Wirtschaftsinstitutionen ausgestattet sein, die es nicht zu blockieren beschließt. Dies wäre der zweite Weg, auf dem Wachstum unter extraktiven politischen Institutionen möglich ist.

Die rapide Industrialisierung von Südkorea unter General Park mag als Beispiel dienen. Park gelangte 1961 durch einen Militärputsch an die Macht, doch der Putsch ereignete sich in einer Gesellschaft, die stark von den Vereinigten Staaten unterstützt wurde und deren Wirtschaftsinstitutionen überwiegend inklusiv waren. Parks autoritäres Regime fühlte sich sicher genug, um das Wirtschaftswachstum zu fördern, und das sogar mit großem Nachdruck – vielleicht teilweise deshalb, weil das Regime seine Macht nicht direkt auf extraktive Wirtschaftsinstitutionen stützte. Im Unterschied zur Sowjetunion und den meisten anderen Beispielen für Wachstum unter extraktiven Institutionen vollzog Südkorea in den 1980er Jahren auch im politischen Bereich den Übergang zu inklusiven Einrichtungen. Dabei wirkten mehrere Faktoren zusammen.

In den 1970er Jahren waren die Wirtschaftsinstitutionen in Süd-korea derart inklusiv geworden, dass eines der starken Argumente für extraktive politische Institutionen wegfiel: Die Wirtschaftselite hatte durch ihre eigene Beherrschung der Politik oder durch die politische Dominanz des Militärs wenig zu gewinnen. Die relative Einkommensgleichheit in Südkorea bedeutete auch, dass die Elite durch Pluralismus und Demokratie weniger zu befürchten hatte. Der Einfluss der Vereinigten Staaten, besonders angesichts der Bedro-hung durch Nordkorea, hatte zudem zur Folge, dass die starke De-mokratiebewegung, welche die Militärdiktatur herausforderte, nicht lange unterdrückt werden konnte. Obwohl sich General Parks Er-mordung im Jahr 1979 ein weiterer, von Chun Doo-hwan geführter Militärputsch anschloss, leitete Chuns von ihm selbst ausgewählter Nachfolger, Roh Tae-woo, einen politischen Reformprozess ein, der nach 1992 eine Konsolidierung der pluralistischen Demokratie be-wirkte.

In der Sowjetunion hingegen kam es bekanntlich zu keinem ver-gleichbaren Wandel. Dadurch ging dem sowjetischen Wachstum der Atem aus, und die Wirtschaft näherte sich in den 1980er Jahren dem Zusammenbruch, der dann in den 1990ern eintrat.

Das heutige Wirtschaftswachstum in China weist einige Gemein-samkeiten sowohl mit der sowjetischen als auch mit der südkorea-nischen Entwicklung auf. Während die frühen Stadien des chinesi-schen Wachstums durch radikale Reformen im Agrarsektor eingeleitet wurden, waren die Reformen im Industriesektor verhaltener. Noch heute spielen der Staat und die Kommunistische Partei eine zentrale Rolle bei Entscheidungen darüber, welche Sektoren und welche Un-ternehmen zusätzliches Kapital erhalten und sich ausweiten sollen (wobei Vermögen gemacht und verloren werden). Wie die Sowjet-union in ihrer Blütezeit wächst auch China sehr rasch, aber es handelt sich immer noch um ein Wachstum unter extraktiven Institutionen, unter der Kontrolle des Staates, ohne irgendwelche Anzeichen für einen Wechsel zu inklusiven politischen Institutionen. Die Tatsache, dass die chinesischen Wirtschaftsinstitutionen weiterhin keineswegs völlig inklusiv sind, lässt außerdem vermuten, dass ein Wandel nach südkoreanischem Vorbild wenig wahrscheinlich, wenn auch nicht unmöglich ist.

Es sei darauf hingewiesen, dass die politische Zentralisierung die Voraussetzung für beide Methoden bildet, durch die Wachstum unter extraktiven politischen Institutionen generiert werden kann. Ohne ein gewisses Maß an politischer Zentralisierung wären die herrschenden Plantagenbesitzer auf Barbados, Kuba, Haiti und Jamaika nicht fähig gewesen, Recht und Ordnung zu wahren und ihren eigenen Besitz zu verteidigen. Ohne eine erhebliche politische Zentralisierung und ohne eine feste Umklammerung der politischen Macht hätten sich weder die südkoreanischen Militäreliten noch die Kommunistische Partei Chinas sicher genug gefühlt, bedeutende Wirtschaftsreformen herbeizuführen. Und ohne diese Zentralisierung hätte der Staat in der Sowjetunion oder in China die Wirtschaftsaktivitäten nicht koordinieren und Ressourcen in die produktivsten Bereiche umleiten können. Durch den Grad an politischer Zentralisierung lässt sich also eine deutliche Trennungslinie zwischen den extraktiven politischen Institutionen ziehen. Ist, wie in vielen Ländern des subsaharischen Afrika, keine Zentralisierung vorhanden, wird es schwierig, ein auch nur begrenztes Wachstum zu erzielen.

Obgleich extraktive Institutionen ein gewisses Wachstum erzeugen können, handelt es sich in der Regel nicht um eine dauerhafte Erscheinung und schon gar nicht um einen Wachstumstyp, der von schöpferischer Zerstörung begleitet wird. Wenn sowohl die politischen als auch die wirtschaftlichen Institutionen extraktiv sind, gibt es keinen Anreiz zu schöpferischer Zerstörung und technologischem Wandel. Eine Zeitlang mag der Staat imstande sein, ein rasches Wirtschaftswachstum hervorzurufen, indem er Ressourcen und Menschen per Kommando verteilt, doch dieser Prozess ist von Natur aus beschränkt. Sobald seine Grenzen erreicht sind, hört das Wachstum auf wie in den 1970er Jahren in der Sowjetunion. Selbst als die Moskauer Regierung ein rapides Wirtschaftswachstum erzielte, blieb der technologische Wandel in den meisten Wirtschaftsbereichen aus, während man großzügig Mittel in die Hochrüstung der Streitkräfte pumpte. Dadurch war die Sowjetunion in der Lage, die Militärtechnologien weiterzuentwickeln und die Vereinigten Staaten im Wettlauf um die Eroberung des Alls und in der nuklearen Rüstung kurzfristig hinter sich zu lassen. Aber dieses Wachstum war ohne schöpferische Zerstörung und ohne breit gefächerte technologische Innovation nicht aufrechtzuerhalten und fand daher ein abruptes Ende.

Zudem sind die Arrangements, die das Wirtschaftswachstum unter extraktiven politischen Institutionen stützen, ihrem Wesen nach zerbrechlich – sie können sich auflösen oder im Rahmen interner, durch die extraktiven Institutionen selbst verursachter Machtkämpfe problemlos beseitigt werden. Tatsächlich lassen extraktive politische und wirtschaftliche Institutionen eine allgemeine Tendenz zu internen Machtkämpfen aufkommen, weil sie die Konzentration von Reichtum und Macht in den Händen einer kleinen Minderheit bewirken. Wenn eine andere Gruppe diese Minderheit überwältigen und ausmanövrieren kann, um selbst die Kontrolle über den Staat zu gewinnen, wird sie die gleichen Privilegien genießen. Wie wir am Beispiel der Umstände, unter denen das spätrömische Reich und die Maya-Städte zusammenbrachen, noch zeigen werden, sind unterschwellige Kämpfe um die Kontrolle des allmächtigen Staates stets latent vorhanden. Hin und wieder intensivieren sie sich und enden im Untergang des Regimes, da sie in Bürgerkriege übergehen und manchmal den totalen Kollaps des Staates herbeiführen. Daraus folgt unter anderem, dass die Situation, selbst wenn eine Gesellschaft unter extraktiven Institutionen zunächst ein gewisses Maß an staatlicher Zentralisierung schafft, nicht von Dauer ist. Die Machtkämpfe um die extraktiven Institutionen lösen häufig nicht nur Bürgerkriege und eine verbreitete Gesetzlosigkeit aus, sondern sie begründen auch ein fortdauerndes Fehlen staatlicher Zentralisierung wie in vielen Staaten des subsaharischen Afrika und in mehreren Ländern in Lateinamerika und Südasien.

Letztlich besteht in Fällen, in denen unter extraktiven politischen Institutionen Wachstum erzielt wird, weil die Wirtschaftsinstitutionen, wie in Südkorea, inklusive Aspekte haben, immer die Gefahr, dass die Wirtschaftsinstitutionen extraktiver werden und das Wachstum aufhört. Die Machthaber werden es irgendwann für vorteilhafter halten, den Wettbewerb einzuschränken, um ihren Anteil am Kuchen zu vergrößern, oder sogar andere zu bestehlen und auszuplündern, als den wirtschaftlichen Fortschritt zu unterstützen. Durch eine solche Verteilung der Macht und ihre Ausübung dürften die Grundlagen des Wirtschaftswohlstands schließlich untergraben werden, es sei denn, dass sich extraktive politische Institutionen in inklusive verwandeln.

4.
KLEINE UNTERSCHIEDE UND UMBRUCHPHASEN: DIE LAST DER GESCHICHTE

Die Welt, die von der Pest geschaffen wurde

Im Jahr 1346 erreichte die Beulenpest, der Schwarze Tod, die Hafenstadt Tana an der Mündung des Don ins Schwarze Meer. Übertragen von auf Ratten lebenden Flöhen, wurde die Pest aus China von Händlern mitgebracht, die auf der Seidenstraße, der großen transasiatischen Handelsroute, herbeigereist waren. Durch Genueser Kaufleute verbreiteten die Ratten bald die Flöhe und die Pest von Tana über das gesamte Mittelmeergebiet. Anfang 1347 gelangte sie nach Konstantinopel. Im Frühjahr 1348 herrschte sie in Frankreich und Nordafrika und im italienischen Stiefel. Die Seuche tötete, wo immer sie auftrat, etwa die Hälfte der Bevölkerung. Über ihr Eintreffen in der italienischen Stadt Florenz legte der Schriftsteller Giovanni Boccaccio Zeugnis aus erster Hand ab:

> Gegen dieses Übel half keine Klugheit oder Vorkehrung ... Etwa zu Frühlingsanfang des genannten Jahres begann die Krankheit schrecklich und erstaunlich ihre verheerenden Wirkungen zu zeigen. Dabei war aber nicht, wie im Orient, das Nasenbluten ein offenbares Zeichen unvermeidlichen Todes, sondern es kamen zu Anfang der Krankheit gleichermaßen bei Mann und Weib an den Leisten oder in den Achselhöhlen gewisse Geschwulste zum Vorschein, die manchmal so groß wie ein gewöhnlicher Apfel, manchmal wie ein Ei wurden, bei den einen sich in größerer, bei den andern sich in geringerer Zahl zeigten und schlechtweg Pestbeulen genannt wurden. Später aber gewann die Krankheit eine

neue Gestalt, viele bekamen auf den Armen, den Lenden und an allen übrigen Teilen des Körpers schwarze und bräunliche Flecke, die bei einigen groß und gering an Zahl, bei andern aber klein und dicht waren … Dabei schien es, als ob zur Heilung dieses Übels kein ärztlicher Rat und die Kraft keiner Arznei wirksam oder förderlich wäre … und fast alle starben innerhalb dreier Tage nach dem Erscheinen der beschriebenen Zeichen.

Die Menschen in England wussten, dass die Pest zu ihnen kommen würde, und waren sich über das drohende Unheil im Klaren. Mitte August 1348 forderte König Eduard III. den Erzbischof von Canterbury auf, Gebete zu organisieren, und viele Bischöfe schrieben Briefe, die in den Kirchen verlesen werden sollten, damit die Menschen gewappnet waren. Ralph von Shrewsbury, Bischof von Bath, teilte seinen Priestern mit:

> Der allmächtige Gott setzt Donner, Blitz und andere Schläge ein, die von seinem Thron ausgehen, um die Söhne, die er erlösen möchte, zu geißeln. Mithin, da eine katastrophale Pestilenz von Osten in einem Nachbarkönigreich erschienen ist, muss befürchtet werden, dass, wenn wir nicht fromm und unaufhörlich beten, eine ähnliche Pestilenz ihre giftigen Fühler in dieses Reich vorschieben und die Bewohner niederstrecken und vernichten wird. Daher müssen wir alle in der Gegenwart des Herrn zur Beichte und Psalmen singend zusammenkommen.

Es war nutzlos. Die Pest schlug zu und löschte rasch die Hälfte der englischen Bevölkerung aus.

Solche Katastrophen können gewaltige Folgen für die Institutionen einer Gesellschaft haben. Zahlreiche Menschen verloren – vielleicht verständlicherweise – jegliches Maß. Boccaccio schrieb: »Andere … versicherten, viel zu trinken, gut zu leben, mit Gesang und Scherz umherzugehen, in allen Dingen, soweit es sich tun ließe, seine Lust zu befriedigen und über jedes Ereignis zu lachen und zu spaßen, sei das sicherste Heilmittel für ein solches Übel … Vielleicht hat dieser

Brauch bei manchen, die wieder genasen, in späterer Zeit einen Mangel an Keuschheit veranlasst.«

Doch die Pest hatte auch sozial, wirtschaftlich und politisch einen umwälzenden Effekt auf die mittelalterlichen europäischen Staaten. Um die Wende des 14. Jahrhunderts herrschte in Europa eine Feudalordnung, eine Gesellschaftsorganisation, die sich nach dem Zusammenbruch des Römischen Reiches in Westeuropa herausgebildet hatte. Sie beruhte auf einer hierarchischen Beziehung zwischen dem König und den Adligen sowie den ihnen untergebenen Bauern. Dem König gehörte das Land, das er den Grundherren im Austausch für Militärdienste überließ. Die Feudalherren wiesen das Land ihren Bauern zu, wofür diese einen beträchtlichen Teil ihrer Arbeit unbezahlt leisten mussten und vielen Strafen und Steuern unterlagen. Bauern, die den Status von Leibeigenen hatten, waren an das Land gebunden und konnten es ohne Genehmigung ihrer Grundherren, die außerdem als Richter, Geschworene und Polizisten fungierten, nicht verlassen. Es war ein äußerst extraktives System, in dem sich der Wohlstand nach oben – von den vielen Bauern auf die wenigen Feudalherren – verteilte.

Der massive Arbeitskräftemangel, der durch die Pest entstand, erschütterte die Feudalordnung in ihren Grundfesten. Dadurch wurden die Bauern ermutigt, Änderungen zu verlangen. Beispielsweise forderten sie in der Abtei Eynsham, dass viele der Geldstrafen und das Ausmaß an unbezahlter Arbeit verringert wurden. Sie erhielten, was sie wollten, und ihr neuer Vertrag begann mit der Erklärung: »Zur Zeit der Sterblichkeit oder Pestilenz, die sich 1349 ereignete, blieben kaum zwei Pächter auf dem Gut, und sie gaben ihrer Absicht Ausdruck, es zu verlassen, falls Bruder Nicholas von Upton, damals Abt und Grundherr, keine neue Absprache mit ihnen traf.« Genau das tat er.

Was in Eynsham geschah, wiederholte sich überall. Die Bauern befreiten sich von Zwangsarbeitsdiensten und manchen anderen Verpflichtungen gegenüber ihren Feudalherren. Die Löhne stiegen. Die Regierung versuchte, dieser Entwicklung Einhalt zu gebieten, indem sie 1351 das Arbeiterstatut verabschiedete, das mit den Worten begann:

Da ein großer Teil des Volkes und besonders der Arbeiter und Dienstboten nun in jener Pestilenz gestorben ist, sind einige, der Not der Herren und der Knappheit an Dienern gewahr, nicht bereit zu arbeiten, wenn sie keine übertriebenen Löhne erhalten ... Wir haben angesichts der großen Unannehmlichkeiten, die sich aus dem Mangel besonders an Pflügern und ähnlichen Arbeitern ergeben können ... verordnet: dass alle Männer und Frauen unseres Königreichs England ... dem zu dienen haben, der sie angeworben hat; und sie sollen nur die Löhne, Deputate oder Gehälter beziehen, die an den Orten, wo sie zu dienen bestrebt sind, im zwanzigsten Jahr unserer Herrschaft über England [Eduard III. bestieg den Thron am 25. Januar 1327, was bedeutet, dass hier von 1347 die Rede ist] oder in den fünf oder sechs Jahren davor gebräuchlich waren.

Durch das Statut sollten die Löhne also auf dem Niveau, das vor dem Schwarzen Tod üblich war, festgeschrieben werden. Äußerst beunruhigend für die englische Elite waren Abwerbungsversuche, mit denen ein Grundherr die knappen Bauern eines anderen für sich zu gewinnen versuchte. Die Lösung bestand darin, Personen, die ihren Arbeitsplatz ohne Genehmigung ihres Herrn verließen, zu einer Gefängnisstrafe zu verurteilen:

Und wenn ein Schnitter oder Mäher oder anderer Arbeitsmann oder Dienstbote, wie sein Rang oder Zustand auch sein mag, der bei jemandem in Dienst steht, sich vor dem Ende der vereinbarten Frist ohne Erlaubnis oder vernünftigen Grund entfernt, soll er einer Gefängnisstrafe unterworfen werden, und ferner ... soll niemand höhere Löhne, Deputate oder Gehälter zahlen oder ihre Zahlung zulassen, als es, wie gesagt, hergebracht war.

Der Versuch des englischen Staates, den Wandel der Institutionen und Löhne nach dem Schwarzen Tod zu stoppen, blieb allerdings erfolglos. Im Jahr 1381 brach der große Bauernaufstand aus, und die Rebellen, mit Wat Tyler an der Spitze, besetzten sogar den größten Teil Londons. Obwohl sie letztlich unterlagen und Tyler hingerichtet wurde, kam es nicht zu weiteren Versuchen, das Arbeiterstatut durchzusetzen. Die feudalen Arbeitsdienste verschwanden in England. Es bildete sich ein inklusiver Arbeitsmarkt heraus, und die Löhne stiegen.

Die Pest scheint fast die ganze Welt ereilt zu haben, und überall starb ein ähnlicher Prozentsatz der Bevölkerung. Damit waren die demographischen Auswirkungen in Osteuropa die gleichen wie in England und Westeuropa. Auch die sozialen und ökonomischen Folgen ähnelten einander. Arbeitskräfte wurden knapp, und die Menschen verlangten mehr Freiheit. Aber im Osten war eine mächtigere, gegenteilige Logik wirksam. Da sich die Bevölkerung verringert hatte, waren auf einem inklusiven Arbeitsmarkt höhere Löhne zu erwarten. Doch dadurch erhielten die Feudalherren einen größeren Anreiz, dafür zu sorgen, dass der Arbeitsmarkt extraktiv blieb und die Bauern in der Leibeigenschaft verharrten.

Auch in England war diese Motivation wirksam gewesen, wie das Arbeiterstatut belegt. Doch die Arbeiter hatten hier genug Macht, um ihren Willen durchzusetzen. Das war in Osteuropa nicht der Fall. Nach der Pest übernahmen die östlichen Feudalherren zusätzlich große Landstriche und erweiterten so ihre Besitztümer, die ohnehin umfangreicher waren als jene in Westeuropa. Die Städte waren schwächer und hatten eine kleinere Einwohnerschaft, und die Arbeiter mussten, statt freier zu werden, erleben, wie ihre inzwischen bestehenden Rechte wieder beschnitten wurden.

Die Folgen wurden nach dem Jahr 1500 offenkundig, als in Westeuropa eine Nachfrage nach Agrarerzeugnissen wie Weizen, Roggen und Vieh aus dem Osten aufkam. Achtzig Prozent der Roggenimporte nach Amsterdam stammten aus den Flusstälern der Elbe, der Weichsel und der Oder. Bald wickelten die Niederlande die Hälfte ihres florierenden Handels mit Osteuropa ab. Während die westliche Nachfrage wuchs, verstärkten östliche Grundherren ihre Kontrolle über die Arbeitskräfte, um ihr Angebot erweitern zu können. Dieses Phänomen sollte als »Zweite Leibeigenschaft« bezeichnet werden, die gnadenloser war als ihre ursprüngliche Erscheinungsform im frühen Mittelalter. Die Feudalherren erhöhten die Steuern, die sie für die Grundstücke ihrer Pächter verlangten, und beanspruchten die Hälfte der Bruttoproduktion für sich. Im polnischen Korczyn wurde 1533 noch jegliche Arbeit für den Grundherrn entlohnt, doch um 1600 erbrachte man beinahe die Hälfte der Leistungen durch unbezahlte Zwangsarbeit. Im Jahr 1500 brauchten Landarbeiter in Mecklenburg jährlich nur ein paar Tage unentgeltlich tätig zu sein. 1550 wurde daraus ein Tag pro Woche, und 1600 musste man bereits drei Tage wöchentlich ableisten. Auch die Kinder arbeiteten mehrere Jahre lang ohne Bezahlung für den Grundbesitzer. In Ungarn rissen die Eigentümer 1514 die vollständige Kontrolle über das Land an sich und erließen ein Gesetz, das jedem Arbeiter vorschrieb, einen Tag pro Woche unbezahlte Dienste zu leisten. Im Jahr 1550 wurde diese Verpflichtung auf zwei Tage pro Woche erhöht. Am Ende des Jahrhunderts waren es drei Tage. Leibeigene, die solchen Vorschriften unterlagen, machten mittlerweile 90 Prozent der Landbevölkerung aus.

Wiewohl es im Jahr 1346 kaum Unterschiede zwischen West- und Osteuropa hinsichtlich der politischen und wirtschaftlichen Institutionen gab, bestand um 1600 bereits eine breite Kluft zwischen ihnen. Ab Anfang des 19. Jahrhunderts wurden die Landarbeiter im Westen frei von Feudalabgaben, Geldstrafen und Verordnungen und stellten bald einen wichtigen Teil der blühenden Marktwirtschaft dar. Im Osten waren sie ebenfalls in einer Marktwirtschaft tätig, doch als Leibeigene, die Nahrungsmittel und andere im Westen begehrte Agrarprodukte anbauten. Es handelte sich also nicht um eine inklusive Wirtschaft. Der institutionelle Kontrast ließ sich auf eine Situation zurückführen, in der die Unterschiede zwischen den beiden Bereichen zunächst sehr geringfügig zu sein schienen: Im Osten waren die Grundherren besser organisiert als im Westen. Sie verfügten über etwas mehr Rechte und stärker konsolidierte Ländereien. Die Ortschaften waren schwächer und kleiner, die Bauern weniger gut organisiert. Im großen Rahmen der Geschichte schienen das unerhebliche Gegensätze zu sein. Doch diese kleinen Unterschiede zwischen Ost und West wurden sehr folgenreich für das Leben der jeweiligen Bevölkerung und für die künftige institutionelle Entwicklung nach der Erschütterung der Feudalordnung durch den Schwarzen Tod.

Der Schwarze Tod ist ein klares Beispiel für eine kritische Phase oder Umbruchphase, das heißt für ein bedeutendes Ereignis oder ein Zusammenspiel von Faktoren, welche das bestehende wirtschaftliche oder politische Gleichgewicht der Gesellschaft stören. Eine kritische Phase ist zweischneidig, denn sie kann eine drastische Wende in der Entfaltung einer Nation bewirken. Einerseits kann sie – wie in England – den Weg zur Unterbrechung des Zyklus extraktiver Institutionen eröffnen und die Entstehung von inklusiveren Einrichtungen ermöglichen. Andererseits kann sie das Aufkommen extraktiver Institutionen begünstigen, wie es während der Zweiten Leibeigenschaft in Osteuropa der Fall war.

Wenn wir verstehen, wie die Geschichte und die Umbruchphasen die Entwicklung wirtschaftlicher und politischer Institutionen bestimmen, können wir eine vollständigere Theorie über die Ursachen der unterschiedlichen Armuts- und Wohlstandsverhältnisse vorlegen. Daneben werden wir in den Stand gesetzt, die heutige Lage der Dinge und den Grund dafür zu erklären, warum manchen Staaten der Übergang zu inklusiven wirtschaftlichen und politischen Institutionen gelingt, anderen jedoch nicht.

Die Schaffung inklusiver Institutionen

England war einzigartig unter den Nationen, als ihm im 17. Jahrhundert der Durchbruch zu nachhaltigem Wirtschaftswachstum gelang. Bedeutenden ökonomischen Änderungen ging eine politische Revolution voraus, die eine Reihe neuer wirtschaftlicher und politischer Institutionen erzwang. Diese waren viel inklusiver als die jeder früheren Gesellschaft. Die Arbeitsweise solcher Institutionen hatte tiefgreifende Folgen nicht nur für die wirtschaftlichen Anreize und den Wohlstand, sondern auch darauf, wer die Früchte der Konjunktur erntete. Ihre Entstehung verdankte sich nicht einem Konsens, sondern sie war das Ergebnis intensiver Konflikte, in deren Verlauf unterschiedliche Gruppen um die Macht konkurrierten, die Autorität ihrer Rivalen in Zweifel zogen und versuchten, die Institutionen zu ihren eigenen

Gunsten zu gestalten. Die Höhepunkte der institutionellen Kämpfe des 16. und 17. Jahrhunderts bildeten zwei historische Ereignisse: der Englische Bürgerkrieg zwischen 1642 und 1651 und besonders die Glorreiche Revolution von 1688.

Durch die Glorreiche Revolution wurde die Macht des Königs und der Exekutive begrenzt; gleichzeitig wurde dem Parlament die Befugnis übertragen, die Wirtschaftsinstitutionen zu strukturieren. Außerdem stand das politische System nun einem breiten Querschnitt der Gesellschaft offen, und diese Schichten übten einen beträchtlichen Einfluss auf die Funktionsweise des Staates aus. Die Glorreiche Revolution lieferte die Grundlage für eine pluralistische Gesellschaft und beschleunigte den Prozess der politischen Zentralisierung. Sie schuf die ersten inklusiven politischen Institutionen der Welt.

Infolgedessen wurden die Wirtschaftsinstitutionen ebenfalls inklusiver. Weder die Sklaverei noch die strengen ökonomischen Einengungen des feudalistischen Mittelalters, etwa die Leibeigenschaft, existierten am Anfang des 17. Jahrhunderts in England. Gleichwohl gab es zahlreiche Restriktionen hinsichtlich der Wirtschaftstätigkeit, der die Menschen nachgehen durften. Sowohl der inländische als auch der internationale Markt befand sich im Klammergriff von Monopolen. Der Staat verhängte willkürliche Steuern und manipulierte das Rechtswesen. Grund und Boden wurden auf der Basis archaischer Eigentumsrechte verwaltet, die es unmöglich machten, ihn zu verkaufen, was Investitionen riskant werden ließ.

Dies änderte sich nach der Glorreichen Revolution. Die Regierung übernahm eine Reihe von Wirtschaftsinstitutionen, die Anreize für Geldanlagen, Handel und Innovationen schufen. Unbeirrbar stärkte sie das Eigentumsrecht, wozu auch Patente für geistiges Eigentum gehörten, was Innovationen einen wichtigen Anschub gab. Sie schützte Recht und Ordnung. Historisch beispiellos war die Gültigkeit der englischen Gesetze für alle Bürger. Die willkürliche Besteuerung hörte auf, und die Monopole wurden fast völlig abgeschafft. Der englische Staat setzte sich aggressiv für den Handel ein und förderte die heimische Wirtschaft nicht nur durch die Beseitigung von Hemmnissen für die Expansion industrieller Aktivitäten, sondern auch, indem er kaufmännische Interessen mit der ganzen Kraft der englischen Flotte verteidigte. Durch die Rationalisierung der Eigentumsrechte erleichterte die Regierung den Aufbau der Infrastruktur, vornehmlich von Straßen, Kanälen und später Eisenbahnen, die später entscheidend für das industrielle Wachstum sein sollten.

Auf dieser Grundlage konnten ein radikal anderes Anreizsystem geschaffen und die Wohlstandsmotoren angekurbelt werden, was der Industriellen Revolution den Weg ebnete. Zuallererst war sie von bedeutenden technologischen Fortschritten durch die Nutzung der Wissensbasis abhängig, die sich während der vergangenen Jahrhunderte in Europa gebildet hatte. Dies war ein energischer Bruch mit der Vergangenheit, der durch die wissenschaftliche Forschung und die Talente einer Reihe einzigartiger Individuen ermöglicht wurde. Die Wucht der Industriellen Revolution ging vom Markt aus, der profitable Bedingungen bot, neue Technologien zu entwickeln und anzuwenden. Der inklusive Charakter des Marktes erlaubte den Menschen, ihre Fähigkeiten in den richtigen Branchen einzusetzen. Außerdem stützte sich der Markt auf Bildung und Fachwissen, und das relativ hohe Ausbildungsniveau, jedenfalls nach den Maßstäben der damaligen Zeit, begünstigte das Auftreten von Unternehmern, welche die neuen Technologien in ihren Betrieben einsetzen wollten und dafür qualifizierte Mitarbeiter brauchten. Es ist kein Zufall, dass die Industrielle Revolution in England ein paar Jahrzehnte nach der Glorreichen Revolution begann. Die großen Erfinder wie James Watt (der Vollender der Dampfmaschine), Richard Trevithick (der Erbauer der ersten Dampflokomotive), Richard Arkwright (der Erfinder der Spinnmaschine) oder Isambard Kingdom Brunel (der Schöpfer mehrerer revolutionärer Dampfschiffe) konnten nun in der Gewissheit, dass ihre Eigentumsrechte respektiert werden würden, die durch ihre Ideen eröffneten wirtschaftlichen Möglichkeiten nutzen. Sie hatten freien Zugang zu den Märkten, auf denen ihre Innovationen mit Gewinn verkauft und umgesetzt werden konnten. Im Jahr 1775, kurz nachdem er das Patent für seine Dampfmaschine, die er »Feuermaschine« nannte, hatte erneuern lassen, schrieb James Watt seinem Vater:

Lieber Vater,

nach einer Reihe unterschiedlicher und heftiger Widerstände habe ich endlich ein vom Parlament beschlossenes Gesetz vor mir, welches mir und meinen Bevollmächtigten für die kommenden fünfundzwanzig Jahre das Eigentum an meinen neuen Feuermaschinen überall in Großbritannien und auf den Plantagen einräumt, was hoffentlich sehr vorteilhaft für mich sein wird, da bereits eine erhebliche Nachfrage nach ihnen besteht.

Dieser Brief gibt Aufschluss über zwei Dinge. Erstens wurde Watt durch die Marktchancen, die er vorausahnte, und durch die »erhebliche Nachfrage« in Großbritannien und auf dessen Plantagen, also in den englischen überseeischen Kolonien, motiviert, und zweitens war er in der Lage, das Parlament zur Erfüllung seiner Wünsche zu bewegen, welches nun auf die Bitten von Einzelpersonen und Erfindern einging.

Die technologischen Fortschritte, der Drang von Unternehmen, zu expandieren und zu investieren, und die wirkungsvolle Nutzung von Fertigkeiten und Talenten wurden sämtlich durch die inklusiven Wirtschaftsinstitutionen ermöglicht, die sich in England entwickelten. Diese wiederum gründeten sich auf die inklusiven politischen Institutionen des Staates.

England brachte seine inklusiven politischen Institutionen infolge von zwei Faktoren hervor: erstens durch die politischen Organe, darunter ein zentralisierter Staat, die den nächsten radikalen – und nie dagewesenen – Schritt zu inklusiven Institutionen mit dem Beginn der Glorreichen Revolution ermöglichten. Während dieser Faktor bewirkte, dass sich England von einem großen Teil der Welt abhob, unterschied es sich durch ihn nicht wesentlich von westeuropäischen Ländern wie Frankreich und Spanien. Wichtiger war der zweite Faktor. Die Ereignisse vor der Glorreichen Revolution ließen eine breite und mächtige Koalition entstehen, welche dauerhafte Kontrollen für die Monarchie und die Exekutive einführen konnte, die nun gezwungen waren, sich den Forderungen der Koalition zu öffnen. So wurden die Grundlagen für pluralistische politische Institutionen gelegt. Diese erlaubten dann die Entwicklung von Wirtschaftsinstitutionen, welche die erste Industrielle Revolution stützen sollten.

Kleine Unterschiede, auf die es ankommt

Die Weltungleichheit erhöhte sich nach der britischen – oder englischen – Industriellen Revolution dramatisch, da nur eine begrenzte Zahl von Ländern die neuen, von Männern wie Arkwright und Watt und ihren vielen Nachfolgern ersonnenen Technologien übernahm. Die Reaktion der verschiedenen Staaten auf diese über Armut oder ein nachhaltiges Wachstum entscheidenden Technologien wurde weitgehend durch die Vorgeschichte ihrer Institutionen bestimmt. Um die Mitte des 18. Jahrhunderts gab es weltweit bereits beträchtliche Unterschiede zwischen den politischen und wirtschaftlichen Institutionen. Aber woher rührten diese Kontraste?

Die englischen politischen Institutionen bewegten sich 1688 auf einen viel größeren Pluralismus zu als die französischen und spanischen, aber wenn wir weitere hundert Jahre – bis 1588 – zurückblicken, sind die Unterschiede kaum der Rede wert. Alle drei Länder wurden von recht absolutistischen Monarchen beherrscht: England von Elisabeth I., Spanien von Philipp II. und Frankreich von Heinrich III. Alle mussten sich mit Bürgerversammlungen auseinandersetzen – England mit dem Parlament, Spanien mit den Cortes und Frankreich mit den États généraux –, die mehr Rechte und eine gewisse Kontrolle über die Monarchie verlangten, wobei sie über unterschiedliche Befugnisse und Zuständigkeiten verfügten. Zum Beispiel legten das englische Parlament und die spanischen Cortes die Besteuerung fest, die États généraux jedoch nicht. Die Steuer war in Spanien ziemlich belanglos, denn nach 1492 besaß die spanische Krone ein riesiges Kolonialreich in Amerika und erzielte durch das dort gefundene Gold und Silber enorme Einnahmen. In England sah es anders aus: Elisabeth I. war finanziell weit weniger unabhängig und musste das Parlament um mehr Steuern bitten. Als Gegenleistung forderte das Parlament Zugeständnisse, vor allen eine Einschränkung ihres Rechts, Monopole zu schaffen. Es entstand ein Konflikt, in dem sich das Parlament letztlich behauptete. In Spanien unterlagen die Cortes bei einer ähnlichen Auseinandersetzung um die Monopolisierung des Handels durch die spanische Monarchie.

Solche Unterschiede, die anfangs gering erschienen, spielten dann im 17. Jahrhundert eine wesentliche Rolle. Obwohl Amerika bereits 1492 entdeckt worden war und Vasco da Gama Indien durch die Umrundung des Kaps der Guten Hoffnung an der Südspitze Afrikas 1498 erreicht hatte, kam es erst nach 1600 zu einer mächtigen Expansion des Welthandels, besonders im Atlantik. Im Jahr 1585 begann die englische Kolonisierung Nordamerikas auf der Insel Roanoke, die heute zu North Carolina gehört, und 1600 wurde die English East India Company gegründet, 1602 gefolgt von ihrem niederländischen Pendant. 1607 baute die Virginia Company die Kolonie Jamestown auf. In den 1620er Jahren kolonisierten die Engländer die Karibischen Inseln, wobei sie Barbados 1627 besetzten. Auch Frankreich dehnte seinen Machtbereich über den Atlantik hinweg aus und gründete 1608 die heutige Stadt Quebec City, die Hauptstadt von Neufrankreich (nunmehr Kanada).

Die Konsequenzen der wirtschaftlichen Expansion waren für die Institutionen in England ganz andere als für die in Spanien und Frankreich, und das hatte seinen Grund in den anfangs geringfügig unterschiedlichen Ausgangsbedingungen. Elisabeth I. und ihre Nachfolger konnten den Handel mit Amerika nicht monopolisieren – im Gegensatz zu anderen europäischen Monarchen. Im Unterschied zu Spanien und Frankreich ließen der Atlantikhandel und die Kolonisierung in England eine große Zahl vermögender Kaufleute ohne enge Beziehungen zur Krone entstehen. Sie ärgerten sich über die königliche Kontrolle und forderten Änderungen der politischen Institutionen sowie eine Einschränkung der Vorrechte der Krone. Im Englischen Bürgerkrieg und in der Glorreichen Revolution spielten diese Männer eine bedeutende Rolle.

Ähnliche Konflikte ereigneten sich überall. Beispielsweise sah sich der französische König Ludwig XIV. zwischen 1648 und 1654 mit der

Fronde-Rebellion konfrontiert. Doch in England konnten die Gegner des Absolutismus viel leichter die Oberhand gewinnen, weil sie relativ vermögend und zahlreicher waren als die Feinde des Absolutismus in Spanien und Frankreich.

Die voneinander abweichenden Pfade der englischen, französischen und spanischen Gesellschaft im 17. Jahrhundert lassen erkennen, wie gravierend sich kleine institutionelle Unterschiede in kritischen Phasen auszuwirken vermögen. Solche Umbruchphasen können sich auf einen einzelnen Staat beschränken, wie dies 1976 in China nach dem Tod des Vorsitzenden Mao Zedong der Fall war, oder eine ganze Reihe von Staaten betreffen, so wie im Fall der Kolonisierung und später der Entkolonisierung.

Umbruchphasen sind für Staaten mit extraktiven Institutionen deshalb bedeutsam, weil es wegen der Synergien zwischen extraktiven politischen und extraktiven wirtschaftlichen Institutionen und der durch sie in Gang gesetzten stabilen Feedback-Schleife in normalen Zeiten gewaltige Hindernisse für schrittweise Reformen gibt. Die Nutznießer des Status quo sind reich und gut organisiert und können einem radikalen Wandel, der sie ihre wirtschaftlichen Privilegien und ihre politische Macht kosten würde, wirkungsvoll entgegentreten.

Sobald nun eine Umbruchphase eintritt, sind es die anfänglich kleinen institutionellen Unterschiede, die sehr stark voneinander abweichende Reaktionen auslösen. Das ist die Ursache dafür, dass England, Frankreich und Spanien völlig verschiedene Entwicklungspfade eingeschlagen und die sich durch den Atlantikhandel bietenden Chancen sehr unterschiedlich genutzt haben. Während schon kleine institutionelle Unterschiede, wie die zwischen England und Frankreich im Jahr 1588, in Umbruchphasen folgenreich sein können, so gilt dies für große institutionelle Unterschiede wie jene zwischen West- und Osteuropa erst recht. Die stark zentralisierten westeuropäischen Staaten wie England, Frankreich oder Spanien verfügten über latente Verfassungsinstitutionen (das Parlament, die États généraux und die Cortes). Daneben gab es zumindest anfangs grundlegende Ähnlichkeiten zwischen den Wirtschaftsinstitutionen, etwa das Fehlen von Leibeigenschaft.

Anders die Verhältnisse in Osteuropa. Das Königreich Polen-Litau-en zum Beispiel unterstand einer Aristokratie namens Szlachta, die derart mächtig war, dass sie sogar Königswahlen eingeführt hatte. Da-bei handelte es sich nicht um eine absolute Herrschaft wie in Frank-reich unter dem Sonnenkönig Ludwig XIV., doch gleichwohl um den Absolutismus einer Elite, die sich extraktiver politischer Institutionen bediente. Die Szlachta regierte über eine überwiegend ländliche Ge-sellschaft, in der sich die mehrheitlich leibeigene Bevölkerung weder frei bewegen noch selbständig wirtschaftlich betätigen durfte. Weiter östlich vertrat der russische Zar Peter der Große einen Absolutismus, der noch umfassender und extraktiver war als jener Ludwigs XIV. Kar-te 8 zeigt das Ausmaß der Divergenz zwischen West- und Osteuropa am Anfang des 19. Jahrhunderts am Beispiel der dunkel dargestellten

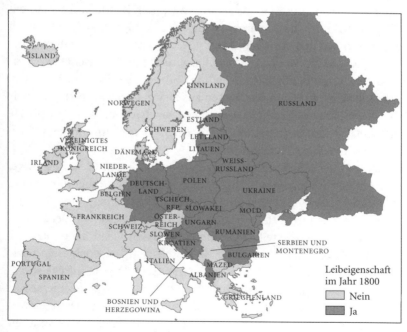

Karte 8: Leibeigenschaft in Europa im Jahr 1800

Leibeigenschaft im Jahr 1800 an. Osteuropa ist dunkel, Westeuropa hell.

Die westeuropäischen Institutionen unterschieden sich allerdings nicht immer so stark von denen Osteuropas. Die Divergenz begann, wie gesagt, im 14. Jahrhundert, als der Schwarze Tod 1346 zuschlug. Davor gab es nur minimale Unterschiede zwischen den politischen und wirtschaftlichen Institutionen West- und Osteuropas. England und Ungarn wurden sogar von derselben Herrscherfamilie regiert: den Angevinen. Die wachsenden institutionellen Gegensätze, die nach dem Schwarzen Tod entstanden, führten dann zu der Divergenz zwischen Ost und West im 17., 18. und 19. Jahrhundert.

Wo jedoch kam es überhaupt zu den kleinen institutionellen Unterschieden, die den Prozess des Auseinanderdriftens in Gang brachten? Warum wies Osteuropa im 14. Jahrhundert andere politische und wirtschaftliche Institutionen auf als der Westen? Warum herrschte in England ein anderes Machtverhältnis zwischen Krone und Parlament als in Frankreich und Spanien? Wie wir im folgenden Kapitel noch ausführen werden, bringen sogar Gesellschaften, die weit weniger komplex sind als moderne Staaten, politische und wirtschaftliche Institutionen hervor, die das Leben ihrer Bürger dauerhaft beeinflussen. Dies gilt selbst für Gemeinschaften aus Jägern und Sammlern, wie wir durch das San-Volk im heutigen Botswana wissen, dessen Angehörige bis heute weder Ackerbau noch Viehzucht betreiben und keine permanenten Wohnsitze haben.

Keine Gesellschaft erzeugt dieselben Institutionen wie eine andere. Alle haben ihre eigenen Bräuche, ihre spezifischen Eigentumsrechte und unterschiedliche Regeln für die Aufteilung von Jagd- oder Kriegsbeute. Manche respektieren die Autorität von Ältesten, andere nicht; manche erreichen bereits früh einen gewissen Grad an politischer Zentralisierung, andere nicht. Jede Gesellschaft ist unablässig wirtschaftlichen und politischen Konflikten ausgesetzt, die infolge spezifischer historischer Besonderheiten, der Rolle von Einzelpersonen oder zufälliger Faktoren unterschiedlich gelöst werden. Diese Unterschiede sind in vielen Fällen anfangs nur gering, doch sie summieren sich und erzeugen einen institutionellen Entwicklungsprozess.

Genau wie sich zwei voneinander isolierte Populationen von Organismen in einem genetischen Entwicklungsprozess durch Mutationen langsam voneinander entfernen, driften zwei sonst ähnliche Gesellschaften langsam institutionell auseinander, was im Lauf der Jahrhunderte zu merklichen Unterschieden führen kann. In Umbruchphasen sind solche Differenzen dann oft besonders folgenreich, weil sie bestimmen, wie eine Gesellschaft auf Änderungen ihrer wirtschaftlichen oder politischen Umstände reagiert. Da beispielsweise die Bauern 1346 in Westeuropa mehr Einfluss und Autonomie besaßen als in Osteuropa, führte der Schwarze Tod zur Auflösung des Feudalismus im Westen und zur Zweiten Leibeigenschaft im Osten. Nachdem sich Ost- und Westeuropa vom 14. Jahrhundert an unterschiedlich entwickelten, hatten die neuen wirtschaftlichen Gelegenheiten des 17., 18. und 19. Jahrhunderts ganz unterschiedliche Folgen für diese separierten Teile Europas. Da die Kontrolle durch die Krone im Jahr 1600 in England schwächer war als in Frankreich und Spanien, eröffnete der Atlantikhandel im Ersteren den Weg zur Schaffung neuer, pluralistischerer Institutionen, nicht jedoch in Frankreich und Spanien.

Der Unwägbarkeitspfad der Geschichte

Die Folgen von Umbruchphasen werden von der Vorgeschichte bestimmt, denn bestehende wirtschaftliche und politische Institutionen gestalten die Machtverhältnisse, indem sie politische Entwicklungsrichtungen eröffnen und verhindern. Dennoch ist der Ausgang nicht historisch vorherbestimmt, sondern davon abhängig, welche der widerstreitenden Kräfte sich durchsetzt, welche Gruppen handlungsfähige Koalitionen bilden und welche Anführer in der Lage sind, die Ereignisse zu ihrem Vorteil zu beeinflussen.

Dies lässt sich am Beispiel der Entstehungsgeschichte der inklusiven politischen Institutionen in England illustrieren. Der Sieg der Gruppen, die in der Glorreichen Revolution für die Begrenzung der königlichen Macht und für pluralistischere Institutionen kämpften, stand keineswegs von vornherein fest, und auch der gesamte Weg bis hin zu dieser politischen Revolution war nicht vorgezeichnet. Der Sieg der erfolgreichen Gruppe war untrennbar mit der durch den Atlantikhandel ausgelösten Umbruchphase verknüpft, und ihr Ausgang ließ die kaufmännischen Gegner der Krone reicher und kühner werden. Dabei war es ein Jahrhundert zuvor alles andere als offensichtlich gewesen, dass England die Meere beherrschen, viele Bereiche der Karibik und Nordamerikas kolonisieren und sich einen so großen Teil vom lukrativen Handel mit Amerika und dem Orient sichern würde. Weder Elisabeth I. noch andere Tudor-Monarchen vor ihr hatten eine schlagkräftige, einheitliche Flotte bauen lassen. Die englische Navy war damals noch auf Freibeuter und unabhängige Handelsschiffe angewiesen und konnte sich nicht mit der spanischen Flotte vergleichen. Aber der lukrative Atlantikhandel zog zahlreiche Freibeuter an, die das spanische Meeresmonopol attackierten.

Daraufhin beschlossen die Spanier 1588, der Bedrohung ihres Monopols durch englische Kaperschiffe sowie der englischen Einmischung in den Kampf der Spanischen Niederlande um Unabhängigkeit ein Ende zu setzen. Philipp II. entsandte eine gewaltige Flotte, die vom Herzog von Medina Sidonia befehligte Armada. Für viele Beobachter stand es fest, dass die Spanier einen überwältigenden Sieg davontragen, ihr Atlantik-Monopol festigen, Elisabeth I. wahrscheinlich stürzen und letztlich vielleicht sogar die Kontrolle über die Britischen Inseln erringen würden.

Doch etwas ganz anderes trat ein. Schlechtes Wetter und strategische Fehler Sidonias, der nach dem Tod eines erfahreneren Admirals überstürzt den Befehl übernommen hatte, brachten die Spanier um ihren Vorteil. Entgegen allen Erwartungen zerstörten die Engländer große Teile der Flotte ihres viel stärkeren Gegners. Damit konnten sie nun den Atlantik unter den gleichen Bedingungen wie die Spanier befahren. Ohne diesen überraschenden Sieg wäre es nicht zu den politischen Umwälzungen und den pluralistischen politischen Institutionen in England nach 1688 gekommen. Karte 9 zeigt die Spur der Zerstörung, welche die britische Flotte in Form von spanischen Schiffswracks hinterließ, während sie der Armada nachsetzte. Natürlich hätte 1588 niemand voraussagen können, dass ein Jahrhundert später als Folge des glücklichen englischen Sieges eine Umbruchphase entstehen würde, die in eine Revolution mündete.

Selbstverständlich endet nicht jede Umbruchphase in einer erfolgreichen Revolution oder einer Wendung zum Besseren. Die Geschichte enthält zahlreiche Beispiele für Revolutionen und radikale Bewegungen, die lediglich eine Tyrannei durch die andere ersetzten. Dieses Muster bezeichnete der deutsche Soziologe Robert Michels als Ehernes Gesetz der Oligarchie, eine besonders verderbliche Variante des Teufelskreises. Das Ende des Kolonialismus in den Jahrzehnten nach dem Zweiten Weltkrieg führte in vielen der betroffenen Gebiete zu kritischen Phasen. In den meisten Fällen handelten die neuen Regierungen im subsaharischen Afrika – und oft in Asien – nach der Unabhängigkeit allerdings gemäß dem von Robert Michels beschriebenen Muster: Sie wiederholten und verschärften die Missbräuche ihrer Vorgänger, indem sie die Verteilung der politischen Macht einengten, Kontrollen abbauten und die bereits kümmerlichen Anreize der Wirtschaftsinstitutionen für Investitionen und ökonomischen Fortschritt noch weiter aushöhlten. Nur in ein paar Fällen, etwa in Botswana, wurden kritische Phasen genutzt, um einen politischen und wirtschaftlichen Wandel als Voraussetzung des Wachstums einzuleiten.

Kritische Phasen können auch Veränderungen hin zu extraktiven Institutionen – statt von ihnen fort – bewirken. Obwohl inklusive Institutionen ihre eigene Feedback-Schleife, den Tugendkreis, auslösen, können auch sie auf Gegenkurs gehen und schrittweise extraktiver werden. Ob es dazu kommt, ist unvorhersehbar. Die Republik Venedig machte im Mittelalter bemerkenswerte Fortschritte in Richtung inklusiver politischer und wirtschaftlicher Institutionen. Aber während derartige Einrichtungen in England nach der Glorreichen Revolution von 1688 allmählich stärker wurden, nahmen sie in Venedig letztlich unter der Herrschaft einer kleinen Elite eine extraktive Form an, die sowohl die wirtschaftlichen Chancen als auch die politische Macht monopolisierte.

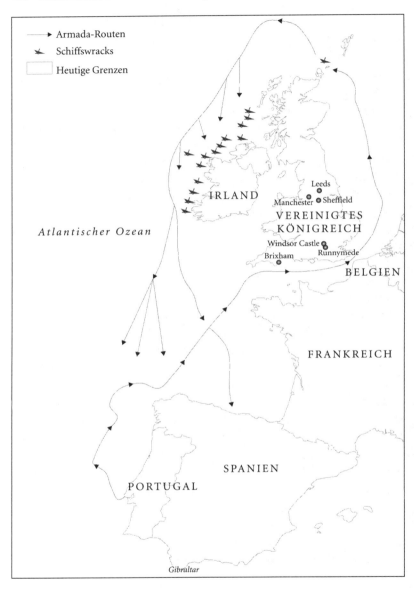

Karte 9: Die spanische Armada, Schiffswracks und wichtige Länder, in denen die Wende vollzogen wurde

Wie man die Lage der Dinge verstehen kann

Das Aufkommen einer Marktwirtschaft im England des 18. Jahrhunderts, die auf inklusiven Institutionen und nachhaltigem Wirtschaftswachstum beruhte, ließ die ganze Welt aufmerksam werden – nicht zuletzt deshalb, weil diese Marktwirtschaft England erlaubte, große Gebiete zu kolonisieren. Doch während der Einfluss des englischen Wirtschaftswachstums unzweifelhaft um den Globus herum zu spüren war, nahm man die wirtschaftlichen und politischen Institutionen, die dies bewirkt hatten, nicht automatisch zur Kenntnis. Die Ausbreitung der Industriellen Revolution wirkte sich unterschiedlich auf die Welt aus, ähnlich wie der Schwarze Tod unterschiedliche Folgen in West- und Osteuropa zeitigte und die Expansion des Atlantikhandels in England und Spanien verschiedenartige Reaktionen auslöste. Es waren die jeweiligen Institutionen, welche die Auswirkungen für die einzelnen Länder bestimmten, wobei kleine Unterschiede durch kritische Phasen mit der Zeit vergrößert wurden. Diese institutionellen Unterschiede und ihre Folgen haben sich aufgrund der Teufels- und der Tugendkreise bis in die Gegenwart erhalten. Sie liefern den Schlüssel zum Verständnis sowohl der Gründe für die Weltungleichheit als auch der uns umgebenden Situation.

In einigen Teilen der Welt haben sich Institutionen entwickelt, die den englischen sehr ähnelten, aber auf einem anderen Weg entstanden waren. Das galt vor allem für mehrere europäische Siedlerkolonien, etwa in Australien, Kanada und den Vereinigten Staaten, deren Institutionen sich gerade herausbildeten, als die Industrielle Revolution begann. Wie im ersten Kapitel geschildert, hat der Prozess, der mit der Gründung der Kolonie Jamestown im Jahr 1607 anfing und seinen Höhepunkt im Unabhängigkeitskrieg und im Inkrafttreten der amerikanischen Verfassung fand, viele Gemeinsamkeiten mit dem langen Kampf des englischen Parlaments gegen die Monarchie, denn beide führten zu einem zentralisierten Staat mit pluralistischen politischen Institutionen. Später wurde die Industrielle Revolution dann rasch von derartigen Ländern aufgegriffen.

Westeuropa, das viele vergleichbare historische Prozesse durchmachte, besaß zur Zeit der Industriellen Revolution ähnliche Institutionen wie England. Allerdings gab es kleine, doch bedeutsame Unterschiede zwischen den übrigen Staaten und England, weshalb sich die Industrielle Revolution dort und nicht etwa in Frankreich entfaltete. Dadurch entstanden völlig neue Umstände und Herausforderungen für die europäischen Regierungen, bis sich die grundlegend anderen Konflikte zur Französischen Revolution zuspitzten. Diese Umbruchphase bewirkte, dass sich die westeuropäischen Institutionen den englischen annäherten, während sich die osteuropäischen noch stärker von beiden absetzten.

Die übrige Welt folgte unterschiedlichen institutionellen Pfaden. Die europäische Kolonisierung bereitete die Bühne für die institutionelle Divergenz zwischen Nord- und Südamerika: Im Gegensatz zu den inklusiven Institutionen, die sich in den Vereinigten Staaten und Kanada entwickelten, entstanden in Lateinamerika extraktive Einrichtungen, was die Ungleichheit zwischen Nord und Süd erklärt. Die extraktiven politischen und wirtschaftlichen Institutionen der spanischen Konquistadoren haben sich erhalten, wodurch ein großer Teil der Region zu Armut verurteilt wurde. Argentinien und Chile ist es dabei besser ergangen als den meisten anderen dortigen Ländern. Sie besaßen kaum Ureinwohner oder Bodenschätze und wurden deshalb vernachlässigt, während sich die Spanier auf die Länder mit den Zivilisationen der Azteken, Maya und Inka konzentrierten. Nicht zufällig ist das ärmste Gebiet von Argentinien der Nordwesten, also der einzige Landesteil, der in die spanische Kolonialwirtschaft integriert war. Seine fortbestehende Armut, das Vermächtnis extraktiver Institutionen, ähnelt jener, welche die Potosi-*mita* in Bolivien und Peru verursachte.

Afrikas Institutionen eigneten sich am wenigsten dazu, die Chancen der Industriellen Revolution zu nutzen. Seit mindestens tausend Jahren hinkt Afrika, abgesehen von kleinen, isolierten Gebieten und begrenzten Zeiträumen, dem Rest der Welt in Technologie, politischer Entwicklung und Wohlstand hinterher. Zentralisierte Staaten haben sich auf diesem Kontinent erst sehr spät und nur zögerlich herausgebildet. Wo sie entstanden, waren sie oft überaus absolutistisch wie der Kongo und brachen bald zusammen. Afrika teilt sich diesen Mangel an staatlicher Zentralisierung mit Ländern wie Afghanistan, Haiti und Nepal, die auf ihren Territorien ebenfalls keine hinreichende Ordnung und Stabilität haben schaffen können, um auch nur ein Minimum an wirtschaftlichem Fortschritt zu erzielen. Obwohl sie ganz anderen Teilen der Welt angehören, haben Afghanistan, Haiti und Nepal institutionell vieles mit den meisten Nationen im subsaharischen Afrika gemeinsam und zählen wie sie zu den heute ärmsten Ländern.

Die Art, wie afrikanische Institutionen ihre gegenwärtige extraktive Form annahmen, ist symptomatisch für den institutionellen Entwicklungsprozess, der von Umbruchphasen unterbrochen wurde, doch in diesem Fall häufig mit üblen Ergebnissen, besonders während der Expansion des atlantischen Sklavenhandels. Dem Königreich Kongo boten sich durch die Ankunft der europäischen Händler neue wirtschaftliche Möglichkeiten. Der Fernhandel, der Europa umgestaltete, veränderte auch das Königreich Kongo, doch wiederum spielten anfängliche institutionelle Unterschiede eine wesentliche Rolle für die Art der Veränderung. Der kongolesische Absolutismus, der die Gesellschaft völlig beherrschte, gab sich nun nicht mehr mit extraktiven Wirtschaftsinstitutionen zufrieden, welche die gesamte Agrarproduktion der Bevölkerung beschlagnahmten, sondern er begann sogar, die Menschen massenhaft einzufangen und als Sklaven im Austausch für Gewehre und Luxusartikel, die der kongolesischen Elite zufielen, an die Portugiesen zu verkaufen.

Die ursprünglichen institutionellen Unterschiede bewirkten, dass der neue Fernhandel in England eine kritische Phase entstehen ließ, die zu pluralistischen politischen Institutionen überleitete, während im Kongo jegliche Hoffnung auf eine Niederlage des Absolutismus unterging. In großen Teilen Afrikas sorgten die erheblichen Einnahmen aus dem Sklavenhandel nicht nur dafür, dass sich dieses Unwesen intensivierte und die Eigentumsrechte für das Volk noch unsicherer wurden, sondern sie lösten auch heftige Kriege und die Zerstörung vieler existierender Institutionen aus. Innerhalb weniger

Jahrhunderte kehrte sich der schwache Zentralisierungsprozess um, so dass zahlreiche afrikanische Staaten fast völlig zusammenbrachen. Zwar entstanden einige neue und zuweilen mächtige Staaten, die vom Sklavenhandel profitierten, aber sie beruhten auf Kriegführung und Plünderei. Die kritische Phase der Entdeckung Amerikas mochte England geholfen haben, inklusive Institutionen zu entwickeln, doch sie ließ die Institutionen in Afrika noch extraktiver werden.

Der Sklavenhandel wurde nach 1807 überwiegend beendet, doch der sich anschließende europäische Kolonialismus erstickte die aufkeimende wirtschaftliche Modernisierung in Teilen Süd- und Westafrikas nicht nur, sondern machte auch jegliche Möglichkeit einheimischer institutioneller Reformen zunichte. Dies bedeutete, dass auch außerhalb von Gebieten wie dem Kongo, Madagaskar, Namibia oder Tansania, wo Raub, Zerstörung sozialer Zusammenhänge und sogar Massenmord die Regel waren, kaum eine Chance für Afrika bestand, seinen institutionellen Pfad zu ändern.

Schlimmer noch, die unter der Kolonialherrschaft aufgebauten Strukturen hinterließen in den 1960er Jahren noch verästeltere und schädlichere Institutionen als zuvor. Dadurch entstand durch die Unabhängigkeit keine Umbruchphase, in der die Verhältnisse verbessert wurden, sondern eine Möglichkeit für skrupellose Führer, die Macht an sich zu reißen und die schon unter den europäischen Kolonialisten übliche Ausbeutung noch weiter zu intensivieren. Die überkommenen strukturellen Anreize erzeugten also einen politischen Stil, der dem historischen Muster unsicherer und ineffektiver Eigentumsrechte mit stark absolutistischen Tendenzen bei gleichzeitig fehlender zentralisierter Autorität folgte.

Die Industrielle Revolution hat sich immer noch nicht auf Afrika ausgebreitet, weil der Kontinent einen langen Teufelskreis des Fortbestehens und der Neuerschaffung von extraktiven politischen und wirtschaftlichen Institutionen durchlitten hat. Botswana ist die Ausnahme. Wie wir sehen werden, leitete König Khama, der Großvater von Seretse Khama, Botswanas erstem Premierminister nach der Unabhängigkeit, im 19. Jahrhundert institutionelle Änderungen ein, um die politischen und wirtschaftlichen Einrichtungen seines Stammes zu modernisieren. Erstaunlicherweise wurden diese Änderungen während der Kolonialzeit nicht aufgehoben, teilweise deshalb, weil Khama und andere Chiefs die Kolonialautorität klug herausgefordert hatten. Ihre Nutzung in der durch die Unabhängigkeit von der Kolonialherrschaft ausgelösten Umbruchphase legte die Grundlagen für Botswanas wirtschaftlichen und politischen Erfolg. Wieder einmal erwiesen sich kleine historische Unterschiede als folgenreich. Hinzu kamen der Zufall und Unwägbarkeiten, die in der Geschichte neben Teufels- und Tugendkreisen auch immer eine Rolle spielen.

Seretse Khama, der in den 1940er Jahren in England studierte, verliebte sich in Ruth Williams, eine weiße Frau. Daraufhin veranlasste das rassistische Apartheidregime in Südafrika die englische Regierung, ihn aus dem damals Betschuanaland genannten Protektorat (dessen Verwaltung einem Hochkommissar aus Südafrika unterstand) zu verbannen, und er gab seinen Königsthron auf. Als er zurückkehrte, um den Kampf gegen den Kolonialismus anzuführen, beabsichtigte er, die traditionellen Institutionen der modernen Welt anzupassen. Khama war ein außergewöhnlicher Mann, der nicht nach persönlichem Reichtum strebte, sondern danach, sein Land aufzubauen. Beides – die historisch geprägten Institutionen in Botswana und nicht vorhersehbare Faktoren, die bewirkten, dass diese Institutionen als Basis genutzt und nicht zerstört oder entstellt wurden wie anderswo in Afrika – bestimmte den weiteren Verlauf der Entwicklung von Botswana.

Im 19. Jahrhundert blockierte ein Absolutismus, der sich von dem in Afrika und Osteuropa kaum unterschied, die Industrialisierung in großen Teilen Asiens. In China war der Staat zutiefst absolutistisch, und die wenigen unabhängigen Städte, Kaufleute und Industriellen hatten kaum einen politischen Einfluss. Als große Seemacht betrieb China schon Jahrhunderte vor den Europäern internationalen Handel, aber es hatte sich genau zum falschen Zeitpunkt von den Meeren abgewandt, weil die Ming-Kaiser im späten 14. und frühen 15. Jahrhundert zu dem Schluss gelangt waren, dass ein verstärkter Fernhandel ihre Herrschaft durch die schöpferische Zerstörung, die er mit sich bringen konnte, wahrscheinlich bedrohen würde.

In Indien herrschte eine andere industrielle Entwicklungstendenz vor und ließ ein beispiellos starres, erblich zementiertes Kastensystem entstehen, das die Möglichkeiten der Berufswahl und die Marktfunktionen noch stärker einschränkte als es die Feudalordnung im mittelalterlichen Europa tat. Außerdem untermauerte es eine andere ausgeprägte Form des Absolutismus unter den Mogul-Herrschern. Zwar hatten die meisten europäischen Länder im Mittelalter ähnliche Systeme, wie Familiennamen wie Becker, Fassbinder oder Schmidt und ihre angelsächsischen Entsprechungen verraten, die sich von erblichen Berufszugehörigkeiten herleiten, aber diese Bindungen wurden nie so rigide gehandhabt wie die indischen Kastentrennungen und wurden allmählich bedeutungslos. Obwohl indische Kaufleute überall im Umfeld des Indischen Ozeans Handel trieben und eine bedeutende indische Textilindustrie entstand, waren das Kastensystem und der Mogul-Absolutismus ernsthafte Hindernisse für das Aufkommen inklusiver Wirtschaftsinstitutionen.

Im 19. Jahrhundert wurden die Voraussetzungen für die Industrialisierung noch ungünstiger, da die Engländer Indien zu einer extraktiven Kolonie machten. China wurde nie offiziell von einer europäischen Macht kolonisiert, aber nachdem die Engländer die Chinesen in den von 1839 bis 1842 und erneut von 1856 bis 1860 andauernden Opiumkriegen besiegt hatten, musste es eine Reihe demütigender Verträge unterzeichnen und europäische Importe zulassen. Da China, Indien und andere Staaten mit Ausnahme Japans die kommerziellen und industriellen Möglichkeiten nicht nutzen konnten, blieb die ökonomische Entwicklung in Asien zurück, während sie in Westeuropa voranschritt.

Die institutionelle Entwicklung Japans im 19. Jahrhundert liefert ein weiteres Beispiel für die Wechselwirkung zwischen Umbruchphasen und kleinen, von institutionellen Trends erzeugten Unterschieden. Japan hatte wie China eine absolutistische Monarchie. Die seit 1600 herrschende Tokugawa-Familie verbot ebenfalls den internationalen Handel. Und auch Japan wurde mit einer durch westliche Intervention ausgelösten kritischen Phase konfrontiert, als im Juli 1853 vier amerikanische Kriegsschiffe unter dem Befehl von Matthew C. Perry in die Bucht von Edo einfuhren. Die Amerikaner verlangten Handelskonzessionen wie die, welche England durch die Opiumkriege von den Chinesen erzwungen hatte. Doch in Japan führte dies zu einem ganz anderen Ausgang. Trotz ihrer geographischen Nähe und ihrer häufigen Kontakte hatten China und Japan im 19. Jahrhundert bereits begonnen, institutionell auseinanderzudriften.

Wiewohl die Tokugawa-Herrschaft in Japan absolutistisch und extraktiv war und die Kontrolle über die zuvor weitgehend unabhängig herrschenden Daimyō, die Lehensfürsten, schrittweise ausbaute, konnte deren Macht nicht völlig gebrochen werden. In China kam es zwar zu Bauernaufständen und Unruhen, doch der Absolutismus war dort stärker und die Opposition weniger gut organisiert und weniger autonom. Es gab keine mächtigen Lehensfürsten, welche die absolutistische Herrschaft des Kaisers hätten anfechten und einen alternativen institutionellen Pfad einschlagen können. Dieser im Vergleich zu dem, was China und Japan von Westeuropa unterschied, relativ kleine institutionelle Unterschied hatte während der durch das gewaltsame Auftreten der Engländer und Amerikaner verursachten Krise entscheidende Folgen. China setzte seinen absolutistischen Weg nach den Opiumkriegen fort, während die Mühelosigkeit, mit der die Amerikaner in die Bucht von Edo einfahren und Japan bedrohen konnten, den Widerstand der Lehensfürsten gegen die Tokugawa-Herrschaft hervorrief und zu einem politischen Umsturz, der im zehnten Kapitel ausführlich behandelten Meiji-Restauration, führte. Die Entstehung einer konstitutionellen Monarchie in Japan ermöglichte die Entwicklung inklusiverer politischer und weitaus inklusiverer wirtschaftlicher Institutionen; daneben entstand die Basis für das spätere rapide japanische Wachstum, während China unter dem Absolutismus schmachtete.

Die Art, wie Japan auf die Bedrohung durch die US-Kriegsschiffe reagierte, nämlich durch einen Prozess der fundamentalen institutionellen Umgestaltung, hilft uns, den Grund für den Übergang von Stagnation zu zügigem Wachstum zu verstehen. Südkorea, Taiwan und schließlich China erzielten seit dem Zweiten Weltkrieg durch einen ähnlichen Weg wie vor ihnen Japan halsbrecherische Wachstumsraten. In jedem dieser Fälle gehen dem Wachstum historische Veränderungen der Wirtschaftsinstitutionen voraus – allerdings nicht immer der politischen Institutionen, wie das chinesische Beispiel verdeutlicht.

Die Logik, mit der Episoden raschen Wachstums ein abruptes Ende finden und sich umkehren, fällt ebenfalls in diesen Bereich. Genau wie energische Schritte in Richtung inklusiver Wirtschaftsinstitutionen ein rapides Wachstum bewirken können, ist es möglich, dass eine schroffe Abkehr von inklusiven Wirtschaftsinstitutionen zu wirtschaftlicher Stagnation führt. Häufiger jedoch sind solche Zusammenbrüche, wie sie etwa in Argentinien oder in der Sowjetunion zu beobachten waren, eine Folge der Tatsache, dass das Wachstum unter extraktiven Institutionen erfolgt ist und daher irgendwann zu Ende geht. Dazu kommt es, wie ausgeführt, entweder durch interne Machtkämpfe um die Beute der Extraktion mit nachfolgendem Kollaps des Regimes oder dadurch, dass der charakteristische Mangel an Innovation und schöpferischer Zerstörung unter extraktiven Institutionen dem nachhaltigem Wachstum eine Grenze setzt. Wie die Sowjetunion an diese Grenze stieß, wird im folgenden Kapitel erläutert.

Während die politischen und wirtschaftlichen Institutionen Lateinamerikas im Lauf der vergangenen fünfhundert Jahre durch den spanischen Kolonialismus geprägt wurden, waren die des Nahen Ostens dem osmanischen Kolonialismus ausgesetzt. Im Jahr 1443 eroberten die Osmanen unter Sultan Mehmet II. Konstantinopel und machten es zu ihrer Hauptstadt. Bis zum Ende des Jahrhunderts besetzten sie große Teile des Balkans und fast die ganze restliche Türkei. In der ersten Hälfte des 16. Jahrhunderts breitete sich die osmanische Herrschaft über den gesamten Nahen Osten und über Nordafrika aus. Um 1566, dem Zeitpunkt des Todes von Sultan Süleyman I., genannt der Prächtige, erstreckte sich das Reich der Osmanen von Tunesien im Westen über Ägypten bis hin nach Mekka auf der Arabischen Halbinsel und weiter bis zum heutigen Irak. Der osmanische Staat war absolutistisch, und der Sultan teilte seine Macht mit niemandem.

Die äußerst extraktiven Wirtschaftsinstitutionen der Osmanen sahen kein Privateigentum am Grund und Boden vor, der offiziell ausschließlich dem Staat gehörte. Die Besteuerung des Landes und der Agrarproduktion war zusammen mit der Kriegsbeute die Haupteinnahmequelle des Sultans. Allerdings dominierte der osmanische Staat den Nahen Osten nicht in dem Maße wie sein Kernland in Anatolien oder auch nur so, wie der spanische Staat Lateinamerika im Griff hatte. Die Osmanen wurden auf der Arabischen Halbinsel zudem ständig von Beduinen und anderen Gruppierungen attackiert. Es mangelte ihnen nicht nur an der Fähigkeit, eine stabile Ordnung im Nahen Osten zu errichten, sondern auch an der Verwaltungskapazität, um Steuern einzuziehen. Also übertrugen sie anderen das Recht, die Abgaben auf beliebige Art einzutreiben. Diese Steuerpächter wurden autonom und mächtig. Der Steuersatz in den nahöstlichen Territorien lag zwischen der Hälfte und zwei Dritteln dessen, was die Bauern produzierten. Den Großteil dieser Einnahmen behielten die Steuerpächter für sich. Da der osmanische Staat keine stabilen Verhältnisse schaffen konnte, waren die Eigentumsrechte zudem keineswegs gesichert. Es herrschten Gesetzlosigkeit und Banditentum, und immer wieder versuchten bewaffnete Gruppen, die Kontrolle vor Ort an sich zu reißen. In Palästina zum Beispiel war die Situation so erschreckend, dass die Bauern seit Ende des 16. Jahrhunderts aus den fruchtbarsten Gebieten in die Gebirgszonen übersiedelten, weil sie dort besser vor den Banditen geschützt waren.

Die Wirtschaftsinstitutionen in den Stadtgebieten des Osmanischen Reiches waren ebenso unterdrückerisch. Der Handel unterlag der staatlichen Kontrolle, und jede Berufstätigkeit wurde durch Zünfte und Monopole streng reglementiert. Mithin waren die Wirtschaftsinstitutionen des Nahen Ostens zur Zeit der Industriellen Revolution weithin extraktiv, und das Wirtschaftsleben stagnierte.

In den 1840er Jahren versuchten die Osmanen, ihre Institutionen zu reformieren, indem sie beispielsweise die Steuerpacht abschafften und autonome Gruppen unter ihre Herrschaft zwangen. Aber der Absolutismus setzte sich bis zum Ersten Weltkrieg fort, und die Reformbemühungen wurden durch die übliche Furcht der Elite vor schöpferischer Zerstörung und ökonomischen oder politischen Verlusten durchkreuzt. Während die osmanischen Reformer davon sprachen, private Eigentumsrechte an Grund und Boden einzuführen, um die landwirtschaftliche Produktivität zu erhöhen, blieb der Status quo infolge des Dranges nach politischer Kontrolle und Steuereinnahmen erhalten.

Nach 1918 wurde die osmanische von der europäischen Kolonisierung abgelöst. Als die europäische Herrschaft endete, setzte die gleiche Dynamik wie im subsaharischen Afrika ein, und die extraktiven Kolonialinstitutionen wurden von unabhängigen Machthabern mit Beschlag belegt. In manchen Fällen, etwa im Königreich Jordanien, wurden diese Machthaber von den Kolonialstaaten eingesetzt, was auch in Afrika, wie wir noch aufzeigen werden, häufig vorkam.

Nahöstliche Länder ohne Öl haben heute ein ähnliches Einkommensniveau wie arme lateinamerikanische Staaten. Sie litten nicht unter Ausblutung durch den Sklavenhandel, und sie zogen länger Nutzen aus europäischen Technologietransfers. Im Mittelalter war der Nahe Osten zudem selbst ein wirtschaftlich relativ fortgeschrittener Teil der Welt. Deshalb ist er heute nicht so notleidend wie Afrika, doch die Mehrheit seiner Menschen lebt weiterhin in Armut.

∗   ∗   ∗

Wir haben nachgewiesen, dass weder mit der Geographie noch mit der Kultur, noch mit der Ignoranz der Betroffenen und ihrer Herrscher argumentierende Theorien zum Verständnis der Lage der Dinge beitragen, weil sie keine zufriedenstellende Erklärung für die hervorstechenden Muster der Weltungleichheit und für die Tatsache liefern, dass der Prozess der wirtschaftlichen Divergenz im 18. und 19. Jahrhundert mit der Industriellen Revolution in England begann und danach auf Westeuropa und die europäischen Siedlerkolonien übergriff; für die sich hartnäckig haltenden Gegensätze zwischen den unterschiedlichen Teilen des amerikanischen Doppelkontinents; für die Armut Afrikas und des Nahen Ostens; für die Divergenz zwischen Ost- und Westeuropa; für das Umschlagen von Stagnation in Wachstum und für das manchmal abrupte Ende von Wachstumsschüben. Unsere Institutionstheorie dagegen liefert die Erklärung.

In den folgenden Kapiteln werden wir noch ausführlicher erläutern, wie sich die Institutionstheorie anwenden lässt, und auf eine Vielzahl von Phänomenen eingehen, die sie erklären kann – von den Ursprüngen der Neolithischen Revolution bis zum Zusammenbruch mehrerer Zivilisationen, dessen Grund entweder in den systembedingten Wachstumsgrenzen unter extraktiven Institutionen oder in der Abkehr von zaghaften Hinwendungen zur Inklusivität lag.

Wir werden aufzeigen, wie und warum während der Glorreichen Revolution in England energische Schritte hin zu inklusiven politischen Institutionen unternommen wurden. Insbesondere werden wir auf folgende Punkte eingehen:

• Wie durch die Wechselwirkung zwischen der durch den Atlantikhandel erzeugten Umbruchphase und den in England bereits bestehenden Einrichtungen inklusive Institutionen entstanden.

• Wie diese Institutionen überlebten und stärker wurden, bis durch sie die Grundlagen für die Industrielle Revolution gelegt werden konnten, teils dank des Tugendkreises und teils durch eine glückliche Wende der Möglichkeiten.

• Auf welche Weise viele Regierungen mit absolutistischen und extraktiven Institutionen der Verbreitung neuer, von der Industriellen Revolution hervorgebrachter Technologien hartnäckig Widerstand leisteten.

• Mit welchen Mitteln die Europäer die Möglichkeit eines Wirtschaftswachstums in vielen von ihnen eroberten Teilen der Welt auslöschten.

• Wie der Teufelskreis und das Eherne Gesetz der Oligarchie eine starke Tendenz zum Fortbestehen extraktiver Institutionen geschaffen haben, wodurch die Länder, in denen sich die Industrielle Revolution nicht von Anfang an ausbreitete, relativ arm bleiben.

- Warum die Industrielle Revolution und die neuen Technologien die Gegenden nicht erfasst haben und wahrscheinlich nicht erfassen werden, in denen selbst ein Minimum an staatlicher Zentralisierung weiterhin fehlt.

Außerdem werden wir nachweisen, dass bestimmte Länder wie Frankreich oder Japan, deren Institutionen eine inklusivere Entwicklung nahmen, oder Staaten, in denen die Gründung extraktiver Institutionen verhindert wurde, wie in den USA oder Australien, empfänglicher für die Industrielle Revolution waren und einen Vorsprung anderen gegenüber gewannen. Wie am Beispiel Englands abzulesen ist, war dies nicht immer ein reibungsloser Prozess, und unterwegs mussten die inklusiven Institutionen viele Herausforderungen meistern, zuweilen mit Hilfe der Dynamik des Tugendkreises, zuweilen dank einer glücklichen Geschichtsentwicklung.

Und schließlich werden wir darlegen, wie stark das heutige Scheitern von Staaten durch ihre institutionelle Geschichte beeinflusst wird, in welchem Maße die politische Beratung auf inkorrekten Hypothesen beruht und potentiell irreführend ist und auf welche Weise Staaten Umbruchphasen noch immer nutzen und die bisherigen Strukturen aufbrechen können, um ihre Institutionen zu reformieren und den Weg zu größerem Wohlstand einzuschlagen.

5.
»ICH HABE DIE ZUKUNFT GESEHEN, UND SIE FUNKTIONIERT«: WACHSTUM UNTER EXTRAKTIVEN INSTITUTIONEN

Ich habe die Zukunft gesehen

Wenn es darum geht, das Wirtschaftswachstum im Lauf der Epochen zu erklären, steht die Betrachtung der institutionellen Unterschiede im Zentrum. Aber wenn die meisten Gesellschaften auf extraktiven politischen und wirtschaftlichen Institutionen basieren, heißt das dann, dass Wachstum nie stattfindet? Offensichtlich nicht. Extraktive Institutionen müssen durch ihre eigene Logik Wohlstand schaffen, damit dieser extrahiert werden kann. Ein Herrscher, der die politische Macht an sich gerissen hat und die Kontrolle über einen zentralisierten Staat besitzt, ist in der Lage, ein gewisses Maß an Recht und Ordnung und ein Regelsystem einzuführen, um die Wirtschaftstätigkeit anzukurbeln.

Doch ein unter extraktiven Institutionen entstandenes Wachstum hebt sich seinem Wesen nach von einem unter inklusiven Institutionen geschaffenen ab. Vor allem kann es kein nachhaltiges Wachstum sein, das einen technologischen Wandel verlangt, sondern nur ein auf bereits vorhandenen Technologien beruhender Prozess. Die Entwicklung der Sowjetunion illustriert, wie die Autorität des Staates und die von ihm geschaffenen Anreize ein rasches Wirtschaftswachstum unter extraktiven Institutionen einleiten können und wie dieser Wachstumstyp letztlich in sich zusammenbricht.

Nachdem der Erste Weltkrieg zu Ende war, trafen sich die Vertreter der siegreichen und der unterlegenen Mächte in dem erhabenen Schloss Versailles außerhalb von Paris, um die Einzelheiten des Friedensvertrags festzulegen. Unter den wichtigsten Teilnehmern war Woodrow Wilson, der Präsident der Vereinigten Staaten. Die Vertreter Russlands hingegen fielen durch Abwesenheit auf. Das alte Zarenregime war im Oktober 1917 von den Bolschewiki gestürzt worden. Danach wütete ein Bürgerkrieg zwischen den Roten (den Bolschewiki) und den Weißen.

Engländer, Franzosen und Amerikaner entsandten ein Expeditionskorps zum Kampf gegen die Bolschewiki. Eine Mission, geleitet von dem jungen Diplomaten William Bullitt und dem bewährten Intellektuellen und Journalisten Lincoln Steffens, wurde nach Moskau entsandt, wo sie mit Lenin zusammenkommen sollte, um die Absichten der Bolschewiki zu erkunden und herauszufinden, wie man sich darauf einstellen konnte. Steffens hatte sich einen Namen als Bilderstürmer und Sensationsreporter gemacht, der die Übel des Kapitalismus in den Vereinigten Staaten anprangerte, und war zur Zeit der Revolution in Russland gewesen. Seine Mitwirkung sollte die Mission glaubhaft und nicht zu feindlich wirken lassen.

Die Unterhändler kehrten mit den Umrissen eines Angebots von Lenin hinsichtlich der Friedensbedingungen der neu gegründeten Sowjetunion zurück. Steffens war hingerissen von dem seiner Meinung nach großen Potential des Sowjetregimes.

»Sowjetrussland«, schrieb er in seiner Autobiographie von 1931, »hatte eine revolutionäre Regierung, welche eine Entwicklung plante. Ihr Plan bestand darin, anstatt unmittelbar Übelständen wie Armut und Vermögen, Bestechung, Vorrechten, Tyrannei und Krieg entgegenzutreten, deren Ursachen nachzuforschen und jene zu beseitigen. ... Sie hatten eine Diktatur errichtet, die von einer kleinen, dazu erzogenen Minderheit unterstützt wurde, um für die Zeitspanne einiger Generationen eine wissenschaftliche Neuordnung der wirtschaftlichen Triebkräfte herzustellen und zu bewahren, damit daraus dann zunächst eine wirtschaftliche und letzten Endes auch eine politische Demokratie hervorgehen könne.«

Nach seiner diplomatischen Mission besuchte Steffens seinen alten Freund, den Bildhauer Jo Davidson, der gerade an einer Porträtbüste des vermögenden Finanziers Bernard Baruch arbeitete. »Sie sind also in Russland gewesen«, bemerkte Baruch. Steffens erwiderte: »Ich bin in der Zukunft gewesen, und sie lässt sich machen.« Diese Aussage sollte er später so umformulieren, dass sie in die Geschichte einging: »Ich habe die Zukunft gesehen, und sie funktioniert.«

Noch bis in die frühen 1980er Jahre hinein sahen viele Westler die Zukunft in der Sowjetunion und glaubten weiterhin, dass sie funktioniere. In gewisser Weise war dies auch der Fall, jedenfalls eine Zeitlang. Lenin war 1924 gestorben, und bis 1927 hatte Josef Stalin das Land fest im Griff. Er beseitigte seine Gegner und leitete Initiativen zur raschen Industrialisierung der Sowjetunion ein. Zu diesem Zweck stattete er die staatliche Planungsbehörde Gosplan, die 1921 gegründet worden war, mit größeren Vollmachten aus. Gosplan organisierte die Umsetzung des ersten Fünfjahresplans zwischen 1928 und 1933.

Wirtschaftswachstum im stalinschen Stil war einfach genug: Man entwickele auf Regierungsgeheiß die Industrie und beschaffe sich die dafür notwendigen Mittel durch eine sehr hohe Besteuerung der Landwirtschaft. Der kommunistische Staat besaß jedoch kein effektives Steuersystem, weshalb Stalin die Landwirtschaft »kollektivierte«. Dies bedeutete, dass private Eigentumsrechte an Grund und Boden abgeschafft und sämtliche Menschen auf dem Lande in gigantische Kolchosen unter Leitung der Kommunistischen Partei gepfercht wurden. So wurde es viel leichter für Stalin, die Agrarproduktion an sich zu reißen und die Menschen zu ernähren, welche die neuen Fabriken bauten und betrieben. Die Konsequenzen für die Landbevölkerung waren katastrophal. Da die Kolchosen ihren Mitgliedern nicht den geringsten Anreiz boten, schwer zu arbeiten, ging die Agrarerzeugung jäh zurück. Ein so großer Teil davon wurde extrahiert, dass die Landbewohner zu verhungern begannen. Insgesamt fielen schätzungsweise sechs Millionen Menschen Hungersnöten zum Opfer, während Hunderttausende anderer während der Zwangskollektivierung ermordet oder nach Sibirien verbannt wurden.

Weder die neu geschaffenen Fabriken noch die Kolchosen waren wirtschaftlich effizient in dem Sinne, dass sie die Ressourcen der Sowjetunion optimal nutzten. Dadurch schien die Stagnation, wenn nicht der gänzliche Kollaps der Wirtschaft vorgezeichnet zu sein.

Aber die Sowjetunion wuchs zügig. Der Grund ist nicht schwer zu verstehen. Den Menschen zu gestatten, ihre eigenen Entscheidungen mit Blick auf die Märkte zu treffen, ist die beste Möglichkeit für eine Gesellschaft, ihre Mittel effizient einzusetzen. Wenn aber der Staat oder eine kleine Gruppe von Machthabern sämtliche Ressourcen kontrolliert, werden weder die geeigneten Anreize geschaffen noch die Fertigkeiten und Begabungen der Menschen effektiv genutzt. Doch in manchen Fällen kann die Produktivität der Arbeit und des Kapitals in einem Wirtschaftsbereich, etwa in der Schwerindustrie der Sowjetunion, so hoch sein, dass sogar ein Top-down-Verfahren unter extraktiven Institutionen, das diesem Sektor Ressourcen zuweist, Wachstums auslöst. Wie im dritten Kapitel beschrieben, konnten extraktive Institutionen auf karibischen Inseln wie Barbados, Kuba, Haiti und Jamaika relativ hohe Einkünfte ermöglichen, weil sie der Produktion von Zucker, einem weltweit begehrten Erzeugnis, Ressourcen zuwiesen. Die Zuckererzeugung unter Einsatz von Sklaven war gewiss nicht »effizient«, und in jenen Gesellschaften fehlte es an technologischem Wandel oder schöpferischer Zerstörung. Doch das hinderte sie nicht daran, ein begrenztes Wachstum unter extraktiven Institutionen zu erzielen. Die Lage in der Sowjetunion war ähnlich, nur dass die Industrie die gleiche Rolle spielte wie der Zucker in der Karibik. Das industrielle Wachstum in der UdSSR wurde außerdem dadurch angekurbelt, dass ihre Technik im Vergleich zu Europa und den Vereinigten Staaten bis dahin äußerst rückständig gewesen war. So konnte man allein schon dadurch große Zuwächse erzielen, dass man dem Industriesektor neue Mittel zuteilte, auch wenn das angewandte Verfahren ineffizient war und gewaltsam vollzogen wurde.

Vor 1928 lebten die meisten Russen auf dem Lande. Die Bauern benutzten eine primitive Technik, und sie hatten weder zur Zeit des russischen Feudalismus noch unter Stalin Anlass, produktiv zu arbeiten. Wenn man diese Arbeitskräfte aber von der Landwirtschaft in die Industrie umverteilte, entstand ein gewaltiges Wirtschaftspotential, und die stalinistische Industrialisierung war eine brutale Methode zur Freisetzung des Potentials. Obwohl die Industrie ineffizient organisiert war, stieg das Volkseinkommen zwischen 1928 und 1960 jährlich um

6 Prozent – wahrscheinlich der bis dahin größte ökonomische Wachstumsschub in der russischen Geschichte. Er stützte sich, wie gesagt, nicht auf den technologischen Wandel, sondern auf die Umverteilung von Arbeitskräften und die Erzielung von Einnahmen durch den Bau neuer Fabriken und den Einsatz von neuen Geräten in einer zuvor technisch unterentwickelten Gesellschaft. Das Wachstum beschleunigte sich so sehr, dass Generationen von Westlern getäuscht wurden, nicht bloß Lincoln Steffens. Auch die Central Intelligence Agency (CIA) der Vereinigten Staaten wurde hinters Licht geführt, nicht zu reden von Sowjetführern wie Nikita Chruschtschow, der 1956 in einer Rede vor westlichen Diplomaten bekanntermaßen prahlte, dass »wir euch [den Westen] begraben werden«. Noch 1977 behauptete ein englischer Ökonom in einem maßgeblichen Hochschullehrbuch, dass Volkswirtschaften sowjetischen Stils kapitalistischen hinsichtlich des Wachstums überlegen seien, da sie für Vollbeschäftigung und Preisstabilität sorgten und die Menschen sogar auf altruistische Weise motivierten. Der beklagenswerte westliche Kapitalismus sei nur in der Gewährung politischer Freiheiten überlegen. Und ein von Nobelpreisträger Paul Samuelson verfasstes ökonomisches Lehrbuch, das an den Universitäten mit Eifer gelesen wurde, prognostizierte mehrfach die ökonomische Vormachtstellung der Sowjetunion. In der Ausgabe von 1961 sagte Samuelson voraus, das sowjetische Volkseinkommen werde jenes der Vereinigten Staaten möglicherweise schon vor 1984, mit großer Wahrscheinlichkeit jedoch bis 1997 übertreffen. In der Ausgabe von 1980 blieb die Analyse so gut wie unverändert, doch die beiden Daten waren durch 2002 und 2012 ersetzt worden.

Zwar bewirkten die Maßnahmen Stalins und späterer Sowjetführer tatsächlich ein schnelles Wirtschaftswachstum, aber es handelte sich um keinen nachhaltigen Aufschwung. In den 1970er Jahren kam das Wachstum praktisch zum Stillstand. Die wichtigste Lektion daraus lautet, dass extraktive Institutionen aus zwei Gründen keinen dauerhaften technologischen Wandel auslösen können: wegen des Mangels an Anreizen und wegen des Widerstands durch die herrschenden Eliten. Nachdem all die ineffizient genutzten Ressourcen in die Industrie umgeleitet worden waren, konnten kaum noch wirtschaftliche

Zugewinne per Kommando erreicht werden, denn der Mangel an Innovation und die dürftigen ökonomischen Anreize bremsten jeglichen weiteren Fortschritt. Das einzige Gebiet, auf dem mit enormen Anstrengungen gewisse Innovationen aufrechterhalten wurden, war die Militär- und Raumfahrttechnologie. Beispielsweise gelang es dem Sowjetstaat, den ersten Hund, Laika, und den ersten Menschen, Juri Gagarin, ins All zu befördern. Daneben hinterließ die UdSSR der Welt das Sturmgewehr AK-47 als eines ihrer Vermächtnisse.

Gosplan war die angeblich allmächtige Planbehörde, die für die zentrale Lenkung der Sowjetwirtschaft verantwortlich war. Einer der Vorzüge der Fünfjahrespläne, die Gosplan ausarbeitete und deren Umsetzung es verwaltete, sollte der für rationale Investitionen und Neuerungen erforderliche lange Zeitrahmen sein. In Wirklichkeit hatte das, was in der Sowjetindustrie umgesetzt wurde, jedoch wenig mit den ursprünglichen Fünfjahresplänen zu tun, da man diese zu häufig revidierte, umschrieb oder schlicht außer Acht ließ. Die Entwicklung der Industrie beruhte auf Befehlen Stalins und des Politbüros, die häufig ihre Meinung änderten oder ihre früheren Entscheidungen sogar völlig umstießen. Sämtliche Pläne wurden als »Entwürfe« oder als »vorläufig« bezeichnet. Nur ein einziger als »endgültig« etikettierter Plan – für die Leichtindustrie von 1939 – ist je publik geworden. Stalin selbst sagte 1937: »Nur Bürokraten können glauben, dass die Planung mit der Vorlage des Planes endet. Die wahre Richtung des Planes bildet sich erst dann heraus, wenn er zusammengestellt worden ist.«

Stalin wollte seinen Ermessensspielraum für die Auszeichnung von politisch loyalen Einzelpersonen und Gruppen und für die Bestrafung seiner Gegner maximieren. Und die Hauptaufgabe von Gosplan bestand darin, Stalin Informationen zu liefern, damit er seine Freunde und Feinde besser überwachen konnte. Die Mitarbeiter von Gosplan versuchten sogar, Entscheidungen zu vermeiden, denn wenn sich eine als Fehlschlag erwies, konnte man erschossen werden. Damit empfahl es sich, jeglicher Verantwortung aus dem Weg zu gehen.

Ein Beispiel für das, was geschehen konnte, wenn man auf seinem Auftrag beharrte, statt auf die mutmaßlichen Wünsche der Kommunistischen Partei einzugehen, wird durch die sowjetische Volkszählung von 1937 geliefert. Während die Ergebnisse eintrafen, wurde immer klarer, dass sie auf eine Bevölkerungszahl von rund 162 Millionen hinauslaufen würden – viel weniger als die 180 Millionen, die Stalin erwartet, und sogar weniger als die 168 Millionen, die er selbst 1934 angekündigt hatte. Seit 1926 war kein Zensus mehr durchgeführt worden, womit es sich um den ersten handelte, der die Hungersnöte und Säuberungen der frühen 1930er Jahre einbezog, was sich in den Bevölkerungszahlen widerspiegelte. Daraufhin ließ Stalin die Organisatoren des Zensus verhaften und nach Sibirien schicken oder erschießen. Er ordnete eine Wiederholung an, die 1939 stattfand. Diesmal taten die Organisatoren das Richtige, indem sie feststellten, dass die UdSSR 171 Millionen Einwohner hatte.

Stalin begriff, dass die Menschen in der Sowjetwirtschaft kaum einen Ansporn zum Arbeiten besaßen. Die natürliche Reaktion hätte darin bestanden, Anreize zu schaffen, und manchmal tat er genau das – beispielsweise ließ er Lebensmittelvorräte zur Belohnung von Produktivitätssteigerungen umlenken. Auch gab er bereits 1931 den Gedanken auf, »sozialistische Männer und Frauen« erschaffen zu können, die ohne finanzielle Entlohnung arbeiten würden. In einer berühmten Rede kritisierte er die »Gleichmacherei«, wonach nicht nur unterschiedliche Löhne für unterschiedliche Tätigkeiten gezahlt, sondern auch Prämiensysteme eingeführt wurden.

Es ist lehrreich, die Funktionsweise solcher Systeme zu betrachten. In der Regel musste eine Fabrik die per Plan festgesetzten Produktionsziele erreichen, obwohl die Pläne häufig neu verhandelt und geändert wurden. Von den 1930er Jahren an erhielten Beschäftigte Prämien, wenn sie die Norm erfüllten. Diese Beträge konnten recht hoch sein: bis zu 37 Prozent des Lohnes für leitende Angestellte oder Chefingenieure. Aber auch dadurch entstanden Hindernisse für den technologischen Wandel. Zum einen riskierte man bei Neuerungen, für die Mittel aus der laufenden Produktion abgezogen werden mussten, dass die Normen nicht erfüllt und die Prämien nicht gezahlt wurden. Zum anderen beruhten die Normen gewöhnlich auf dem früheren Produktionsniveau. Dadurch entfiel die Motivation, die Produktionsraten zu steigern, da dies bedeutete, dass die Behörden künftige

Normen entsprechend heraufsetzen würden. Sein Potential nicht zu nutzen war stets der beste Weg, wenn man die Norm auch in Zukunft erfüllen und Prämien erhalten wollte. Die Tatsache, dass die Beträge monatlich gezahlt wurden, hatte ebenfalls zur Folge, dass sich alle auf die Gegenwart konzentrierten, während Innovation bedeutet, heute Opfer zu bringen, um morgen die Gewinne einzuheimsen.

Auch wenn Prämien und Anreize das Verhalten ändern konnten, schufen sie häufig andere Probleme. Die zentrale Planung war einfach nicht geeignet, das zu ersetzen, was der große Ökonom des 18. Jahrhunderts, Adam Smith, die »unsichtbare Hand« des Marktes nannte. Wenn der Plan die Produktion einer bestimmten Anzahl von Tonnen Stahlblech vorschrieb, geriet das Blech zu dick; wenn er eine bestimmte Quadratmeterzahl Stahlblech vorsah, geriet es zu dünn. Sollten Kronleuchter in einer bestimmten Tonnenzahl angefertigt werden, fielen sie so schwer aus, dass man sie kaum an die Decke hängen konnte.

In den 1940er Jahren waren sich die Führer der Sowjetunion, allerdings nicht ihre Bewunderer im Westen, der Widersinnigkeit solcher Anreize bewusst. Sie taten so, als hätten sie es mit technischen Problemen zu tun, die behoben werden konnten. Zum Beispiel ließen sie Prämien nicht mehr auf der Grundlage der Normerfüllung zahlen, sondern gestatteten den Betrieben, einen Teil der Gewinne für Prämien abzuzweigen. Das »Profitmotiv« war für Innovationen jedoch nicht förderlicher als das Motiv der Normerfüllung. Das Preissystem, das man zur Berechnung der Gewinne anlegte, war fast völlig losgelöst vom realen Marktwert, denn anders als in der Marktwirtschaft wurden die Preise in der Sowjetunion von der Regierung willkürlich festgelegt.

Um spezifische Anreize zu schaffen, führte die Sowjetunion 1946 Innovationsprämien ein. Bereits 1918 war das Prinzip anerkannt worden, dass ein Erfinder für seine Innovation finanziell belohnt werden solle. Doch die dafür festgelegten Beträge waren niedrig und orientierten sich nicht am Wert der jeweiligen Erfindung. Dies änderte sich erst 1956, als man verfügte, dass die Prämie danach berechnet werden sollte, in welchem Maße die jeweilige Erfindung zur Produktivitätssteigerung beitrug. Da die Produktivität jedoch auf der Basis des bestehenden Preissystems kalkuliert wurde, war der Anreiz für Erfinder wiederum gering. Man könnte viele Seiten mit solchen widersinnigen Stimuli in der Sowjetunion füllen. Beispielsweise wurde die Höhe des Prämienfonds durch die Lohnsumme eines Betriebs begrenzt, was den Anreiz, eine arbeitskräftesparende Innovation zu ersinnen oder zu übernehmen, sofort verringerte.

Bei einer Betrachtung der verschiedenen Regeln und Prämien kann man die inhärenten Probleme des Systems leicht übersehen. Solange die politische Autorität und die Macht in den Händen der Kommunistischen Partei lagen, war es ausgeschlossen, die wesentlichen Anreize, Prämien hin oder her, grundlegend zu ändern. Seit ihrer Gründung hatte die KP Zuckerbrot und Peitsche – und zwar eine kräftige Peitsche – benutzt, um ihren Willen durchzusetzen. Das galt auch für die Produktivität. Etliche Gesetze wurden verabschiedet, damit Werktätige, die man für Drückeberger hielt, strafrechtlich verfolgt werden konnten. Im Juni 1940 erklärte man beispielsweise Arbeitsversäumnisse – worunter man jede über 20 Minuten hinausgehende unerlaubte Abwesenheit vom Arbeitsplatz und sogar Bummeleien bei der Arbeit verstand – zu einem kriminellen Vergehen, das mit sechs Monaten Zwangsarbeit und einer Lohnkürzung von 25 Prozent geahndet werden konnte.

Zahlreiche ähnliche Bestrafungen wurden eingeführt und mit erstaunlicher Häufigkeit verhängt. Zwischen 1940 und 1955 befand man 36 Millionen Menschen, ungefähr ein Drittel der Erwachsenenbevölkerung, solcher Delikte für schuldig. Davon wurden 15 Millionen ins Gefängnis geschickt und 250 000 erschossen. Alljährlich befanden sich eine Million Erwachsene wegen Arbeitsvergehen in Haft – ganz abgesehen von den 2,5 Millionen, die Stalin im sibirischen Gulag verschwinden ließ. Trotzdem funktionierte das System nicht. Wenn man jemanden in eine Fabrik steckt, kann man ihn noch lange nicht zwingen, nachzudenken und gute Ideen zu haben, indem man ihm mit Erschießung droht. Zwangsmaßnahmen wie diese mochten eine hohe Zuckerproduktion auf Barbados oder Jamaika bewirkt haben, aber sie konnten in einer modernen Industriewirtschaft den Mangel an Stimuli nicht wettmachen.

Die Tatsache, dass es unmöglich war, in einer zentralen Planwirtschaft wirkungsvolle Anreize zu schaffen, ließ sich nicht auf technische Fehler bei der Gestaltung des Prämiensystems zurückführen. Der Grund lag vielmehr in der Methode, mit der man extraktives Wachstum erzielt hatte. Regierungsbefehle konnten dazu beitragen, einige Grundprobleme zu lösen, doch ein nachhaltiges Wirtschaftswachstum erfordert, dass die Beteiligten ihre Begabung und ihre Ideen nutzen, was ein System sowjetischen Stils gerade verhindert. Die Machthaber in der UdSSR hätten ihre extraktiven Wirtschaftsinstitutionen aufgeben müssen, aber durch einen solchen Schritt wäre ihre politische Macht gefährdet worden. Tatsächlich zerbröckelte die Macht der Kommunistischen Partei und mit ihr der Sowjetstaat, als Michail Gorbatschow nach 1987 von extraktiven Wirtschaftsinstitutionen abrückte.

Die Sowjetunion konnte selbst unter extraktiven Institutionen ein rapides Wachstum erzeugen, weil die Bolschewiki einen mächtigen zentralisierten Staat aufgebaut hatten und seine Autorität einsetzten, um der Industrie Ressourcen zuzuteilen. Aber wie in allen Fällen von Wachstum unter extraktiven Institutionen brachte dieses Experiment kaum einen technologischen Wandel mit sich und war nicht aufrechtzuerhalten. Das Wachstum verlangsamte sich zunächst und brach dann zusammen. So vergänglich dieser Wachstumstyp auch ist, er zeigt immerhin auf, wie extraktive Institutionen die Wirtschaftstätigkeit stimulieren können.

Im Lauf der Menschheitsgeschichte wurden die meisten Gesellschaften von extraktiven Institutionen regiert, und diejenigen, die eine gewisse Ordnung in ihrem Land durchsetzen konnten, waren in der Lage, ein begrenztes, wenn auch niemals nachhaltiges Wachstum hervorzubringen. Mehr noch, einige bedeutende Wendepunkte der Geschichte sind mit institutionellen Neuerungen verknüpft, durch die extraktive Institutionen gefestigt und die Autorität einer Gruppe erhöht wurden, so dass sie Recht und Ordnung verhängen und von der Extraktion profitieren konnte. Im Folgenden werden wir nun das Wesen institutioneller Neuerungen erörtern, die einen gewissen Grad an staatlicher Zentralisierung bewirken und Wachstum unter extraktiven Institutionen auslösen können. Dann werden wir nachweisen, wie sich hiermit der entscheidende Übergang zur Landwirtschaft durch die Neolithische Revolution als Basis unserer heutigen Zivilisation erklären lässt. Zum Abschluss werden wir am Beispiel der Maya-Stadtstaaten darstellen, dass Wachstum unter extraktiven Institutionen nicht nur wegen des Mangels an technologischem Fortschritt begrenzt ist, sondern auch, weil solch eine Konstellation interne Kämpfe zwischen rivalisierenden Gruppen begünstigt, welche die Kontrolle über den Staat und die von ihm geschaffene Extraktion übernehmen wollen.

An den Ufern des Kasai

Einer der großen Nebenflüsse des Kongo ist der Kasai. Er entspringt in Angola, verläuft nach Norden und vereinigt sich mit dem Kongo nordöstlich von Kinshasa, der Hauptstadt der heutigen Demokratischen Republik gleichen Namens. Die Republik Kongo ist, verglichen mit der übrigen Welt, arm und hat stets ein erhebliches Wohlstandsgefälle zwischen den verschiedenen Bevölkerungsgruppen aufgewiesen. Der Kasai dient als Grenze zwischen zwei dieser Gruppen.

Kurz nach der Ankunft im Land trifft man am westlichen Flussufer auf das Volk der Lele, während am östlichen Ufer die Bushong leben. Es ist erstaunlich, dass es ein Wohlstandsgefälle zwischen diesen beiden Gruppen gibt, die nur durch einen Fluss voneinander getrennt sind, den beide mit Booten überqueren können. Die beiden Stämme haben eine gemeinsame Herkunft, und ihre Sprachen sind miteinander verwandt. Auch vieles von dem, was sie herstellen, ist ähnlich, etwa ihre Häuser, ihre Kleidung und ihre Handwerksprodukte.

Aber als die Anthropologin Mary Douglas und der Historiker Jan Vansina diese Gruppen in den 1950er Jahren untersuchten, entdeckten sie einige verblüffende Unterschiede zwischen ihnen. Wie Douglas es ausdrückt:»Die Lele sind arm, während die Bushong reich sind … Alles, was die Lele besitzen oder tun können, besitzen und können die Bushong auch, und zwar in höherem Maße.« Einige schlichte Erklärungen für diese Ungleichheit bieten sich an. Ein Unterschied – ähnlich wie der in Peru zwischen Gegenden, die der Potosí-*mita* unterlagen und jenen, bei denen dies nicht der Fall war – besteht darin, dass die Lele nur für ihren Lebensunterhalt arbeiteten, während die Bushong Produkte für den Austausch auf dem Markt erzeugten. Douglas und Vansina merkten auch an, dass sich die Lele minderwertiger Verfahren bedienten. Zum Beispiel benutzten sie keine Netze zum Jagen, was ihre Produktivität stark erhöht hätte. Douglas kommentierte: »[D]as Fehlen von Netzen entspricht einer allgemeinen Neigung der Lele, weder Zeit noch Arbeit in eine dauerhafte Ausrüstung zu investieren.«

Andere wichtige Unterschiede betrafen die landwirtschaftliche Technik und Organisation. Die Bushong praktizierten eine ausgeklügelte Form von Ackerbau und Viehzucht und bauten fünf Feldfrüchte hintereinander in einem zweijährigen Wechsel an, nämlich Yams, Süßkartoffeln, Maniok (Cassava), Bohnen sowie Mais, von dem sie jährlich zwei oder sogar drei Ernten einbrachten. Die Lele hatten kein derartiges System und erzielten jährlich nur eine einzige Maisernte.

Auch bei der Sicherheit gab es auffällige Unterschiede. Die Lele verteilten sich auf befestigte Dörfer, die dauernd im Streit miteinander lagen. Wer von einem zum anderen reiste oder sich auch nur in den Wald vorwagte, um Nahrung zu sammeln, musste fürchten, angegriffen oder entführt zu werden. So etwas geschah im Land der Bushong selten oder nie.

Was begründete diesen Kontrast der Produktionsmuster, des Landbaus und der Sicherheit? Offensichtlich waren es nicht die geographischen Verhältnisse, welche die Lele veranlassten, eine unterlegene Jagd- und Agrartechnik einzusetzen. Gewiss lag es nicht an ihrer Ignoranz, denn sie waren über das Werkzeug und die Techniken der Bushong auf dem Laufenden. Eine weitere Erklärung könnte im kulturellen Bereich liegen: Hatten die Lele vielleicht Bräuche, die sie davon abhielten, in Jagdnetze sowie in stabilere, besser gebaute Häuser zu investieren? Aber auch das scheint nicht der Fall zu sein. Wie die übrigen Bewohner des Kongo waren die Lele sehr interessiert daran,

Waffen zu kaufen, und Douglas bemerkte sogar: »Ihr eifriger Erwerb von Feuerwaffen ... zeigt an, dass sie durch ihre Kultur nicht auf den Gebrauch schlechterer Geräte beschränkt sind, wenn bessere Techniken keine langfristige Zusammenarbeit und Anstrengung erfordern.« Weder eine kulturelle Aversion gegen neue Techniken noch Ignoranz, noch die geographische Situation können also eine befriedigende Erklärung dafür liefern, warum die Bushong wohlhabender sind als die Lele.

Der Grund für die Unterschiede zwischen diesen beiden Völkern ist in den unterschiedlichen politischen Institutionen zu suchen, die sich in den Gebieten der Bushong und der Lele herausbildeten. Wir haben erwähnt, dass die Lele in befestigten Dörfern wohnten, die nicht Teil einer einheitlichen politischen Struktur waren. Dies sah am anderen Ufer des Kasai anders aus. Um 1620 kam es dort zu einer politischen Revolution unter Führung eines Mannes namens Shyaam. Er gründete das auf Karte 6 abgebildete Königreich der Kuba. Die Bushong formten den Kern des Reiches, und Shyaam machte sich selbst zum König. Bis dahin hatte es wahrscheinlich kaum Unterschiede zwischen den Bushong und den Lele gegeben; sie entstanden erst infolge der Art und Weise, wie Shyaam die Gesellschaft östlich des Flusses umorganisierte. Er baute einen Staat und eine pyramidenartige Hierarchie politischer Institutionen auf. Diese waren nicht nur erheblich stärker zentralisiert als zuvor, sondern auch äußerst kunstvoll strukturiert. Shyaam und seine Nachfolger schufen eine Bürokratie zur Erhebung von Steuern sowie ein juristisches System und eine Polizeitruppe, die das Gesetz vollstreckte. Die Stammesführer wurden von Räten kontrolliert, von denen sie Entscheidungen absegnen lassen mussten. Die Bushong hatten sogar ein Schwurgerichtsverfahren, was im subsaharischen Afrika vor dem europäischen Kolonialismus anscheinend beispiellos war. Trotzdem diente Shyaams zentralisierter Staat als durch und durch absolutistisches Werkzeug der Extraktion. Niemand stimmte über den König ab, und die Staatspolitik wurde von oben, nicht unter Teilnahme des Volkes festgelegt.

Diese politische Revolution, die im Land der Kuba staatliche Zentralisierung sowie Recht und Ordnung mit sich brachte, leitete zu ei-

ner wirtschaftlichen Revolution über. Die Landwirtschaft wurde um-
organisiert, und man griff zu neuen Verfahren, um die Produktivität
zu erhöhen. Die Nutzpflanzen, die vorher als Grundnahrungsmittel
gedient hatten, wurden durch neue, ertragreichere aus Amerika ersetzt (insbesondere Mais, Maniok und Paprika). Eine Felderwirtschaft
wurde eingeführt, und die pro Kopf erzeugte Lebensmittelmenge verdoppelte sich. Um diese Pflanzen anzubauen und den Agrarzyklus
neu zu gestalten, brauchte man mehr Arbeitskräfte auf den Feldern.
Deshalb senkte man das Heiratsalter auf zwanzig Jahre, wodurch sich
jüngere Männer den landwirtschaftlichen Arbeitskräften anschlossen.
Der Kontrast zu den Lele ist deutlich. Ihre Männer heirateten zumeist
erst mit fünfunddreißig Jahren und arbeiteten vorher nicht auf den
Feldern. Bis dahin widmeten sie ihr Leben kriegerischen Auseinandersetzungen und Überfällen.

Der Zusammenhang zwischen der politischen und der wirtschaftlichen Revolution war offensichtlich. König Shyaam und seine Anhänger wollten Steuern und Wohlstand von den Kuba beziehen, die dazu
mehr produzieren mussten, als sie selbst verbrauchten. Shyaam und
seine Männer gründeten zwar keine inklusiven Institutionen, aber ein
gewisser Wohlstand kann auch durch extraktive Institutionen bewirkt
werden, die ein Mindestmaß an staatlicher Zentralisierung erreichen
sowie Recht und Gesetz durchsetzen. Und natürlich entsprach es dem
Interesse Shyaams und seiner Anhänger, die Wirtschaftsaktivitäten zu
fördern, denn sonst hätten sie nichts extrahieren können.

Genau wie Stalin schuf Shyaam per Befehl eine Reihe von Institutionen, die den zur Stützung des Systems nötigen Gewinn ermöglichten. Verglichen mit dem Zustand am anderen Ufer des Kasai, wurde
im Königreich ein beträchtlicher Reichtum aufgebaut, wovon Shyaam
und seine Leute allerdings den Großteil für sich beanspruchten. Aber
der Wohlstand war zwangsläufig begrenzt. Wie in der Sowjetunion
fehlte es im Königreich der Kuba nach dem anfänglichen Wandel an
schöpferischer Zerstörung und technologischen Neuerungen. Diese
Situation hatte sich kaum geändert, als belgische Kolonialbeamte im
späten 19. Jahrhundert in das Königreich eindrangen.

König Shyaams Leistung zeigt, dass extraktive Institutionen einen gewissen wirtschaftlichen Erfolg erzielen können. Dazu ist ein zentralisierter Staat erforderlich. Häufig benötigt man eine politische Revolution, um den Staat zu zentralisieren. Nachdem Shyaam einen solchen Staat geschaffen hatte, konnte er seine Macht einsetzen, um die Wirtschaft umzugestalten und die Agrarerzeugung zu erhöhen und zu besteuern.

Warum waren es die Bushong und nicht die Lele, die eine politische Revolution durchliefen? Hätten die Lele ihren eigenen König Shyaam haben können? Was dieser vollbrachte, war eine institutionelle Neuerung, die nichts mit Geographie, Kultur oder Ignoranz zu tun hatte. Die Lele hätten eine solche Revolution ebenso vollziehen und ihre Institutionen genauso umgestalten können, aber dazu kam es nicht. Vielleicht kennen wir die Gründe nicht genau genug, da wir heutzutage wenig über ihre Gesellschaft wissen, aber höchstwahrscheinlich war das historische Eventualprinzip dafür verantwortlich. Das gleiche Prinzip könnte wirksam gewesen sein, als einige Gesellschaften im Nahen Osten vor zwölftausend Jahren noch radikalere institutionelle Neuerungen einleiteten, die zur Sesshaftigkeit der Menschen und dann zur Domestizierung von Pflanzen und Tieren führten.

Der Lange Sommer

Um 15 000 v. Chr. endete die Eiszeit, als sich das Klima der Erde erwärmte. Indizien aus den Eisbohrkernen von Grönland lassen vermuten, dass die Durchschnittstemperaturen innerhalb einer kurzen Frist um ganze 15 Grad Celsius stiegen. Gleichzeitig scheint es zu einem raschen Bevölkerungswachstum gekommen zu sein, denn die globale Erwärmung führte zu größeren Tierpopulationen und einer viel besseren Verfügbarkeit von wilden Pflanzen und damit zu mehr Nahrung. Dieser Prozess kehrte sich um 14 000 v. Chr. jäh durch eine Kälteperiode um, die als Jüngeres Dryas bekannt ist, doch nach 9600 v. Chr. stiegen die globalen Temperaturen erneut, nämlich um

7 Grad Celsius in weniger als einem Jahrzehnt, und sie sind seither hoch geblieben. Der Archäologe Brian Fagan spricht vom Langen Sommer. Die Klimaerwärmung war eine äußerst kritische Phase, und sie lieferte den Hintergrund zur Neolithischen Revolution, in der menschliche Gesellschaften den Übergang zum sesshaften Leben, zu Ackerbau und Viehzucht, vollzogen. Die sich anschließende Menschheitsgeschichte spielt sich in der Hitze jenes Langen Sommers ab.

Es gibt einen elementaren Unterschied zwischen Ackerbau und Viehzucht einerseits und dem Jagen und Sammeln andererseits. Das Erstere beruht auf der Domestizierung von Pflanzen- und Tierarten, in deren Lebenszusammenhänge eingegriffen werden muss, um ihr Erbgut zu ändern und sie nützlicher für den Menschen zu machen. Die Domestizierung ist ein Prozess, der uns ermöglicht, mehr Lebensmittel unter Einsatz der verfügbaren Pflanzen und Tiere zu produzieren. Beispielsweise begann die Domestizierung von Mais, als Menschen die Wildformen, die Teosinte, sammelten und zur Aussaat auswählten. Teosinte-Kolben sind nur ein paar Zentimeter lang, doch allmählich schufen die Menschen, indem sie immer wieder die größeren, weniger brüchigen Kolben zur Aussaat auswählten, den heutigen Mais, der auf demselben Stück Land viel mehr Nahrung liefert.

Die frühesten Anzeichen für Ackerbau, Viehzucht und die Domestizierung von Pflanzen und Tieren stammen aus dem Nahen Osten, insbesondere aus der als Hilly Flanks (»Hügelige Flanken«) bekannten Gegend, die sich vom Süden des heutigen Israel durch Palästina und das Westjordanland bis hinauf nach Syrien und in die südöstliche Türkei, den nördlichen Irak und den westlichen Iran erstreckt. Die ersten Funde von domestizierten Pflanzen, nämlich Emmer und zweizeilige Gerste, in Jericho am Westufer des Jordan werden auf etwa 9500 v. Chr. datiert; weiter nördlich im syrischen Tell Aswad, wurden Emmer, Erbsen und Linsen angebaut. Beide Fundstätten gehörten der natufischen Kultur an und umfassten große Dörfer; das Dorf Jericho hatte damals schätzungsweise fünfhundert Einwohner.

Warum entstanden die ersten Bauerndörfer hier und nicht anderswo? Warum waren es die Natufier und nicht andere Völker, die Erbsen und Linsen kultivierten? Hatten sie Glück und lebten zufällig gerade dort, wo es viele für die Domestizierung geeignete Arten gab? Das mag zutreffen, doch auch viele andere Menschen lebten in der Nähe solcher Pflanzen, ohne sie anzubauen. Wie im zweiten Kapitel auf den Karten 4 und 5 zu sehen, können Genetiker und Archäologen nachweisen, dass viele Wildformen heutiger Nutztiere und -pflanzen über Millionen von Quadratkilometern, nämlich überall in Eurasien, verstreut waren. Die Hilly Flanks (obwohl besonders reichlich mit wilden Nutzpflanzen ausgestattet) dürften keineswegs einzigartig gewesen sein.

Die Natufier waren nicht deshalb etwas Besonderes, weil sie in einer Gegend mit außerordentlich vielen Wildarten lebten, sondern weil sie sesshaft geworden waren, um dann Pflanzen und Tiere zu domestizieren. Ein Indiz stammt von Gazellenzähnen, die aus Cementum bestehen, einem schichtweise wachsenden Knochengewebe. Im Frühjahr und Sommer, wenn das Cementum am schnellsten wächst, haben die Schichten eine andere Farbe als im Winter. An der Farbe der letzten, vor dem Tod der Gazelle entstandenen Schicht kann man erkennen, ob das Tier im Sommer oder Winter getötet wurde. An natufischen Stätten findet man zu allen Jahreszeiten getötete Gazellen, was auf einen ganzjährigen Aufenthalt hindeutet.

Das Dorf Abu Hureyra am Euphrat ist eine der am intensivsten untersuchten natufischen Siedlungen. Seit fast vierzig Jahren erforschen Archäologen die Ablagerungsschichten des Dorfes. Die Siedlung entstand wahrscheinlich um 9500 v. Chr., und die Bewohner setzten ihr Jäger-und-Sammler-Leben weitere fünfhundert Jahre fort, bevor sie eine Landwirtschaft entwickelten. Archäologen schätzen, dass die Dorfbevölkerung vor dem Beginn des Ackerbaus hundert bis dreihundert Menschen umfasste.

Man kann alle möglichen Gründe aufführen, die es vorteilhaft für eine Gesellschaft machen, sesshaft zu werden. Umherzuziehen ist aufwendig: Kinder und alte Leute müssen getragen werden, und wenn man unterwegs ist, gibt es keine Möglichkeit, Lebensmittel für schlechtere Zeiten zu speichern. Außerdem ließen sich nützliche Geräte für die Ernte und Verarbeitung wild wachsender Pflanzen wie Mahlsteine und Sicheln schwer befördern. Manches deutet darauf hin, dass umherziehende Jäger und Sammler Nahrungsmittel in speziellen Verstecken, etwa in Höhlen, verwahrten. Ein Vorzug von Mais ist der, dass man ihn gut lagern kann – der Hauptgrund dafür, dass er überall in Amerika so intensiv angebaut wurde. Die Möglichkeit, Lebensmittel in größeren Mengen zu speichern und Vorräte anzulegen, muss ein wichtiger Anreiz für den Übergang zu einem sesshaften Leben gewesen sein.

Obwohl es insgesamt vorteilhaft sein mag, sesshaft zu werden, braucht es nicht unbedingt dazu zu kommen. Eine umherziehende Gruppe von Jägern und Sammlern muss sich darauf einigen, oder jemand muss sie dazu zwingen. Manche Archäologen sind der Meinung, dass die zunehmende Bevölkerungsdichte und sinkende Lebensstandards Schlüsselfaktoren für die Sesshaftigkeit gewesen seien. Die natufischen Stätten lassen jedoch keine Anzeichen für eine steigende Bevölkerungszahl erkennen. Auch Skelett- und Zahnbefunde deuten auf keine Verschlechterung der Gesundheit hin. Zum Beispiel führt Nahrungsmittelmangel häufig zu einem unterentwickelten Zahnschmelz (Hypoplasie). Dieser Zustand kommt beim natufischen Volk seltener vor als bei späteren Ackerbauern.

Allerdings hatte ein sesshaftes Leben auch Nachteile. Die Konfliktbewältigung fiel sesshaften Gruppen wahrscheinlich viel schwerer, da Meinungsverschiedenheiten nicht mehr einfach dadurch beigelegt werden konnten, dass ein Stamm oder eine Gruppe fortzog. Sobald die Menschen dauerhafte Gebäude errichtet hatten und mehr Eigentum besaßen, als sie tragen konnten, waren sie weit weniger bereit, sich zu entfernen. Man benötigte also wirkungsvollere Methoden zur Bewältigung von Konflikten und einen besser durchdachten Eigentumsschutz. Man musste Entscheidungen darüber treffen, wer Zugang zu welchem Grundstück in der Nähe des Dorfes hatte oder wer Obst von welchen Bäumen pflücken und in welchem Teil des Baches fischen durfte. Es galt, hierfür Regeln aufzustellen und Institutionen für ihre Durchsetzung zu entwickeln.

Folglich wirkt es plausibel, dass Jäger und Sammler gezwungen werden mussten, sich niederzulassen. Vorher dürfte sich eine institutionelle Neuerung ergeben haben, durch die sich die Macht in den Händen einer Gruppe, die zur politischen Elite wurde, konzentrierte. Sie muss den Eigentumsrechten Nachdruck verschafft, die Ordnung aufrechterhalten und außerdem von ihrem Status profitiert haben, indem sie der übrigen Gesellschaft Ressourcen entzog. Wahrscheinlich kam es durch eine politische Revolution – ähnlich der von König Shyaam initiierten, wenn auch in kleinerem Maßstab – zu dem Durchbruch, der zu einem sesshaften Leben führte.

Das archäologische Material lässt in der Tat vermuten, dass die Natufier schon lange, bevor sie Bauern wurden, eine komplexe, durch Hierarchie, Ordnung und Ungleichheit – also durch das, was wir als die Anfänge extraktiver Institutionen bezeichnen –, typisierte Gesellschaft aufbauten. Ein überzeugendes Indiz für Hierarchie und Ungleichheit ist in natufischen Gräbern zu finden. Manche Personen wurden mit großen Mengen Obsidian und Zahnmuscheln beerdigt, die von der Mittelmeerküste unweit des Berges Karmel stammten. Weitere Schmuckstücke sind Halsketten, Strumpf- und Armbänder, die nicht nur aus Muscheln, sondern auch aus Eckzähnen und Rehknochen hergestellt wurden. In anderen Gräbern entdeckte man keinen dieser Gegenstände. Mit Muscheln und Obsidian wurde Handel getrieben, was vermutlich eine Quelle der Macht und der Ungleichheit bildete.

Weitere Hinweise auf wirtschaftliche und politische Unterschiede fand man an der natufischen Stätte Ain Mallaha, ein wenig nördlich des Sees Genezareth. In einer Gruppe von etwa fünfzig Rundhütten, die offensichtlich zur Lagerung benutzt wurden, steht ein großes, stark verputztes Gebäude in der Nähe eines freien Dorfplatzes. Das Gebäude war höchstwahrscheinlich der Wohnsitz eines Häuptlings. Einige der Grabstätten in Ain Mallaha sind viel kunstvoller als andere, und man hat Indizien für einen Schädel- oder Ahnenkult entdeckt. Solche Kulte sind in natufischen Siedlungsstätten verbreitet, vor allem in Jericho. Die dort gefundenen großen Mengen von Gegenständen lassen vermuten, dass jene Gesellschaften bereits komplexe Institutionen besaßen, welche die Vererbung des Elitestatus festlegten. Die

Gesellschaften trieben Handel mit fernen Orten und besaßen frühe Formen von Religion und politischen Hierarchien.

Das Entstehen politischer Eliten dürfte den Übergang zuerst zum sesshaften Leben und dann zur Landwirtschaft bewirkt haben. Wie die natufischen Stätten zeigen, führte Sesshaftigkeit jedoch nicht unbedingt zu Ackerbau und Viehzucht. Menschen konnten sich an einem Ort niederlassen und sich dennoch weiterhin als Jäger und Sammler betätigen. Schließlich wuchsen durch den Langen Sommer mehr wilde Pflanzen, und das Jagen und Sammeln dürfte leichter gewesen sein. Vielleicht waren die meisten Menschen recht zufrieden mit einem Subsistenzdasein, das keine übermäßige Anstrengung verlangte. Auch technische Neuerungen führen nicht unbedingt zu einer erhöhten Agrarproduktion. So ist bekannt, dass eine bedeutende Neuerung, die Einführung der Stahlaxt bei einer Gruppe australischer Ureinwohner namens Yir Yoront, keine intensivere Produktion, sondern nur längere Schlafperioden bewirkte, da die Subsistenzerfordernisse nun leichter gedeckt werden konnten und kaum ein Anreiz bestand, nach mehr zu streben.

Die traditionelle, auf die geographischen Verhältnisse gestützte Erklärung für die Neolithische Revolution – der Kern von Jared Diamonds Theorie, die wir im zweiten Kapitel behandelt haben – besteht darin, dass sie durch die zufällige Verfügbarkeit vieler leicht zu domestizierender Pflanzen- und Tierarten ausgelöst worden sei. Dadurch seien Ackerbau und Viehzucht attraktiv geworden, und das habe den Übergang zu einem sesshaften Leben bewirkt. Nachdem die Gesellschaften ihre landwirtschaftliche Tätigkeit aufgenommen hätten, seien politische Hierarchien, Religionen und erheblich komplexere Verwaltungsorgane entstanden. Obwohl diese traditionelle Erklärung weithin akzeptiert wird, sprechen die Funde zu den Natufiern dafür, dass das Gegenteil der Fall ist. Institutionelle Veränderungen vollzogen sich in den Gesellschaften schon recht lange vor ihrer Entwicklung des Ackerbaus und waren wahrscheinlich die Ursache sowohl für den Wechsel zur Sesshaftigkeit, die den institutionellen Wandel verstärkte, als auch der späteren Neolithischen Revolution. Dieses Muster wird nicht nur durch die Indizien von den Hilly Flanks, der am intensivsten erforschten Gegend, sondern auch durch den Großteil der Funde aus Nord- und Südamerika, dem subsaharischen Afrika und aus Ostasien nahegelegt.

Unzweifelhaft bewirkte die Entwicklung der Landwirtschaft eine höhere Produktivität und einen beträchtlichen Bevölkerungszuwachs. Beispielsweise zeigen Fundstätten wie Jericho und Abu Hureyra, dass das frühe Bauerndorf viel größer war als die vorherige, noch nicht landwirtschaftlich tätige Siedlung. Im Allgemeinen wuchsen Dörfer um mindestens das Doppelte und manchmal sogar um das Sechsfache, nachdem sich der Wechsel vollzogen hatte. Auch etliche der Folgen, die der traditionellen Meinung gemäß auf den Übergang zurückgeführt werden müssen, sind unbestreitbar eingetreten. Es kam zu einer stärkeren beruflichen Spezialisierung und einer rascheren Weiterentwicklung einzelner Verfahren sowie vermutlich zur Entwicklung komplexerer und weniger egalitärer politischer Institutionen. Aber ob all das an einem bestimmten Ort geschah, hatte nichts mit der Verfügbarkeit von Pflanzen- und Tierarten zu tun. Vielmehr war es darauf zurückzuführen, dass die Gesellschaft die institutionellen, sozialen und politischen Neuerungen verinnerlicht hatte, die eine sesshafte Lebensweise und dann den Ackerbau ermöglichten.

Obwohl der Lange Sommer und das Vorhandensein geeigneter Tier- und Pflanzenarten eine solche Entwicklung zuließen, hatten sie keinen entscheidenden Einfluss darauf, wo und wann genau sich dieser Prozess nach der Klimaerwärmung entfaltete. Das hing mit der Wechselwirkung zwischen Umbruchphase, Langem Sommer und kleinen, doch wichtigen institutionellen Unterschieden zusammen. Während sich das Klima erwärmte, bildeten manche Gesellschaften, etwa die der Natufier, wenn auch noch rudimentäre Ansätze zu zentralisierten Institutionen und einer Hierarchie aus. Wie die Bushong unter Shyaam organisierten sich diese Gesellschaften um, damit sie die besseren Chancen, welche die Fülle von wilden Pflanzen und Tieren bot, optimal nutzen konnten, und gewiss waren die Herrschenden die Hauptnutznießer der neuen Möglichkeiten und des politischen Zentralisierungsprozesses. In anderen Gegenden mit fast gleichen In stitutionen ließ man nicht zu, dass die politischen Eliten Vorteile aus dieser Phase zogen, wodurch die politische Zentralisierung und die Entstehung sesshafter, Ackerbau treibender und komplexerer Gesellschaften länger auf sich warten ließen. Dadurch wurde einer späteren Divergenz genau des Typs, den wir bereits untersucht haben, der Weg geebnet. Die Unterschiede griffen dann auf einige andere Gebiete über. Zum Beispiel verbreitete sich der Ackerbau seit ungefähr 6500 v. Chr. vom Nahen Osten nach Europa (hauptsächlich infolge der Migration von Bauern), wo dann eine eigene Entwicklung von Institutionen stattfand, die sich von denen in anderen Teilen der Welt unterschieden.

Die institutionellen Neuerungen der Natufier hinterließen, obwohl sie höchstwahrscheinlich die Neolithische Revolution begründeten, kein klares Vermächtnis und führten nicht zum langfristigen Wohlstand ihrer Heimatgebiete in den heutigen Ländern Israel, Palästina und Syrien. Die beiden Letzteren sind relativ arm, und der Wohlstand Israels wurde überwiegend importiert, als sich dort nach dem Zweiten Weltkrieg Juden mit hohem Bildungsgrad und mühelosem Zugang zu fortgeschrittenen Technologien ansiedelten. Aus dem gleichen Grund wie später in der Sowjetunion war auch das frühe Wachstum der Natufier nicht nachhaltig. Obwohl äußerst zukunftsweisend, vollzog es sich unter extraktiven Institutionen. In der natufischen Gesellschaft dürfte dieser Wachstumstyp auch heftige Konflikte darüber ausgelöst haben, wer die Institutionen und die durch sie ermöglichten Gewinne kontrollierte. Jeder Elite, die durch die Extraktion begünstigt wird, steht eine nichtelitäre Gruppe gegenüber, die sie nur zu gern ablösen würde. Zuweilen haben interne Machtkämpfe lediglich zur Folge, dass eine Elite die andere verdrängt, doch in manchen Fällen führen sie zum Zusammenbruch der gesamten extraktiven Gesellschaft, wie es der spektakulären, vor mehr als tausend Jahren aufgebauten Zivilisation der Maya-Stadtstaaten widerfuhr.

Die instabile Extraktion

In mehreren Gegenden der Welt entstanden unabhängig voneinander Grundformen der Landwirtschaft. Auch im heutigen Mexiko bildeten sich Gesellschaften, die Staaten und Siedlungen gründeten und zum Landbau übergingen. Wie die Natufier im Nahen Osten erzielten auch sie ein gewisses Wirtschaftswachstum. Die Maya-Stadtstaaten in Süd-Mexiko, Belize, Guatemala und West-Honduras entwickelten mit Hilfe ihrer eigenen extraktiven Institutionen sogar eine ziemlich anspruchsvolle Kultur. Die Geschichte der Maya lässt nicht nur die Möglichkeit von Wachstum unter extraktiven Institutionen erkennen, sondern auch die fundamentale Grenze für jenen Wachstumstyp: die politische Instabilität, die letztlich zum Zusammenbruch sowohl der Gesellschaft als auch des Staates führt, wenn unterschiedliche Gruppen und Individuen um die Machtposition der Nutznießer kämpfen.

Die Maya-Städte entwickelten sich seit ungefähr 500 v. Chr. Sie scheiterten schließlich irgendwann im ersten Jahrhundert n. Chr. Danach entstand ein neues politisches System, das die Grundlagen für die Epoche zwischen 250 und 900 n. Chr. legte. Damals gelangten die Maya-Kultur und -Zivilisation zu voller Blüte. Aber auch sie sollten im Lauf der dieser Blütezeit folgenden sechs Jahrhunderte untergehen. Als die spanischen Konquistadoren im frühen 16. Jahrhundert eintrafen, waren die großen Tempel und Paläste solcher Städte wie Tikal, Palenque und Calakmul bereits vom Urwald überwuchert und sollten erst im 19. Jahrhundert wiederentdeckt werden.

Die Maya-Städte vereinigten sich nie zu einem Reich, obwohl manche dieser Städte in einem hierarchischen Verhältnis zueinander standen und obwohl sie anscheinend häufig zusammenarbeiteten, besonders in der Kriegführung. Die Hauptverbindung zwischen den Stadtstaaten, von denen sich fünfzig anhand ihrer Glyphen identifizieren lassen, bestand in der Sprache: Die Bewohner der Stadtstaaten benutzten zwar rund einunddreißig unterschiedliche Dialekte, doch sie waren eng miteinander verwandt. Die Maya entwickelten auch ein

Schriftsystem, und uns sind über 15 000 Inschriften überliefert, die viele Aspekte des Lebens, der Kultur und Religion der Elite schildern. Außerdem besaßen sie einen ausgeklügelten Kalender, der als Lange Zählung bezeichnet wird. Er hat sehr viel mit unserem eigenen Kalender gemeinsam, denn er zählte die sich entfaltenden Jahre von einem fixen Datum an und wurde in allen Maya-Städten verwendet. Die Lange Zählung beginnt im Jahr 3114 v. Chr., doch wir wissen nicht, welche Bedeutung die Maya diesem Datum zuordneten, das lange vor der Entstehung ihrer Gesellschaft liegt.

Die Maya waren geschickte Baumeister, die ohne fremde Hilfe den Zement erfanden. Ihre Gebäude und Inschriften liefern wesentliche Informationen über die Geschichte der Maya-Städte, da hier häufig nach der Langen Zählung datierte Ereignisse verzeichnet wurden. Dadurch können Archäologen beispielsweise feststellen, wie viele Gebäude in einem bestimmten Jahr in den unterschiedlichen Maya-Städten entstanden. Für die Zeit um 500 n. Chr. gibt es nur wenige datierte Neubauten. Zum Beispiel sind für das Jahr der Langen Zählung, das 514 n. Chr. entsprach, lediglich zehn aufgeführt. Danach kam es zu einem stetigen Anstieg auf zwanzig im Jahr 672 und vierzig um die Mitte des 8. Jahrhunderts. Dann geht die Zahl der datierten Neubauten jäh zurück. Im 9. Jahrhundert gibt es nur noch zehn und im 10. Jahrhundert keine Neubauten pro Jahr mehr. Die datierten Inschriften vermitteln uns ein klares Bild von dem Wachstum der Maya-Städte und ihrem Schrumpfen nach dem späten 8. Jahrhundert.

Diese Daten lassen sich durch die Verzeichnisse der Maya-Könige ergänzen. In der Stadt Copán im heutigen West-Honduras steht der berühmte Altar Q. Hier sind die Namen sämtlicher Könige aufgeführt, beginnend mit dem Begründer der wichtigsten Herrschaftsdynastie, K'inich Yax K'uk' Mo' oder »Große Sonne Grüner Quetzal-Ara«, der nicht nur nach der Sonne, sondern auch nach einem doppelt dargestellten Vogel der zentralamerikanischen Wälder benannt war, dessen Federn die Maya sehr schätzten. K'inich Yax K'uk' Mo' gelangte im Jahr 426 n. Chr. in Copán an die Macht, was wir aus dem Datum der Langen Zählung am Altar Q ablesen können. Seine Dynastie sollte vierhundert Jahre lang herrschen. Manche von K'inich Yax' Nachfolgern trugen ähnlich anschauliche Namen. Die Glyphen des dreizehnten Herrschers lassen sich als »18 Kaninchen« übersetzen; nach ihm kamen »Rauchaffe« und »Rauchmuschel«, der im Jahr 763 starb. Der letzte Name auf dem Altar ist jener von König Yax Pasaj Chan Yoaat oder »Erster den Aufgegangenen Himmel Erleuchtender Gott«, der als sechzehnter Herrscher der Dynastie amtierte und den Thron nach dem Tod von Rauchmuschel bestieg. Nach ihm scheint es, wie ein Altarfragment andeutet, nur noch einen einzigen weiteren König gegeben zu haben: Ukit Took (»Gönner des Feuersteins«). Im Anschluss an Yax Pasajs Tod kamen keine neuen Gebäude und Inschriften mehr zustande, und die Dynastie scheint kurz darauf gestürzt worden zu sein. Ukit Took war vermutlich nicht einmal der wirkliche Thronanwärter, sondern ein Usurpator.

Eine umfassende Zuordnung der Daten von Copán legten die Archäologen AnnCorinne Freter, Nancy Gonlin und David Webster vor. Sie kartierten den Aufstieg und Fall von Copán, indem sie die Ausdehnung der Siedlung im Copán-Tal über 850 Jahre hinweg – von 400 bis 1250 n. Chr. – untersuchten. Dazu verwendeten sie eine Obsidian-Hydration genannte Methode, mit welcher der Wassergehalt von Obsidian zur Zeit seiner Gewinnung sowie sein Alter berechnet werden können. Freter, Gonlin und Webster waren dann in der Lage, die Orte im Copán-Tal, an denen man Obsidianstücke eines gewissen Datums gefunden hatte, zu kartieren, und zeichneten nach, wie sich die Stadt vergrößert hatte und wieder geschrumpft war. Da man die Zahl der Häuser und anderer Gebäude überschlagen kann, lässt sich die Gesamtbevölkerung abschätzen. In der Zeit von 400 bis 449 n. Chr. lag sie bei nur ungefähr 600 Menschen. In den Jahren 750 bis 799 erhöhte sie sich stetig auf 28 000. Dies ist nach heutigen Maßstäben keine hohe Einwohnerzahl für eine Stadt, aber für jene Zeit war das gewaltig, denn Copán hatte damals anscheinend eine größere Bevölkerung als London oder Paris. Andere Maya-Städte, etwa Tikal oder Calakmul, hatten unzweifelhaft noch viel mehr Bewohner. Nach den Daten der Langen Zählung zu schließen, erreichte Copán den Höhepunkt seiner Entwicklung im Jahr 800. Danach verkleinerte es sich und zählte im

Jahr 900 noch ungefähr 15 000 Menschen. Der Rückgang setzte sich fort, denn im Jahr 1200 erreichte die Bevölkerung wieder den Stand, den sie achthundert Jahre zuvor gehabt hatte.

Die Grundlage für die Wirtschaftsentwicklung in der klassischen Periode der Maya war die gleiche wie die der Bushong und der Natufier: die Schaffung extraktiver Institutionen mit einem gewissen Grad an staatlicher Zentralisierung. Diese Institutionen wiesen mehrere Schlüsselelemente auf. Um das Jahr 100 n. Chr. bildete sich in der Stadt Tikal in Guatemala ein neuer Typ des dynastischen Königreichs heraus. Eine herrschende Klasse mit einem *ajaw* (Gebieter oder Herrscher) oder *k'uhul ajaw* (göttlichem Herrscher) an der Spitze fasste Fuß. Der göttliche Herrscher organisierte die Gesellschaft mit Hilfe einer aristokratischen Hierarchie und stand auch mit den Göttern in Kontakt. Soweit wir wissen, sahen die von ihm geschaffenen politischen Institutionen keine Beteiligung des Volkes vor, aber sie brachten Stabilität mit sich. Der *k'uhul ajaw* erhob von den Bauern Steuern und ließ Arbeitskräfte herbeischaffen, um die großen Denkmäler zu bauen, wodurch die Basis für eine eindrucksvolle wirtschaftliche Expansion entstand. Die Maya-Wirtschaft stützte sich auf berufliche Spezialisierung: Es gab ausgebildete Töpfer, Weber, Holzarbeiter sowie Werkzeug- und Schmuckhersteller. Außerdem handelte man mit Obsidian, Jaguarfellen, Meeresmuscheln, Kakao, Salz und Federn, und zwar nicht nur untereinander, sondern auch mit anderen Völkern im fernen Mexiko. Wahrscheinlich benutzten die Maya auch, wie die Azteken, Kakaobohnen als Währung.

Die Art, wie die klassische Epoche der Maya aus extraktiven politischen Institutionen hervorging, weist beträchtliche Gemeinsamkeiten mit der Entwicklung der Bushong auf, wobei Yax Ehb' Xook in Tikal eine ähnliche Rolle wie König Shyaam spielte. Die neuen politischen Institutionen sorgten für einen wesentlichen Anstieg des wirtschaftlichen Wohlstands, der dann von der neuen Elite um den *k'uhul ajaw* extrahiert wurde. Nachdem sich dieses System um 300 n. Chr. gefestigt hatte, kam es jedoch kaum noch zu wirklichen technischen Innovationen. Obwohl es ein paar Hinweise auf die Entwicklung effektiverer Bewässerungs- und Wasserversorgungssysteme gibt, scheinen die Verfahren zur Bodenbestellung weiterhin rudimentär gewesen zu sein. Die architektonischen und künstlerischen Techniken verfeinerten sich mit der Zeit, doch insgesamt lassen sich wenig Innovationen ermitteln.

Es fehlte an schöpferischer Zerstörung, doch nicht an anderen Formen der Vernichtung, denn der Reichtum, den die extraktiven Institutionen den *k'uhul ajaw* und der Maya-Elite zufließen ließen, führte zu ständigen, sich verschärfenden kriegerischen Auseinandersetzungen. Der Verlauf der Konflikte ist in den Maya-Inschriften dokumentiert, wobei spezielle Glyphen in der Langen Zählung verdeutlichen, wann genau ein Krieg stattfand. Der Planet Venus war der himmlische Patron des Krieges, und die Maya betrachteten gewisse Phasen seiner Umlaufbahn als besonders günstig für die Kriegführung. Die entsprechende Glyphe, bei Archäologen als »Star Wars« bekannt, stellt einen Stern dar, der die Erde mit einer Flüssigkeit, die Wasser oder Blut darstellen könnte, überschüttet. Die Inschriften lassen auch Bündnis- und Rivalitätsmuster erkennen. Zwischen den größeren Stadtstaaten wie Tikal, Calakmul, Copán und Palenque fanden ausgedehnte Machtkämpfe statt, und gleichzeitig unterjochten diese Stadtstaaten kleinere Gemeinwesen. Dies geht aus Glyphen hervor, welche die Thronfolge markieren. In dieser Zeit ist aus ihnen abzulesen, dass die kleineren Staaten nun einen anderen, fremden Herrscher hatten.

Karte 10 zeigt die bedeutendsten Maya-Städte sowie ihre hierarchische Ordnung, die verschiedenen Kontaktmuster und die Konflikte zwischen ihnen, welche die Archäologen Nikolai Grube und Simon Martin rekonstruiert haben. Diese Muster belegen, dass große Städte wie Calakmul, Dos Pilas, Piedras Negras und Yaxchilan ausgiebige diplomatische Kontakte miteinander pflegten, obwohl die einen häufig von den anderen dominiert wurden und interne Kämpfe gang und gäbe waren.

Das auffälligste Merkmal des Zusammenbruchs der Maya-Kulturen besteht darin, dass er mit dem Sturz des *k'uhul ajaw* zusammenfiel. Wir haben erwähnt, dass es in Copán nach Yax Pasajs Tod im Jahr 810 keine weiteren Könige gab. Zu jener Zeit wurden die Königspaläste geräumt. Dreißig Kilometer nördlich von Copán, in der Stadt Quiriguá,

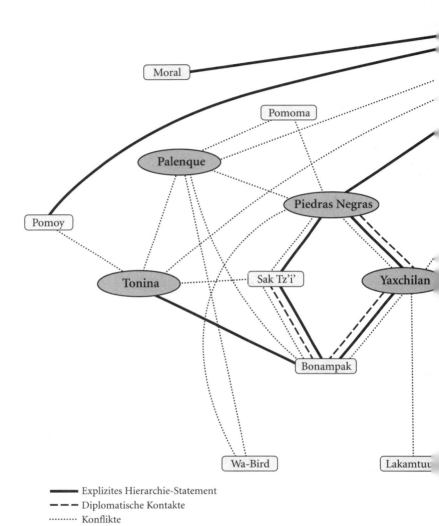

Karte 10: Die Maya-Stadtstaaten sowie Kontakte
und Konflikte zwischen Städten

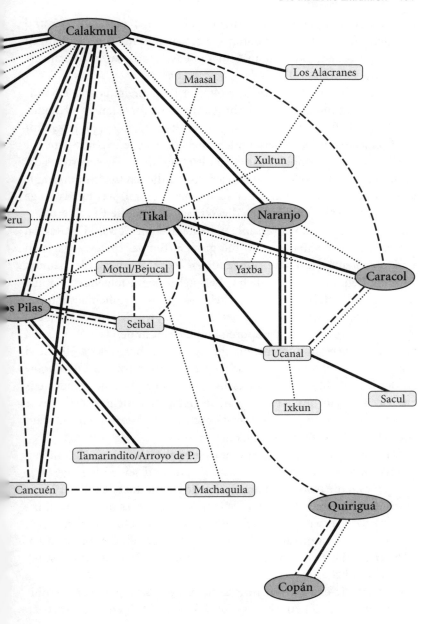

bestieg der letzte Herrscher namens Jadehimmel zwischen 795 und 800 den Thron. Der letzte datierte Neubau stammt laut der Langen Zählung aus dem Jahr 810, in dem Yax Pasaj starb. Kurz danach verließen die Bewohner die Stadt.

Überall im Mayagebiet wiederholten sich die Ereignisse: Die politischen Institutionen, die den Rahmen für die Expansion von Handel, Landwirtschaft und Bevölkerung geliefert hatten, gingen plötzlich unter. Königshöfe funktionierten nicht mehr, es wurden keine Steine für Denkmäler und Tempel mehr gemeißelt, und die Paläste leerten sich. Während sich die politischen und gesellschaftlichen Institutionen auflösten und sich der Prozess der staatlichen Zentralisierung als Folge davon umkehrte, schrumpften die Wirtschaft und die Bevölkerungszahl. In manchen Fällen versanken die Zentren in Gewalt. Die Region Petexbatun in Guatemala, wo die großen Tempel später abgerissen und die Steine zum Bau aufwendiger Verteidigungswälle benutzt wurden, liefert ein anschauliches Beispiel. Wie im folgenden Kapitel noch ausgeführt, hatten die Geschehnisse große Ähnlichkeit mit denen im spätrömischen Reich. Sogar in Copán, wo sich für die Zeit des Zusammenbruchs weniger Spuren von Gewalt finden lassen, wurden schließlich viele Monumente beschädigt oder ganz zerstört. Hier und dort blieb die Elite allerdings sogar nach dem Sturz des k'uhul ajaw an der Macht. In Copán gibt es Indizien dafür, dass sie mindestens zwei weitere Jahrhunderte lang neue Gebäude errichten ließ, bevor sie ebenfalls verschwand. Anderswo scheint sie zusammen mit dem göttlichen Herrscher untergegangen zu sein.

Das vorliegende archäologische Material lässt keinen definitiven Schluss darüber zu, warum der k'uhul ajaw und seine Eliten gestürzt wurden und die Institutionen, welche die klassische Epoche der Maya geschaffen hatten, kollabierten. Wir wissen nur, dass dies im Lauf intensiver Kriege zwischen den Städten geschah. Höchstwahrscheinlich brachten Oppositionelle und Rebellionen innerhalb der Ortschaften, vielleicht geführt von einzelnen Gruppierungen der Elite, die Institutionen zum Erliegen.

Obwohl die extraktiven Institutionen der Maya genügend Wohlstand entstehen ließen, so dass die Städte aufblühten, die Eliten zu

Reichtum gelangten und große Kunstwerke sowie imposante Gebäude geschaffen wurden, war das System nicht stabil. Die extraktiven Institutionen, mit deren Hilfe die kleinen Führungsgruppen herrschten, bewirkten eine umfassende Ungleichheit und schufen damit das Potential für interne Kämpfe zwischen den möglichen Nutznießern des vom Volk extrahierten Vermögens. Dieser Konflikt führte letztlich zum Untergang der Maya-Kultur.

Was geht schief?

Extraktive Institutionen kommen in der Geschichte so häufig vor, weil ihnen eine machtvolle Logik innewohnt: Sie können einen begrenzten Wohlstand hervorbringen und ihn einer kleinen Elite zuführen. Der Wachstumsprozess hängt dabei von der politischen Zentralisierung ab. Sobald sie stattgefunden hat, kann der Staat – oder die Elite, die ihn kontrolliert – typischerweise Anreize für Investitionen und die Erzeugung weiteren Wohlstands schaffen, um dann Ressourcen für sich abzuschöpfen. Er kann sogar manche der Prozesse nachahmen, die normalerweise von inklusiven Wirtschaftsinstitutionen und Märkten in Gang gesetzt werden. In der karibischen Plantagenwirtschaft verschafften extraktive Institutionen der Elite den erforderlichen Freiraum, um Sklaven zur Zuckerproduktion zu zwingen. In der Sowjetunion bekam die Kommunistische Partei diese Freiheit, lenkte dann Ressourcen aus der Landwirtschaft in die Industrie um und schaffte gewisse Anreize für leitende Angestellte und Arbeiter. Wie oben dargelegt, scheiterten jedoch beide Systeme an ihrem Wesen.

Das Potential für extraktives Wachstum gibt der politischen Zentralisierung Auftrieb und ist der Grund, warum König Shyaam das Reich der Kuba erschaffen wollte. Vermutlich erklärt es auch, warum die Natufier im Nahen Osten eine primitive Form von Recht und Ordnung, von Hierarchie und extraktiven Institutionen errichteten, die schließlich zur Neolithischen Revolution führen sollte. Ähnliche

Prozesse waren wahrscheinlich auch die Basis für die Entstehung sesshafter Gesellschaften und für den Übergang zur Landwirtschaft in Nord- und Südamerika, und sie sind ebenfalls am Verlauf der hochentwickelten Kultur zu beobachten, welche die Maya auf der Grundlage äußerst extraktiver Institutionen aufbauten. Diese zwangen die Mehrheit dann, zum Nutzen kleiner Eliten zu arbeiten.

Das von extraktiven Institutionen herbeigeführte Wachstum unterscheidet sich jedoch stark von dem gleichen Vorgang unter inklusiven Institutionen. In erster Linie ist es nicht nachhaltig. Extraktive Institutionen lassen typischerweise keine schöpferische Zerstörung und bestenfalls ein begrenztes Maß an technologischem Fortschritt zu. Folglich kann das von ihnen geschaffene Wachstum nicht andauern, wie die sowjetische Geschichte belegt.

Der Mangel an schöpferischer Zerstörung und Innovation ist nicht der einzige Grund dafür, dass das Wachstum unter extraktiven Institutionen stark eingeschränkt ist. Die Geschichte der Maya-Stadtstaaten zeigt ein erschreckendes und leider häufiges Ende, das wiederum aus der inneren Logik extraktiver Institutionen hervorgeht. Da diese Institutionen der Machtelite erhebliche Vermögenswerte zukommen lassen, bestehen für andere starke Anreize, selbst die Position der Elite einzunehmen. Interne Kämpfe und Instabilität sind mithin typische Merkmale extraktiver Institutionen, und sie erzeugen nicht nur zusätzliche Ineffizienz, sondern zerstören häufig auch die inzwischen geschaffene politische Zentralisierung. Dies kann sogar zum völligen Zusammenbruch von Recht und Ordnung und zum Absturz ins Chaos führen, wie ihn die Maya-Stadtstaaten nach ihrer Blütezeit in der klassischen Epoche durchmachten.

Obwohl das Wachstum unter extraktiven Institutionen seinem Wesen nach begrenzt ist, kann es durchaus spektakulär wirken. Viele Beobachter in der Sowjetunion und noch etliche mehr in der westlichen Welt waren beeindruckt von dem Wachstum, das sich von den 1920er bis in die 1960er und in einigen Bereichen sogar noch bis in die 1970er Jahre vollzog, ähnlich wie viele Kommentatoren vom halsbrecherischen Tempo des Wirtschaftswachstums im heutigen China fasziniert sind. Aber wie wir im 15. Kapitel noch ausführlicher darstellen werden, bildet China unter der Herrschaft der Kommunistischen Partei ein weiteres Beispiel für eine Gesellschaft, die Wachstum unter extraktiven Institutionen erlebt. Es dürfte sich ebenfalls als nicht nachhaltig erweisen – es sei denn, dass sich der Staat radikal umgestaltet und inklusive politische Institutionen herausbildet.

6.
AUSEINANDERDRIFTEN

Wie Venedig ein Museum wurde

Die Inselgruppe von Venedig liegt hoch oben im Norden des Adriatischen Meeres. Im Mittelalter war die Stadt möglicherweise die reichste der Welt; sie hatte die fortgeschrittensten inklusiven Wirtschaftsinstitutionen, die sich auf ebenfalls aufkommende politische Inklusivität stützten. Venedig erlangte seine Unabhängigkeit im Jahr 810 n. Chr., was sich als günstiger Zeitpunkt erwies. Die europäische Wirtschaft erholte sich von dem Verfall, den sie nach dem Untergang des Römischen Reiches erlitten hatte, und Könige wie Karl der Große bauten wieder eine starke, zentrale politische Macht auf. Dies führte zu Stabilität, größerer Sicherheit und einer Ausweitung des Handels, die Venedig auf einzigartige Weise nutzen konnte. Es war eine Nation von Seefahrern mit einer besonders günstigen Lage im Mittelmeer. Aus dem Osten kamen Gewürze, in Byzanz hergestellte Waren sowie Sklaven. Venedig wurde reich. Im Jahr 1050, als die Stadt seit über einem Jahrhundert wirtschaftlich gedieh, hatte sie eine Bevölkerung von 45 000 Menschen. Diese vergrößerte sich bis 1200 um mehr als 50 Prozent: auf 70 000. Bis etwa 1330 stieg sie um weitere 50 Prozent auf 110 000. Venedig war damals so groß wie Paris und wahrscheinlich dreimal größer als London.

Eine der wichtigsten Grundlagen für die Wirtschaftsexpansion von Venedig wurde durch eine Reihe von vertraglichen Neuerungen geschaffen, durch welche die Wirtschaftsinstitutionen viel mehr Inklusivität erlangten. Die berühmteste war die *commenda*, eine primitive Form der Aktiengesellschaft, die nur für die Dauer einer einzigen Handelsmission Bestand hatte. Zu einer *commenda* gehörten zwei Partner: einer, der in Venedig blieb, und einer, der auf Reisen ging. Der sesshafte Partner finanzierte den Löwenanteil der Unternehmung, während der Beitrag des reisenden Partners hauptsächlich darin bestand, dass er die Fracht begleitete. Junge Unternehmer, die kein ausreichendes Vermögen besaßen, konnten also ins Handelsgewerbe einsteigen, indem sie zusammen mit der Ware auf Reisen gingen. Es war einer der wichtigsten Wege zum sozialen Aufstieg. Etwaige Verluste wurden je nach der Kapitalinvestition der Partner geteilt, während für Gewinne zwei Arten von *commenda*-Verträgen galten: War die *commenda* einseitig, stellte der sesshafte Händler 100 Prozent des Kapitals zur Verfügung und erhielt 75 Prozent des erzielten Gewinns. Waren beide Partner an den Investitionen beteiligt, so finanzierte er die Unternehmung zu 67 Prozent und erhielt dafür 50 Prozent des Gewinns. Aus offiziellen Dokumenten geht hervor, wie entscheidend die *commenda* für den sozialen Aufstieg war. Die Urkunden sind voll von neuen Namen – von Personen also, die vorher nicht zur venezianischen Elite gezählt hatten. In Regierungspapieren der Jahre 960, 971 und 982 machen die neuen Namen 69, 81 und 65 Prozent der verzeichneten Personen aus.

Diese wirtschaftliche Inklusivität und der Aufstieg neuer Familien durch den Handel hatten zur Folge, dass das politische System noch offener wurde. Der Doge, der Venedig regierte, wurde auf Lebenszeit von der Generalversammlung gewählt. Obwohl sie theoretisch sämtliche Bürger umfasste, wurde sie in der Praxis von einem Kern mächtiger Familien dominiert. Mit der Zeit ging der Einfluss des Dogen durch Änderungen der politischen Institutionen jedoch zurück. Nach 1032 wurde er zusammen mit einem neuen Kleinen Rat gewählt, der in erster Linie dafür zu sorgen hatte, dass der Doge keine absolute Macht ausüben konnte. Der erste von diesem Rat eingeengte Doge, Domenico Flabianico, war ein reicher Seidenhändler aus einer Familie, die das hohe Amt noch nie innegehabt hatte.

Dem institutionellen Wandel schloss sich eine gewaltige Expansion der Geschäfte und der venezianischen Flotte an. Im Jahr 1082 wurden Venedig großzügige Handelsprivilegien in Konstantinopel gewährt, wo ein venezianisches Viertel entstand. Bald beherbergte es zehntausend Bürger der Handelsstadt. Hier zeigt sich das Zusammenwirken inklusiver wirtschaftlicher und politischer Institutionen.

Die Wirtschaftsexpansion Venedigs, die das Streben nach politischem Wandel verstärkte, kannte kein Halten mehr, als sich die politischen und wirtschaftlichen Institutionen nach der Ermordung des Dogen im Jahr 1171 veränderten. Der erste bedeutende Schritt war die Gründung eines Großen Rates, der fortan die ultimative Quelle der Macht in Venedig sein sollte. Der Rat bestand aus Amtsträgern des venezianischen Staates, beispielsweise Richtern, und wurde von Aristokraten dominiert. Alljährlich schlug ein Nominierungsausschuss, dessen vier Angehörige aus dem existierenden Rat gewählt wurden, hundert neue Mitglieder vor. Später wählte der Rat auch die Vertreter des Senats und des Rates der Vierzig, die verschiedene Legislativ- und Exekutivfunktionen wahrnahmen. Daneben wählte er den Kleinen Rat mit nun zwei statt sechs Mitgliedern.

Die zweite Innovation war die Schaffung noch eines Rates zur Nominierung des Dogen. Zwar musste die Entscheidung durch die Generalversammlung bestätigt werden, doch da sich die Nominierung auf eine einzige Person beschränkte, blieb die Wahl des Dogen faktisch dem Rat überlassen. Die dritte Innovation sah vor, dass der neue Doge einen Amtseid ablegte, was seine Vollmachten begrenzte. Nach und nach erweiterten sich diese Auflagen, so dass künftige Dogen Amtsgerichten gehorchen und sämtliche Entscheidungen durch den Kleinen Rat absegnen lassen mussten. Der Kleine Rat achtete außerdem darauf, dass der Doge die Entscheidungen des Großen Rates einhielt.

Diese politischen Reformen lösten weitere institutionelle Neuerungen aus: die Ernennung unabhängiger Richter und Gerichtshöfe, die Schaffung eines Berufungsgerichts sowie neuer Vertrags- und Konkursgesetze. Derartige Wirtschaftsinstitutionen ermöglichten neue Unternehmensrechtsformen und Vertragsarten. Rasch folgten finanzielle Innovationen, und es entstanden die Anfänge des modernen Bankwesens. Die Dynamik, mit der die Stadt vollauf inklusive Institutionen zu entwickeln begann, schien unaufhaltsam zu sein.

Aber der Prozess war von Spannungen gekennzeichnet. Das Wirtschaftswachstum, das sich auf die inklusiven venezianischen Institutionen stützte, wurde von schöpferischer Zerstörung begleitet. Durch jede neue Welle unternehmungslustiger junger Männer, die mit Hilfe der *commenda* oder ähnlicher Abkommen reich wurden, verringerten sich die Gewinne und wirtschaftlichen Erfolge der etablierten Eliten, und auch deren politische Macht wurde gefährdet. Folglich waren die existierenden Eliten im Großen Rat, wenn sie nicht in die Schranken gewiesen wurden, immer versucht, das System für nachrückende Kandidaten unzugänglich zu machen.

Bei der Gründung des Großen Rates beschloss man, dessen Mitglieder alljährlich neu zu bestimmen. Zu diesem Zweck wählte man am Jahresende nach dem Zufallsprinzip vier Vertreter aus, die hundert automatisch nachrückende Mitglieder für das folgende Jahr nominierten. Am 3. Oktober 1286 ging im Großen Rat ein Antrag ein, die Vorschriften zu ändern und die Nominierungen durch eine Mehrheit des Rates der Vierzig, der straff von den Familien der Elite kontrolliert wurde, bestätigen zu lassen. Damit hätte die Elite ein Veto gegen neue Nominierungen für den Rat einlegen können. Der Antrag wurde zunächst abgelehnt, doch zwei Tage später angenommen. In Zukunft bestätigte man eine Kandidatur nur dann automatisch, wenn der Vater und der Großvater des Betreffenden Ratsmitglieder gewesen waren. In allen anderen Fällen musste der Kleine Rat zustimmen. Am 17. Oktober verabschiedete man eine weitere Regeländerung: Jegliche Ernennung für den Großen Rat war vom Rat der Vierzig, dem Dogen und dem Kleinen Rat zu billigen.

Die Debatten und Verfassungsänderungen von 1286 deuteten bereits auf *La serrata* (»Die Schließung«) des Großen Rates hin. Im Februar 1297 wurde verfügt, allen, die dem Großen Rat seit vier Jahren angehörten, die automatische Nominierung und Bestätigung zu erteilen. Neue Nominierungen mussten vom Rat der Vierzig, wenn auch mit nur zwölf Stimmen, gutgeheißen werden. Nach dem 11. September 1298 bedurften amtierende Mitglieder und ihre Familien nicht mehr der Bestätigung. Der Große Rat war nun Außenstehenden wirksam verschlossen, und die Amtsinhaber waren zu einer Erbaristokratie geworden. Diese Verhältnisse wurden 1315 durch das Libro d'Oro

(»Goldenes Buch«), ein offizielles venezianisches Adelsverzeichnis, besiegelt.

Die von der aufkeimenden Aristokratie ausgeschlossenen Bewerber verzichteten nicht kampflos auf ihre Aufstiegschancen. Zwischen 1279 und 1315 verschärften sich die politischen Spannungen in Venedig stetig. Der Große Rat reagierte teils dadurch, dass er sich erweiterte. Indem er seine ärgsten Widersacher aufnahm, erhöhte sich seine Mitgliedschaft von 450 auf 1500 Männer. Gleichzeitig kam es zu Repressionen. Im Jahr 1310 wurde die erste Polizeitruppe gegründet, und die internen Zwangsmaßnahmen nahmen kontinuierlich zu, womit unzweifelhaft die neue politische Ordnung untermauert werden sollte.

Nach der Realisierung der politischen *serrata* machte sich der Große Rat daran, eine ökonomische *serrata* zu verhängen. Dem Wechsel zu extraktiven politischen Institutionen folgte nun ein Schritt in Richtung extraktiverer Wirtschaftsorgane. Vor allem wurden *commenda*-Verträge – eine der großen institutionellen Neuerungen, durch die Venedig zu Reichtum gelangt war – verboten. Das sollte nicht verwundern, denn die *commenda* begünstigte noch nicht etablierte Kaufleute, welche die Elite nicht nachrücken lassen wollte. Damit kam man den extraktiven Wirtschaftsinstitutionen noch näher. Ein weiterer Schritt wurde 1314 unternommen, als Venedig den Handel verstaatlichte. Es setzte dafür nun Staatsgaleeren ein und erhob hohe Steuern für die einzelnen Händler. Der Fernhandel wurde damit zur Domäne des Adels, was den Anfang vom Ende des venezianischen Wohlstands bedeutete. Da die immer kleiner werdende Elite ein Monopol für die Hauptgeschäftsbereiche hatte, war der Verfall nicht mehr aufzuhalten.

Venedig hatte anscheinend kurz davor gestanden, die erste inklusive Gesellschaft der Welt zu werden, doch es fiel einem Putsch zum Opfer. Die politischen und wirtschaftlichen Institutionen wurden extraktiver, und der ökonomische Niedergang verstärkte sich. Im Jahr 1500 war die Bevölkerung auf hunderttausend Menschen gesunken. Zwischen 1650 und 1800, als das übrige Europa zahlenmäßig wuchs, schrumpfte Venedig weiter.

Heutzutage ist der Tourismus neben ein wenig Fischfang der einzige noch vorhandene Wirtschaftszweig Venedigs. Statt Handelsrouten zu erschließen und neue Wirtschaftsinstitutionen zu gründen, stellen die Venezianer Pizza und Eiscreme her und blasen Buntglas für die Massen von Ausländern. Die Touristen besichtigen die vor der *serrata* entstandenen Wunder von Venedig, beispielsweise den Dogenpalast oder die Pferde des Markusdoms, die aus Byzanz geraubt wurden, als Venedig das Mittelmeer beherrschte. Inzwischen ist es von einer bedeutenden Wirtschaftsmacht zu einem Museum geworden.

In diesem Kapitel konzentrieren wir uns auf die historische Entwicklung von Institutionen in mehreren Teilen der Welt und erklären, warum sie sich unterschiedlich entfalteten. Im vierten Kapitel haben wir dargestellt, wie die westeuropäischen Institutionen von den osteuropäischen divergierten und welch andere Entwicklung die englischen Institutionen nahmen. Dies war auf kleine Anfangsunterschiede zurückzuführen, die sich zumeist aus der Wechselwirkung zwischen institutioneller Entwicklungsrichtung und Umbruchphasen herausgebildet hatten. Deshalb könnte es verlockend sein zu glauben, dass die institutionellen Unterschiede die Spitze eines historischen Eisbergs sind, unter dessen Wasserlinie englische und kontinentaleuropäische Institutionen infolge einer jahrtausendealten Geschichte unaufhaltsam von den Einrichtungen in anderen Regionen fortdriften.

Das trifft allerdings nicht zu, und zwar aus zwei Gründen: Erstens können Entwicklungen in Richtung inklusiver Institutionen umschlagen, wie unsere Untersuchung der Geschichte Venedigs gezeigt hat, das seinen anfänglichen Reichtum durch den Umsturz seiner politischen und wirtschaftlichen Institutionen wieder verlor. Heute ist Venedig nur deshalb vermögend, weil Menschen, die ihr Geld anderswo verdienen, es dort ausgeben und den Ruhm seiner Vergangenheit bewundern. Es gibt keinen sich automatisch fortsetzenden Prozess des institutionellen Fortschritts, denn die Entwicklung inklusiver Institutionen kann sich auch umkehren.

Zweitens sind kleine institutionelle Unterschiede, die in Umbruchphasen eine entscheidende Rolle spielen, ihrem Wesen nach kurzlebig. Sie können sich ebenfalls umkehren, um dann wieder aufzutauchen und sich erneut umzukehren. Wir werden in diesem Kapitel noch aufzeigen, dass England, als sich der maßgebliche Schritt hin zu inklusiven Institutionen ereignete, im Gegensatz zu dem, was man nach der Geographie- oder der Kultur-Hypothese erwarten sollte, tiefste Provinz war. Die Britischen Inseln erschienen dem Römischen Reich nebensächlich im Vergleich zum kontinentalen Westeuropa, Nordafrika, dem Balkan, Konstantinopel und dem Nahen Osten. Als das Weströmische Reich im 5. Jahrhundert zusammenbrach, machte Britannien einen völligen Verfall durch. Trotzdem sollten die politischen Umwälzungen, die letztlich zur Industriellen Revolution führten, nicht in Italien, der Türkei oder im kontinentalen Westeuropa stattfinden, sondern auf genau diesen Britischen Inseln.

Will man den Weg Englands und der ihm nacheifernden Länder zur Industriellen Revolution verstehen, so ist das römische Vermächtnis gleichwohl aus mehreren Gründen wichtig. Rom erlebte – wie Venedig – bedeutende frühe institutionelle Neuerungen. Wie in Venedig beruhte der anfängliche wirtschaftliche Erfolg auch in Rom auf inklusiven Institutionen – zumindest nach den Maßstäben jener Zeit. Wie in Venedig wurden diese Institutionen schrittweise extraktiver. In Rom war dies auf den Wechsel von der Republik (510–49 v. Chr.) zum Kaiserreich (49 v. Chr. – 476 n. Chr.) zurückzuführen. Obwohl Rom während der republikanischen Periode ein beeindruckendes Imperium aufbaute, in dem Fernhandel und Fernverkehr florierten, stützte sich ein großer Teil der Wirtschaft auf Extraktion. Dies verstärkte sich nach dem Ende der Republik und bewirkte schließlich interne Machtkämpfe, Instabilität und Verfall, ähnlich wie in den beschriebenen Maya-Stadtstaaten.

Maßgeblicher aber ist, dass die spätere institutionelle Entwicklung Westeuropas kein direktes Vermächtnis Roms war, sondern mit den Umbruchphasen nach dem Zusammenbruch des Weströmischen Reiches zusammenhing. Diese Umbruchphasen hatten zwar keine Auswirkungen auf andere Teile der Welt wie Afrika, Asien oder Amerika, doch wir werden anhand der Geschichte Äthiopiens nachweisen, dass auch andere Gesellschaften in ähnlichen Umbruchphasen häufig auf erstaunlich ähnliche Art reagierten. Der römische Untergang führte zum Feudalismus und zum Ende der Sklaverei; er ließ von Monarchen und Aristokraten unabhängige Städte entstehen und brachte Institutionen hervor, die den politischen Einfluss der Herrscher schwächten. Der Schwarze Tod sollte dann durch seine Verwüstungen den Prozess auslösen, durch den die unabhängigen Städte und Bauern auf Kosten von Monarchen, Aristokraten und Großgrundbesitzern weiter gestärkt wurden. Zudem wurden die durch den Atlantikhandel geschaffenen Chancen genutzt. Viele Teile der Welt vollzogen diesen Wandel jedoch nicht, sondern entwickelten sich in eine andere Richtung.

Römische Tugenden ...

Der römische Volkstribun Tiberius Gracchus wurde im Jahr 133 v. Chr. von römischen Senatoren zu Tode geknüppelt, bevor sie seine Leiche in den Tiber werfen ließen. Die Mörder waren Aristokraten wie Tiberius selbst, und als Drahtzieher der Tat fungierte sein Cousin Publius Cornelius Scipio Nasica. Tiberius Gracchus war von makelloser Herkunft: Nachfahre einiger der berühmtesten Führer der Römischen Republik, darunter Lucius Aemilius Paullus, der Held des Zweiten Illyrischen und des Zweiten Punischen Krieges, sowie Scipio Africanus, der General, der Hannibal im Zweiten Punischen Krieg besiegte. Warum hatten sich die mächtigen Senatoren, darunter sogar sein Cousin, gegen Gracchus gewendet?

Die Antwort verrät einiges über die Spannungen in der Römischen Republik und über die Ursachen ihres späteren Verfalls. Tiberius Gracchus war bereit, sich den Senatoren entgegenzustellen, weil er sich in einer wichtigen Frage behaupten wollte. Dabei ging es ihm um die Verteilung von Land und die Rechte der Plebejer, also des einfachen Volkes.

Zu Lebzeiten von Tiberius Gracchus war Rom eine mächtige, reiche Republik. Die politischen Institutionen und die Tugenden der römischen Bürgersoldaten – eingefangen auf Jacques-Louis Davids bekanntem Gemälde *Der Schwur der Horatier*, das zeigt, wie die Söhne ihren Vätern geloben, die Römische Republik notfalls unter Einsatz ihres Leben zu verteidigen – werden von vielen Historikern noch heute als Fundament für den Erfolg der Römischen Republik betrachtet. Die römischen Bürger schufen die Republik, indem sie ihren König Lucius Tarquinus Superbus (Tarquin der Stolze) um 510 v. Chr. stürzten. Die politischen Institutionen wurden dann geschickt mit zahlreichen inklusiven Elementen versehen. Die Regierung übernahmen für jeweils ein Jahr gewählte Magistrate. Da zudem mehrere Personen solche Ämter gleichzeitig bekleideten, wurde die Möglichkeit eingeschränkt, dass jemand seine Macht ausbaute oder missbrauchte. Die Institutionen der Republik waren durch eine recht umfassende Gewaltenteilung gekennzeichnet. Allerdings wurden nicht alle Bürger ausgewogen repräsentiert, da man indirekt wählte. Außerdem gab es eine hohe Zahl von Sklaven, auf die sich die Produktion in großen Teilen Italiens stützte und die etwa ein Drittel der Bevölkerung ausmachten. Sklaven hatten natürlich keine Rechte und wurden entsprechend auch nicht politisch repräsentiert.

Dennoch wiesen die politischen Institutionen – wie in Venedig – pluralistische Elemente auf. Die Plebejer verfügten über ihre eigene Versammlung, und diese wählte den Volkstribun, der berechtigt war, ein Veto gegen Beschlüsse der Magistrate einzulegen, die Plebejerversammlung einzuberufen und Gesetzesanträge einzubringen.

Im Jahr 133 v. Chr. wählte die Versammlung Tiberius Gracchus. Ihre Befugnisse waren durch die »Sezession« entstanden, eine Form des Streiks der Plebejer, besonders der Soldaten, die sich auf einen Hügel außerhalb der Stadt zurückzogen und die Zusammenarbeit mit den Magistraten verweigerten, bis man auf ihre Beschwerden einging. Diese Drohung war in Kriegszeiten natürlich besonders wirksam. Vermutlich erlangten die Bürger während einer solchen Sezession Ende des 5. Jahrhunderts v. Chr. das Recht, ihren Tribunen zu wählen und Gesetze für ihr Gemeinwesen zu erlassen. Ihr politischer und rechtlicher Schutz, obwohl nach unseren Maßstäben begrenzt, eröffnete ihnen neue ökonomische Möglichkeiten und verlieh den Wirtschaftsinstitutionen eine gewisse Inklusivität. Das wiederum ließ den Mittelmeerhandel in der Römischen Republik erblühen. Archäologische

Funde lassen vermuten, dass die Mehrheit sowohl der Bürger als auch der Sklaven zwar kaum oberhalb des Existenzminimums lebte, jedoch etliche Römer, darunter auch einfache Bürger, hohe Einkommen erzielten und von öffentlichen Dienstleistungen wie der städtischen Kanalisation und der Straßenbeleuchtung profitierten. Außerdem scheint ein gewisses Wirtschaftswachstum in der Römischen Republik stattgefunden zu haben. Wir können die römische Wirtschaftsentwicklung anhand von Schiffbrüchen verfolgen. Das Reich war in mancher Hinsicht ein Netzwerk aus Hafenstädten, das von Athen, Antiochia und Alexandria im Osten über Rom, Karthago und Cádiz bis hin nach London im fernen Westen reichte. Mit den römischen Territorien weiteten sich auch der Handel und die Schifffahrt aus, wie Archäologen anhand von Wracks nachweisen können, die auf dem Mittelmeerboden entdeckt wurden. Man ist in der Lage, diese Schiffe auf vielerlei Art zu datieren. Häufig beförderten sie Amphoren mit Wein oder Olivenöl aus Italien nach Gallien oder Olivenöl aus Spanien nach Rom, wo es kostenlos verteilt wurde. Die Amphoren – versiegelte Tongefäße – enthielten oft Informationen darüber, wer sie wann hergestellt hatte. In der Nähe des Tibers in Rom liegt ein kleiner Hügel, der Monte Testaccio (auch bekannt als Monte dei Cocci, »Scherbenhügel«), der aus ungefähr 53 Millionen Amphoren besteht. Sie wurden im Lauf der Jahrhunderte nach der Entladung der Schiffe dort angehäuft.

Die sonstige Fracht und das Holz der Schiffe können durch Radiokarbon-Tests datiert werden – eine Technik, mit der man das Alter organischer Überreste feststellen kann. Pflanzen erzeugen durch Fotosynthese Energie, mit deren Hilfe sie Kohlenstoffdioxyd und Wasser in Zucker verwandeln. Dabei wird eine gewisse Menge des natürlich vorkommenden Radioisotops C-14 verwendet. Nach dem Absterben der Pflanzen sinkt der C-14-Gehalt durch radioaktiven Zerfall. Wenn Archäologen ein Schiffswrack finden, können sie das Holz datieren, indem sie den darin verbliebenen C-14-Anteil mit der atmosphärischen C-14-Konzentration vergleichen. Dadurch lässt sich schätzen, wann der benutzte Baum gefällt wurde. Nur rund 20 Wracks sind bisher auf eine so ferne Zeit wie 500 v. Chr. datiert worden. Wahrscheinlich handelt es sich dabei nicht um römische, sondern beispielsweise um karthagische Schiffe. Für die Zeit danach stieg die Zahl der entdeckten römischen Wracks jedoch rapide und erreichte für den Zeitraum um Christi Geburt einen Höchstwert von 180. Die Schiffswracks geben detaillierte Auskunft über den Handelsumfang der Römischen Republik und in gewisser Weise auch über deren Wirtschaftswachstum, wobei wahrscheinlich zwei Drittel der Schiffsladungen dem römischen Staat in Form von Steuern und Tributen aus den Provinzen oder in Form von Getreide und Olivenöl aus Nordafrika gehörten, die an die Bürger der Stadt verteilt werden sollten.

Eine weitere faszinierende Möglichkeit der Feststellung von Hinweisen auf Wirtschaftswachstum bietet das Greenland Ice Core Project (GRIP). Wenn Schneeflocken fallen, nehmen sie Verunreinigungspartikel aus der Atmosphäre auf, vor allem die Metalle Blei, Silber und Kupfer. Dann gefriert der an den Polen fallende Schnee auf den in früheren Jahren entstandenen Schichten. Dieser Prozess vollzieht sich seit Jahrtausenden und bietet Wissenschaftlern eine beispiellose Möglichkeit, den Grad atmosphärischer Verschmutzung im Lauf der Epochen zu messen. In den Jahren 1990–1992 nahm das Greenland Ice Core Project eine Tiefbohrung durch 3030 Meter Eis vor, die etwa 250 000 Jahre menschlicher Geschichte entsprechen. Einer der Hauptfunde des Projekts – und anderer vor ihm – war eine merkliche Zunahme von Luftschadstoffen seit rund 500 v. Chr. Die Mengen an Blei, Silber und Kupfer in der Atmosphäre erhöhten sich seitdem stetig und erreichten im ersten Jahrhundert n. Chr. einen ersten Spitzenwert. Erstaunlicherweise wird eine vergleichbare atmosphärische Bleimenge erst wieder im 13. Jahrhundert gemessen. Daraus geht hervor, wie intensiv der römische Bergbau gegenüber früheren und späteren Zeiträumen war – ein eindeutiges Indiz für wirtschaftliche Expansion.

Freilich war das römische Wachstum nicht nachhaltig, da es sich unter teils inklusiven, teils extraktiven Institutionen vollzog. Obwohl die römischen Bürger politische und wirtschaftliche Rechte hatten, war die Sklaverei verbreitet und äußerst extraktiv; zudem beherrschte die aus den Senatoren bestehende Elite sowohl die Wirtschaft als auch die Politik. Ungeachtet etwa der Plebejerversammlung und des Volkstribunats hatte der Senat, dessen Mitglieder von den Großgrundbesitzern gestellt wurden, die reale Macht. Laut dem römischen Historiker Livius wurde der Senat von Romulus, dem ersten König, geschaffen und bestand aus hundert Männern. Ihre Nachfahren bildeten die Senatorenklasse, die allerdings hin und wieder durch frisches Blut ergänzt wurde. Auch Grund und Boden war äußerst ungleich verteilt – eine Situation, die sich im zweiten Jahrhundert v. Chr. wahrscheinlich noch verschärfte. Hier lag der Kern der Probleme, die Tiberius Gracchus als Tribun in den Vordergrund stellte.

Während seiner Expansion im Mittelmeergebiet genoss Rom einen starken Zufluss an Reichtümern, wovon allerdings vorwiegend ein paar ohnehin vermögende Senatorenfamilien profitierten. Dadurch vergrößerte sich die Ungleichheit zwischen Reich und Arm. Die Senatoren hatten aber nicht nur die Kontrolle über die lukrativen Provinzen, sondern verdankten ihren Reichtum auch ihren riesigen Gütern überall in Italien. Diese Güter wurden von Sklaven bewirtschaftet, die oft in den von Rom geführten Kriegen gefangen genommen worden waren.

Genauso bedeutsam war, woher das Land für die Güter stammte. Während der Zeit der Republik setzten sich die Heere aus Bürgersoldaten zusammen, die zuerst in Rom und später in anderen Teilen Italiens kleine Grundstücke besaßen. Traditionsgemäß kämpften sie in der Armee, wenn es erforderlich war, und kehrten anschließend auf ihr Land zurück. Als Rom jedoch größer und die Feldzüge länger wurden, funktionierte das nicht mehr. Die Soldaten blieben ihren Besitztümern jahrelang fern, und viele Grundstücke lagen brach. Die Familien der Soldaten häuften unterdessen manchmal Schuldenberge an, und deshalb wurden viele Parzellen aufgegeben und den Gütern der Senatoren einverleibt. Während die Senatorenkaste immer reicher wurde, versammelte sich die überwiegende Mehrheit der landlosen Bürger, häufig nachdem sie aus der Armee entlassen worden waren, zur Arbeitssuche in Rom. Im 2. Jahrhundert v. Chr. erreichte die Situation einen gefährlichen Siedepunkt, weil die Kluft zwischen Reich und Arm gewachsen war und sich große Horden missmutiger

Bürger in Rom aufhielten. Sie wollten die Ungerechtigkeiten nicht mehr hinnehmen und waren bereit, sich gegen die Aristokratie zu wenden. Doch die politische Macht lag weiter in den Händen der reichen Grundeigentümer, die von den Veränderungen der vergangenen beiden Jahrhunderte profitiert hatten. Die meisten hatten nicht die Absicht, das System, das ihnen so gute Dienste leistete, zu reformieren.

Dem römischen Historiker Plutarch zufolge erkannte Tiberius Gracchus während einer Reise durch Etrurien, eine Landschaft im heutigen Mittelitalien, die Not der Familien von Bürgersoldaten. Ob deshalb oder wegen seiner Unstimmigkeiten mit den mächtigen Senatoren – bald legte er einen kühnen Plan zur Umverteilung des Bodens in Italien vor. Im Jahr 133 v. Chr. kandidierte er für das Amt des Volkstribunen und brachte dann einen Reformantrag ein: Ein Ausschuss solle untersuchen, ob man öffentliche Ländereien, die illegal mit Beschlag belegt worden seien, und Besitzungen, die das gesetzliche Maximum von dreihundert Morgen überschritten, landlosen römischen Bürgern zukommen lassen könne. Die Dreihundert-Morgen-Grenze war in einem alten Gesetz festgelegt worden, das man seit Jahrhunderten missachtete.

Tiberius Gracchus' Vorschlag empörte die Senatoren, und es gelang ihnen, die Verwirklichung der Reformen eine Zeitlang zu blockieren. Nachdem Tiberius die Massen mobilisiert hatte, um einen anderen Tribunen absetzen zu lassen, der gegen seine Landreform stimmen wollte, wurde der Ausschuss endlich gegründet. Doch der Senat hinderte das Gremium an der Realisierung seiner Pläne, indem er ihm die Mittel entzog.

Die Dinge spitzten sich zu, als Tiberius Gracchus für seine Reformkommission Anspruch auf das Vermögen erhob, das der König der griechischen Stadt Pergamon dem römischen Staat hinterlassen hatte. Auch bewarb er sich zum zweiten Mal um die Kandidatur als Tribun, teils weil er fürchtete, nach seiner Amtszeit vom Senat verfolgt zu werden. Das nahmen die Senatoren als Vorwand zu behaupten, Tiberius wolle sich zum König ausrufen lassen. Seine Anhänger und er wurden angegriffen, und viele kamen um. Tiberius Gracchus selbst fiel als einer der Ersten, doch das Problem bestand nach seinem Tod weiter, und andere kämpften um eine Reform der Verteilung von Grund und Boden sowie weiterer Aspekte der römischen Wirtschaft und Gesellschaft. Etlichen war ein ähnliches Schicksal beschieden. Zum Beispiel wurde auch Tiberius' Bruder Gaius von Grundbesitzern ermordet, nachdem er in dessen Fußstapfen getreten war.

Im folgenden Jahrhundert brachen die Spannungen immer wieder durch. Unter anderem führten sie zum »Bundesgenossenkrieg« zwischen 91 und 87 v. Chr. Lucius Cornelius Sulla, der aggressiv die Interessen der Senatoren verteidigte, ließ nicht nur die Forderungen nach Reform brutal niederschlagen, sondern schränkte auch die Befugnisse des Volkstribunen stark ein. Schließlich betrat Julius Caesar die Bühne und begann seinen Kampf gegen den Senat, wobei er vom römischen Volk unterstützt wurde.

Die politischen Institutionen, die den Kern der Römischen Republik bildeten, wurden von Julius Caesar im Jahr 49 v. Chr. hinweggefegt, als er seine Legion den Rubikon überschreiten ließ, der die römische Provinz Gallia cisalpina von Italien trennte. Er besetzte Rom, und ein weiterer Bürgerkrieg brach aus. Im Jahr 44 v. Chr. wurde Caesar von aufgebrachten Senatoren, mit Brutus und Cassius an der Spitze, ermordet. Die Römische Republik jedoch sollte nie wieder erstehen.

Es kam zu einem weiteren Bürgerkrieg zwischen Caesars Anhängern, vor allem Marcus Antonius und Oktavian, und seinen Gegnern. Nachdem die beiden den Sieg errungen hatten, bekämpften sie einander, bis Oktavian in der Schlacht von Aktium (31 v. Chr.) triumphierte. In den nächsten viereinhalb Jahrzehnten regierte Oktavian, der nach 28 v. Chr. Augustus Caesar genannt wurde, Rom als Alleinherrscher. Er begründete das Römische Reich, bevorzugte jedoch den Titel »Princeps« (eine Art »Erster unter Gleichen«) und bezeichnete sein Regime als Prinzipat. Karte 11 zeigt das Römische Reich auf dem Höhepunkt seiner Größe im Jahr 117 n. Chr. und den Rubikon, den Caesar so schicksalhaft überquerte.

Durch den Wandel der Republik in ein Prinzipat und später unverhohlen in ein Kaiserreich wurden die Keime für den Niedergang Roms gelegt. Die teils inklusiven politischen Institutionen, welche die

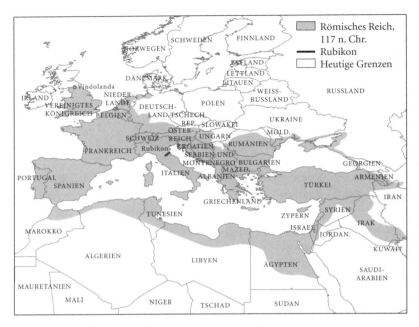

Karte 11: Das Römische Reich im Jahr 117 n. Chr.

Grundlage für den wirtschaftlichen Erfolg gebildet hatten, wurden allmählich untergraben. Auch wenn die Römische Republik Senatoren und andere reiche Römer begünstigte, stellte sie kein absolutistisches Regime dar und hatte nie die Konzentration von so viel Macht in einem einzigen Amt zugelassen. Die von Augustus eingeführten Änderungen waren, wie im Fall der venezianischen *serrata*, zuerst politischer Natur, sollten dann jedoch entscheidende ökonomische Folgen haben. Dadurch verfiel das Weströmische Reich, wie sich der Westen nach der Teilung vom Osten nannte, im 5. Jahrhundert wirtschaftlich und militärisch.

... und römische Laster

Flavius Aëtius war eine der überlebensgroßen Gestalten des spätrömischen Imperiums und wurde von Edward Gibbon in *Der Verfall und Untergang des Römischen Reiches* als »letzter Römer« gepriesen. Zwischen 433 und 454 n. Chr., als Kaiser Valentinian III. ihn eigenhändig erschlug, war General Aëtius wahrscheinlich der mächtigste Mann im Reich. Er gestaltete die Innen- und Außenpolitik und führte eine Reihe wichtiger Schlachten gegen die Barbaren sowie – in Bürgerkriegen – gegen Römer. Als Einziger der an internen Konflikten beteiligten Heerführer strebte er nicht den Kaiserthron an. Seit Ende des zweiten Jahrhunderts waren Bürgerkriege im Römischen Reich üblich geworden. Vom Tod des Marcus Aurelius im Jahr 180 bis zum Zerfall des Weströmischen Reiches im Jahr 476 verging kaum ein Jahrzehnt ohne einen Bürgerkrieg oder einen Staatsstreich. Wenige Kaiser starben eines natürlichen Todes oder fielen in der Schlacht. Die meisten wurden von Thronräubern oder von ihren eigenen Soldaten ermordet.

Aëtius' Karriere mag als Illustration für die Veränderungen von der Römischen Republik und dem frühen Reich bis hin zum späten Imperium dienen. Seine Teilnahme an unablässigen Bürgerkriegen und seine Macht in jedem Aspekt der Reichsgeschäfte standen in schroffem Gegensatz zu dem viel begrenzteren Einfluss von Generalen und Senatoren vergangener Zeiten; daneben ist an seiner Laufbahn abzulesen, wie radikal sich das Schicksal der Römer in der Zwischenzeit gewandelt hatte.

Im spätrömischen Reich beherrschten als Barbaren bezeichnete Nichtrömer und -griechen, die anfangs in die römischen Heere gepresst oder als Sklaven eingesetzt worden waren, viele Teile des Imperiums. Aëtius war als junger Mann von Barbaren – zuerst von den Goten unter Alarich und dann von den Hunnen – als Geisel genommen worden. Die römischen Beziehungen zu diesen Völkern zeigen an, in welchem Maße sich die Situation seit dem Ende der Republik verändert hatte. Alarich war nicht nur ein grimmiger Gegner, sondern auch ein Bundesgenosse Roms, weshalb er im Jahr 405 zu einem der obersten Generale des römischen Heeres ernannt wurde. Dies war jedoch nur ein zeitweiliges Arrangement, denn im Jahr 408 marschierte Alarich in Italien ein und plünderte Rom.

Auch die Hunnen waren einerseits mächtige Gegner und andererseits häufige Bundesgenossen der Römer. Obwohl sie Aëtius ebenfalls als Geisel genommen hatten, kämpften sie später in einem Bürgerkrieg an seiner Seite. Aber die Hunnen hielten Bündnisse nie lange ein, und unter Attila führten sie 451 unweit des Rheines eine große Schlacht gegen die Römer, die nun von den Goten unter Theoderich verteidigt wurden.

All das hinderte die römischen Eliten nicht an dem Versuch, die barbarischen Befehlshaber zu beschwichtigen – in vielen Fällen nicht etwa, um römische Territorien zu schützen, sondern um die Oberhand in internen Machtkämpfen zu gewinnen. Zum Beispiel verwüsteten die Vandalen unter ihrem König Geiserich große Teile der Iberischen Halbinsel und besetzten seit 429 die römische Kornkammer in Nordafrika. Die Reaktion der Römer bestand darin, Geiserich die blutjunge Tochter Kaiser Valentinians III. als Braut anzubieten. Geiserich war damals bereits mit der Tochter eines Gotenführers verheiratet, was ihn jedoch nicht weiter anfocht. Er erklärte die Ehe unter dem Vorwand für ungültig, dass seine Frau versucht habe, ihn zu ermorden, und schickte sie zurück zu ihrer Familie, nachdem er ihr beide Ohren und die Nase abgeschnitten hatte. Zum Glück für die künftige Braut blieb sie wegen ihres zarten Alters in Italien, und die Ehe mit Alarich wurde nie vollzogen. Später heiratete sie einen anderen mächtigen General, nämlich Petronius Maximus, den Drahtzieher der Ermordung des Aëtius durch Kaiser Valentinian III., der seinerseits kurz darauf in einem von Petronius geschmiedeten Komplott umgebracht wurde. Petronius rief sich zum Kaiser aus, doch seine Herrschaft endete schon kurz darauf durch seinen Tod während der Großoffensive der Vandalen unter Geiserich gegen Italien, in deren Verlauf Rom fiel und brutal geplündert wurde.

Im frühen 5. Jahrhundert standen die Barbaren buchstäblich vor den Toren. Einige Historiker meinen, der Grund dafür sei gewesen, dass es die Römer im späten Imperium mit stärkeren Gegnern als zuvor zu tun gehabt hätten. Aber der Erfolg der Goten, Hunnen und Vandalen gegenüber Rom war nicht die Ursache, sondern ein Symptom des Verfalls. In der Zeit der Republik war Rom mit viel besser organisierten und bedrohlicheren Feinden, beispielsweise den Karthagern, fertig geworden. Der Untergang des Römischen Reiches hatte ähnliche Ursachen wie jener der Maya-Stadtstaaten. Die zunehmend extraktiven politischen und wirtschaftlichen Institutionen Roms bewirkten seinen Zusammenbruch, da sie interne Kämpfe sowie Bürgerkriege auslösten.

Die Anfänge des Untergangs sind mindestens bis zur Machtübernahme des Augustus zurückzuverfolgen, denn er begann damit, erheblich extraktivere politische Institutionen einzuführen. Dazu gehörten strukturelle Änderungen der Armee, die Sezessionen unmöglich machten und damit ein wichtiges Element der politischen Einflussnahme durch einfache Römer beseitigten. Kaiser Tiberius, der Augustus im Jahr 14 n. Chr. nachfolgte, schaffte auch die Plebejerversammlung ab und übertrug ihre Befugnisse dem Senat. Statt über eine politische Stimme zu verfügen, bekamen die römischen Bürger nun Almosen in Form von Weizen und später Olivenöl, Wein und Schweinefleisch. Außerdem wurden sie durch Zirkusveranstaltungen und Gladiatorenkämpfe unterhalten.

Nach den Reformen des Augustus verließen sich die Kaiser weniger auf das aus Bürgersoldaten bestehende Heer als vielmehr auf die Prätorianergarde, die von Augustus geschaffene Elitetruppe aus Berufssoldaten. Bald erhielten die Prätorianer eine wichtige Funktion bei der Auswahl des künftigen Kaisers, wobei sie sich häufig nicht auf friedliche Mittel, sondern auf Bürgerkriege und Intrigen stützten. Augustus stärkte auch die Position der Aristokratie gegenüber den einfachen römischen Bürgern, wodurch die Ungleichheit, die den Konflikt zwischen Tiberius Gracchus und dem Adel ausgelöst hatte, wahrscheinlich noch verschärft wurde.

Durch die Machtanhäufung in den Händen des Kaisers und seines Gefolges wurden die Eigentumsrechte römischer Bürger noch unsicherer. Der staatliche Grund und Boden wurde durch Beschlagnahmen ausgeweitet, so dass er in vielen Teilen des Reiches nicht weniger als die Hälfte des Landes umfasste. Ähnlich wie in den Maya-Stadtstaaten verschärften sich die internen Machtkämpfe. Es kam immer wieder zu Bürgerkriegen, und zwar noch vor dem chaotischen 5. Jahrhundert, in dem die Barbaren unangefochten herrschten. Beispielsweise entriss Septimius Severus Kaiser Didius Julianus, der den Thron nach der Ermordung des Pertinax im Jahr 193 bestiegen hatte, die Macht. Severus, der dritte Herrscher im Jahr der fünf Kaiser, führte dann Krieg gegen seine Rivalen, die Generale Pescennius Niger und Clodius Albinus, die schließlich in den Jahren 194 und 197 besiegt wurden. In dem folgenden Bürgerkrieg beschlagnahmte Severus das gesamte Eigentum seiner unterlegenen Gegner. Obwohl es fähigen Herrschern wie Trajan (98–117), Hadrian (117–138) und Marcus Aurelius (161–180) gelungen war, den Verfall zu bremsen, wandten sie sich nicht den grundlegenden institutionellen Problemen zu. Marcus Aurelius hinterließ den Thron schließlich seinem Sohn Commodus, der mehr mit Caligula oder Nero als mit seinem Vater gemeinsam hatte.

Die zunehmende Instabilität lässt sich an den Grundrissen und der Lage von Orten und Städten des Reiches ablesen. Im 3. Jahrhundert besaß jede größere Stadt Befestigungsmauern. Oft wurden auch die Steine von Denkmälern für die Errichtung von Schutzwällen verwendet. In Gallien war es vor der Ankunft der Römer im Jahr 125 v. Chr. üblich gewesen, Siedlungen auf Hügeln zu bauen, da sie sich dort besser verteidigen ließen. Nach dem Eintreffen der Römer verlegte man Ortschaften zunächst in die Ebenen, doch im 3. Jahrhundert kehrte sich dieser Trend wieder um.

Neben der wachsenden politischen Instabilität kam es zu gesellschaftlichen Veränderungen, durch welche die Wirtschaftsinstitutionen noch extraktiver wurden. Obwohl die römische Staatsbürgerschaft bis 212 n. Chr. auf fast alle Bewohner des Reiches ausgedehnt wurde, war ihr Status nicht einheitlich. Das Gefühl der Gleichheit vor dem Gesetz schwand. Zum Beispiel gab es unter Hadrians Herrschaft deutliche Unterschiede in der Gesetzgebung für verschiedene Bevölkerungsschichten, nachdem die einfachen römischen Bürger, wie beschrieben, durch die Abschaffung von Sezession und Volkstribun jeglicher politischen Einflussnahme beraubt worden waren.

Die Sklaverei blieb überall im Römischen Reich weiterhin bestehen, wobei man sich uneins darüber ist, ob der Anteil von Sklaven an der Gesamtbevölkerung im Lauf der Jahrhunderte zurückging. Zu beachten ist auch, dass, während sich das Reich vergrößerte, mehr und mehr Landarbeiter in einen sklavenähnlichen Status gepresst und in ihrer Bewegungsfreiheit massiv eingeschränkt wurden. Die Stellung dieser *coloni* wird ausführlich in juristischen Dokumenten wie dem *Codex Theodosianus* oder dem *Codex Justitianus* abgehandelt und wurde wahrscheinlich unter Diokletian (284–305) begründet. Die Rechte der Grundeigentümer über die *coloni* wurden schrittweise ausgedehnt. Kaiser Konstantin gestattete ihnen im Jahr 332, einen *colonus*, der ihrer Meinung nach Fluchtabsichten hegte, in Ketten zu legen, und seit 365 durften *coloni* ihre eigene Parzelle nicht mehr ohne Genehmigung ihres Grundherrn verkaufen.

Ebenso wie wir anhand von Schiffswracks und grönländischen Eisbohrkernen die Wirtschaftsexpansion Roms in früheren Zeiten nachvollziehen, können wir mit ihrer Hilfe den Verfall des Reiches nachzeichnen. Die Zahl der aus der Zeit um 500 stammenden Wracks beträgt nur 20 gegenüber den 180 aus der Zeit um Christi Geburt. Mit dem Niedergang Roms brach auch der Mittelmeerhandel zusammen. Manche Wissenschaftler meinen sogar, dass er erst im 19. Jahrhundert wieder den Umfang erreichte, den er während der römischen Blütezeit hatte. Das Eis von Grönland enthüllt eine ähnliche Entwicklung. Die Römer benutzten Silber für ihre Münzen, und auch Blei wurde vielfach verwendet, unter anderem für Rohre und Tischgeschirr. Die Blei-, Silber- und Kupferablagerungen in den Eiskernen erreichten im ersten Jahrhundert n. Chr. einen ersten Höchstwert und nahmen dann wieder ab.

Das Wirtschaftswachstum während der Römischen Republik war eindrucksvoll, genau wie andere entsprechende Beispiele unter extraktiven Institutionen, etwa in der UdSSR. Aber es war begrenzt und nicht nachhaltig, obwohl die römischen Institutionen teilweise inklusive Züge hatten. Es beruhte auf einer relativ hohen landwirtschaftlichen Produktivität und beträchtlichen Tributen aus den Provinzen sowie einem einträglichen Fernhandel, doch es wurde nicht durch technologischen Fortschritt oder schöpferische Zerstörung gestützt. Die Römer hatten ein paar elementare Technologien in Form von Eisengeräten und -waffen, Alphabetismus, Pflügen und bestimmten Bauverfahren übernommen, und zu Beginn der Republik entwickelten sie selbst einiges: Beton, den sie zum Errichten von Gebäuden verwendeten, Pumpen und Wasserräder. Aber danach stagnierte die Technologie während des gesamten Römischen Reiches. Beispielsweise veränderten sich die Schiffskonstruktionen und das Takelwerk kaum, und die Römer entwickelten kein Heckruder, sondern steuerten ihre Schiffe weiterhin mit Hilfe der Riemen. Die Wasserräder verbreiteten sich sehr langsam, so dass sie die römische Wirtschaft nicht revolutionieren konnten. Sogar großartige Errungenschaften wie die Aquädukte und die Kanalisation gingen auf bereits bestehende, wenn auch von den Römern perfektionierte Konstruktionsverfahren zurück. Ein gewisses Wirtschaftswachstum war ohne Innovationen und auf der Grundlage bereits existierender Geräte und Verfahren möglich, doch ihm fehlte die schöpferische Zerstörung, und es war nicht nachhaltig, auch wegen des Abbaus politischer und wirtschaftlicher Rechte und der fehlenden Eigentumssicherheit für die Mehrzahl der Bevölkerung. Bemerkenswert an den in der Römischen Republik entstandenen technischen Neuerungen ist der Umstand, dass der Staat ihre Entwicklung und Verbreitung allem Anschein nach vorantrieb, bis die Regierung beschloss, die technische Evolution zu stoppen – eine nur zu häufige Entscheidung, die aus der Furcht vor schöpferischer Zerstörung hervorgeht.

Der große römische Schriftsteller Plinius der Ältere erzählt folgende Geschichte: Ein Künstler erfand unzerbrechliches Glas und suchte den Kaiser auf, weil er sich eine große Belohnung von ihm erhoffte. Er führte seine Erfindung vor, und Tiberius erkundigte sich, ob er anderen das Geheimnis anvertraut habe. Als der Mann verneinte, ließ Tiberius ihn fortschleppen und enthaupten, »damit Gold nicht

auf den Wert von Schlamm reduziert wird«. Diese Geschichte enthält
zwei interessante Informationen: Erstens ging der Mann zu Tiberius,
um eine Belohnung zu erhalten, statt ein Unternehmen zu eröffnen
und durch den Verkauf des Glases ein Vermögen zu verdienen. Daran
wird deutlich, in welchem Maße die römische Regierung alle Neuerungen kontrollierte. Zweitens schreckte Tiberius nicht davor zurück,
mit dem Erfinder auch die Erfindung zu vernichten, weil sie möglicherweise negative Folgen für das herrschende Wirtschaftssystem in
Form einer schöpferischen Zerstörung gehabt hätte.

Es gibt aus der Zeit des Römischen Reiches direkte Belege für die
Angst vor den politischen Konsequenzen der schöpferischen Zerstörung. Sueton erzählt, wie Kaiser Vespasian (69–79 n. Chr.) von einem
Mann angesprochen wurde, der ein Gerät erfunden hatte, mit dem
sich Säulen relativ billig zum Kapitol, der Zitadelle Roms, transportieren ließen. Bis dahin wurden Tausende von Arbeitskräften für die
Beförderung der schweren Säulen aus den Bergwerken benötigt, was
der Regierung hohe Kosten verursachte. Vespasian ließ den Mann
nicht töten, doch er weigerte sich, die Innovation zu benutzen. Seine
Begründung lautete: »Wie soll ich dann die Bevölkerung ernähren?«

Wieder trat ein Erfinder an die Regierung heran, was vielleicht ver-
ständlicher war als im Fall des unzerbrechlichen Glases, da die römische Regierung direkt mit der Herstellung und dem Transport der
Säulen zu tun hatte. Wiederum wurde die Neuerung aus Furcht vor
schöpferischer Zerstörung abgelehnt. Vespasian war darauf bedacht,
die Menschen bei Laune und unter Kontrolle zu halten, um eine politisch destabilisierende Situation zu vermeiden. Die römischen Plebejer mussten beschäftigt werden und gefügig sein, weshalb es nützlich
war, sie Säulen transportieren zu lassen. Dies kam zu dem Brot und
den Spielen hinzu, mit denen die Bevölkerung ebenfalls zufrieden-
gestellt werden sollte. Beide Beispiele fallen interessanterweise in die
Zeit kurz nach dem Ende der Republik und zeigen, dass die römischen
Kaiser viel mehr Macht hatten, den Wandel zu blockieren, als die republikanischen Politiker.

Ein weiterer wichtiger Grund für das Fehlen von technischen Neuerungen war die Verbreitung der Sklaverei. Während die römischen

Territorien ausgedehnt wurden, unterwarf man zahlreiche Menschen der Sklaverei und brachte sie nach Italien, wo sie auf den großen Gütern arbeiten mussten. Viele Bürger Roms dagegen lebten von den Almosen der Regierung. Woher sollten die Innovationen kommen? Wir haben ausgeführt, dass sie von Personen herrühren, die neue Ideen für alte Probleme entwickeln. In Rom dagegen lag die Produktion in den Händen der Sklaven und später zusätzlich in denen der halb versklavten *coloni*. Beide hatten wenig Veranlassung, sich Innovationen einfallen zu lassen, da nicht sie, sondern ihre Herren von jeglicher Neuerung profitiert hätten.

Wie wir in diesem Buch immer wieder aufzeigen, entstehen in Wirtschaftssystemen, die auf Zwangsarbeit wie der Sklaverei und der Leibeigenschaft beruhen, keine Innovationen. Das gilt für die antike Welt genauso wie für die heutige Zeit. Zum Beispiel waren es in den USA die Nord- und nicht die Südstaaten, die an der Industriellen Revolution teilnahmen. Zwar wurden durch die Sklaverei und die Leibeigenschaft gewaltige Vermögen für die Besitzer der Sklaven und Leibeigenen geschaffen, aber sie brachten keine technischen Innovationen und keinen Wohlstand für die Gesellschaft hervor.

Niemand schreibt aus Vindolanda

Im Jahr 43 hatte der römische Kaiser Claudius England, nicht jedoch Schottland erobert. Einen letzten fruchtlosen Versuch machte der römische Statthalter Agricola, indem er eine Reihe von Festungen zum Schutz der nördlichen Grenze Englands bauen ließ. Eine der größten lag in Vindolanda, rund 55 Kilometer westlich von Newcastle. Es ist auf Karte 11 im äußersten Nordwesten des Römischen Reiches abgebildet. Später wurde Vindolanda in den 1360 Kilometer langen Verteidigungswall einbezogen, den Kaiser Hadrian errichten ließ. Aber im Jahr 103, als ein römischer Zenturio namens Candidus dort stationiert war, handelte es sich noch um eine isolierte Festung. Candidus hatte zusammen mit seinem Freund Octavius die Aufgabe, die römische

Garnison mit Nachschub zu versorgen, und er erhielt von Octavius folgende Antwort auf einen früheren Brief:

Octavius an seinen Bruder Candidus – sei mir gegrüßt. Ich habe Dir mehrere Male geschrieben, dass ich ungefähr fünftausend *modii* Getreideähren gekauft habe, weshalb ich Bargeld benötige. Wenn Du mir nicht etwas Geld schickst, mindestens fünfhundert *denarii*, werde ich meine Anzahlung verlieren und in Verlegenheit geraten. Ich bitte Dich, schick mir so bald wie möglich ein wenig Geld. Die Felle, die Deiner Nachricht zufolge im Cataractonium sind – ordne an, dass sie und auch der Wagen, den Du erwähnst, mir ausgehändigt werden. Ich hätte sie bereits abgeholt, doch ich wollte vermeiden, dass sich die Tiere auf den schlechten Straßen verletzen. Frag Tertius nach den 8½ denarii, die er von Fatalis erhalten hat. Er hat sie noch nicht auf mein Konto überwiesen. Schick mir unbedingt Bargeld, damit ich Getreide auf dem Dreschboden habe. Grüß Spectatus und Firmus. Alles Gute.

Die Korrespondenz zwischen Candidus und Octavius macht einige wesentliche Aspekte des wirtschaftlichen Wohlstands im römischen England deutlich. Sie belegt das Vorhandensein einer fortgeschrittenen Geldwirtschaft und damit verbundener Finanzdienstleistungen sowie die Existenz von ausgebauten, wenn auch manchmal stark in Mitleidenschaft gezogenen Straßen. Auch erwähnt sie ein Steuersystem, das dazu dient, den Sold des Candidus zu zahlen. Aber vor allem zeigt sie, dass beide Männer des Lesens und Schreibens mächtig waren und ihnen ein elementares Postwesen zur Verfügung stand. Außerdem profitierte das römische England – vor allem in den Stadtzentren mit ihren Bädern und öffentlichen Gebäuden sowie mit Bauverfahren, für die man Mörtel und Dachziegel verwendete – von der Massenfertigung hochwertiger Keramik, die besonders in Oxfordshire angesiedelt war.

Im 4. Jahrhundert befand sich all das im Niedergang, und nach 411 zog das Römische Reich die meisten seiner Soldaten aus England ab. Wer zurückblieb, erhielt keinen Sold, und während der römische Staat zerbröckelte, verjagte die örtliche Bevölkerung die letzten römischen Administratoren. Um 450 waren sämtliche Wohlstandsmerkmale verschwunden. Es zirkulierte kein Geld mehr, Stadtgebiete wurden aufgegeben, Gebäude abgetragen, und Unkraut überwucherte die Straßen. Die einzigen noch hergestellten Keramikartikel stammten nicht aus der Massenproduktion, sondern waren Einzelanfertigungen aus kleinen Werkstätten. Die Menschen vergaßen, wie man Mörtel produziert und verwendet, und der Alphabetismus ging erheblich zurück. Die Dächer bestanden nicht mehr aus Ziegeln, sondern aus Zweigen, und niemand schrieb mehr aus Vindolanda.

Nach 411 n. Chr. erlebte England den Zusammenbruch seiner Gesamtwirtschaft und wurde zu einer armen Provinz – und das nicht zum ersten Mal. Wie im vorigen Kapitel geschildert, begann die Neolithische Revolution um 9500 v. Chr. im Nahen Osten. Während die Bewohner von Jericho und Abu Hureyra in kleinen Ortschaften lebten und Ackerbau betrieben, schlugen sich die Menschen in England noch als Jäger und Sammler durch, was mindestens weitere 5500 Jahre lang der Fall sein sollte. Und auch dann entwickelten die Engländer nicht selbst Verfahren für Ackerbau und Viehzucht, sondern übernahmen sie von Einwanderern, die seit Tausenden von Jahren aus dem Nahen Osten nach Europa vordrangen. Während man sich in England mit den Grundlagen der Landwirtschaft vertraut machte, wurden im Nahen Osten Städte aufgebaut, die Schrift entwickelt und verfeinert und die Töpferei erfunden. Gegen 3500 v. Chr. bildeten sich große Städte wie Uruk und Ur in Mesopotamien, dem heutigen Irak, heraus. Uruk hatte Schätzungen zufolge im Jahr 3500 eine Bevölkerung von 14 000 und kurz darauf eine von 40 000 Menschen. Die Töpferscheibe wurde in Mesopotamien ungefähr zur selben Zeit erfunden wie der Gütertransport auf Radfahrzeugen. Kurz darauf entstand die bedeutende ägyptische Hauptstadt Memphis. Die Schrift entwickelte sich in beiden Regionen separat. Während die Ägypter um 2500 v. Chr. die großen Pyramiden von Gizeh bauten, errichteten die Engländer ihr berühmtestes neolithisches Denkmal, den Steinkreis von Stonehenge. Nicht schlecht nach englischen Maßstäben, doch nicht einmal groß genug, um das am Fuß der Cheopspyramide vergrabene Totenschiff aufzunehmen. England hinkte hinterher und machte bis zur Römerzeit Anleihen im Nahen Osten und im übrigen Europa.

Trotz dieser so ungünstigen Vorgeschichte war es England, das die erste wahrhaft inklusive Gesellschaft hervorbrachte und zum Ausgangspunkt der Industriellen Revolution wurde. Wir haben oben ausgeführt, dass dies auf eine Reihe von Interaktionen zwischen kleinen institutionellen Unterschieden und kritischen Phasen – beispielsweise dem Schwarzen Tod und der Entdeckung Amerikas – zurückging. Die englische Divergenz hatte historische Wurzeln, aber der Blick auf Vindolanda lässt vermuten, dass sie nicht sehr tief und schon gar nicht vorherbestimmt waren. Sie reichten nicht bis in die Neolithische Revolution oder auch nur in die Jahrhunderte der römischen Hegemonie zurück. Um 450 n. Chr., am Anfang dessen, was britische Historiker als finsteres Mittelalter zu bezeichnen pflegten, war England wieder in Armut und politisches Chaos abgeglitten. Für Hunderte von Jahren sollte es dort keinen funktionierenden zentralisierten Staat mehr geben.

Divergierende Pfade

Der Aufstieg inklusiver Institutionen und das sich anschließende industrielle Wachstum in England waren kein direktes Vermächtnis römischer (oder früherer) Institutionen. Das soll nicht heißen, dass sich nach dem Fall des Weströmischen Reiches – ein wichtiges Ereignis, das sich auf fast ganz Europa auswirkte – nichts Bedeutendes abgespielt hätte. Da verschiedene Teile Europas die gleichen Umbruchphasen durchliefen, sollten sich ihre Institutionen auf ähnliche, vielleicht typisch europäische Art entwickeln. Der Untergang des Römischen Reiches war ein entscheidender Bestandteil dieser gemeinsamen Umbruchphasen. Der europäische Pfad kontrastiert mit den Pfaden in anderen Regionen der Welt, etwa im subsaharischen Afrika, in Asien oder in Nord- und Südamerika, die sich teils deshalb anders entwickelten, weil sie nicht den gleichen Umbruchphasen ausgesetzt waren.

Das römische England endete mit einem Knall. Davon war weniger in Italien, dem römischen Gallien (dem heutigen Frankreich) oder Nordafrika die Rede, wo viele der alten Institutionen in der einen oder anderen Gestalt fortbestanden. Es gibt jedoch keinen Zweifel daran, dass der Wechsel von der Dominanz eines einzigen römischen Staates zu einer Vielzahl von Ländern, die von Franken, Westgoten, Ostgoten, Vandalen und Burgundern regiert wurden, äußerst folgenreich war. Die nun viel schwächeren Länder wurden jetzt durch eine lange Reihe von Überfällen aus ihren Anrainergebieten heimgesucht. Von Norden segelten die Wikinger und die Dänen in ihren Langbooten herbei; von Osten kamen die hunnischen Reiter. Und schließlich führte die Herausbildung des Islam als einer religiösen und politischen Kraft im Jahrhundert nach dem Tod Mohammeds (632) zur Entstehung neuer islamischer Staaten in einem Großteil des Byzantinischen Reiches, in Nordafrika und Spanien. Nach diesen Prozessen, die Europa erschütterten, entwickelte sich ein spezifischer Gesellschaftstyp, der gemeinhin als feudal bezeichnet wird. Dem Feudalsystem fehlten straffe Zügel, denn die starken Zentralstaaten waren verkümmert, obwohl Herrscher wie Karl der Große versuchten, sie wiederherzustellen.

Die feudalen Institutionen, die sich auf die Zwangsarbeit (durch Leibeigene) stützten, waren zwangsläufig extraktiv und verursachten daher im Mittelalter eine lange Phase des stockenden europäischen Wachstums. Aber sie nahmen auch Einfluss auf spätere Entwicklungen. Zum Beispiel verschwand die Sklaverei aus Europa, als die gesamte Landbevölkerung in die Leibeigenschaft gepresst wurde. Damit schien eine separate Sklavenschicht, wie sie jede frühere Gesellschaft besessen hatte, nicht mehr erforderlich zu sein. Der dezentrale Feudalismus brachte zudem ein Machtvakuum hervor, in dem unabhängige Städte, die sich auf die Herstellung und den Handel bestimmter Produkte spezialisierten, gedeihen konnten. Und als sich die Machtverhältnisse nach dem Schwarzen Tod verschoben und die Leibeigenschaft in Westeuropa zerfiel, war die Bühne für eine viel pluralistischere Gesellschaft ohne jegliche Sklaven bereitet.

Die Umbruchphasen, in denen die Feudalgesellschaft entstand, waren klar abgegrenzt, aber nicht allein auf Europa beschränkt. Ein passender Vergleich lässt sich zum heutigen afrikanischen Staat Äthiopien ziehen, der sich aus dem um 400 v. Chr. im Norden des Landes gegründeten Königreich Axum herausbildete. Axum war ein für seine Zeit recht progressives Gemeinwesen, das mit Indien, Arabien, Griechenland und dem Römischen Reich Handel trieb. In vieler Hinsicht ähnelte es dem damaligen Oströmischen Reich. In beiden verwendete man Geld, errichtete öffentliche Monumentalbauten, schuf ein Straßensystem und verfügte über eine Landwirtschaft und über Handelsschiffe. Daneben gibt es interessante weltanschauliche Parallelen zwischen Axum und Rom. Im Jahr 312 n. Chr. konvertierte der römische Kaiser Konstantin zum Christentum, genau wie König Ezana von Axum ungefähr zur gleichen Zeit. Karte 12 zeigt die Lage des historischen Staates Axum im gegenwärtigen Äthiopien und Eritrea, mit Außenposten jenseits des Roten Meeres in Saudi-Arabien und Jemen.

Auch der Verfall von Axum folgte einem ähnlichen Muster wie der des Weströmischen Reiches. Die Rolle der Hunnen und Vandalen beim Untergang Roms wurde hier von den Arabern übernommen, die im 7. Jahrhundert ins Rote Meer und südwärts auf die Arabische Halbinsel vorrückten. Axum verlor seine Kolonien und Handelsrouten in Arabien. Dadurch wurde die Wirtschaft geschwächt: Man prägte keine Münzen mehr, die Stadtbevölkerung ging zurück, und der Staat konzentrierte sich wieder auf das Innere seines Territoriums sowie auf die Hochländer des jetzigen Äthiopien.

In Europa entwickelten sich nach dem Zusammenbruch der zentralen Staatsautorität Feudalinstitutionen. Das Gleiche geschah in Äthiopien auf der Grundlage des *gult*-Systems, in dessen Rahmen der Kaiser Grund und Boden verteilte. Dieses System wird in Manuskripten aus dem 13. Jahrhundert erwähnt, doch seine Ursprünge könnten viel älter sein. Der Begriff *gult* ist amharischen Ursprungs und bedeutet »er wies ein Lehen zu«. Als Gegenleistung für die Zuteilung von Land musste der *gult*-Inhaber dem Kaiser in erster Linie militärische Dienste leisten. Dafür hatte er das Recht, von denen, die sein Land bestellten, Abgaben zu fordern. Etliche historische Quellen belegen, dass *gult*-Inhaber die Hälfte bis drei Viertel der bäuerlichen Produktion für sich beanspruchten. Dieses System entwickelte sich eigenständig, wies aber bemerkenswerte Ähnlichkeiten mit dem eu-

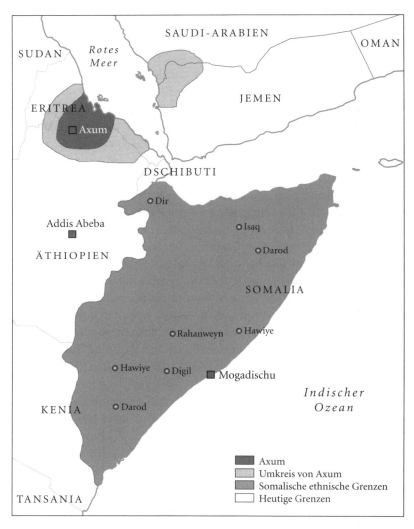

Karte 12: Das Reich Axum und die somalischen Clanfamilien

ropäischen Feudalismus auf und war wahrscheinlich noch extraktiver. In England mussten die Leibeigenen auf dem Höhepunkt des Feudalismus weniger, nämlich etwa die Hälfte ihrer Erzeugnisse, an die Grundherren abführen. Aber Äthiopien war nicht charakteristisch für Afrika. Anderswo wurde die Sklaverei nicht durch die Leibeigenschaft abgelöst; vielmehr sollten die Sklaverei und die Institutionen, die sie aufrechterhielten, in Afrika noch viele Jahrhunderte fortbestehen. Selbst Äthiopien schlug schließlich einen ganz anderen Weg ein. Nach dem 7. Jahrhundert blieb es durch seine Lage in den Bergen Ostafrikas von den Vorgängen isoliert, die anschließend den institutionellen Pfad Europas beeinflussten, zum Beispiel der Entstehung unabhängiger Städte, der sich abzeichnenden Beschränkung der Macht von Monarchen und der Expansion des Atlantikhandels nach der Entdeckung Amerikas. Infolgedessen wurde die äthiopische Variante absolutistischer Institutionen kaum in Frage gestellt.

Der afrikanische Kontinent sollte später auf ganz andere Art mit Europa und Asien zusammenwirken. Ostafrika wurde zum Hauptlieferanten von Sklaven für die arabische Welt, während West- und Zentralafrika während der europäischen Expansion des Atlantikhandels Sklaven für die Weltwirtschaft lieferten. Die Tatsache, dass der Atlantikhandel für Westeuropa und Afrika zu stark voneinander abweichenden Pfaden führte, liefert ein weiteres Beispiel für die institutionelle Divergenz, die sich aus dem Zusammenwirken zwischen Umbruchphasen und bestehenden institutionellen Unterschieden ergibt. Während die Profite aus dem Sklavenhandel in England bewirkten, dass die Gegner des Absolutismus reicher wurden, trugen sie in Afrika zur Entstehung und Stärkung des Absolutismus bei.

Weiter weg von Europa konnten sich die Institutionen natürlich unabhängiger entwickeln und ihre eigenen Wege einschlagen. In Amerika beispielsweise, das um 15 000 v. Chr. durch das Abschmelzen des Eises zwischen Alaska und Russland von Europa abgeschnitten worden war, kam es zu ähnlichen institutionellen Neuerungen wie bei den Natufiern. Diese führten zu einem sesshaften Leben, zu Hierarchien und Ungleichheit – kurz, zu extraktiven Institutionen. Sie bildeten sich zuerst in Mexiko, im andischen Peru und in Bolivien heraus und leiteten mit dem Anbau von Mais zur amerikanischen Neolithischen Revolution über. In den dortigen Gegenden entstanden frühe Formen extraktiven Wachstums, wie am Beispiel der Maya-Stadtstaaten beschrieben. Aber ebenso wenig, wie sich die großen Durchbrüche zu inklusiven Institutionen und industriellem Wachstum in Europa dort ereigneten, wo die Römer den größten Einfluss hatten, entwickelten sich die inklusiven Institutionen in Amerika in den Gebieten der frühen Zivilisationen. Im Gegenteil, die dicht besiedelten Länder jener Zivilisationen wirkten, wie im ersten Kapitel dargestellt, auf geradezu widersinnige Art mit dem europäischen Kolonialismus zusammen und erzeugten eine »Schicksalswende«, so dass die relativ wohlhabenden Gegenden auf dem Doppelkontinent relativ arm wurden. Heute sind die Vereinigten Staaten und Kanada, die damals weit hinter den komplexen Zivilisationen Mexikos, Perus und Boliviens zurücklagen, viel reicher als die übrigen amerikanischen Länder.

Konsequenzen des frühen Wachstums

Der lange Zeitraum zwischen der Neolithischen Revolution, die im Jahr 9500 v. Chr. begann, und der britischen Industriellen Revolution des späten 18. Jahrhunderts ist voll von Schüben wirtschaftlichen Wachstums. Sie wurden durch institutionelle Neuerungen ausgelöst, die letztlich scheiterten. Im alten Rom zerbröckelten die Institutionen der Republik, die eine gewisse wirtschaftliche Vitalität geschaffen und die Entstehung eines riesigen Reiches ermöglicht hatten, nach dem Staatsstreich Julius Caesars und dem Ausbau des Reiches unter Augustus. Es dauerte Jahrhunderte, bis das Römische Reich endlich unterging, aber nachdem die relativ inklusiven republikanischen Institutionen von den extraktiveren des Reiches abgelöst worden waren, schien der wirtschaftliche Verfall unvermeidlich.

Die venezianische Dynamik hatte ähnliche Züge. Der wirtschaftliche Wohlstand Venedigs entstand unter Institutionen mit wichtigen inklusiven Komponenten. Diese fielen jedoch der herrschenden Elite zum Opfer, die das System für Neuankömmlinge unzugänglich machte und sogar die für den Reichtum der Republik verantwortlichen Wirtschaftsinstitutionen abschaffte.

Wie beachtlich die Geschichte Roms auch gewesen sein mochte – es war nicht das römische Vermächtnis, das direkt zum Aufstieg inklusiver Institutionen in England und zur britischen Industriellen Revolution führte. Historische Faktoren wirken sich auf die Entfaltung von Institutionen aus, aber das ist kein einfacher, vorherbestimmter, kumulativer Vorgang. Rom und Venedig zeigen, dass sich frühe Schritte zur Inklusivität umkehren können. Die wirtschaftlichen und institutionellen Verhältnisse, die Rom in ganz Europa und im Nahen Osten schuf, sorgten nicht für einen automatischen Übergang zu den stärker verwurzelten inklusiven Institutionen späterer Jahrhunderte. Diese sollten sich vielmehr zuerst und am nachdrücklichsten in England herausbilden, wo der römische Einfluss am schwächsten war und im 5. Jahrhundert fast spurlos versiegte. Entscheidend für die institutionelle Entwicklung sind, wie wir im vierten Kapitel erläutert haben, die – manchmal geringfügigen – institutionellen Unterschiede, die sich im Lauf der Geschichte herausbilden und in Umbruchphasen wachsen. Gerade weil diese Unterschiede häufig gering sind, können sie ihre Entwicklungsrichtung leicht umkehren und sind nicht notwendig das Ergebnis eines schlichten kumulativen Vorgangs.

Natürlich hatte die römische Herrschaft langfristige Folgen für Europa. Das römische Recht und die römischen Institutionen wirkten sich auf die Königreiche aus, welche die Barbaren nach dem Ende des Weströmischen Reiches errichteten. Durch den Zusammenbruch entstand die dezentralisierte politische Landschaft, aus der die Feudalordnung hervorging. Das Verschwinden der Sklaverei und das Aufkommen unabhängiger Städte waren langwierige (und historisch unberechenbare) Nebenprodukte dieses Prozesses. Sie sollten besonders wichtig werden, als der Schwarze Tod die Feudalgesellschaft zutiefst erschütterte. Aus der Asche des Schwarzen Todes erhoben sich in England stärkere Orte und Städte sowie ein Bauerntum, das sich nicht mehr in seiner Bewegungsfreiheit einschränken ließ und sich zunehmend von den feudalen Verpflichtungen befreite. Ebendiese Umbruchphasen, die durch den Fall des Römischen Reiches ausgelöst wurden, verursachten die institutionellen Veränderungen, die ganz Europa beeinflussten. Dazu gibt es keine Parallele im subsaharischen Afrika, in Asien oder Amerika.

Im 16. Jahrhundert unterschied sich Europa institutionell sehr deutlich von Nord- und Südamerika. Obwohl es nicht viel reicher war als die bedeutendsten asiatischen Kulturen in Indien oder China, hob es sich von ihnen auf entscheidende Art ab, etwa durch Einrichtung repräsentativer Institutionen. Sie sollten eine maßgebliche Rolle für die Entwicklung inklusiver Institutionen spielen. Wie wir in den beiden folgenden Kapiteln aufzeigen werden, sollte es innerhalb Europas in erster Linie auf kleine institutionelle Unterschiede ankommen, wodurch England begünstigt wurde, denn dort war die Feudalordnung am radikalsten von kommerziell denkenden Bauern und unabhängigen städtischen Zentren mit erfolgreichen Kaufleuten und Industriellen verdrängt worden. Diese Gruppen verlangten bereits verlässlichere Eigentumsrechte, neue Wirtschaftsinstitutionen und ein politisches Mitspracherecht von ihren Monarchen. Der so eingeleitete Prozess sollte sich im 17. Jahrhundert zuspitzen.

7.
DIE WENDE

Probleme mit Strümpfen

Im Jahr 1583 kehrte William Lee von seinem Studium an der Universität Cambridge zurück, um Ortspfarrer in Calverton zu werden. Elisabeth I. (1558–1603) hatte kurz zuvor einen Erlass herausgegeben, dass jeder ihrer Untertanen stets eine gestrickte Kopfbedeckung zu tragen habe. Lee notierte, dass »Stricker und Strickerinnen die Einzigen waren, die solche Kleidungsstücke produzieren konnten, doch es dauerte so lange, den Gegenstand fertigzustellen. Ich dachte nach und beobachtete meine Mutter und meine Schwestern, wie sie in der Abenddämmerung dasaßen und mit ihren Nadeln hantierten. Wenn Kleidungsstücke mit zwei Nadeln und einem Faden gemacht wurden, konnten dann nicht auch mehrere Nadeln den Faden verarbeiten?«

Diese folgenschwere Überlegung führte zur Mechanisierung der Textilproduktion. Lee wurde besessen von der Vorstellung, eine Maschine zu erfinden, welche die Menschen von der endlosen Handstrickerei befreite. Er erinnerte sich: »Ich vernachlässigte meine Pflichten der Kirche und der Familie gegenüber. Der Gedanke an meine Maschine und ihre Anfertigung fraß sich in mein Herz und mein Gehirn.«

Im Jahr 1589 war seine Strickmaschine, der »Strumpfrahmen«, mit dem man auch Mützen herstellen konnte, schließlich fertig. Aufgeregt reiste er nach London und ersuchte um eine Audienz bei Elisabeth I., um ihr zu zeigen, wie nützlich die Maschine war. Außerdem wollte er sie um ein Patent bitten, damit andere das Original nicht kopieren konnten. Er mietete ein Gebäude, wo er die Maschine aufstellte, und ließ sich von seinem örtlichen Parlamentsabgeordneten Richard Parkyns bei Henry Carey, Lord Hunsdon, einem Mitglied des Staatsrats, einführen. Carey bewog Königin Elisabeth, sich die Maschine anzusehen, doch ihre Reaktion war vernichtend. Sie weigerte sich, Lee ein Patent zu gewähren, und erklärte: »Ihr habt Euch ein hohes Ziel gesteckt, Meister Lee. Bedenkt, was die Erfindung meinen armen Untertanen antun würde. Sie würde sie ganz gewiss in den Ruin treiben, ihrer Beschäftigung berauben und zu Bettlern machen.«

Niedergeschmettert zog Lee nach Frankreich, um dort sein Glück zu versuchen. Als er wiederum gescheitert war, kehrte er nach England zurück und bat Jakob I. (1603–1625), Elisabeths Nachfolger, um ein Patent. Jakob I. wies ihn aus den gleichen Gründen wie Elisabeth ab. Beide fürchteten, dass die Mechanisierung der Herstellung von Strickwaren destabilisierende politische Folgen haben werde. Sie könne Arbeitslosigkeit hervorrufen und damit die königliche Macht bedrohen. Der Strumpfrahmen war eine Innovation, die einen gewaltigen Produktivitätsanstieg verhieß, doch auch schöpferische Zerstörung mit sich bringen würde.

Die Reaktion auf Lees brillante Erfindung kann als Illustration für eine Schlüsselthese dieses Buches dienen. Die Furcht vor schöpferischer Zerstörung ist der Hauptgrund dafür, dass es zwischen der Neolithischen und der Industriellen Revolution keine nachhaltige Verbesserung der Lebensstandards gab. Technische Innovationen verschaffen menschlichen Gesellschaften Wohlstand, aber sie bewirken auch, dass Altes durch Neues ersetzt wird und dass die wirtschaftlichen Privilegien und die politische Macht gewisser Personen dahinschwinden. Für ein nachhaltiges Wirtschaftswachstum benötigen wir neue Verfahrensweisen, und zumeist werden sie von Außenstehenden wie Lee geschaffen. Durch sie mag die Gesellschaft als Ganzes zu Wohlstand gelangen, doch der Prozess der schöpferischen Zerstörung bedroht diejenigen, welche ihren Lebensunterhalt bisher mit den alten Verfahren verdient haben, etwa die Handstricker, die durch Lees Erfindung arbeitslos geworden wären.

Noch ausschlaggebender ist jedoch, dass bedeutende Innovationen

wie Lees Strickmaschine auch die politischen Machthaber bedrohen können. Letztlich war es nicht die Sorge um das Schicksal ihrer
möglicherweise arbeitslos werdenden Untertanen, die Elisabeth I.
und Jakob I. veranlasste, Lee ein Patent zu verweigern, sondern ihre
Furcht, Machtverluste hinnehmen zu müssen, denn die Leidtragen-
den der Innovation konnten politische Instabilität auslösen und die
Position des Monarchen gefährden. Wie wir am Beispiel der Ludditen
gezeigt haben, ist es oft möglich, den Widerstand von Arbeitern, wie
in diesem Fall den der Handstricker, zu brechen. Aber die Elite, besonders wenn sie ihre politische Macht bedroht sieht, bildet ein stär-
keres Hindernis für Innovationen. Die Tatsache, dass sie viel durch
schöpferische Zerstörung zu verlieren hat, bedeutet nicht nur, dass
sie keine Neuerungen einführen, sondern auch, dass sie ihnen aktiv
Widerstand leisten wird. Folglich braucht die Gesellschaft zur Einführung der radikalsten Innovationen Außenstehende, und diese sowie
die von ihnen ausgelöste schöpferische Zerstörung müssen häufig die
Resistenz von mehreren Seiten, auch die von mächtigen Herrschern
und Eliten, überwinden.

Vor den Entwicklungen im England des 17. Jahrhunderts waren extraktive Institutionen während der gesamten Menschheitsgeschichte
die Norm. Zuweilen waren sie fähig, Wirtschaftswachstum zu erzeugen, besonders wenn sie inklusive Elemente enthielten, wie dies in
Venedig und Rom der Fall war. Aber sie ließen keine schöpferische
Zerstörung zu. Das von ihnen ermöglichte Wachstum war nicht nachhaltig und endete nach einer gewissen Zeit wieder, weil es an Innovationen fehlte und weil der Wunsch konkurrierender Gruppen, selbst
von der Extraktion zu profitieren, zu internen politischen Kämpfen
führte oder weil die aufkeimenden inklusiven Elemente, wie in Venedig, erstickt wurden.

Die Lebenserwartung eines Natufiers in dem Dorf Abu Hureyra unterschied sich wahrscheinlich kaum von der eines Bürgers im
alten Rom. Und die Lebenserwartung eines typischen Römers war
etwa die gleiche wie die eines durchschnittlichen Engländers im
17. Jahrhundert. Was die Einkommen betraf, so gab der römische
Kaiser Diokletian im Jahr 301 n. Chr. ein Edikt heraus, in dem die

Löhne für verschiedene Gruppen von Arbeitern festgelegt wurden. Wir wissen nicht genau, in welchem Maße sich Diokletians Löhne durchsetzen ließen, aber als der Wirtschaftshistoriker Robert Allen auf der Basis des Edikts den Lebensstandard eines typischen damaligen Hilfsarbeiters berechnete, stimmte er fast exakt mit dem seines Pendants im Italien des 17. Jahrhunderts überein. Weiter nördlich, in England, waren die Löhne höher, und die Dinge änderten sich. Wie es dazu kam, ist das Thema dieses Kapitels.

Ständiger politischer Konflikt

Konflikte um Institutionen und die Verteilung von Ressourcen sind in der Geschichte allgegenwärtig. Zum Beispiel haben wir untersucht, wie politische Konflikte die Evolution des alten Rom und Venedigs beeinflussten. Dort wurden sie letztlich zugunsten der Eliten beigelegt, die ihre Macht vergrößern konnten.

Die englische Geschichte ist ebenfalls voll von Konflikten zwischen der Monarchie und ihren Untertanen, zwischen Fraktionen, die um die Macht kämpften, sowie zwischen Eliten und Bürgern. Allerdings gingen die Machthaber nicht immer gestärkt aus den Auseinandersetzungen hervor. Im Jahr 1215 boten die Barone, die Eliteschicht unterhalb des Monarchen, König Johann die Stirn und zwangen ihn, die Magna Carta zu unterzeichnen. Durch das Dokument wurden einige Grundprinzipien gesichert, die wichtige Herausforderungen an die Autorität des Königs darstellten. Vor allem wurde darin festgelegt, dass der König die Barone in Fragen der Steuererhöhung konsultieren musste. Am strittigsten war Artikel 61, in dem es hieß, »dass sie 25 Barone des Königreichs wählen sollen, welche mit all ihrer Macht dafür Sorge tragen sollen, den Frieden und die Freiheiten, welche wir ihnen zugestanden und durch diesen unseren Freibrief bestätigt haben, zu bewahren und beobachten zu lassen«. In erster Linie hatten die Barone dadurch einen Rat geschaffen, der darauf achtete, dass der König die Prinzipien der Carta umsetzte. Wenn er es nicht tat, hatten die fünfundzwanzig Barone das Recht, die »Burgen, Ländereien und Besitzungen« des Monarchen zu beschlagnahmen, »bis das Unrecht entsprechend ihrem Urteil abgestellt ist«. König Johann gefiel die Magna Carta natürlich nicht, und sobald die Barone abgereist waren, ließ er sie vom Papst annullieren. Aber sowohl die politische Macht der Barone als auch der Einfluss der Magna Carta blieben bestehen. England hatte den ersten zögerlichen Schritt zum Pluralismus getan.

Die Konflikte um politische Institutionen setzten sich fort, und die Macht der Monarchie wurde 1265 durch das erste gewählte Parlament weiter eingeengt. Anders als in der Plebejerversammlung in Rom oder in den heutigen gewählten Legislativen waren seine Mitglieder ursprünglich adlige Grundherren. Auch später bestand das Parlament aus Rittern und den reichsten Aristokraten der Nation. Trotzdem entwickelte es zwei wesentliche Merkmale: Erstens repräsentierte es nicht nur die eng mit dem König verbündete Oberschicht, sondern auch ein breites Spektrum an Interessengruppen, darunter den Kleinadel, der in Handel und Industrie tätig war, sowie später die »Gentry«, eine neue Schicht sozial aufstrebender Bauern. Mithin stärkte das Parlament eine recht breite Gesellschaftsschicht, jedenfalls nach den Maßstäben der damaligen Zeit. Zweitens – und hauptsächlich infolge dieser Tatsache – widersetzten sich viele Parlamentsmitglieder unablässig den Versuchen der Monarchie, ihre Macht zu vergrößern. Sie sollten zu einer Stütze für diejenigen werden, die im Englischen Bürgerkrieg und dann in der Glorreichen Revolution gegen das Königtum kämpften.

Trotz der Magna Carta und des ersten gewählten Parlaments ging der politische Konflikt um die Macht der Monarchie und die Thronfolge weiter. Diese innerelitäre Auseinandersetzung endete im Rosenkrieg, einem langen Zweikampf zwischen den Häusern Lancaster und York, die beide über Thronanwärter verfügten. Es siegte das Haus Lancaster, dessen Vertreter Henry Tudor 1485 als Heinrich VII. gekrönt wurde.

Außerdem liefen zwei andere miteinander verbundene Prozesse ab. Der erste war die um sich greifende politische Zentralisierung, welche die Tudors in Gang setzten. Nach 1485 entwaffnete Heinrich VII. die

Aristokratie, die ihren militärischen Charakter verlor, und vergrößerte damit die Macht des Zentralstaats massiv. Sein Sohn, Heinrich VIII., leitete durch seinen wichtigsten Vertrauten, Thomas Cromwell, eine Evolution im Regierungswesen ein. In den 1530er Jahren legte Cromwell die Grundlagen für einen bürokratischen Staat. Die Regierung war fortan nicht mehr nur der Privathaushalt des Königs, sondern setzte sich aus einer Reihe separater, dauerhafter Institutionen zusammen. Hinzu kamen der Bruch Heinrichs VIII. mit der katholischen Kirche und die Auflösung der Klöster, in deren Folge er den gesamten Kirchenbesitz beschlagnahmte. Die Tatsache, dass die Macht der Kirche gebrochen wurde, trug zur Zentralisierung des Staates bei. Zum ersten Mal bestand die Möglichkeit zur Schaffung inklusiver politischer Institutionen.

Der von Heinrich VII. und Heinrich VIII. eingeleitete Prozess hatte nicht nur zur Folge, dass die staatlichen Institutionen zentralisiert wurden, sondern er verstärkte auch die Forderung nach einer breiteren politischen Repräsentation. Die politische Zentralisierung kann zu einer Form des Absolutismus führen, da sie den König und seine Anhänger in die Lage versetzt, andere mächtige Gruppen der Gesellschaft auszuschalten. Dies ist einer der Gründe dafür, dass stets eine Opposition gegen die staatliche Zentralisierung aufkommt, wie wir im dritten Kapitel dargelegt haben. Andererseits kann die Zentralisierung staatlicher Institutionen auch das Verlangen nach einer frühen Form des Pluralismus verstärken, was im England der Tudors der Fall war. Wenn die Barone und die lokalen Eliten erkennen, dass sich die politische Macht zunehmend und unaufhaltsam zentralisiert, fordern sie ein größeres Mitspracherecht bei der Ausübung der Macht. Im England des späten 15. und des 16. Jahrhunderts unternahmen diese Gruppen größere Anstrengungen, um das Parlament zu einem Gegengewicht zur Monarchie zu machen und um die Funktionen des Staates teilweise zu kontrollieren. So wurde durch das Tudor-Projekt nicht nur die eine Säule inklusiver Institutionen, die politische Zentralisierung, sondern indirekt auch deren andere Säule, der Pluralismus, aufgebaut.

Diese Entwicklungen spielten sich im Rahmen anderer wichtiger gesellschaftlicher Veränderungen ab. Besonders gravierend war die Ausweitung des politischen Konflikts auf eine Reihe von Gruppen, die imstande waren, Forderungen an die Monarchie und die politischen Eliten zu stellen. Der Bauernaufstand von 1381 hatte dabei eine entscheidende Bedeutung, denn fortan wurde die englische Elite durch eine lange Serie von Volkserhebungen erschüttert. Die politische Macht verteilte sich nicht nur vom König auf die Lords, sondern auch von der Elite auf das Volk um. Dieser Wandel sowie die zunehmenden Einschränkungen der Macht des Königs ermöglichten die Herausbildung einer breiten Opposition gegen den Absolutismus und bereiteten damit den Boden für pluralistische politische Institutionen.

Die umkämpften politischen und wirtschaftlichen Institutionen, welche die Tudors ererbt hatten und aufrechterhielten, waren eindeutig extraktiv. Im Jahr 1603 starb Elisabeth I., die als Tochter Heinrichs VIII. den englischen Thron 1558 bestiegen hatte, kinderlos, und die Tudors wurden von der Dynastie der Stuarts abgelöst. Jakob I., der erste Stuart-König, übernahm nicht nur die Institutionen, sondern auch die mit ihnen verbundenen Konflikte. Er verstand sich als absolutistischen Herrscher. Obwohl der Staat nun stärker zentralisiert war und der soziale Wandel eine Umverteilung der Macht nach sich zog, waren die politischen Institutionen noch nicht pluralistisch. In der Wirtschaft machten sich die extraktiven Institutionen nicht nur durch die Ablehnung von Lees Erfindung bemerkbar, sondern auch in Form von Monopolen, Monopolen und noch mehr Monopolen. Im Jahr 1601 wurde ein entsprechendes Verzeichnis im Parlament verlesen, worauf ein Abgeordneter ironisch fragte: »Gehört Brot nicht auch dazu?« Um 1621 gab es siebenhundert Monopole. Wie der englische Historiker Christopher Hill es ausdrückte, wohnte ein Bürger

in einem mit Monopol-Ziegeln gebauten Haus mit Fenstern ... aus Monopol-Glas; beheizt mit Monopol-Kohle (in Irland mit Monopol-Holz), die in einem Ofen aus Monopol-Eisen brennt ... Er wusch sich mit Monopol-Seife und tauchte seine Kleidung in Monopol-Stärke. Er trug Monopol-Spitzen, Monopol-Leinen, Monopol-Leder, Monopol-Goldfäden ... Seine Kleidung wurde von Monopol-

Gürteln, Monopol-Knöpfen und Monopol-Stecknadeln gehalten. Man färbte sie mit Monopol-Farbstoffen. Er aß Monopol-Butter, Monopol-Johannisbeeren, Monopol-Heringe, Monopol-Lachs und Monopol-Hummer. Sein Essen wurde mit Monopol-Salz, Monopol-Pfeffer, Monopol-Essig gewürzt … Er schrieb mit Monopol-Federn auf Monopol-Papier und las (mit einer Monopol-Brille im Licht von Monopol-Kerzen) Monopol-Druckwerke.

Diese und viele andere Monopole verschafften Einzelnen oder Gruppen das ausschließliche Recht, die Erzeugung etlicher Waren zu kontrollieren. Sie behinderten die Nutzung von Talenten, die so wichtig für den wirtschaftlichen Wohlstand ist.

Sowohl Jakob I. als auch sein Sohn und Nachfolger Karl I. strebten danach, die Monarchie zu stärken, den Einfluss des Parlaments zu verringern und absolutistische Institutionen wie in Spanien und Frankreich aufzubauen, um die wirtschaftliche Kontrolle durch das Königtum und die Elite zu straffen und die Institutionen extraktiver werden zu lassen. Der Konflikt zwischen Jakob I. und dem Parlament verschärfte sich in den 1620er Jahren. Im Mittelpunkt der Auseinandersetzungen stand die Kontrolle über den Handel sowohl in Übersee als auch auf den Britischen Inseln. Die Gewährung von Monopolen durch die Krone war eine wichtige Einnahmequelle für den Staat, und häufig wurden die Exklusivrechte an Anhänger des Königs vergeben. Wie nicht überraschen wird, war eine solche extraktive Institution, die den Zugang zum Markt blockierte und seine Funktionsweise beeinträchtigte, überaus schädlich für die Wirtschaftstätigkeit und die Interessen vieler Parlamentsmitglieder. Im Jahr 1623 errang das Parlament dann einen glänzenden Sieg durch die Verabschiedung des »Statute of Monopolies«, das Jakob I. daran hinderte, neue inländische Monopolrechte zu gewähren. Allerdings konnte er immer noch Monopole für den internationalen Handel erteilen, da sich die Autorität des Parlaments nicht auf auswärtige Angelegenheiten erstreckte, und die bereits bestehenden Monopole jeglicher Art blieben unberührt.

Das Parlament tagte zudem nicht regelmäßig, und seine Sitzungen mussten vom König einberufen werden. Nach 1629 weigerte sich

Karl I., der den Thron im Jahr 1625 bestiegen hatte, das Parlament einzuberufen, und intensivierte die Bemühungen seines Vorgängers, ein verstärkt absolutistisches Regime aufzubauen. Er führte Zwangskredite ein, was bedeutete, dass andere ihm Geld »leihen« mussten. Dann änderte er die Kreditbedingungen einseitig und zahlte seine Schulden nicht zurück. Daneben verkaufte er Monopole in dem Bereich, den das Statute of Monopolies ihm gelassen hatte: im Außenhandel. Dazu untergrub er die Unabhängigkeit der Rechtsprechung und versuchte, die Ergebnisse von Gerichtsverhandlungen zu beeinflussen. Er erhob zahlreiche Steuern und Gebühren, unter denen das »Schiffsgeld« die umstrittenste Abgabe war. Mit ihr besteuerte er die Küstengrafschaften ab 1634 zur Finanzierung der Royal Navy und dehnte die Abgabe 1635 auf die inländischen Grafschaften aus. Das Schiffsgeld wurde bis 1640 alljährlich eingefordert.

Karls zunehmend absolutistisches Verhalten und seine extraktiven Aktionen riefen überall im Staat Groll und Widerstand hervor. Im Jahr 1640 musste er einen Konflikt mit Schottland ausfechten, und da er nicht genug Geld zur Aufstellung eines gut ausgerüsteten Heeres besaß, war er gezwungen, das Parlament einzuberufen und um höhere Steuern zu bitten. Das sogenannte Kurze Parlament tagte nur drei Wochen. Die Parlamentarier, die nach London kamen, weigerten sich, über die Steuern zu sprechen, und prangerten stattdessen viele Missstände an, bis Karl sie entließ. Die Schotten merkten dadurch, dass Karl nicht von der Nation unterstützt wurde, und marschierten in England ein, wo sie die Stadt Newcastle besetzten. Karl eröffnete Verhandlungen mit ihnen, und die Schotten forderten die Einschaltung des Parlaments. Daraufhin berief Karl das »Lange Parlament« ein, das seinen Namen der Tatsache verdankte, dass es bis 1648 tagte und sich nicht einmal auflöste, als Karl die Anordnung dazu gab.

Im Jahr 1642 brach ein Bürgerkrieg zwischen Karl und dem Parlament aus, obwohl viele Abgeordnete Partei für die Krone ergriffen. Das Konfliktmuster ähnelte dem des Kampfes um wirtschaftliche und politische Institutionen. Das Parlament wollte den absolutistischen politischen Institutionen ein Ende setzen, während der König sie zu stärken wünschte. Dabei ging es vor allem um wirtschaftliche

Fragen. Viele der privilegierten Bürger setzten sich für die Krone ein, weil sie ihnen einträgliche Monopole erteilt hatte. Zum Beispiel wurden die lokalen Monopole der reichen und mächtigen Kaufleute von Shrewsbury und Oswestry, die hinter Karl I. standen, durch die Monarchie vor dem Wettbewerb mit Londoner Händlern geschützt. Andererseits florierte die Metallindustrie um Birmingham, weil die Monopole dort schwach waren und Neuankömmlinge nicht, wie in anderen Teilen des Landes, eine siebenjährige Lehrzeit zu absolvieren brauchten. Während des Bürgerkriegs schmiedete man dort Schwerter und stellte Freiwillige für die parlamentarische Seite zur Verfügung. Auf ähnliche Art gestattete das Fehlen von Zunftvorschriften in Lancashire, dass dort die »New Draperies« – neue, leichtere Stoffarten – entwickelt wurden. Die Gegend, in der sich die Fertigung dieser Stoffe konzentrierte, war der einzige Teil von Lancashire, der das Parlament unterstützte.

Unter der Führung von Oliver Cromwell besiegten die Parlamentarier – nach ihrer Frisur Roundheads genannt – die Monarchisten. Karl wurde der Prozess gemacht, und 1649 richtete man ihn hin. Die Niederlage des Königs und die Abschaffung der Monarchie führten jedoch nicht zu inklusiven Institutionen. Vielmehr wurde die Monarchie durch Oliver Cromwells Diktatur abgelöst. Nach seinem Tod stellte man die Monarchie im Jahr 1660 wieder her, und sie erkämpfte sich erneut viele der Privilegien, die sie 1649 eingebüßt hatte.

Karls Sohn Karl II. setzte das gleiche Programm zur Festigung des Absolutismus in England fort wie sein Vater. Diese Bestrebungen intensivierte sein Bruder Jakob II., der den Thron nach Karls Tod im Jahr 1685 bestieg. 1688 führte Jakobs Politik zu einer neuen Krise und einem weiteren Bürgerkrieg. Diesmal zeigte sich das Parlament geeinter und besser organisiert. Es bat den niederländischen Statthalter Wilhelm von Oranien und seine Frau Maria (Jakobs protestantische Tochter), Jakob zu ersetzen. Wilhelm kam mit einer Armee und erhob Anspruch auf den Thron, wobei er erklärte, nicht als absolutistischer, sondern als konstitutioneller Monarch herrschen zu wollen. Zwei Monate nach Wilhelms Landung auf den Britischen Inseln bei Brixham in Devon löste sich Jakobs Armee auf, und er floh nach Frankreich.

Die Glorreiche Revolution

Nach dem Sieg in der Glorreichen Revolution handelten das Parlament und Wilhelm eine neue Verfassung aus. Die Veränderungen kündigten sich bereits in Wilhelms Erklärung an, die er kurz vor seiner Invasion abgegeben hatte. Außerdem waren sie in der Deklaration der Rechte niedergelegt, die das Parlament im Februar 1689 verabschiedete. Sie wurde in derselben Sitzung verlesen, in der man Wilhelm die Krone anbot.

In mancher Hinsicht war die Deklaration, die, nachdem sie Gesetzeskraft erlangt hatte, Bill of Rights genannt wurde, recht vage. Andererseits schrieb sie einige wichtige Verfassungsprinzipien fest. Zum Beispiel bestimmte sie die Thronfolge, und das auf eine Art, die erheblich von den damals üblichen Erbansprüchen abwich. Wenn das Parlament einen Monarchen einmal hatte beseitigen und durch einen ihm genehmeren hatte ersetzen können, warum dann nicht auch in Zukunft? In der Bill of Rights wurde außerdem festgelegt, dass der Monarch Gesetze nicht außer Kraft setzen oder abschaffen konnte, dass Steuern ohne parlamentarische Zustimmung illegal waren und dass es in England kein stehendes Heer ohne parlamentarische Einwilligung geben durfte.

Weniger klar war Artikel 8, in dem es hieß, dass »die Wahl der Parlamentsmitglieder frei sein« solle, ohne zu spezifizieren, was der Begriff »frei« zu bedeuten hatte. Noch vager war Artikel 13, der besagte, dass Parlamentssitzungen »des öfteren« abzuhalten seien. Da die Frage, ob und wann Parlamentssitzungen stattfinden sollten, das ganze Jahrhundert hindurch umstritten gewesen war, hätte man hier viel mehr Präzision erwarten können. Andererseits liegt der Grund für die vagen Formulierungen auf der Hand: Solche Klauseln müssen durchgesetzt werden. Während der Herrschaft Karls II. hatte es ein Gesetz gegeben, in dem kein Zweifel daran gelassen wurde, dass das Parlament mindestens einmal alle drei Jahre einberufen werden müsse. Aber Karl hatte es ungestraft ignoriert, weil kein Mittel zu seiner Vollstreckung existierte.

Nach 1688 hätte das Parlament versuchen können, ein derartiges Mittel einzuführen, wie die Barone es nach der Unterzeichnung der Magna Carta durch König Johann getan hatten. Darauf verzichtete es, weil dies nicht mehr nötig war, denn nach 1688 gingen die Autorität und die Entscheidungsgewalt des Staates auf das Parlament über. Sogar ohne spezifische Verfassungsregeln oder Gesetze gab Wilhelm viele Praktiken früherer Könige schlicht auf. Er mischte sich nicht in juristische Entscheidungen ein und verzichtete auf das einstige »Recht«, lebenslang sämtliche Zolleinnahmen zu beziehen.

Insgesamt repräsentierten diese Änderungen der politischen Institutionen den Triumph des Parlaments über den König und damit das Ende des Absolutismus in England und später in Großbritannien, als England und Schottland im Jahr 1707 durch den Act of Union vereinigt wurden. Fortan hatte das Parlament die staatliche Politik fest im Griff. Dies war äußerst wichtig, da sich die Interessen des Parlaments stark von denen der Stuart-Könige unterschieden. Viele Parlamentsmitglieder hatten erhebliche Summen in Industrie und Handel investiert und legten deshalb großen Wert auf die Durchsetzung der Eigentumsrechte. Die Stuarts hatten diese Rechte häufig gebrochen; nun würden sie eingehalten werden. Außerdem hatte das Parlament höhere Steuern abgelehnt und sich gegen die Stärkung der Macht des Staates gesträubt, als die Stuarts die Regierungsausgaben kontrollierten. Nun, da das Parlament selbst für die Ausgaben zuständig war, hatte es keine Einwände gegen Steuererhöhungen und verwendete das Geld für Projekte, die ihm lohnend erschienen. An erster Stelle stand der Ausbau der Flotte, welche die überseeischen Geschäftsinteressen etlicher Parlamentsmitglieder schützen sollte.

Noch maßgeblicher als die Durchsetzung der Interessen der Parlamentarier war die Tatsache, dass die politischen Institutionen pluralistische Züge annahmen. Das englische Volk hatte nun Zugang zum Parlament sowie zu den Maßnahmen und Wirtschaftsinstitutionen, für die das Parlament die Verantwortung trug. Das war unter der Entscheidungsgewalt des Monarchen nicht der Fall gewesen und lag natürlich teilweise daran, dass die Abgeordneten gewählt wurden. Aber da England damals noch keineswegs eine Demokratie war, hielt sich die Beeinflussbarkeit der Parlamentsmitglieder in bescheidenen Grenzen.

Eine der vielen Ungerechtigkeiten bestand darin, dass im 18. Jahrhundert weniger als 2 Prozent der Bevölkerung an den Wahlen teilnehmen konnten und dass das Wahlrecht zudem auf Männer beschränkt war. Die Städte, in denen sich die Industrielle Revolution ereignete, nämlich Birmingham, Leeds, Manchester und Sheffield, besaßen keine unabhängige Vertretung im Parlament. Dafür waren ländliche Gegenden überrepräsentiert. Zudem war das Stimmrecht in den ländlichen Wahlbezirken, den »Counties«, an das Grundeigentum gebunden, und in vielen städtischen Bezirken, den »Boroughs«, war eine kleine Oberschicht am Ruder, die den neuen Industriellen nicht gestattete, zu wählen oder für das Parlament zu kandidieren. In dem Borough Buckingham zum Beispiel besaßen nur dreizehn Bürger das Stimmrecht. Daneben gab es die »Rotten Boroughs«, in denen man früher gewählt hatte, die jedoch »weggefault« waren. Das bedeutete, dass die Bevölkerung entweder mit der Zeit fortgezogen war oder auch, wie im Fall von Dunwich an der Ostküste Englands, dass sich der ganze Wahlkreis infolge von Erosion ins Meer verschoben hatte. In jedem der Rotten Boroughs konnten wenige Wähler zwei Abgeordnete ins Parlament schicken. Old Sarum hatte sieben, Dunwich zweiunddreißig Wähler, und beide verfügten über zwei Parlamentarier.

Aber man konnte auch auf andere Verfahren zurückgreifen, wenn man das Parlament und damit die Wirtschaftsinstitutionen beeinflussen wollte. Der wichtigste Weg war das Einreichen einer Petition. Dieses Mittel wirkte sich nach der Glorreichen Revolution viel stärker auf die Entstehung des Pluralismus aus, als die begrenzte Demokratie es vermochte. Jeder konnte eine Petition an das Parlament richten, und viele machten davon Gebrauch, zumal das Parlament ihnen zuhörte. Hier spiegelt sich die Niederlage des Absolutismus in erster Linie wider: in der Stärkung einer recht breiten Gesellschaftsschicht und in der Ausweitung des Pluralismus in England nach 1688. Die hektische Petitionstätigkeit war ein Ausdruck dessen, dass es sich bei den Bittstellern in der Tat um eine breite soziale Gruppe handelte, die weit mehr umfasste als diejenigen, die im Parlament saßen oder von ihm repräsentiert wurden. Und sie nutzten ihre Macht, um auf die Handlungsweise des Staates einzuwirken.

Am besten veranschaulicht dies der Fall der Monopole. Sie bildeten, wie beschrieben, den Kern der extraktiven Wirtschaftsinstitutionen im 17. Jahrhundert. 1623 wurden sie durch das Statute of Monopolies ins Visier genommen, und im Englischen Bürgerkrieg waren sie ein wichtiger Stein des Anstoßes. Das Lange Parlament schaffte all die inländischen Monopole ab, die das Leben der Menschen so sehr beeinträchtigten. Karl II. und Jakob II. konnten diese Maßnahme nicht mehr rückgängig machen, aber sie behielten das Recht, überseeische Monopole zu vergeben. Eines davon gestand Karl II. im Jahr 1660 der Royal African Company zu. Es betraf den lukrativen Handel mit afrikanischen Sklaven. Der Gouverneur und Hauptaktionär des Unternehmens war Karls Bruder James, der ihm kurz darauf als Jakob II. nachfolgte.

Nach 1688 verlor die Company nicht nur ihren Gouverneur, sondern auch ihren Beschützer, denn James hatte das Monopol emsig gegen »Eindringlinge«, nämlich unabhängige Sklavenhändler, verteidigt. Diese versuchten, Sklaven in Westafrika zu erwerben und in Amerika zu verkaufen. Das Geschäft war so profitabel, dass sich die Royal African Company zahlreicher Konkurrenten erwehren musste. Im Jahr 1689 beschlagnahmte sie die Fracht eines Rivalen namens Nightingale. Dieser erhob Klage, und Oberrichter Holt entschied, dass die Kaperung unrechtmäßig gewesen sei, weil das von dem Unternehmen beanspruchte Monopolrecht durch die Privilegien des Königs geschaffen worden sei, wohingegen Monopolprivilegien nur aufgrund von Gesetzen, also durch das Parlament, gewährt werden könnten. Damit legte er alle künftigen Monopole, nicht nur die der Royal African Company, in die Hände der Volksvertretung. Vor 1688 hätte Jakob II. jeden Richter, der ein solches Urteil fällte, sofort entlassen. Aber mittlerweile sahen die Dinge anders aus.

Das Parlament musste nun entscheiden, was mit dem Monopol geschehen sollte, und wurde von einer Flut von Petitionen überschüttet. Hundertfünfunddreißig kamen von Konkurrenten, die freien Zugang zum Atlantikhandel forderten. Die Royal African Company reichte ebenfalls Gesuche ein, doch sie vermochte nicht mit der Zahl und dem Ausmaß der Petitionen mitzuhalten, die ihren Untergang verlangten. Den Eindringlingen gelang es, ihre Kritik so zu verpacken, dass sie nicht nur ihre eigenen Belange betraf, sondern auch das Nationalinteresse einbezog, um das es ja auch in der Tat ging. Infolgedessen wurden nur 5 der 135 Petitionen direkt von ihnen selbst eingereicht; 73 der Gesuche um Aufhebung des Monopols stammten aus den Gegenden außerhalb Londons; ihnen standen nur 8 Petitionen gegenüber, die sich für das Recht der Company aussprachen. In den Kolonien, die ebenfalls Gesuche einreichen durften, initiierten die Eindringlinge 27 Petitionen; die Company musste sich mit 11 zufriedengeben. Außerdem erhielten die Konkurrenten viel mehr Unterschriften für ihre Petitionen, nämlich insgesamt 8000 gegenüber 2500 der Company. Das Ringen setzte sich bis 1698 fort, und dann wurde das Monopol der Royal African Company aufgehoben.

Abgesehen von dieser neuen Möglichkeit für die Gestaltung von Wirtschaftsinstitutionen und von der neuen Aufgeschlossenheit nach 1688 für die Wünsche der Bürger, nahmen Parlamentarier eine Reihe von wichtigen Veränderungen an den Institutionen und an der Regierungspolitik vor, die der Industriellen Revolution letztlich den Weg ebnen sollten. Die unter den Stuarts geschwächten Eigentumsrechte wurden wieder gestärkt. Das Parlament begann einen Reformprozess der Wirtschaftsinstitutionen einzuleiten, um die Fertigung zu fördern, statt sie zu besteuern und zu behindern. Die »Herdsteuer«, die alljährlich auf jeden Kamin oder Ofen erhoben wurde und die Gewerbetreibende am schwersten traf, wurde 1689, kurz nachdem Wilhelm und Maria den Thron bestiegen hatten, abgeschafft. Statt Herde zu besteuern, wollte sich das Parlament nun Grund und Boden zuwenden.

Die Neuverteilung der Steuerlast war nicht die einzige vom Parlament unterstützte Maßnahme, die das Gewerbe begünstigte. Man verabschiedete eine ganze Reihe von Gesetzen und Verordnungen, durch die der Markt für Wolltextilien expandieren konnte und profitabler wurde. All das war politisch einleuchtend, da viele der parlamentarischen Gegner Jakobs hohe Summen in diesen sich entwickelnden Industriebereich gesteckt hatten. Das Parlament erließ außerdem Gesetze, die eine vollständige Reorganisation der Grundeigentumsrechte ermöglichten, wodurch viele archaische Besitz- und Nutzungsrechte neu geregelt oder abgeschafft werden konnten.

Eine weitere Priorität für das Parlament war die Reform des Finanzwesens. Nachdem das Bank- und Finanzwesen in der Zeit vor der Glorreichen Revolution ausgebaut worden war, wurde dieser Prozess im Jahr 1694 mit der Gründung der Bank von England, die der Industrie als Kreditgeber dienen sollte, noch einmal verstärkt. Auch das war eine unmittelbare Folge der Glorreichen Revolution. Die Gründung der Bank von England ermöglichte eine umfassendere »Finanzrevolution«, die eine gewaltige Ausweitung der Finanzmärkte und des Bankwesens nach sich zog. Anfang des 18. Jahrhunderts durfte jeder Darlehen aufnehmen, der die erforderlichen Sicherheiten bieten konnte. Dies geht aus den Dokumenten einer relativ kleinen Bank, C. Hoare's & Co. in London, aus den Jahren 1702–1724 hervor. Die Bank verlieh zwar auch Geld an Aristokraten, doch ganze zwei Drittel der größten Darlehensnehmer jener Zeit gehörten nicht den privilegierten sozialen Schichten an. Vielmehr waren es Kauf- und Geschäftsleute, darunter ein gewisser John Smith – der typische Name eines durchschnittlichen Engländers –, dem die Bank zwischen 1715 und 1719 £ 2600 lieh.

Bisher haben wir geschildert, wie die Glorreiche Revolution dazu beitrug, dass die englischen politischen Institutionen pluralistischer wurden, und wie sie außerdem das Fundament für inklusive Wirtschaftsinstitutionen legte. Es gibt jedoch eine noch entscheidendere institutionelle Veränderung, die aus der Glorreichen Revolution hervorging: Das Parlament setzte die von den Tudors eingeleitete politische Zentralisierung fort. Es ging nicht nur um eine Verschärfung der Vorschriften oder um andere staatliche Regulierungen für die Wirtschaft oder um mehr Geld für neue Projekte, sondern vor allem darum, dass der Staat seine Kompetenzen in sämtlichen Bereichen ausweitete. Hier werden wieder die Verbindungen zwischen politischer Zentralisierung und Pluralismus deutlich. Vor 1688 hatte sich das Parlament geweigert, dem Staat mehr Zugriffsmöglichkeiten zu-

zugestehen und ihn mit mehr Mitteln auszustatten, weil es ihn nicht kontrollieren konnte. Nach 1688 sah das ganz anders aus. Der Staat erweiterte sich, und seine Ausgaben erreichten bald 10 Prozent des Volkseinkommens. Gleichzeitig vergrößerten sich die Steuereinnahmen, insbesondere durch die Verbrauchssteuer, die auf eine lange Liste in England hergestellter Güter erhoben wurde. Der damalige Staatshaushalt war sehr groß und überstieg den vieler heutiger Länder. Beispielsweise erreichte das Staatsbudget von Kolumbien diesen prozentualen Anteil erst in den 1980er Jahren, und in vielen Teilen des subsaharischen Afrika – etwa in Sierra Leone – wäre der Staatshaushalt im Verhältnis zur Größe der Wirtschaft auch heute erheblich kleiner, wenn man auf die beträchtlichen Zuflüsse an Entwicklungshilfe verzichten müsste.

Aber die Ausweitung des Staates war nur ein Teil des politischen Zentralisierungsprozesses. Wesentlicher waren der qualitative Wandel der staatlichen Funktionsweisen sowie die Verhaltensänderungen seiner Kontrollorgane und derjenigen, die für ihn arbeiteten. Der Aufbau staatlicher Institutionen reicht in England bis ins Mittelalter zurück, doch die Schritte zur politischen Zentralisierung und zur Entwicklung einer modernen Administration wurden erst von Heinrich VII. und Heinrich VIII. energisch verfolgt. Trotzdem war der Staat noch weit von seiner modernen Form entfernt, die er nach 1688 annehmen sollte. Beispielsweise wurden viele Amtsträger aus politischen Gründen, nicht wegen ihrer Verdienste oder Fähigkeiten, berufen, und die Möglichkeiten des Staates, Steuern zu erheben, waren noch sehr begrenzt.

Nach 1688 verbesserte das Parlament die Methoden, Gelder durch Steuern einzunehmen, was sich gut an der Verbrauchssteuerbürokratie aufzeigen lässt, deren Mitarbeiter zwischen 1690 und 1780 von 1211 auf 4800 anstiegen. Überall im Land gab es Verbrauchssteuereinnehmer, die von Inspektoren beaufsichtigt wurden. Diese reisten ständig umher, um die Mengen an Brot, Bier und anderen Waren zu überprüfen, die der Steuer unterlagen.

Der Umfang dieser Tätigkeiten ist an den Steuerreisen von Supervisor George Cowperthwaite abzulesen, die der Historiker John Bre-

wer nachvollzog. Zwischen dem 12. Juni und dem 5. Juli 1710 legte
Supervisor Cowperthwaite 460 Kilometer im Bezirk Richmond in
Yorkshire zurück. In jenem Zeitraum besuchte er 263 Lebensmittel-
händler, 71 Mälzer, 90 Kerzenmacher und einen Brauer. Insgesamt
nahm er 81 Messungen der Produktion vor und überprüfte die Arbeit von neun ihm unterstellten Steuereinnehmern. Acht Jahre später
war er nicht weniger emsig, doch mittlerweile im Bezirk Wakefield in
einem anderen Teil von Yorkshire. In Wakefield legte er im Durch-
schnitt 35 Kilometer täglich zurück und arbeitete sechs Tage in der
Woche, wobei er normalerweise vier oder fünf Betriebe inspizierte.
Sonntags – an seinem freien Tag – führte er seine Bücher, so dass uns
eine vollständige Übersicht über seine Aktivitäten vorliegt.

Die Buchführung für das Verbrauchssteuersystem war äußerst
kompliziert: Die Beamten machten drei verschiedene Arten von Aufzeichnungen, die miteinander übereinstimmen mussten, und jegliche Manipulation der Angaben galt als schweres Vergehen. Dieser
bemerkenswerte Grad staatlicher Überwachung übertrifft das, was die
Regierungen der meisten armen Länder heutzutage erreichen – und
hier geht es um 1710. Da sich der Staat nach 1688 bei der Vergabe
von Posten weniger von politischer Rücksichtnahme und mehr von
der fachlichen Qualifikation der Kandidaten leiten ließ, konnte er eine
leistungsfähige Infrastruktur zur Verwaltung des Landes aufbauen.

Die Industrielle Revolution

Die Industrielle Revolution erfasste alle Bereiche der englischen Wirtschaft. Es gab erhebliche Verbesserungen im Verkehrswesen, bei der
Metallgewinnung und durch die Dampfkraft. Der bedeutendste Inno-
vationsbereich war jedoch die Mechanisierung der Textilproduktion,
die mit dem Bau der erforderlichen Fabriken einherging. Dieser dynamische Prozess wurde durch die institutionellen Veränderungen, die
der Glorreichen Revolution zu verdanken waren, ausgelöst. Die Rede
ist nicht nur von der Abschaffung inländischer Monopole bis 1640

oder von der Veränderung der Besteuerung oder dem freien Zugang zu Krediten. Vielmehr ging es um eine fundamentale Umgestaltung der Wirtschaftsinstitutionen zugunsten von Erfindern und Unternehmern auf der Grundlage verlässlich gesicherter Eigentumsrechte.

Die bessere Absicherung von Eigentumsrechten spielte eine zentrale Rolle für die »Transportrevolution«, die der Industriellen Revolution den Weg ebnete. Nach 1688 erhöhten sich die Investitionen in Kanäle und Straßen massiv. Dadurch, dass die Transportkosten sanken, wurde eine wichtige Voraussetzung für die Industrielle Revolution geschaffen. Vor 1688 waren solche Investitionen durch die willkürlichen Eingriffe der Stuart-Könige gebremst worden.

Die Änderung der Lage nach 1688 lässt sich am Beispiel des Flusses Salwerpe in Worcestershire nachvollziehen. 1662 verabschiedete das Parlament ein Gesetz zur Förderung von Investitionen in die Schiffbarmachung der Salwerpe. Das veranlasste die Familie Baldwyn, 6000 Pfund zu investieren, wofür sie das Recht erhielt, Gebühren für das Befahren des Flusses zu erheben. 1693 wurde ein Gesetzesvorschlag im Parlament eingebracht, das Recht zur Gebührenerhebung auf den Earl of Shrewsbury sowie auf Lord Coventry zu übertragen. Daraufhin legte Sir Timothy Baldwyn dem Parlament unverzüglich eine Petition vor, in der er erklärte, dass der Gesetzesvorschlag im Wesentlichen dazu diene, seinen Vater zu enteignen, denn dieser habe in Erwartung der Gebühren bereits hohe Summen in die Arbeiten zur Schiffbarmachung des Flusses investiert. Baldwyn argumentierte, dass »das neue Gesetz geeignet ist, das alte außer Kraft zu setzen und all den bisher aufgebrachten Arbeits- und Materialaufwand zunichtezumachen«. Die Umverteilung von Rechten entsprach dem typischen Verhalten der Stuart-Monarchen. Baldwyn merkte an: »Es hat gefährliche Konsequenzen, einer Person im Einklang mit einem Parlamentsbeschluss erworbene Rechte ohne ihr Einverständnis wieder wegzunehmen.« Letztlich scheiterte der neue Gesetzesvorschlag, und die Rechte der Baldwins wurden bestätigt. Die Eigentumsrechte waren nach 1688 viel sicherer, weil dies den Interessen des Parlaments entsprach, und teilweise auch, weil pluralistische Institutionen durch Eingaben beeinflusst werden konnten. Das weitaus pluralistischere politische System nach 1688 schuf also innerhalb Englands relativ faire Wettbewerbsbedingungen.

Die Transportrevolution und die Neuorganisation des Landbesitzes im 18. Jahrhundert wurden durch Parlamentserlasse in die Wege geleitet, die das Wesen des Grundeigentums änderten. Bis 1688 bestand sogar die juristische Fiktion, dass der gesamte Grund und Boden in England letztlich der Krone gehöre – ein direktes Vermächtnis der Feudalgesellschaft. Viele Grundstücke waren mit zahlreichen archaischen Formen des Eigentumsrechts und einander ausschließenden Ansprüchen belastet. Große Teile des Bodens waren sogenannten Treugütern zugeordnet, deren Besitzer keine Hypotheken auf das Land aufnehmen und es nicht verpachten oder verkaufen durften. Gemeindeland stand häufig nur für traditionelle Zwecke zur Verfügung. Es gab enorme Hindernisse, wenn jemand den Boden für seine Zwecke ökonomisch nutzen wollte. Nun erlaubte das Parlament, Petitionen zur Vereinfachung und Umgestaltung der Eigentumsrechte einzureichen, die in Hunderte von Parlamentsbeschlüssen einflossen.

Die Umgestaltung der Wirtschaftsinstitutionen führte auch zu Schutzmaßnahmen für die einheimische Textilproduktion vor Importen aus dem Ausland. Wie nicht überraschen wird, lehnten die Parlamentsmitglieder und ihre Wähler nicht sämtliche Eintrittsschranken und Monopole ab. Diejenigen, durch die sich ihr eigener Markt vergrößerte, waren willkommen. Andererseits sorgten die pluralistischen politischen Institutionen – gekennzeichnet dadurch, dass das Parlament breite Gesellschaftsschichten repräsentierte, stärkte und ihnen zuhörte – dafür, dass die Eintrittsschranken anderen Industriellen nicht zum Verhängnis wurden oder Neueinsteiger völlig fernhielten, wie es die oben beschriebene *serrata* in Venedig getan hatte. Diese Erfahrung sollten die mächtigen Erzeuger von Wolltextilien bald machen.

Im Jahr 1688 kamen einige der bedeutendsten englischen Importe aus Indien, nämlich Kattune und Musseline; sie machten ungefähr ein Viertel aller Stoffimporte aus. Auch Seidenstoffe aus China nahmen einen hohen Rang ein. Kattun und Seide wurden von der East India Company importiert, die vor 1688 ein Regierungsmonopol für den

Asienhandel besessen hatte. Die Macht der Company war durch hohe, an Jakob II. gezahlte Bestechungsgelder aufrechterhalten worden. Doch nach 1688 befand sie sich in einer anfälligen Position und geriet bald unter Druck. Dieser nahm die Form eines intensiven Petitionskrieges mit Händlern an, die hofften, im Fernen Osten und in Indien Geschäfte machen zu können. Sie verlangten, dass das Parlament Konkurrenzunternehmen für die East India Company zuließ. Diese reagierte mit Gegenpetitionen und Angeboten, dem Parlament Geld zu leihen. Sie verlor, und ein Konkurrenzunternehmen gleichen Namens wurde gegründet. Aber die Textilhersteller wünschten sich nicht nur mehr Wettbewerb im Indienhandel, sondern sie forderten auch, billige indische Stoffe (Kattune) zu besteuern oder sogar ihre Einfuhr zu verbieten, damit keine billige Konkurrenz im Lande aufkam. Zu jenem Zeitpunkt fertigten die wichtigsten inländischen Hersteller Wolltextilien, doch auch die Erzeuger von Baumwollstoffen gewannen an wirtschaftlicher und politischer Macht.

Die Wollbranche versuchte schon in den 1660er Jahren, Schutzmaßnahmen für sich durchzusetzen. Sie trat für »Luxusgesetze« ein, die unter anderem das Tragen von leichteren Stoffen verboten. Daneben wurde sie 1666 und 1678 im Parlament vorstellig, um Beisetzungen in nichtwollenen Grabtüchern für illegal erklären zu lassen. Beide Maßnahmen schützten den Wollmarkt und schwächten die Konkurrenz aus Asien. Gleichwohl war die East India Company damals zu mächtig, als dass Importe asiatischer Textilien wesentlich hätten eingeschränkt werden können.

Das Blatt wendete sich nach 1688. Zwischen 1696 und 1698 verbündeten sich Wollhersteller aus East Anglia und dem West Country mit Seidenwebern aus London und Canterbury sowie mit der Levant Company, um die Einfuhren zu drosseln. Die Seidenimporteure, die ihre Produkte aus der Levante bezogen, hatten gerade ihr Monopol eingebüßt und wollten nun asiatische Seidenstoffe ausschließen, um eine Nische für Lieferungen aus dem Osmanischen Reich zu schaffen. Dieses Bündnis unterbreitete dem Parlament Vorschläge, das Tragen von asiatischer Baumwolle und Seide in England ebenso wie das Färben und Bedrucken von asiatischen Textilien einzuschränken.

Daraufhin verabschiedete das Parlament im Jahr 1701 schließlich ein »Gesetz zur wirksameren Beschäftigung der Armen durch Förderung der Manufakturen dieses Königreichs«. Ab September desselben Jahres galt: »Sämtliche gewirkten Seiden, bengalischen und anderen Stoffe, die mit Seide oder Kräutern vermischt sind, aus den Manufakturen Persiens, Chinas oder Ostindiens, sämtliche dort bemalten, gefärbten oder bedruckten Kattune, die in dieses Königreich heutzutage oder in Zukunft importiert werden, darf niemand tragen.«

Damit war es in England illegal, sich in Seide und Kattun aus Asien zu kleiden. Immerhin war es noch möglich, sie zu importieren und dann nach Europa oder anderswo, besonders in die amerikanischen Kolonien, weiterzuexportieren. Daneben durfte man unbehandelte Kattune zur Verarbeitung nach England importieren, und auch Musseline waren von dem Verbot ausgenommen. Nach einem langen Kampf wurden diese Schlupflöcher (wofür zumindest die einheimischen Textilhersteller sie hielten) durch den Calico Act (Kattungesetz) von 1721 geschlossen: »Nach dem 25. Dezember 1722 wird es für jegliche Person ungesetzlich sein, in Großbritannien für beliebige Kleidungsstücke bedruckten, bemalten oder gefärbten Kattun zu benutzen oder solche Gewänder zu tragen.«

Obwohl die asiatische Konkurrenz für englische Wollstoffe damit beseitigt war, blieb noch eine aktive inländische Baumwoll- und Leinenbranche übrig, die mit den Wollerzeugern im Wettbewerb stand: Baumwolle und Leinen wurden zu einem populären Stoff namens Barchent vermischt. Nachdem die Wollhersteller die asiatische Konkurrenz ausgeschaltet hatten, wandten sie sich nun dem Leinen zu, das in erster Linie in Schottland und Irland gefertigt wurde. Dadurch gab es einen gewissen Spielraum für eine englische Koalition, die den Ausschluss jener Länder aus den englischen Märkten forderte.

Doch die Macht der Wollhersteller hatte ihre Grenzen. Ihre neuerlichen Bemühungen stießen auf heftige Gegenwehr seitens der Barchent-Fabrikanten in den aufstrebenden Industriezentren Manchester, Lancaster und Liverpool. Durch die pluralistischen politischen Institutionen hatten all diese Gruppen nun durch Wahlen und, wichtiger noch, Petitionen Zugang zum Entscheidungsprozess im

Parlament. Beide Parteien sammelten massenhaft Unterschriften für ihr Anliegen, und der Konflikt endete mit dem Sieg der neuen Interessengruppen über die Wollerzeuger. Im Manchester Act von 1736 hieß es, dass »große Stoffmengen aus Leinengarn und Baumwolle seit mehreren Jahren in diesem Königreich Großbritannien hergestellt, bedruckt und bemalt werden«. Dann stellte man fest, dass »nichts in dem genannten Gesetz [von 1721] dahingehend ausgelegt werden soll, das Tragen – oder den Gebrauch in Kleidung, Haushaltsgegenständen, Möbeln und sonstigen Objekten – von Stoff jeglicher Art aus Leinengarn und Baumwolle, der innerhalb des Königreichs Großbritannien hergestellt und bedruckt oder mit jeglicher Farbe bemalt wurde, einem Verbot zu unterziehen«.

Der Manchester Act stellte einen erheblichen Sieg für die aufkeimende heimische Baumwollstoffproduktion dar, doch die historische und wirtschaftliche Bedeutung war noch viel größer. Erstens zeigte er die Grenzen der Eintrittsschranken auf, welche die pluralistischen politischen Institutionen des parlamentarischen England noch zuließen. Zweitens sollten technologische Neuerungen bei der Fertigung von Baumwollstoffen im folgenden halben Jahrhundert eine zentrale Rolle für die Industrielle Revolution spielen und die Gesellschaft durch Einführung des Fabriksystems radikal umgestalten.

Nach 1688 entstanden in England zwar schrittweise einheitliche Wettbewerbsbedingungen, doch im internationalen Geschäft versuchte das Parlament, Vorteile für englische Produzenten zu schaffen. Das wurde nicht nur durch die Calico Acts, sondern auch durch die Navigation Acts (Schifffahrtsgesetze) belegt, deren ersten man 1651 verabschiedete. In den folgenden zwei Jahrhunderten blieben sie weitgehend in Kraft. Das Ziel dieser Gesetze bestand darin, die englische Monopolisierung des internationalen Handels zu erleichtern, die allerdings nicht vom Staat, sondern von der Privatwirtschaft betrieben wurde. Das Grundprinzip bestand darin, dass englische Im- und Exportwaren von englischen Schiffen befördert werden sollten. Somit war es illegal, wenn fremde Schiffe Güter von innerhalb oder außerhalb Europas nach England oder zu seinen Kolonien brachten. Dadurch erhöhten sich die Gewinne für englische Händler und Hersteller, was für weitere Innovationen in diesen neuen und höchst profitablen Bereichen förderlich gewesen sein könnte.

Um 1760 zeigte die Kombination all dieser Faktoren – sicherere, neue Eigentumsrechte, eine bessere Infrastruktur, ein verändertes Steuersystem, ein freierer Zugang zu finanziellen Mitteln, eine aggressive Protektion von heimischen Händlern und Herstellern – allmählich Wirkung. Die Zahl der Patente stieg schlagartig, und der technologische Wandel, der den Kern der Industriellen Revolution bilden sollte, gedieh unverkennbar. Auf vielen Gebieten fanden Innovationen statt, was das verbesserte institutionelle Umfeld widerspiegelte. Ein entscheidender Bereich war die Energie, vor allem der neue Einsatz der Dampfmaschine, die auf James Watts Ideen in den 1760er Jahren zurückging.

Der Durchbruch gelang Watt zunächst durch die Einführung einer separaten Kondensationskammer für den Dampf, so dass der Zylinder mit dem Kolben ständig heiß blieb und nicht mehr aufgewärmt und abgekühlt werden musste. Später entwickelte er zahlreiche andere Ideen, darunter viel effizientere Methoden, die Bewegung der Dampfmaschine in nützliche Energie umzuwandeln, vornehmlich seinen »Sonne-und-Planeten«-Antrieb. Auf allen Gebieten der technologischen Innovation wurde die frühere Arbeit anderer weiterentwickelt. Im Bereich der Dampfmaschine beispielsweise konnte man auf Ideen des englischen Erfinders Thomas Newcomen und des französischen Physikers Dionysius Papin zurückgreifen.

Die Geschichte von Papins Erfindung illustriert wieder einmal, wie der technologische Wandel unter extraktiven Institutionen durch die Angst vor schöpferischer Zerstörung gebremst wird. Papin entwickelte 1679 einen Dampfdruck-Kochtopf (oder »Digestor«) und wendete das Prinzip 1690 auch auf einen Kolbenmotor an. Im Jahr 1705 baute er mit diesem rudimentären Motor das erste Dampfboot der Welt. Mittlerweile war er Mathematikprofessor an der Universität Marburg in Hessen-Kassel. Er beschloss, mit dem Dampfer über die Fulda zur Weser und von dort bis London zu fahren. Damals musste jedes Schiff an der Stadt Minden haltmachen, denn der Flussverkehr auf Fulda und Weser unterlag dem Monopol einer Schiffergilde. Papin muss geahnt haben, dass es Schwierigkeiten geben würde, denn sein Freund und Mentor, der berühmte Physiker Gottfried Leibniz, bat den Landgrafen in einem Schreiben, Papin »unbelästigt durchfahren« zu lassen. Aber Leibniz' Petition wurde von »Seiner Landgräflichen Hoheit« abgewiesen.

Trotzdem trat Papin die Reise an. Als sein Dampfer in Minden eintraf, versuchte die Schiffergilde als Erstes, ihn durch eine Verfügung des Ortsrichters beschlagnahmen zu lassen. Dieser Plan schlug fehl, woraufhin die Schiffer Papins Boot samt der Dampfmaschine in Stücke schlugen. Papin starb später in Armut und wurde in einem anonymen Grab beigesetzt.

In der Metallurgie leistete Henry Cort in den 1780er Jahren wichtige Beiträge. Er führte neue Techniken zur Beseitigung von Verunreinigungen im Eisen ein, so dass man einen qualitativ viel höherwertigeren Stahl produzieren konnte, der für die Herstellung von Maschinenteilen, Nägeln und Werkzeug unverzichtbar war. Die Produktion riesiger Schmiedestahlmengen mit Hilfe von Corts Techniken wurde zudem durch die Innovationen Abraham Darbys und seiner Söhne erleichtert, die seit 1709 mit der Benutzung von Kohle zur Verhüttung von Eisen experimentierten. Diesen Prozess verfeinerte John Smeaton 1762, indem er Wasserkraft für den Betrieb von Blaszylindern bei der Koksgewinnung einsetzte. Danach verschwand Holzkohle aus der Eisenproduktion. An seine Stelle trat Kohle, die viel billiger und leichter verfügbar war.

Innovationen sind offenkundig kumulativ, und Mitte des 18. Jahrhunderts kam es zu einer deutlichen Beschleunigung. Nirgends war dies sichtbarer als in der Textilherstellung. Sie basiert auf der Spinnerei, bei der man Pflanzen- oder Tierfasern, etwa Wolle oder Baumwolle, zu Garn verarbeitet, das dann zu Stoffen gewoben wird. Eine der großen technologischen Innovationen des Mittelalters war das Spinnrad, das die Handspinnerei ersetzte. Diese Erfindung erschien um 1280 in Europa und stammte wahrscheinlich aus dem Nahen Osten. Die Methoden der Spinnerei änderten sich bis ins 18. Jahrhundert nicht. Wesentliche Neuerungen begannen 1738, als Lewis Paul ein Spinnereiverfahren patentieren ließ, bei dem man Walzen anstelle von

Menschenhänden zum Herausziehen der Fasern benutzte. Die Maschine funktionierte noch nicht einwandfrei, aber die Innovationen von Richard Arkwright und James Hargreaves sollten die Spinnerei dann wahrhaft revolutionieren.

1769 ließ Arkwright, eine der herausragenden Persönlichkeiten der Industriellen Revolution, seinen »Wasserrahmen« patentieren, der eine beträchtliche Verbesserung gegenüber Pauls Maschine darstellte. Er ging eine Partnerschaft mit den Strumpfwarenproduzenten Jedediah Strutt und Samuel Need ein. 1771 bauten sie in Cromford eine der ersten Fabriken der Welt. Die neuen Maschinen wurden mit Wasserkraft betrieben, doch später vollzog Arkwright den entscheidenden Sprung zur Dampfkraft. 1774 beschäftigte seine Firma bereits sechshundert Personen; er expandierte zügig weiter und gründete schließlich Fabriken in Manchester, Matlock, Bath und New Lanark in Schottland. Arkwrights Innovationen wurden 1764 durch Hargreaves' Erfindung der Spinning Jenny ergänzt, die Samuel Crompton 1779 zum »Mule« (Maultier) und Richard Roberts zum »Self Acting Mule« (automatisches Maultier) weiterentwickelte. Diese Neuerungen waren revolutionär, denn am Anfang desselben Jahrhunderts hatten Handspinner noch 50 000 Stunden benötigt, um hundert Pfund Baumwolle zu spinnen. Arkwrights Wasserrahmen dagegen brauchte nur 300 und das automatische Maultier lediglich 135 Stunden.

Parallel zu den Spinnereien wurden die Webereien mechanisiert. Ein bedeutender erster Schritt war die Erfindung des »Flying Shuttle« durch John Kay im Jahr 1733. Obwohl es anfangs nur die Produktivität von Handwebern erhöhte, sollte seine nachhaltige Wirkung darin bestehen, dass es den Weg zur mechanisierten Weberei eröffnete. Im Anschluss an das Flying Shuttle führte Edmund Cartwright 1785 den Kraftstuhl ein – die Erste in einer Reihe von Innovationen, die bewirken sollten, dass die handwerkliche Arbeit in der Weberei und in der Spinnerei durch Maschinen ersetzt wurde.

Die englische Textilindustrie war nicht nur die Antriebskraft für die Industrielle Revolution, sondern auch für die Umwälzungen in der Weltwirtschaft. Englische Exporte, allen voran Baumwollstoffe, verdoppelten sich zwischen 1780 und 1800. Das Wachstum auf diesem

Sektor kurbelte die gesamte Wirtschaft an. Die Kombination aus technologischer und organisatorischer Neuerung liefert das Modell für den Fortschritt, der die Volkswirtschaften, die zu Reichtum gelangen sollten, umgestaltete.

Dieser Prozess wurde durch neue Personen mit neuen Ideen gefördert. Man betrachte zum Beispiel das Verkehrswesen. In England gab es mehrere, von immer neuen Erfindern ausgelöste Innovationswellen, die zuerst den Schiffsverkehr auf den Kanälen, dann den Straßen- und schließlich den Bahnverkehr erfassten. Kanäle wurden in England nach 1770 gebaut, und bis 1810 verbanden sie bereits viele der wichtigsten Industriegebiete miteinander. Durch sie konnten die Transportkosten für die in großem Umfang hergestellten neuen Industrieprodukte, etwa Baumwollstoffe, und für Rohstoffe wie Baumwollflocken und Kohle erheblich reduziert werden. Zu den Pionieren des Kanalbaus gehörte James Brindley, den der Herzog von Bridgewater beauftragte, den Bridgewater-Kanal zu bauen. Dieser Wasserweg verband schließlich die wichtige Industriestadt Manchester mit dem Hafen von Liverpool. Geboren im ländlichen Derbyshire, war Brindley ursprünglich Maschinenschlosser. Der Herzog wurde auf ihn aufmerksam, als ihm berichtet wurde, Brindley stehe in dem Ruf, schöpferische Lösungen für technische Probleme finden zu können. Er hatte vorher keine Erfahrung mit Transportproblemen gesammelt, was auch für andere große Kanalbauer galt: Thomas Telford war zunächst Steinmetz, und John Smeaton arbeitete anfangs als Instrumentenbauer und Ingenieur.

Wie die großen Kanalbauer früher keinen Kontakt zum Verkehrswesen gehabt hatten, wiesen auch die großen Straßen- und Eisenbahnbauer am Beginn ihrer Tätigkeit keine einschlägigen Erfahrungen auf. John McAdam, der um 1816 den nach ihm benannten Straßenbelag erfand, war der zweite Sohn eines Kleinadligen. Der erste Dampfzug wurde 1804 von Richard Trevithick entwickelt. Sein Vater war in Cornwall im Bergbau tätig, und Richard folgte in jungen Jahren seinem Beispiel; dabei faszinierte ihn die Dampfmaschinen, die man zum Abpumpen des Wassers aus den Minen benutzte. Bedeutsamer waren die Erfindungen von George Stephenson, dem Sohn analphabetischer Eltern und Entwickler des berühmten Zuges »The Rocket«, der zunächst als Techniker in einer Kohlengrube arbeitete.

Neue Männer trieben auch die einflussreiche Baumwollindustrie voran. Einige dieser Pioniere waren bereits vorher in der Wollproduktion und im Wollhandel aktiv gewesen. So hatte John Foster siebenhundert Webstuhlbediener in der Wollbranche beschäftigt, bevor er 1835 zur Baumwolle überwechselte und die Textilfabrik Blake Dyke Mills eröffnete. Doch Männer wie er bildeten eine Minderheit. Nur etwa ein Fünftel der führenden Industriellen jener Zeit hatte sich vorher in der Produktion engagiert. Das ist kein Wunder, denn zum einen entwickelte sich die Baumwollindustrie in den neuen Städten im Norden Englands, zum anderen stellten Fabriken ein völlig neues Produktionsverfahren dar. Die Wollbranche war ganz anders organisiert gewesen: Sie hatte ihre Materialien Einzelpersonen ins Haus geliefert, die dann die Verarbeitung übernahmen. Dadurch waren die meisten der in der Wollindustrie Tätigen schlecht darauf vorbereitet, wie Foster zur Baumwolle überzuwechseln. Man benötigte deshalb Branchenfremde, die in der Lage waren, die neuen technischen Verfahren zu entwickeln und einzusetzen. Die rasche Expansion der Baumwollindustrie bewirkte, dass die Wollverarbeitung unterging – eine Folge der schöpferischen Zerstörung.

Durch die schöpferische Zerstörung wurden nicht nur Einkommen und Wohlstand, sondern auch die politische Macht umverteilt, was Widerstände auslöste, wie William Lee erfuhr, als sich die Krone so unempfänglich für seine Erfindung zeigte, weil sie deren politische Konsequenzen fürchtete. Während die Industrie in Manchester und Birmingham expandierte, begannen die neuen Fabrikbesitzer und mittelständische Gruppen, die sich um sie herum bildeten, gegen ihre wahlrechtliche Benachteiligung und die ihren Interessen widersprechenden Regierungsmaßnahmen zu protestieren. Dabei konzentrierten sie sich auf die Korngesetze, welche die Einfuhr sämtlicher Getreidearten, hauptsächlich jedoch von Weizen, unter einem bestimmten Preis verboten, wodurch sichergestellt wurde, dass die Gewinne der Großgrundbesitzer unangetastet blieben. Diese Maßnahme nützte den inländischen Weizenproduzenten, doch sie schadete den

Fabrikanten, die höhere Löhne zahlen mussten, damit die Arbeiter die steigenden Brotpreise bezahlen konnten.

Da die Arbeiter in den neuen Fabriken und Industriezentren konzentriert wurden, war es leichter für sie, sich zu organisieren und aufzubegehren. Noch vor den 1820er Jahren wurde der Ausschluss der neuen Fabrikanten und der Fertigungszentren von der politischen Mitbestimmung unhaltbar. Am 16. August 1819 sollte eine Kundgebung gegen das politische System und die Aktionen der Regierung auf den St. Peter's Fields in Manchester stattfinden. Der Organisator war Joseph Johnson, ein örtlicher Bürstenhersteller und Mitbegründer der radikalen Zeitung *Manchester Observer*. Er wurde von John Knight unterstützt, einem Baumwollfabrikanten und Reformer, sowie von John Thacker Saxton, dem Chefredakteur des *Manchester Observer*. Sechzigtausend Demonstranten erschienen, und viele hielten Schilder mit Aufschriften wie »Keine Korngesetze«, »Allgemeines Stimmrecht« und »Geheime Wahl« hoch (1819 wurde noch offen abgestimmt). Die Behörden waren wegen der Versammlung sehr nervös geworden und hatten 600 Kavalleristen von den Fifteenth Hussars bereitgestellt. Als die Ansprachen begannen, beschloss ein Amtsrichter, einen Haftbefehl gegen die Redner zu erlassen. Die Menge widersetzte sich jedoch den Versuchen der Polizei, die Redner in Gewahrsam zu nehmen, und es brachen Kämpfe aus. Nun fielen die Husaren über die Demonstranten her. Innerhalb weniger chaotischer Minuten wurden elf Menschen getötet und wahrscheinlich 600 verletzt. Der *Manchester Observer* sprach vom Peterloo-Massaker.

Aber angesichts der Veränderungen, die sich bereits in den wirtschaftlichen und politischen Institutionen vollzogen hatten, war Repression langfristig keine Lösung in England. Das Peterloo-Massaker sollte ein isolierter Vorfall bleiben. Nach dem Aufruhr gaben die politischen Institutionen dem Druck nach, um die destabilisierende Gefahr viel breiterer sozialer Unruhen zu vermeiden. Das galt vor allem nach dem Juliaufstand von 1830 in Frankreich gegen Karl X., der versucht hatte, den durch die Revolution von 1789 beseitigten Absolutismus wiederherzustellen. 1832 verabschiedete die englische Regierung das Erste Reformgesetz, das Birmingham, Leeds, Manchester und Sheffield das Wahlrecht erteilte und den Kreis der Wahlberechtigten erweiterte, so dass Fabrikanten im Parlament repräsentiert werden konnten. Diese Verschiebung der politischen Macht hatte zur Folge, dass sich die Regierungspolitik an den neuen Interessen ausrichtete. Im Jahr 1846 gelang es, die verhassten Korngesetze zu Fall zu bringen, was wieder einmal veranschaulicht, dass schöpferische Zerstörung nicht nur eine Neuverteilung der Einkommen, sondern auch der politischen Macht nach sich zieht. Andererseits führte die politische Machtverschiebung natürlich auch zu einer weiteren Umverteilung der Einkommen.

Dieser Prozess wurde durch die Inklusivität der englischen Institutionen ermöglicht. Diejenigen, die unter schöpferischer Zerstörung zu leiden hatten und sie fürchteten, waren nicht mehr in der Lage, ihr Einhalt zu gebieten.

Warum in England?

Die Industrielle Revolution begann wegen der einzigartigen inklusiven Wirtschaftsinstitutionen in England und machte dort die größten Fortschritte. Die Grundlage dafür bildeten die inklusiven politischen Institutionen, welche die Glorreiche Revolution hervorgebracht hatten. Diese bewirkte, dass die Eigentumsrechte auf eine sicherere und zeitgemäßere Basis gestellt wurden, die Finanzmärkte die Voraussetzungen für eine positive Entwicklung erhielten, die Außenhandelsmonopole abgeschafft und die Hemmnisse für die industrielle Expansion beseitigt wurden. Die Glorreiche Revolution ließ das politische System offen und empfänglich für die wirtschaftlichen Bedürfnisse und Ambitionen der Gesellschaft werden. Durch die inklusiven Wirtschaftsinstitutionen erhielten Persönlichkeiten mit Talent und Weitblick wie James Watt die Gelegenheit und den Ansporn, ihre Fähigkeiten und Ideen umzusetzen und das System auf eine für sie und die Nation gleichermaßen nützliche Art zu beeinflussen. Natürlich hatten auch diese Pioniere, sobald sie Erfolg erzielten, den gleichen Hang wie ihre Vorgänger: Sie wollten Außenstehende daran hindern, in ihrem

Geschäftsbereich mit ihnen zu konkurrieren, und hatten Angst vor der schöpferischen Zerstörung, die sie genauso in den Bankrott treiben konnte, wie sie zuvor andere ruiniert hatten. Aber nach 1688 wurde es schwieriger, solche Bestrebungen zu realisieren. Im Jahr 1775 meldete Richard Arkwright ein umfassendes Patent an, das ihm, wie er hoffte, zu einem künftigen Monopol über die zügig expandierende Baumwollindustrie verhelfen würde. Doch er konnte die Gerichte nicht dazu bewegen, sein Patent anzuerkennen. Warum begann dieser beispiellose Prozess in England und warum im 17. Jahrhundert? Warum wurden in England die extraktiven von pluralistischen politischen Institutionen abgelöst? Wie wir erläutert haben, entfalteten sich die politischen Vorgänge, die zur Glorreichen Revolution führten, vor dem Hintergrund mehrerer miteinander verknüpfter Ereignisse. Im Mittelpunkt stand der politische Konflikt zwischen dem Absolutismus und seinen Gegnern. Der Ausgang dieser Auseinandersetzung machte nicht nur die Versuche zunichte, in England einen neuen und stärkeren Absolutismus zu schaffen, sondern er stärkte auch diejenigen, welche die gesellschaftlichen Institutionen radikal umgestalten wollten. Die Gegner des Absolutismus beabsichtigten nicht, nur eine andere Version dieser Herrschaftsform aufzubauen. Es ging nicht einfach darum, dass das Haus Lancaster das Haus York im Rosenkrieg besiegte, sondern vielmehr ließ die Glorreiche Revolution eine neue, konstitutionelle Herrschaft und eine pluralistische Regierung entstehen.

All das war eine Folge der Entwicklungstendenzen englischer Institutionen vor dem Hintergrund von Umbruchphasen. Im vorigen Kapitel haben wir geschildert, wie nach dem Ende des Weströmischen Reiches feudale Institutionen in Westeuropa aufkamen. Der Feudalismus griff in ganz Europa, West wie Ost, um sich. Aber wie wir im vierten Kapitel aufgezeigt haben, entwickelten sich West- und Osteuropa nach dem Schwarzen Tod in völlig verschiedene Richtungen. Kleine Unterschiede im Aufbau politischer und wirtschaftlicher Institutionen bewirkten, dass die Machtverhältnisse im Westen eine institutionelle Verbesserung, im Osten hingegen eine institutionelle Verschlechterung erzeugten. Gleichwohl war dies kein Weg, der automatisch zu inklusiven Institutionen führte. Dazu mussten zuvor zahlreiche Umbrüche erfolgen. Mit Hilfe der Magna Carta hatte man elementare Grundlagen für eine konstitutionelle Herrschaft gelegt, doch in vielen anderen Teilen Europas, sogar Osteuropas, kam es zu ähnlichen Kämpfen um vergleichbare Dokumente. Trotzdem entfernten sich West- und Osteuropa nach dem Schwarzen Tod weit voneinander. Urkunden wie die Magna Carta übten im Westen plötzlich einen größeren Einfluss aus, während sie im Osten kaum eine Bedeutung hatten. In England hatte sich noch vor den Konflikten des 17. Jahrhunderts die Regel herausgebildet, dass der König ohne Zustimmung des Parlaments keine neuen Steuern erheben durfte. Nicht weniger wichtig war die allmähliche Machtverschiebung von den herrschenden Eliten hin zur Allgemeinheit der Bürger, wie die politische Mobilisierung der ländlichen Gemeinden und Ereignisse wie der Bauernaufstand von 1381 veranschaulichen.

Diese Entwicklung der Institutionen führte nun zur Wechselwirkung mit einer anderen grundlegenden Veränderung, die durch die gewaltige Expansion des Atlantikhandels ausgelöst wurde. Wie wir im vierten Kapitel dargelegt haben, hing ihr Einfluss auf die institutionelle Entwicklung davon ab, ob es der Krone gelang, den Handel zu monopolisieren. In England verfügte das Parlament über etwas mehr Macht als die Monarchie, weshalb die Tudor- und Stuart-Herrscher zu einem solchen Schritt nicht fähig waren. So entstand eine neue Schicht von Händlern und anderen Geschäftsleuten, die sich dem Plan, den Absolutismus in England neu zu erschaffen, aggressiv widersetzten. Beispielsweise gab es 1686 in London 702 Kaufleute, die ihre Waren in die Karibik exportierten, und 1283, die Waren von dort importierten. Nordamerika hatte 691 Export- und 626 Importkaufleute. Sie beschäftigten Lageristen, Matrosen, Kapitäne, Hafenarbeiter und Büroangestellte, die ihre Interessen im Großen und Ganzen teilten. In anderen pulsierenden Häfen wie Bristol, Liverpool und Portsmouth wimmelte es ebenfalls von derartigen Händlern. Sie forderten neue Wirtschaftsinstitutionen, und je vermögender sie wurden, desto mehr Macht konnten sie ausüben, um ihren Forderungen Nachdruck zu verschaffen. Die gleichen Kräfte waren in

Frankreich, Spanien und Portugal wirksam. Dort jedoch fiel es den Königen weitaus leichter, den Handel und dessen Gewinne zu kontrollieren. Diese neue Gruppe von Kaufleuten, die England umgestalten sollte, war zwar in jenen Ländern entstanden, doch blieb sie dort viel kleiner und schwächer.

Als das Lange Parlament tagte und der Bürgerkrieg 1642 ausbrach, ergriffen die Kaufleute zumeist Partei für die parlamentarische Sache. In den 1670er Jahren beteiligten sie sich maßgeblich an der Gründung der Whig-Partei, um den Absolutismus der Stuarts zu bekämpfen, und 1688 sollten sie entscheidend an der Absetzung von Jakob II. mitwirken. Die größeren Chancen, die sich durch Nord- und Südamerika boten, der massenhafte Einstieg von englischen Kaufleuten in diesen Handel sowie die wirtschaftliche Entwicklung der Kolonien – und die von Händlern verdienten Vermögen – hatten zur Folge, dass sich die Machtverhältnisse im Kampf zwischen der Monarchie und den Gegnern des Absolutismus zugunsten der Letzteren verschoben.

Was vielleicht am wichtigsten war: Die Entstehung und Stärkung verschiedener Interessengruppen – von der Gentry, einer Schicht kommerziell tätiger Bauern, die sich in der Tudor-Zeit herausgebildet hatte, über die unterschiedlichsten Fabrikanten bis hin zu transatlantischen Händlern – sorgte dafür, dass die Koalition gegen den Stuart-Absolutismus nicht nur kraftvoll, sondern auch umfassend war. Sie wurde noch mehr durch die Gründung der Whig-Partei in den 1670er Jahren gestärkt, einer Organisation zur Förderung der Belange der Koalition. Außerdem wurde sie durch den sich nach der Glorreichen Revolution herausbildenden Pluralismus unterstützt.

Hätten all die Gegner der Stuarts die gleichen Interessen und die gleiche Herkunft gehabt, wäre der Sturz der Stuart-Monarchie vermutlich eine Neuauflage des Kampfes zwischen den Häusern Lancaster und York gewesen, bei dem eine Gruppe den begrenzten Interessen einer anderen gegenüberstand, um letztlich wieder die gleichen extraktiven Institutionen – oder eine Variante davon – zu schaffen. Die breitgefächerte Koalition dagegen stellte nachdrücklichere Forderungen nach der Bildung pluralistischer politischer Institutionen. Ohne jeglichen Pluralismus hätte die Gefahr bestanden, dass eine der diversen Gruppen die Macht auf Kosten der übrigen an sich gerissen hätte. Die Tatsache, dass das Parlament nach 1688 eine derart breite Koalition repräsentierte, war ein wesentlicher Grund dafür, dass die Parlamentsmitglieder den Petitionen Aufmerksamkeit schenkten, selbst wenn diese von Nichtparlamentsmitgliedern oder sogar von Personen ohne Stimmrecht eingebracht wurden. So wurden die Versuche von Gruppen durchkreuzt, ein Monopol zum Nachteil der übrigen Gesellschaft einzurichten, wie es die Wollbranche vor dem Manchester Act anstrebte.

Die Glorreiche Revolution war ebendeshalb ein bedeutendes Ereignis, weil sie von einer selbstbewusst gewordenen, breiten Koalition durchgeführt wurde, die es schaffte, eine konstitutionelle Regierung mit Machteinschränkungen für die Exekutive und, was genauso signifikant war, für ihre eigenen Mitglieder aufzubauen. Diese Einschränkungen hinderten beispielsweise die Erzeuger von Wolltextilien daran, die potentielle Konkurrenz in Form der Baumwoll- und Barchenthersteller zu ersticken. Folglich war die breite Koalition nach 1688 für den Übergang zu einem starken Parlament unerlässlich, aber sie lieferte auch eine Garantie dafür, dass keine einzelne Gruppe zu mächtig wurde und ihre Macht missbrauchte. Dies war der entscheidende Faktor für das Aufkommen pluralistischer politischer Institutionen. Die Kräftigung einer derart breiten Koalition spielte, wie später noch genauer erläutert, auch für das Fortbestehen und die Festigung der inklusiven wirtschaftlichen und politischen Institutionen eine wichtige Rolle.

Trotzdem führte nichts von alledem automatisch zu einer wahrhaft pluralistischen Regierung, deren Entstehung teilweise auch auf die unwägbaren Zufälle der historischen Entwicklung zurückgeht. Eine recht ähnliche Koalition erwies sich siegreich im Englischen Bürgerkrieg gegen die Stuarts, doch dieser mündete lediglich in Oliver Cromwells Diktatur. Die Stärke der Koalition war auch keine Garantie dafür, dass der Absolutismus überwunden wurde. Jakob II. hätte Wilhelm von Oranien eine Niederlage zufügen können. Der Pfad radikalen institutionellen Wandels war wie immer nicht weniger zufallsbedingt als das Ergebnis anderer politischer Konflikte. Das galt sogar, obwohl die Stuarts angesichts der institutionellen Drift, welche die umfassende Opposition gegen den Absolutismus geschaffen hatte, und der Umbruchphase des Atlantikhandels im Nachteil waren. Der Zufall und die breite Koalition der Opposition waren also hier die ausschlaggebenden Faktoren für die Entstehung des Pluralismus sowie inklusiver Institutionen.

Drucken verboten

Im Jahr 1455 enthüllte Johannes Gutenberg in Mainz eine Erfindung, die tiefgreifende Konsequenzen für die Wirtschaftsgeschichte haben sollte: eine Druckerpresse mit beweglichen Lettern. Bis dahin hatte man Bücher entweder handschriftlich kopiert – ein sehr langsamer und mühseliger Prozess – oder im Blockdruck mit separaten Holztafeln für jede Seite herstellen müssen. Deshalb waren Bücher sehr dünn gesät und überaus teuer. Nach Gutenbergs Erfindung änderte sich die Situation. Da man mehr Bücher druckte, wurden sie leichter verfügbar und erschwinglicher. Ohne diese Neuerung wären die Alphabetisierung und Ausbildung der Masse der Bevölkerung unmöglich gewesen.

In Westeuropa wurde die Bedeutung der Druckerpresse rasch erkannt. Im Jahr 1460 gab es bereits eine weitere jenseits der Grenze in Straßburg. In den späten 1460er Jahren griff die Technik auf Italien über, und man fand Druckerpressen in Rom und Venedig sowie kurz darauf in Florenz, Mailand und Turin. 1476 richtete William Caxton eine Druckerei in London ein, und zwei Jahre später folgte man in Oxford seinem Beispiel. Im gleichen Zeitraum verbreitete sich das Druckwesen in den Niederlanden, nach Spanien und sogar nach Osteuropa. 1473 wurde eine Presse in Budapest und ein Jahr darauf eine in Krakau in Betrieb genommen.

Nicht alle hielten das Druckwesen für wünschenswert. Bereits 1485 verfügte Sultan Bayezid II., dass Muslime keine arabischen Texte drucken durften. Dieses Verbot bestätigte Sultan Selim I. im Jahr 1515.

Erst 1727 wurde auf osmanischem Gebiet eine Presse zugelassen. Damals gewährte Sultan Ahmed III. dem Gelehrten und Diplomaten Ibrahim Müteferrika die Erlaubnis, eine Druckerei einzurichten. Doch sogar dieser verspätete Schritt erfolgte unter Einschränkungen. Obwohl in dem Erlass von »dem glücklichen Tag« die Rede war, »an dem diese westliche Technik wie eine Braut entschleiert und nie wieder verborgen werden soll«, beabsichtigte man, Müteferrikas Arbeit streng zu überwachen. In dem Erlass stand nämlich weiter:

> Damit die gedruckten Bücher frei von Druckfehlern sind, werden die weisen, angesehenen und verdienstvollen, auf Islamisches Recht spezialisierten Religionswissenschaftler, der hervorragende Kadi von Istanbul, Mevlana Ishak, und der Kadi von Saloniki, Mevlama Sahib, und der Kadi von Galata, Mevlama Asad, mögen sich ihre Verdienste erhöhen, sowie aus den illustren Ordensgemeinschaften die Säule der rechtschaffenen Religionsgelehrten, der Scheich des Kasim Paşa Mevlevihane, Mevlana Musa, mögen sich seine Weisheit und sein Wissen vergrößern, das Korrekturlesen beaufsichtigen.

Was Müteferrika also auch drucken ließ, es musste von mehreren Religions- und Rechtsgelehrten überprüft werden. Vielleicht hätten sich die Weisheit und das Wissen der Kadis – wie die aller anderen – viel schneller vergrößert, wäre die Druckerpresse leichter verfügbar gewesen. Aber dazu sollte es auch dann nicht kommen, als Müteferrika seine Presse in Betrieb gesetzt hatte.

Letzten Endes druckte er zwischen 1729, als er seine Arbeit aufnahm, und 1743, als er sie einstellte, nur siebzehn Bücher. Seine Familie versuchte, die Tradition fortzusetzen, aber auch ihr gelang es nur, weitere sieben Bücher zu drucken, und sie gab ihre Bemühungen 1797 schließlich auf. Außerhalb des türkischen Zentrums des Osmanischen Reiches entwickelte sich der Buchdruck noch langsamer. In Ägypten zum Beispiel wurde erst 1798 eine Druckerei von Franzosen eröffnet, die an Napoleon Bonapartes gescheitertem Eroberungsversuch teilgenommen hatten. Bis weit in die zweite Hälfte des 19. Jahrhunderts lag die Buchproduktion im Osmanischen Reich hauptsächlich in den Händen von Schreibern, die bereits existierende Werke kopierten. Im frühen 18. Jahrhundert sollen noch achtzigtausend derartige Schreiber in Istanbul tätig gewesen sein.

Die Ablehnung der Druckerpresse hatte offensichtliche Konsequenzen für Alphabetisierung, Erziehung und wirtschaftlichen Erfolg. Im Jahr 1800 waren schätzungsweise nur 2 bis 3 Prozent der Bürger des Osmanischen Reichs des Lesens und Schreibens fähig, verglichen mit 60 Prozent der erwachsenen Männer und 40 Prozent der erwachsenen Frauen in England. In den Niederlanden und in Deutschland waren die Alphabetisierungsraten noch höher. Die osmanischen Gebiete lagen sogar weit hinter den europäischen Ländern mit dem niedrigsten Bildungsstand zurück, etwa hinter Portugal, wo Schätzungen zufolge nur rund 20 Prozent der Erwachsenen lesen und schreiben konnten.

Angesichts der zutiefst absolutistischen und extraktiven osmanischen Institutionen ist die Feindseligkeit des Sultans gegenüber der Druckerpresse leicht zu verstehen. Durch Bücher verbreiteten sich Ideen, und es wurde schwerer, die Bevölkerung im Zaum zu halten. Manche dieser Ideen mochten sich um nützliche neue Methoden zur Erhöhung des Wirtschaftswachstums drehen, doch andere konnten subversiv sein und dazu dienen, den politischen und sozialen Status quo herauszufordern. Bücher tragen auch dazu bei, den Einfluss der Vermittler mündlich weitergegebenen Wissens zu untergraben, denn sie machen solche Kenntnisse für jedermann zugänglich, der des Lesens und Schreibens kundig ist. Dadurch wird der Status quo – die Kontrolle des Wissens durch Eliten – bedroht. Die osmanischen Sultane und das religiöse Establishment fürchteten die damit einhergehende schöpferische Zerstörung. Ihre Lösung bestand darin, das Druckwesen zu verbieten.

Die Industrielle Revolution brachte eine Umbruchphase hervor, die sich auf fast jedes Land auswirkte. Manche Nationen, wie England, ließen nicht nur Handel, Industrialisierung und Unternehmertum zu, sondern förderten diese Bereiche sehr aktiv, wodurch sie rasch wuchsen. Viele, etwa das Osmanische Reich, China und andere absolutistischen Regime, gerieten ins Hintertreffen, indem sie die Ausbreitung der Industrie blockierten oder zumindest nicht förderten. Die politischen und wirtschaftlichen Institutionen bestimmten darüber, wie technologische Neuerungen aufgenommen wurden. Dadurch entstand wieder das vertraute Muster des Wechselspiels zwischen bestehenden Institutionen und Umbruchphasen.

Das Osmanische Reich blieb bis zu seinem Zusammenbruch am Ende des Ersten Weltkriegs absolutistisch. Es gelang ihm bis dahin, sich Neuerungen wie der Druckerpresse und der daraus resultierenden schöpferischen Zerstörung zu widersetzen. Der Grund dafür, dass die Veränderungen, die in England stattfanden, im Osmanischen Reich ausblieben, ist in der natürlichen Verbindung zwischen extraktiven, absolutistischen politischen Institutionen und extraktiven Wirtschaftseinrichtungen zu suchen. Absolutismus ist Herrschaft ungeachtet der Gesetze oder der Wünsche anderer, wiewohl absolutistische Monarchen auf die Unterstützung durch eine kleine Gruppe oder Elite angewiesen sind. Beispielsweise waren die Zaren im Russland des 19. Jahrhunderts absolutistische Herrscher, die vom Adel unterstützt wurden, der ungefähr ein Prozent der Gesamtbevölkerung ausmachte. Solche kleinen Gruppen organisierten die politischen Institutionen in einer Weise, welche die Fortsetzung ihrer Macht sicherte. In Russland gab es kein Parlament und keine politische Vertretung für andere Gesellschaftsgruppen, bis der Zar 1905 die Gründung der Duma gestattete. Allerdings untergrub er deren karge Befugnisse unverzüglich. Selbstverständlich waren die Wirtschaftsinstitutionen extraktiver Art und darauf ausgerichtet, den Zaren und den Adel so reich wie möglich werden zu lassen. Die Grundlage dafür bildeten, wie für viele extraktive Wirtschaftssysteme, Zwangsarbeit und Kontrolle, hier in der besonders üblen Form der russischen Leibeigenschaft.

Der Absolutismus war nicht die einzige politische Institutionsform, die darauf erpicht war, möglichst jede Industrialisierung zu verhindern. Obgleich absolutistische Regime nicht pluralistisch waren und sich vor schöpferischer Zerstörung fürchteten, verfügten viele über einen hinreichend zentralisierten Staat, der Innovationen wie die Druckerpresse verbieten konnte. Noch heute findet man in Ländern wie

Afghanistan, Haiti und Nepal Staaten ohne politische Zentralisierung, und im subsaharischen Afrika ist die Situation noch schlimmer. Wie mehrfach erwähnt, konnten inklusive Institutionen nicht entstehen, wenn ein zentralisierter Staat fehlte, der für Ordnung sorgte sowie Vorschriften und Eigentumsrechte durchsetzte. Und der Mangel an jeglicher Form politischer Zentralisierung in vielen Teilen des subsaharischen Afrika (beispielsweise in Somalia und im Südsudan) stellte ein wichtiges Hemmnis für die Industrialisierung dar.

Absolutismus und das Fehlen politischer Zentralisierung sind unterschiedliche Hindernisse für die Verbreitung der Industrie, aber sie sind miteinander verwandt: Beide werden durch die Furcht vor schöpferischer Zerstörung aufrechterhalten. Dennoch zieht die politische Zentralisierung häufig eine Tendenz zum Absolutismus nach sich, auch wenn der Widerstand gegen sie ähnlich motiviert ist wie der gegen inklusive politische Institutionen, nämlich durch die Furcht vor dem Verlust der politischen Macht, hier an den zentralisierten Staat und seine Kontrolleure. Im vorigen Kapitel haben wir aufgezeigt, wie durch die politische Zentralisierung unter der Tudor-Monarchie in England Forderungen unterschiedlicher lokaler Eliten nach Mitspracherecht und Repräsentation in nationalen politischen Institutionen laut wurden, um einen Verlust an politischer Macht zu verhindern. So entstand ein einflussreicheres Parlament, das letztlich die Gründung inklusiver politischer Institutionen ermöglichte.

Aber in vielen anderen Fällen trat genau das Gegenteil ein, das heißt, durch den Prozess der politischen Zentralisierung wurde eine Ära des gestärkten Absolutismus herbeigeführt. Dies war am Beispiel der in Russland von Peter dem Großen zwischen 1682 und seinem Tod im Jahr 1725 geschaffenen Grundlagen des Absolutismus zu beobachten. Er ließ die neue Hauptstadt Sankt Petersburg erbauen und entzog der alten Aristokratie, den Bojaren, die Macht, um einen modernen bürokratischen Staat und eine moderne Armee schaffen zu können. Auch die Bojaren-Duma, die ihn zum Zaren gekürt hatte, verschonte er nicht. Später führte er die Rangtabelle ein, eine völlig neue gesellschaftliche Hierarchie, die den Dienst für den Zaren widerspiegelte. Außerdem übernahm er die Kontrolle über die Kirche, genau wie Heinrich VIII. es getan hatte, als er den Staat in England zentralisierte. Durch diesen Prozess entzog Peter anderen die Macht und konzentrierte sie auf sich selbst. Seine Militärreformen veranlassten die traditionelle Palastgarde, die Strelizen, zur Rebellion. Andere Aufstände folgten, beispielsweise jener der Baschkiren in Zentralasien und der Kosaken unter Bulawin. Alle blieben erfolglos.

Peter dem Großen gelang es, sein Projekt der politischen Zentralisierung durchzusetzen und deren Widersacher zu bezwingen, doch gegnerische Gruppe wie die Strelizen, die ihre Macht bedroht sahen, konnten sich in vielen Teilen der Welt behaupten. Dort hatte der Mangel an Zentralisierung zur Folge, dass die extraktiven politischen Institutionen bestehen blieben.

Im Folgenden werden wir aufzeigen, wie zahlreiche Staaten während der von der Industriellen Revolution erzeugten Umbruchphase den Anschluss verpassten und nicht von der Ausbreitung der Industrie profitierten. Entweder hatten sie absolutistische politische Institutionen und extraktive Wirtschaftsverhältnisse wie das Osmanische Reich, oder es fehlte ihnen, wie etwa in Somalia, an politischer Zentralisierung.

Ein kleiner Unterschied, auf den es ankam

Der Absolutismus zerfiel während des 17. Jahrhunderts in England, während er in Spanien erstarkte. Das spanische Gegenstück zum englischen Parlament, die Cortes, existierte nur dem Namen nach. Die Vereinigung Spaniens bahnte sich 1469 durch die Eheschließung zwischen Ferdinand II. von Aragon und Isabella I. von Kastilien an. 1492 endete die Reconquista (Wiedereroberung), die lang andauernde Vertreibung der Araber, die den Süden Spaniens im 8. Jahrhundert besetzt und die großen Städte Granada, Cordoba und Sevilla erbaut hatten. Granada, der letzte arabische Staat auf der Iberischen Halbinsel, fiel zur selben Zeit an Spanien, als Christoph Kolumbus in Amerika eintraf und Ländereien für Königin Isabella und König Ferdinand, die seine Reise finanziert hatten, mit Beschlag belegte.

Durch die Union von Kastilien und Aragonien sowie durch spätere dynastische Heiraten und Erbschaften entstand ein europäischer Superstaat. Isabella starb im Jahr 1504, und ihre Tochter Johanna wurde zur Königin von Kastilien gekrönt. Sie heiratete Philipp von Habsburg, den Sohn von Maximilian I., dem Kaiser des Heiligen Römischen Reiches. Im Jahr 1516 bestieg Johannas und Philipps Sohn Karl den Thron von Kastilien und Aragonien als Karl I. Nach dem Tod seines Vaters erbte Karl die Niederlande und die Franche-Comté, die er seinen Territorien auf der Iberischen Halbinsel und in Amerika hinzufügte. Nach dem Tod Maximilians I. im Jahr 1519 fielen Karl auch die Habsburger Gebiete in Deutschland zu, und er wurde Kaiser Karl V. des Heiligen Römischen Reiches. Aus der Union von zwei spanischen Königreichen war ein multikontinentales Imperium geworden, und Karl setzte den Ausbau des absolutistischen Staates fort, der unter Isabella und Ferdinand begonnen hatte.

Das Bemühen, den Absolutismus in Spanien einzuführen und zu konsolidieren, wurde durch die Entdeckung von Edelmetallen in Amerika erheblich gefördert. Vor den 1520er Jahren hatte man große Mengen Silber in Mexiko gefunden: zuerst in Guanajuato und kurz darauf in Zacatecas. Die Eroberung von Peru nach 1532 brachte der Monarchie noch mehr Reichtümer ein, und zwar in Gestalt des »königlichen Fünftels« an jeglicher Beute und auch am Ertrag der Bergwerke. Wie erwähnt, wurde 1545 ein Silberberg in Potosí entdeckt, der die Staatskasse des spanischen Königs noch weiter anschwellen ließ.

Zur Zeit der Union von Kastilien und Aragonien gehörte Spanien zu den wirtschaftlich erfolgreichsten Teilen Europas. Nach der Festigung seines absolutistischen politischen Systems begann jedoch ein allmählicher und dann, nach 1600, ein nicht mehr aufzuhaltender ökonomischer Niedergang in Spanien. Einer der ersten Akte Isabellas und Ferdinands nach der Reconquista war die Enteignung der Juden. Ungefähr 200 000 jüdische Bewohner mussten Spanien innerhalb von vier Monaten verlassen. Ihnen blieb nichts anderes übrig, als ihr Land und ihre sonstigen Besitztümer unter Preis zu verkaufen; auch durften sie weder Gold noch Silber mitnehmen. Eine ähnliche menschliche Tragödie ereignete sich etwas über hundert Jahre später. Zwischen

1609 und 1614 vertrieb Philipp III. die Morisken, die Nachfahren der in den früheren islamischen Staaten Südspaniens ansässigen Araber. Wie im Fall der Juden durften die Morisken nicht mehr mitnehmen, als sie tragen konnten, darunter weder Gold noch Silber noch andere Edelmetalle.

Die Eigentumsrechte waren unter der Habsburger Herrschaft in Spanien unsicher. Philipp II., der seinem Vater Karl V. 1556 nachgefolgt war, beglich seine Schulden in den Jahren 1557 und 1560 nicht, wodurch die Handelsfamilien der Fugger und Welser in den Ruin getrieben wurden. Ihre Rolle ging dann an die Genueser Bankenfamilien über, die ihrerseits dadurch ruiniert wurden, dass die Spanier ihren Schuldenzahlungen unter der Herrschaft der Habsburger in den Jahren 1575, 1596, 1607, 1627, 1647, 1652, 1660 und 1662 nicht nachkamen.

Genauso wichtig wie die Unsicherheit der Eigentumsrechte im absolutistischen Spanien war die Auswirkung der politischen Verhältnisse auf die Wirtschaftsinstitutionen, die den Handel kontrollierten, und auf die Entwicklung des spanischen Kolonialreiches. Wie im vorigen Kapitel erörtert, beruhte der wirtschaftliche Erfolg Englands auf der raschen Expansion des Handels. Obwohl England im Vergleich zu Spanien und Portugal erst spät in den Atlantikhandel eintrat, ließ es eine relativ breite Beteiligung daran und an der Nutzung kolonialer Chancen zu. Die Beträge, die in Spanien die Staatskasse füllten, kamen in England der gerade entstehenden Kaufmannsschicht zugute. Sie sollte das Fundament des frühen englischen Wirtschaftswachstums bilden und zum Bollwerk der antiabsolutistischen politischen Koalition werden.

In Spanien fanden solche Prozesse, die zu wirtschaftlichem Fortschritt und institutionellem Wandel führten, nicht statt. Nach der Entdeckung Amerikas organisierten Isabella und Ferdinand den Handel zwischen ihren neuen Kolonien und Spanien mit Hilfe einer Kaufmannsgilde in Sevilla. Sie kontrollierte sämtliche internationalen Geschäfte und sorgte dafür, dass die Monarchie ihren Anteil am Reichtum Amerikas erhielt. Es gab keinen Freihandel mit irgendeiner der Kolonien, und alljährlich kehrte eine große Flotte mit Edelmetallen und anderen wertvollen Gütern aus Amerika nach Sevilla zurück. Durch dieses geschlossene Monopol konnte sich keine breite Kaufmannsschicht auf der Grundlage des Handels mit den Kolonien herausbilden. Sogar die Geschäfte innerhalb Amerikas waren stark reglementiert. Beispielsweise durfte ein Kaufmann in einer Kolonie wie Neu-Spanien (das ungefähr dem heutigen Mexiko entspricht) keine Geschäfte mit jemandem in Neu-Granada (dem heutigen Kolumbien) machen. Diese Handelsbeschränkungen innerhalb des Spanischen Reiches trugen zum Rückgang seines Wohlstands und auch, indirekt, zur Verringerung der potentiellen Vorteile bei, die Spanien durch Geschäftsbeziehungen zu einem anderen, wohlhabenderen Reich hätte erlangen können. Trotzdem war die Situation attraktiv, weil sie garantierte, dass weiterhin Silber und Gold nach Spanien flossen.

Die extraktiven Wirtschaftsinstitutionen Spaniens leiteten sich direkt vom Absolutismus und dem von England abweichenden Weg her, den die politischen Institutionen eingeschlagen hatten. Sowohl das Königreich Kastilien als auch das Königreich Aragonien hatten ihre Cortes, das heißt ein Parlament, das die verschiedenen Stände repräsentierte. Wie im Fall des englischen Parlaments mussten die kastilianischen Cortes einberufen werden, wenn die Monarchie neue Steuern verabschieden wollte. Jedoch vertraten die Cortes in Kastilien und Aragonien in erster Linie die Großstädte und nicht, wie das englische Parlament, auch ländliche Gebiete. Im 15. Jahrhundert repräsentierten sie lediglich achtzehn Städte, die jeweils zwei Abgeordnete entsandten.

Da die Cortes kein so breites gesellschaftliches Spektrum wie das englische Parlament vertraten, entwickelte sich in ihnen kein Geflecht von Interessengruppen, die bestrebt waren, dem Absolutismus Einschränkungen aufzuerlegen. Sie konnten keine Gesetze erlassen, und selbst ihre Möglichkeiten der Einflussnahme auf die Besteuerung waren begrenzt. Dadurch fiel es der spanischen Monarchie umso leichter, die Cortes im Lauf ihrer Konsolidierung des Absolutismus auszuschalten. Trotz des aus Amerika eintreffenden Silbers benötigten Karl V. und Philipp II. unablässig steigende Steuereinnahmen, um eine Reihe teurer Kriege zu finanzieren. Im Jahr 1520 beschloss Karl V., den

Cortes höhere Steuerforderungen zu präsentieren. Die städtischen Eliten nutzten den Moment, um umfassende Änderungen der Cortes und ihrer Befugnisse zu verlangen. Ihre Opposition nahm rasch gewalttätige Züge an und wurde als Comuneros-Aufstand bekannt. Karl konnte die Rebellion mit loyalen Einheiten niederschlagen. Allerdings kam es im übrigen 16. Jahrhundert zu fortwährenden Auseinandersetzungen, bei denen die Monarchie versuchte, den Cortes das Recht zur Erhebung neuer und zur Erhöhung alter Steuern abzuringen. Auch in diesem hin- und herwogenden Kampf setzte sich die Krone letzten Endes durch. Nach 1664 wurden die Cortes erst fast 150 Jahre später wieder einberufen, als man sie während der napoleonischen Angriffe neu gestaltete.

In England führte die Niederlage des Absolutismus im Jahr 1688 nicht nur zu pluralistischen politischen Institutionen, sondern auch zu einem viel schlagkräftigeren zentralisierten Staat. In Spanien trat das Gegenteil ein, da der Absolutismus triumphierte. Obwohl die Monarchie die Cortes geschwächt und alle potentiellen Einschränkungen der königlichen Handlungsfreiheit beseitigt hatte, wurde es immer schwieriger, Steuern zu erheben, selbst wenn Direktverhandlungen mit einzelnen Städten geführt wurden. Während der englische Staat eine moderne, leistungsfähige Steuerbürokratie schuf, bewegte sich Spanien erneut in die entgegengesetzte Richtung. Die Monarchie versäumte es nicht nur, die Eigentumsrechte für Unternehmer abzusichern, sondern sie monopolisierte auch den Handel, verkaufte (häufig erbliche) Ämter, pflegte das Steuerpachtsystem und gewährte gegen Geldzahlungen sogar Immunität gegenüber dem Gesetz.

Die Folgen des Wirkens derartiger extraktiver politischer und wirtschaftlicher Institutionen in Spanien waren absehbar. Im 17. Jahrhundert, während England ein wirtschaftliches Wachstum und dann eine rasche Industrialisierung zu verzeichnen hatte, begann in Spanien eine umfassende Talfahrt. Am Anfang des Jahrhunderts wohnte einer von fünf Spaniern in städtischen Gebieten. Am Ende des Jahrhunderts hatte sich diese Zahl halbiert, was mit einer zunehmenden Verarmung der spanischen Bevölkerung einherging. Die spanischen Einkommen sanken, während England reich wurde.

Das Fortbestehen und die Stärkung des Absolutismus in Spanien – zu einer Zeit, in der er in England beseitigt wurde – liefern ein weiteres Beispiel dafür, wie sehr es in kritischen Phasen auf kleine Unterschiede ankam, die in dem Einfluss und dem Charakter repräsentativer Institutionen bestanden. Die Umbruchphase entstand durch die Entdeckung Amerikas. Die Interaktion zwischen beiden bewirkte, dass Spanien einen ganz anderen institutionellen Pfad einschlug als England. Die relativ inklusiven Wirtschaftsinstitutionen, die sich in England herausbildeten, bewirkten eine nie dagewesene Wirtschaftsdynamik, die ihren Höhepunkt in der Industriellen Revolution fand, während in Spanien keine Industrialisierung erfolgte. Als sich die industriellen Verfahren in vielen Teilen der Welt ausbreiteten, war das spanische Unternehmertum derart geschrumpft, dass die Krone und die Elite der Grundbesitzer nicht einmal die Notwendigkeit sahen, die Industrialisierung zu blockieren.

Furcht vor Industrie

Ohne eine Veränderung der politischen Institutionen und der politischen Macht wie in England nach 1688 hatten die absolutistischen Länder kaum eine Möglichkeit, von den technischen Neuerungen der Industriellen Revolution zu profitieren. In Spanien zum Beispiel hatten das Fehlen gesicherter Eigentumsrechte und der verbreitete wirtschaftliche Verfall zur Folge, dass die Menschen keinerlei Ansporn verspürten, Opfer zu bringen und die erforderlichen Investitionen zu tätigen. In Russland und Österreich-Ungarn waren es nicht nur die Nachlässigkeit und das Missmanagement der Eliten sowie der heimtückische wirtschaftliche Niedergang unter den extraktiven Institutionen, welche die Industrialisierung verhinderten. Vielmehr bremsten die Herrscher jeglichen Versuch, neue Techniken einzuführen und in die Infrastruktur zu investieren – etwa in Eisenbahnen, welche die technische Entwicklung hätten stimulieren können.

Zur Zeit der Industriellen Revolution im 18. und frühen 19. Jahrhundert unterschied sich die politische Karte Europas erheblich von der heutigen. Das Heilige Römische Reich, ein Flickwerk aus über vierhundert Staaten, von denen sich die meisten schließlich zu Deutschland zusammenfügen sollten, nahm den größten Teil Zentraleuropas ein. Das Haus Habsburg war noch eine bedeutende politische Kraft, obwohl Spanien, nachdem die Bourbonen den Thron im Jahr 1700 an sich gebracht hatten, nicht mehr dazugehörte, und sein Österreichisch-Ungarisches Reich umfasste ein riesiges Gebiet von rund 647 500 Quadratkilometern. Mit einem Siebtel der Bevölkerung des Kontinents war es der drittgrößte Staat Europas. Im späten 18. Jahrhundert verleibte sich das Habsburger Reich auch das heutige Belgien ein, damals als Österreichische Niederlande bekannt. Den größten Teil machte der zusammenhängende Block um Österreich und Ungarn aus, darunter die Tschechische Republik und die Slowakei im Norden sowie Slowenien, Kroatien und weite Flächen Italiens und Serbiens im Süden. Im Osten waren dem Reich große Landstriche des heutigen Rumänien und des heutigen Polen eingegliedert.

Kaufleute hatten im Reich der Habsburger eine viel geringere Bedeutung als in England, da die Leibeigenschaft in Osteuropa weiterbestand. Wie im vierten Kapitel dargestellt, bildeten Ungarn und Polen den Kern der Zweiten Leibeigenschaft. Im Gegensatz zu den Stuarts gelang es den Habsburgern, eine ausgeprägt absolutistische Herrschaft aufrechtzuerhalten. Franz II., der letzte Kaiser des Heiligen Römischen Reiches (1792–1806) und dann als Franz II. Kaiser von Österreich-Ungarn bis zu seinem Tod im Jahr 1835, war ein kompromissloser Absolutist. Er duldete keine Beschränkung seiner Macht und wollte in erster Linie den politischen Status quo bewahren, weshalb er sich jeglichem Wandel widersetzte. 1821 hielt er vor den Lehrern einer Schule in Laibach eine für die Habsburger Herrscher charakteristische Rede. Darin machte er deutlich, dass er dienstwillige junge Männer benötige, die seinen Befehlen gehorchten und keine neuen Ideen vorbrachten.

Kaiserin Maria Theresia (1740–1780) reagierte häufig auf Vorschläge zur Verbesserung von Institutionen mit der Bemerkung: »Lasst alles, wie es ist.« Gleichwohl versuchten sie und ihr Sohn Joseph II., der zwischen 1780 und 1790 herrschte, einen mächtigeren Zentralstaat und ein effektiveres Verwaltungssystem aufzubauen. Allerdings geschah dies im Rahmen eines politischen Systems, das keine realen Beschränkungen ihrer Handlungsfreiheit und kaum pluralistische Elemente enthielt. Es gab kein Parlament, das den Monarchen im Geringsten kontrollierte, nur ein System von regionalen Reichsständen und Lehen, die gewisse Befugnisse hinsichtlich der Besteuerung und der Rekrutierung von Soldaten hatten. Die Maßnahmen der österreichisch-ungarischen Habsburger unterlagen noch weniger Kontrollen als die der spanischen Monarchen, und die politische Macht konzentrierte sich auf eine kleine Elite.

Während der Habsburger Absolutismus im 18. Jahrhundert stärker wurde, schwächten sich die Befugnisse sämtlicher nichtmonarchischen Institutionen weiter ab. Als eine Bürgerdelegation aus der Provinz Tirol Franz eine Petition überreichte, in der sie ihn um den Erlass einer Verfassung baten, beschied er sie, vorsichtig mit ihren Forderungen und Äußerungen zu sein, weil die Soldaten ihm gehorchten. Darauf zogen die Tiroler ihre Petition wieder zurück.

Franz löste den Staatsrat auf, in dessen Rahmen sich Maria Theresia mit ihren Ministern besprochen hatte. Fortan sollte es keine Beratungen oder öffentliche Diskussionen über die Entscheidungen der Krone mehr geben. Franz schuf einen Polizeistaat und zensierte alles, was auch nur einen Hauch von Radikalität erkennen ließ. Seine Herrschaftsphilosophie wurde von seinem langjährigen Mitarbeiter Graf Hartig als uneingeschränkte Aufrechterhaltung der Autorität des Souveräns und als Ablehnung sämtlicher Ansprüche des Volkes auf ein politisches Mitspracherecht charakterisiert. Bei alledem half ihm sein 1809 ernannter Außenminister Fürst von Metternich. Dessen Einfluss überdauerte den von Franz sogar, und er blieb fast vierzig Jahre lang Außenminister.

Die Basis der Habsburger Wirtschaftsinstitutionen bildeten die Feudalordnung und die Leibeigenschaft. Gen Osten wurde der Feudalismus im Reich ausgeprägter, worin sich der allgemeine Zerfall der Wirtschaftsinstitutionen, wie im vierten Kapitel dargelegt, widerspiegelte. Die Bewegungsfreiheit der Arbeitskräfte war äußerst eingeschränkt, und es war verboten abzuwandern. Als der englische Philanthrop Robert Owen die österreichische Regierung zu einigen Sozialreformen überreden wollte, um die Lebensbedingungen der Armen zu verbessern, erwiderte einer von Metternichs Mitarbeitern, Friedrich von Gentz: »Wir wünschen nicht, dass die großen Massen wohlhabend und unabhängig werden … Wie sollten wir dann über sie herrschen?«

Außer durch die Leibeigenschaft, welche die Entstehung eines Arbeitsmarktes verhinderte und die Masse der Landbevölkerung jeglicher Motivation zur Eigeninitiative beraubte, gedieh der Habsburger Absolutismus durch Monopole und andere Handelsbeschränkungen. Die städtische Wirtschaft wurde von Gilden und Zünften beherrscht, die den Zugang zu den Gewerben erschwerten. Bis 1777 gab es Binnenzölle in Österreich und bis 1784 in Ungarn. Man erhob abschreckende Einfuhrzölle, und der Import und Export vieler Güter war ausdrücklich verboten.

Die Unterdrückung der Märkte und die Gründung von extraktiven Wirtschaftsinstitutionen sind typisch für den Absolutismus, aber Franz ging noch weiter. Es genügte ihm nicht, dass seine Untertanen keine Anreize hatten, Neuerungen einzuführen. Im zweiten Kapitel haben wir geschildert, wie Versuche im Königreich Kongo, den Einsatz von Pflügen zu fördern, deshalb scheiterten, weil den Menschen durch den extraktiven Charakter der Wirtschaftsinstitutionen jeglicher Ansporn dazu fehlte. Der kongolesische König begriff, dass die landwirtschaftliche Produktivität durch den Einsatz von Pflügen gesteigert werden und er davon profitieren würde. Dies ist ein potentieller Anreiz für sämtliche – auch absolutistische – Regierungen. Doch die Menschen im Kongo wussten, dass ihr absolutistischer Monarch jederzeit alles beschlagnahmen konnte, was sie produzierten, weshalb sie keine Veranlassung sahen, Investitionen zu tätigen oder sich einer besseren Technik zu bedienen.

Aber im Habsburger Reich ermutigte Franz seine Bürger nicht einmal, bessere Techniken zu verwenden, sondern er widersetzte sich ihnen und blockierte Neuerungen, welche die Menschen im Rahmen der bestehenden Wirtschaftsinstitutionen bereitwillig übernommen hätten. Er unterband die Entwicklung von Industrie, weil er zu Recht fürchtete, dass sie zur Entstehung von Fabriken in den Städten führen würde, besonders in Wien, wo sich die dort dann konzentrierten Arbeiter den Gegnern des Absolutismus anschließen konnten. Seine Maßnahmen zielten darauf ab, die traditionellen Eliten sowie den politischen und wirtschaftlichen Status quo unverändert zu lassen, und zwar dadurch, dass die Gesellschaft ihren Agrarcharakter behielt und man überhaupt gar nicht erst anfing, Fabriken zu bauen. Deshalb verbot er 1802 die Errichtung von Fabrikgebäuden in Wien und untersagte bis 1811 die Einfuhr und den Bau neuer Maschinen, die Grundlage der Industrialisierung.

Zweitens widersetzte er sich dem Eisenbahnbau, einer der entscheidenden neuen Technologien, welche die Industrielle Revolution begleiteten. Als man ihm einen Plan für eine nördliche Eisenbahnlinie vorlegte, erklärte Franz, er wolle nichts damit zu tun haben, weil sonst eine Revolution ausbrechen könne. Da er keine Genehmigung für den Bau einer Dampfeisenbahn erteilte, musste man für den ersten Zug des Reiches Pferdekutschen benutzen. Die Linie zwischen Linz an der Donau und der böhmischen Stadt Budweis an der Moldau wies große Steigungen und enge Kurven auf, so dass es später unmöglich war, sie auf Dampfloks umzustellen. Deshalb wurde sie bis in die 1860er Jahre hinein mit Pferdekraft betrieben.

Salomon Rothschild, der die große Bankdynastie in Wien repräsentierte, erahnte bereits früh das wirtschaftliche Potential der Eisenbahn. Sein Bruder Nathan, der seinen Wohnsitz nach England verlegt hatte, war sehr beeindruckt von George Stephensons Lokomotive »The Rocket« und den Möglichkeiten der Dampfeisenbahn. Er ermutigte seinen Bruder, in Österreich nach günstigen Investitionen in den Eisenbahnbau Ausschau zu halten, denn er war überzeugt, dass die Familie dadurch hohe Gewinne machen könne. Salomon stimmte ihm zu, doch aus dem Plan wurde nichts, weil Kaiser Franz wieder schlicht Nein sagte.

Der Widerstand gegen Industrie und Dampfeisenbahnen rührte von Franz' Angst vor der schöpferischen Zerstörung her, die in einer modernen Wirtschaft unvermeidlich war. Er wollte vor allem die Stabilität der extraktiven Institutionen des Reiches sicherstellen und die Privilegien der ihn unterstützenden traditionellen Eliten schützen. Denn er hatte wenig durch die Industrialisierung zu gewinnen, die ländliche Arbeitskräfte anziehen und das Feudalsystem schwächen würde. Zudem wusste Franz, welche Gefahr bedeutende wirtschaftliche Veränderungen für seine politische Macht darstellten. Darum blockierte er die Industrie und den wirtschaftlichen Fortschritt, und diese Rückständigkeit kam auf vielerlei Art zum Ausdruck: Zum Beispiel verwendete man 1883, als bereits 90 Prozent der Welteisenmenge unter Einsatz von Kohle hergestellt wurden, in den Habsburger Territorien für die Hälfte der Produktion immer noch die viel weniger effiziente Holzkohle. Und bis zum Ende des Reiches im Ersten Weltkrieg wurde die Weberei nie völlig mechanisiert, sondern immer noch manuell betrieben.

Österreich-Ungarn war nicht der einzige Staat, in dem man sich vor der Industrialisierung fürchtete. Weiter östlich hatte auch Russland absolutistische politische Institutionen und äußerst extraktive Wirtschaftsinstitutionen. Da sie auf Leibeigenschaft beruhten, war mindestens die Hälfte der Bevölkerung an die Scholle gebunden. Leibeigene mussten drei Tage pro Woche unentgeltlich auf den Gütern ihrer Besitzer arbeiten, sie durften nicht umziehen oder ihre Tätigkeit frei wählen und konnten außerdem jederzeit an einen anderen Grundeigentümer verkauft werden. Der radikale Philosoph Pjotr Kropotkin, einer der Begründer des modernen Anarchismus, verfasste eine anschauliche Beschreibung der Leibeigenschaft unter Zar Nikolaus I., der Russland von 1825 bis 1855 beherrschte. Kropotkin erinnerte sich an

Geschichten von Männern und Frauen, die man von ihren Familien und aus ihren Heimatdörfern fortriss und verkaufte oder beim Spiel verlor oder gegen ein paar Jagdhunde umtauschte und dann irgendwohin in einen weit entfernten Teil Russlands wegführte, um dort neue Güter anzulegen; von Kindern, die man ihren Eltern wegnahm und an grausame oder sittenlose Herren verkaufte; von

Auspeitschungen (im Stall), die jeden Tag mit unerhörter Grausamkeit vor sich gingen; von einem Mädchen, das sich nicht anders retten konnte, als dass sie den Tod im Wasser suchte; von einem alten Manne, der im Dienste seines Herrn grau geworden war und sich schließlich unter dem Fenster seines Herrn aufhängte; von Bauernaufständen, die Nikolaus' I. Generäle unterdrückten, indem sie jeden zehnten oder fünften Mann zu Tode geißeln ließen und das Dorf verheerten … Was endlich die Armut betrifft, die ich auf unsern Reisen in manchen Dörfern, besonders in solchen auf kaiserlichem Grundbesitz, zu sehen bekam, so reichen Worte nicht aus, dem Leser eine Vorstellung von dem Elend zu geben, wenn er es nicht selbst gesehen hat.

Genau wie in Österreich-Ungarn brachte der Absolutismus in Russland nicht nur eine Reihe von Wirtschaftsinstitutionen hervor, die den Wohlstand der Gesellschaft beeinträchtigten. Hinzu kam eine ähnliche Angst vor der schöpferischen Zerstörung, vor der Industrialisierung und der Eisenbahn. Graf Jegor Kankrin, der zwischen 1823 und 1844 unter Nikolaus I. als Finanzminister diente, spielte eine entscheidende Rolle bei der von diesen Ängsten getriebenen Blockierung des sozialen Wandels, der für die Förderung des wirtschaftlichen Wohlstands unerlässlich ist.

Kankrins Programm zielte darauf ab, die traditionellen politischen Säulen des Regimes zu stärken, insbesondere den Landadel, und den Agrarcharakter der Gesellschaft zu bewahren. Nach seinem Amtsantritt ließ er rasch einen Vorschlag seines Vorgängers Gurew fallen, eine regierungseigene Kommerzbank für die Darlehensvergaben an Industrielle zu gründen. Stattdessen ließ er die Staatliche Kreditanstalt wiederaufleben, die während der Napoleonischen Kriege geschlossen worden war. Diese Bank hatte man ursprünglich eröffnet, um Großgrundbesitzern Darlehen mit subventionierten Zinsen zukommen zu lassen, was Kankrin billigte. Da die Antragsteller als Sicherheit Leibeigene anbieten mussten, konnten nur Feudalherren solche Gelder erhalten. Um die Staatliche Kreditanstalt zu finanzieren, übertrug Kankrin ihr Vermögenswerte von der Kommerzbank, womit er zwei

Fliegen mit einer Klappe schlug, denn nun waren kaum noch Gelder für die Industrie übrig.

Kankrin ließ sich, genau wie Zar Nikolaus, vorausahnend von der Angst leiten, dass ökonomischer zu politischem Wandel führen würde, und der erschien bedrohlich. Nachdem die Machtübernahme durch Nikolaus im Dezember 1825 fast an einem Putschversuch von russischen Offizieren, den sogenannten Dekabristen, gescheitert wäre, welche die Gesellschaft radikal umgestalten wollten, schrieb der Zar an den Großfürsten Michail: »Die Revolution steht auf der Schwelle Russlands, aber ich schwöre, dass sie nicht ins Land vordringen wird, solange ich noch einen Atemzug in meinem Körper habe.« Und auf einem Fabrikantentreffen bei einer Industrieausstellung in Moskau erklärte der Zar:

Sowohl der Staat als auch die Produzenten müssen ihre Aufmerksamkeit folgendem Thema zuwenden, weil andernfalls die Fabriken nicht zu einem Segen, sondern zu einem Übel werden würden: nämlich der Fürsorge um die Arbeiter, deren Zahl sich alljährlich erhöht. Sie brauchen eine tatkräftige und väterliche Beaufsichtigung ihrer Moral. Sonst wird diese Menschenmenge allmählich verdorben werden und sich schließlich in eine ebenso elende wie für ihre Gebieter gefährliche Gesellschaftsschicht verwandeln.

Wie Franz I. sorgte sich Nikolaus, dass die durch eine moderne Industriegesellschaft entfesselte schöpferische Zerstörung zur Aushöhlung des politischen Status quo in Russland beitragen würde. Angespornt von Nikolaus, unternahm Kankrin spezifische Schritte, um die Entwicklungsmöglichkeiten der Industrie auszubremsen. Er verbot mehrere Ausstellungen, die regelmäßig veranstaltet worden waren, um technische Innovationen zu präsentieren und ihren Einsatz zu erleichtern.

Im Jahr 1848 wurde Europa durch eine Reihe revolutionärer Ausbrüche erschüttert. A. A. Sakrewski, der Militärgouverneur von Moskau, der die öffentliche Ordnung aufrechterhalten musste, schrieb dem Zaren: »Zwecks Bewahrung der Ruhe und der Prosperität, deren sich gegenwärtig nur Russland erfreut, darf die Regierung die Ansammlung von obdachlosen und liederlichen Menschen nicht zulassen, die sich unbedacht jeder Bewegung anschließen, um den gesellschaftlichen und privaten Frieden zu zerstören.« Die Minister des Zaren erwogen seinen Rat, und 1849 verabschiedeten sie ein neues Gesetz, durch das die Zahl der Fabriken, die man in jedem Moskauer Stadtteil eröffnen durfte, eng begrenzt wurde. In erster Linie wurde mit dem Gesetz der Eröffnung neuer Woll- oder Baumwollspinnereien sowie Eisengießereien ein Riegel vorgeschoben. Andere Branchen, etwa Webereien und Färbereien, benötigten für die Inbetriebnahme neuer Werke die Genehmigung des Militärgouverneurs. Später wurde die Baumwollspinnerei generell ausdrücklich verboten. Dadurch sollte jegliche weitere Konzentration potentiell aufständischer Arbeiter in der Stadt verhindert werden.

Die Ablehnung der Eisenbahnen ging, wie in Österreich-Ungarn, mit der Bekämpfung der Industrialisierung einher. Vor 1842 gab es in Russland nur eine einzige Eisenbahnlinie: die siebenundzwanzig Kilometer lange Strecke von St. Petersburg zu den kaiserlichen Residenzen Zarskoje Selo und Pawlowsk. Da Kankrin die Industrie ablehnte, sah er ebenfalls keinen Grund, sich für Eisenbahnen einzusetzen, die eine sozial gefährliche Mobilität verursachen würden. Zudem »sind Eisenbahnen nicht immer das Ergebnis der natürlichen Notwendigkeit, sondern eher Gegenstand künstlicher Bedürfnisse oder des Luxus. Sie leisten überflüssigen Reisen von Ort zu Ort Vorschub, was für unsere Zeit ganz und gar typisch ist.«

Kankrin wies zahlreiche Eisenbahnprojekte zurück, und erst 1851 wurde eine Linie zwischen Moskau und St. Petersburg gebaut. Die Politik des Finanzministers setzte Graf Kleinmichel fort, der zum Leiter der Hauptverwaltung für Verkehr und öffentliche Gebäude ernannt wurde. Diese Institution traf die wichtigsten Entscheidungen über den Eisenbahnbau, und Kleinmichel benutzte sie dazu, entsprechende Pläne zu durchkreuzen. Nach 1849 zensierte er sogar Zeitungsartikel über die Erweiterung des Bahnnetzes.

Karte 13 zeigt die Folgen dieses Vorgehens. Während Großbritannien und der größte Teil Nordwesteuropas von Eisenbahnlinien durchzogen wurden, war auf dem riesigen Territorium Russlands kaum eine

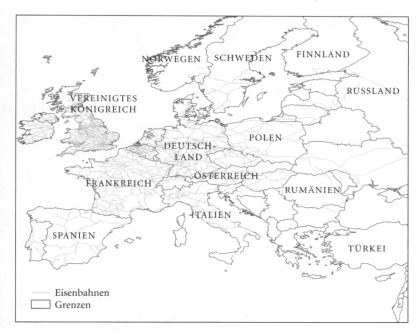

Karte 13: Eisenbahnen in Europa im Jahr 1870

Trasse zu finden. Die offizielle Ablehnung der Eisenbahn endete erst nach der vernichtenden Niederlage gegen die britischen, französischen und osmanischen Streitkräfte im Krimkrieg (1853–1856), denn da begriff man, dass die Rückständigkeit des Verkehrsnetzes eine ernsthafte Bedrohung für die russische Sicherheit darstellte.

Transport verboten

Der Absolutismus herrschte nicht nur im Großteil Europas, sondern auch in Asien, wo er die Industrialisierung während der durch die Industrielle Revolution erzeugten kritischen Phase ebenfalls verhinderte. China unter der Ming- und der Qing-Dynastie sowie das Osmanische Reich mögen als Beispiele hierfür dienen.

Unter der Song-Dynastie zwischen 960 und 1279 war China technisch führend in der Welt. Die Chinesen erfanden lange vor den Europäern Uhren, den Kompass, Schießpulver, Papier und Papiergeld, Porzellan und Hochöfen für die Produktion von Gusseisen, und ungefähr zur selben Zeit Spinnräder und Wasserkraft. Infolgedessen war der Lebensstandard in China um 1500 wahrscheinlich mindestens genauso hoch wie in Europa. Daneben verfügte China jahrhundertelang über einen zentralisierten Staat mit einer leistungsorientierten Beamtenschaft.

Doch China war absolutistisch, und das Wachstum zur Zeit der Song-Dynastie vollzog sich unter extraktiven Institutionen. Es gab keine politische Vertretung für soziale Gruppen außerhalb der Monarchie, also nichts, was einem Parlament oder den Cortes ähnelte. Kaufleute hatten in China stets einen unsicheren Status, und die großen Erfindungen der Song entstanden nicht durch Marktstimuli, sondern unter der Ägide oder sogar auf Geheiß der kaiserlichen Regierung. Kaum etwas davon wurde im Handel verwertet.

Die staatliche Kontrolle verschärfte sich unter der Ming- und der Qing-Dynastie noch, die der Song folgten. All dem lag die übliche Logik extraktiver Institutionen zugrunde. Wie die meisten Herrscher, die mit Hilfe solcher Institutionen regieren, widersetzten sich die absolutistischen Kaiser Chinas jeglichem Wandel, strebten nach Stabilität und fürchteten schöpferische Zerstörung.

Dies lässt sich am besten durch die Geschichte des Außenhandels belegen. Wie aufgezeigt, spielten die Entdeckung Amerikas und die Art der Organisation des internationalen Handels eine Schlüsselrolle für die politischen Konflikte und die institutionellen Veränderungen im Europa der frühen Neuzeit. In China dagegen waren selbständige Händler üblicherweise innerhalb des Landes tätig, während der Staat den Überseehandel für sich monopolisierte. Nachdem die Ming-Dynastie 1368 an die Macht gelangt war, herrschte ihr erster Kaiser Hongwu dreißig Jahre lang. Hongwu sorgte sich, dass sich der Überseehandel politisch und gesellschaftlich destabilisierend auswirken könne, und er gestattete ihn nur, wenn er von seinen Beamten organisiert wurde und lediglich Tributzahlungen, also keine geschäftlichen Aktivitäten, betraf. Er ließ sogar Hunderte von Untertanen hinrichten, denen man vorwarf, sie hätten versucht, Tributmissionen in kommerzielle Unternehmungen zu verwandeln. Zwischen 1377 und 1397 erlaubte der Kaiser keine Eintreibungen von Tribut, die Seereisen erforderten. Hongwu verbot zudem Privatpersonen, Handel mit Ausländern zu treiben, und erlaubte es keinem Chinesen, sich nach Übersee zu begeben.

Im Jahr 1402 bestieg Kaiser Yongle den Thron und leitete eine der berühmtesten Epochen der chinesischen Geschichte ein, indem er den staatlichen Außenhandel in großem Umfang wieder aufnahm. Er beauftragte Admiral Zheng He, sechs riesige Handelsreisen nach Südost- und Südasien, Arabien und Afrika durchzuführen. Die Chinesen kannten diese Gegenden durch eine lange Geschichte der Handelsbeziehungen, doch jetzt nahmen sie ihre Aktivitäten in nie gekannten Ausmaßen wieder auf. Die erste Flotte umfasste 27 800 Mann und 62 Schatzschiffe sowie 190 kleinere Gefährte, die den spezifischen Zweck hatten, Trinkwasser, Vorräte und Soldaten zu befördern. Allerdings unterbrach Yongle die Missionen nach der sechsten Reise im Jahr 1422. Sein Nachfolger Hongxi (1424–1425) setzte die Handelsreisen fort. Nach Hongxis vorzeitigem Tod übernahm Kaiser Xuande den Thron. Er ließ Zheng He 1433 zu einer letzten Mission in See stechen, verbot danach jedoch den gesamten Überseehandel. 1436 wurde sogar der Bau von Seeschiffen untersagt. Erst 1567 hob der Kaiser das Verbot des Überseehandels wieder auf.

Diese Geschehnisse waren nur die Spitze des extraktiven Eisbergs, der viele als potentiell destabilisierend geltende Wirtschaftsaktivitäten blockierte und gravierende Folgen für die ökonomische Entwicklung des chinesischen Staates haben sollte. Während sich die englischen Institutionen durch den internationalen Handel und die Entdeckung Amerikas radikal umgestalteten, schirmte sich China von den damit verbundenen Umbrüchen ab und kehrte sich bis 1567 nach innen. Die Ming-Dynastie wurde 1644 von den Vorfahren der Mandschu überwältigt, den innerasiatischen Jurchen, welche die Qing-Dynastie gründeten. Eine Zeit heftiger politischer Wirren schloss sich an. Die Qing taten sich durch die massenhafte Enteignung von Grundeigentum und sonstigen Vermögenswerten hervor. In den 1690er Jahren schrieb T'ang Chen, ein chinesischer Gelehrter im Ruhestand und gescheiterter Kaufmann:

> Über fünfzig Jahre sind seit der Gründung der Qing-Dynastie vergangen, und das Reich wird mit jedem Tag ärmer. Die Bauern leiden Not, die Handwerker leiden Not, die Kaufleute leiden Not, und auch die Beamten leiden Not. Getreide ist billig, doch es ist schwierig, sich satt zu essen; Stoff ist billig, doch es ist schwierig, seine Haut zu bedecken. Schiffsladungen von Waren werden von einem Marktplatz zum anderen gebracht, doch die Fracht muss mit Verlust verkauft werden. Beamte, die ihren Posten verlassen, stellen fest, dass ihnen die Mittel fehlen, ihren Haushalt zu ernähren. In der Tat sind alle vier Berufsgruppen verarmt.

1661 ordnete Kaiser Kangxi an, dass alle Bewohner der Küste von Vietnam bis Chekiang – also der gesamten Südküste, die einst das kommerziell aktivste Gebiet Chinas gewesen war – siebenundzwanzig Kilometer landeinwärts zu ziehen hätten. Soldaten patrouillierten an der Küste, um die Maßnahme durchzusetzen, und bis 1693 wurde auch jegliche Küstenschifffahrt untersagt. Dieses Verbot erneuerte man im 18. Jahrhundert mehrfach, wodurch der chinesische Überseehandel im Keim erstickt wurde. Kaum jemand war in Lockerungsphasen bereit, in Schiffe, Ausrüstung und Handelsbeziehungen zu investieren, die durch eine erneute Meinungsänderung des Kaisers plötzlich wertlos oder zum Verhängnis werden konnten.

Der Grund für die Ablehnung des internationalen Handels durch die Ming- und Qing-Staaten ist mittlerweile vertraut: die Furcht vor schöpferischer Zerstörung. Das Hauptziel der Herrscher war politische Stabilität. Der Außenhandel konnte destabilisierend wirken, da Kaufleute, wie in England zur Zeit der Expansion des Atlantikhandels, durch ihn reich und aufsässig wurden. Dies war nicht nur die Meinung der Herrscher in der Ming- und in der Qing-, sondern auch in der Song-Dynastie, obwohl diese technische Neuerungen förderte und gewisse kommerzielle Freiheiten zuließ, solange sie selbst die Kontrolle darüber ausübte. Die Situation verschlimmerte sich unter den Ming und den Qing, welche die staatliche Aufsicht über jegliche Wirtschaftstätigkeit verstärkten und den Überseehandel einstellten. Zwar bestanden Märkte und Handel auch im China der Ming und der Qing weiter, und sie besteuerten die Binnenwirtschaft recht milde, aber sie unterstützten keine Innovationen und zogen die politische Stabilität einem durch Handel und Industrie erzeugten Wohlstand vor.

Die Folgen dieser absolutistischen Kontrolle waren absehbar: Die chinesische Wirtschaft stagnierte im 19. und frühen 20. Jahrhundert, während sich andere Staaten der Industrialisierung anschlossen. Als Mao 1949 sein kommunistisches Regime errichtete, war China zu einem der ärmsten Länder der Welt geworden.

Der Absolutismus des Priesterkönigs Johannes

Der Absolutismus mit seinen politischen Institutionen und den von ihnen bewirkten Konsequenzen beschränkte sich nicht auf Europa und Asien. Er war auch in Afrika anzutreffen, zum Beispiel im Königreich Kongo, wie wir im zweiten Kapitel ausgeführt haben. Eine noch eindringlichere Illustration des afrikanischen Absolutismus bietet Äthiopien – oder Abessinien –, mit dessen Ursprüngen wir uns im sechsten Kapitel beschäftigt haben, als wir die Entstehung des Feudalismus nach dem Untergang von Axum behandelten. Der abessinische Absolutismus war noch dauerhafter als die europäischen Varianten, denn er hatte es mit ganz anderen Herausforderungen und kritischen Phasen zu tun.

Nach der Bekehrung des axumitischen Königs Ezana zum Christentum hielten die Äthiopier an diesem Glauben fest, und im 14. Jahrhundert spann sich um sie der Mythos vom Priesterkönig Johannes. Johannes war ein christlicher König, der durch den Aufstieg des Islam im Nahen Osten von Europa abgeschnitten worden war. Anfangs glaubte man, sein Reich liege in Indien, was sich jedoch als Irrtum erwies, als man mehr über Indien in Erfahrung brachte. Dann wurde vermutet, der christliche König von Äthiopien sei mit Johannes identisch. Tatsächlich bemühten sich äthiopische Könige, mit europäischen Monarchen Bündnisse gegen arabische Überfälle zu schmieden. Mindestens seit dem Jahr 1300 schickten sie Delegationen nach Europa und konnten den portugiesischen König sogar dazu bewegen, ihnen mit Soldaten beizustehen.

Diese Soldaten – neben Diplomaten, Jesuiten und Reisenden, die nach dem Priesterkönig Johannes suchten – hinterließen zahlreiche Schilderungen Äthiopiens. Einige der aus wirtschaftlicher Sicht interessantesten stammen von Francisco Álvares, einem Kaplan, der eine portugiesische Delegation begleitete und sich von 1520 bis 1527 in Äthiopien aufhielt. Außerdem gibt es Berichte des Jesuiten Manoel de Almeida, der sich seit 1624 in Äthiopien aufhielt, und des Reisenden John Bruce, der das Land zwischen 1768 und 1773 besuchte. Die Schriften dieser Männer enthalten eine anschauliche Darstellung der politischen und wirtschaftlichen Institutionen im damaligen Äthiopien und lassen keinen Zweifel daran, dass das Land ein perfektes Beispiel für den Absolutismus war. Man kannte keinerlei pluralistische Institutionen noch Kontrollen und Einschränkungen der Macht des Königs, der sein Recht zu herrschen auf seine angebliche Abstammung von dem legendären König Salomon und der Königin von Saba stützte.

Der Absolutismus führte zu einer großen Unsicherheit der Eigentumsrechte. Bruce bemerkte beispielsweise:

Das ganze Land gehört dem König. Er vergibt es nach Belieben und nimmt es zurück, wenn es ihm gefällt. Sobald er stirbt, steht der gesamte Grund und Boden im Königreich der Krone zur Verfügung. Damit nicht genug; wenn der gegenwärtige Besitzer stirbt, fällt sein Eigentum, so lange er es auch genutzt haben mag, an den König zurück und geht nicht auf den ältesten Sohn über.

Álvares meinte, es würde viel mehr »an Feldfrüchte[n] und Ackerbau [geben], wenn die großen Männer das Volk nicht schlecht behandelten«. Seine Darstellung der Funktionsweise der Gesellschaft klingt schlüssig:

> Es ist üblich, dass der Herrscher den Landbesitz jedes Mannes alle zwei oder drei Jahre, zuweilen jedes Jahr und sogar häufig viele Male im Lauf eines einzigen Jahres austauscht, ändert oder an sich reißt. Deshalb löst sein Verhalten keine Überraschung mehr aus. Oftmals pflügt ein Mann den Boden, ein anderer besät ihn, und ein Dritter bringt die Ernte ein. So kommt es, dass es niemanden gibt, der sich um sein Land kümmert; niemand pflanzt einen Baum, weil er weiß, dass er kaum je die Früchte einsammeln wird. Für den König ist es jedoch nützlich, dass alle so abhängig von ihm sind.

Diese Beschreibungen lassen starke Ähnlichkeiten zwischen den politischen und wirtschaftlichen Strukturen Äthiopiens und denen des europäischen Absolutismus erkennen. Aber sie machen auch deutlich, dass der Absolutismus in Äthiopien ausgeprägter und die Wirtschaftsinstitutionen noch extraktiver waren. Zudem haben wir im sechsten Kapitel aufgezeigt, dass Äthiopien nicht den gleichen Umbruchphasen unterlag, die beispielsweise zur Schwächung des absolutistischen Systems in England beitrugen. Äthiopien war von vielen Ereignissen abgeschnitten, welche die moderne Welt prägten. Selbst wenn das nicht der Fall gewesen wäre, hätte sich der Absolutismus infolge seiner Intensität noch weiter verstärkt. Zum Beispiel wurde der äthiopische Außenhandel, darunter der lukrative Sklavenverkauf, vom Monarchen kontrolliert. Das Land war also nicht völlig abgeschieden, auch weil Europäer angereist kamen, um nach dem Priesterkönig Johannes zu suchen, und es musste Kriege gegen die es umgebenden islamischen Staaten führen. Nichtsdestoweniger stellte der Historiker Edward Gibbon fest, dass die Äthiopier, an allen Seiten von den Feinden ihrer Religion umgeben, fast tausend Jahre geschlafen und die Welt vergessen hätten, die sie ebenfalls vergessen habe.

Zu Beginn der europäischen Kolonisierung Afrikas im 19. Jahrhundert war Äthiopien ein unabhängiges Königreich unter Ras (Herzog) Kassa, der 1855 als Kaiser Tewodros II. gekrönt wurde. Tewodros machte sich an die Modernisierung des Staates und schuf eine stärker zentralisierte Bürokratie und Rechtsprechung sowie ein Heer, welches das Land unter Kontrolle halten und möglicherweise gegen die Europäer kämpfen konnte. Sämtliche Provinzen unterstellte er Militärgouverneuren, die Steuern einzutreiben und an ihn weiterzureichen hatten. Seine Verhandlungen mit europäischen Mächten gestalteten sich schwierig, und in seiner Erbitterung ließ er den englischen Konsul einsperren. Im Jahr 1868 entsandten die Engländer eine Expeditionsstreitmacht, die Tewodros' Hauptstadt plünderte. Daraufhin beging er Selbstmord.

Trotzdem gelang es seiner neu formierten Regierung, einen der großen antikolonialen Triumphe des 19. Jahrhunderts, und zwar gegen die Italiener, zu erringen. 1889 bestieg Menelik II. den Thron. Sofort musste er mit dem Bestreben Italiens, in seinem Land eine Kolonie einzurichten, fertig werden. 1885 hatte der deutsche Kanzler Bismarck eine Konferenz in Berlin einberufen, auf der die europäischen Mächte ein »Gerangel um Afrika« veranstalteten, in dessen Verlauf sie beschlossen, in welche unterschiedliche Interessenssphären der Kontinent aufzuteilen sei. Außerdem sicherte sich Italien die Rechte auf Kolonien in Eritrea entlang der Küste Äthiopiens und in Somalia.

Äthiopien, obwohl nicht auf der Konferenz vertreten, blieb trotzdem unberührt. Aber die Italiener schmiedeten weiterhin Pläne, und im Jahr 1896 entsandten sie ein Heer aus Eritrea nach Süden. Meneliks Reaktion ähnelte der eines europäischen Königs im Mittelalter: Er befahl seinen Adligen, ihre Krieger zu den Waffen zu rufen. Er konnte zwar keine Armee für einen längeren Zeitraum aufbieten, doch es war ihm auf diese Weise möglich, kurzfristig ein Riesenheer ins Feld zu führen. Dies genügte, um die Italiener zu besiegen. Ihre fünfzehntausend Mann wurden von Meneliks hunderttausend Kriegern in der Schlacht von Adowa (1896) überwältigt. Es war die schwerste militärische Niederlage, die ein vorkoloniales Land jemals einer europäischen Macht zugefügt hatte, und sie gewährleistete die Unabhängigkeit Äthiopiens für weitere vierzig Jahre.

Der letzte Kaiser von Äthiopien, Ras Tefari, wurde 1930 als Haile Selassie gekrönt. Eine zweite italienische Invasion, die 1935 begann, führte zu seinem Sturz, doch 1941 kehrte er mit Hilfe der Engländer aus dem Exil zurück. 1974 wurde er durch einen Putsch des Derg (»Komitee«), einer Gruppe marxistischer Heeresoffiziere, zur Abdankung gezwungen. Diese Junta machte sich dann daran, das Land noch weiter auszubeuten und verarmen zu lassen. Die extraktiven Wirtschaftsinstitutionen des absolutistischen Äthiopischen Reiches, etwa das *gult*-System und der nach dem Untergang von Axum geschaffene Feudalismus, hatten bis zur Revolution von 1974 Bestand.

Heutzutage ist Äthiopien eines der ärmsten Länder der Welt. Das Einkommen eines durchschnittlichen Äthiopiers macht ungefähr ein Vierzigstel der Einnahmen eines durchschnittlichen britischen Bürgers aus. Die Menschen wohnen überwiegend auf dem Lande und betreiben eine Subsistenzwirtschaft. Sie müssen auf sauberes Wasser, Strom, brauchbare Schulen und ein funktionierendes Gesundheitswesen verzichten. Die Lebenserwartung liegt bei rund fünfundfünfzig Jahren, und nur ein Drittel der Erwachsenen ist des Lesens und Schreibens mächtig. Eine Gegenüberstellung von England und Äthiopien veranschaulicht die Weltungleichheit. Äthiopien befindet sich in seinem gegenwärtigen Zustand, weil der Absolutismus dort, anders als in England, bis in die jüngere Vergangenheit andauerte. Er wurde von extraktiven Wirtschaftsinstitutionen und Massenarmut gekennzeichnet, obwohl der Kaiser und der Adel natürlich gewaltige Gewinne einstrichen. Die nachhaltigste Auswirkung des Absolutismus bestand darin, dass die äthiopische Gesellschaft im 19. und frühen 20. Jahrhundert die Chancen der Industrialisierung nicht nutzen konnte, womit das heutige Elend seiner Bürger unvermeidlich wurde.

Die Kinder von Samaale

Überall auf der Welt behinderten absolutistische politische Institutionen die Industrialisierung – entweder indirekt, nämlich durch die Organisation der Wirtschaft, oder direkt wie in Österreich-Ungarn und Russland. Der Absolutismus war jedoch nicht die einzige Schranke auf dem Weg zu inklusiven Wirtschaftsinstitutionen. Zu Beginn des 19. Jahrhunderts gab es in vielen Teilen der Welt, besonders in Afrika, keinen Staat, der auch nur ein Minimum an Recht und Ordnung – die Voraussetzung für eine moderne Wirtschaft – garantieren konnte. Es fehlte an einem Pendant zu Peter dem Großen, der den Prozess der politischen Zentralisierung in Russland einleitete und dann den russischen Absolutismus aufbaute. Gar nicht zu reden von den Tudors in England, die den Staat zentralisierten, ohne das Parlament und andere Einschränkungen ihrer Macht vollauf beseitigen zu können. Ohne einen gewissen Grad an politischer Zentralisierung war es unmöglich, die Industrialisierung durchzusetzen, selbst wenn die Eliten jener afrikanischen Staaten sie mit offenen Armen begrüßt hätten.

Somalia, am Horn von Afrika gelegen, zeigt die verheerenden Folgen des Fehlens politischer Zentralisierung. Es wird traditionell von sechs Clanfamilien dominiert. Die vier größten – Dir, Darod, Isaq und Hawiye – führen ihre Ursprünge auf einen mythischen Vorfahren namens Samaale zurück. Diese Clanfamilien entstanden im Norden Somalias und breiteten sich allmählich nach Süden und Osten aus. Noch heute sind sie hauptsächlich Hirten, die mit ihren Ziegen-, Schaf- und Kamelherden umherwandern. Im Süden gibt es noch zwei weitere Clanfamilien aus sesshaften Bauern, die Digil und die Rahanweyn. Die Territorien der Clans sind auf Karte 12 abgebildet.

Die Somalier identifizieren sich in erster Linie mit ihren Clanfamilien, die jedoch sehr groß sind und viele Untergruppen enthalten. Eine besondere Bedeutung haben die *diya*-zahlenden Gruppen, die aus unmittelbaren Verwandten bestehen. Sie zahlen und empfangen *diya* (»Blutgeld«), das heißt Entschädigungen für die Ermordung von Angehörigen. Somali-Clans und *diya*-zahlende Gruppen waren fast ständig in Konflikte um ihre kargen Ressourcen verwickelt, insbesondere um Wasserquellen und gutes Weideland für ihre Tiere. Außerdem überfielen sie unablässig die Herden benachbarter Clans und *diya*-zahlender Gruppen.

Die Führer der Clans, die als Sultane oder Älteste bezeichnet wurden, besaßen keine wirkliche Macht. Diese war vielmehr sehr breit gestreut, denn jeder erwachsene Mann konnte sich bei Entscheidungen, die seinen Clan oder seine Gruppe betrafen, zu Wort melden. Zu diesem Zweck gab es einen informellen Rat, der sich aus allen männlichen Erwachsenen zusammensetzte. Man hatte keine schriftlich fixierten Gesetze, keine Polizei und keine nennenswerte Rechtsordnung, doch wurde die Scharia als Rahmen für die informellen Gesetze benutzt. Sie waren für die jeweilige *diya*-zahlende Gruppe in einem *heer* festgelegt, einer Sammlung explizit formulierter Rechte und Pflichten, welche die Gruppe für den Umgang mit anderen geltend machte.

Mit der Ankunft der Kolonialherrschaft begann man, die *heers* niederzuschreiben. Zum Beispiel war das Geschlecht der Hassan Ugaas eine *diya*-zahlende Gruppe von rund fünfzehnhundert Mann und bildete einen Subclan der Dir-Clanfamilie in Britisch-Somaliland. Am 8. März 1950 wurde ihr *heer* von dem britischen Bezirksbevollmächtigten schriftlich niedergelegt. Die ersten drei Artikel lauteten:

1. Wenn ein Mann der Hassan Ugaas von einer externen Gruppe ermordet wird, sollen zwanzig Kamele seines Blutgeldes (100) von seinen nächsten Angehörigen übernommen und die übrigen achtzig Kamele unter sämtlichen Hassan Ugaas verteilt werden.
2. Wenn ein Mann der Hassan Ugaas von einem Blutfremden verwundet wird und seine Verletzungen auf den Wert von dreiunddreißig und einem Drittel Kamelen bewertet werden, muss er zehn Kamele erhalten, und die übrigen fallen seiner *jiffo*-Gruppe (einer Unterabteilung der *diya*-Gruppe) zu.
3. Mord unter Mitgliedern der Hassan Ugaas wird mit einer Entschädigung in Höhe von dreiunddreißig und einem Drittel Kamelen vergolten, zu zahlen an die nächsten Verwandten des Verstorbenen. Wenn der Schuldige weder die gesamte Entschä-

digung noch einen Teil davon zahlen kann, muss seine Familie ihm helfen.

Die große Bedeutung, die Tötung und Verwundung im *heer* hatten, weist auf einen fast unablässigen Kriegszustand zwischen den *diya*-zahlenden Gruppen und Clans hin. Das Kernelement des Systems bildeten Blutgeld und Blutfehden. Ein Verbrechen, das an einem Individuum begangen wurde, richtete sich gegen die gesamte *diya*-zahlende Gruppe und machte eine kollektive Entschädigung in Form von Blutgeld erforderlich. Wurde es nicht gezahlt, sah sich die *diya*-zahlende Gruppe des Schuldigen der kollektiven Vergeltung durch die Verwandten des Opfers ausgesetzt.

Als das moderne Verkehrswesen Somalia erreichte, weitete man das Blutgeldsystem auf Personen aus, die durch Autounfälle getötet oder verletzt wurden. Das *heer* der Hassan Ugaas bezog sich jedoch nicht nur auf Ermordungen und Verwundungen. In Artikel 6 hieß es: »Wenn ein Mann der Hassan Ugaas einen anderen auf einer Hassan-Ugaas-Ratsversammlung beleidigt, soll er der geschädigten Partei 150 Shilling zahlen.«

Anfang 1955 weideten die Herden von zwei Clans, den Habar Tol Ja'lo und den Habar Yuunis, nicht weit voneinander entfernt in der Nähe des Dorfes Domberelly. Ein Mann der Yuunis wurde nach einem Disput über die Kamelzucht von einem Mitglied der Tol Ja'lo verwundet. Der Yuunis-Clan schlug sofort zurück, griff die Tol Ja'lo an und tötete einen von deren Männern. Dem Blutgeldsystem zufolge boten die Yuunis den Tol Ja'lo eine Entschädigung an, die akzeptiert wurde. Wie üblich sollte das Blutgeld in Form von Kamelen persönlich übergeben werden. Bei der Übergabezeremonie tötete ein Angehöriger der Tol Ja'lo einen der Yuunis, den er fälschlich für ein Mitglied der *diya*-zahlenden Gruppe des Mörders hielt. Dies führte zu einem bedingungslosen Krieg, und innerhalb von achtundvierzig Stunden starben dreizehn Yuunis und sechsundzwanzig Tol Ja'lo. Der Krieg setzte sich ein weiteres Jahr lang fort, bevor es den Ältesten beider Clans, welche die englische Kolonialverwaltung zusammengebracht hatte, gelang, einen Kompromiss (den Austausch von Blutgeld) auszuhandeln, der beide Seiten zufriedenstellte und in den folgenden drei Jahren abgeleistet wurde.

Die Zahlung von Blutgeld spielte sich unter Androhung von Gewalt und Fehden ab, und selbst wenn es gezahlt war, endete der Konflikt damit nicht unbedingt. Gewöhnlich schwächten sich die Auseinandersetzungen dann erst einmal ab, um später wieder aufzuflackern.

Die politische Macht war in der somalischen Gesellschaft also (auf fast pluralistische Art) breit gestreut. Aber ohne die Autorität eines zentralisierten Staates, der für Ordnung, geschweige denn für die Beachtung von Eigentumsrechten, sorgte, konnten keine inklusiven Institutionen entstehen. Niemand respektierte den anderen, und niemand, auch nicht der britische Kolonialstaat, konnte Ordnung schaffen. Das Fehlen einer politischen Zentralisierung machte es Somalia unmöglich, von der Industriellen Revolution zu profitieren. In solch einem Umfeld wäre es unvorstellbar gewesen, in die neuen, aus Großbritannien kommenden Technologien zu investieren und sie zu übernehmen. Es war nicht einmal möglich, die dafür erforderlichen Organisationsstrukturen aufzubauen.

Die politische Aufsplitterung Somalias hatte noch einschneidendere Folgen für den wirtschaftlichen Fortschritt. Oben haben wir einige der technischen Rätsel der afrikanischen Geschichte erwähnt. Vor der Expansion der Kolonialherrschaft im späten 19. Jahrhundert hatten afrikanische Gesellschaften weder Räder für den Transport noch Pflüge für die Landwirtschaft genutzt, und wenige besaßen eine Schrift. Äthiopien bildete eine Ausnahme, und auch Somalia hatte eine Schrift, verwendete sie jedoch nicht. Wir haben bereits von anderen derartigen Beispielen in der afrikanischen Geschichte gehört. Obwohl die Gesellschaften Räder und Pflüge kannten, verzichteten sie auf ihren Gebrauch. Im Fall des Königreichs Kongo war dies auf die Tatsache zurückzuführen, dass die Wirtschaftsinstitutionen keine Anreize für die Übernahme der neuen Technologien boten. Könnte die Verweigerung der Schrift ähnliche Gründe gehabt haben?

Wir erhalten einen gewissen Einblick in das Problem, wenn wir das Königreich Taqali betrachten, das im Nordwesten von Somalia, in den Nuba-Bergen des Südsudan, zu finden war. Es wurde im späten

18. Jahrhundert von einer Kriegergruppe mit einem Mann namens Isma'il an der Spitze gegründet, und es blieb unabhängig, bis es 1884 dem Britischen Reich einverleibt wurde. Das Volk der Taqali kannte die arabische Schrift, machte jedoch keinen Gebrauch von ihr. Nur die Könige verwendeten sie für die diplomatische Korrespondenz. Auf den ersten Blick erscheint dies rätselhaft. Über den Ursprung der Schrift in Mesopotamien heißt es allgemein, sie sei von den Staaten entwickelt worden, um Informationen aufzuzeichnen, das Volk zu verwalten und Steuern zu erheben. War der Taqali-Staat an solchen Dingen nicht interessiert?

Mit solchen Fragen befasste sich die Historikerin Janet Ewald in den späten 1970er Jahren, als sie versuchte, die Geschichte des Taqali-Staates zu rekonstruieren. Ein Teil der Erklärung lautet, die Menschen hätten sich dem Gebrauch der Schrift aus Angst davor widersetzt, dass sie zur Kontrolle der Ressourcen, etwa wertvollen Landes, benutzt werden und dem Staat gestatten könne, derartige Vermögensgegenstände für sich zu beanspruchen. Außerdem fürchteten sie, die Schrift könne eine systematischere Besteuerung ermöglichen.

Die von Isma'il begründete Dynastie ging nicht reibungslos in ein mächtiges Staatssystem über. Selbst wenn die Regierung es gewollt hätte, wäre sie nicht stark genug gewesen, ihren Willen gegen die Einwände der Bürger durchzusetzen. Doch daneben waren noch andere, subtilere Faktoren wirksam. Beispielsweise lehnten verschiedene Eliten die politische Zentralisierung ab, weil sie den mündlichen Dialog mit der Bevölkerung vorzogen, der ihnen ein Höchstmaß an Flexibilität gewährte. Schriftlich niedergelegte Gesetze oder Befehle dagegen konnten nicht zurückgenommen oder geleugnet werden; sie setzten Maßstäbe, welche die herrschenden Eliten vielleicht lieber nicht beachtet hätten. Mithin hielten weder die Regierenden noch das Volk die Einführung der Schrift für vorteilhaft. Die Ersteren fürchteten sich vor dem Gebrauch der Schrift durch die Herrschenden, und diese meinten, das Fehlen einer Schrift sei nützlich für ihren Machterhalt. Es war also die Politik der Taqali, welche die Einführung der Schrift verhinderte. Obwohl die Somalier eine noch schwerer zu definierende Elite hatten als die Taqali, erscheint es durchaus plausibel, dass die

Benutzung der Schrift und die Übernahme von technischen Geräten aus den gleichen Gründen verhindert wurden.

Der Fall Somalia macht deutlich, welche Folgen der Mangel an politischer Zentralisierung für das Wirtschaftswachstum hat. Die historische Literatur verzeichnet keinen Versuch, eine solche Zentralisierung in Somalia anzusteuern, und das ist auch kein Wunder. Eine politische Zentralisierung hätte dazu geführt, dass bestimmte Clans anderen unterstellt worden wären, was für sie einen Machtverlust bedeutet hätte, dem sie sich verständlicherweise widersetzten. Infolge des Fehlens einer solchen Zentralisierung und der elementarsten Eigentumsrechte bestand in der somalischen Gesellschaft nie ein Anreiz, in produktivitätssteigernde Maßnahmen zu investieren. Während im 19. und frühen 20. Jahrhundert in anderen Teilen der Welt die Industrialisierung voranschritt, waren die Somalier in Fehden verwickelt und kämpften um ihr Leben, was ihre wirtschaftliche Rückständigkeit verstärkte.

Nachhaltige Rückständigkeit

Die Industrielle Revolution führte im 19. Jahrhundert und danach zu einer transformativen Umbruchphase für die ganze Welt. Gesellschaften, die Anreize für ihre Bürger schafften, in neue Technologien zu investieren, konnten rasch wachsen. Aber überall auf der Welt unterließen Staaten solche Schritte oder verzichteten ausdrücklich darauf, wobei diejenigen, die unter dem Druck extraktiver politischer und wirtschaftlicher Institutionen standen, ohnehin keine Stimuli liefern konnten. Spanien und Äthiopien sind beispielhaft dafür, wie absolutistische politische Institutionen und ihre extraktiven wirtschaftlichen Pendants alle ökonomischen Anreize erstickten, und das lange vor dem Beginn des 19. Jahrhunderts. In anderen absolutistischen Regimen war das Resultat ähnlich – etwa in Österreich-Ungarn, Russland, dem Osmanischen Reich und China, wo die Herrscher aus Furcht vor einer schöpferischen Zerstörung nicht nur die Förderung des wirtschaftlichen Fortschritts vernachlässigten, sondern bewusst

Schritte unternahmen, um die Einführung neuer, die Industrialisierung einleitender Technologien zu unterbinden.

Der Absolutismus ist nicht die einzige Form extraktiver politischer Institutionen und nicht der einzige Faktor, der die Industrialisierung verhinderte. Inklusive politische und wirtschaftliche Institutionen machen einen gewissen Grad an politischer Zentralisierung erforderlich, damit der Staat Recht und Ordnung durchsetzen, Eigentumsrechte sichern und wirtschaftliche Aktivitäten gegebenenfalls durch Investitionen in öffentliche Dienstleistungen ankurbeln kann. Doch noch heute sind viele Staaten – wie Afghanistan, Haiti, Nepal und Somalia – unfähig, auch nur die kümmerlichste Form von Ordnung aufrechtzuerhalten, so dass wirtschaftliche Anreize fast völlig ausgelöscht werden. Am Fall Somalia haben wir aufgezeigt, wie die Industrialisierung an solchen Gesellschaften vorüberging. Der politischen Zentralisierung wird dort aus dem gleichen Grund Widerstand geleistet, aus dem absolutistische Regime jeglichen Wandel verhindern: aus der häufig berechtigten Furcht der rivalisierenden Gruppen vor Machtverlust. Ähnlich wie der Absolutismus Schritte zum Pluralismus und zum wirtschaftlichen Wandel blockierte, handelten auch die traditionellen Eliten und Clans in Gesellschaften ohne Zentralisierung. Dadurch waren Staaten, denen eine solche Zentralisierung im 18. und 19. Jahrhundert fehlte, im Industriezeitalter besonders benachteiligt.

Während Staaten mit absolutistischen extraktiven Institutionen und auch diejenigen mit schwacher Zentralisierung an der weltweiten Industrialisierung nicht partizipierten, konnten Gesellschaften wie die Vereinigten Staaten und Australien, die bereits inklusive politische und wirtschaftliche Institutionen aufgebaut hatten, und solche wie Frankreich und Japan, in denen der Absolutismus stärker herausgefordert wurde, die neuen Chancen nutzen und ein rapides Wirtschaftswachstum einleiten. Dadurch wiederholte sich das übliche Muster des Zusammenwirkens zwischen einer Umbruchphase und den bestehenden institutionellen Gegensätzen, das die Divergenz verstärkte, auch im 19. Jahrhundert, diesmal jedoch mit einem noch größeren Knall und mit fundamentaleren Konsequenzen für den Wohlstand oder für die Armut der Staaten.

9.
UMKEHR DER ENTWICKLUNG

Gewürze und Völkermord

Das Molukken-Archipel im heutigen Indonesien besteht aus drei Inselgruppen. Im frühen 17. Jahrhundert beherbergten die nördlichen Molukken die unabhängigen Königreiche Tidore, Ternate und Bacan. Die mittleren Molukken enthielten das Inselkönigreich Ambon. Im Süden befanden sich die Banda-Inseln, eine kleine Inselgruppe, die politisch noch nicht vereinigt war. Heute mögen die Molukken uns abgelegen erscheinen, doch damals standen sie im Mittelpunkt des Welthandels, da sie die einzigen Lieferanten von wertvollen Gewürzen wie Muskatnüssen, Muskatblüten und Gewürznelken waren. Muskat wuchs überhaupt nur auf den Banda-Inseln. Die Bewohner exportierten ihre Gewürze im Austausch gegen Nahrungsmittel und Fertigwaren, die sie von der Insel Java, dem Umschlaghafen Melaka auf der Malaiischen Halbinsel sowie aus Indien, China und Arabien erhielten.

Mit Europäern kamen die Bewohner zum ersten Mal im 16. Jahrhundert in Kontakt, als portugiesische Seefahrer Gewürze von ihnen kaufen wollten. Früher hatten sie sich diese über Handelsrouten durch den Nahen Osten beschafft, die das Osmanische Reich überwachte. Dann suchten die Europäer eine Passage um Afrika herum oder über den Atlantik hinweg, um sich direkten Zugang zu den Gewürzinseln und dem Gewürzhandel zu verschaffen. Das Kap der Guten Hoffnung wurde 1488 von dem Portugiesen Bartolomeu Dias umrundet, und Vasco da Gama erreichte Indien 1498 über die gleiche Route. Zum ersten Mal konnten die Europäer nun einen freien Schiffsweg zu den Gewürzinseln benutzen.

Die Portugiesen machten sich sofort daran, die Kontrolle über den Gewürzhandel zu gewinnen. Im Jahr 1511 nahmen sie Melaka ein. Da es strategisch günstig an der Westseite der Malaiischen Halbinsel lag, kamen Händler aus ganz Südostasien hierher, um ihre Gewürze an Inder, Chinesen und Araber zu verkaufen. Die Letzteren belieferten dann den Westen. Wie der portugiesische Reisende Tomé Pires es 1515 ausdrückte: »Handel und Gewerbe aus den Nationen in einem Umkreis von tausend Meilen müssen nach Melaka kommen ... Wer immer über Melaka gebietet, hat die Hände an der Kehle von Venedig.«

Nachdem sie Melaka eingenommen hatten, versuchten die Portugiesen systematisch, ein Monopol über den lukrativen Gewürzhandel zu erlangen. Vergeblich.

Ihre Gegner durften nicht unterschätzt werden. Zwischen dem 14. und dem 16. Jahrhundert war die auf dem Gewürzhandel basierende wirtschaftliche Entwicklung Südostasiens stark vorangeschritten. Stadtstaaten wie Aceh, Banten, Melaka, Makassar, Pegu und Brunei wuchsen rasch und exportierten nicht nur Gewürze, sondern auch andere Produkte, etwa Harthölzer. Sie hatten absolutistische Regierungen, die den europäischen der damaligen Zeit ähnelten. Die Entwicklung ihrer politischen Institutionen wurde durch vergleichbare Prozesse, beispielsweise durch technische Veränderungen in der Kriegführung und im internationalen Handel, vorangetrieben. Die staatlichen Institutionen zentralisierten sich zunehmend, und in ihrem Mittelpunkt stand ein König, der die absolute Macht für sich beanspruchte.

Wie die absolutistischen Herrscher in Europa waren die südostasiatischen Könige auf Handelserträge angewiesen, weshalb sie in ihrem Namen Geschäfte betreiben ließen sowie einheimischen und ausländischen Eliten Monopole gewährten. Ebenfalls wie im absolutistischen Europa führte dies zu einem gewissen Wachstum, doch die Wirtschaftsinstitutionen waren keineswegs ideal für die Schaffung von Wohlstand geeignet, da die Mehrheit auf Eintrittsschranken stieß und ihr Eigentum nicht sicher war. Andererseits war die Kommerzialisierung bereits im Gange, als die Portugiesen um eine dominierende Position im Indischen Ozean kämpften.

Karte 14: Südostasien: Die Gewürzinseln Ambon und Banda, 1600

Die Zahl der Europäer stieg, und nach der Ankunft der Niederländer übten sie einen noch größeren Einfluss aus. Diese begriffen rasch, dass es viel profitabler war, den Gewürznachschub aus den Molukken zu monopolisieren, als den Wettbewerb mit einheimischen oder anderen europäischen Händlern aufzunehmen. Im Jahr 1600 überredeten sie den Herrscher von Ambon, einen Exklusivvertrag mit ihnen zu unterzeichnen, durch den sie das dortige Monopol über den Gewürznelkenhandel erhielten. Mit der Gründung der Niederländischen Ostindien-Kompanie im Jahr 1602 verbesserten sich ihre Chancen, den Gewürzhandel an sich zu reißen und ihre Konkurrenten mit allen Mitteln auszuschalten, während sich die Lage für die südostasiatische Region verschlechterte.

Die Niederländische Ostindien-Kompanie war nach der English East India Company die zweite europäische Aktiengesellschaft. Beide – Meilensteine in der Entwicklung moderner Konzerne – sollten eine wichtige Rolle für das industrielle Wachstum Europas spielen. Außerdem war die Ostindien-Kompanie das zweite Unternehmen, das ein eigenes Heer besaß und die Macht hatte, fremde Länder zu kolonisieren. Die Niederländer nutzten die militärische Schlagkraft des Konzerns und schalteten alle potentiellen Rivalen aus, um ihren Vertrag mit dem Herrscher von Ambon durchzusetzen.

1605 eroberten sie eine von den Portugiesen gehaltene, strategisch entscheidende Festung und verdrängten sämtliche anderen Händler mit Waffengewalt. Dann widmeten sie sich den nördlichen Molukken und nötigten die Herrscher von Tidore, Ternate und Bacan zu der Zusicherung, auf ihren Territorien weder Gewürznelken anzubauen noch mit ihnen zu handeln. Der Vertrag, den sie Ternate aufzwangen, gestattete den Niederländern sogar, jegliche Nelkenbäume, die sie dort vorfanden, zu vernichten.

Ambon wurde zu jener Zeit ähnlich regiert wie große Teile Europas und Amerikas. Die Untertanen schuldeten ihrem Herrscher Tribut und mussten Zwangsarbeit leisten. Die Niederländer intensivierten dieses System, um den Inselbewohnern noch mehr Arbeit aufzuladen und ihnen noch mehr Gewürznelken abzupressen. Vor ihrer Ankunft hatten die Großfamilien den ambonesischen Machthabern Tribut in Form von Nelken entrichtet. Die neuen Herren verwehrten den Menschen nun jegliche Bewegungsfreiheit und verpflichteten jeden Haushalt, eine vorgeschriebene Zahl von Nelkenbäumen zu bewirtschaften. Zusätzlich mussten die Familien weitere Zwangsarbeiten für die Niederländer leisten.

Auch die Banda-Inseln brachten die Niederländer an sich, um den Handel mit Muskatnüssen und -blüten zu monopolisieren. Aber diese Inseln waren ganz anders organisiert als Ambon. Sie bestanden aus zahlreichen autonomen Stadtstaaten, und es gab keine hierarchische soziale oder politische Struktur. Die Kleinstaaten, in Wirklichkeit kaum mehr als Ortschaften, wurden von Dorfversammlungen verwaltet. Sie hatten keine Zentralregierung, welche die Niederländer zur Unterzeichnung eines Monopolvertrags zwingen konnten, und kein Tributsystem, über das sie die gesamte Muskatproduktion zu beschlagnahmen vermochten. Deshalb mussten sie zunächst mit Engländern, Portugiesen, Indern und Chinesen konkurrieren und auf die Gewürze verzichten, wenn sie keine hohen Preise zahlen wollten.

Nachdem der Plan, ein Muskatmonopol zu schaffen, gescheitert war, ließ sich der niederländische Gouverneur von Batavia, Jan Pieterszoon Coen, eine Alternative einfallen. Er machte Batavia auf der Insel Java 1618 zur neuen Hauptstadt der Niederländischen Ostindien-Kompanie. 1621 segelte er mit einer Flotte nach Banda und ließ fast die ganze Bevölkerung der Inseln, schätzungsweise rund 15 000 Menschen, niedermetzeln. Sämtliche Anführer wurden mit den übrigen Einwohnern hingerichtet, und man ließ nur genug Personen am Leben, um die für die Muskatproduktion nötigen Kenntnisse zu erhalten. Im Anschluss an den Völkermord baute Coen die für seinen Plan erforderliche politische und wirtschaftliche Struktur auf: eine Plantagengesellschaft. Die Inseln wurden in achtundsechzig Parzellen unterteilt und achtundsechzig Niederländern, zumeist früheren und derzeitigen Angestellten der Kompanie, übergeben. Die neuen Plantagenbesitzer ließen sich von den wenigen überlebenden Bandanesen die Gewürzherstellung beibringen und erwarben von der Kompanie Sklaven, um die Inseln wiederzubevölkern und Gewürze zu produzieren, die dem Unternehmen dann zu Festpreisen überlassen werden mussten.

Die extraktiven Institutionen, welche die Niederländer auf den Gewürzinseln etablierten, erzielten den gewünschten Effekt. Der Preis auf Banda waren allerdings 15 000 unschuldige Opfer und die Gründung einer Reihe wirtschaftlicher und politischer Institutionen, welche die Inseln zur Unterentwicklung verurteilten. Am Ende des 17. Jahrhunderts war es den Niederländern gelungen, den Weltnachschub an Muskat um etwa 60 Prozent zu verringern und den Preis zu verdoppeln.

Die Niederländer wandten die Strategie, die sie auf den Molukken perfektioniert hatten, überall in der Region an, was tiefgreifende Folgen für die wirtschaftlichen und politischen Institutionen im übrigen Südostasien hatte. Das lange Wirtschaftswachstum mehrerer dortiger

Staaten, das im 14. Jahrhundert begonnen hatte, kehrte sich um. Die Staaten, die nicht direkt von der Ostindien-Kompanie kolonisiert und zermalmt wurden, kapselten sich ab und gaben den Handel auf. Die aufkeimenden wirtschaftlichen und politischen Veränderungen in Südostasien erstarrten.

Um der Bedrohung durch die Ostindien-Kompanie zu entkommen, stellten mehrere Staaten den Anbau von Gewürzen und den Export ein. Autarkie war sicherer als die Auseinandersetzung mit den Niederländern. Im Jahr 1620 holzte der Staat Banten auf der Insel Java seine Pfefferbäume in der Hoffnung ab, von der Kompanie in Frieden gelassen zu werden. Als ein niederländischer Kaufmann 1686 Maguindanao auf den südlichen Philippinen besuchte, teilte man ihm mit: »Muskat und Nelken können hier genau wie auf den Molukken angebaut werden. Aber es gibt sie nicht mehr, weil der alte Raja sie alle vor seinem Tod vernichten ließ. Er hatte Angst, dass die Niederländische Kompanie kommen würde, um mit seinem Volk um die Gewürze zu kämpfen.« Ein Händler hörte 1699 Ähnliches über den Herrscher von Maguindanao: »Er hat die weitere Anpflanzung von Pfeffer verboten, um nicht in einen Krieg mit der [Niederländischen] Kompanie oder mit anderen Potentaten verwickelt zu werden.« Es kam zur Stadtflucht und sogar zu einem allgemeinen Bevölkerungsrückgang. 1635 verlegten die Birmesen ihre Hauptstadt aus Pegu an der Küste viel weiter landeinwärts nach Ava am Irrawaddy.

Wir wissen nicht, welche wirtschaftliche und politische Entwicklung diese südostasiatischen Staaten ohne die niederländische Aggression eingeschlagen hätten. Vielleicht wäre eine eigene Version des Absolutismus entstanden, oder sie hätten im gleichen Zustand wie am Ende des 16. Jahrhunderts verharrt, oder ihre Kommerzialisierung hätte sich durch die allmähliche Übernahme inklusiverer Institutionen weiterentwickelt. Aber ihre wirtschaftliche und politische Evolution wurde wie auf den Molukken durch den niederländischen Kolonialismus radikal verändert. Die Menschen in Südostasien stellten ihre Handelstätigkeiten ein und kapselten sich ab. In den folgenden beiden Jahrhunderten sollten sie nicht in der Lage sein, die Neuerungen der Industriellen Revolution zu nutzen. Und letztlich sollte ihr Rückzug aus dem Handel sie nicht vor den Europäern retten, denn am Ende des 18. Jahrhunderts waren fast alle zu einem Teil der europäischen Kolonialreiche geworden.

Im siebten Kapitel haben wir geschildert, wie das europäische Vordringen in den Atlantik den Aufstieg inklusiver Institutionen in Großbritannien beschleunigte. Aber wie die Geschichte der Molukken unter den Niederländern zeigt, wurden durch diese Expansion zugleich in vielen Gegenden der Welt die Samen der Unterentwicklung gesät, da dort extraktive Institutionen entstanden oder bereits existierende ausgebaut wurden. Diese stoppten überall auf dem Globus, direkt oder indirekt, alle aufkommenden gewerblichen und industriellen Aktivitäten oder machten jegliche Industrialisierung unmöglich. Während sich die industrielle Entwicklung in manchen Teilen der Welt entfalten konnte, hatten die Staaten, welche den europäischen Kolonialmächten unterworfen waren, keine Möglichkeit, von den neuen Technologien zu profitieren.

Die allzu übliche Institution

In Südostasien setzte die europäische Flotten- und Handelsmacht in der frühen Neuzeit einer vielversprechenden Periode der wirtschaftlichen Expansion und des institutionellen Wandels ein Ende. Während die Niederländische Ostindien-Kompanie ihre Marktposition ausbaute, expandierte ein ganz anderes Gewerbe in Afrika: der Sklavenhandel.

In den Vereinigten Staaten wurde die südliche Sklaverei häufig als »besondere Institution« bezeichnet. Doch historisch gesehen war die Sklaverei, wie der große Altertumsexperte Moses Finley hervorhob, durchaus nichts Besonderes, sondern in fast jeder Gesellschaft vorzufinden. Wie wir ausgeführt haben, war sie im alten Rom und in Afrika verbreitet, das lange als Lieferant von Sklaven (wenn auch nicht als einziger) für Europa diente.

In der Zeit der römischen Herrschaft stammten die Sklaven von den slawischen Völkern am Schwarzen Meer, aus dem Nahen Osten und auch aus Nordeuropa. Aber die Europäer hörten noch vor 1400 auf, einander zu versklaven. Afrika dagegen vollzog, wie gesagt, anders als das mittelalterliche Europa keinen Übergang von der Sklaverei zur Leibeigenschaft. In Ostafrika herrschte vor der frühen Neuzeit ein reger Sklavenhandel, und eine große Anzahl von Sklaven wurde durch die Sahara zur Arabischen Halbinsel gebracht. Auch die großen mittelalterlichen Staaten in Westafrika – Mali, Ghana und Songhai – setzten in der Armee und in der Landwirtschaft Sklaven ein, wobei sie die Organisationsmodelle der muslimischen nordafrikanischen Staaten, mit denen sie Handel trieben, übernahmen.

Die im frühen 17. Jahrhundert beginnende Entwicklung der Zuckerplantagenkolonien in der Karibik führte zu einer dramatischen Ausweitung des internationalen Sklavenhandels und einem beispiellosen Bedeutungsanstieg der Sklaverei innerhalb Afrikas selbst. Im 16. Jahrhundert wurden schätzungsweise rund 300 000 Sklaven im Atlantikhandel verkauft. Sie stammten hauptsächlich aus Zentralafrika, und bei der Lieferung spielten der Kongo sowie die Portugiesen, die ihren Stützpunkt weiter südlich in Luanda, der heutigen Hauptstadt von Angola, errichtet hatten, eine wichtige Rolle. Der Transsaharahandel allerdings war noch größer: Um 550 000 Afrikaner wurden damals als Sklaven nach Norden verschleppt. Im 17. Jahrhundert kehrte sich die Situation um. Im Atlantikhandel wurden ungefähr 1 350 000 Afrikaner verkauft und zumeist nach Amerika verschifft. Die Zahlen des Saharahandels blieben dagegen relativ unverändert. Im 18. Jahrhundert trat eine weitere dramatische Erhöhung ein: Etwa 6 000 000 Sklaven wurden über den Atlantik und rund 700 000 durch die Sahara transportiert. Wenn man die Teilsummen für die verschiedenen Zeiträume und für sämtliche Teile Afrikas addiert, ergibt sich, dass weit über 10 Millionen Afrikaner als Sklaven aus dem Kontinent verschleppt wurden.

Karte 15 vermittelt einen Eindruck vom Ausmaß des Sklavenhandels. Unter Benutzung heutiger Landesgrenzen werden kumulative Schätzungen zur Sklaverei zwischen 1400 und 1900 in Prozent der Bevölkerung von 1400 vorgelegt. Dunklere Farben stehen für eine intensivere Form der Sklaverei, wobei die Zahl der aus Angola, Benin, Ghana und Togo exportierten Sklaven die der Gesamtbevölkerung des Gebietes im Jahr 1400 übertraf.

Das plötzliche Erscheinen von Europäern überall an der Küste West- und Zentralafrikas – alle brannten darauf, Sklaven zu kaufen –, hatte zwangsläufig einen transformativen Effekt auf die afrikanischen Gesellschaften. Die meisten der nach Amerika verschifften Sklaven waren Kriegsgefangene, die man zur Küste brachte, und die verschärfte Kriegführung wurde durch gewaltige Waffen- und Munitionsimporte

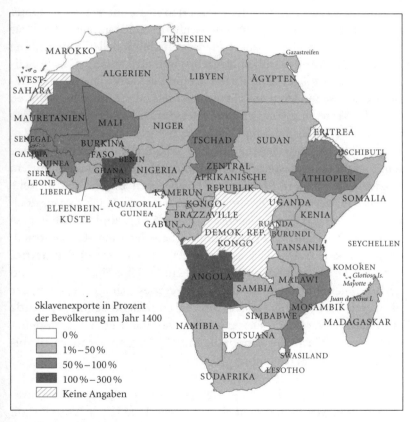

Karte 15: Sklavenexporte aus Afrika

ermöglicht, die sich die Europäer mit Sklaven bezahlen ließen. Um 1730 importierte man an der westafrikanischen Küste lediglich um 180 000 Gewehre. Zwischen 1750 und dem frühen 19. Jahrhundert verkauften dann allein die Briten alljährlich zwischen 283 000 und 394 000 Waffen. Zwischen 1750 und 1807 setzten die Briten zudem erstaunliche 22 000 Tonnen Schießpulver ab, also durchschnittlich 384 000 Kilo pro Jahr. Hinzu kamen 91 000 Kilo Blei. Weiter südlich war der Handel genauso dynamisch. An der Loango-Küste nördlich des Königreichs Kongo verkauften Europäer jährlich ungefähr 50 000 Gewehre.

All jene Kriege und Konflikte forderten nicht nur zahlreiche Opfer und verursachten unsägliches menschliches Leid, sondern durch sie bahnte sich auch ein spezieller Pfad der institutionellen Entwicklung in Afrika an. Vor der frühen Neuzeit waren afrikanische Gesellschaften politisch weniger zentralisiert als die Eurasiens. Die meisten Gemeinwesen waren klein, und Stammeschiefs oder Könige bestimmten über die Verteilung von Land und Ressourcen. In vielen Staaten gab es, wie in Somalia, überhaupt keine hierarchische politische Autorität.

Der Sklavenhandel leitete nun zwei schädliche politische Prozesse ein. Erstens wurden viele Staaten absolutistischer und hatten nur ein einziges Ziel: andere Menschen zu versklaven und an europäische Händler zu verkaufen. Zweitens zerstörten – als Folge davon, doch paradoxerweise auch im Gegensatz dazu – Kriege und Sklavenhandel letzten Endes jegliche Ordnung und jegliche legitime Staatsautorität, die im subsaharischen Afrika existiert haben mochten. Außer in Kriegen wurden Sklaven auch während kleinerer Überfälle entführt und gefangen genommen. Sogar das Gesetz erwies sich als Werkzeug der Sklaverei: Gleichgültig, welche Verbrechen jemand beging, er wurde zur Sklaverei verurteilt. Der englische Kaufmann Francis Moore beobachtete in den 1730er Jahren die Entwicklung an der westafrikanischen Küste von Senegambia:

Seit dieser Sklavenhandel in Gebrauch ist, werden sämtliche Strafen in Sklaverei umgewandelt. Da solche Urteile von Vorteil sind, streben alle danach, dass eine Tat als Verbrechen eingestuft wird, damit sie Nutzen aus dem Verkauf des Verbrechers ziehen können. Nicht nur Mord, Diebstahl und Ehebruch werden durch Verkauf des Verbrechers in die Sklaverei bestraft, sondern auch jegliches unerhebliche Vergehen.

Sogar religiöse Institutionen wurden durch den Wunsch pervertiert, Sklaven zu fangen und zu verkaufen. Ein Beispiel liefert das berühmte Orakel von Arochukwu in Ost-Nigeria. Man glaubte weithin, das Orakel spreche für eine bekannte Gottheit der Region, die von den großen Volksgruppen der Ijaw, der Ibibio und der Igbo verehrt wurde. Das Orakel diente dazu, Dispute beizulegen und bei sonstigen Streitigkeiten zu schlichten. Kläger, die nach Arochukwu zum Orakel reisten, mussten in eine Schlucht des Cross River hinuntersteigen, wo das Orakel in einer hohen, mit Menschenschädeln gesäumten Höhle untergebracht war. Die Priester, die mit den Sklavenhändlern unter einer Decke steckten, übermittelten die Sprüche des Orakels. Oft teilte man den Besuchern mit, sie müssten sich vom Orakel»verschlucken« lassen, was bedeutete, dass man sie aus der Höhle zum Cross River und zu den wartenden Schiffen der Europäer brachte.

Dieser Prozess, bei dem sämtliche Gesetze und Bräuche dazu missbraucht wurden, immer mehr Sklaven zu erbeuten, hatte verheerende Auswirkungen auf die politische Zentralisierung, wiewohl er in manchen Gegenden zur Entstehung mächtiger Staaten führte, deren Hauptdaseinszweck Überfälle und Sklavennahme waren. Das Königreich Kongo war wahrscheinlich das erste afrikanische Land, das eine Metamorphose zu einem Sklavenhändlerstaat durchmachte, bis es durch Bürgerkrieg zerstört wurde. Andere Sklavenhändlerstaaten bildeten sich vor allem in Westafrika heraus. Zu ihnen gehörten Oyo und Nigeria, Dahomey und Benin und später Ashanti und Ghana.

Zum Beispiel verdankt sich die Vergrößerung des Staates Oyo in der Mitte des 17. Jahrhunderts dem Anstieg der Sklavenexporte an der Küste. Die Macht des Staates stützte sich auf eine Militärrevolution, für die man Pferde aus dem Norden importiert hatte, um eine schlagkräftige Kavallerie zur Vernichtung gegnerischer Heere aufzubauen.

Während die Streitmacht von Oyo südwärts zur Küste vorstieß, überwältigte sie die sich ihr entgegenstellenden Staaten und verkaufte viele ihrer Bewohner in die Sklaverei. Zwischen 1690 und 1740 errichtete Oyo ein Monopol landeinwärts an der künftigen Sklavenküste. Man schätzt, dass 80 bis 90 Prozent der dort verkauften Sklaven bei solchen Eroberungszügen gefangen genommen worden waren.

Ein ähnlicher Zusammenhang zwischen Krieg und Sklavennachschub entwickelte sich im 18. Jahrhundert weiter westlich an der Goldküste, das heißt im heutigen Ghana. Nach 1700 expandierte das Ashanti-Königreich, ähnlich wie früher der Staat Oyo, aus dem Innern in Richtung Küste. In der ersten Hälfte des 18. Jahrhunderts löste diese Expansion die Akan-Kriege aus, in deren Verlauf Ashanti einen unabhängigen Staat nach dem anderen besiegte. Der letzte, Gyaman, wurde 1747 erobert. Die überwiegende Mehrheit der 375 000 zwischen 1700 und 1750 von der Goldküste exportierten Sklaven bestand aus Gefangenen jener Kriege.

Dieser massive Verlust an Menschen wirkte sich auf die Demographie aus. Die Bevölkerungszahl in Afrika vor der Neuzeit lässt sich kaum feststellen, doch Wissenschaftler haben verschiedene Schätzungen über die Auswirkungen des Sklavenhandels auf die Einwohnerzahl vorgelegt. Der Historiker Patrick Manning nimmt an, dass die Bevölkerung der Gebiete West- und West-Zentralafrikas, aus denen zahlreiche Sklaven exportiert wurden, im frühen 18. Jahrhundert zweiundzwanzig bis fünfundzwanzig Millionen betrug. Aufgrund der vorsichtigen Hypothese, dass diese Gegenden ohne den Sklavenhandel im 18. und frühen 19. Jahrhundert ein Bevölkerungswachstum von jährlich rund einem halben Prozent erlebt hätten, schätzt Manning, dass die Einwohnerzahl um 1850 bei mindestens sechsundvierzig bis dreiundfünfzig Millionen hätte liegen müssen. In Wirklichkeit umfasste sie nur die Hälfte.

Der gewaltige Unterschied war nicht nur darauf zurückzuführen, dass zwischen 1700 und 1850 etwa acht Millionen Menschen als Sklaven aus der Region exportiert wurden, sondern auch darauf, dass weitere Millionen der ständigen Kriegführung mit dem Ziel der Sklavennahme zum Opfer gefallen sein dürften. Sklaverei und Sklavenhandel in Afrika schädigten außerdem die Familien- und Ehestrukturen und trugen möglicherweise zu verringerten Geburtenraten bei.

Im späten 18. Jahrhundert entstand in Großbritannien eine starke Bewegung zur Abschaffung des Sklavenhandels, angeführt von dem charismatischen William Wilberforce. Nach wiederholten Fehlschlägen konnte er das britische Parlament 1807 dazu bewegen, ein Gesetz, durch das der Sklavenhandel für illegal erklärt wurde, zu verabschieden. Die Vereinigten Staaten schlossen sich im folgenden Jahr mit einem entsprechenden Gesetz an. Die britische Regierung ging jedoch noch weiter: Sie bemühte sich, der Maßnahme Geltung zu verschaffen, indem sie Marinegeschwader zur Bekämpfung des Sklavenhandels im Atlantik einsetzte. Obwohl es einige Zeit dauerte, bis diese Aktionen wirklich effektiv waren, und obwohl die Sklaverei selbst erst 1834 im Britischen Reich abgeschafft wurde, waren die Tage des atlantischen Sklavenhandels – des mit Abstand größten Handelssektors – gezählt.

Zwar verringerte sich die Auslandsnachfrage nach afrikanischen Sklaven nach 1807, doch das bedeutete nicht, dass die Auswirkungen der Sklaverei auf die afrikanischen Gesellschaften und Institutionen wie durch Zauberei verschwunden wären. Viele afrikanische Staaten waren auf die Sklavennahme angewiesen, und die Beendigung des Handels durch die Briten änderte nichts an dieser Realität. Außerdem hatte sich die innerafrikanische Sklaverei ausgebreitet. Diese Faktoren sollten den afrikanischen Entwicklungsweg letztlich nicht nur vor, sondern auch nach 1807 bestimmen.

An die Stelle der Sklaverei trat nun der »rechtmäßige Handel« – eine Formulierung, die für den Export von Gütern aus Afrika, die nichts mit dem Sklavenhandel zu tun hatten, geprägt wurde. Zu diesen Waren gehörten Palmöl und Palmkerne, Erdnüsse, Elfenbein, Gummi und Gummiarabikum. Als sich die europäischen und nordamerikanischen Einkommen im Zug der Industriellen Revolution erhöhten, stieg die Nachfrage nach etlichen tropischen Produkten steil an. Genau wie die afrikanischen Gesellschaften die wirtschaftlichen Möglichkeiten des Sklavenhandels aggressiv genutzt hatten, zogen sie nun aus dem rechtmäßigen Handel Vorteile. Dies geschah jedoch in einem seltsamen Kontext, in dem die Sklaverei ein Teil der Lebensweise war, obwohl die Nachfrage nach Sklaven plötzlich nicht mehr existierte. Was sollte man nun mit all den Sklaven anfangen, die nicht mehr an Europäer verkauft werden konnten? Die Antwort lag auf der Hand: Sie konnten in Afrika zu profitabler Zwangsarbeit eingesetzt werden und die neuen Güter für den rechtmäßigen Handel herstellen.

Eines der am besten dokumentierten Beispiele war Ashanti im heutigen Ghana. Vor 1807 hatte sich das Ashanti-Reich stark an der Gefangennahme und dem Export von Sklaven beteiligt, indem es die Opfer zur Küste hinunterbringen und in den großen Sklavenfestungen Cape Coast und Elmina verkaufen ließ. Nach 1807 musste die Elite von Ashanti die Wirtschaft umorganisieren. Damit war die Sklaverei jedoch noch nicht beendet. Vielmehr siedelte man die Sklaven auf riesigen Plantagen an, zunächst in der Umgebung der Hauptstadt Kumase, doch später überall im Reich (das den größten Teil des Binnenlands von Ghana ausmachte). Die Sklaven förderten Gold und kultivierten Kolanüsse für den Export, doch sie bauten auch große Mengen Nahrungsmittel an und wurden intensiv als Träger eingesetzt, da man keine Transportmittel mit Rädern benutzte. Weiter östlich kam es zu ähnlichen Anpassungen. Zum Beispiel betrieb der König von Dahomey unweit der Küstenhäfen Whydah und Porto Novo weitläufige, von Sklaven bewirtschaftete Palmölplantagen.

Die Abschaffung des Handels ließ die Sklaverei in Afrika also nicht verschwinden, sondern führte lediglich zur Neuverwendung der Sklaven, die nun innerhalb Afrikas statt in Amerika ausgebeutet wurden. Zudem blieben viele politische Institutionen, die in den vorherigen zwei Jahrhunderten für den Sklavenhandel geschaffen worden waren, völlig unverändert, und die Verhaltensmuster bestanden ebenfalls weiter.

Schließlich brach das einst große Oyo-Reich in den 1820er und 1830er Jahren in Nigeria zusammen. Es wurde durch Bürgerkriege und den Aufstieg der Yoruba-Stadtstaaten in seinem Süden geschwächt, etwa durch Illorin und Ibadan, die direkt in den Sklavenhandel verwickelt waren. In den 1830er Jahren fiel die Hauptstadt von Oyo Plünderungen zum Opfer, und danach wetteiferten die Yoruba-Städte mit Dahomey um die regionale Vormachtstellung. Sie führten in der ersten Jahrhunderthälfte eine fast ununterbrochene Serie von Kriegen, die einen beträchtlichen Nachschub an Sklaven ermöglichten. Hinzu kamen die üblichen Entführungen, die Verurteilungen durch Orakel und die Überfälle im kleineren Maßstab, die alle dazu beitrugen, dass sich die Zahl der Sklaven erhöhte. In manchen Teilen Nigerias waren Entführungen ein solches Problem, dass Eltern ihre Kinder nicht draußen spielen ließen, damit sie nicht geraubt und in die Sklaverei verkauft wurden.

Die Sklaverei scheint sich also während des 19. Jahrhunderts in Afrika nicht verringert, sondern eher noch ausgeweitet zu haben. Genaue Zahlen sind schwer zu erlangen, doch etliche Berichte von Reisenden und Kaufleuten aus jener Zeit lassen vermuten, dass in den Königreichen Ashanti und Dahomey sowie in den Yoruba-Stadtstaaten viel mehr als die Hälfte der Bevölkerung aus Sklaven bestand. Genauere Angaben liegen aus den Aufzeichnungen der frühen französischen Kolonialisten für den westlichen Sudan vor, also für einen großen Bereich Westafrikas, der sich vom Senegal über Mali und Burkina Faso nach Niger und dem Tschad erstreckte. Hier waren 30 Prozent der Bevölkerung im Jahr 1900 versklavt.

Ebenso wenig wie der rechtmäßige Handel konnte die offizielle Kolonisierung nach dem Gerangel um Afrika die Sklaverei auf dem Kontinent auslöschen. Obwohl das europäische Vordringen damit gerechtfertigt wurde, dass die Sklaverei bekämpft und abgeschafft werden müsse, sah die Realität anders aus. In den meisten Teilen des kolonialen Afrika setzte sich die Sklaverei weit bis ins 20. Jahrhundert hinein fort. Beispielsweise wurde sie in Sierra Leone erst 1928 für immer abgeschafft. Dabei war die Hauptstadt Freetown im späten 18. Jahrhundert als Zuflucht für aus Amerika repatriierte Sklaven gegründet worden. Sie wurde zu einem wichtigen Stützpunkt für das britische Anti-Sklaverei-Geschwader und zur neuen Heimat für befreite Sklaven, welche die britische Navy von Handelsschiffen gerettet hatte. Trotzdem hielt sich die Sklaverei in Sierra Leone weitere 130 Jahre lang.

Liberia, südlich von Sierra Leone, wurde ebenfalls in den 1840er Jahren für befreite amerikanische Sklaven gegründet. Doch auch hier dauerte die Sklaverei bis ins 20. Jahrhundert an. Noch in den 1960er Jahren wurde vermutet, dass ein Viertel der Beschäftigten zur Arbeit gezwungen werde und unter Bedingungen leben und arbeiten müsse, die denen der Sklaverei nahekämen. Wegen der extraktiven wirtschaftlichen und politischen Institutionen, die für den Sklavenhandel geschaffen worden waren, konnte die Industrialisierung im subsaharischen Afrika nicht Fuß fassen. Sie stagnierte oder machte sogar ökonomische Rückschritte, während man die Wirtschaft in anderen Teilen der Welt umgestaltete.

Die duale Wirtschaft

Das Modell der »dualen Wirtschaft«, das Arthur Lewis 1955 vorlegte, bestimmt immer noch die Art und Weise, wie Sozialwissenschaftler die ökonomischen Probleme der weniger entwickelten Länder einschätzen. Laut Lewis haben viele weniger entwickelte oder unterentwickelte Ökonomien eine duale Struktur und bestehen aus einem modernen und einem traditionellen Sektor. Der moderne Sektor, also der höher entwickelte Teil der Wirtschaft, wird dem städtischen Leben, der heutigen Industrie und der Nutzung fortgeschrittener Technologien zugeordnet, der traditionelle Sektor hingegen dem ländlichen Leben, der Agrarwirtschaft sowie »rückständigen« Institutionen und Verfahren. Zu den rückständigen Agrarinstitutionen wird der Gemeinschaftsbesitz des Bodens, der private Grundeigentumsrechte ausschließt, gerechnet. Nach Lewis war die Arbeit im traditionellen Sektor so ineffizient organisiert, dass man daraus Arbeitskräfte für den modernen Sektor abziehen konnte, ohne Beeinträchtigungen der Produktivität im traditionellen Sektor feststellen zu müssen. Generationen von Ökonomen, die auf Lewis' Erkenntnissen aufbauen, folgerten daraus, dass man Menschen und Ressourcen aus dem traditionellen Sektor, das heißt aus der Landwirtschaft und den Landgebieten, in den modernen Sektor, das heißt die Industrie und die Städte, verlagern müsse, um das Entwicklungsproblem zu lösen. 1979 erhielt Lewis den Nobelpreis für seine Arbeit auf dem Gebiet der ökonomischen Entwicklungstheorie.

Lewis und seine Nachfolger hatten mit ihrer Feststellung des Vorhandenseins dualer Wirtschaften zweifellos recht. Südafrika – mit einem rückständigen und armen traditionellen und einem dynamischen und wohlhabenden modernen Sektor – lieferte eines der besten Beispiele. Noch heute ist die von Lewis beschriebene duale Wirtschaft überall in Afrika zu finden. Sie zeigt sich besonders deutlich, wenn man über die Grenze zwischen dem Staat KwaZulu-Natal, früher Natal, und dem Staat Transkei fährt. Die Grenze verläuft am Great Kei River. Im Osten des Flusses, an der Küste von Natal, liegen reiche Anwesen mit herrlichen breiten Sandstränden. Das Innere des Landes bedecken üppige grüne Zuckerrohrplantagen. Die Straßen sind makellos, und die ganze Gegend strahlt Wohlstand aus. Jenseits des Flusses dagegen scheint man sich in einer anderen Zeit und einer anderen Region zu befinden. Die Gegend ist weitgehend verwüstet, und der Boden ist nicht grün, sondern braun und entwaldet. Statt in modernen Häusern mit fließendem Wasser, Toiletten und jeglichem Komfort wohnen die Menschen in elenden Hütten und kochen auf offenen Feuern. Das Leben ist in der Tat traditionell geprägt, weit entfernt von der modernen Existenz im Osten des Flusses. Mittlerweile wird es den Leser nicht mehr überraschen, dass diese Unterschiede auf bedeutenden Kontrasten zwischen den Wirtschaftsinstitutionen an den beiden Ufern des Flusses beruhen.

Im Osten, in Natal, finden wir das Recht auf Privateigentum, ein funktionierendes Rechtssystem, Märkte, eine kommerzielle Landwirtschaft sowie Industrieanlagen. Im Westen dagegen, in der Transkei, verfügen die Menschen über einen gemeinschaftlichen Grund und Boden und traditionelle Chiefs. Durch die Linse von Lewis' Theorie der dualen Wirtschaft betrachtet, spiegelt der Kontrast zwischen der Transkei und Natal die Probleme der afrikanischen Entwicklung wider. Wir können sogar festhalten, dass früher ganz Afrika der Transkei glich: arm mit vormodernen Wirtschaftsinstitutionen, einer rückständigen Technik und einer Häuptlingsherrschaft. Aus dieser Perspektive betrachtet, braucht man für eine bessere Wirtschaftsentwicklung die

Weichen nur so zu stellen, dass in der Transkei die gleichen Voraussetzungen geschaffen werden, wie sie in Natal herrschen.

Daran ist viel Wahres, aber diese Betrachtungsweise lässt außer Acht, wie das duale System entstand und welche Beziehung es zur modernen Wirtschaft hat. Die Rückständigkeit der Transkei ist nicht bloß ein historischer Überrest der natürlichen afrikanischen Zurückgebliebenheit. In Wirklichkeit entstand die duale Wirtschaft in der Transkei und Natal vor relativ kurzer Zeit und ist alles andere als natürlich. Sie wurde von den weißen südafrikanischen Eliten geschaffen, um ein Reservoir an billigen Arbeitskräften für ihre Unternehmen zu garantieren und um die Konkurrenz durch schwarze Afrikaner zu verringern. Die duale Wirtschaft liefert ein weiteres Beispiel für eine künstlich hervorgebrachte, nicht für eine natürlich entstandene und seit Jahrhunderten existierende Unterentwicklung.

Südafrika und Botswana konnten, wie wir später noch erläutern werden, die schlimmsten Auswirkungen des Sklavenhandels und der von ihm verursachten Kriege vermeiden. Zu den ersten wichtigen Kontakten von Südafrikanern mit Europäern kam es 1652, als die Niederländische Ostindien-Kompanie einen Stützpunkt in der Tafelbucht, dem heutigen Hafen von Kapstadt, errichtete. Damals war der Westen Südafrikas dünn besiedelt, zumeist von Jägern und Sammlern, die dem Khoikhoi-Volk angehörten. Weiter östlich, in der heutigen Ciskei und Transkei, fand man dicht bevölkerte Gebiete mit Agrargesellschaften. Zwischen ihnen und der neuen niederländischen Kolonie gab es zunächst kaum Kontakte, und sie wurden nicht in die Sklaverei verwickelt. Die südafrikanische Küste war weit von den Sklavenmärkten entfernt, und die Bewohner der Ciskei und der Transkei, bekannt als Xhosa, wohnten hinreichend weit im Binnenland, um keine Aufmerksamkeit zu erregen. Infolgedessen blieben diese Gesellschaften von vielen der negativen Einflüsse verschont, die West- und Zentralafrika heimsuchten.

Im 19. Jahrhundert endete die Isolation Südafrikas, denn die Europäer merkten, wie günstig das Klima und die Umweltverhältnisse der Region für sie waren. Anders als beispielsweise Westafrika wies sie ein gemäßigtes Klima auf und wurde nicht von Tropenkrankheiten wie Malaria und Gelbfieber geplagt, die große Bereiche Afrikas zum »Friedhof des weißen Mannes« gemacht und die Europäer daran gehindert hatten, dort Siedlungen oder auch nur permanente Außenposten anzulegen. Südafrika war in dieser Hinsicht viel besser für die Europäer geeignet. Die Vorstöße der Briten ins Landesinnere begannen, kurz nachdem sie Kapstadt während der Napoleonischen Kriege von den Niederländern erobert hatten. Durch die Verschiebung der Siedlungsgrenze landeinwärts kam es zu einer langen Reihe von Kriegen mit den Xhosa. Die Besiedlung des südafrikanischen Binnenlands verstärkte sich 1835, als die verbliebenen Europäer niederländischer Herkunft, die als Afrikaaner oder Buren bekannt werden sollten, ihre berühmte Massenflucht begannen, den Großen Treck, fort von der Küste und der Umgebung von Kapstadt, die nun unter britischer Herrschaft standen. Sie gründeten zwei unabhängige Staatswesen im Innern Afrikas: den Oranje-Freistaat und das Transvaal.

Das nächste Stadium der südafrikanischen Entwicklung begann mit der Entdeckung riesiger Diamantenvorkommen in Kimberley im Jahr 1867 und reichhaltiger Goldminen in Johannesburg im Jahr 1886. Die reichen Bodenschätze im Landesinnern animierten die Briten, ihre Kontrolle über ganz Südafrika auszudehnen. Der Widerstand des Oranje-Freistaats und des Transvaal führte zu den berühmten Burenkriegen von 1880–1881 und 1899–1902. Nach einer anfänglichen unerwarteten Niederlage gelang es den Briten, die Burenstaaten mit der Kapprovinz und Natal zu vereinen und 1910 die Südafrikanische Union zu gründen. Von den Kämpfen zwischen Buren und Briten abgesehen, hatten die Minen und die Expansion der europäischen Siedlungen weitere Folgen für die Entwicklung des Landes. In erster Linie lösten sie eine erhöhte Nachfrage nach Nahrungsmitteln und anderen Agrarprodukten aus und boten den einheimischen Afrikanern sowohl in der Landwirtschaft als auch im Handel neue Chancen.

Die Xhosa in der Ciskei und der Transkei reagierten rasch auf diese wirtschaftlichen Möglichkeiten, wie der Historiker Colin Bundey dokumentierte. Bereits 1832, noch vor dem Minen-Boom, fiel einem mährischen Missionar die neue wirtschaftliche Dynamik in der Transkei auf, ebenso wie die Nachfrage der Afrikaner nach den neuen

Konsumgütern, die sie durch die Europäer kennengelernt hatten. Er schrieb: »Um diese Gegenstände zu erhalten, sind sie bemüht … sich Geld durch die Arbeit ihrer Hände zu verschaffen und Kleidung, Spaten, Pflüge, Wagen und andere nützliche Artikel zu erwerben.«

Der Bericht des Zivilbeauftragten John Hemmings, der 1876 Fingoland in der Ciskei besuchte, ist genauso aufschlussreich. Ihn

> überraschte der sehr große Fortschritt, den die Fingos innerhalb einiger Jahre erzielt hatten … Allenthalben fand ich solide Hütten und Ziegel- oder Steinwohnblocks vor. In vielen Fällen hatte man beachtliche Ziegelhäuser gebaut …, und Obstbäume waren gepflanzt worden. Wo immer ein Wasserstrom genutzt werden konnte, war er umgeleitet und der Boden bebaut worden, so weit man ihn bewässern konnte. Man hatte, wo immer es möglich war, einen Pflug zum Einsatz zu bringen, die Hänge der Hügel und sogar die Berggipfel kultiviert. Das Ausmaß des umgebrochenen Landes verblüffte mich. Seit Jahren habe ich keine so große Fläche kultivierten Bodens gesehen.

Wie in anderen Teilen des subsaharischen Afrika war die Benutzung von Pflügen in der Landwirtschaft unbekannt, doch scheinen afrikanische Bauern, wenn sich die Gelegenheit bot, durchaus bereit gewesen zu sein, dieses Werkzeug zu übernehmen. Außerdem investierten sie bereitwillig in Fuhrwerke und Bewässerungsanlagen.

Während die Agrarwirtschaft voranschritt, begannen die starren Stammesinstitutionen aufzubrechen. Vieles deutet darauf hin, dass sich die Landeigentumsrechte veränderten. 1879 verzeichnete der Amtsrichter in Umzimkulu in Griqualand-Ost (Transkei) »das wachsende Bestreben mancher Eingeborenen, Landbesitzer zu werden – sie haben 38 000 Morgen gekauft«. Drei Jahre später hielt er fest, dass rund 8000 afrikanische Bauern des Bezirks 90 000 Morgen Land erworben hätten und sie nun bestellten.

Afrika stand zwar durchaus nicht vor einer industriellen Revolution, doch reale Veränderungen zeichneten sich ab. Die Möglichkeit des Privatbesitzes an Boden hatte die Chiefs geschwächt und erlaubte

jedem, Land zu kaufen und Wohlstand zu erwerben, was noch Jahrzehnte zuvor undenkbar gewesen wäre. Dies belegt auch, wie rasch
die Schwächung extraktiver Institutionen und absolutistischer Herr-
schaftssysteme zu einer neuen wirtschaftlichen Dynamik führen kann.
Eine der Erfolgsgeschichten verkörperte Stephen Sonjica in der Ciskei, ein Bauer von armer Herkunft, der sich aus eigener Kraft emporgearbeitet hatte. In einer Ansprache beschrieb er die Reaktion seines
Vaters auf Stephens Wunsch, Land zu kaufen: »Land kaufen? Warum
denn das? Weißt du nicht, dass das ganze Land Gott gehört und dass
er es nur den Chiefs gegeben hat?« Es war eine verständliche Reaktion,
aber Sonjica ließ sich nicht abschrecken. Er trat einen Posten in King
William's Town an und berichtete:

> Ich eröffnete heimlich ein Privatkonto, auf das ich einen Teil meiner
> Ersparnisse umleitete … Dies setzte sich nur so lange fort, bis ich
> achtzig Pfund besaß … [Ich kaufte] ein Ochsengespann mit Jochen,
> Gabeln, Pflug und dazu das übrige landwirtschaftliche Zubehör …
> Dann erwarb ich einen kleinen Hof … Ich kann meinen Mitbürgern
> den Ackerbau als Beruf nicht nachdrücklich genug empfehlen …
> Allerdings sollten sie moderne Methoden der Gewinnerzielung an-
> wenden.

Ein erstaunliches Indiz für die Dynamik und den Wohlstand dama-
liger afrikanischer Bauern enthält der Brief eines Methodistenmis-
sionars, W. J. Davis, von 1869. Er teilte seinem englischen Adressaten
voller Genugtuung mit, dass er sechsundvierzig Pfund in bar »für den
Baumwoll-Hilfsfonds von Lancashire« gesammelt habe. In jenen Jahren spendeten vermögende afrikanische Bauern Geld für die Unterstützung armer englischer Textilarbeiter!
  Die neue Wirtschaftsdynamik gefiel den traditionellen Chiefs verständlicherweise nicht, denn sie sahen ihr Vermögen und ihre Macht
dahinschwinden. 1879 erwähnte Matthew Blyth, der Oberrichter der
Transkei, dass Widerspruch gegen die Vermessung des Landes, das in
Privatgrundstücke unterteilt werden sollte, zu hören sei: »Einige der
Chiefs … erhoben Einwände, doch die meisten Menschen waren zu-

frieden ... Die Chiefs wissen, dass die Gewährung von individuellen Rechten ihren Einfluss unter den Führern beseitigen wird.«

Die Chiefs widersetzten sich auch sämtlichen Verbesserungen des Bodens, etwa der Aushebung von Bewässerungsgräben oder der Errichtung von Zäunen. Sie begriffen, dass sich dadurch nur Ansprüche auf individuelle Eigentumsrechte und damit das Ende ihrer Macht ankündigten. Europäische Beobachter beobachteten sogar, dass Chiefs und andere traditionelle Respektspersonen, etwa Medizinmänner, versuchten, alle »europäischen Sitten« zu untersagen, wozu auch neue Feldfrüchte, Pflüge und Handelsprodukte gehörten. Aber die Integration der Ciskei und der Transkei in den britischen Kolonialstaat hatte zur Folge, dass sich die Macht der traditionellen Chiefs und aller sonstigen Autoritäten verringerte. Ihr Widerstand sollte nicht ausreichen, die neue wirtschaftliche Dynamik Südafrikas zunichtezumachen. 1884 bekräftigte ein europäischer Besucher in Fingoland, dass das Volk

nun uns seine Loyalität bekundet. Seine Chiefs sind gewissermaßen zu adligen Grundbesitzern ... ohne politische Macht geworden. Da er keine Angst mehr vor der Eifersucht des Chiefs oder vor dessen tödlicher Waffe hat –, dem Medizinmann, der den vermögenden Viehbesitzer, den fähigen Berater, die Einführung neuer Bräuche, den geschickten Landwirt niederstreckt und alle zu einheitlicher Mittelmäßigkeit verdammt –, da er vor alledem keine Angst mehr hat, ist der Fingo-Clan-Angehörige ... ein fortschrittlicher Mann. Immer noch Kleinbauer ... besitzt er Wagen und Pflüge, gräbt Bewässerungsrinnen und ist Eigner einer Schafherde.

Schon ein Mindestmaß an inklusiven Institutionen sowie die Machtaushöhlung der Chiefs und die Umgehung ihrer Verbote reichten aus, um einen afrikanischen Wirtschaftsboom zu ermöglichen. Freilich sollte er kurzlebig sein, denn schon zwischen 1890 und 1913 fand er ein abruptes Ende. In jenem Zeitraum waren zwei Kräfte wirksam, die den ländlichen Wohlstand und die Dynamik zerstörten, welche in den vorherigen fünfzig Jahren von Afrikanern geschaffen worden waren. Die erste Kraft war die Feindschaft der europäischen Bauern,

Nördlich des Zaunes:
Nogales, Arizona

Südlich des Zaunes:
Nogales, Sonora

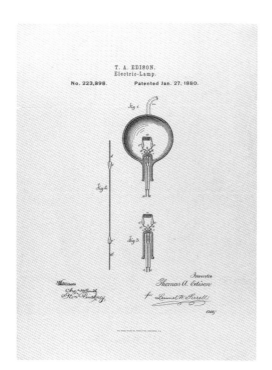

Konsequenzen fairer Wettbewerbsbedingungen: Thomas Edisons Patent von 1880 für die Glühbirne

Records of the Patent and Trademark Office; Record Group 241; National Archives

Wirtschaftliche Verlierer durch schöpferische Zerstörung: Ludditen im Großbritannien des frühen 19. Jahrhunderts

Mary Evans Picture Library/Tom Morgan

nsequenzen des völligen Mangels an politischer Zentralisierung in Somalia
ters/Mohamed Guled/Landov

Aufeinanderfolgende
Nutznießer der extraktiven
Institutionen im Kongo:

König des Kongo
© CORBIS

König Leopold II.
The Granger Collection, NY

Joseph-Désiré Mobutu
© Richard Melloul/Sygma/
CORBIS

Laurent Kabila
© Reuters/CORBIS

Die Glorreiche Revolution: Wilhelm III. von Oranien
wird die Bill of Rights vorgelesen, bevor das Parlament
ihm die englische Krone anbietet

Nach Edgar Melville Ward/The Bridgeman Art Library/
Getty Images

Die Beulenpest des 14. Jahrhunderts bewirkt eine Umbruchphase (*Der Triumph des
Todes*, Gemälde des Schwarzen Todes von Brueghel dem Älteren)

The Granger Collection, NY

...tznießer institutioneller Innovation: der König der Kuba
...ot Elisofon/Time & Life Pictures/Getty Images

Die Entstehung von Hierarchie und Ungleichheit vor dem Ackerbau: die Grabbei-
gaben der natufischen Elite

http://en.wikipedia.org/wiki/File: Natufian-Burial-ElWad.jpg

Extraktives Wachstum: Sowjetische Gulagarbeiter bauen den Weißmeerkanal
SOVFOTO

Britannien fällt weit zurück: Die Ruinen des Römischen Reiches in Vindolanda
Mit freundlicher Genehmigung des Vindolanda Trusts und Adam Stanfords

Innovation, das Wesen inklusiven Wirtschaftswachstums: James Watts Dampfmaschine
The Granger Collection, NY

ARKWRIGHT'S FIRST COTTON FACTORY AT CROMFORD.

Organisatorischer Wandel, eine Folge inklusiver Institutionen; die Baumwollfabrik von Richard Arkwright in Cromford

The Granger Collection, NY

Ergebnisse nicht nachhaltigen extraktiven Wachstums: Zheng Hes Schiff neben Columbus' Santa Maria

Gregory A. Harlin/National Geographic Stock

ie duale Wirtschaft in Südafrika aus der Vogelperspektive: Armut in der Transkei,
Johlstand in Natal

oger de la Harpe/Africa Imagery

Konsequenzen der Industriellen Revolution: der Sturm auf die Bastille
Bridgeman-Giraudon/Art Resource, NY

Herausforderung inklusiver Institutionen: die Standard Oil Company
Library of Congress Prints and Photographs Division, Washington, D. C.

Nichtschöpferische Zerstörung: verlassener Bahnhof Hastings auf der Strecke nach
Bo in Sierra Leone

Matt Stephenson: www.itsayshere.org

Extraktive Institutionen heute: Kinder arbeiten auf einem usbekischen Baumwollfeld
Environmental Justice Foundation, www.ejfoundation.org

Neue Wege gehen: Drei Tswana-Chiefs unterwegs nach London

Foto von Willoughby, mit freundlicher Genehmigung der Botswana National Archives & Records Services

Rosa Parks fordert die extraktiven Institutionen in den US-Südstaaten heraus

Die Granger Collection, NY

Extraktive Institutionen verschlingen ihre Kinder: die chinesische Kulturrevolution gegen »entartete Intellektuelle«

Weng Rulan, 1967, IISH Collection, International Institute of Social History (Amsterdam)

die mit den Afrikanern konkurrieren mussten. Erfolgreiche afrikani-sche Bauern drückten die Preise für auch von den Europäern ange-botene Produkte. Deren Reaktion bestand in dem Versuch, die Afri-kaner vom Markt zu verdrängen. Die zweite Kraft war noch finsterer. Die Europäer benötigten billige Arbeitskräfte für die aufkeimenden Minen, und dieses Ziel war nur zu erreichen, wenn sie die Afrikaner der Armut auslieferten. Daran arbeiteten sie in den kommenden Jahr-zehnten überaus methodisch.

Die Aussage, die George Albu, der Vorsitzende des Minenverbands, 1897 vor einem Untersuchungsausschuss machte, gibt treffend die Logik wieder, nach der man die Afrikaner in die Verarmung trieb, um billige Arbeitskräfte zu erhalten. Er erklärte seinen Vorschlag, die Arbeitskosten zu verringern, indem man »den Boys einfach mitteilt, dass ihre Löhne gesunken sind«. Hier seine Aussage:

Ausschuss: Angenommen, die Kaffern [frühere Bezeichnung für die Angehörigen eines Bantu-Stammes] ziehen sich zu ihrem Kral zu-rück? Wären Sie dafür, die Regierung um Verhängung von Zwangs-arbeit zu bitten?

Albu: Natürlich … Ich würde die Arbeit zur Pflicht machen … War-um sollte es einem Nigger gestattet sein, nichts zu tun? Ich finde, ein Kaffer sollte zur Arbeit gezwungen werden, damit er sich seinen Lebensunterhalt verdient.

Ausschuss: Wenn ein Mann ohne Arbeit leben kann, wie können Sie ihn dann zur Arbeit zwingen?

Albu: Dann muss er mit einer Steuer belegt werden …

Ausschuss: Sie würden dem Kaffer also nicht gestatten, in diesem Staat Land zu besitzen, sondern er soll für den weißen Mann ar-beiten, um diesen reich zu machen?

Albu: Er muss seinen Teil der Arbeit übernehmen, um seinen Nach-barn zu helfen.

Beide Ziele – die Ausschaltung des Wettbewerbs für weiße Bauern und die Bereitstellung einer großen Zahl mit Niedriglöhnen abge-speister Arbeitskräfte – wurden durch den Natives Land Act von 1913 erreicht. Durch das Gesetz, das Lewis' Idee der dualen Wirtschaft vorwegnahm, wurde Südafrika in einen modernen wohlhabenden und einen traditionellen armen Teil gespalten. Allerdings erzeugte das Gesetz selbst Wohlstand und Armut. In ihm hieß es, dass 87 Prozent des Bodens den Europäern zu übergeben seien, die etwa 20 Prozent der Bevölkerung ausmachten. Die übrigen 13 Prozent wurden den Afrikanern überlassen. Der Land Act hatte viele Vorgänger, denn nach und nach hatten die Europäer die Afrikaner in immer kleinere Reservate gezwungen. Aber erst durch dieses Gesetz institutionalisierte man die Verhältnisse und bereitete die Bühne für die Herausbildung des südafrikanischen Apartheid-Regimes, in dem die weiße Minderheit über alle politischen und wirtschaftlichen Rechte verfügte, während die schwarze Mehrheit von beiden ausgeschlossen blieb. In dem Gesetz wurde festgelegt, dass mehrere Reservate, darunter Transkei und Ciskei, afrikanische »Homelands« werden sollten. Später wurden die Letzteren Bantustans genannt, was zur Rhetorik des Apartheid-Regimes gehörte, denn es behauptete, die afrikanischen Völker Südafrikas seien keine Einheimischen, sondern Nachfahren des Bantu-Volkes, die ungefähr tausend Jahre zuvor aus Ost-Nigeria hierher gezogen seien. Deshalb hätten sie kein größeres – und in der Praxis ein geringeres – Recht auf das Land als die europäischen Siedler.

Karte 16 zeigt die kümmerlichen Bodenflächen, die den Afrikanern durch den Land Act von 1913 und ein weiteres Gesetz von 1936 zugewiesen wurden. Sie enthält auch Informationen über den Umfang einer ähnlichen Landzuteilung von 1970 beim Aufbau einer weiteren dualen Wirtschaft in Simbabwe (siehe dazu das dreizehnte Kapitel).

Die Gesetzgebung von 1913 enthielt zudem Klauseln, die schwarze Farmpächter und illegale Siedler daran hindern sollten, das Land weißer Eigentümer in irgendeiner anderen Eigenschaft als der von Mietarbeitern zu bestellen. Wie der Minister für Eingeborenenangelegenheiten erklärte:

Der Zweck des Gesetzes bestand darin, in Zukunft sämtlichen Transaktionen ein Ende zu setzen, die auf eine Partnerschaft zwischen Europäern und Eingeborenen im Hinblick auf das Land oder

die Früchte des Bodens hinausliefen. Alle neuen Verträge mit Eingeborenen müssen Dienstverträge sein. Vorausgesetzt, ein derartiger
gültiger Vertrag liegt vor, gibt es nichts, was einen Arbeitgeber davon abhält, einen Eingeborenen in Naturalien oder durch das Recht
zur Bestellung eines klar umrissenen Grundstücks zu bezahlen ...
Aber der Eingeborene darf dem Eigentümer nichts dafür bezahlen,
dass er ein Besitzrecht an dem Land bekommt.

Nach Ansicht der Entwicklungsökonomen, die Südafrika in den
1950er und 1960er Jahren besuchten, als dieses akademische Fachgebiet Gestalt annahm und die Ideen von Arthur Lewis um sich
griffen, war der Kontrast zwischen den Homelands und den wohl-

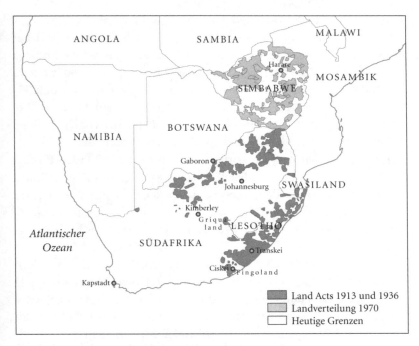

Karte 16: Die Landflächen, die Afrikanern von den weißen Minderheits-
regimen in Südafrika und Simbabwe zugewiesen wurden

habenden, modernen Gebieten der weißen Europäer genau das, worum es in der Theorie der dualen Wirtschaft ging. Der europäische Teil der Wirtschaft war städtisch, und seine gut ausgebildeten Vertreter bedienten sich der modernen Technologie. Die Bewohner der Homelands dagegen waren arm, rückständig und wohnten auf dem Lande; ihre Arbeit erwies sich als sehr unproduktiv, und sie hatten eine schlechte Ausbildung. Damit schienen die Homelands das zeitlose, rückständige Afrika zu repräsentieren.

Tatsache ist jedoch, dass die duale Wirtschaft keineswegs natürlich oder unvermeidlich war, sondern vom europäischen Kolonialismus geschaffen wurde. Gewiss, die Homelands litten unter Armut und technologischer Rückständigkeit, und die Menschen waren schlecht ausgebildet, doch all das war das Ergebnis der Regierungspolitik. Sie hatte das afrikanische Wirtschaftswachstum erstickt und einen Bestand an billigen, ungebildeten afrikanischen Arbeitskräften geschaffen, die in den von Europäern kontrollierten Minen und auf deren Land beschäftigt wurden. Nach 1913 vertrieb man zahlreiche Afrikaner von ihren Parzellen, die den Weißen zufielen, und zwängte sie in die Homelands, die zu klein waren, als dass sie sich dort einen unabhängigen Lebensunterhalt hätten verdienen können. Wie geplant, mussten sie sich deshalb in der weißen Wirtschaft als billige Arbeitskräfte verdingen. Mit dem Zusammenbruch der ökonomischen Anreize wurden die Fortschritte der vorhergehenden fünfzig Jahre rückgängig gemacht. Die Afrikaner gaben ihre Pflüge auf und benutzten, wenn sie denn überhaupt Ackerbau betrieben, wieder Hacken. In den meisten Fällen konnten sie tatsächlich nur für Niedriglöhne arbeiten, was durch die Bildung der Homelands beabsichtigt worden war.

Nicht nur die wirtschaftlichen Anreize wurden zerstört, sondern auch die politischen Veränderungen, die sich angebahnt hatten. Die Macht der Chiefs und anderer traditioneller Herrscher wurde wieder gestärkt, denn im Rahmen der Schaffung billiger Arbeitskräfte hatte man das Privateigentum an Grund und Boden aufgehoben. Damit gewannen die Chiefs die Kontrolle über das Land zurück. Diese Maßnahmen erreichten ihren Höhepunkt im Jahr 1951, als die Regierung den Bantu Authorities Act verabschiedete. Bereits 1940 kam G. Findlay auf das entscheidende Problem zu sprechen:

Stammesbesitz ist eine Garantie dafür, dass das Land nie ordnungsgemäß bestellt und nie wirklich den Eingeborenen gehören wird. Billigarbeit benötigt eine billige Brutstätte, und die wird den Afrikanern auf deren eigene Kosten geliefert.

Die Enteignung der afrikanischen Bauern führte zur Massenarmut. Durch sie wurden nicht nur die institutionellen Grundlagen für eine rückständige Wirtschaft geschaffen, sondern auch die an ihr beteiligten bedürftigen Menschen.

Die vorliegenden Fakten lassen erkennen, wie sehr der Lebensstandard in den Homelands nach dem Natives Land Act von 1913 sank. Transkei und Ciskei wurden Opfer eines anhaltenden Verfalls. Die Personalunterlagen der Goldminengesellschaften, die der Historiker Francis Wilson sammelte, machen deutlich, dass der Verfall die südafrikanische Wirtschaft als Ganzes erfasste. Im Anschluss an den Natives Land Act und andere Gesetze gingen die Löhne der Minenarbeiter zwischen 1911 und 1921 um 30 Prozent zurück. Sogar 1961 lagen die Löhne trotz des relativ stetigen Wachstums der südafrikanischen Wirtschaft immer noch um 12 Prozent unter denen von 1911. Kein Wunder, dass Südafrika in diesem Zeitraum zu dem Land mit der größten sozialen Ungleichheit der Welt wurde.

Aber hätten sich Schwarzafrikaner unter solchen Umständen nicht in der europäischen, modernen Wirtschaft emporarbeiten, ein Unternehmen gründen oder eine Ausbildung absolvieren und Karriere machen können? Nein. Die Regierung sorgte dafür, dass so etwas unmöglich war. Kein Afrikaner durfte im europäischen Teil der Wirtschaft, der 87 Prozent des Landes ausmachte, Grund und Boden besitzen oder ein Geschäft eröffnen. Dem Apartheid-Regime war klar, dass gut ausgebildete Afrikaner mit Weißen konkurrieren würden, statt den Minen und der im Besitz der Weißen befindlichen Landwirtschaft als billige Arbeitskräfte zu dienen. Bereits 1904 wurde in den Minen ein System der Reservierung bestimmter Berufe für Europäer eingeführt. Kein Afrikaner durfte als Amalgamator, Hüttenprüfer, Einweiser, Schmied, Kesselschmied, Dreher, Metallarbeiter, Maurer oder Holzverarbeiter eingestellt werden. Mit einem Schlag war es Afrikanern verboten, irgendeine qualifizierte Arbeit im Minensektor auszuüben.

Dies war die erste Erscheinungsform der berühmten »Farbschranke«, einer von mehreren rassistischen Erfindungen des südafrikanischen Regimes. Die Farbschranke wurde 1926 auf die gesamte Wirtschaft übertragen und blieb bis in die 1980er Jahre bestehen. Deshalb sollte es nicht überraschen, dass Schwarzafrikaner unausgebildet waren: Der südafrikanische Staat entzog ihnen nicht nur die Möglichkeit, wirtschaftlichen Nutzen aus einer Ausbildung zu ziehen, sondern er weigerte sich auch, in schwarze Schulen zu investieren. Ihren Höhepunkt erreichten diese Maßnahmen in den 1950er Jahren, als die Regierung unter Hendrik Verwoerd, einem der Architekten des bis 1994 existierenden Apartheid-Regimes, den Bantu Education Act verabschiedete. 1954 brachte Verwoerd die Philosophie, die dem Gesetz zugrunde lag, ungeschminkt zum Ausdruck:

Der Bantu muss angeleitet werden, seiner Gemeinschaft in jeder Hinsicht zu dienen. Oberhalb gewisser Arbeitsformen gibt es in der europäischen Gemeinschaft keinen Platz für ihn ... Aus diesem Grund ist es nicht sinnvoll, dass er eine Ausbildung erhält, die auf seine Aufnahme durch die europäische Gemeinschaft abzielt, da er von ihr weder jetzt noch in Zukunft aufgenommen werden kann.

Natürlich spricht Verwoerd in seiner Rede von einer ganz anderen dualen Wirtschaft als der, die Lewis in seiner Theorie beschrieb. In Südafrika war die duale Wirtschaft kein unvermeidliches Ergebnis des Entwicklungsprozesses, sondern sie wurde vom Staat geschaffen. Arme Menschen sollten im Lauf der Wirtschaftsentwicklung nicht einfach vom rückständigen in den modernen Sektor überwechseln können. Im Gegenteil, der Erfolg des modernen beruhte auf der Existenz des rückständigen Sektors, der es weißen Arbeitgebern ermöglichte, Riesengewinne zu erzielen, indem sie entwurzelten schwarzen

Hilfsarbeitern sehr niedrige Löhne zahlten. In Südafrika kam es nicht dazu, dass ungelernte Arbeiter allmählich Qualifikationen erwarben, wie Lewis' Theorie es vorsah. Vielmehr wurde darauf geachtet, dass schwarze Arbeiter ungelernt blieben, damit sie weißen Facharbeitern keine Konkurrenz machten. Die schwarzen Afrikaner saßen in den Homelands tatsächlich in der Falle der traditionellen Wirtschaft, doch handelte es sich dabei nicht um ein Entwicklungsproblem, das sich durch Wachstum lösen ließ, sondern es waren die Homelands, die die Entwicklung der weißen Wirtschaft ermöglichten.

Es sollte nicht überraschen, dass die Art der Wirtschaftsentwicklung, die das weiße Südafrika erzielte, enge Grenzen hatte, da sie auf extraktiven Institutionen beruhte, welche die Weißen zur Ausbeutung der Schwarzen aufgebaut hatten. Südafrikanische Weiße besaßen Eigentumsrechte, investierten in Erziehung und Ausbildung und waren in der Lage, Gold und Diamanten zu fördern und mit Gewinn auf dem Weltmarkt zu verkaufen. Doch über 80 Prozent der südafrikanischen Bevölkerung wurden von den lukrativen Wirtschaftsaktivitäten ausgeschlossen. Schwarze konnten ihre Fähigkeiten nicht einsetzen und durften keine Facharbeiter, Geschäftsleute, Unternehmer, Ingenieure oder Wissenschaftler werden. Und während der Lebensstandard der weißen Südafrikaner dem westeuropäischer Länder entsprach oder infolge der Ausbeutung der Schwarzen auch erheblich darüber lag, darbten die schwarzen Südafrikaner ähnlich wie alle anderen Einheimischen südlich der Sahara. Das Wirtschaftswachstum ohne schöpferische Zerstörung, von dem lediglich die Weißen profitierten, setzte sich so lange fort, wie die Einnahmen durch den Verkauf von Gold und Diamanten stiegen. Aber kurz vor den 1970er Jahren stockte das Wirtschaftswachstum.

Und wiederum dürfte es nicht überraschen, dass diese extraktiven Wirtschaftsinstitutionen auf Grundlagen aufgebaut wurden, die von äußerst extraktiven politischen Institutionen herrührten. Vor seinem Sturz im Jahr 1994 hatten die Weißen die gesamte Macht im südafrikanischen System; sie durften als Einzige wählen und für Ämter kandidieren. Sie beherrschten die Polizei, das Militär und sämtliche politischen Institutionen. Die Letzteren waren unter der militärischen Dominanz der weißen Siedler geschaffen worden. Zur Zeit der Gründung der Südafrikanischen Union im Jahr 1910 hatten die Buren im Oranje-Freistaat und im Transvaal ein explizit rassisches Wahlrecht, durch das Schwarze von jeglicher politischen Beteiligung ausgeschlossen wurden. Natal und Kapkolonie räumten Schwarzen das Stimmrecht ein, wenn sie genug Grundbesitz hatten, was in der Regel nicht der Fall war. Der Status quo wurde 1910 zunächst in den beiden Republiken gewahrt, doch noch vor den 1930er Jahren entzog man den Schwarzen überall in Südafrika das Wahlrecht.

Die duale Wirtschaft Südafrikas endete 1994, aber nicht aus den Gründen, über die Sir Arthur Lewis theoretisiert hatte. Nicht der natürliche Verlauf der Wirtschaftsentwicklung führte zur Beseitigung der Farbschranke und der Homelands. Vielmehr protestierten die schwarzen Südafrikaner und erhoben sich gegen das Regime, das ihre Grundrechte nicht anerkannte und die Erträge des wirtschaftlichen Wachstums nicht mit ihnen teilte. Nach dem Soweto-Aufstand von 1976 verbesserten sich die Organisation und Durchschlagskraft der Proteste, was letztlich den Untergang des Apartheid-Staats bewirkte. Es war die Stärkung der Schwarzen, denen es gelang, sich zu organisieren und zu erheben, durch die der dualen südafrikanischen Wirtschaft ein Ende gesetzt wurde – ähnlich, wie sie durch die politische Gewalt der südafrikanischen Weißen überhaupt erst geschaffen worden war.

Umgekehrte Entwicklung

Die heutige Weltungleichheit existiert, weil manche Staaten im 19. und 20. Jahrhundert in der Lage waren, die technologischen und organisatorischen Vorteile der Industriellen Revolution zu nutzen, und andere nicht. Technologischer Wandel ist nur einer von mehreren Wohlstandsmotoren, doch der vielleicht entscheidende. Die Länder, die auf die neuen Technologien verzichteten, konnten auch die anderen Wohlstandsmotoren nicht nutzen. Wie ausgeführt, wurde dieses Scheitern von ihren extraktiven Institutionen verursacht, entweder infolge des Beharrens ihrer absolutistischen Regime oder wegen des Mangels an staatlicher Zentralisierung. Aber es ist auch deutlich geworden, dass die extraktiven Institutionen, welche die Armut der betreffenden Staaten bewirkten, in mehreren Fällen durch ebenden Prozess, der das europäische Wachstum antrieb, herbeigeführt oder zumindest gestärkt wurden: durch die europäische kommerzielle und koloniale Expansion. Mehr noch, die Ertragskraft der europäischen Kolonialreiche stützte sich überall auf der Welt auf die Zerstörung unabhängiger Gemeinwesen und indigener Wirtschaften oder auf die Schaffung ganz neuer extraktiver Institutionen wie in der Karibik, wo die Europäer nach der fast völligen Vernichtung der einheimischen Bevölkerung afrikanische Sklaven herbeiholten und das Plantagensystem aufbauten.

Wir werden nie erfahren, welche Entwicklung unabhängige Stadtstaaten wie jene auf den Banda-Inseln, in Aceh oder in Birma (Myanmar) ohne die europäische Okkupation eingeschlagen hätten. Vielleicht hätten sie ihre eigene Glorreiche Revolution erlebt oder auf der Grundlage des wachsenden Handels mit Gewürzen und anderen wertvollen Produkten allmählich inklusivere politische und wirtschaftliche Institutionen entwickelt. Diese Möglichkeit wurde jedoch durch die Expansion der Niederländischen Ostindien-Kompanie durchkreuzt. Das Unternehmen machte durch seinen Völkermord jegliche Hoffnung auf eine eigenständige Entwicklung der Banda-Inseln zunichte. Die Bedrohung durch die Kompanie bewirkte auch, dass sich die Stadtstaaten in vielen anderen Teilen Südostasiens vom Handel zurückzogen.

Die Geschichte einer der ältesten Kulturen Asiens hat ähnliche Züge, wiewohl die Entwicklung nicht von den Niederländern, sondern von den Briten umgekehrt wurde. Die Rede ist von Indien, dem im 18. Jahrhundert größten Textilproduzenten und -exporteur der Welt. Indische Baumwoll- und Musselinstoffe überschwemmten die europäischen Märkte und wurden überall in Asien und sogar in Ostafrika vertrieben. Als Hauptlieferant für die Britischen Inseln fungierte die English East India Company. 1600, zwei Jahre vor ihrem niederländischen Gegenstück gegründet, verbrachte die Company das 17. Jahrhundert mit Versuchen, ein Monopol für die wertvollen Exporte aus Indien zu errichten. Sie konkurrierte mit den Portugiesen, die Stützpunkte in Goa, Chittagong und Bombay besaßen, und den Franzosen, die sich in Pondicherry, Chandernagora, Yanam und Karakail festgesetzt hatten.

Besonders ungünstig für die East India Company war die Glorreiche Revolution, weil das Monopol, das ihr die Stuart-Könige gewährt hatten, nach 1688 in Frage gestellt und sogar für über ein Jahrzehnt abgeschafft wurde. Es kam, wie beschrieben, zu einem erheblichen Machtverlust, weil britische Textilhersteller das Parlament veranlassen konnten, die Einfuhr von Kattun, dem profitabelsten Handelsobjekt der East India Company, zu verbieten.

Im 18. Jahrhundert änderte die Company unter Führung von Robert Clive ihre Strategie und begann, ein kontinentales Reich aufzubauen. Damals war Indien noch in zahlreiche miteinander rivalisierende Gemeinwesen gespalten, von denen sich etliche unter der nominellen Kontrolle des Mogulkaisers in Delhi befanden. Die East India Company schob sich als Erstes nach Bengalen im Osten vor, wobei sie die lokalen Machthaber in den Schlachten von Plassey (1757) und Buxar (1764) besiegte. Sie plünderte die Gegend aus und übernahm, in vielleicht noch intensiverer Form, die extraktiven Steuerinstitutionen der Mogulherrscher Indiens. Diese Expansion fiel mit der massiven Schrumpfung der indischen Textilindustrie zusammen, für die es in Großbritannien keinen Markt mehr gab. Die Schrumpfung wurde von Stadtflucht und erhöhter Armut begleitet. So begann ein langer Zeitraum der Rückentwicklung in Indien. Sehr bald produzierten die Inder keine Textilien mehr, sondern importierten sie aus Großbritannien und bauten stattdessen Opium an, das die East India Company in China verkaufte.

Durch den atlantischen Sklavenhandel wiederholte sich das gleiche Muster in Afrika, wenn auch auf einem zunächst niedrigeren Niveau als in Südostasien und Indien. Viele afrikanische Staaten verwandelten sich in Kriegsmaschinen mit dem Ziel, Sklaven zu erbeuten und an die Europäer zu verkaufen. Während sich die Konflikte zwischen Staaten und anderen Gemeinwesen zu unablässiger Kriegführung auswuchsen, zerfielen die staatlichen Institutionen, die in vielen Fällen ohnehin kaum zu einer politischen Zentralisierung beigetragen hatten, in großen Teilen Afrikas. Dadurch wurde beharrlichen extraktiven Institutionen sowie den gescheiterten Staaten der Gegenwart, die wir später untersuchen werden, der Weg geebnet. In einigen Gebieten Afrikas, die dem Sklavenhandel entgingen, beispielsweise in Südafrika, errichteten die Europäer andersartige Institutionen, die dem Zweck dienten, billige Arbeitskräfte für ihre Minen und Farmen freizusetzen. In Südafrika wurde ein duales System geschaffen, das 80 Prozent der Bevölkerung daran hinderte, Ausbildungsberufe zu ergreifen oder unternehmerisch, etwa in der Agrarwirtschaft, tätig zu werden. All das erklärt nicht nur, warum die Industrialisierung an großen Teilen der Welt vorüberging, sondern es verdeutlicht auch, wie sich der wirtschaftliche Fortschritt manchmal auf die Unterentwicklung in einem anderen Teil der Binnen- oder der Weltwirtschaft stützt und sie sogar hervorbringt.

10.
DIE VERTEILUNG DES WOHLSTANDS

Ganovenehre

Im England des 18. Jahrhunderts – oder, besser gesagt, in Großbritannien nach der Union zwischen England, Wales und Schottland von 1707 – hatte man eine schlichte Lösung für den Umgang mit Verbrechern: aus den Augen, aus dem Sinn – oder wenigstens außer Reichweite. Viele Häftlinge wurden in die Strafkolonien des Reiches deportiert. Vor dem Unabhängigkeitskrieg schickte man verurteilte Kriminelle in erster Linie in die amerikanischen Kolonien. Nach 1783 jedoch wurden britische Häftlinge in den Vereinigten Staaten nicht mehr mit offenen Armen aufgenommen, und die britischen Behörden mussten eine andere Heimat für sie finden. Zuerst dachte man an Westafrika, doch das Klima mit seinen lokalen Krankheiten wie Malaria und Gelbfieber, gegen die Europäer keine Immunität besaßen, erwies sich als so tödlich, dass die Behörden beschlossen, es sei sogar für Häftlinge nicht zumutbar, auf den »Friedhof des weißen Mannes« geschickt zu werden.

Eine neue Möglichkeit bot Australien, dessen Ostküste von dem großen Seefahrer James Cook erkundet worden war. Am 29. April 1770 landete Cook in einer wunderbaren Bucht, die er zu Ehren der zahlreichen Pflanzenarten, welche die ihn begleitenden Naturforscher dort vorfanden, Botany Bay nannte. Sie erschien britischen Regierungsvertretern als idealer Standort. Die Bucht hatte ein gemäßigtes Klima und hätte nicht weiter aus den Augen und aus dem Sinn sein können.

Im Januar 1788 machte sich eine Flotte mit elf Schiffen voller Häftlinge unter dem Befehl von Captain Arthur Phillip nach Botany Bay auf den Weg. Am 26. Januar, der heute als »Australia Day« gefeiert wird, schlugen die Ankömmlinge ihr Lager im Kern der heutigen Stadt Sydney auf. Sie gaben der Kolonie den Namen New South Wales. An Bord eines der Schiffe, der *Alexander* unter Duncan Sinclair, befand sich das Sträflingsehepaar Henry und Susannah Cable. Susannah war des Diebstahls für schuldig befunden und zunächst zum Tode verurteilt worden. Später setzte man das Strafmaß auf vierzehn Jahre Haft und Deportation in die amerikanischen Kolonien herab. Dieser Plan scheiterte durch die Unabhängigkeitserklärung der Vereinigten Staaten.

Mittlerweile verliebte sich Susannah im Gefängnis Norwich Castle in Henry, einen Mithäftling. 1787 wurde sie für den Transport mit der ersten Flotte zur neuen Strafkolonie in Australien ausgewählt – Henry jedoch nicht. Inzwischen hatten Susannah und Henry einen kleinen Sohn, der den Namen seines Vaters trug. Die Entscheidung der Behörden bedeutete, dass man die Familie trennen würde. Susannah wurde auf ein Gefängnisschiff auf der Themse gebracht, doch die Nachricht von diesem herzzerreißenden Ereignis gelangte zu der Philanthropin Lady Cadogan. Diese organisierte eine erfolgreiche Kampagne zur Wiedervereinigung der Cables. Nun wurden beide zusammen mit dem kleinen Henry nach Australien deportiert. Außerdem sammelte Lady Cadogan 20 Pfund für den Kauf von Habseligkeiten, welche die Familie in Australien erhalten sollte. Die drei fuhren mit der *Alexander*, doch als sie in Botany Bay eintrafen, war ihr Paket verschwunden, wie Captain Sinclair behauptete.

Was konnten die Cables tun? Nicht viel im Rahmen des englischen oder britischen Gesetzes. Obwohl Großbritannien 1787 über inklusive politische und wirtschaftliche Institutionen verfügte, hatten Häftlinge so gut wie keine Rechte. Sie durften kein Land besitzen und konnten schon gar nicht gerichtlich gegen jemanden vorgehen. Ja, sie durften noch nicht einmal vor Gericht aussagen. Dies war Sinclair klar, der das Paket wahrscheinlich gestohlen hatte, denn er spottete sogar, dass die Cables ihn nicht verklagen konnten. Nach britischem Gesetz hatte er recht, und in Großbritannien wäre die Angelegenheit nun beendet gewesen, nicht jedoch in Australien. David Collins, der oberste Militärrichter, erließ folgende Verfügung:

> Henry Cable und seine Frau, Neuansiedler in dieser Gegend, ließen vor ihrer Abreise aus England ein gewisses Paket an Bord des Schiffes Alexander unter Kapitän Duncan Sinclair bringen. Es bestand aus Kleidung und mehreren anderen für ihre nunmehrige Situation geeigneten Objekten, die viele wohltätig gesinnte Personen für den Gebrauch durch den besagten Henry Cable, seine Frau und sein Kind gesammelt und gekauft hatten. Mehrere Anträge sind zu dem ausdrücklichen Zweck gestellt worden, das besagte Paket vom Kapitän der nun in diesem Hafen liegenden Alexander zu erhalten, jedoch vergeblich, (mit Ausnahme) eines kleinen Teils des besagten Pakets, das ein paar Bücher enthielt. Der Restbestand, der von beträchtlich höherem Wert ist, befindet sich weiterhin an Bord des besagten Schiffes Alexander, dessen Kapitän sehr pflichtvergessen zu sein scheint, da er es versäumt, das genannte Päckchen seinen respektiven Eigentümern übergeben zu lassen.

Henry und Susannah, die beide Analphabeten waren, konnten die Verfügung nicht unterschreiben und machten nur ihre Kreuze am Ende des Schriftstücks. Die Worte »Neuansiedler in dieser Gegend« wurden später durchgestrichen, waren jedoch äußerst bedeutsam. Irgendjemand hatte vorausgesehen, dass Henry Cable und seine Frau, wären sie als Häftlinge bezeichnet worden, mit keinem Verfahren hätten rechnen dürfen. Also war es jener Person eingefallen, sie Neuansiedler zu nennen. Dies war für Richter Collins wahrscheinlich nicht ganz leicht zu verkraften, und vermutlich ließ er anordnen, die Worte durchzustreichen. Aber die Verfügung erfüllte ihren Zweck: Collins schlug den Fall nicht nieder, sondern berief das Gericht ein, dessen Geschworene ausschließlich aus Soldaten bestanden. Sinclair wurde vorgeladen. Obwohl Collins wenig begeistert von der Angelegenheit zu sein schien und obwohl sämtliche Geschworenen Männer waren, die man zur Bewachung von Häftlingen nach Australien geschickt hatte, setzten die Cables sich durch. Sinclair focht das Urteil mit der

Begründung an, dass die Cables Verbrecher seien, doch er scheiterte und musste fünfzehn Pfund zahlen.

Um dieses Urteil sprechen zu können, ignorierte Richter Collins das britische Gesetz. Es war der erste Zivilprozess, der in Australien entschieden wurde. Der erste Strafprozess dürfte den Briten genauso absonderlich erschienen sein. Ein Häftling wurde für schuldig befunden, einem anderen Sträfling Brot, das zwei Pennys wert war, gestohlen zu haben. Damals wäre ein solcher Fall nicht vor einem britischen Gericht verhandelt worden, da Häftlinge nicht den geringsten Besitz haben durften. Aber Australien war nicht Großbritannien, und auch seine Gesetze sollten nicht immer mit den britischen übereinstimmen. Bald würde Australien sich hinsichtlich seines Straf- und Zivilrechts sowie einer Vielzahl wirtschaftlicher und politischer Institutionen von Großbritannien abheben.

Die Strafkolonie New South Wales bestand anfangs aus den Häftlingen und ihren Bewachern, hauptsächlich Soldaten. Bis in die 1820er Jahre hinein gab es wenige »freie Siedler« in Australien, und die Deportation von Häftlingen setzte sich, obwohl sie in New South Wales 1840 eingestellt wurde, in Westaustralien bis 1868 fort. Sträflinge mussten »Pflichtarbeit« (im Wesentlichen eine andere Bezeichnung für Zwangsarbeit) leisten, an der sich die Wärter bereicherten. Zunächst bekamen die Häftlinge keine Bezahlung, sondern nur Nahrungsmittel für ihre Arbeit. Die Erzeugnisse behielten die Bewacher für sich.

Dieses System – wie diejenigen, mit denen die Virginia Company in Jamestown experimentierte – funktionierte jedoch nicht sonderlich gut, da die Häftlinge keinen Anreiz hatten, schwer oder gut zu arbeiten. Säumige wurden ausgepeitscht oder auf die Norfolk-Insel verbannt, die keine 34 000 Quadratkilometer umfasst und über 1600 Kilometer östlich von Australien im Pazifischen Ozean liegt. Da weder Verbannung noch Auspeitschung Erfolg zeitigten, schickte man sich an, den Häftlingen Anreize zu bieten. Dies fiel den Soldaten und Wärtern nicht leicht, denn Häftlinge waren Häftlinge. Es gehörte sich nicht, dass sie ihre Arbeitskraft verkauften oder Eigentum besaßen. Anderseits gab es in Australien niemanden, der ihre Arbeit verrichten konnte. Zur Zeit der Gründung von New South Wales befand sich zwar möglicherweise eine Million Ureinwohner auf dem Kontinent, doch sie waren über eine riesige Fläche verstreut und in New South Wales nicht in hinreichender Zahl vertreten, als dass man eine auf ihrer Ausbeutung beruhende Wirtschaft hätte entwickeln können.

Eine lateinamerikanische Option war in Australien also nicht vorhanden. Deshalb schlugen die Bewacher einen Pfad ein, der letztlich zu noch inklusiveren Institutionen als in Großbritannien führen sollte. Die Häftlinge mussten eine Reihe von Aufgaben erfüllen, doch wenn sie darüber hinaus Zeit hatten, durften sie für sich selbst arbeiten und ihre Erzeugnisse verkaufen. Die Wärter profitierten ebenfalls von der neuen wirtschaftlichen Freiheit der Häftlinge. Die Produktivität erhöhte sich, und die Bewacher richteten Monopole ein, um den Häftlingen Waren zu verkaufen. Am einträglichsten war das Rum-Monopol.

New South Wales, genau wie andere britische Kolonien, wurde damals von einem Gouverneur, den die britische Regierung ernannt hatte, verwaltet. Im Jahr 1806 berief London William Bligh in dieses Amt – den Mann, der siebzehn Jahre zuvor, 1789, während der berühmten »Rebellion auf der Bounty« Kapitän der *H. M. S. Bounty* gewesen war. Bligh legte auf eiserne Disziplin Wert – ein Charakterzug, der für die Rebellion verantwortlich gewesen sein dürfte. Seine Einstellung hatte sich nicht geändert, und er brachte sogleich die Rum-Monopolisten gegen sich auf. Sehr bald kam es zu einem weiteren Aufstand, diesmal vonseiten der Monopolisten mit dem früheren Soldaten John Macarthur an der Spitze. Die Ereignisse, die als Rum-Rebellion bekannt werden sollten, hatten zur Folge, dass Bligh erneut von Aufrührern überwältigt wurde, diesmal nicht an Bord der *Bounty*, sondern an Land. Macarthur ließ ihn einsperren, und die britischen Behörden entsandten Soldaten, um die Rebellion niederzuschlagen. Macarthur wurde verhaftet und nach Großbritannien gebracht. Doch man ließ ihn bald wieder frei, und er kehrte nach Australien zurück, um sowohl in der Politik als auch in der Wirtschaft der Kolonie eine bedeutende Rolle zu spielen.

Es waren wirtschaftliche Ursachen, die zur Rum-Rebellion geführt hatten. Durch die Taktik, den Häftlingen Anreize zu bieten, nahmen Männer wie Macarthur, der 1790 mit der zweiten Flotte als Soldat in Australien eingetroffen war, eine Menge Geld ein. 1796 zog er sich aus der Armee zurück, um sich auf das Geschäftsleben zu konzentrieren. Damals besaß er bereits einige Schafe und begriff, dass man mit Schafzucht und Wollexport ein Vermögen verdienen konnte. Landeinwärts von Sydney lagen die Blue Mountains, die 1813 schließlich überquert wurden, wonach man gewaltige Flächen offenen Graslands auf der anderen Seite entdeckte. Es war ein Paradies für Schafe.

Macarthur wurde bald zum reichsten Mann Australiens, und man bezeichnete ihn und die anderen Schafmagnaten als Squatter, da das Land, auf dem sie ihre Schafe weiden ließen, nicht ihnen gehörte, sondern der britischen Regierung, was zuerst jedoch nebensächlich war. Die Squatter wurden zur wirtschaftlichen Elite Australiens, die man zutreffenderweise als »Squattokratie« bezeichnete.

Trotz der Squattokratie hatte New South Wales kaum Ähnlichkeiten mit den absolutistischen Regimen Osteuropas oder mit den südamerikanischen Kolonien. Anders als in Österreich-Ungarn und in Russland gab es keine Leibeigenschaft, und im Unterschied zu Mexiko und Peru konnte man keine große indigene Bevölkerung ausbeuten. New South Wales war in vieler Hinsicht mit Jamestown, Virginia, zu vergleichen: Die Herrschenden stellten letzten Endes fest, dass es ihrem eigenen Interesse entsprach, Wirtschaftsinstitutionen aufzubauen, die erheblich inklusiver waren als die in Österreich-Ungarn, Russland, Mexiko und Peru. Die Sträflinge waren die einzigen Arbeitskräfte, und sie konnten nur dadurch motiviert werden, dass man ihnen Löhne zahlte.

Bald erlaubte man den Häftlingen sogar, Unternehmer zu werden und Mitgefangene zu beschäftigen. Vor allem jedoch wurde ihnen nach Ableistung ihrer Strafe Land zugeteilt, und man stellte all ihre Rechte wieder her. Manche gelangten zu Reichtum, sogar der analphabetische Henry Cable. 1798 besaß er bereits ein Hotel namens Ramping Horse sowie einen Laden. Er erwarb ein Schiff und begann, mit Robbenfellen zu handeln. 1809 gehörten ihm mindestens neun

Farmen mit ungefähr 470 Morgen, dazu eine Reihe von Läden und Häusern in Sydney.

Der nächste Konflikt in New South Wales sollte sich zwischen der Elite und der übrigen Gesellschaft abspielen, die aus Häftlingen, Exhäftlingen und deren Familien bestand. Die Elite, angeführt von früheren Wärtern und Soldaten wie Macarthur, umfasste auch einige freie Siedler, die infolge des Booms in der Wollwirtschaft von der Kolonie angezogen worden waren. Der größte Teil des Landbesitzes befand sich weiterhin in den Händen der Elite, und die ehemaligen Häftlinge und ihre Nachkommen verlangten, dass die Deportationen beendet wurden, dass Jurys von ihresgleichen über sie zu Gericht saßen und dass sie kostenlos Grundstücke erhielten. All das lehnte die Elite ab. Ihr Hauptanliegen war es, sich Rechtstitel für das von ihr besetzte Land zu sichern. Erneut ähnelte die Situation derjenigen in Nordamerika über zwei Jahrhunderte zuvor. Wie wir im ersten Kapitel dargelegt haben, schlossen sich den Siegen der zur Zwangsarbeit gepressten Siedler über die Virginia Company ähnliche Kämpfe in Maryland sowie in North und South Carolina an. In New South Wales waren es Macarthur und die Squatter, welche die Rollen von Lord Baltimore und Sir Anthony Ashley-Cooper spielten. Die britische Regierung ergriff wiederum Partei für die Elite, obwohl sie fürchtete, dass Macarthur und die Squatter eines Tages in Versuchung geraten könnten, die Unabhängigkeit auszurufen.

Im Jahr 1819 entsandte die britische Regierung John Bigge in die Kolonie, wo er eine Untersuchung über die dortigen Geschehnisse leiten sollte. Bigge war überrascht über die Rechte der Häftlinge und über den überwiegend inklusiven Charakter der Wirtschaftsinstitutionen. Er empfahl eine radikale Umgestaltung der Strafkolonie. Häftlinge und ehemalige Häftlinge sollten keinen Grundbesitz mehr erwerben, niemand dürfe Gefangenen fortan Lohn zahlen, die Begnadigungen müssten eingeschränkt und die Bestrafungen verschärft werden. Bigge hielt die Squatter für die natürliche Aristokratie Australiens und hatte die Vision einer von ihnen beherrschten autokratischen Gesellschaft. Diese Vorstellung ließ sich allerdings nicht umsetzen.

Während Bigge versuchte, das Rad der Zeit zurückzudrehen, forderten die Exhäftlinge samt ihren Söhnen und Töchtern zusätzliche Rechte. Ihnen war klar geworden, dass sie, um ihre wirtschaftlichen und politischen Interessen, wie in den Vereinigten Staaten, vollauf durchsetzen zu können, politische Institutionen benötigten, die sie mit in den Entscheidungsprozess einbezogen. Sie verlangten nach Wahlen, an denen sie gleichberechtigt teilnehmen konnten, sowie nach repräsentativen Institutionen und Versammlungen, in denen sie Ämter ausüben durften.

Die Exhäftlinge und ihre Nachkommen wurden von dem extravaganten Schriftsteller, Forscher und Journalisten William Wentworth angeführt. Er war ein leitendes Mitglied der ersten Expedition gewesen, welche die Blue Mountains überquerte und den Squattern das ausgedehnte Grasland zugänglich machte (noch heute ist ein Ort in jenen Bergen nach ihm benannt). Seine Sympathie galt den Häftlingen, vielleicht weil sein Vater wegen Straßenräuberei angeklagt worden war und die Deportation nach Australien hatte akzeptieren müssen, um eine Verhandlung und eine mögliche Verurteilung zu vermeiden. Damals setzte sich Wentworth nachdrücklich für inklusivere politische Institutionen ein: für eine gewählte Versammlung, Schwurgerichtsverfahren für ehemalige Häftlinge und ihre Familien und für die Beendigung von Deportationen nach New South Wales. Er gründete eine Zeitung namens *Australian*, die den Angriff auf die bestehenden politischen Institutionen fortsetzte. Macarthur konnte Wentworth nicht leiden und dessen Forderungen schon gar nicht. Er stellte eine Liste von Wentworths Anhängern auf und charakterisierte sie folgendermaßen:

- zum Tod durch Erhängen verurteilt, bevor er hier eintraf
- wiederholt am Handwagen ausgepeitscht worden
- ein Londoner Jude
- ein jüdischer Gastwirt, der kürzlich seine Lizenz verloren hat
- ein Auktionär, der wegen Sklavenhandels deportiert wurde
- hier häufig ausgepeitscht worden
- Sohn von zwei Häftlingen
- ein Schwindler – hoch verschuldet

- ein amerikanischer Abenteurer
- ein Anwalt von wertlosem Charakter
- verheiratet mit der Tochter von zwei Häftlingen
- verheiratet mit einer Gefangenen, die früher ein Tambourin-Mädchen war

Aber auch der energische Widerstand Macarthurs und der Squatter konnte den Strom der Ereignisse in Australien nicht aufhalten. Das Streben nach repräsentativen Institutionen war nicht zu unterdrücken. Bis 1823 hatte der Gouverneur New South Wales mehr oder weniger nach eigenem Gutdünken regiert, doch nun wurden seine Befugnisse durch einen von der britischen Regierung ernannten Rat eingeschränkt. Anfangs stammten dessen Mitglieder aus der Schicht der Squatter und der anderen Nichthäftlinge (Macarthur war unter ihnen), doch das konnte sich nicht fortsetzen. Im Jahr 1831 beugte sich Gouverneur Richard Bourke dem Druck und erlaubte Exhäftlingen zum ersten Mal, als Geschworene an Gerichtsverhandlungen teilzunehmen. Die früheren Häftlinge und auch viele freie Siedler wollten, dass der Deportation von Verurteilten aus Großbritannien ein Ende gesetzt wurde, weil dadurch Konkurrenz auf dem Arbeitsmarkt entstand und die Löhne nach unten getrieben wurden. Die Squatter befürworteten solche niedrigen Löhne, aber sie gerieten ins Hintertreffen. 1840 wurden die Deportationen nach New South Wales eingestellt, und 1842 entstand ein gesetzgebender Rat, dessen Mitglieder zu zwei Dritteln gewählt und zu einem Drittel ernannt wurden. Exhäftlinge durften sich ebenfalls zur Wahl stellen und ihre Stimme abgeben, wenn sie genug Vermögen hatten, was auf etliche zutraf.

In den 1850er Jahren führte Australien das Wahlrecht für alle weißen männlichen Staatsbürger ein. Die Forderungen der ehemaligen Häftlinge und ihrer Angehörigen gingen nun weit über das hinaus, was William Wentworth sich hatte ausmalen können. Mittlerweile gehörte er sogar zu den Konservativen, die auf einem ungewählten gesetzgebenden Rat bestanden. Doch genau wie Macarthur vor ihm konnte Wentworth dem Drängen nach inklusiveren politischen Institutionen nicht Einhalt gebieten. 1856 sollten der Staat Victoria, der 1851 aus New South Wales ausgegliedert worden war, sowie der Staat Tasmanien die ersten Gegenden der Welt werden, in denen man geheime Wahlen einführte, was dem Stimmenkauf und der gewaltsamen Wahlbeeinflussung ein Ende setzte. Noch heute bezeichnet man die herkömmliche Methode geheimer Wahlen als australische Stimmabgabe.

Die anfänglichen Verhältnisse in Sydney, New South Wales, hatten vieles mit denen in Jamestown, Virginia, 181 Jahre zuvor gemeinsam, obwohl die Siedler in Jamestown hauptsächlich Zwangsarbeiter und keine Häftlinge waren. In beiden Fällen ließ die politische Konstellation keine extraktiven Kolonialinstitutionen zu. In den beiden Kolonien gab es weder dicht besiedelte Gegenden mit Ureinwohnern, die ausgebeutet werden konnten, noch einen direkten Zugang zu Edelmetallen wie Gold und Silber, noch Böden und Kulturpflanzen, die Sklavenplantagen rentabel gemacht hätten. Der Sklavenhandel florierte in den 1780er Jahren noch, und man hätte New South Wales mit Sklaven füllen können, wenn dies einträglich gewesen wäre. Das war nicht der Fall. Sowohl die Virginia Company als auch die Soldaten und freien Siedler, die New South Wales verwalteten, beugten sich dem Druck und schufen allmählich inklusive Wirtschaftsinstitutionen, die sich parallel zu den inklusiven politischen Organen entwickelten. Dazu waren in New South Wales noch weniger Machtkämpfe erforderlich als in Virginia, und spätere Versuche, den Trend umzukehren, sollten scheitern.

Australien schlug, wie die Vereinigten Staaten, einen anderen Weg zu inklusiven Institutionen ein als England. Umwälzungen, wie sie England während des Bürgerkriegs erschütterten, oder wie die Glorreiche Revolution waren dort nicht erforderlich. Das lag an den Umständen, unter denen jene Staaten gegründet worden waren, was natürlich nicht bedeutet, dass die inklusiven Institutionen ohne jeglichen Konflikt entstanden wären, zumal die Vereinigten Staaten zugleich den britischen Kolonialismus abwerfen mussten. England wies eine lange Geschichte der absolutistischen Herrschaft auf, zu deren Beseitigung eine Revolution erforderlich war. In den Vereinigten Staaten und in

Australien gab es nichts Vergleichbares. Obwohl sich Lord Baltimore in Maryland und John Macarthur in New South Wales dies gewünscht haben mochten, konnten sie die Gesellschaft nicht fest genug in den Griff bekommen, um ihre Pläne durchzusetzen. Die in den Vereinigten Staaten und in Australien gegründeten inklusiven Institutionen sorgten dafür, dass sich die Industrielle Revolution dort rasch ausbreitete und diese Staaten zu Reichtum gelangen ließ. Kolonien wie Kanada und Neuseeland folgten ihrem Beispiel.

Es gab noch andere Wege zu inklusiven Institutionen. Große Teile Westeuropas fanden eine dritte Möglichkeit unter dem Einfluss der Französischen Revolution, durch die der Absolutismus in Frankreich gestürzt und eine Reihe zwischenstaatlicher Konflikte ausgelöst wurden, wonach die institutionelle Reform erhebliche Bereiche des Kontinents erfasste. Diese Reform führte in den meisten europäischen Ländern zur Entstehung inklusiver Wirtschaftsinstitutionen, zur Industriellen Revolution und zu wirtschaftlichem Wachstum.

Überwindung der Barrieren: die Französische Revolution

In den drei Jahrhunderten vor 1789 wurde Frankreich von einer absolutistischen Monarchie beherrscht, und die Gesellschaft unterteilte sich in drei Stände. Die Geistlichkeit machte den Ersten, die Aristokratie den Zweiten und alle Übrigen den Dritten Stand aus. Für die Stände galten unterschiedliche Gesetze, und die beiden ersten genossen Sonderrechte. Der Adel und die Geistlichkeit zahlten keine Steuern, während die Untertanen mehrere unterschiedliche Abgaben leisten mussten, wie von einem überwiegend extraktiven Regime zu erwarten. Und die Kirche war nicht nur von der Besteuerung ausgenommen, sondern sie besaß zudem große Ländereien, in denen sie den Bauern eigene Steuern auferlegen konnte. Der Monarch, der Adel und die Geistlichkeit führten ein üppiges Leben, während die meisten Angehörigen des Dritten Standes bitterer Armut ausgesetzt waren. Unterschiedliche Gesetze garantierten den Aristokraten und den Geistlichen nicht nur äußerst vorteilhafte Wirtschaftsverhältnisse, sondern sie verschafften ihnen auch politische Macht.

Das Leben in den französischen Städten des 18. Jahrhunderts war hart und ungesund. Die Produktion von Waren wurde von einflussreichen Zünften reglementiert, die ihren Mitgliedern gute Einkommen verschafften, doch andere daran hinderten, die gleichen Berufe zu wählen oder neue Firmen zu gründen. Das sogenannte *Ancien Régime* rühmte sich seiner Kontinuität und Stabilität. Da der Eintritt von Unternehmern und begabten Individuen in neue Erwerbszweige Instabilität auslösen konnte, wurde er nicht geduldet.

Das Leben auf dem Lande war wahrscheinlich noch härter als in den Städten. Wie wir geschildert haben, befand sich die extremste Form der Leibeigenschaft, durch die Menschen an die Scholle gefesselt wurden, für Feudalherren arbeiten und ihnen Abgaben leisten mussten, in Frankreich seit Langem im Niedergang. Gleichwohl war die Bewegungsfreiheit der französischen Bauern eingeschränkt, und sie hatten eine Vielzahl von Feudalabgaben an die Monarchie, den Adel und die Kirche zu entrichten.

Dies ist der Grund, warum die Französische Revolution besonders radikale Züge annahm. Am 4. August 1789 gab die Nationalversammlung eine Erklärung ab, durch welche die französischen Gesetze völlig verändert wurden. Im ersten Artikel hieß es:

Die Nationalversammlung vernichtet das Feudalwesen völlig. Sie dekretiert, dass von den Feudal- wie Grundzinsrechten und -pflichten sowohl jene, die sich aus unveräußerlichem Besitz an Sachen und Menschen und aus persönlicher Leibeigenschaft herleiten, als auch jene, die an ihre Stelle getreten sind, entschädigungslos aufgehoben werden.

Im neunten Artikel fuhr man fort:

Die finanziellen, persönlichen und materiellen Privilegien in Gestalt von Subsidien werden für immer abgeschafft. Der Besteuerung sollen alle Bürger und alle Vermögen nach den gleichen Grundsätzen und in der gleichen Weise unterliegen. Es werden Maßnahmen getroffen werden, um eine gerechte Verteilung sämtlicher Steuerlasten bereits für die zweite Hälfte des laufenden Steuerjahres durchzuführen.

Damit hatte die Französische Revolution mit einem Schlag das Feudalsystem sowie die mit ihm zusammenhängenden Verpflichtungen und die Steuerbefreiung des Adels und des Klerus abgeschafft. Doch am vielleicht radikalsten war der damals kaum denkbare elfte Artikel:

> Alle Bürger sollen, ohne Unterschied ihrer Geburt, freien Zugang zu allen kirchlichen, zivilen und militärischen Ämtern und Würden haben …

Nun bestand also für alle Gleichheit vor dem Gesetz, nicht nur im täglichen Leben und in der Geschäftswelt, sondern auch in der Politik. Die Reformen setzten sich nach dem 4. August fort. Man beseitigte die Befugnis der Kirche, Sondersteuern zu erheben, und machte die Geistlichen zu Angestellten des Staates. Neben der starren politischen und gesellschaftlichen Rollenverteilung verschwanden auch wichtige ökonomische Barrieren. Die Zünfte und alle beruflichen Einschränkungen wurden abgeschafft, wodurch in den Städten fairere Wettbewerbsbedingungen entstanden.

Diese Reformen waren der erste Schritt zur Beendigung der absolutistischen französischen Monarchie. Der Erklärung vom 4. August folgten mehrere Jahrzehnte der Instabilität und des Krieges. Aber es war eine unumkehrbare Maßnahme fort vom Absolutismus und von extraktiven Institutionen vollzogen worden. Andere wirtschaftliche und politische Reformen sollten sich anschließen und 1870 ihren Höhepunkt in der Dritten Republik finden, die Frankreich ein ähnliches parlamentarisches System wie das englische bescheren würde. Die Französische Revolution führte zu Gewalt, Leid, Instabilität und Krieg, doch andererseits ist es ihr zu verdanken, dass die Franzosen nicht mit extraktiven Institutionen leben mussten, die Wachstum und Wohlstand blockierten, wie es unter den absolutistischen Regimen Osteuropas, etwa in Österreich-Ungarn und Russland, der Fall war.

Wie geriet die absolutistische französische Monarchie an den Abgrund der Revolution von 1789? Schließlich wissen wir, dass viele absolutistische Regime fähig waren, trotz wirtschaftlicher Stagnation und sozialer Umwälzungen recht lange zu überleben. Wie oft im Fall von radikalen Veränderungen wirkten mehrere Faktoren zusammen, die den Weg zur Französischen Revolution bahnten. Sie waren eng mit der Tatsache verknüpft, dass Großbritannien sich rasch industrialisierte. Und natürlich wurde der Weg wie immer von Zufällen und Unwägbarkeiten bestimmt, da viele Versuche der Monarchie, das System zu stabilisieren, fehlschlugen und die Revolution erfolgreicher zum Wandel der Institutionen in Frankreich und anderswo in Europa beitrug, als man es sich 1789 hätte vorstellen können.

Zahlreiche Gesetze und Privilegien in Frankreich waren aus dem Mittelalter überkommen. Sie verschafften dem Ersten und Zweiten Stand nicht nur Vorteile gegenüber der Bevölkerungsmehrheit, sondern auch Privilegien gegenüber der Krone. Ludwig XIV., der Sonnenkönig, beherrschte Frankreich vierundfünfzig Jahre lang – von 1661 bis zu seinem Tod im Jahr 1715 –, obwohl er den Thron schon 1643, mit fünf Jahren, bestieg. Er konsolidierte die Macht der Monarchie, indem er Maßnahmen zur Verstärkung des Absolutismus einleitete, dessen Entwicklung Jahrhunderte zuvor begonnen hatte. Viele Monarchen ließen sich häufig von der sogenannten Notabelnversammlung beraten, die aus wichtigen, vom König ausgewählten Adligen bestand. Obwohl die Versammlung vornehmlich konsultative Zwecke hatte, konnte sie eine gewisse Kontrolle über die Macht des Monarchen ausüben. Aus ebendiesem Grund berief Ludwig XIV. die Versammlung während seiner Herrschaft nicht ein.

Immerhin erzielte Frankreich unter seiner Regierung ein gewisses Wirtschaftswachstum, zum Beispiel durch Teilnahme am Atlantik- und Kolonialhandel. Ludwigs fähiger Finanzminister Jean Baptiste Colbert beaufsichtigte zudem die Entwicklung der von der Regierung geförderten und kontrollierten Industrie, die ein extraktives Wachstum hervorbrachte. Es kam allerdings fast ausschließlich dem Ersten und dem Zweiten Stand zugute. Ludwig XIV. plante auch, das französische Steuersystem auszuweiten, denn dem Staat fiel es manchmal schwer, seine häufigen Kriege, sein großes stehendes Heer und das umfangreiche Gefolge, den Konsum und die Paläste des Königs zu finanzieren. Durch die Unfähigkeit, auch nur Kleinadlige zu besteuern, wurden die Staatseinnahmen stark beeinträchtigt.

Zur Zeit der Thronbesteigung Ludwigs XVI. im Jahr 1774 war das Wirtschaftswachstum gering, und es hatten sich bedeutende Änderungen in der Gesellschaft abgespielt. Außerdem hatten sich die früheren Finanzprobleme zu einer Haushaltskrise gesteigert, und der Siebenjährige Krieg zwischen 1756 und 1763 mit den Briten, in dem Frankreich Kanada verloren hatte, war besonders kostspielig gewesen. Mehrere angesehene Personen versuchten, den königlichen Haushalt durch Umschuldung und Steuererhöhungen auszugleichen. Unter ihnen waren Anne-Robert-Jacques Turgot, einer der berühmtesten Ökonomen jener Zeit, Jacques Necker, der auch nach der Revolution eine wichtige Rolle spielen sollte, und Charles Alexandre de Calonne. Doch keiner von ihnen hatte Erfolg.

Calonne überredete Ludwig XVI., die Notabelnversammlung einzuberufen. Der König und seine Berater erwarteten, dass die Versammlung die Reformen absegnen werde, ähnlich wie Karl I. 1640 damit gerechnet hatte, dass das englische Parlament der Finanzierung eines Heeres zum Kampf gegen die Schotten zustimmen werde. Aber die Versammlung verfügte überraschend, dass nur ein repräsentatives Organ, nämlich die États généraux, solche Reformen verabschieden könne.

Die États généraux unterschieden sich erheblich von der Notabelnversammlung. Während die Letztere aus Adligen bestand, die weitgehend von der Krone ausgewählt wurden, waren in den Ersteren alle drei Stände vertreten. Sie waren zum letzten Mal 1614 einberufen worden. Als sie 1789 in Versailles tagten, wurde sofort deutlich, dass keine Übereinstimmung zu erzielen war. Der Dritte Stand sah die Zusammenkunft als Chance, seine politische Macht zu vergrößern und sich mehr Stimmen in den États généraux zu verschaffen, was Adel und Klerus beharrlich ablehnten. Die Tagungen endeten am 5. Mai

1789 ergebnislos, abgesehen von der Entscheidung, ein wichtigeres Organ, nämlich die Nationalversammlung, zusammentreten zu lassen. Der Dritte Stand – besonders die Händler, Geschäftsleute, Hochschulabsolventen und Handwerker – hielt dies für ein Zeichen seines wachsenden Einflusses. Deshalb verlangte er in der Nationalversammlung eine erweiterte Mitsprache und überhaupt mehr Rechte. Da er überall im Land auf den Straßen von hoffnungsvollen Bürgern unterstützt wurde, kam es am 9. Juli zur Wiederherstellung des Organs in Form der Gesetzgebenden Nationalversammlung.

Unterdessen radikalisierte sich die Stimmung im Land, besonders in Paris. Daraufhin wurde Ludwig XVI. von den ihn umgebenden konservativen Kreisen überredet, den reformistischen Finanzminister Necker zu entlassen. Danach verschärften sich die Unruhen auf den Straßen, und am 14. Juli 1789 fand der berühmte Sturm auf die Bastille statt. Nun begann die Revolution allen Ernstes. Necker wurde wiedereingesetzt, und der revolutionär gesinnte Marquis de Lafayette übernahm die Leitung der Nationalgarde von Paris.

Noch erstaunlicher als die Erstürmung der Bastille war die Dynamik der Verfassunggebenden Nationalversammlung, die am 4. August 1789 mit erhöhtem Selbstvertrauen das Feudalwesen und die Sonderrechte des Ersten und Zweiten Standes abschaffte. Allerdings kam es innerhalb der Versammlung zu Spaltungen, da es zu viele unterschiedliche Meinungen über die künftige Gestalt der Gesellschaft gab.

Der erste Schritt war die Bildung lokaler Vereine, vornehmlich des radikalen Jakobinerclubs, der sich später an die Spitze der Revolution setzen sollte. Gleichzeitig verließen immer mehr Adlige, die sogenannten Emigrés, das Land. Viele drängten den König, mit der Versammlung zu brechen und Maßnahmen gegen die Revolutionäre zu ergreifen – entweder allein oder mit Hilfe ausländischer Mächte wie Österreich, der Heimat von Königin Marie Antoinette (wohin die meisten Emigrés geflüchtet waren). Da man die seit zwei Jahren bestehenden Errungenschaften der Revolution auf den Straßen bedroht sah, schritt die Radikalisierung fort. Die Verfassunggebende Nationalversammlung verabschiedete die endgültige Version der Verfassung am 29. September 1791, und Frankreich wurde zu einer konstitutionellen Monarchie. Damit herrschte die allgemeine Gleichheit vor dem Gesetz, es gab keine Feudalpflichten und -abgaben mehr, und alle von den Zünften verhängten Handelsbeschränkungen fanden ein Ende. Frankreich war immer noch eine Monarchie, doch der König spielte nun eine Nebenrolle und genoss nicht einmal mehr die Freiheit.

Dann jedoch wurde die Dynamik der Revolution unwiderruflich durch den Krieg geändert, der 1792 zwischen Frankreich und der »Ersten Koalition« unter Führung Österreichs ausbrach. Nun verstärkte sich die Entschlossenheit der Revolutionäre und der Massen (die es sich nicht leisten konnten, Kniebundhosen, den damals modischen Hosentyp, zu tragen und deshalb Sansculotten, »ohne Kniebundhosen«, genannt wurden). Das Ergebnis war die Terrorherrschaft unter der von Robespierre und Saint-Just geführten Jakobinerfraktion. Der Terror begann mit der Hinrichtung von Ludwig XVI. und Marie Antoinette, und im weiteren Verlauf wurden nicht nur zahlreiche Aristokraten und Konterrevolutionäre, sondern auch mehrere bedeutende Vertreter der Revolution exekutiert, darunter die ehemaligen Volksführer Brissot, Danton und Desmoulins.

Aber der Terror geriet außer Kontrolle und endete im Juli 1794 mit der Hinrichtung seiner eigenen Führer, darunter auch Robespierre und Saint-Just. Es folgte eine Phase relativer Stabilität, zuerst unter dem recht ineffektiven Direktorium zwischen 1795 und 1799 und dann unter einem Konsulat aus drei Männern – Ducos, Sieyès und Napoleon Bonaparte –, die eine konzentriertere Macht besaßen. Der junge General Napoleon Bonaparte war durch seine militärischen Erfolge berühmt geworden, und sein Einfluss sollte nach 1799 weiter wachsen. Bald wurde das Konsulat zu Napoleons persönlichem Herrschaftsorgan.

In den Jahren zwischen 1799 und 1815, dem Ende von Napoleons Herrschaft, konnte Frankreich eine Reihe großer militärischer Siege – etwa bei Austerlitz, Jena und Auerstedt sowie bei Wagram – feiern, durch die Kontinentaleuropa in die Knie gezwungen wurde. Sie gestatteten Napoleon, einem ausgedehnten Territorium seinen Willen, seine Reformen und seine Rechtsordnung aufzuzwingen. Der Sturz

Napoleons nach seiner endgültigen Niederlage im Jahr 1815 sollte zu Einsparungen, reduzierten politischen Rechten und der Wiederherstellung der französischen Monarchie unter Ludwig XVII. führen. All das konnte die Entstehung inklusiver politischer Institutionen jedoch nur vorübergehend verlangsamen.

Die durch die Revolution von 1789 freigesetzten Kräfte machten dem französischen Absolutismus ein Ende und ließen ein inklusives System unvermeidlich werden. Dadurch sollten Frankreich und jene Teile Europas, in die man die Reformen exportiert hatte, an der Industrialisierung teilnehmen, die im 19. Jahrhundert bereits im Gang war.

Export der Revolution

Kurz vor der Französischen Revolution wurden den Juden überall in Europa strenge Beschränkungen auferlegt. In Frankfurt zum Beispiel reglementierte man ihr Leben anhand einer mittelalterlichen Gesetzgebung. Die Stadt nahm höchstens noch fünfhundert jüdische Familien auf, die sämtlich in der kleinen, von Mauern umschlossenen Judengasse wohnen mussten. Sonntags oder während des Weihnachtsfests durften sie das Ghetto abends nicht verlassen.

Die unglaublich beengte Judengasse war kaum mehr als drei Meter breit und etwa 330 Meter lang. Die Juden sahen sich ständigen Repressionen und immer neuen Verfügungen unterworfen. Alljährlich durften höchstens zwei zusätzliche Familien ins Ghetto aufgenommen werden, und höchstens zwölf jüdische Paare durften die Ehe schließen, allerdings nur dann, wenn beide Partner über fünfundzwanzig Jahre alt waren. Juden war es verboten, Ackerbau zu treiben oder mit Waffen, Gewürzen, Wein oder Getreide zu handeln. Bis 1726 mussten sie sich durch zwei konzentrische gelbe Ringe für Männer und einen gestreiften Schleier für Frauen kenntlich machen. Alle Juden hatten zudem eine spezielle Kopfsteuer zu entrichten.

Bei Ausbruch der Französischen Revolution wohnte der junge Mayer Amschel Rothschild in der Frankfurter Judengasse. In den frühen 1780er Jahren hatte Rothschild sich zum führenden Münz-, Edelmetall- und Antiquitätenhändler der Stadt emporgearbeitet. Doch wie alle Frankfurter Juden konnte er kein Geschäft außerhalb des Ghettos eröffnen und auch nicht anderswo wohnen.

All das sollte sich bald ändern. Im Jahr 1791 verlieh die Französische Nationalversammlung den Juden des Landes die Gleichberechtigung. Französische Heere hatten das Rheinland besetzt und verhalfen den Juden im westlichen Deutschland zur Emanzipation. In Frankfurt kam es daraufhin zu abrupteren und vielleicht nicht ganz beabsichtigten Folgen. Im Jahr 1796 beschossen die Franzosen Frankfurt und zerstörten dabei die Hälfte der Judengasse. Ungefähr zweitausend Juden wurden obdachlos und mussten außerhalb des Ghettos untergebracht werden. Dazu gehörten auch die Rothschilds. Befreit von den zahllosen Verordnungen des Ghettos, die ihnen jegliches Unternehmertum außerhalb seiner Mauern untersagt hatten, konnten sie nun neue geschäftliche Möglichkeiten ergreifen. Zum Beispiel erhielten sie einen Vertrag zur Belieferung des österreichischen Heeres mit Getreide.

Am Ende des Jahrzehnts war Rothschild einer der reichsten Juden in Frankfurt und bereits ein etablierter Geschäftsmann. Die volle Gleichberechtigung ließ jedoch noch bis 1811 auf sich warten; sie wurde schließlich durch Karl von Dalberg realisiert, den Napoleon 1806 nach der Schaffung des Rheinbundes zum Großherzog von Frankfurt ernannt hatte. Mayer Amschel erklärte seinem Sohn: »Nun bist du ein Bürger.«

Durch solche Ereignisse endete der Kampf der Juden um Gleichberechtigung jedoch noch nicht, denn es kam immer wieder zu Rückschlägen, besonders auf dem Wiener Kongress von 1815, auf dem die politischen Verhältnisse in Europa nach Napoleons Niederlage geregelt wurden. Zumindest brauchten die Rothschilds nie wieder ins Ghetto zurückzukehren. Bald sollte Mayer Amschel Rothschild und seinen Söhnen die größte Bank im Europa des 19. Jahrhunderts – mit Niederlassungen in Frankfurt, London, Paris, Neapel und Wien – gehören.

Als die französischen Revolutionsheere unter Napoleon in große Teile Kontinentaleuropas einmarschierten, fanden sie fast überall aus dem Mittelalter überkommene Institutionen vor, die Könige, Fürsten und andere Adlige stärkten und den Handel sowohl in den Städten als auch auf dem Lande einschränkten. Leibeigenschaft und Feudalismus spielten dort eine noch viel wichtigere Rolle als in Frankreich. In Osteuropa, darunter auch in Teilen Preußens und Österreich-Ungarns, besaßen Leibeigene keinerlei Bewegungsfreiheit. Im Westen existierte dieses strikte System bereits nicht mehr, doch die Bauern schuldeten ihren Feudalherren etliche Gebühren, Steuern und Arbeitsverpflichtungen. Im Herzogtum Nassau-Usingen zum Beispiel mussten Bauern 230 verschiedenen Zahlungen, Abgaben und Dienstleistungen nachkommen. Nach der Schlachtung eines Tieres entrichteten sie den Blutzehnten; außerdem gab es einen Bienen- und einen Wachszehnten. Wurde ein Grundstück gekauft oder verkauft, erhielt der Feudalherr eine Gebühr. Auch die Zünfte, die in den Städten alle möglichen Wirtschaftstätigkeiten reglementierten, waren in diesen Gegenden zumeist stärker als in Frankreich. In Köln und Aachen beispielsweise wurde die Verwendung von Spinn- und Webmaschinen durch Zünfte blockiert. Viele Städte, von Bern bis Florenz, befanden sich unter der Kontrolle weniger Familien.

Die Führer der Französischen Revolution und später Napoleon exportierten die neue Ideen in jene Länder. Sie beseitigten den Absolutismus und die feudalen Besitzverhältnisse, schafften Zünfte ab und stellten die Gleichheit vor dem Gesetz her (auf dieses entscheidende Prinzip der Rechtsstaatlichkeit werden wir im folgenden Kapitel noch ausführlicher eingehen). Damit bereitete die Französische Revolution nicht nur in Frankreich, sondern auch in großen Teilen des übrigen Europa den Boden für inklusive Institutionen und das sich anschließende Wirtschaftswachstum.

Wie bereits angedeutet, sammelten sich mehrere europäische Mächte, die über die Geschehnisse in Frankreich beunruhigt waren, 1792 um Österreich und griffen Frankreich an, um die Revolution niederzuschlagen. Sie erwarteten, dass die provisorischen Heere ihres Gegners bald zusammenbrechen würden. Aber nach einigen frühen Niederlagen erwiesen sich die Armeen der neuen Französischen Republik in einem anfänglich defensiven Krieg als siegreich. Erhebliche

Karte 17: Napoleons Reich

Organisationsprobleme mussten überwunden werden, doch die Franzosen hatten anderen Ländern eine wichtige Innovation voraus: die Massenwehrpflicht. Sie wurde im August 1793 eingeführt und gestattete den Franzosen, riesige Heere aufzubieten und eine enorme Überlegenheit zu entwickeln, noch bevor Napoleon mit seinen berühmten militärischen Fähigkeiten die Bühne betrat.

Die militärischen Erfolge inspirierten die Führer der Republik, die französischen Grenzen auszuweiten, um eine Pufferzone zwischen dem neuen Staat und den feindlichen Monarchien Preußen und Österreich herzustellen. Die Franzosen besetzten rasch die Österreichischen Niederlande sowie die Vereinigten Provinzen, die im Wesentlichen dem heutigen Belgien und den heutigen Niederlanden entsprachen. Außerdem eroberten sie große Bereiche der gegenwärtigen

Schweiz. In allen drei Gebieten konnten sie sich die 1790er Jahre hindurch mühelos behaupten.

Deutschland war zunächst heiß umkämpft, doch bis 1795 bekamen die Franzosen das Rheinland fest in den Griff, und die Preußen waren gezwungen, diese Tatsache im Vertrag von Basel anzuerkennen. Zwischen 1795 und 1802 okkupierten die Franzosen das Rheinland, allerdings keinen anderen Teil Deutschlands, um es ihrem Staat 1802 dann offiziell anzugliedern.

Italien blieb in der zweiten Hälfte der 1790er Jahre der Hauptkriegsschauplatz für Franzosen und Österreicher. Savoyen wurde 1792 von Frankreich annektiert, und bis zu Napoleons Einmarsch im April 1796 bestand eine Pattsituation. In seinem ersten großen europäischen Feldzug eroberte Napoleon bis Anfang 1797 fast ganz Norditalien – mit Ausnahme von Venedig, das an die Österreicher fiel. Mit dem Vertrag von Campo Formio, den die Österreicher im Oktober 1797 unterzeichneten, endete der Erste Koalitionskrieg. Außerdem wurde durch den Vertrag die Herrschaft Frankreichs über eine Reihe von Republiken in Norditalien anerkannt. Gleichwohl setzten die Franzosen ihre Expansion in Italien fort, indem sie im März 1798 in den Kirchenstaat einmarschierten und die Römische Republik gründeten. Im Januar 1799 wurde Neapel erobert und die Parthenopäische Republik errichtet. Mit Ausnahme von Venedig, das in österreichischer Hand blieb, kontrollierten die Franzosen nun die gesamte italienische Halbinsel entweder direkt, wie im Fall Savoyen, oder durch Satellitenstaaten wie die Cisalpinische, die Ligurische, die Römische und die Parthenopäische Republik.

Im Zweiten Koalitionskrieg zwischen 1798 und 1801 verschoben sich die Machtverhältnisse, doch an seinem Ende hatten die Franzosen weiterhin die Oberhand. Die Revolutionsheere führten in den eroberten Ländern radikale Reformen durch, indem sie die letzten Überreste der Leibeigenschaft und der Feudalbeziehungen abschafften und die Gleichheit vor dem Gesetz realisierten. Der Klerus verlor seinen Sonderstatus und seine extreme Macht, und die städtischen Zünfte wurden aufgelöst oder zumindest erheblich geschwächt. Dies geschah in den Österreichischen Niederlanden unmittelbar nach der französischen Eroberung von 1794 sowie in den Vereinigten Provinzen, wo die Franzosen die Batavische Republik gründeten. In beiden Fällen hatten die politischen Institutionen vieles mit denen in Frankreich gemeinsam. In der Schweiz entwickelte sich eine ähnliche Situation, denn die Zünfte sowie die Feudalherren und die Kirche wurden besiegt und die Feudalprivilegien aufgehoben sowie die Zünfte enteignet. Was die französischen Revolutionsheere begonnen hatten, wurde in der einen oder anderen Form von Napoleon fortgesetzt. Er war in erster Linie daran interessiert, die von ihm eroberten Territorien fest im Griff zu haben. Dazu musste er zuweilen Absprachen mit den lokalen Eliten treffen oder seinen Angehörigen und seinen Mitarbeitern die Verantwortung übertragen, was er während seiner kurzen Herrschaft über Spanien und Polen tat. Aber Napoleon wünschte sich aufrichtig, die Reformen der Revolution fortzuführen und zu vertiefen. Vor allem kodifizierte er das römische Recht und die Idee der Gleichheit vor dem Gesetz zu einem juristischen System, das als Code Napoléon bekannt wurde. Dieses Gesetzbuch hielt Napoleon für sein größtes Vermächtnis, und er beabsichtigte, es in all seinen Territorien einzuführen.

Natürlich waren die Reformen, die durch die Französische Revolution und Napoleon eingeleitet wurden, nicht unumkehrbar. Hier und dort, etwa in Hannover, wurden die alten Eliten kurz nach Napoleons Sturz wieder an die Macht gebracht, und vieles von dem, was die Franzosen erreicht hatten, ging für immer verloren. Aber in vielen anderen Gegenden wurden der Feudalismus, die Zünfte und der Adel permanent ausgeschaltet oder zumindest geschwächt. Und der Code Napoléon blieb oft auch noch nach dem Rückzug der Franzosen in Kraft.

Alles in allem brachten die französischen Heere viel Leid über Europa, aber sie änderten auch die Verhältnisse. In weiten Bereichen Europas war die Feudalherrschaft anschließend verschwunden, ebenso wie der Einfluss der Zünfte, die absolutistische Macht von Monarchen und Fürsten, die Kontrolle der Geistlichkeit über wirtschaftliche, gesellschaftliche und politische Angelegenheiten sowie das *Ancien Régime*, das Menschen wegen ihrer Herkunft ungleich behandelt hatte. Nun konnten inklusive Wirtschaftsinstitutionen entstehen, die der Industrialisierung den Weg bahnten. In der Mitte des 19. Jahrhunderts entfaltete sie sich rasch in fast allen von den Franzosen beherrschten Gebieten, während sie dort stagnierte, wo die Franzosen, wie in Österreich-Ungarn und Russland, nicht am Ruder waren oder wo sie, wie in Polen und Spanien, nur zeitweilig herrschten.

Die Suche nach der Moderne

Im Herbst 1867 reiste Ōkubo Toshimichi, der Verwalter der japanischen Provinz Satsuma, von der Hauptstadt Edo (heute Tokyo) nach Yamaguchi. Am 14. Oktober traf er sich mit Vertretern der Provinz Chōshū. Sein Vorschlag war einfach genug: Sie würden sich zusammenschließen, mit ihren Heeren nach Edo marschieren und den Shogun, den Herrscher Japans, stürzen. Mittlerweile hatte Ōkubo Toshimichi die Oberhäupter der Provinzen Tosa und Hizen bereits auf seine Seite gebracht. Als auch die Verwalter der mächtigen Provinz Chōshū zu ihm stießen, wurde die geheime Satcho-Allianz gegründet.

1868 war Japan noch ein wirtschaftlich unterentwickeltes Land, das seit 1600 von der Tokugawa-Dynastie beherrscht wurde. Ihr Oberhaupt hatte sich im Jahr 1603 den Titel Shogun (Befehlshaber) zugelegt. Der japanische Kaiser war an den Rand gedrängt worden und spielte eine rein zeremonielle Rolle. Die Tokugawa-Shogune waren die dominierenden Mitglieder einer Schicht von Feudalherren, die ihre eigenen Provinzen regierten und besteuerten, darunter Satsuma unter der Shimazu-Dynastie. Diese Feudalherren leiteten, zusammen mit ihren militärischen Gefolgsleuten, den berühmten Samurai, eine Gesellschaft, die jener des mittelalterlichen Europa ähnelte, denn sie verfügte ebenfalls über strikte Berufskategorien, Handelsbeschränkungen und hohe Steuersätze für die Bauern. Der Shogun hatte seinen Sitz in Edo, von wo er den Außenhandel monopolisierte und Ausländern den Zugang zum Land untersagte. Die politischen und wirtschaftlichen Institutionen waren extraktiv, und Japan litt Armut.

Aber die Herrschaft der Shogune war nicht umfassend. Bereits als sich die Tokugawa im Jahr 1600 an die Spitze setzten, konnten sie nicht alle Gebiete unter ihre Kontrolle bringen. Im Süden des Landes blieb die Provinz Satsuma relativ autonom und konnte sogar über die Ryūkyū-Inseln mit der Außenwelt Handel treiben. Ōkubo Toshimichi kam 1830 in der Hauptstadt von Satsuma, Kagoshima, zur Welt. Als Sohn eines Samurai trat er in die Fußstapfen seines Vaters. Seine Fähigkeiten wurden bald von Shimazu Nariakira entdeckt, dem Herrn von Satsuma, der ihn rasch innerhalb der Bürokratie beförderte. Damals hatte Shimazu Nariakira bereits einen Plan entworfen, den Shogun mit Hilfe seiner Soldaten zu stürzen. Er wollte den Handel mit Asien und Europa verstärken, die alten feudalen Wirtschaftsinstitutionen abschaffen und einen modernen Staat aufbauen. Sein Plan kam jedoch nicht zur Ausführung, da er 1858 starb.

Sein Nachfolger Shimazu Hisamitsu war vorsichtiger, jedenfalls zu Beginn seiner Amtszeit. Aber Ōkubo Toshimichi war inzwischen vollends davon überzeugt, dass Japan das feudale Shogunat hinter sich lassen müsse, und irgendwann teilte Shimazu Hisamitsu seinen Standpunkt. Um Unterstützung für ihre Sache zu gewinnen, täuschten sie Empörung über die Kaltstellung des Kaisers vor. In dem Vertrag, den Ōkubo Toshimichi bereits mit der Provinz Tosa unterzeichnet hatte, hieß es, dass »ein Land keine zwei Monarchen und ein Haus nicht zwei Herren hat; die Regierung unterliegt nur einem Herrscher«. Aber ihre wirkliche Absicht bestand nicht einfach darin, den Kaiser wieder an die Macht zu bringen, sondern darin, die politischen und wirtschaftlichen Institutionen von Grund auf umzugestalten.

In der Provinz Tosa war Sakamoto Ryūma einer derjenigen, die den Vertrag unterzeichnet hatten. Während Satsuma und Chōshū ihre Heere mobilisierten, legte Sakamoto Ryūma dem Shogun einen Acht-Punkte-Plan vor, in dem dieser zum Rücktritt aufgefordert wurde, um einen Bürgerkrieg zu vermeiden. Der Plan war radikal, und obwohl in Artikel 1 stand, dass »die politische Macht dem Kaiserlichen Hof zurückgegeben und sämtliche Dekrete von ihm erlassen werden sollten«, ging es um weit mehr als die Position des Kaisers. Denn in Artikel 2, 3, 4 und 5 fuhren die Autoren fort:

2. Zwei gesetzgebende Körperschaften, ein Ober- und ein Unterhaus, sollen eingerichtet und alle Regierungsmaßnahmen auf der Grundlage der öffentlichen Meinung entschieden werden.

3. Fähige Männer unter den Landesherren, den Adligen und dem gesamten Volk sollen als Berater beschäftigt und traditionelle Ämter der Vergangenheit, die ihren Sinn verloren haben, abgeschafft werden.

4. Auswärtige Angelegenheiten sollen auf der Basis des öffentlichen Konsenses und im Einklang mit angemessenen Regelungen gehandhabt werden.

5. Gesetze und Vorschriften früherer Zeiten sollen aufgehoben und eine neue, angemessene Gesetzgebung verabschiedet werden.

Shogun Tokugawa Yoshinobu erklärte sich zum Rücktritt bereit, und am 3. Januar 1868 wurde die Meiji-Restauration ausgerufen. Kaiser Kōmei, der allerdings schon einen Monat später starb, und sein Sohn Meiji kehrten an die Macht zurück. Obwohl die Satsuma- und Chōshū-Streitkräfte nun Edo und die imperiale Hauptstadt Kyōto besetzt hatten, fürchtete man, dass die Tokugawa versuchen würden, die Zügel erneut an sich zu reißen und das Shogunat wiederherzustellen. Ōkubo Toshimichi beabsichtigte daher, die Tokugawa für immer auszuschalten. Er überredete den Kaiser, ihre Provinz aufzulösen und ihre Ländereien zu beschlagnahmen. Am 27. Januar griff der ehemalige Shogun Yoshinobu die Satsuma- und Chōshū-Truppen an, wonach ein Bürgerkrieg ausbrach. Er tobte bis zum Sommer, bevor die Tokugawa endgültig besiegt waren.

Nach der Meiji-Restauration begannen die institutionellen Reformen in Japan. Im Jahr 1869 wurde der Feudalismus abgeschafft, und die dreihundert Lehensgüter wurden in Präfekturen unter einem von der Regierung ernannten Gouverneur umgewandelt. Man zentralisierte das Steuersystem, und ein moderner bürokratischer Staat ersetzte das alte feudale Gemeinwesen. 1869 führte man zudem die Gleichheit aller Gesellschaftsschichten vor dem Gesetz ein und hob die Beschränkungen der Binnenmigration und des Handels auf. Der Kriegerstand der Samurai wurde ebenfalls abgeschafft, wenn auch

erst nach mehreren Rebellionen. Es wurden individuelle Grundeigentumsrechte vergeben, und die Bevölkerung erhielt die Freiheit,
jegliches Gewerbe auszuüben.

Der Staat beteiligte sich nachdrücklich am Aufbau der Infrastruktur. Im Gegensatz zur Einstellung absolutistischer Regime gegenüber den Eisenbahnen gründete die japanische Regierung 1869 eine
Dampfschifffahrtslinie zwischen Tokyo und Osaka und ließ die erste
Eisenbahnstrecke zwischen Tokyo und Yokohama bauen. Außerdem
begann sie mit dem Aufbau von Fabriken, und Ōkubo Toshimichi
überwachte als Finanzminister die ersten Industrialisierungsversuche.
Der Herrscher der Provinz Satsuma spielte hierbei eine führende Rolle, indem er Fabriken für die Herstellung von Steingut, Kanonen sowie
Baumwollgarn errichtete und englische Textilmaschinen importierte,
um 1861 die erste moderne Baumwollspinnerei in Japan zu eröffnen.
Daneben ließ er zwei moderne Werften bauen. Im Jahr 1890 war Japan
das erste asiatische Land, das sich eine schriftliche Verfassung gab,
und es schuf eine konstitutionelle Monarchie mit einem gewählten
Parlament, einem Reichstag und einem unabhängigen Justizwesen.
Dies waren entscheidende Faktoren, die Japan ermöglichten, zum
Hauptnutznießer der Industriellen Revolution in Asien zu werden.

Mitte des 19. Jahrhunderts waren sowohl China als auch Japan arme
Nationen, die unter absolutistischen Regimen schmachteten. Die
chinesische Regierung stand seit Jahrhunderten jeglichem Wandel
misstrauisch gegenüber. Doch neben den vielen Gemeinsamkeiten
zwischen China und Japan – das Tokugawa-Shogunat war dem Beispiel der chinesischen Kaiser gefolgt und hatte den überseeischen
Handel im 17. Jahrhundert verboten, und in beiden Staaten lehnte
man wirtschaftliche und politische Veränderungen ab –, gab es auch
beträchtliche politische Unterschiede. China war ein zentralisiertes
bürokratisches Reich unter einem absoluten Kaiser. Dieser musste jedoch trotzdem Beschränkungen seiner Macht hinnehmen, vor allem
angesichts der drohenden Aufstände. Von 1850 bis 1864 wurde ganz
Südchina durch den Taiping-Aufstand verwüstet, bei dem Millionen
entweder während der Konflikte oder durch Massenhungersnöte star-

ben. Aber die Opposition gegen den Kaiser nahm keine institutionelle Form an.

Die Struktur japanischer politischer Institutionen sah anders aus. Das Shogunat hatte den Kaiser verdrängt, doch war, wie geschildert, die Macht der Tokugawa nicht absolut, denn Provinzen wie Satsuma wahrten ihre Unabhängigkeit und trieben sogar einen eigenen Außenhandel.

Wie im Fall von Frankreich war militärische Verletzlichkeit eine wichtige Folge der britischen Industriellen Revolution für China und Japan. China wurde während des Ersten Opiumkriegs (1839–1842) durch die britische Seemacht gedemütigt, und die gleiche Bedrohung wurde auch für die Japaner nur allzu real, als US-amerikanische Kriegsschiffe unter dem Befehl von Commodore Matthew Perry 1853 in die Bucht von Edo einfuhren. Die Einsicht, dass wirtschaftliche Rückständigkeit auch militärische Nachteile mit sich brachte, war einer der Gründe für Shimazu Nariakira, das Shogunat zu stürzen und die Änderungen einzuleiten, die schließlich zur Meiji-Restauration führten. Die Herrscher der Provinz Satsuma begriffen, dass das wirtschaftliche Wachstum – und vielleicht sogar das japanische Überleben – nur durch institutionelle Reformen gesichert werden konnte.

Der Shogun widersetzte sich solchen Plänen, weil seine Macht mit den bestehenden Institutionen verknüpft war. Um Reformen durchführen zu können, musste man daher den Shogun stürzen, und genau das geschah. In China waren die Umstände ähnlich, doch die unterschiedlichen politischen Institutionen ließen die Absetzung des Kaisers viel schwerer werden, so dass es erst 1911 dazu kam. Statt ihre Institutionen zu reformieren, versuchten die Chinesen, durch den Import moderner Waffen militärisch mit den Briten gleichzuziehen. Die Japaner dagegen bauten ihre eigene Rüstungsindustrie auf.

Infolge dieser anfänglichen Kontraste reagierte man in beiden Staaten unterschiedlich auf die Herausforderungen des 19. Jahrhunderts. So kam es angesichts der durch die Industrielle Revolution hervorgerufenen Umbruchphase zu einer starken Divergenz zwischen Japan und China. Während die japanischen Institutionen umgestaltet wurden und die Wirtschaft den Weg eines raschen Wachstums beschritt, waren die Kräfte in China, die sich für institutionellen Wandel einsetzten, nicht stark genug. Die extraktiven Institutionen konnten fast unbeeinträchtigt weiterbestehen, bis sich das Blatt durch Maos kommunistische Revolution von 1949 für sie wendete.

Wurzeln der Weltungleichheit

In diesem und in den drei vorhergehenden Kapiteln haben wir ausgeführt, wie inklusive wirtschaftliche und politische Institutionen in England entstanden und die Industrielle Revolution ermöglichten und warum manche Länder von ihr profitierten, indem sie den Weg des wirtschaftlichen Wachstums beschritten, während andere sich hartnäckig weigerten, auch nur die Anfänge der Industrialisierung zuzulassen. Diese Entscheidung hing in erster Linie von den Institutionen des jeweiligen Landes ab. Die Vereinigten Staaten, die eine Umwälzung nach Art der englischen Glorreichen Revolution erlebten, hatten am Ende des 18. Jahrhunderts bereits inklusive politische und wirtschaftliche Institutionen aufgebaut. Deshalb waren sie der erste Staat, der die neuen, von den Britischen Inseln stammenden Technologien nutzte, wonach sie Großbritannien bald übertrafen und zum Vorläufer der Industrialisierung und des technologischen Wandels wurden. Australien gelangte auf ähnliche Weise zu inklusiven Institutionen, wenn auch ein wenig später und unauffälliger. Seine Bürger mussten, wie die Englands und der Vereinigten Staaten, um die Durchsetzung inklusiver Institutionen kämpfen. Danach konnte es sein eigenes Wirtschaftswachstum einleiten. Dieser Prozess entfaltete sich in Australien und in den Vereinigten Staaten, weil ihre relativ inklusiven Institutionen neue Technologien, innovative Erfindungen und eine schöpferische Zerstörung nicht blockierten.

In den meisten anderen europäischen Kolonien konnte davon keine Rede sein. Die dortigen Verhältnisse standen im Gegensatz zu denen Australiens und der Vereinigten Staaten. Das Fehlen einer vielköpfigen Urbevölkerung und von Ressourcen, die ausgebeutet werden konnten, ließ den Kolonialismus in Australien und den Vereinigten Staaten eine ganz andere Richtung einschlagen, auch wenn die dort lebenden Menschen mühsam um ihre politischen Rechte und inklusive Institutionen kämpfen mussten. Auf den Molukken und in vielen anderen Gegenden, welche die Europäer in Asien kolonisierten, sowie in der Karibik und in Südamerika hatten die Untertanen hingegen wenig Aussicht, einen solchen Kampf zu gewinnen. Dort führten die europäischen Kolonisten neue extractive Institutionen ein oder nutzten die bestehenden, um wertvolle Ressourcen – von Gewürzen und Zucker bis hin zu Silber und Gold – auszubeuten, und sie nahmen oft Weichenstellungen vor, die eine Entstehung inklusiver Institutionen sehr unwahrscheinlich machten. In einigen Fällen vernichteten sie sogar ganz gezielt jegliche industriellen Anfänge und alle inklusiven Wirtschaftsinstitutionen. Dort war man dann weder im 19. noch im 20. Jahrhundert fähig, sich die Industrialisierung zunutze zu machen.

Auch im übrigen, nichtbritischen Europa herrschten ganz andere Verhältnisse als in Australien und den Vereinigten Staaten. Während sich die Industrielle Revolution in Großbritannien gegen Ende des 18. Jahrhunderts beschleunigte, befanden sich die meisten europäischen Länder unter der Fuchtel absolutistischer Regime. Deren Monarchen und Aristokraten bezogen den größten Teil ihrer Einnahmen aus ihrem Grundeigentum oder aus der Vergabe von Privilegien, die mit kaum zu überwindenden Eintrittsschranken verbunden waren. Die schöpferische Zerstörung, die durch die Industrialisierung ausgelöst worden wäre, hätte die Einnahmen des Adels verringert und ihren Gütern Ressourcen und Arbeitskräfte entzogen. Mithin hätte die Industrialisierung die Adligen zu wirtschaftlichen und, was wichtiger war, politischen Verlierern gemacht, denn durch die von ihr geschaffene Instabilität wäre deren politisches Machtmonopol in Frage gestellt worden.

Doch durch den institutionellen Wandel in Großbritannien und durch die Industrielle Revolution eröffneten sich den europäischen Staaten neue Möglichkeiten. Obwohl in Westeuropa Absolutismus herrschte, hatte es viele der institutionellen Veränderungen ebenfalls vollzogen, die sich im vorhergehenden Jahrtausend in Britannien entwickelt hatten. In Osteuropa, im Osmanischen Reich und in China war dies jedoch keineswegs der Fall. Solche Unterschiede sind wichtig, wenn man verstehen will, wie die Industrialisierung um sich griff. Wie der Schwarze Tod oder die Entstehung des Atlantikhandels verstärkte die durch die Industrialisierung ausgelöste Umbruchphase in vielen europäischen Ländern den schwelenden Konflikt um die Institutionen.

Eine zentrale Rolle nahm die Französische Revolution von 1789 ein. Durch das Ende des Absolutismus in Frankreich wurden die Weichen für das Aufkommen inklusiver Institutionen gestellt, und die Franzosen wandten sich schließlich der Industrialisierung zu und bewirkten dadurch ein rasches Wirtschaftswachstum. Darüber hinaus exportierten sie ihre Institutionen, indem sie in mehrere Nachbarländer einmarschierten und deren extraktive Systeme gewaltsam reformierten. Damit eröffnete die Revolution nicht nur in Frankreich den Weg zur Industrialisierung, sondern auch in Belgien, den Niederlanden, der Schweiz sowie in Teilen Deutschlands und Italiens. Weiter östlich erfolgte eine ähnliche Reaktion wie nach dem Schwarzen Tod, als der Feudalismus nicht zusammenbrach, sondern sich vielmehr festigte. Österreich-Ungarn, Russland und das Osmanische Reich fielen wirtschaftlich immer weiter zurück, doch den absolutistischen Monarchien gelang es, sich bis zum Ersten Weltkrieg zu behaupten.

In anderen Regionen der Welt war der Absolutismus genauso widerstandsfähig wie in Osteuropa. Dies galt besonders für China, wo die Ablösung der Ming- durch die Qing-Dynastie einen Staat hervorbrachte, der eine stabile Agrargesellschaft anstrebte und den internationalen Handel ablehnte. Aber auch in Asien gab es wesentliche institutionelle Unterschiede zwischen den einzelnen Staaten. Während China genau wie Osteuropa mit Ablehnung auf die Industrielle Revolution reagierte, verhielt sich Japan ähnlich wie Westeuropa. Wie in Frankreich war eine Revolution für den Systemwandel erforderlich, und diese wurde von den abtrünnigen Oberhäuptern der Provinzen Satsuma, Chōshū, Tosa und Hizen angeführt. Sie stürzten den Shogun, ermöglichten die Meiji-Restauration und sorgten dafür, dass sich Japan institutionell reformierte, was sein Wirtschaftswachstum ermöglichte. Auch im isolierten Äthiopien leistete der Absolutismus entschiedenen Widerstand. Anderswo auf dem Kontinent bewirkten die gleichen Kräfte des internationalen Handels, die zur Umgestaltung der englischen Institutionen im 17. Jahrhundert beitrugen, dass große Bereiche West- und Zentralafrikas an äußerst extraktive, auf den Sklavenhandel gründende Institutionen gefesselt blieben. Dadurch wurden manche Gesellschaften zerstört, während andere extraktive Sklavenhalterstaaten hervorbrachten.

Die von uns beschriebene institutionelle Dynamik gab letztlich den Ausschlag dafür, welche Länder die seit dem 19. Jahrhundert bestehenden enormen Chancen nutzten und welche nicht. Diese Divergenz birgt die Ursachen der Weltungleichheit in sich, die wir heute beobachten können. Mit wenigen Ausnahmen sind die gegenwärtig reichen Länder genau jene, die im 19. Jahrhundert den Prozess der Industrialisierung und des technologischen Wandels einleiteten, während die heute armen Länder darauf verzichteten.

11.
DER TUGENDKREIS

Der Black Act

Das westlich von London gelegene Windsor Castle ist eine der großen königlichen Residenzen Englands. Im frühen 18. Jahrhundert war das Schloss von einem stattlichen wildreichen Wald umgeben, von dem heute nur noch wenig übriggeblieben ist. Einer der Förster, Baptist Nunn, war 1722 in einen gewalttätigen Konflikt verwickelt. Am 27. Juni notierte er:

> Schwarze kamen in der Nacht, schossen dreimal zwei Kugeln in mein Kammerfenster, und ich erklärte mich bereit, ihnen am 30. in Crowthorne 5 Guineen zu zahlen.

Ein anderer Eintrag in Nunns Tagebuch lautete: »Noch eine Überraschung. Einer erschien verkleidet mit einer Botschaft der Vernichtung.«

Wer waren diese geheimnisvollen »Schwarzen« (Blacks), die Drohungen übermittelten, auf Nunn schossen und Geld verlangten? Es handelte sich um Ortsansässige, die ihre Gesichter schwärzten, um bei Nacht nicht erkennbar zu sein. Sie erschienen damals in weiten Teilen Südenglands, töteten und verstümmelten Wild und andere Tiere, brannten Heuschober und Scheunen nieder und zerstörten Zäune und Fischteiche.

Oberflächlich betrachtet, handelte es sich um reine Gesetzlosigkeit, doch das traf nicht zu. Wilderei auf Ländereien, die dem König oder sonstigen Mitgliedern der Aristokratie gehörten, war seit Langem gang und gäbe. In den 1640er Jahren, während des Bürgerkriegs, wurde der gesamte Wildbestand um Windsor Castle getötet. Nach der Restauration des Hauses Stuart im Jahr 1660, als Karl II. den Thron bestieg, füllte man den Wildpark wieder auf. Aber die Schwarzen wilderten nicht nur, um sich Nahrung zu verschaffen, sondern sie gaben sich auch mutwilliger Zerstörung hin. Zu welchem Zweck?

Ein wesentlicher Baustein der Glorreichen Revolution von 1688 war der Pluralismus der im Parlament vertretenen Interessen. Keine der Gruppen von Kaufleuten, Industriellen, Kleinadligen oder Aristokraten, die sich mit Wilhelm von Oranien und dann, nach Königin Annes Tod im Jahr 1714, mit den Monarchen des Hauses Hannover verbündeten, war stark genug, um ihren Willen ohne fremde Hilfe durchzusetzen.

Versuche, die Stuart-Monarchie wiederherzustellen, wiederholten sich in der ersten Hälfte des 18. Jahrhunderts. Nach dem Tod Jakobs II. im Jahr 1701 wurde sein Sohn James Francis Edward Stuart, der »Alte Prätendent«, als rechtmäßiger Erbe der englischen Krone von Frankreich, Spanien, dem Papst und von Anhängern der Stuart-Monarchie in England und Schottland, den sogenannten Jakobiten, anerkannt. 1708 bemühte sich der Alte Prätendent dann, den Thron mit Hilfe französischer Soldaten zurückzuerobern, doch ohne Erfolg. In den sich anschließenden Jahrzehnten kam es zu mehreren Jakobitenaufständen, darunter zu bedeutenderen in den Jahren 1715 und 1719. Der Sohn des Alten Prätendenten, Charles Edward Stuart (der »Junge Prätendent«), wurde 1745–1746 von der britischen Armee besiegt.

Die Whig-Partei, die in den 1670er Jahren gegründet wurde, um die neuen Handels- und Wirtschaftsinteressen zu repräsentieren, war die Hauptstütze der Glorreichen Revolution, und sie dominierte von 1714 bis 1760 das Parlament. An der Macht, geriet sie in Versuchung, die Rechte anderer zu ihren eigenen Gunsten einzuschränken. Darin unterschied sie sich nicht von den Stuart-Königen, doch verfügte sie über eine keineswegs unangefochtene Position. Sie wurde von konkurrierenden Gruppen im Parlament gezügelt, besonders von der Tory-Partei, die als Opposition zu den Whigs entstanden war, sowie von genau den Institutionen, für deren Einführung sie gekämpft hatte, um das Parlament zu stärken und das Aufkommen eines neuen Absolutismus und die Wiederkehr der Stuarts zu verhindern. Der pluralistische Gesellschaftscharakter, der sich nach der Glorreichen Revolution herausgebildet hatte, bewirkte auch, dass die Bevölkerung – selbst diejenigen Schichten, die nicht offiziell im Parlament vertreten waren – an Selbstbewusstsein gewonnen hatte. Und die Verwüstungen der Blacks, der Schwarzen, waren eine Reaktion gemeiner Bürger auf die Wahrnehmung, dass die Whigs ihre Regierungsstellung missbrauchten.

Das Verhalten von William Cadogan, einem siegreichen General im Spanischen Erbfolgekrieg zwischen 1701 und 1714 sowie bei der Niederschlagung der Jakobitenaufstände, verdeutlicht die Übergriffe der Whigs auf die Rechte der Bevölkerung, die zu den Taten der Blacks führten. Georg I. hatte Cadogan 1716 zum Baron und 1718 zum Earl ernannt. Außerdem war er ein einflussreiches Mitglied des Regency Council of Lords Justices, das über wichtige Staatsangelegenheiten entschied, und diente als amtierender Oberbefehlshaber. Nachdem er ein Grundstück von etwa tausend Morgen bei Caversham, knapp 40 Kilometer von Windsor entfernt, erworben hatte, baute er dort ein prächtiges Herrenhaus und legte schmuckvolle Gärten sowie einen 240 Morgen großen Wildpark an. Dabei verletzte er jedoch die Rechte der Anrainer des Gutes, da er etliche zwang, ihre Behausungen zu räumen. Zudem wurde ihr traditionelles Recht, Vieh auf dem Gelände weiden zu lassen und dort Torf und Feuerholz zu sammeln, außer Kraft gesetzt. Daraufhin überfielen berittene und bewaffnete Blacks Cadogans Park am 1. Januar und wiederum im Juli 1722. Beim ersten Angriff töteten sie sechzehn Rehe. Und Earl Cadogan war nicht der Einzige, den die Blacks aufs Korn nahmen. Auch die Güter vieler anderer bekannter Grundeigentümer und Politiker wurden angegriffen.

Die Whig-Regierung konnte die Attacken nicht tatenlos hinnehmen. Im Mai 1723 verabschiedete das Parlament den Black Act, durch den unglaubliche fünfzig neue Straftaten definiert wurden, auf die der Tod durch Erhängen stand. Danach war es nicht nur ein todeswürdiges Verbrechen, Waffen zu tragen, sondern sogar, sich das Gesicht zu schwärzen, und die Whig-Elite machte sich genussvoll daran, das Gesetz zu vollstrecken.

Baptist Nunn baute ein Spitzelnetz im Windsor Forest auf, um die Identität der Blacks zu entlarven. Bald wurden mehrere verhaftet. Dem hätte nun alsbald das Erhängen folgen müssen, denn schließlich war der Black Act bereits verabschiedet, die Whigs hatten die Mehrheit im Parlament, das Parlament verwaltete das Land, und die Blacks vergingen sich unverhohlen an dem Eigentum einiger mächtiger Whigs. Sogar Sir Robert Walpole, Kabinettsmitglied und dann Premierminister – und wie Cadogan Angehöriger des Regency Council of the Lords Justices –, war von der Angelegenheit betroffen. Er besaß einen Anteil am Richmond Park in Südwest-London, den Karl I. auf Gemeindeland hatte anlegen lassen. Auch hier wurden die traditionellen Rechte der Anwohner beeinträchtigt, die den Park als Weidefläche, zur Jagd auf Hasen und Kaninchen und zum Sammeln von Feuerholz benutzt hatten. Allerdings schien die Beendigung dieser Rechte ziemlich locker gehandhabt zu werden, denn die Menschen aus der Nachbarschaft ließen weiterhin ihre Tiere im Park weiden und gingen auf die Kaninchenjagd, bis Walpole dafür sorgte, dass sein Sohn als Förster angestellt wurde. Nun sperrte man den Park ab, errichtete eine neue Mauer und legte Fußangeln. Walpole liebte die Rotwildjagd und ließ sich in Houghton, innerhalb des Parks, ein Häuschen bauen. Dies löste sehr bald die Feindseligkeit der örtlichen Blacks aus.

Am 10. November 1724 klagte man einen Ortsansässigen namens John Huntridge an, Wilddieben und bekannten Blacks geholfen zu haben (beide Verbrechen wurden mit dem Tod durch Erhängen bestraft). Die Anklageerhebung gegen Huntridge erfolgte von ganz oben, nämlich vom Regency Council of Lords Justices, in dem Walpole und Cadogan führende Positionen einnahmen. Walpole ging so weit, persönlich einen Spitzel, Richard Blackburn, über Huntridges Fall zu verhören. Die Verurteilung hätte eine ausgemachte Sache sein müssen, doch sie war es nicht. Nach einer acht oder neun Stunden dauernden Verhandlung befanden die Geschworenen Huntridge für unschuldig, teils aus Verfahrensgründen, denn bei der Sammlung des Materials waren Unregelmäßigkeiten aufgetreten.

Nicht alle Blacks und ihre Sympathisanten hatten so viel Glück wie Huntridge. Zwar sprach man auch einige andere frei oder reduzierte

ihr Strafmaß, doch viele wurden gehenkt oder in die damals bevorzugte Strafkolonie Nordamerika befördert. Erst 1824 hob man das
Gesetz auf. Huntridges Sieg war dennoch bemerkenswert, denn die
Jury bestand nicht aus seinen Standesgenossen, sondern aus Großgrundbesitzern und Kleinadligen, die mit Walpole hätten sympathi-
sieren müssen. Aber man befand sich nicht mehr im 17. Jahrhundert,
als die Gerichte einfach nur den Wünschen der Stuart-Monarchen
gehorchten und als Unterdrückungsinstrumente gegen deren Feinde
fungierten. Zudem hatte der König Richter, deren Urteile ihm nicht
zusagten, absetzen können. Nun aber mussten sich auch die Whigs
an die Rechtsstaatlichkeit und an das Prinzip halten, dass Gesetze
nicht selektiv oder willkürlich angewandt werden durften und dass
niemand über ihnen stand.

Die Ereignisse um den Black Act sollten belegen, dass die von der
Glorreichen Revolution begründete Idee der Rechtsstaatlichkeit in
Großbritannien nun erstarkt war und die Eliten sich ihr in viel höherem Maße fügen mussten, als sie es sich vorgestellt hatten. Zudem ist
Rechtsstaatlichkeit nicht das Gleiche wie die Herrschaft des Gesetzes.
Obwohl die Whigs ein strenges, repressives Gesetz verabschieden
konnten, um den Widerstand gemeiner Bürger zu brechen, wurden
sie infolge der Rechtsstaatlichkeit mit Beschränkungen konfrontiert.
Ihr Gesetz verletzte die neuen Rechte, die durch die Glorreiche Revolution und durch den Wandel der politischen Institutionen bereits für
alle Gültigkeit hatten, nachdem die »göttlichen« Rechte der Könige
und die Privilegien der Eliten beseitigt worden waren. Das Prinzip der
Rechtsstaatlichkeit führte nun dazu, dass Bürger aller Schichten der
Anwendung dieses Whig-Gesetzes Widerstand leisteten.

Rechtsstaatlichkeit ist mit Blick auf die bisherige Geschichte ein
sehr merkwürdiges Konzept. Warum sollten Gesetze gleichermaßen
für alle gelten? Wenn der König und die Aristokratie die politische
Macht haben und die Übrigen nicht, dann ist es nur natürlich, manches, was für den König und die Aristokratie zulässig ist, für den Rest
unter Strafe zu stellen. In der Tat ist Rechtsstaatlichkeit unter absolutistischen politischen Institutionen unvorstellbar. Sie kann nur aus

pluralistischen politischen Organen und dem breiten Konsens, der den Pluralismus stützt, hervorgehen. Lediglich wenn viele Individuen und Gruppen ein Mitspracherecht an den Entscheidungen und die Macht zu deren Durchsetzung haben, wird der Gedanke, dass alle gleich behandelt werden sollen, sinnvoll. Im frühen 18. Jahrhundert wurde Britannien hinreichend pluralistisch, und die Whig-Eliten mussten feststellen, dass Gesetze und Institutionen, die auf der Idee der Rechtsstaatlichkeit gründeten, auch sie einengen konnten.

Doch warum unterwarfen sich die Whigs und andere Parlamentarier solchen Beschränkungen? Warum nutzten sie ihre Kontrolle über das Parlament und den Staat nicht dazu, eine kompromisslose Vollstreckung des Black Act zu erzwingen und die Gerichtsurteile zu verwerfen, die ihnen nicht zusagten? Die Antwort enthüllt viel über den Charakter der Glorreichen Revolution und über die Gründe dafür, wieso ein alter Absolutismus nicht schlicht durch eine neue Version ersetzt wurde, und auch über die Verbindung zwischen Pluralismus und Rechtsstaatlichkeit sowie über die Dynamik von Tugendkreisen. Wie im siebten Kapitel ausgeführt, lief die Glorreiche Revolution nicht auf den Sturz der einen Elite durch eine andere hinaus, sondern auf einen Kampf gegen den Absolutismus durch eine breite Koalition aus Kleinadel, Kaufleuten, Fabrikanten sowie Whigs und Torys. Durch ihre Revolution konnten sich pluralistische politische Institutionen entwickeln. Die Rechtsstaatlichkeit war ein Nebenprodukt dieses Prozesses. Da sich viele Parteien die Macht teilten, bot es sich an, für alle gleiche Gesetze und Kontrollrechte einzuführen, damit keine einen zu großen Einfluss errang und dadurch wieder die Grundlagen des Pluralismus untergrub. Der Gedanke, dass die Herrschenden Einschränkungen unterworfen werden sollten, gehörte mithin zur Logik des Pluralismus, die sich aus der breiten Koalition gegen den Absolutismus der Stuarts ergeben hatte.

Vor diesem Hintergrund sollte es nicht verwundern, dass das Prinzip der Rechtsstaatlichkeit sowie die Verneinung göttlicher Rechte der Monarchen ein Schlüsselargument gegen den Absolutismus der Stuarts lieferte. Wie der britische Historiker E. P. Thompson es ausdrückte, wurden im Kampf gegen die Stuart-Monarchen gewaltige Anstrengungen unternommen …, um das Bild von einer Führungsschicht zu erzeugen, die selbst den Gesetzen unterworfen war und deren Legitimität auf der Fairness und Universalität jener juristischen Formen beruhte. Und diese Herrschenden waren gewollt oder ungewollt Gefangene ihrer eigenen Rhetorik. Sie spielten Machtspiele nach den Regeln, die ihnen genehm waren, aber sie konnten die Regeln nicht brechen, ohne das gesamte Spiel zu ruinieren.

Das Spiel zu ruinieren wäre darauf hinausgelaufen, dass man das System destabilisiert und den Weg zum Absolutismus für eine Untergruppe der breiten Koalition eröffnet oder sogar die Rückkehr der Stuarts ermöglicht hätte. Was das Parlament daran hinderte, einen neuen Absolutismus zu erschaffen, war laut Thompson der Umstand, dass

nach Aufhebung der Gesetze die königliche Prärogative … vielleicht wieder vom Eigentum und Leben [der Parlamentarier] Besitz ergreifen würde.

Außerdem

lag es in der Natur des Mediums, welches sie [jene Aristokraten, Kaufleute etc., die gegen die Krone kämpften] zu ihrem Selbstschutz gewählt hatten, dass es nicht für die ausschließliche Nutzung durch ihre eigene Schicht reserviert werden konnte. Das Gesetz mit all seinen Formen und Traditionen machte Prinzipien der Gerechtigkeit und Universalität erforderlich …, die auf Menschen aller Art und aller Stände angewandt werden mussten.

Sobald sich die Idee der Rechtsstaatlichkeit etabliert hatte, hielt sie nicht nur den Absolutismus in Schach, sondern erzeugte auch einen Tugendkreis: Wenn die Gesetze für alle gleichermaßen galten, dann konnte sich keine Gruppe und kein Individuum, nicht einmal Cadogan oder Walpole, über das Gesetz erheben, und gewöhnliche Bürger, denen Übergriffe auf fremdes Privateigentum vorgeworfen wurden, hatten immer noch das Recht auf eine faire Verhandlung.

Wir haben geschildert, wie inklusive wirtschaftliche und politische Institutionen entstehen. Aber worauf beruht ihr Beharrungsvermögen? Die Geschichte des Black Act und seiner begrenzten Durchsetzbarkeit sind beispielhaft für den Tugendkreis, einen machtvollen Prozess des positiven Feedbacks, der diese Institutionen trotz aller Zerstörungsversuche am Leben erhält und sogar Kräfte aktiviert, die zu noch größerer Inklusivität führen. Die Logik von Tugendkreisen rührt teilweise daher, dass inklusive Institutionen auf Einengungen der Machtausübung, verankert in der Rechtsstaatlichkeit, und auf der pluralistischen Verteilung der politischen Macht in der Gesellschaft basieren. Die Fähigkeit einer Untergruppe, anderen ihren Willen ungehindert aufzuzwingen, selbst wenn diese anderen gewöhnliche Bürger wie Huntridge sind, bedroht das Gleichgewicht. Wäre es zeitweilig zu Ungunsten der Bauern aufgehoben worden, die gegen den Missbrauch ihres Gemeindelands durch die Eliten protestierten, wie hätte sich dann gewährleisten lassen, dass es sich um eine Ausnahme handelte? Und wenn es erneut aufgehoben worden wäre, was hätte die Krone und die Aristokratie dann daran gehindert, all das wieder an sich zu reißen, was Kaufleute, Unternehmer und Kleinadel im vorherigen Jahrhundert errungen hatten? Vielleicht wäre das gesamte Projekt des Pluralismus bei der nächsten Aufhebung des Gleichgewichts zusammengebrochen, weil eine kleine Interessengruppe die Kontrolle auf Kosten der breiten Koalition übernommen hätte. Dieses Risiko konnte das politische System nicht eingehen. So wurden der Pluralismus und die ihn begleitende Rechtsstaatlichkeit zu dauerhaften Merkmalen der britischen politischen Institutionen. Und sobald diese Prinzipien etabliert waren, konnte die Nachfrage nach einem noch größeren Pluralismus und einer noch stärkeren Beteiligung des Volkes am politischen Prozess wachsen.

Der Tugendkreis entsteht nicht allein aus der inhärenten Logik des Pluralismus und der Rechtsstaatlichkeit, sondern auch aus der Tatsache, dass inklusive politische Institutionen dazu neigen, ihre wirtschaftlichen Pendants zu stärken. Daraus ergibt sich eine ausgewogenere Verteilung der Einkommen, durch die breite Teile der Gesellschaft gestärkt und die politischen Wettbewerbsbedingungen noch fairer werden. So schrumpfen die Anreize zur Übernahme der politischen Macht und zur Neuerschaffung extraktiver politischer Institutionen. Solche Faktoren spielten für die Entwicklung wahrhaft demokratischer politischer Institutionen in Großbritannien eine wichtige Rolle.

Daneben bringt der Pluralismus ein offeneres System hervor und erlaubt unabhängigen Medien, sich zu entfalten, wodurch es Gruppen, die ein Interesse am Fortbestehen inklusiver Institutionen haben, leichter fällt, drohende Gefahren wahrzunehmen und sich entsprechend zu organisieren. Es ist äußerst bedeutsam, dass der englische Staat die Medienzensur nach 1688 einstellte. Auch in den Vereinigten Staaten spielten die Medien eine ähnlich wichtige Rolle für die Stärkung der Rechte der Bevölkerung und für die Fortsetzung des Tugendkreises der institutionellen Entwicklung, wie später noch ausgeführt wird.

Obwohl der Tugendkreis bewirkt, dass inklusive Institutionen zur Dauerhaftigkeit neigen, ist diese Tendenz weder unvermeidlich noch unumkehrbar. Sowohl in Britannien als auch in den Vereinigten Staaten waren inklusive wirtschaftliche und politische Institutionen zahlreichen Prüfungen ausgesetzt. Im Jahr 1745 gelangte der Junge Prätendent mit einem Heer nach Derby, kaum 160 Kilometer von London entfernt, und stand kurz davor, das während der Glorreichen Revolution entstandene System zu zerstören. Aber er wurde besiegt.

Wichtiger als von außen herangetragene Probleme waren jedoch potentielle innere Schwierigkeiten, durch die sich die inklusiven Institutionen ebenfalls hätten auflösen können. Wie wir im Zusammenhang mit dem Peterloo-Massaker 1819 in Manchester beschrieben haben und im Folgenden noch detaillierter herausarbeiten werden, dachten die britischen politischen Eliten daran, zu Unterdrückungsmaßnahmen zu greifen, damit das politische System nicht noch weiter geöffnet wurde; doch sie wichen in letzter Minute zurück. Auch in den Vereinigten Staaten standen die wirtschaftlichen und politischen Institutionen vor ernsten Herausforderungen, und die Gegenkräfte hätten durchaus erfolgreich sein können, denn natürlich war es keineswegs vorgegeben, dass sie scheitern würden. Nicht nur der Tugendkreis, sondern auch die Unwägbarkeit der Geschichte sorgte dafür, dass die britischen und die US-amerikanischen inklusiven Institutionen überlebten und mit der Zeit erheblich erstarkten.

Der langsame Marsch der Demokratie

Die Reaktionen auf den Black Act verdeutlichten gewöhnlichen britischen Bürgern, dass sie mehr Befugnisse besaßen, als sie geahnt hatten. Sie waren in der Lage, ihre traditionellen Rechte und ihre wirtschaftlichen Interessen vor Gericht und im Parlament – durch Petitionen und Lobbying – zu verteidigen. Aber dieser Pluralismus hatte noch keine wirksame Demokratie hervorgebracht. Die meisten erwachsenen Männer – und sämtliche Frauen – durften noch nicht wählen, und die bestehenden demokratischen Strukturen bargen viele Ungerechtigkeiten in sich.

All das sollte sich ändern. Der Tugendkreis inklusiver Institutionen bewahrt nicht nur das, was bereits erlangt worden ist, sondern bereitet auch einer noch größeren Inklusivität den Boden. Die Chancen für die britische Elite des 18. Jahrhunderts, die Macht mühelos im Griff zu behalten, standen schlecht. Diese Elite war ans Ruder gekommen, indem sie das göttliche Recht von Königen in Frage stellte und der politischen Mitwirkung des Volkes die Tür öffnete, doch dann hatte sie das Wahlrecht nur einer kleinen Minderheit eingeräumt. Es war lediglich eine Frage der Zeit, bis immer mehr Bürger die Mitwirkung am politischen Prozess verlangten. Und in den Jahren vor 1831 taten sie genau das.

In den ersten drei Jahrzehnten des 19. Jahrhunderts kam es zu verstärkten sozialen Unruhen in Großbritannien, hauptsächlich als Reaktion auf zunehmende wirtschaftliche Unbilligkeiten und auf

Forderungen der entrechteten Massen nach größerer politischer Repräsentation. Die Ludditen-Aufstände von 1811–1816, bei denen Arbeiter gegen die Einführung neuer, ihre Löhne beeinträchtigender Fertigungsverfahren gekämpft hatten, wurden von Kundgebungen abgelöst, auf denen man explizit mehr politische Rechte verlangte, etwa durch die Spa-Fields-Aufstände von 1816 in London oder während des Peterloo-Massakers von 1819 in Manchester. In den »Swing Riots« von 1830 protestierten Landarbeiter gegen den sinkenden Lebensstandard sowie gegen technische Neuerungen. Parallel dazu brach in Paris die Julirevolution von 1830 aus. Allmählich stimmten die Eliten darin überein, dass die Unzufriedenheit einen Siedepunkt erreicht hatte und dass soziale Unruhen und letztlich eine Revolution nur dann abgewendet werden konnten, wenn man den Forderungen der Massen entgegenkam und Parlamentsreformen einleitete.

Es überraschte nicht, dass sich die Wahl von 1831 fast nur um das Thema der politischen Reform drehte. Die Whigs waren, nahezu hundert Jahre nach Sir Robert Walpole, aufgeschlossener für die Wünsche des gemeinen Mannes und setzten sich im Wahlkampf für die Ausweitung des Stimmrechts ein, was den Kreis der Wahlberechtigten jedoch kaum erweiterte. Ein allgemeines Wahlrecht, und sei es auch nur für Männer, stand nicht zur Debatte. Die Whigs gewannen die Wahl, und ihr Parteichef Charles Earl Grey wurde Premierminister. Er war alles andere als radikal, denn die Whigs drängten nicht etwa deshalb auf Reformen, weil sie eine breitere Wählerbasis für gerechter hielten oder die Macht teilen wollten. Die britische Demokratie wurde keineswegs von der Elite gewährt, sondern von den Massen erobert, die durch die politischen Vorgänge der vorherigen Jahrhunderte in England und im übrigen Britannien selbstbewusster geworden waren, zumal der durch die Glorreiche Revolution ausgelöste Wandel der politischen Institutionen ihnen Mut gemacht hatte. Die Elite bewilligte Reformen, weil sie dies für den besten Weg hielt, die Fortsetzung ihrer Herrschaft, wiewohl in etwas verminderter Form, zu sichern. Daran ließ Earl Grey in seiner berühmten Parlamentsrede zugunsten politischer Reformen keinen Zweifel:

Niemand lehnt jährlich gewählte Parlamente, ein allgemeines Wahl-recht und geheime Wahlen entschiedener ab als ich. Mein Ziel ist es nicht, solche Hoffnungen und Projekte zu fördern, sondern ihnen ein Ende zu setzen … Das Prinzip meiner Reform besteht darin, die Notwendigkeit einer Revolution abzuwenden … darin, die Verhält-nisse zu wahren, nicht darin, sie umzustürzen.

Die Massen begehrten das Wahlrecht nicht um seiner selbst willen, sondern um ein Mitspracherecht ausüben und ihre Interessen ver-teidigen zu können. Darüber war man sich in der Chartistenbewe-gung im Klaren, welche die Kampagne für ein allgemeines Wahlrecht nach 1838 anführte. Ihr Name rührte von der Verabschiedung der Volks-Charta her und sollte eine Parallele zur Magna Carta herauf-beschwören. Der Chartist J. R. Stephens erläuterte, warum den Massen das Wahlrecht für alle Bürger am Herzen lag:

Die Frage des allgemeinen Wahlrechts … ist eine für die Ernährung unerlässliche Frage … Mit allgemeinem Wahlrecht meine ich, dass jeder Arbeiter des Landes Anspruch auf einen guten Mantel auf seinem Rücken, einen guten Hut auf seinem Kopf, ein gutes Dach für den Schutz seines Haushalts und ein gutes Essen auf dem Tisch haben sollte.

Stephens hatte begriffen, dass die Einführung des allgemeinen Wahl-rechts die dauerhafteste Methode darstellte, die britischen Massen weiterhin zu stärken und jedem Arbeiter einen Mantel, einen Hut, ein heiles Dach und ein gutes Essen zu garantieren.

Letzten Endes gelang es Earl Grey, sowohl die Verabschiedung des First Reform Act durchzusetzen als auch den revolutionären Ansturm zurückzudrängen, ohne nennenswerte Schritte in Richtung eines all-gemeinen Wahlrechts machen zu müssen. Die Reformen von 1832 waren bescheiden, denn durch sie verdoppelte sich die Wählerzahl nur von 8 auf rund 16 Prozent der erwachsenen männlichen Bevölke-rung (das entsprach einer Steigerung von ungefähr 2 auf 4 Prozent der Gesamtbevölkerungszahl). Außerdem entledigte man sich der Rotten

Boroughs und räumte den neuen Industriestädten wie Manchester, Leeds und Sheffield unabhängige Vertretungen ein. Aber danach blieben noch viele Fragen ungelöst. Also konnten weitere Forderungen nach erweiterten Stimmrechten und neue soziale Unruhen nicht ausbleiben. Zusätzliche Reformen würden sich anschließen.

Warum gaben die britischen Eliten den Forderungen nach? Warum glaubte Earl Grey, dass jämmerliche Teilreformen die einzige Möglichkeit zur Rettung des Systems boten? Warum fanden sich die Führungsschichten mit dem geringeren von zwei Übeln – Reform oder Revolution – ab, statt ihre Macht ohne jegliche Reform aufrechtzuerhalten? Hätten sie nicht einfach dem Beispiel der spanischen Konquistadoren in Südamerika folgen oder das Gleiche tun können wie die österreichisch-ungarischen und russischen Monarchen in den nächsten Jahrzehnten, als die Reformforderungen jene Länder erreichten, oder auch das, was die Briten selbst in der Karibik und in Indien unternommen hatten, nämlich die Forderungen mit Gewalt niederzuschlagen?

Die Antwort liefert der Tugendkreis. Die wirtschaftlichen und politischen Veränderungen, die in Großbritannien bereits stattgefunden hatten, ließen der Elite den Einsatz von Gewalt sowohl wenig attraktiv als auch zunehmend unpraktisch erscheinen. Dazu E. P. Thompson:

> Als die Kämpfe von 1790–1832 anzeigten, dass sich das Gleichgewicht verschoben hatte, standen die Herrschenden Englands vor beunruhigenden Alternativen. Sie konnten entweder die Rechtsstaatlichkeit aufgeben, ihre komplizierten Verfassungsstrukturen abbauen, ihren eigenen Aussagen zuwiderhandeln und durch Gewalt herrschen; oder sie konnten ihren eigenen Regeln gehorchen und auf ihre Hegemonie verzichten. Sie unternahmen zögerliche Schritte in die erste Richtung, doch statt ihr eigenes Selbstverständnis zunichtezumachen und 150 Jahre konstitutioneller Legalität abzulehnen, unterwarfen sie sich am Ende dem Gesetz.

Anders ausgedrückt: Die gleichen Kräfte, welche die britische Elite daran hinderten, das Gebäude der Rechtsstaatlichkeit durch den

Black Act niederzureißen, ließen sie vor Repression und Gewaltherrschaft zurückschrecken, weil auch dadurch die Stabilität des gesamten Systems aufs Spiel gesetzt worden wäre. Während die Aushöhlung des Rechts durch Vollstreckung des Black Act das System geschwächt hätte, das von Händlern, Geschäftsleuten und dem Kleinadel in der Glorreichen Revolution aufgebaut worden war, hätte die Einrichtung einer repressiven Diktatur im Jahr 1832 dieses System vollends untergraben. Tatsächlich waren sich die Organisatoren der Demonstrationen für Parlamentsreformen der Bedeutung der Rechtsstaatlichkeit und ihrer Symbolik für die britischen politischen Institutionen jener Zeit durchaus bewusst. Eine der ersten Organisationen, die sich um Parlamentsreformen bemühte, war der Hampden Club, benannt nach dem Abgeordneten, der Karl I. als Erster wegen der Schiffssteuer Widerstand geleistet hatte – ein entscheidendes Ereignis, das, wie beschrieben, zu dem ersten großen Aufstand gegen den Stuart-Absolutismus geführt hatte.

Hinzu kam das dynamische, positive Feedback zwischen den inklusiven wirtschaftlichen und politischen Institutionen. Die inklusiven Wirtschaftsinstitutionen führten zur Entwicklung inklusiver Märkte, die eine effizientere Verteilung der Ressourcen mit sich brachten, stärkere Anreize zum Erwerb von Qualifikationen und Fertigkeiten schufen sowie weitere technische Innovationen auslösten. All diese Kräfte waren damals in Großbritannien wirksam. Die Forderungen der Öffentlichkeit abzuweisen und einen Putsch gegen die inklusiven politischen Institutionen durchzuführen hätte auch bedeutet, sämtliche Fortschritte zunichtezumachen. Außerdem wären die herrschenden Eliten, die eine größere Demokratisierung und Inklusivität ablehnten, durch solche Maßnahmen möglicherweise um ihr Vermögen gebracht worden.

Ein anderer Aspekt dieses positiven Feedbacks bestand darin, dass die Macht unter inklusiven wirtschaftlichen und politischen Institutionen weniger zentral ausgeübt wurde. In Österreich-Ungarn und in Russland hatten die Monarchen und die Aristokratie durch Industrialisierung und Reformen viel zu verlieren. In Großbritannien dagegen stand am Anfang des 19. Jahrhunderts infolge der Entwicklung inklusiver Wirtschaftsinstitutionen weit weniger auf dem Spiel: Es gab keine Leibeigenen, relativ wenig Zwang auf dem Arbeitsmarkt und nur eine kleine Anzahl von durch Eintrittsschranken geschützten Monopolen. Deshalb war es für die britische Elite viel weniger profitabel, sich an die Macht zu klammern.

Die Logik des Tugendkreises ließ solche repressiven Schritte zunehmend undurchführbar werden – wiederum wegen des positiven Feedbacks zwischen inklusiven wirtschaftlichen und politischen Institutionen. Inklusive Wirtschaftsinstitutionen bewirken, im Gegensatz zu extraktiven Einrichtungen, eine fairere Verteilung der Ressourcen. Dadurch stärken sie sämtliche Bürger und sorgen auch im Kampf um die Macht für gerechtere Wettbewerbsbedingungen. Das macht es schwieriger für eine kleine Elite, die Massen niederzuschlagen, statt ihre Forderungen – oder wenigstens einen Teil davon – zu erfüllen. Daneben hatten die britischen inklusiven Institutionen bereits die Industrielle Revolution in Gang gesetzt, und das Land war stark urbanisiert. Eine städtische, konzentrierte, teilweise organisierte und mit Rechten ausgestattete Gruppe ließ sich viel weniger leicht unterdrücken als Bauern oder Leibeigene.

So wurde den Briten durch den Tugendkreis 1832 der First Reform Act beschert. Aber das war erst der Anfang einer langen Reise zu wirklicher Demokratie, denn 1832 gab die Elite nicht mehr aus den Händen, als sie es für unbedingt nötig hielt. Die Frage der Parlamentsreform wurde von der Chartistenbewegung aufgegriffen, deren Volks-Charta von 1838 die Klauseln enthielt:

Eine Stimme für jeden Mann ab einundzwanzig Jahren, der bei vollem Verstand ist und nicht wegen eines Verbrechens bestraft wurde.
Geheime Wahl: zum Schutz des Wählers bei der Abgabe seiner Stimme.
Kein Eigentumsnachweis für Parlamentsmitglieder, wodurch die Wahlkreise befähigt werden, den von ihnen bevorzugten Mann zum Abgeordneten zu wählen, sei er reich oder arm.
Bezahlung von Mitgliedern, um ehrlichen Handwerkern, Arbeitern oder anderen Personen den Dienst in einem Wahlkreis zu ermög-

lichen, wenn sie dafür ihre Tätigkeit unterbrechen müssen, um sich den Interessen des Landes zu widmen.

Gleich große Wahlkreise, die gleichen Wählerzahlen die gleiche Repräsentation sichern, statt dass kleinen Wahlkreisen erlaubt wird, die Stimmen von größeren zu übertrumpfen.

Jährliche Parlamente, um die wirksamste Kontrolle gegen Bestechung und Einschüchterung zu schaffen, da ein Wahlkreis bei einer einzigen Wahl in sieben Jahren gekauft werden kann (trotz geheimer Stimmabgabe), wohingegen kein Geldbeutel groß genug wäre, alle zwölf Monate einen Wahlkreis (bei allgemeinem Wahlrecht) zu kaufen, und weil Abgeordnete, wenn sie nur ein Jahr lang amtieren, ihre Wähler nicht wie heutzutage missachten und verraten können.

Die Chartistenbewegung organisierte eine Reihe von Massendemonstrationen und diskutierte während der damaligen Parlamentsperiode unablässig die Möglichkeit weiterer Reformen. Die Chartisten lösten sich zwar nach 1848 auf, doch ihnen folgten 1864 die National Reform Union und 1865 die Reform League. Im Juli 1866 gelangte das Thema durch gewalttätige Kundgebungen im Hyde Park erneut an die Spitze der politischen Tagesordnung. Der Druck machte sich in Form des Second Reform Act von 1867 bezahlt, durch den sich die Gesamtzahl der Wahlberechtigten verdoppelte und die Arbeiter in sämtlichen Wahlkreisen die Mehrheit stellten. Kurz darauf führte man die geheime Abstimmung ein und machte Anstalten, korrupte Wahlpraktiken, etwa die »Bewirtung« (im Grunde Stimmenkauf durch das Verteilen von Geschenken – gewöhnlich Geld, Lebensmittel oder Alkohol) abzuschaffen. Die Zahl der Wahlberechtigten verdoppelte sich 1884 durch den Third Reform Act erneut und umfasste damit 60 Prozent der männlichen Bevölkerung. Nach dem Ersten Weltkrieg wurde, durch den Representation of the People Act von 1918, sämtlichen Männern über einundzwanzig Jahren das Wahlrecht verliehen, dazu Frauen über dreißig, die selbst Steuern entrichteten oder mit einem Steuerzahler verheiratet waren. 1928 schließlich erhielten alle Frauen unter den gleichen Bedingungen wie die Männer das Wahlrecht. Die Maßnahmen von 1918 wurden während des Krieges ausgehandelt und stellten ein Quidproquo zwischen der Regierung und der Arbeiterschaft dar, die für den Kriegseinsatz und für die Waffenproduktion benötigt wurde. Außerdem dürfte die Regierung den Radikalismus der Russischen Revolution zur Kenntnis genommen haben.

Parallel zur allmählichen Entwicklung inklusiverer politischer Institutionen verlief die Tendenz zu noch inklusiveren wirtschaftlichen Institutionen. Eine wichtige Folge des First Reform Act war die Aufhebung der Korngesetze im Jahr 1846. Wie im siebten Kapitel ausgeführt, wurde jeglicher Getreideimport durch die Korngesetze untersagt, so dass die Preise hoch blieben und den Großgrundbesitzern stattliche Gewinne garantiert wurden. Die neuen Parlamentarier aus Manchester und Birmingham dagegen verlangten nach billigem Getreide und niedrigen Löhnen. Sie setzten sich durch und fügten den Grundbesitzern eine empfindliche Niederlage hinzu.

Den Veränderungen der Wählerschaft und anderer Bestandteile politischer Institutionen folgten im 19. Jahrhundert weitere Reformen. 1871 unterwarf der liberale Premierminister Gladstone das Beamtentum öffentlichen Aufnahmeprüfungen, wodurch es meritokratisch wurde, und setzte damit den Prozess der politischen Zentralisierung und des Ausbaus staatlicher Institutionen fort, der unter den Tudors begonnen hatte. Liberale und Tory-Regierungen verabschiedeten etliche Arbeitsmarktgesetze. Beispielsweise hob man den Masters and Servants Act auf, der Arbeitgebern gestattet hatte, die Bewegungsfreiheit ihrer Beschäftigten einzuschränken. Dadurch verschoben sich die Machtverhältnisse auf dem Markt zugunsten der Arbeiterschaft. Zwischen 1906 und 1914 weitete die Liberale Partei unter Führung von H. H. Asquith und David Lloyd George das Angebot an öffentlichen Dienstleistungen aus, unter anderem auf eine Kranken- und Arbeitslosenversicherung, staatlich finanzierte Renten und Mindestlöhne; außerdem engagierte sie sich für eine umverteilende Besteuerung. Infolgedessen erhöhte sich der Steueranteil am Bruttosozialprodukt in den letzten drei Jahrzehnten des 19. Jahrhunderts um mehr als das Doppelte, und das Gleiche geschah in den ersten drei Jahrzehnten des 20. Jahrhunderts. Auch wurde das Steuersystem progressiver, so dass vermögendere Personen eine größere Last zu tragen hatten.

Gleichzeitig wurde das Erziehungswesen, das vorher hauptsächlich der Elite vorbehalten gewesen und von der Kirche betrieben worden war sowie auch armen Menschen Gebühren abverlangt hatte, zugänglicher für die Massen. Durch den Education Act von 1870 legte die Regierung die Grundlage für die Einführung der allgemeinen Schulpflicht. Ab 1891 fielen Schulgebühren fort, und 1893 setzte man das Schulentlassungsalter auf elf Jahre fest. 1899 stieg es auf zwölf Jahre, und man führte Sonderbestimmungen für die Kinder bedürftiger Familien ein. Daraufhin erhöhte sich der Anteil der zehnjährigen Schulbesucher, der 1870 bei enttäuschenden 40 Prozent gelegen hatte, im Jahr 1900 auf 100 Prozent. Der Education Act von 1902 führte schließlich zu einem beträchtlichen Anstieg der Schulfinanzierung und zur Gründung der Grammar Schools, die zur Basis der britischen Sekundarausbildung wurden.

Der Tugendkreis britischer inklusiver Institutionen ist beispielhaft für die schrittweise Entwicklung eines solchen Systems. Die politischen Veränderungen zielten unmissverständlich auf inklusivere politische Institutionen ab und resultierten aus den Forderungen der selbstbewusster gewordenen Massen. Aber sie vollzogen sich nach und nach. Mit jedem Jahrzehnt wurde ein weiterer – manchmal kleinerer, manchmal größerer – Schritt in Richtung Demokratie unternommen. Jeder war von Konflikten begleitet und Unwägbarkeiten unterworfen. Aber der Tugendkreis schuf Kräfte, welche die potentiellen Gewinne derjenigen verringerten, die sich an die Macht klammerten. Daneben förderte er die Rechtsstaatlichkeit, wodurch es schwerer wurde, mit Gewalt gegen Menschen vorzugehen, die nur das forderten, was die Eliten ihrerseits einst von den Stuart-Monarchen verlangt hatten. Es wurde weniger wahrscheinlich, dass dieser Konflikt in eine umfassende Revolution umschlug, und wahrscheinlicher, dass er zugunsten einer größeren Inklusivität gelöst wurde.

Diese Art des allmählichen Wandels hat große Vorteile. Sie ist für die Elite weniger bedrohlich als der Sturz des gesamten Systems. Jeder Schritt ist klein genug, und es erscheint sinnvoll, sich auf bescheidene Forderungen einzulassen, statt eine größere Konfrontation zu riskieren. Dies erklärt teilweise, weshalb die Korngesetze ohne einen ernsteren Konflikt abgeschafft wurden. Um 1846 kontrollierten die Grundeigentümer die Gesetzgebung im Parlament nicht mehr – ein Ergebnis des First Reform Act. Wären die Ausweitung der Wahlberechtigung, die Reform der Rotten Boroughs und die Aufhebung der Korngesetze jedoch schon 1832 im Gespräch gewesen, hätten die Grundbesitzer viel mehr Widerstand geleistet. Dadurch, dass zunächst begrenzte politische Reformen durchgeführt wurden und die Aufhebung der Korngesetze erst später auf der Tagesordnung stand, entschärfte sich der Konflikt.

Der allmähliche Wandel verhinderte auch Vorstöße in unerforschte Gebiete. Ein gewaltsamer Umsturz des Systems hat zur Folge, dass etwas völlig Neues an seiner Stelle aufgebaut werden muss. Dies war während der Französischen Revolution der Fall, als das erste Experiment mit der Demokratie zum Terror und dann zweimal zurück zur Monarchie führte, bevor 1870 die Dritte Republik entstehen konnte; außerdem während der Russischen Revolution, als das Verlangen vieler Menschen nach einem gerechteren System als dem des Russischen Reiches eine Ein-Parteien-Diktatur hervorbrachte, die viel brutaler, blutiger und grausamer war als das, was sie ersetzt hatte. Allmähliche Reformen wurden in solchen Gesellschaften erschwert, weil es ihnen an Pluralismus fehlte und sie sich äußerst extraktiv gestalteten. Es waren der aus der Glorreichen Revolution hervorgehende Pluralismus und die von ihm angestoßene Rechtsstaatlichkeit, die den allmählichen Wandel in Großbritannien machbar und wünschenswert werden ließen.

Der konservative englische Kommentator Edmund Burke, der die Französische Revolution strikt ablehnte, schrieb im Jahre 1790: »… so sollte wohl niemand ohne unendliche Behutsamkeit ein Staatsgebäude niederzureißen wagen, das jahrhundertelang den Zwecken der menschlichen Verbindung auch nur leidlich entsprochen hat, oder es neu zu bauen, ohne Grundrisse und Muster von entschiedner Vollkommenheit vor Augen zu haben.«

Burke irrte sich, was den großen Kontext betraf. Die Französische Revolution hatte ein morsches Gebäude zusammenbrechen lassen und inklusiven Institutionen nicht nur in Frankreich, sondern auch in großen Teilen Westeuropas den Weg gebahnt. Aber seine Sorge war nicht ganz unbegründet. Die allmähliche Entwicklung der britischen politischen Reformen, die 1688 begonnen hatte und drei Jahrzehnte nach Burkes Tod rascher voranschreiten sollte, war effektiver, weil sie durch ihren allmählichen Fortschritt nachdrücklicher, unaufhaltsamer und letztlich dauerhafter war.

Zerschlagung von Trusts

In den Vereinigten Staaten hatten die inklusiven Institutionen in den Kämpfen während der Kolonialzeit in Virginia, Maryland sowie in North und South Carolina ihre Wurzeln. Diese Institutionen wurden durch die Verfassung der Vereinigten Staaten mit ihrem System der Kontrollen und der Machtteilung gestärkt. Doch die Verfassung setzte der Entwicklung inklusiver Institutionen kein Ende. Wie in Großbritannien wurden sie durch ein positives, auf dem Tugendkreis basierenden Feedback gefestigt.

In der Mitte des 19. Jahrhunderts durften alle weißen Männer (jedoch nicht die Frauen oder die Schwarzen) in den Vereinigten Staaten wählen. Die Wirtschaftsinstitutionen nahmen inklusivere Züge an, etwa durch die Verabschiedung des Homestead Act von 1862. Durch ihn wurde potentiellen Siedlern statt den politischen Eliten Grenzland übergeben. Aber genau wie in Großbritannien verschwanden die Bedrohungen der inklusiven Institutionen nie ganz. Durch das Ende des amerikanischen Bürgerkriegs wurde im Norden ein rasches Wirtschaftswachstum angekurbelt. Während sich Eisenbahnen, Industrie und Handel ausweiteten, häuften ein paar Menschen riesige Vermögen an. Der wirtschaftliche Erfolg ließ diese Männer und ihre Unternehmen immer skrupelloser werden. Sie wurden als Robber Barons (Räuberbarone) bezeichnet, weil ihre rücksichtslosen Geschäftspraktiken darauf abzielten, Monopole zu schaffen und potentiellen Konkurrenten das Wasser abzugraben. Einer der berüchtigsten Räuberbarone war Cornelius Vanderbilt, der bekanntermaßen bemerkte: »Was schert mich das Gesetz? Habe ich nicht die Macht?«

Ein anderer Robber Baron war John D. Rockefeller, der 1870 die Standard Oil Company gründete. Rasch schaltete er seine Konkurrenten in Cleveland aus und versuchte, die Beförderung von Öl und Ölprodukten sowie den Handel mit ihnen zu monopolisieren. Bis 1882 hatte er tatsächlich ein Riesenmonopol – einen Trust – geschaffen. 1890 kontrollierte Standard Oil 88 Prozent des raffinierten Öls in den Vereinigten Staaten, und 1916 wurde Rockefeller zum ersten Milliardär der Welt. Zeitgenössische Karikaturen zeigen Standard Oil als eine Krake, die nicht nur die Ölindustrie, sondern auch Washington umklammert.

Fast so berüchtigt war John Pierpont Morgan, der Gründer des modernen Bankenkonglomerats J. P. Morgan, aus dem nach vielen Fusionen über Jahrzehnte hinweg schließlich JPMorgan Chase wurde. Zusammen mit Andrew Carnegie gründete Morgan 1901 den bei weitem größten Stahlkonzern der Welt, die U. S. Steel Company, das erste Unternehmen mit einem Kapitalwert von über 1 Milliarde Dollar.

In den 1890er Jahren bildeten sich gewaltige Trusts in fast jedem Wirtschaftszweig heraus, und viele von ihnen verfügten über mehr als 70 Prozent des Marktanteils in ihrem Sektor. Dazu gehörten klangvolle Namen wie DuPont, Eastman Kodak und International Harvester. Zunächst waren die Märkte des Nordens und des mittleren Westens der Vereinigten Staaten relativ wettbewerbsorientiert, und sie waren egalitärer als andere Teile des Landes, besonders der Süden. Aber allmählich wurde der Wettbewerb durch Monopole ausgehebelt, und die Vermögensungleichheit wuchs rapide.

Das pluralistische politische System der Vereinigten Staaten hatte jedoch bereits ein breites Gesellschaftssegment derart gestärkt, dass es sich den Übergriffen der Robber Barons widersetzen konnte. Diejenigen, die zu Opfern der monopolistischen Praktiken geworden waren oder die Hemmungslosigkeit der Räuberbarone in ihren jeweiligen Wirtschaftszweigen ablehnten, organisierten sich gegen sie, indem sie die Populistische und später die Progressive Bewegung bildeten. Die Populistische Bewegung war das Ergebnis einer langjährigen

Agrarkrise, die den mittleren Westen seit den späten 1860er Jahren heimsuchte. Die National Grange of the Order of Patrons of Husbandry, bekannt als Grangers, wurde 1867 gegründet und mobilisierte die Farmer gegen unfaire und diskriminierende Geschäftspraktiken. 1873 und 1874 erlangten die Grangers in elf mittelwestlichen Bundesstaaten die parlamentarische Mehrheit. Die Unzufriedenheit der Farmer gipfelte 1892 in der Entstehung der People's Party, die bei den Präsidentschaftswahlen desselben Jahres 8,5 Prozent der Stimmen erhielt. In den folgenden Wahlen unterstützten die Populisten die beiden erfolglosen Kampagnen der Demokratischen Partei unter William Jennings Bryan, der viele ihrer Belange zu seinen eigenen machte. Die volksnahe Opposition gegen die Ausbreitung der Trusts hatte sich nun organisiert und versuchte, dem Einfluss entgegenzuwirken, den Rockefeller und andere Robber Barons auf die US-Politik ausübten.

Diese politischen Bewegungen wirkten sich allmählich auf die politischen Einstellungen und dann auf die Gesetzgebung aus, besonders hinsichtlich der Rolle des Staates bei der Regulierung von Monopolen. Das erste wichtige einschlägige Gesetz war der Interstate Commerce Act von 1887, der die Interstate Commerce Commission hervorbrachte und eine bundesweite Regulierung der Industrie einleitete. Bald darauf folgte der Sherman Antitrust Act von 1890. Dieser, noch heute ein bedeutender Teil des US-Kartellrechts, sollte zur Grundlage von Angriffen auf die Trusts der Räuberbarone werden. Entscheidende Maßnahmen gegen die Trusts erfolgten nach der Wahl von Präsidenten, die sich für Reformen und für die Einschränkung der Macht der Räuberbarone einsetzten: von Theodore Roosevelt (1901–1909), William Taft (1909–1913) und Woodrow Wilson (1913–1921).

Eine wesentliche politische Kraft hinter der Antitrust-Bewegung und dem Versuch, die Industrie bundesweit zu regulieren, waren erneut die ländlichen Wähler. Die ersten Bemühungen individueller Staaten in den 1870er Jahren, die Eisenbahnen zu regulieren, wurden von Farmer-Organisationen initiiert, und fast alle der neunundfünfzig Petitionen zum Thema der Trusts, die vor der Verabschiedung des Sherman Act im Kongress eingereicht wurden, kamen von Agrarstaaten und Organisationen wie der Farmers' Union, der Farmers'

Alliance, der Farmers' Mutual Benefit Association und den Patrons of Animal Husbandry. Die Bauern einte ihr gemeinsames Interesse, die monopolistischen Praktiken der Industrie zu bekämpfen.

Aus den Trümmern der Populistischen Bewegung, deren Mitgliederzahl stark zurückging, nachdem sie sich hinter die Demokratische Partei gestellt hatte, wurden die Progressiven geboren, eine heterogene Reformbewegung, die viele ähnliche Belange vertrat. Zunächst formierten sie sich um Teddy Roosevelt, William McKinleys Vizepräsidenten, der nach dessen Ermordung im Jahr 1901 das Präsidentenamt übernahm. Vorher war Roosevelt ein kompromissloser Gouverneur von New York gewesen und hatte die politische Korruption und die Maschinenpolitik bekämpft. In seiner ersten Rede vor dem Kongress wandte sich Roosevelt den Trusts zu. Er erklärte, der Wohlstand der Vereinigten Staaten gründe sich auf die Marktwirtschaft und den Einfallsreichtum von Geschäftsleuten, doch gleichzeitig

> gibt es reale und schwere Übel ... und eine ... weitverbreitete Überzeugung des amerikanischen Volkes, dass die großen, als Trusts bekannten Konzerne durch manche ihrer Merkmale und Tendenzen schädlich für das Allgemeinwohl sind. Diese Ansicht entspringt nicht dem Neid noch der Unfreundlichkeit, noch einem mangelnden Stolz auf die großen industriellen Leistungen, durch welche dieses Land an die Spitze jener Nationen aufgestiegen ist, die sich um die wirtschaftliche Vormachtstellung bemühen. Sie beruht nicht auf einer unintelligenten Verkennung der Notwendigkeit, sich ändernden und bereits geänderten Handelsbedingungen mit neuen Methoden zu begegnen, noch auf Unkenntnis der Tatsache, dass eine Zusammenlegung von Kapital erforderlich ist, um große Dinge zu vollbringen, wenn der Fortschritt der Welt es verlangt, große Dinge zu erreichen. Sie beruht vielmehr auf der aufrichtigen Überzeugung, dass Zusammenlegung und Konzentration nicht verboten, sondern überwacht und innerhalb vernünftiger Grenzen kontrolliert werden sollten. Und meinem Urteil nach ist diese Überzeugung richtig. ... Diejenigen, die nach einer Verbesserung der Gesellschaft streben, sollten gleichermaßen danach streben,

die Geschäftswelt von verbrecherischen Tricks und den gesamten Staatskörper von Gewaltverbrechen zu befreien.

Seine Schlussfolgerung lautete, dass

die Nation im Interesse des ganzen Volkes, ohne in der Sache selbst in die Macht der Staaten einzugreifen, auch die Überwachung und Regulierung aller Firmen, die zwischenstaatliche Geschäfte machen, übernehmen sollte. Dies gilt besonders dann, wenn der Konzern einen Teil seines Vermögens aus monopolistischen Elementen oder Tendenzen seiner Geschäfte bezieht.

Roosevelt schlug vor, der Kongress solle eine Bundesbehörde mit der Befugnis einrichten, die Angelegenheiten der Großunternehmen zu untersuchen; und, wenn erforderlich, könne man zwecks Gründung solch einer Behörde einen Verfassungszusatz verabschieden. Bereits 1902 nutzte Roosevelt den Sherman Act, um die Northern Securities Company aufzulösen, was die Interessen von J. P. Morgan beeinträchtigte. Später wurden Verfahren gegen DuPont, die American Tobacco Company und die Standard Oil Company eingeleitet. Roosevelt untermauerte den Interstate Commerce Act durch den Hepburn Act von 1906, der die Befugnisse der Interstate Commerce Commission vergrößerte. Insbesondere wurde ihr gestattet, die Konten von Eisenbahngesellschaften zu prüfen sowie ihre Autorität auf neue Gebiete auszuweiten. Roosevelts Nachfolger William Taft ging noch eifriger gegen die Trusts vor. Seine Tätigkeit erreichte ihren Höhepunkt mit der Zerschlagung der Standard Oil Company im Jahr 1911. Taft setzte sich zudem für andere wichtige Reformen ein, beispielsweise für die Einführung einer Bundeseinkommenssteuer, die durch die Verfassungsänderung von 1913 ermöglicht wurde.

Den Gipfel ihrer Reformen erreichten die Progressiven 1912 durch die Wahl von Woodrow Wilson zum Präsidenten. Er betonte 1913 in seinem Buch *Die neue Freiheit*, dass sich Monopole nie selbst beschränken, sondern, wenn sie groß genug seien, die Regierungsmacht an sich reißen würden. Daher veranlasste er, dass 1914 der Clayton

Antitrust Act zur Stärkung des Sherman Act verabschiedet wurde, und er gründete die Federal Trade Commission, die wiederum dem Clayton Act Nachdruck verlieh. Außerdem nutzte er den Schwung der Ermittlungen des Pujo-Komitees (unter dem Kongressabgeordneten Arsene Pujo aus Louisiana) gegen den monopolistischen »Money Trust« in der Finanzbranche, um die Regulierung auch hier zu verschärfen. Und 1913 richtete er das Federal Reserve Board zur Überwachung monopolistischer Aktivitäten auf dem Finanzsektor ein.

Der Aufstieg der Robber Barons und ihrer Monopole im späten 19. und frühen 20. Jahrhundert macht deutlich, wie im dritten Kapitel bereits hervorgehoben, dass die Märkte allein keine Garantie für inklusive Institutionen sind. Märkte können von ein paar Firmen beherrscht werden, die maßlos überhöhte Preise verlangen sowie leistungsfähigeren Konkurrenten und neuen Technologien den Zugang verbauen. Wenn Märkte sich selbst überlassen bleiben, können sie durch den wachsenden Einfluss der wirtschaftlich und politisch Mächtigen ihre Inklusivität verlieren. Inklusive Wirtschaftsinstitutionen benötigen nicht beliebige, sondern inklusive Märkte, die der Mehrheit faire Wettbewerbsbedingungen bieten. Umfassende Monopole, die von der politischen Macht der Elite gestützt werden, widersprechen dem. Aber die Reaktion auf die monopolistischen Trusts zeigt, dass politische Institutionen, wenn sie inklusiv sind, infolge des Tugendkreises eine gegenläufige Kraft hervorbringen.

Inklusive Wirtschaftsinstitutionen liefern die Grundlage, auf der inklusive politische Einrichtungen gedeihen können, die Abweichungen vom System ökonomischer Inklusivität einschränken. Die Entflechtungspolitik (das sogenannte Trust-Busting) in den Vereinigten Staaten veranschaulicht diesen Aspekt des Tugendkreises, der im Gegensatz zu den eingangs beschriebenen Entwicklungen in Mexiko steht. Während es in Mexiko kein politisches Organ gibt, das Carlos Slims Monopol einschränkt, sind der Sherman und der Clayton Act in den Vereinigten Staaten im vergangenen Jahrhundert wiederholt herangezogen worden, um Trusts, Monopole und Kartelle zu zerschlagen und die Inklusivität der Märkte sicherzustellen.

Die Erfahrung der USA in der ersten Hälfte des 20. Jahrhunderts

zeigt auch die bedeutende Rolle der freien Medien, wenn es darum
geht, breite Bevölkerungsschichten und damit den Tugendkreis zu be-
stärken. Im Jahr 1906 prägte Roosevelt den Begriff »Muckraker« nach
einer literarischen Gestalt – dem Mann mit der Mistgabel in John
Bunyans *Pilgerreise* – zur Bezeichnung von Enthüllungsjournalisten.
Der Begriff wurde bald auf Journalisten bezogen, welche die Exzesse
der Robber Barons sowie die Korruption in der Orts- und Bundespolitik bloßstellten.

Die wohl berühmteste Vertreterin der Muckraker war Ida Tarbell.
Ihr 1904 erschienenes Buch *The History of the Standard Oil Company*
war maßgeblich daran beteiligt, die öffentliche Meinung gegen Rockefeller und seine Geschäftsinteressen aufzubringen, was im Jahr 1911,
wie erwähnt, zur Zerschlagung von Standard Oil führte. Ein anderer
einflussreicher Muckraker war der Anwalt und Autor Louis Brandeis,
der später von Präsident Wilson zum Richter am Supreme Court ernannt werden sollte. Brandeis beschrieb in seinem Buch *Other People's
Money And How Bankers Use It* eine Reihe von Finanzskandalen und
tat sich im Pujo-Komitee hervor. Der Zeitungsmagnat William Ran-
dolph Hearst war ebenfalls ein prominenter Muckraker. Er veröffentlichte 1906 in seiner Zeitschrift *The Cosmopolitan* eine Reihe von Artikeln des Journalisten David Graham Phillips unter dem Titel »The
Treason of the Senate«. Dadurch beflügelte er die Kampagne zur Einführung von Direktwahlen für den Senat, eine weitere entscheidende
Reform der Progressiven, die 1913 durch die Siebzehnte Verfassungsänderung zustande kam.

Die Muckraker spielten eine wesentliche Rolle bei der Einflussnahme auf Politiker, damit diese gegen die Trusts vorgingen. Die Räuberbarone hassten die Muckraker, doch die politischen Institutionen
der Vereinigten Staaten machten es unmöglich, die Journalisten zum
Schweigen zu bringen. Inklusive politische Institutionen erlauben
den freien Medien, sich zu entfalten, und diese sorgen dafür, dass Bedrohungen inklusiver wirtschaftlicher und politischer Institutionen
weithin bekannt werden und auf Gegenwehr stoßen. Solche Freiheit
ist unter extraktiven politischen Institutionen, unter dem Absolutismus oder unter Diktaturen undenkbar, denn extraktive Regime ver-

hindern von vornherein, dass eine ernstzunehmende Opposition entstehen kann. Die Informationen, welche die freien Medien lieferten, waren in der ersten Hälfte des 20. Jahrhunderts in den Vereinigten Staaten offensichtlich von größter Bedeutung. Ohne sie hätte die US-Öffentlichkeit nicht genug über das wahre Ausmaß der Macht sowie über die Machtmissbräuche der Räuberbarone erfahren und wäre nicht zu Aktionen gegen die Trusts mobilisiert worden.

Die Richterernennungen

Franklin D. Roosevelt, der Kandidat der Demokratischen Partei und Cousin von Teddy Roosevelt, wurde 1932 mitten in der Weltwirtschaftskrise zum Präsidenten gewählt. Er gelangte mit dem Wählerauftrag an die Macht, eine Reihe ehrgeiziger Maßnahmen zur Bekämpfung der Krise durchzusetzen. Zur Zeit seiner Amtseinführung Anfang 1933 war ein Viertel der Arbeitnehmer erwerbslos und in vielen Fällen verarmt. Die Industrieproduktion war seit dem Beginn der Krise im Jahr 1929 um die Hälfte eingebrochen, und niemand wollte noch investieren. Die von Roosevelt vorgeschlagenen Pläne zur Bewältigung der Situation wurden als New Deal bekannt. Er hatte mit 57 Prozent der Stimmen einen deutlichen Sieg errungen, und die Demokratische Partei hatte sowohl im Kongress als auch im Senat die Mehrheit, was ihr erlaubte, die New-Deal-Gesetzgebung zu verabschieden. Ein Teil davon warf jedoch Verfassungsfragen auf und wurde vom Obersten Gerichtshof geprüft, wo Roosevelts Wählerauftrag weniger Eindruck machte.

Eine der Säulen des New Deal war der National Industrial Recovery Act. Absatz I konzentrierte sich auf die Wiederankurbelung der Industrie. Präsident Roosevelt und sein Team glaubten, dass die Einschränkung des industriellen Wettbewerbs, erweiterte Arbeiterrechte zur Bildung von Gewerkschaften sowie die Regulierung der Arbeitsnormen wesentlich für eine wirtschaftliche Erholung seien. Absatz II sah die Schaffung der Public Works Administration vor, zu deren Infrastrukturprojekten Meilensteine wie der Bahnhof Thirtieth Street in Philadelphia, die Triborough-Brücke, der Grand Coulee-Damm und der Overseas Highway zwischen Key West, Florida, und dem Festland gehörten. Präsident Roosevelt unterzeichnete das Gesetz am 16. Juni 1933, und der National Industrial Recovery Act nahm seinen Lauf. Er wurde jedoch sofort vor Gericht in Frage gestellt. Am 27. Mai 1935 verfügte der Oberste Gerichtshof einstimmig, dass Absatz I des Gesetzes verfassungswidrig sei: »Außergewöhnliche Bedingungen mögen außergewöhnliche Heilmittel erfordern. Aber ... außergewöhnliche Bedingungen können keine verfassungsmäßigen Rechte hervorbringen oder sie ausweiten.«

Vor der Verkündung des Gerichtsurteils hatte Roosevelt den nächsten Punkt seines Plans ins Visier genommen und den Social Security Act unterzeichnet, durch den die USA den modernen Wohlfahrtsstaat kennenlernten, nämlich in Form von Renten, Arbeitslosenhilfe, Unterstützung von Familien mit minderjährigen Kindern sowie von Ansätzen zu einem öffentlichen Gesundheitswesen und einer Erwerbsunfähigkeitsversorgung. Außerdem unterzeichnete er den National Labor Relations Act, der das Recht von Arbeitern stärkte, Gewerkschaften zu bilden, Tarifverhandlungen zu führen und gegen ihre Arbeitgeber zu streiken. Auch diese Maßnahmen wurden vor dem Obersten Gerichtshof angefochten. Während sie die Hürden der Justiz zu überwinden hatten, wurde Roosevelt 1936 mit einem starken Mandat, nämlich mit 61 Prozent der Stimmen, wiedergewählt.

Da Roosevelts Popularität nun Rekordhöhen erreicht hatte, war er nicht bereit, weitere Bestandteile seiner politischen Vorhaben vom Supreme Court durchkreuzen zu lassen. In einem seiner regelmäßigen Kamingespräche, das am 9. März 1937 im Rundfunk gesendet wurde, erläuterte er seine Pläne. Zunächst wies er darauf hin, dass während seiner ersten Amtszeit etliche dringend benötigte Schritte den Obersten Gerichtshof nur um Haaresbreite passiert hatten. Er fuhr fort:

Ich werde an jenen Abend im März vor vier Jahren erinnert, an dem ich Ihnen zum ersten Mal hier im Rundfunk berichtet habe. Wir befanden uns mitten in der großen Bankenkrise. Kurz danach forderten wir, mit der Autorität des Kongresses, die Nation auf, der Regierung der Vereinigten Staaten sämtliches im Privatbesitz befindliche Gold, Dollar für Dollar, zu übergeben. Die heutige Erholung beweist, wie richtig jene Maßnahme war. Aber als der Oberste Gerichtshof fast zwei Jahre später darüber verhandelte, wurde ihre Verfassungsmäßigkeit mit nur fünf zu vier Stimmen bestätigt. Durch die Änderung einer einzigen Stimme wären alle Angelegenheiten dieser großen Nation wieder einem hoffnungslosen Chaos ausgeliefert worden. Im Grunde urteilten vier Richter, dass das Recht, sein Schäfchen auf der Basis eines Privatvertrags ins Trockene zu bringen, heiliger sei als das Hauptziel der Verfassung, eine dauerhafte Nation zu schaffen.

Ein solches Risiko dürfe nicht wieder eingegangen werden, betonte Roosevelt:

Am letzten Donnerstag beschrieb ich die amerikanische Regierungsform als Dreispänner, den die Verfassung dem amerikanischen Volk zur Verfügung stellt, damit es seinen Acker pflügen kann. Die drei Pferde sind natürlich die drei Regierungszweige: der Kongress, die Exekutive und die Gerichte. Zwei der Pferde, der Kongress und die Exekutive, ziehen heute in eine Richtung, das dritte jedoch nicht.

Dann wies der Präsident darauf hin, dass der Oberste Gerichtshof ursprünglich nicht mit der Befugnis ausgestattet worden sei, die Verfassungsmäßigkeit von Gesetzen anzufechten, sondern dass er diese Rolle erst 1803 übernommen habe. Damals habe Richter Bushrod Washington festgelegt, dass der Supreme Court »zugunsten der Gültigkeit eines Gesetzes befinden [solle], bis ein Verstoß gegen die Verfassung zweifelsfrei nachgewiesen ist«. Roosevelt ging zum Angriff über:

In den letzten vier Jahren hat man die vernünftige Richtlinie, das Gültigkeitsprinzip anzuwenden, verworfen. Der Gerichtshof hat nicht als Justizorgan, sondern als politisches Gremium agiert.

Der Präsident erklärte, er sei von den Wählern beauftragt worden, diese Situation zu ändern, und er habe nach eingehenden Überlegungen, welche Reformen verfassungsmäßig seien, beschlossen, »all unsere Gerichte aufzufrischen«. Zudem seien die Mitglieder des Supreme Court überlastet, was besonders auf die älteren Richter zutreffe – also, wie es der Zufall wollte, auf diejenigen, die seine Gesetzgebung ablehnten. Dann schlug er vor, sämtliche Richter ab siebzig Jahren in den Zwangsruhestand zu versetzen, wonach er bevollmächtigt werden solle, bis zu sechs neue Richter zu ernennen. Durch diesen als Judiciary Reorganization Bill präsentierten Plan wäre es Roosevelt gelungen, die von konservativeren Regierungen ernannten und sich dem New Deal am energischsten widersetzenden Richter zu entfernen.

Obwohl sich Roosevelt geschickt um die Unterstützung der Öffentlichkeit bemühte, ging aus Meinungsumfragen hervor, dass nur ungefähr 40 Prozent der Bevölkerung den Plan guthießen. Louis Brandeis, inzwischen Mitglied des Obersten Gerichtshofs, befürwortete Roosevelts Gesetzgebung überwiegend, bezog jedoch Stellung gegen die Versuche des Präsidenten, die Macht des Supreme Court zu untergraben, und widersprach seiner Behauptung, dass die Richter überlastet seien. Roosevelts Demokratische Partei verfügte zwar in beiden Kammern des Kongresses über eine hohe Mehrheit, aber das Repräsentantenhaus sträubte sich gegen Roosevelts Vorlage. Daraufhin wandte sich Roosevelt an den Senat, und sein Vorschlag wurde an das Senate Traditional Committee weitergereicht, das mehrere Sitzungen abhielt, in denen kontroverse Positionen vertreten wurden, und verschiedene Meinungen über den Antrag einholte. Schließlich schickte es das Dokument mit dem negativen Bescheid an die Plenarversammlung des Senats zurück, der Entwurf sei eine »unnötige, nutzlose und äußerst gefährliche Aufgabe des Verfassungsprinzips … ohne Präzedenzfall oder Rechtfertigung«. Der Senat beschloss mit 70 zu 20 Stimmen, die Vorlage vom Komitee umschreiben zu lassen. Alle Anmerkungen zu den Richterernennungen wurden gestrichen, so dass Roosevelt die Kontrolle seiner Macht durch den Supreme Court nicht beseitigen konnte. Immerhin kam es zu Kompromissen, denn das Gericht erklärte sowohl den Social Security Act als auch den National Labor Relations Act für verfassungsmäßig.

Wichtiger als das Schicksal dieser beiden Gesetze war die Lektion, die man aus der Episode ziehen konnte. Inklusive politische Institutionen bremsen nicht nur größere Abweichungen vom Kurs inklusiver Wirtschaftsinstitutionen, sondern sie widersetzen sich auch Versuchen, ihre eigene Fortdauer zu beeinträchtigen. Es wäre ein unmittelbarer Vorteil für den von den Demokraten beherrschten Kongress gewesen, neue Mitglieder in den Gerichtshof einzubringen und allen New-Deal-Gesetzen Geltung zu verschaffen. Aber ähnlich wie die politische Elite Britanniens im frühen 18. Jahrhundert begriff, dass eine Aufhebung der Rechtsstaatlichkeit die Zugeständnisse gefährdete, die sie der Monarchie abgerungen hatte, erkannten die Kongressabgeordneten und Senatoren, dass eine Schwächung der Unabhängigkeit der Richter durch Roosevelt auch das Gleichgewicht der Kräfte verschieben würde, das sie vor dem Präsidenten schützte und das Fortbestehen der pluralistischen politischen Institutionen gewährleistete.

Vielleicht wäre Roosevelt als Nächstes zu der Ansicht gelangt, dass er zu viel Kompromissbereitschaft und Zeit benötigte, um die für die Gesetzgebung erforderlichen Mehrheiten zu erhalten, und hätte beschlossen, per Dekret zu regieren, wodurch der Pluralismus und das politische System der USA untergraben worden wären. Der Kongress hätte ein solches Vorgehen nicht gebilligt, aber Roosevelt hätte sich an die Nation wenden und behaupten können, der Kongress behindere die zur Bekämpfung der Weltwirtschaftskrise notwendigen Maßnahmen. Er hätte den Kongress sogar durch die Polizei schließen lassen können. Das klingt weit hergeholt? Genau das geschah in den 1990er Jahren in Peru und Venezuela. Die Präsidenten Fujimori und Chávez beriefen sich auf ihren Volksauftrag, um ihre unkooperativen Parlamente zu schließen und ihre Verfassungen umzuformulieren, wodurch ihre eigene Macht enorm gestärkt wurde. Die Befürchtung der Machtteilhaber unter pluralistischen politischen Institutionen, sie könnten eine ähnliche Entwicklung auslösen, hinderte Walpole in den 1720er Jahren daran, britische Gerichte zu manipulieren, und sie hielt den amerikanischen Kongress davon ab, Roosevelts Plan zur

Ernennung von Richtern zu unterstützen. Der Präsident war auf die Wirkung von Tugendkreisen gestoßen.

Diese Logik gilt jedoch nicht immer, schon gar nicht in Gesellschaften, die lediglich einige inklusive Züge haben, während sie im Großen und Ganzen extraktiv sind. Solche Verhältnisse haben wir bereits in Rom und Venedig beobachten können. Ein weiterer Beleg lässt sich finden, wenn man Roosevelts gescheiterten Versuch, den Supreme Court mit seinen Anhängern zu besetzen, mit ähnlichen Bemühungen in Argentinien vergleicht, wo die gleichen Kämpfe im Kontext vorwiegend extraktiver wirtschaftlicher und politischer Institutionen stattfanden.

Die Verfassung Argentiniens von 1853 sah einen Obersten Gerichtshof vor, der ähnliche Pflichten wie sein amerikanisches Gegenstück hatte. Im Jahr 1887 erhielt das argentinische Gericht die Erlaubnis, die gleiche Rolle wie der U.S. Supreme Court zu spielen und zu entscheiden, ob spezifische Gesetze verfassungsmäßig seien. Und wie in den Vereinigten Staaten wurden die verfassungsmäßigen Befugnisse des Obersten Gerichts auch in Argentinien angefochten. Theoretisch hätte sich das Gericht zu einem bedeutenden Element der inklusiven politischen Institutionen Argentiniens entwickeln können, doch die übrigen Teile des politischen und wirtschaftlichen Systems blieben höchst extraktiv. Daher kam es in Argentinien weder zur Stärkung breiter Gesellschaftsschichten noch zum Pluralismus. 1946 wurde dann Juan Domingo Perón auf demokratischem Weg zum Präsidenten Argentiniens gewählt. Perón war ein ehemaliger Oberst und hatte sich zum ersten Mal 1943 durch einen Militärputsch hervorgetan, der ihm den Posten des Arbeitsministers eingebracht hatte. In diesem Amt baute er eine politische Koalition mit den Gewerkschaften und der Arbeiterbewegung auf, die entscheidend für seine Präsidentschaftskandidatur sein sollte.

Kurz nach Peróns Sieg schlugen seine Anhänger in der Abgeordnetenkammer vor, vier der fünf Gerichtsmitglieder wegen Amtsvergehen anzuklagen. Man warf ihnen zum einen vor, die Rechtmäßigkeit von zwei Militärregimen in den Jahren 1930 und 1943 verfassungswidrig anerkannt zu haben (ironischerweise war Perón an dem letzteren Putsch maßgeblich beteiligt gewesen). Zum anderen betrafen die Vorwürfe Gesetze, die das Gericht – wie sein Pendant in den USA – abgelehnt hatte. Insbesondere hatte es kurz vor Peróns Wahl entschieden, dass seine neue Nationale Arbeitsbehörde nicht mit der Verfassung im Einklang stehe.

Nachdem Roosevelt den Gerichtshof während seiner Wiederwahlkampagne von 1936 heftig kritisiert hatte, tat Perón das Gleiche während seines Wahlkampfes im Jahr 1946. Neun Monate nach dem Beginn des Verfahrens stellte die Abgeordnetenkammer gegen drei der Richter (der vierte war bereits zurückgetreten) einen Misstrauensantrag. Der Senat stimmte dem Antrag zu, wonach Perón vier neue Richter ernannte. Die Schwächung des Gerichts bewirkte, dass Perón keinen politischen Kontrollen mehr unterlag. Nun konnte er uneingeschränkte Macht ausüben, ähnlich wie die Militärregime Argentiniens vor und nach seiner Präsidentschaft. Beispielsweise befanden seine neu berufenen Richter, dass die Verurteilung von Ricardo Balbín, dem Chef der Radikalen Partei und dem Hauptvertreter der Opposition, wegen Missachtung Peróns rechtmäßig gewesen sei. Dadurch herrschte Perón nun im Grunde als Diktator.

Nachdem Perón den Obersten Gerichtshof mit ihm willfährigen Kandidaten besetzt hatte, machte es sich jeder neue Präsident in Argentinien zur Regel, handverlesene Richter zu ernennen. Damit war eine politische Institution verschwunden, die eine gewisse Kontrolle über die Regierung hätte ausüben können. Peróns Regime wurde 1955 durch einen weiteren Putsch gestürzt, und danach kam es zu einer langen Reihe einander abwechselnder Militär- und Zivilregierungen. Alle wählten sich ihre eigenen Richter aus, und die ab 1989 folgenden demokratischen Regierungen taten es ihnen nach.

1989 trat Carlos Saúl Menem von der Perónistischen Partei sein Amt als Präsident an. Das damals bestehende Gericht war 1983 nach dem Übergang zur Demokratie durch Präsident Raúl Alfonsín von der Radikalen Partei ernannt worden. Da eine demokratische Partei die andere ablöste, hätte Menem keinen Grund gehabt, seine eigenen Richter zu berufen. Doch bereits im Wahlkampf waren seine Absichten deutlich geworden, denn er versuchte immer wieder, amtierende

Richter zum Rücktritt zu bewegen (oder sie sogar einzuschüchtern), wenn auch ohne Erfolg. Bekanntermaßen bot er Richter Carlos Fayt einen Botschafterposten an, doch dieser ließ ihm ein Exemplar seines Buches *Gesetz und Ethik* mit der Inschrift zukommen: »Vorsicht, das ist von mir.« Unbeeindruckt schickte Menem der Abgeordnetenkammer innerhalb von drei Monaten nach seinem Amtsantritt eine Gesetzesvorlage, in der er empfahl, die Zahl der Gerichtsmitglieder von fünf auf neun zu erhöhen. Eines seiner Argumente war das gleiche wie das Roosevelts im Jahr 1937: Die Richter seien überlastet. Das Gesetz wurde rasch vom Senat und der Kammer verabschiedet, wonach Menem vier neue Richter ernennen konnte. Nun hatte er seine Mehrheit.

Menems Sieg über das Oberste Gericht stieß die oben beschriebene gefährliche Dynamik an. Sein nächster Schritt bestand darin, die Begrenzung seiner Amtszeit aus der Verfassung zu streichen, damit er wieder für die Präsidentschaft kandidieren konnte. Nach seiner Wiederwahl wollte er die Verfassung erneut ändern, doch daran wurde er nicht von den argentinischen politischen Institutionen, sondern von Fraktionen innerhalb der Perónistischen Partei gehindert, die sich gegen seine persönliche Vormachtstellung wandten.

Seit seiner Unabhängigkeit leidet Argentinien unter den meisten der institutionellen Probleme, die ganz Lateinamerika heimsuchen. Es ist in einem Teufelskreis gefangen. Dadurch konnten positive Entwicklungen, etwa die Versuche zur Schaffung eines unabhängigen Obersten Gerichtshofs, nie Fuß fassen. Unter dem Pluralismus wagt keine Gruppe, eine andere zu stürzen, weil sie fürchtet, dadurch ihre eigene Macht zu gefährden. Außerdem lässt die breite Machtverteilung einen solchen Sturz schwierig werden.

Ein Oberstes Gericht kann großen Einfluss ausüben, wenn es von breiten Gesellschaftsschichten unterstützt wird, die nicht zögern, Versuche zur Beeinträchtigung der gerichtlichen Unabhängigkeit zu durchkreuzen. Das war in den Vereinigten Staaten der Fall, nicht jedoch in Argentinien. Die dortigen Gesetzgeber waren bereit, das Gericht zu schwächen, selbst wenn sie vorausgeahnt haben dürften, dass sie damit ihre eigene Position gefährdeten. Einer der Gründe ist

der, dass unter extraktiven Institutionen durch die Ausschaltung des
Obersten Gerichts viel zu gewinnen ist. Und die potentiellen Vorzüge
rechtfertigen das Risiko.

Positives Feedback und Tugendkreise

Inklusive wirtschaftliche und politische Institutionen bilden sich nicht
von selbst heraus. Häufig sind sie das Ergebnis eines heftigen Konflikts
zwischen den Eliten, die sich Wirtschaftswachstum und politischem
Wandel widersetzen, und denjenigen, welche die wirtschaftliche und
politische Macht dieser Eliten einschränken wollen. Inklusive Institutionen entstehen im Lauf kritischer Phasen, etwa während der
Glorreichen Revolution in England oder der Gründung der Kolonie
Jamestown in Nordamerika, als die machthabenden Eliten durch eine
Reihe von Faktoren geschwächt und ihre Gegner gestärkt wurden, was
den Ansporn zur Gründung einer pluralistischen Gesellschaft schuf.

Das Ergebnis politischer Konflikte steht nie von vornherein fest,
und selbst wenn wir viele geschichtliche Ereignisse im Rückblick für
unvermeidlich halten, bleibt die historische Entwicklung von Unwägbarkeiten und Zufällen abhängig. Gleichwohl bringen inklusive wirtschaftliche und politische Institutionen, wenn sie erst einmal existieren, in der Regel einen Tugendkreis, einen positiven Feedbackprozess,
hervor, der es wahrscheinlicher werden lässt, dass die Institutionen
weiterbestehen und sich sogar ausweiten.

Der Tugendkreis gehorcht mehreren Mechanismen. Erstens bewirkt die Logik pluralistischer politischer Institutionen, dass die
Machtergreifung durch einen Diktator, eine Regierungsfraktion oder
auch durch einen wohlmeinenden Präsidenten stark erschwert wird,
wie Franklin Roosevelt entdeckte, als er die Kontrolle seiner Macht
durch den Supreme Court beseitigen wollte, und wie Sir Robert Walpole feststellte, als er versuchte, den Black Act umzusetzen. In beiden
Fällen hätte eine weitere Machtkonzentration in den Händen eines
Einzelnen oder einer kleinen Gruppe dazu geführt, dass die Grund-

lagen der pluralistischen politischen Institutionen untergraben worden wären, und der wahre Gradmesser des Pluralismus ist eben die Fähigkeit, solchen Versuchen zu widerstehen.

Im Pluralismus ist auch die Vorstellung von der Rechtsstaatlichkeit verankert, des Prinzips, dass Gesetze im gleichen Maße für alle gelten – was in einer absolutistischen Monarchie ihrem Wesen nach unmöglich ist. Und es widerspricht der Rechtsstaatlichkeit, wenn Gesetze von einer Gruppe benutzt werden, um die Rechte einer anderen zu verletzen. Mehr noch, das Prinzip der Rechtsstaatlichkeit bereitet den Weg zu einer erhöhten Mitwirkung am politischen Prozess und zu größerer Inklusivität, denn es lässt die wirkungsvolle Vorstellung aufkommen, dass Menschen nicht nur vor dem Gesetz, sondern auch innerhalb des politischen Systems gleichberechtigt sein sollten. Dies war einer der Gründe, warum sich das politische System in Großbritannien im 19. Jahrhundert den lauten Rufen nach mehr Demokratie nicht verschließen konnte, was zur allmählichen Ausweitung des Wahlrechts auf sämtliche Erwachsenen führte.

Zweitens stärken sich inklusive politische und inklusive wirtschaftliche Institutionen gegenseitig, wie mehrfach beschrieben. So entsteht ein weiterer Mechanismus des Tugendkreises. Inklusive Wirtschaftsinstitutionen beseitigen die abscheulichsten extraktiven Wirtschaftsbeziehungen – wie die Sklaverei und die Leibeigenschaft –, brechen die Macht von Monopolen und schaffen eine dynamische Wirtschaft. All das reduziert, jedenfalls kurzfristig, die ökonomischen Vorteile, die man sich durch Ergreifung der politischen Macht sichern kann. Da die Wirtschaftsinstitutionen im Großbritannien des 18. Jahrhunderts bereits hinreichend inklusiv waren, hatte die Elite durch das Festhalten an der Macht weniger zu gewinnen, aber viel zu verlieren, wenn sie diejenigen, die mehr Demokratie forderten, zu unterdrücken versuchte. Jener Aspekt des Tugendkreises ließ den allmählichen Vormarsch der Demokratie im Großbritannien des 19. Jahrhunderts einerseits weniger bedrohlich für die Elite und andererseits erfolgversprechender werden. Dies stand im Gegensatz zu der Situation unter absolutistischen Regimen wie dem im Österreichisch-Ungarischen oder im Russischen Reich, wo die Wirtschaftsinstitutionen noch immer höchst extraktiv waren und die Elite den Rufen nach einer größeren politischen Inklusivität im späteren 19. Jahrhundert mit Repressionen begegnete, weil sie durch eine Machtteilung zu viel zu verlieren hatte.

Zudem ermöglichen inklusive politische Institutionen die Entfaltung freier Medien, die Nachrichten über die Bedrohung solcher Institutionen verbreiten und den Widerstand mobilisieren können, was im letzten Viertel des 19. und im ersten Viertel des 20. Jahrhunderts der Fall war, als die wachsende ökonomische Vorherrschaft der Robber Barons zur Gefahr für die inklusiven Wirtschaftsinstitutionen in den Vereinigten Staaten wurde.

Obwohl der Ausgang der stets gegenwärtigen Konflikte unberechenbar bleibt, erzeugen die Mechanismen des Tugendkreises eine starke Tendenz dahin, dass inklusive Institutionen weiterbestehen, Herausforderungen standhalten und sich wie in Großbritannien und den Vereinigten Staaten ausweiten. Unglücklicherweise erzeugen extraktive Institutionen, wie wir im folgenden Kapitel darlegen werden, ebenfalls starke Kräfte zur Sicherung ihres Fortbestehens, nämlich durch den Prozess des Teufelskreises.

12.
DER TEUFELSKREIS

Es fahren keine Züge mehr nach Bo

1896 wurde die gesamte westafrikanische Nation Sierra Leone zu einer britischen Kolonie. Die Hauptstadt Freetown war im späten 18. Jahrhundert als Heimstätte für befreite und repatriierte Sklaven gegründet worden. Aber als Freetown von den Briten übernommen wurde, bestand das Innere von Sierra Leone noch aus vielen kleinen afrikanischen Königreichen. In der zweiten Hälfte des 19. Jahrhunderts schoben sich die Briten durch eine lange Reihe von Verträgen mit afrikanischen Herrschern allmählich ins Landesinnere vor. Am 31. August 1896 erklärte die britische Regierung die Kolonie auf der Grundlage dieser Verträge zu einem Protektorat. Die Briten verliehen wichtigen Herrschern den Titel Paramount Chief, etwa dem mächtigen Kriegerkönig Suluku im östlichen Sierra Leone, dem heutigen Diamantenbergbau-Distrikt Kono. Gleichzeitig wurde die Chieftaincy oder Häuptlingsschaft Sandor als Verwaltungseinheit innerhalb des Protektorats eingerichtet.

Während Könige wie Suluku die Verträge mit den Briten unterzeichneten, war ihnen nicht klar, dass diese Dokumente als Vollmacht zur Gründung einer Kolonie dienten, und als die Briten im Januar 1898 versuchten, eine Hüttensteuer von fünf Shilling für jedes Haus einzutreiben, kam es zu einem als Hüttensteuer-Rebellion bekannten Bürgerkrieg. Er begann im Norden, dauerte jedoch länger im Süden, besonders in Mendeland, das von der Volksgruppe der Mende dominiert wurde. Die Hüttensteuer-Rebellion wurde bald niedergeschlagen, doch sie veranschaulichte den Briten die Schwierigkeiten bei der Kontrolle des Hinterlands von Sierra Leone. Sie hatten bereits begonnen, eine Eisenbahnstrecke von Freetown ins Landesinnere zu bauen. Die Arbeit wurde im März 1896 aufgenommen, und die Linie erreichte Songo Town im Dezember 1898, mitten in der Hüttensteuer-Rebellion. In den Parlamentsunterlagen von 1904 ist verzeichnet:

> Im Fall der Eisenbahn von Sierra Leone hatte der Eingeborenen-Aufstand, der im Februar 1898 ausbrach, zur Folge, dass die Arbeit völlig eingestellt werden musste und dass das Personal eine Zeitlang desorganisiert war. Die Rebellen fielen über die Eisenbahn her, weshalb sämtliche Arbeiter nach Freetown verlegt werden mussten ... Rotifunk, an der Bahnstrecke 55 Meilen von Freetown gelegen, war damals in den Händen der Rebellen.

Ursprünglich befand sich Rotifunk nicht an der 1894 geplanten Eisenbahnstrecke. Die Route wurde jedoch nach dem Beginn der Rebellion geändert, so dass sie nicht mehr nach Nordosten, sondern – über Rotifunk und Bo – nach Mendeland im Süden führte. Die Briten wollten Mendeland, das Zentrum der Rebellion, und andere Gegenden mit potentiellen Aufständischen im Notfall rasch erreichen können.

1961, als Sierra Leone unabhängig wurde, übergaben die Briten die Macht an Sir Milton Margai und seine Sierra Leone People's Party (SLPP), die hauptsächlich im Süden, besonders in Mendeland, und im Osten Anhänger hatte. Nachdem Sir Milton Margai im Jahr 1964 gestorben war, folgte ihm sein Bruder Sir Albert Margai als Premierminister. 1967 verlor die SLPP in einem leidenschaftlichen Wahlkampf die Mehrheit an die oppositionelle All People's Congress Party (APC) unter Siaka Stevens, einem Angehörigen der Limba. Die APC erhielten den Großteil ihrer Stimmen von nördlichen Volksgruppen wie den Limba, den Temne und den Loko.

Die Eisenbahnlinie in den Süden hatte den Briten ursprünglich helfen sollen, Sierra Leone zu regieren, doch mittlerweile erfüllte sie eine wirtschaftliche Aufgabe, denn um 1967 diente sie dem Transport der meisten Exportgüter des Landes. Dazu gehörten Kaffee,

Kakao und Diamanten. Die Farmer, die Kaffee- und Kakaobohnen anbauten, waren Stammesmitglieder der Mende, und die Eisenbahn eröffnete Mendeland ein Fenster zur Welt. Es hatte sich in der Wahl von 1967 überwiegend für Albert Margai entschieden, und Stevens, dessen Hauptziel darin bestand, sich an der Macht zu behaupten, hatte wenig Interesse daran, die Exporte aus Mendeland zu fördern. Seine Argumentation war schlicht genug: Was immer den Mende nutzte, kam der SLPP und nicht ihm selbst zugute. Also ließ er die Linie nach Mendeland stilllegen sowie die Schienen und die Bahnen verkaufen, um die Änderung möglichst unumkehrbar zu machen. Wenn man heutzutage von Freetown nach Osten fährt, kommt man an den baufälligen Bahnstationen Hastings und Waterloo vorbei. Es fahren keine Züge mehr nach Bo.

Stevens' drastische Aktion fügte einigen der dynamischsten Wirtschaftssektoren von Sierra Leone dauerhaften Schaden zu. Aber wie viele afrikanische Regierungschefs nach der Unabhängigkeit entschied er sich für die Sicherung und den Ausbau seiner Macht und gegen die Förderung des Wirtschaftswachstums. Heute fährt der Zug nach Bo nicht mehr, weil Stevens ähnlich wie Zar Nikolaus I. fürchtete, die Bahn werde seine Gegner stärken. Wie so viele andere Herrscher, die extraktive Institutionen kontrollieren, war er bereit, das Wirtschaftswachstum zu opfern, um Bedrohungen seiner politischen Macht zu verhindern.

Stevens' Strategie unterscheidet sich auf den ersten Blick von jener der Briten. Aber in Wahrheit bestand eine deutliche Kontinuität zwischen der britischen Herrschaft und Stevens' Regime, das der Logik des Teufelskreises folgte. Er regierte Sierra Leone, indem er das Volk auf ähnliche Art wie die Briten um seine Rohstoffe brachte. 1985 war er noch immer an der Macht, und zwar nicht, weil man ihn wiedergewählt, sondern weil er 1967 eine brutale Diktatur errichtet hatte. Er schikanierte oder ermordete seine politischen Gegner, vor allem die Mitglieder der SLPP. 1971 ernannte er sich zum Präsidenten, und nach 1978 verfügte Sierra Leone nur noch über eine einzige politische Partei, die APC. Dadurch festigte Stevens seine Macht, obwohl er den größten Teil des Landes in die Verarmung trieb.

In der Kolonialzeit bedienten sich die Briten in Sierra Leone, wie in den meisten ihrer afrikanischen Kolonien, eines indirekten Regierungssystems. Es beruhte auf den Paramount Chiefs, die Steuern eintrieben, Recht sprachen und für Ordnung sorgten. Außerdem zwangen die Briten die Kakao- und Kaffeebauern ab 1949, all ihre Produkte an einen Wirtschaftsverband zu verkaufen, den das Kolonialamt vorgeblich zur Unterstützung der Farmer gegründet hatte. Die Preise für landwirtschaftliche Produkte schwankten heftig, und mit ihnen die Einkommen der Bauern. Den Wirtschaftsverband rechtfertigte man damit, dass er, nicht die Erzeuger, die Preisschwankungen auffangen würde. Waren die Weltmarktpreise hoch, würde er den Farmern in Sierra Leone etwas weniger zahlen; waren die Preise jedoch niedrig, würde er die Differenz ausgleichen.

Grundsätzlich schien das eine gute Idee zu sein, doch die Realität sah ganz anders aus. Der Wirtschaftsverband benötigte zur Abdeckung seiner Betriebs- und Verwaltungskosten eine Einnahmequelle. Es bot sich an, diese Einnahmen zu erzielen, indem man den Bauern ein bisschen weniger zahlte, als sie in guten oder schlechten Jahren hätten erhalten sollen. Bald nutzte der Kolonialstaat den Wirtschaftsverband, um die Bauern massiv zu besteuern.

Viele erwarteten, dass die schlimmsten Praktiken der Kolonialherrschaft im subsaharischen Afrika und die übermäßige Besteuerung der Bauern durch die Wirtschaftsverbände nach der Unabhängigkeit enden würden. Aber keines von beiden war der Fall. Im Gegenteil, die Ausbeutung der Bauern durch die Wirtschaftsverbände verschlimmerte sich noch. Mitte der 1960er Jahre erhielten die Erzeuger von Palmkernen 56 Prozent der Weltmarktpreise vom Wirtschaftsverband, die Kakaobauern 48 und die Kaffeebauern 49 Prozent. Als Stevens 1985 zugunsten seines von ihm ausgewählten Nachfolgers Joseph Momoh aus dem Präsidentenamt schied, lagen diese Zahlen sogar bei lediglich 37, 19 und 27 Prozent, und in der Zeit von Stevens' Regierung hatten sie häufig bei nur 10 Prozent gelegen. Kurz, Stevens' Regierung zweigte 90 Prozent der bäuerlichen Einnahmen ab. Die Gelder wurden aber nicht etwa für öffentliche Dienstleistungen wie Straßenbau oder Erziehung, sondern nur zu dem Zweck verwendet, ihn selbst und seine Kumpane zu bereichern und politische Unterstützung für sie zu erkaufen.

Außerdem hatten die Briten das Amt des Paramount Chief auf Lebenszeit konzipiert. Um Chief werden zu können, musste der Kandidat einem mächtigen Herrscherclan angehören, also im Wesentlichen einem Königsgeschlecht oder einer der Elitefamilien, die im späten 19. Jahrhundert Verträge mit den Briten unterzeichnet hatten. Chiefs wurden gewählt, allerdings nicht demokratisch. Die Stammesbehörden, die sich aus untergeordneten Village Chiefs zusammensetzten und deren Mitglieder von den Paramount Chiefs oder britischen Verwaltungsbeamten ernannt worden waren, entschieden, wer das Amt eines Paramount Chief erhalten solle.

Man hätte erwarten dürfen, dass diese Kolonialinstitution nach der Unabhängigkeit entweder abgeschafft oder zumindest reformiert worden wäre, doch sie blieb, genau wie der Wirtschaftsverband, unverändert bestehen. Noch heute sind Paramount Chiefs für den Steuereinzug zuständig. Zwar bezahlt man keine Hüttensteuer mehr, sondern eine damit eng verwandte Kopfsteuer. Im Jahr 2005 wählte die Stammesbehörde in Sandor einen neuen Paramount Chief. Nur Angehörige des (einzigen) Herrscherhauses der Fasaluku durften kandidieren. Der Gewinner war Sheku Fasaluku, der Ururenkel von König Suluku.

Die Eigenschaften der Wirtschaftsverbände und der traditionellen Systeme des Grundeigentums erklären weitgehend, warum die landwirtschaftliche Produktivität in Sierra Leone und in vielen anderen Staaten des subsaharischen Afrika so niedrig ist. Der Politologe Robert Bates untersuchte in den 1980er Jahren, weshalb die afrikanische Landwirtschaft so unproduktiv war, obwohl sie nach den Lehrbüchern der dynamischste ökonomische Sektor hätte sein müssen. Er sah ein, dass dies nichts mit der geographischen Lage oder den anderen im zweiten Kapitel erörterten Faktoren zu tun hatte, sondern die Ursache vielmehr darin bestand, dass die Preispolitik der Wirtschaftsverbände den Bauern jegliche Motivation raubte, in ihr Land zu investieren, Düngemittel zu verwenden und den Boden zu schonen.

Die Aktionen der Wirtschaftsverbände waren deshalb so ungünstig für die ländliche Bevölkerung, weil diese keine politische Macht besaßen. Zudem wurden die Grundbesitzverhältnisse noch unsicherer, was die Investitionsanreize weiter schwächte. In Sierra Leone herrschen die Paramount Chiefs fast uneingeschränkt. Obwohl Familien, Clans und Dynastien Nutzungsrechte an Grund und Boden haben, entscheiden letztlich die Chiefs darüber, wer wo landwirtschaftlich arbeiten darf. Nur die Grundstücksrechte der Bauern, die mit dem Chief etwa durch Familienbeziehungen verbunden sind, gelten als sicher. Land darf nicht gekauft oder verkauft oder als Sicherheit für einen Kredit beliehen werden. Und wenn man außerhalb einer Chieftaincy geboren wurde, darf man keine Dauerkulturen wie Kaffee, Kakao oder Palmen anpflanzen, damit keine »faktischen« Eigentumsrechte entstehen.

Der Kontrast zwischen den extraktiven Institutionen, welche die Briten in Sierra Leone entwickelten, und den inklusiven Systemen, die sich in anderen Kolonien, etwa Australien, herausbildeten, ist am Umgang mit den Bodenschätzen zu erkennen. Im Januar 1930 entdeckte man in Kono im Osten von Sierra Leone alluviale Diamanten. Sie befanden sich also nicht in tiefen Bergwerken, sondern in angeschwemmten Erdschichten, und die Hauptmethode des Abbaus bestand darin, sie in Flüssen zu schürfen. Manche Sozialwissenschaftler sprechen in solchen Fällen von »demokratischen Diamanten«, weil sie vielen Menschen den Abbau ermöglichen und damit potentiell inklusive Gelegenheiten schaffen. Nicht jedoch in Sierra Leone.

Die britische Regierung ignorierte den demokratischen Charakter des Diamantenschürfens, richtete ein Monopol für das gesamte Protektorat ein, nannte es Sierra Leone Selection Trust und übergab es dem gigantischen südafrikanischen Diamantminenbetreiber De Beers. 1936 erhielt De Beers zudem das Recht, die Diamond Protection Force zu gründen, eine Privatarmee, die größer werden sollte als jene der Kolonialregierung in Sierra Leone. Trotzdem entstand durch die allgemeine Zugänglichkeit der alluvialen Diamanten eine schwierige Situation für die Polizei. In den 1950er Jahren wurde die Diamond Protection Force von Tausenden illegaler Diamantensucher überwältigt, wodurch massive Konflikte und Chaos entstanden. 1955 gewährte die britische Regierung lizenzierten Gräbern außerhalb des Sierra Leone Selection Trust Zutritt zu einigen der Diamantenfelder, wobei De Beers die üppigsten Vorkommen in Yengema, Koidu und Tongo Field weiterhin für sich behielt.

Nach der Unabhängigkeit verschlechterten sich die Dinge. 1970 verstaatlichte Siaka Stevens den Sierra Leone Selection Trust und überführte ihn in die National Diamond Mining Company (Sierra Leone) Limited, an der die Regierung, also Stevens, einen Anteil von 51 Prozent besaß. Dies war der erste Schritt seines Planes, die gesamte Diamantenförderung im Land an sich zu bringen.

Im Australien des 19. Jahrhunderts ging es nicht um Diamanten, sondern um Goldvorkommen, die 1851 in New South Wales und dem neu geschaffenen Staat Victoria entdeckt wurden. Wie die Diamanten in Sierra Leone war das Gold in Australien alluvial, und man musste eine Entscheidung darüber treffen, wie dieses Schwemmgold am besten zu fördern sei. Manche, etwa James Macarthur, der Sohn von John Macarthur, dem prominenten Anführer der Squatter, schlugen vor, die Bergbaugebiete zu umzäunen und die Monopolrechte zu versteigern. Sie strebten nach einer australischen Version des Sierra Leone Selection Trust. Viele Australier wünschten sich jedoch freien Zugang zu den Goldrevieren. Das inklusive Modell setzte sich durch, und statt ein Monopol einzurichten, gestatteten die australischen Behörden allen gegen eine jährliche Gebühr, nach Gold zu suchen. Bald wurden die Digger, wie man diese Abenteurer nannte, zu einflussreichen Kräften in der australischen Politik, besonders in Victoria. Sie spielten eine wichtige Rolle bei der Kampagne für das allgemeine und geheime Wahlrecht.

Wir haben bereits zwei schädliche Faktoren der europäischen Expansion und Kolonialherrschaft in Afrika beschrieben: die Einführung des transatlantischen Sklavenhandels, der die Entwicklung verschärfter extraktiver politischer und wirtschaftlicher Institutionen in Afrika förderte, sowie die Anwendung der kolonialen Gesetzgebung und kolonialer Institutionen, um die afrikanische Landwirtschaft als Konkurrenz zur europäischen auszuschalten.

Die Sklaverei war unzweifelhaft auch in Sierra Leone ein bedeutender Faktor. Zur Zeit der Kolonisierung gab es, wie gesagt, im Innern keinen starken zentralisierten Staat, sondern nur viele kleine Königreiche, die einander unablässig überfielen und gegenseitig ihre Männer und Frauen entführten. Schätzungsweise 50 Prozent der Bevölkerung arbeiteten als Sklaven. Wegen der dort grassierenden Krankheiten waren größere weiße Siedlungen in Sierra Leone, anders als in Südafrika, unmöglich. Infolgedessen gab es keine Weißen, die mit den Afrikanern konkurrierten. Das Fehlen einer Bergbauwirtschaft nach den Maßstäben von Johannesburg sowie die fehlende Nachfrage nach afrikanischen Arbeitskräften durch weiße Farmen bedeuteten zudem, dass kein Anreiz existierte, die für das Südafrika der Apartheid so kennzeichnenden extraktiven Arbeitsmarktinstitutionen zu schaffen.

Doch gleichzeitig waren andere Mechanismen wirksam. Die Kakao- und Kaffeefarmer von Sierra Leone hatten zwar keine weiße Konkurrenz, doch die Höhe ihrer Einnahmen wurde weiterhin durch ein Regierungsmonopol, den Wirtschaftsverband, bestimmt. Zudem litt das Land unter indirekter Herrschaft. In vielen Teilen Afrikas, wo die britischen Behörden auf eine indirekte Regierung zurückgreifen wollten, fanden sie Völker vor, die keine anpassungsfähige Zentralgewalt besaßen. Zum Beispiel hatten die Igbo-Völker im östlichen Nigeria keine Oberhäupter. Daraufhin ernannten die Briten sogenannte Warrant Chiefs. In Sierra Leone dagegen konnten sie ihre indirekte Herrschaft auf existierende einheimische Institutionen und Autoritätssysteme stützen.

Ungeachtet der historischen Grundlage für die Anerkennung der Paramount Chiefs im Jahr 1896 wurde die Politik von Sierra Leone durch die indirekte Herrschaft und die Bevollmächtigung dieser Amtsträger völlig umgestaltet. Zum einen bildete sich durch die Herrscherhäuser ein vorher unbekanntes soziales Schichtensystem heraus. Der neue Erbadel trat an die Stelle einer Struktur, die viel flexibler gewesen war und in der die Chiefs die Unterstützung durch die Allgemeinheit benötigt hatten. Stattdessen entstand nun ein starres System mit auf Lebenszeit amtierenden Chiefs, die allein ihren Gönnern in Freetown oder Großbritannien verpflichtet waren und dem von ihnen regierten

Volk kaum noch Rechenschaft abzulegen brauchten. Den Briten gefiel es, die Institutionen noch auf andere Art zu zerrütten, beispielsweise indem sie legitime Chiefs durch kooperativere Männer ersetzten. So gelangte die Familie Margai, welche die beiden ersten Premierminister des unabhängigen Sierra Leone stellte, in der Chieftaincy von Lower Banta an die Macht, indem sie in der Hüttensteuer-Rebellion für die Briten und gegen den herrschenden Chief Nyama Partei ergriff. Nyama wurde abgesetzt, und die Margais hielten die Position der Chiefs bis 2010.

Bemerkenswert ist die Kontinuität vom kolonialen zum unabhängigen Sierra Leone. Die Briten richteten Wirtschaftsverbände zur Besteuerung der Bauern ein, und die postkolonialen Regierungen taten das Gleiche unter noch ausbeuterischeren Bedingungen. Zudem bauten die Briten ein System der indirekten Herrschaft durch die Paramount Chiefs auf, und die neuen Regierungen schafften diese Kolonialinstitutionen nach der Unabhängigkeit nicht ab, sondern weiteten sie auf die ländlichen Gebiete aus. Die Briten errichteten ein Diamantenmonopol und versuchten, afrikanische Schürfer fernzuhalten. Nach der Unabhängigkeit wurde das Monopol sogar noch verstärkt. Lediglich in Bezug auf die Eisenbahn gibt es einen Unterschied. Während die Briten meinten, dass der Eisenbahnbau helfen könne, Mendeland zu regieren, war Siaka Stevens gegenteiliger Ansicht. Dies liegt daran, dass sich die Briten auf ihre Armee verlassen und sie im Fall einer Rebellion nach Mendeland schicken konnten, was für Stevens nicht in Frage kam. Wie in vielen anderen afrikanischen Staaten wäre eine starke Armee zu einer Bedrohung für ihn als Herrscher geworden. Deshalb verringerte Stevens die Streitkräfte, privatisierte die Gewaltanwendung durch spezielle, nur ihm gehorchende paramilitärische Einheiten und beschleunigte gleichzeitig den Verfall der ohnehin dürftigen Staatsautorität in Sierra Leone. Die Armee ersetzte er zunächst durch die Internal Security Unit oder ISU, die bei der langmütigen Bevölkerung als »I Shoot U« bekannt wurde. Dann folgte die Special Security Division oder SSD, die man als »Siaka Stevens's Dogs« bezeichnete. Letzten Endes sollte das Regime jedoch untergehen, weil es keine Armee hatte. Eine Gruppe von nur dreißig

Soldaten, angeführt von Hauptmann Valentine Strasser, genügte, um das APC-Regime am 29. April 1992 zu stürzen.

Die Entwicklung – oder Unterentwicklung – von Sierra Leone lässt sich am besten mit dem Teufelskreis erklären. Die britischen Kolonialbehörden hatten extraktive Institutionen aufgebaut, und nach der Unabhängigkeit waren die afrikanischen Politiker nur zu gern bereit, das Herrschaftssystem der Briten zu übernehmen. Das gleiche Muster wiederholte sich auf gespenstische Art im ganzen subsaharischen Afrika. Auch für Ghana, Kenia, Sambia und etliche andere afrikanische Staaten hegte man große Hoffnungen, doch in all diesen Fällen wurden extraktive Institutionen nach einem durch den Teufelskreis hervorgebrachten Vorbild neu geschaffen und erhielten im Lauf der Zeit noch brutalere Züge. So blieben die von den Briten gegründeten Wirtschaftsverbände und ihr Herrschaftssystem in sämtlichen genannten Ländern bestehen.

Es gibt einleuchtende Gründe für den Teufelskreis. Extraktive politische Institutionen erzeugen ein extraktives Wirtschaftssystem, in dem sich wenige auf Kosten der Mehrheit bereichern. Die Nutznießer der extraktiven Institutionen verfügen durch diese über die Mittel, Privatarmeen und Söldner zu bezahlen, Richter zu bestechen und Wahlen zu manipulieren. Außerdem liegt es in ihrem ureigenen Interesse, das bestehende System zu verteidigen. Mithin schaffen extraktive Wirtschaftsinstitutionen die Voraussetzungen für die Fortdauer extraktiver politischer Einrichtungen. Unter Regimen mit extraktiven politischen Institutionen ist es wertvoll, Macht zu haben, da sie von niemandem kontrolliert wird und sich ihre Inhaber auf Kosten der anderen bereichern können.

Extraktive politische Institutionen errichten zudem keine Hindernisse gegen den Machtmissbrauch. Ob Macht korrumpiert, ist strittig, aber Lord Acton hatte unzweifelhaft recht mit der Behauptung, dass absolute Macht absolut korrumpiere. Selbst Franklin Roosevelt wurde, wie im vorigen Kapitel geschildert, von den inklusiven politischen Institutionen der Vereinigten Staaten daran gehindert, die seiner Macht auferlegten Kontrollen durch den Supreme Court zu beseitigen. Unter extraktiven politischen Institutionen dagegen gibt es kaum Schranken für die Machtausübung, wie verzerrt und soziopathisch sie auch sein mag. 1980 kritisierte Sam Bangura, damals Gouverneur der Zentralbank von Sierra Leone, Siaka Stevens wegen dessen verschwenderischer Ausgabenpolitik. Danach wurde er ermordet, indem man ihn aus dem Dachgeschoss des Zentralbankgebäudes auf die Siaka Stevens Street (ein angemessener Name!) warf. Extraktive politische Institutionen bringen einen Teufelskreis hervor, weil sie keinen Schutz gegen diejenigen bieten, welche die Macht des Staates an sich reißen und sie dann missbrauchen wollen.

Ein weiterer Mechanismus des Teufelskreises besteht darin, dass extraktive Institutionen, weil sie unkontrollierte Macht ermöglichen und dadurch große Einkommensungleichheiten erzeugen, die potentiellen Einsätze des politischen Spiels erhöhen. Da derjenige, der den Staat kontrolliert, zum Nutznießer der exzessiven Macht und des durch sie abgeschöpften Reichtums wird, schaffen extraktive Institutionen den Anreiz für interne Kämpfe um die Vorrangstellung – eine Dynamik, die schon in den Maya-Stadtstaaten und im Alten Rom zu beobachten war.

Vor diesem Hintergrund ist es keine Überraschung, dass die extraktiven Institutionen, die viele afrikanische Länder von den Kolonialstaaten ererbten, die Samen für Machtkämpfe und Bürgerkriege legten. Diese Kämpfe unterschieden sich stark von jenen des Englischen Bürgerkriegs und der Glorreichen Revolution. Ihr Ziel war es nicht, politische Institutionen umzugestalten und Machtkontrollen oder pluralistische Verhältnisse einzuführen, sondern die Herrschaft an sich zu reißen und einer Gruppe auf Kosten aller anderen zu Reichtum zu verhelfen. In Angola, in Burundi, im Tschad, an der Elfenbeinküste, in der Demokratischen Republik Kongo, im Sudan, in Äthiopien, Liberia, Mosambik, Nigeria, der Republik Kongo-Brazzaville, Ruanda, Somalia, Uganda und natürlich in Sierra Leone schlugen diese Bestrebungen in blutige Bürgerkriege um, die den wirtschaftlichen Ruin und beispielloses menschliches Leid sowie das Scheitern des Staates nach sich zogen.

Von der *encomienda* zum Landraub

Am 14. Januar 1993 wurde Ramiro de León Carpío als Präsident von
Guatemala vereidigt. Er ernannte Richard Aitkenhead Castillo zu seinem Finanz- und Ricardo Castillo Sinibaldi zu seinem Entwicklungs-
minister. Diese drei Männer hatten etwas gemeinsam: Alle waren
direkte Nachfahren der spanischen Konquistadoren, die im frühen
16. Jahrhundert nach Guatemala gekommen waren. De Leóns berühmter Ahne war Juan De León Cardona, und die Castillos waren mit
Bernal Díaz del Castillo verwandt, der einen der bekanntesten Augen-
zeugenberichte über die Eroberung Mexikos geschrieben hatte. Zur
Belohnung für die Dienste, die er Hernán Cortés geleistet hatte, wurde Díaz del Castillo zum Gouverneur von Santiago de los Caballeros
ernannt, der heutigen Stadt Antigua in Guatemala. Castillo und de
León gründeten Dynastien, ebenso wie andere Konquistadoren, etwa
Pedro de Alvarado. Die guatemaltekische Soziologin Marta Casaús
Arzú identifizierte eine Kerngruppe von zweiundzwanzig Familien in
Guatemala, die durch Eheschließung mit weiteren sechsundzwanzig
Familien verbunden sind. Auf diese Familien konzentriert sich seit
1531 die wirtschaftliche und politische Macht in Guatemala. Auch
wenn man weitere Familien zur Machtelite hinzuzählte, machten sie
in den 1990er Jahren wenig mehr als ein Prozent der Bevölkerung aus.

In Sierra Leone und in einem großen Teil des subsaharischen Afrika
ging der Teufelskreis darauf zurück, dass die von den Kolonialmächten eingerichteten extraktiven Institutionen nach der Unabhängigkeit
von den neuen Regierungen übernommen wurden. In Guatemala,
wie in den meisten Teilen Zentralamerikas, haben wir es mit einer
schlichteren, nackteren Form des Teufelskreises zu tun: Die wirtschaftlichen und politischen Machthaber gestalten die Institutionen
so, dass sie die Fortdauer ihrer Macht sicherstellen sollen, und sie sind
erfolgreich damit. Diese Art des Teufelskreises führt zur Langlebig-
keit der extraktiven Institutionen, der machthabenden Eliten und der
wirtschaftlichen Unterentwicklung.

Zur Zeit seiner Eroberung war Guatemala dicht besiedelt und hatte wahrscheinlich eine Bevölkerung von rund 2 Millionen Maya. Krankheiten und physische Ausbeutung forderten, wie überall in Amerika, einen hohen Tribut, und erst in den 1920er Jahren kehrte die Bevölkerungszahl auf ihr ursprüngliches Niveau zurück. Wie in allen spanischen Kolonien wurden die Ureinwohner den Konquistadoren in Form von *encomiendas* zugewiesen. Wie im Zusammenhang mit der Kolonisierung Mexikos und Perus dargestellt, war die *encomienda* ein System der Zwangsarbeit, das später von ähnlichen Institutionen abgelöst wurde, insbesondere vom *repartimiento*, das man in Guatemala auch *mandamiento* nannte. Die herrschende Elite, die aus den Nachfahren der Konquistadoren und einigen Einheimischen bestand, profitierte nicht nur von den verschiedenen Zwangsarbeitssystemen, sondern sie überwachte und monopolisierte zudem den Handel mit Hilfe einer Kaufmannsgilde namens Consulado de Comercio.

Die meisten Einwohner Guatemalas hielten sich hoch in den Bergen und weit entfernt von der Küste auf. Die hohen Transportkosten verringerten die Ausfuhren. Anfangs war aber auch Grund und Boden nicht sehr wertvoll. Er befand sich überwiegend noch in den Händen der indigenen Völker, die über kommunalen Landbesitz, *ejidos*, verfügten. Der übrige Boden war zumeist unbesiedelt und gehörte nominell der Regierung. Auch wenn sie kümmerlich waren, konnte man höhere Gewinne durch die Kontrolle und Besteuerung des Handels erzielen als durch Landbesitz.

Wie die mexikanische lehnte auch die guatemaltekische Elite die Verfassung von Cádiz ab, weshalb sie ebenfalls die Unabhängigkeit erklärte. Nach einer kurzen Vereinigung mit Mexiko und der Zentralamerikanischen Föderation beherrschte die Kolonialelite Guatemala von 1839 bis 1871 unter der Diktatur von Rafael Carrera. In dieser Zeit hielten die Nachfahren der Konquistadoren und die indigenen Führer die extraktiven Wirtschaftsinstitutionen der Kolonialzeit fast unverändert aufrecht. Nicht einmal die Organisationsstruktur des Consulado wandelte sich mit der Unabhängigkeit. Obwohl eine königliche Institution, bestand es auch unter der republikanischen Regierung weiter.

Die Erringung der Unabhängigkeit verdankte sich also, wie in Me-

xiko, einer Art Putsch der bestehenden lokalen Elite, welche die extraktiven Wirtschaftsinstitutionen, aus denen sie so großen Nutzen
zog, beibehielt. Paradoxerweise war das Consulado auch weiterhin für
die Wirtschaftsentwicklung des Landes zuständig. Aber wie vor der
Unabhängigkeit hatte es seine eigenen Interessen im Auge, die nicht
mit denen des Landes übereinstimmten. Unter anderem war das Consulado für die Infrastruktur, zum Beispiel für Häfen und Straßen, verantwortlich, doch wie in Österreich-Ungarn, Russland und Sierra Leone hätte die hierdurch drohende schöpferische Zerstörung das System
destabilisieren können. Folglich wurde der Ausbau der Infrastruktur
nicht in Angriff genommen und in vielen Fällen rundum abgelehnt.
Zum Beispiel gehörte der Bau eines Hafens an der pazifischen Küste
von Suchitepéquez zu den vorgesehenen Projekten. Damals lagen die
einzigen funktionsfähigen Häfen an der Karibikküste und wurden
vom Consulado kontrolliert. An der Pazifikküste blieb es untätig, weil
ein Hafen in jener Region eine leichtere Anlaufstätte für Güter aus
den Hochlandorten Mazatenango und Quezaltenango geboten hätte.
Hätte man diese Güter zu einem anderen Markt befördern können,
wäre das Außenhandelsmonopol des Consulado geschwächt worden.

Die gleiche Logik galt für den Straßenbau, und auch hier war das
Consulado für das gesamte Land zuständig. Wie nicht verwundern
wird, weigerte es sich, Straßen bauen zu lassen, durch die Wettbewer-
ber gestärkt und das eigene Monopol gefährdet worden wären. Der
Druck, Straßenverbindungen herzustellen, ging wiederum vom westlichen Guatemala und Quezaltenango in der Region Los Altos aus.
Doch hätte man die Straße zwischen Los Altos und der Küste von Suchitepéquez verbessert, wäre vielleicht eine neue Händlerschicht entstanden, die mit den Consulado-Kaufleuten in der Hauptstadt kon-
kurriert hätte. Folglich wurde die Straße nicht ausgebaut.

Durch die Vorherrschaft der Elite verharrte Guatemala in einer
Zeitschleife in der Mitte des 19. Jahrhunderts, während die übrige
Welt rasch voranschritt. Die dortigen Veränderungen sollten sich
jedoch letztlich auch auf Guatemala auswirken. Die Transportkosten
sanken infolge technologischer Innovationen wie der Eisenbahn und
viel schnellerer Schiffstypen. Außerdem entstand durch die steigen-

den Einkommen der Menschen in Westeuropa und Nordamerika eine Massennachfrage nach zahlreichen Produkten, die ein Land wie Guatemala produzieren konnte.

Zu Beginn des Jahrhunderts hatte man eine gewisse Menge der natürlichen Farbstoffe Indigo und Koschenille exportiert, doch der Anbau von Kaffee sollte profitablere Möglichkeiten bieten. Guatemala hatte eine Menge Land, das sich für den Anbau eignete, und die Kaffeeplantagen griffen um sich, allerdings ohne Unterstützung von Seiten des Consulado. Da der Kaffeeweltpreis stieg und der internationale Handel damit zunahm, ließen sich Riesengewinne erzielen, weshalb die Elite von Guatemala ein Interesse am Kaffee entwickelte.

1871 wurde das langjährige Regime des Diktators Carrera endlich durch eine Gruppe von Personen gestürzt, die sich nach der gleichnamigen weltweiten Bewegung als Liberale bezeichneten. Die Bedeutung des Begriffs Liberalismus hat sich im Lauf der Zeit geändert, und im 19. Jahrhundert entsprach er in den Vereinigten Staaten und in Europa etwa dem, was heute Libertarismus genannt wird. Er stand für die Freiheit des Individuums, den freien Handel und die Beschränkung des Staates. In Guatemala sahen die Dinge allerdings ein wenig anders aus. Die dortigen Liberalen, zunächst angeführt von Miguel Garcia Granados und nach 1873 von Justo Rufino Barrios, waren überwiegend keine neuen Männer mit liberalen Idealen. Weitgehend blieben die gleichen Familien an der Macht. Sie behielten die extraktiven politischen Institutionen bei und organisierten die Wirtschaft radikal um, um den Kaffeeanbau optimal zu nutzen. Zwar schafften sie 1871 das Consulado ab, doch die ökonomischen Umstände hatten sich geändert. Die extraktiven Wirtschaftsinstitutionen würden sich nun auf den Anbau und die Ausfuhr von Kaffee konzentrieren.

Für die Kaffeeproduktion benötigte man Land und Arbeitskräfte. Die Liberalen ermöglichten die Privatisierung von Grund und Boden, um Raum für die Kaffeeplantagen zu schaffen, wobei es sich eher um einen Landraub handelte, der ihnen gestattete, Flächen, die vorher Gemeinschaften oder der Regierung gehört hatten, an sich zu bringen. Obwohl das Vorgehen der Machthaber heftig umstritten war, setzten sie sich infolge der äußerst extraktiven politischen Institutionen und

der politischen Machtkonzentration in Guatemala schließlich durch.
Zwischen 1871 und 1883 gingen fast eine Million Morgen, in erster
Linie indigenes Gemeindeland und etliche Grenzgebiete, in die Hände der Elite über, und erst dann entwickelte sich der Kaffeeanbau rapide. Das Ziel war die Schaffung großer Plantagen. Die privatisierten
Grundstücke wurden meistens an Angehörige der traditionellen Elite
oder an mit ihnen verbundene Kreise versteigert. Dann nutzten die
Liberalen die Macht des Staates, um den Großgrundbesitzern Arbeitskräfte zu verschaffen, indem sie verschiedene Zwangssysteme übernahmen und intensivierten. Im November 1876 schrieb Präsident
Barrios allen Gouverneuren von Guatemala:

> Da das Land ausgedehnte Flächen besitzt, die es unter Einsatz der
> Vielzahl von Arbeitern, die heutzutage nicht an der Entwicklung
> der produktiven Elemente der Nation beteiligt sind, für den Anbau
> nutzen muss, sind Sie aufgefordert, den Export von landwirtschaft-
> lichen Produkten nach Kräften zu unterstützen:
> 1. Den Eigentümern von Fincas [Farmen] ist in den Bezirken, in
> denen sie Arbeitskräfte anfordern, die Zahl der Arbeiter, die sie be-
> nötigen – seien es fünfzig oder hundert – aus den Indianerdörfern
> in Ihrem Zuständigkeitsbereich zur Verfügung zu stellen.

Das *repartimiento*, die Zwangsarbeitspflicht, war nach der Unabhängigkeit nie abgeschafft worden, doch nun vergrößerten sich ihr Ausmaß und ihre Dauer. 1877 wurde das System durch Dekret 177 untermauert, in dem es hieß, dass Plantagenbesitzer von der Regierung bis
zu sechzig Arbeiter für fünfzehn Tage anfordern konnten, wenn sich
ihr Grundbesitz im selben Bezirk befand, sowie für dreißig Tage, wenn
er in einem anderen Bezirk lag. Der Antrag konnte jederzeit erneuert
werden. Der Erlass ermöglichte es, Arbeiter gewaltsam zu rekrutieren, wenn sie nicht anhand ihres persönlichen Arbeitsbuches (*libreta*)
nachweisen konnten, dass sie solche Dienste jüngst zur Zufriedenheit
geleistet hatten. Sämtliche Landarbeiter hatten dieses Buch bei sich
zu tragen, das Einzelheiten über ihre Arbeitsherren und mögliche
Schulden enthielt. Landarbeiter, die, was häufig vorkam, bei ihren

Arbeitsherren verschuldet waren, durften ihre Beschäftigung nicht ohne Sondergenehmigung beenden. Dekret 177 verfügte weiterhin, dass nur diejenigen, die bei einem Arbeitsherrn verschuldet waren, von dem Einzug zum *repartimiento* verschont wurden. Damit saßen die Arbeiter in der Falle. Außerdem verabschiedete man etliche Landstreicherei-Verbote, damit jeder, der keine Beschäftigung nachwies, sogleich für das *repartimiento* oder für andere Arten der Zwangsarbeit auf den Straßen oder auf einer Farm rekrutiert werden konnte. Wie im Südafrika des 19. und 20. Jahrhunderts war die Bodenpolitik nach 1871 darauf angelegt, die Subsistenzwirtschaft der einheimischen Völker zu untergraben, damit sie für niedrige Löhne arbeiten mussten. Das *repartimiento* wurde bis in die 1920er Jahre beibehalten, und das *libreta*-System und die Landstreicherei-Verbote waren sogar bis 1945 in Kraft, als Guatemala ein erstes kurzes Aufblühen der Demokratie erlebte.

Genau wie vor 1871 regierte die guatemaltekische Elite mit Hilfe militärischer Machthaber. Dies war auch nach dem Beginn des Kaffee-Booms der Fall. Jorge Ubico, von 1931 bis 1944 Präsident, amtierte am längsten. Er gewann die Wahl 1931 ohne Gegenkandidaten, da niemand töricht genug war, gegen ihn anzutreten. Wie das Consulado unternahm er nichts, was zu schöpferischer Zerstörung geführt und seine politische Macht sowie seine Gewinne und die der Elite gefährdet hätte. Deshalb lehnte er die Industrialisierung aus dem gleichen Grund ab wie Franz I. in Österreich-Ungarn und Nikolaus I. in Russland: Industriearbeiter konnten Probleme verursachen. Durch Gesetze, die in ihrer paranoiden Repressivität ohne Beispiel sind, verbot Ubico die Verwendung von Wörtern wie *obreros* (Arbeiter), *sindicatos* (Gewerkschaften) und *huelgas* (Streiks). Wer auch eines von ihnen benutzte, konnte eingesperrt werden.

Obwohl Ubico offiziell die Macht ausübte, hatte die Elite die Fäden in der Hand. Die Opposition gegen sein Regime verstärkte sich 1944, als unzufriedene Universitätsstudenten Demonstrationen abhielten. Der Unmut der Bevölkerung stieg, und am 24. Juni unterzeichneten 311 Personen, darunter viele Angehörige der Elite, das Memorial de los 311, einen offenen Brief, in dem das Regime verurteilt wurde.

Ubico trat am 1. Juli zurück. 1945 wählte man eine demokratische Regierung, die jedoch 1954 durch einen Putsch gestürzt wurde, dem sich ein mörderischer Bürgerkrieg anschloss. Erst nach 1986 kehrte Guatemala zur Demokratie zurück.

Die spanischen Konquistadoren hatten keine Bedenken, ein extraktives politisches und wirtschaftliches System aufzubauen. Das war schließlich der Grund für ihre lange Reise in die Neue Welt. Aber die meisten der von ihnen gegründeten Institutionen hätten nur zeitweilig tätig sein sollen. Beispielsweise war die *encomienda* als befristete Arbeitsdienstleistung gedacht. Die Spanier besaßen keinen detaillierten Plan für ein System, das weitere vierhundert Jahre wirksam sein sollte. Tatsächlich änderten sich die von ihnen eingerichteten Institutionen im Lauf der Zeit erheblich, doch ihr extraktiver Charakter – das Ergebnis des Teufelskreises – blieb bestehen. Die Ausbeutung mochte andere Formen annehmen, aber die Identität der Elite war die gleiche. In Guatemala wurden *encomienda, repartimiento* und Handelsmonopole durch *libreta* und Landraub ergänzt, während man die meisten Maya weiterhin als billige Arbeitskräfte einsetzte, denen man eine qualifizierte Ausbildung sowie sämtliche Rechte und jeden Anspruch auf öffentliche Dienstleistungen vorenthielt.

In Guatemala war, wie fast überall in Zentralamerika, ein typisches Muster des Teufelskreises zu beobachten: Extraktive politische Institutionen stützten ein ebensolches Wirtschaftssystem, das die Macht der Elite auf Dauer sicherstellte.

Von der Sklaverei zu Jim Crow

In Guatemala bestanden extraktive Institutionen von der Kolonialzeit bis in die Gegenwart, wobei immer die gleiche Elite das Ruder fest in der Hand hatte. Jeglicher Wandel der Institutionen ging auf die Anpassung an ein neues wirtschaftliches Umfeld zurück, wie etwa der durch den Kaffee-Boom motivierte Landraub durch die Elite.

Die Institutionen im Süden der Vereinigten Staaten waren bis zum

Bürgerkrieg ähnlich extraktiv. Wirtschaft und Politik wurden von der südstaatlichen Elite dominiert, das heißt von Plantagenbesitzern mit riesigen Anwesen und einem Heer von Sklaven, die weder politische noch wirtschaftliche (und auch kaum sonstige) Rechte hatten. Um die Mitte des 19. Jahrhunderts war der Süden dann durch seine extraktiven wirtschaftlichen und politischen Institutionen erheblich ärmer geworden als der Norden. Er verfügte über wenig Industrie und investierte kaum in die Infrastruktur. Im Jahr 1860 produzierte seine gesamte verarbeitende Industrie weniger als die Staaten Pennsylvania, New York oder Massachusetts. Nur 9 Prozent der südlichen Bevölkerung wohnten in städtischen Gebieten, verglichen mit 35 Prozent im Nordosten. Die Eisenbahndichte (km / 100 km²) war im Norden dreimal so hoch wie im Süden. Ähnliches galt für die Dichte der Wasserstraßen.

Karte 18 zeigt das Ausmaß der Sklaverei im Jahr 1840 in den amerikanischen Countys. Besonders ausgeprägt war die Sklaverei im Süden, wo in manchen Countys, beispielsweise am Mississippi, bis zu 95 Prozent der Bevölkerung versklavt waren. Karte 19 verweist auf die Konsequenzen, nämlich auf den Anteil der 1880 in der Industrie tätigen Arbeitskräfte. Dieser war, gemessen am 20. Jahrhundert, nirgendwo hoch, doch es gab deutliche Unterschiede zwischen dem Norden und dem Süden. In großen Teilen des Nordostens waren über 10 Prozent der Arbeitskräfte in den Fabriken beschäftigt, während ihre Zahl im Süden, besonders in Gebieten mit einer starken Sklavenkonzentration, oft bei null lag.

Der Süden war nicht einmal in seinen Spezialsektoren innovativ: Von 1837 bis 1859 belief sich die Zahl der Patente für Neuerungen, die mit Mais und Weizen zu tun hatten, auf durchschnittlich zehn bis zwölf; für Baumwolle, das wichtigste Produkt des Südens, wurde jährlich nur ein einziges Patent angemeldet. Nichts deutete darauf hin, dass Industrialisierung und Wirtschaftswachstum in naher Zukunft beginnen würden. Aber der Niederlage im Bürgerkrieg schloss sich eine fundamentale Reform an, wenn auch mit vorgehaltenem Bajonett. Die Sklaverei wurde abgeschafft, und männliche Schwarze durften wählen. Dies hätte den Weg zu einer radikalen Umgestaltung der südstaat-

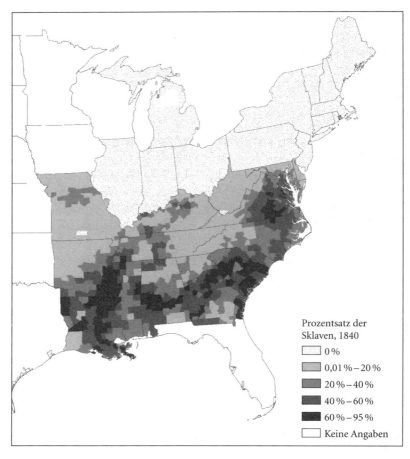

Karte 18: Sklaverei in den US-Countys im Jahr 1840

lichen extraktiven in inklusive Institutionen und zu wirtschaftlichem Wohlstand eröffnen sollen. Aber der Teufelskreis sorgte wiederum dafür, dass nichts Derartiges geschah. Die extraktiven Institutionen im Süden existierten weiter, diesmal nicht in Form der Sklaverei, sondern in Form der Jim-Crow-Gesetze. Die Bezeichnung Jim Crow, die angeblich aus »Jump Jim Crow« hervorging – einer Anfang des

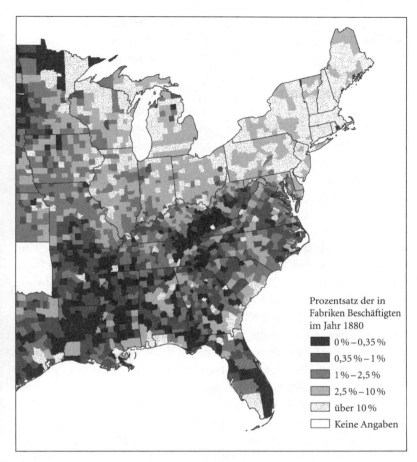

Prozentsatz der in
Fabriken Beschäftigten
im Jahr 1880

■ 0 % – 0,35 %
■ 0,35 % – 1 %
■ 1 % – 2,5 %
■ 2,5 % – 10 %
▨ über 10 %
☐ Keine Angaben

Karte 19: Prozentsatz der in Fabriken Beschäftigten im Jahr 1880

19. Jahrhunderts entstandenen Parodie, die von weißen Darstellern mit geschwärztem Gesicht aufgeführt wurde –, bezog sich auf die gesamte Gesetzgebung der Südstaaten zur Rassentrennung nach 1865. Die Gesetze galten noch fast ein Jahrhundert lang, bis zum nächsten großen Aufruhr, der Bürgerrechtsbewegung. Unterdessen wurden Schwarze weiterhin unterdrückt und von der Regierung ausgeschlos-

sen. Die Plantagenwirtschaft mit schlecht bezahlten, unausgebildeten Arbeitskräften blieb bestehen und bewirkte, dass die Einkommen im Süden im Vergleich zum US-Durchschnitt sogar noch weiter fielen. Der Teufelskreis der extraktiven Institutionen war stärker, als viele damals erwartet hatten.

Der Grund, warum sich die wirtschaftliche und politische Entwicklung des Südens nie änderte, obwohl die Sklaverei abgeschafft wurde und schwarze Männer das Wahlrecht erhielten, war der, dass die Schwarzen kaum politische Macht und ökonomische Unabhängigkeit erlangten. Die südstaatlichen Plantagenbesitzer hatten zwar im Krieg verloren, doch sie sollten im Frieden gewinnen, denn sie waren weiterhin gut organisiert und besaßen den Grund und Boden. Während des Krieges hatte man den befreiten Sklaven vierzig Morgen Land und ein Maultier versprochen, und einige erhielten diese Dinge im Lauf der berühmten Feldzüge von General William T. Sherman tatsächlich. Aber 1865 wurden Shermans Befehle von Präsident Andrew Johnson rückgängig gemacht, und die erhoffte Umverteilung von Grund und Boden fand nie statt. In einer Debatte über dieses Thema im Kongress bemerkte der Abgeordnete George Washington Julian prophetisch: »Was würde ein Gesetz zur totalen Abschaffung der Sklaverei denn nützen …, wenn die alte landwirtschaftliche Basis der aristokratischen Herrschaft weiterbesteht?« Dies war der Beginn der »Erlösung« der alten Südstaaten und des Weiterbestehens der ländlichen Elite.

Der Soziologe Jonathan Wiener untersuchte das Beharrungsvermögen der aus den Plantagenbesitzern bestehenden Elite in fünf Countys des Black Belt, des Hauptanbaugebiets von Baumwolle in Süd-Alabama. Anhand der US-Volkszählung machte er Familien ausfindig, die Grundbesitz im Wert von mindestens 10 000 Dollar hatten, und stellte fest, dass von den 236 Mitgliedern der führenden Plantagenbesitzer des Jahres 1850 nur 110 ihre Position auch 1860 noch innehatten. Andererseits gehörten 18 (72 Prozent) der 25 Besitzer der größten Plantagen des Jahres 1870 zu den bereits 1860 privilegierten Familien; 16 waren auch in der Spitzengruppe von 1850 zu finden. Während im Bürgerkrieg über 600 000 Menschen fielen, hatte die Elite kaum Opfer zu beklagen. Das Gesetz, von den Plantagenbesitzern für die Plantagenbesitzer formuliert, sah vor, dass ein Besitzer von mindestens zwanzig Sklaven vom Militärdienst freigestellt wurde. Als Hunderttausende von Männern für die Beibehaltung der südstaatlichen Plantagenwirtschaft starben, saßen viele Großbesitzer von Sklaven mit ihren Söhnen bis zum Ende des Krieges auf der Veranda.

Nach Kriegsende konnten die privilegierten Plantagenbesitzer, denen der Großteil des Landes gehörte, ihre Herrschaft über die Arbeitskräfte erneuern. Obwohl die Sklaverei abgeschafft war, überdauerte das Plantagensystem mit seinen billigen Arbeitskräften. Es wurde durch verschiedene Methoden aufrechterhalten, etwa durch die Einflussnahme auf die Lokalpolitik und durch die Anwendung von Gewalt. Die Südstaaten wurden, wie es der afroamerikanischen Schriftsteller W. E. B. DuBois formulierte, zu einem »bewaffneten Lager zur Einschüchterung schwarzer Menschen«.

1865 verabschiedete man in Alabama den Black Code, der einen wichtigen Meilenstein in der Geschichte der Unterdrückung schwarzer Arbeitskräfte darstellt. Ähnlich wie das Dekret 177 in Guatemala bestand der Black Code von Alabama aus Gesetzen gegen die Landstreicherei und gegen die Abwerbung von Arbeitern. Diese Einschränkung der Mobilität und des Wettbewerbs auf dem Arbeitsmarkt sollte sicherstellen, dass südstaatliche Plantagenbesitzer weiterhin auf genügend billige Arbeitskräfte zugreifen konnten.

Nach dem Bürgerkrieg kam es zwischen 1865 und 1877 zur Wiedereingliederungsphase – »Reconstruction« – der Südstaaten. Nördliche Politiker konnten mit Hilfe der Unionsarmee einige soziale Veränderungen herbeiführen, doch durch eine systematische Gegenreaktion der südlichen Elite, welche die sogenannten Redeemer (»Erlöser«) unterstützte, wurden die alten Verhältnisse wiederhergestellt. Bei der Präsidentschaftswahl von 1877 benötigte Rutherford Hayes südstaatliche Stimmen im Electoral College oder Wahlmännerkollegium. Dieses noch heute existierende Kollegium ist für die von der US-Verfassung vorgesehene indirekte Wahl des Präsidenten entscheidend. Die Bürger stimmen für Wahlmänner, die dann im Electoral College den Präsidenten wählen. Als Gegenleistung für ihre Unterstützung im Electoral College verlangten die Südstaatler den Abzug der Unionssoldaten und die Nichteinmischung des Nordens in ihre Angelegenheiten. Hayes erklärte sich einverstanden. Nachdem er mit Hilfe des Südens gewählt worden war, zog er die Soldaten ab. Nach 1877 gewannen die bereits in der Zeit vor dem Krieg herrschenden Plantagenbesitzer ihre alte Stärke weitgehend zurück. Man führte neue Kopfsteuern sowie Lese- und Schreibtests ein, durch die Schwarze – und häufig auch die arme weiße Bevölkerung – ihres Wahlrechts beraubt wurden. So entstand ein Ein-Parteien-Regime unter der Demokratischen Partei, wobei die politische Macht überwiegend in den Händen der Elite der Plantagenbesitzer lag.

Die Jim-Crow-Gesetze hatten zur Folge, dass separate – und selbstverständlich minderwertige – Schulen eingerichtet wurden. Dazu änderte man zum Beispiel in Alabama im Jahr 1901 die Verfassung. Empörenderweise heißt es noch heute in Abschnitt 256, der allerdings nicht mehr angewendet wird:

> Die Legislative sollte überall im Staat zum Nutzen der ihm angehörenden Kinder zwischen sieben und einundzwanzig Jahren ein großzügiges System öffentlicher Schulen einrichten, organisieren und aufrechterhalten. … Es werden getrennte Schulen für weiße und farbige Kinder bereitgestellt, und keinem Kind ist es gestattet, eine Schule der anderen Rasse zu besuchen.

Ein Antrag zur Streichung von Abschnitt 256 aus der Verfassung wurde im Jahr 2004 vom Landesparlament mit knapper Mehrheit abgewiesen.

Durch den Entzug des Wahlrechts, durch die Gesetze gegen die Landstreicherei wie den Black Code von Alabama, durch verschiedene Jim-Crow-Gesetze und die Aktionen des Ku-Klux-Klan, der häufig von der Elite finanziert wurde, verwandelte sich der Süden nach dem Bürgerkrieg in eine Apartheidgesellschaft, in der Schwarze und Weiße ein gänzlich unterschiedliches Leben führten. Wie in Südafrika hatten solche Gesetze und Praktiken das Ziel, über die schwarze Bevölkerung und die von ihr geleistete Arbeit zu bestimmen.

Die Südstaatenpolitiker wirkten auch in Washington darauf hin, dass die extraktiven Institutionen in ihrer Heimat weiterexistieren konnten. Beispielsweise sorgten sie dafür, dass man keine Bundesprojekte oder öffentliche Bauvorhaben billigte, durch welche die Macht der Südstaaten-Elite über die schwarzen Arbeitskräfte hätte gefährdet werden können. Folglich war der Süden am Anfang des 20. Jahrhunderts eine weitgehend ländliche Gesellschaft mit niedrigem Ausbildungsniveau und einer rückständigen Technologie, denn man verzichtete fast ganz auf mechanische Geräte und verließ sich immer noch auf Handarbeit und Maultierkraft. Zwar erhöhte sich der Prozentsatz der Stadtbewohner, doch er blieb weit niedriger als im Norden. So waren im Jahr 1900 13,5 Prozent der Bevölkerung des Südens urbanisiert, gegenüber 60 Prozent im Nordosten.

Die auf der Macht der Grundbesitzer, auf der Plantagenwirtschaft und auf schlecht bezahlten, minimal ausgebildeten Arbeitskräften basierenden extraktiven Institutionen der Südstaaten blieben bis weit ins 20. Jahrhundert bestehen. Diese Institutionen erodierten erst nach dem Zweiten Weltkrieg und dann noch rascher, nachdem die Bürgerrechtsbewegung die politische Basis des Systems zerstört hatte. Erst nach dem Untergang jener Institutionen in den 1950er und 1960er Jahren begann sich der Süden dem Norden anzunähern.

Im Süden der Vereinigten Staaten wirkte ein unverwüstlicherer Aspekt des Teufelskreises: Wie in Guatemala blieben die Plantagenbesitzer an der Macht und gestalteten die wirtschaftlichen und politischen Institutionen so, dass der Fortbestand ihrer Macht sichergestellt war. Aber anders als Guatemala waren die Südstaaten nach ihrer Niederlage im Bürgerkrieg mit wichtigen Herausforderungen konfrontiert, denn die Sklaverei war abgeschafft und die totale, verfassungsmäßig verankerte Ausgrenzung der Schwarzen aus der Politik beendet worden. Doch viele Wege führen nach Rom: Solange die Plantagenbesitzer über ihren gewaltigen Landbesitz verfügten und gut organisiert blieben, konnten sie neue Institutionen einrichten – Jim Crow anstelle der Sklaverei –, um die gleichen Ziele zu erreichen.

Der Teufelskreis war, wie sich erwies, viel stärker, als viele, darunter Abraham Lincoln, gedacht hatten. Er beruhte auf extraktiven politischen Institutionen, die ein extraktives Wirtschaftssystem her-

vorbrachten, das wiederum die Ersteren unterstützte, denn mit ökonomischer ließ sich politische Macht kaufen. Nachdem die Abfin-
dung der Schwarzen mit vierzig Morgen und einem Maultier vom
Tisch war, blieb der wirtschaftliche Einfluss der südstaatlichen Plan-
tagenbesitzer-Aristokratie unangetastet. Und es ist nicht verwunderlich, dass sich für die schwarze Bevölkerung und die Wirtschaftsentwicklung der Südstaaten nichts änderte.

Das Eherne Gesetz der Oligarchie

Die Salomonische Dynastie in Äthiopien hielt sich bis 1974, als sie
durch einen Putsch des Derg, einer Gruppe marxistischer Heeresoffiziere, gestürzt wurde. Das Regime, dem der Derg die Macht entriss, wirkte wie ein Anachronismus, erstarrt in einem früheren Jahrhundert. Kaiser Haile Selassie begann seinen Tag damit, dass er im
Hof des Großen Palastes erschien, den Kaiser Menelik II. im späten
19. Jahrhundert erbaut hatte. Vor dem Palast wartete eine Schar von
Würdenträgern auf seine Ankunft. Sie verbeugten sich und versuchten, seine Aufmerksamkeit zu erregen. Dann hielt der Kaiser Hof in
seinem Audienzsaal, wo er auf dem Thron Platz nahm. (Selassie war
ein kleiner Mann, weshalb er überallhin von einem Kissenträger begleitet wurde, der ihm immer wieder ein geeignetes Polster unter die
Füße legte, damit seine Beine nicht in der Luft baumelten.) Selassie
saß höchst extraktiven Institutionen vor und regierte das Land, als
wäre es sein Privateigentum. Zwar gewährte er Vergünstigungen und
Protektion, doch er ließ jeden Mangel an Loyalität brutal bestrafen.
Unter der Salomonischen Dynastie gab es in Äthiopien zudem keine
Wirtschaftsentwicklung, die der Rede wert gewesen wäre.

Der Derg formierte sich zunächst aus 108 Vertretern verschiedener
Militäreinheiten aus allen Landesteilen. Die Dritte Division in der
Provinz Harar wurde von einem Major namens Mengistu Haile Mari-
am angeführt. Obwohl die Derg-Offiziere dem Kaiser in ihrer anfänglichen Erklärung vom 4. Juli 1974 Treue gelobten, begannen sie bald,

Regierungsmitglieder zu verhaften. Als sie sicherer geworden waren, dass Selassies Regime wenig Unterstützung genoss, inhaftierten sie am 12. September 1974 den Kaiser selbst. Dann begannen sie, viele mit dem alten Regime verbundene Politiker umzubringen. Im Dezember ließ der Derg Äthiopien zu einem sozialistischen Staat ausrufen. Selassie starb am 27. August 1975, wahrscheinlich durch Mord. Im selben Jahr verstaatlichte der Derg den gesamten städtischen und ländlichen Boden sowie die meisten Formen von Privateigentum.

Das zunehmend autoritäre Verhalten des Derg-Regimes weckte allgemeinen Widerstand. Große Teile Äthiopiens waren während der europäischen Kolonialexpansion im späten 19. und frühen 20. Jahrhundert durch Kaiser Menelik II., den Sieger der Schlacht von Adowa, vereinigt worden (siehe Kapitel 9). Zu diesen Gebieten gehörten Eritrea und Tigray im Norden, wo sich Unabhängigkeitsbewegungen gegen das rücksichtslose Derg-Regime bildeten, und der somalisprachige Ogaden im Osten, in den die somalische Armee einmarschierte.

Währenddessen zerfiel der Derg in mehrere Fraktionen. Major Mengistu erwies sich als der brutalste und intelligenteste Offizier und schaltete bis Mitte 1977 seine Hauptgegner aus. Dann übernahm er die Führung des Regimes, das im November desselben Jahres nur durch umfangreiche Waffenlieferungen und Soldaten aus der Sowjetunion und Kuba vor dem Kollaps gerettet wurde. 1978 veranstaltete Mengistu eine nationale Feier aus Anlass des vierten Jahrestags von Haile Selassies Sturz. Inzwischen war Mengistu das unangefochtene Oberhaupt des Derg. Als Residenz, von der aus er Äthiopien regieren wollte, hatte er sich Selassies Großen Palast ausgewählt, der seit der Abschaffung der Monarchie leergestanden hatte. Vor der Feier saß er, ähnlich wie der frühere Kaiser, auf einem vergoldeten Sessel und schaute der Parade zu. Fortan wurden offizielle Veranstaltungen wieder im Großen Palast abgehalten, wobei Mengistu stets auf Haile Selassies altem Thron Platz nahm. Er begann, sich mit Kaiser Tewodros zu vergleichen, der die Salomonische Dynastie Mitte des 19. Jahrhunderts nach einer Zeit des Verfalls neu begründet hatte.

Einer seiner Minister, Dawit Wolde Giorgis, schrieb in seinen Erinnerungen:

Zu Beginn der Revolution wiesen wir alles zurück, was mit der Vergangenheit zu tun hatte. Wir fuhren nicht mehr mit Autos noch trugen wir Anzüge; Krawatten galten als verbrecherisch. Alles, was einen wohlhabend oder bourgeois aussehen ließ, alles, was prachtvoll oder mondän wirkte, wurde als Teil der alten Ordnung verachtet. Dann, um 1978, änderten sich die Dinge. Allmählich wurde Materielles akzeptiert und dann gefordert. Designerkleidung von den besten europäischen Couturiers wurde zur Uniform sämtlicher hohen Regierungsvertreter und der Mitglieder des Militärrats. Wir hatten von allem das Beste: die besten Häuser, die besten Autos, den besten Whisky, den besten Champagner, die besten Lebensmittel. Es war eine völlige Verkehrung der Revolutionsideale.

Giorgis schildert auch, wie Mengistu sich veränderte, nachdem er Alleinherrscher geworden war:

Der wahre Mengistu erschien: rachsüchtig, grausam und autoritär ... Viele von uns, die früher bei Gesprächen mit ihm die Hände in die Taschen gesteckt hatten, als wäre er einer von uns, standen plötzlich in Habachtstellung da, vorsichtig und respektvoll in seiner Gegenwart. Einst hatten wir ihn vertraulich mit *ante*, »du«, angesprochen, doch nun wechselten wir zu dem förmlichen *ersiwo*, »Sie«, über. Er zog in ein größeres, feudaleres Büro in Meneliks Palast um ... Er benutzte die Fahrzeuge des Kaisers ... Wir hatten eine Revolution der Gleichheit angestrebt; nun war er zum neuen Kaiser geworden.

Das Muster des Teufelskreises, das sich am Übergang von Haile Selassie zu Mengistu oder von den britischen Kolonialgouverneuren von Sierra Leone zu Siaka Stevens zeigt, ist so extrem und merkwürdig, dass es eine spezielle Bezeichnung verdient. Wie bereits im vierten Kapitel erwähnt, sprach der deutsche Soziologe Robert Michels vom Ehernen Gesetz der Oligarchie. Die innere Logik der Oligarchien – und überhaupt aller hierarchischen Organisationen – besteht laut Michels darin, dass sie sich nicht nur dann reproduzieren, wenn die gleiche Gruppe an der Macht ist, sondern auch dann, wenn eine völlig neue Gruppe das Ruder übernimmt. Michels dachte dabei möglicherweise nicht an Karl Marx' Aussage, dass die Geschichte sich »das eine Mal als Tragödie, das andere Mal als Farce« wiederholt.

Nicht genug damit, dass viele afrikanische Führer nach der Unabhängigkeit in dieselben Residenzen zogen, die gleichen Protektionsnetzwerke benutzten sowie die Märkte genauso manipulierten und die Ressourcen genauso ausbeuteten wie die Kolonialregime und die Kaiser, die sie ersetzten – nein, sie machten die Situation noch schlimmer. Es war tatsächlich eine Farce, dass der durch und durch antikolonialistische Stevens dasselbe Volk, die Mende, unterjochte, das auch schon die Briten unterdrückt hatten; dass er sich auf dieselben Chiefs stützte, mit deren Hilfe die Briten das Hinterland überwacht hatten; dass er die Wirtschaft genauso lenkte, die Bauern durch die gleichen Wirtschaftsverbände enteignete und die Diamanten mit einem ähnlichen Monopol für sich beanspruchte. Es war ebenfalls eine sehr traurige Farce, dass Laurent Kabila, der eine Armee gegen Mobutus Diktatur mobilisiert und dem Volk versprochen hatte, es zu befreien und die erstickende, ins Elend führende Korruption und Unterdrückung von Mobutus Regime in Zaire zu beenden, anschließend selbst ein Regime errichtete, das genauso korrupt und vielleicht sogar noch katastrophaler war. Es konnte nur eine Farce sein, dass er versuchte, einen Personenkult nach Art seines Vorgängers aufzubauen; dass er dies ausgerechnet unter Mitwirkung von Mobutus ehemaligem Informationsminister Dominique Sakombi Inongo tat, und dass Mobutus Regime seinerseits an den Mustern der Massenausbeutung orientiert war, die ein Jahrhundert zuvor mit König Leopolds Kongo-Freistaat begonnen hatten. Es war ferner eine Farce, dass der marxistische Offizier Mengistu in einem Palast wohnte, als Kaiser posierte und sich selbst und sein Gefolge bereicherte, wie es Haile Selassie und andere Kaiser vor ihm getan hatten.

All das war eine Farce, doch auch tragischer als die ursprüngliche Tragödie, und das nicht nur wegen der enttäuschten Hoffnungen. Wie viele andere Herrscher in Afrika ermordeten Stevens und Kabila zunächst ihre Gegner und danach unschuldige Bürger. Die politischen

Maßnahmen Mengistus und des Derg sollten Äthiopien trotz seiner fruchtbaren Böden immer wieder in die Hungersnot treiben. Die Geschichte wiederholte sich, wenn auch in sehr verzerrter Form. Es war eine Hungersnot in der Provinz Wollo, auf die Haile Selassie 1973 gleichgültig reagierte und die so viel dazu beitrug, die Opposition gegen sein Regime zu stärken. Doch Selassie war wenigstens nur gleichgültig gewesen, während Mengistu Hungersnöte als politisches Instrument zur Schwächung seiner Gegner einsetzte. Die Geschichte wiederholte sich nicht nur als Farce und als Tragödie, sondern sie erwies sich auch als grausam gegenüber den Bürgern Äthiopiens und großer Teile des subsaharischen Afrika.

Das Wesen des Ehernen Gesetzes der Oligarchie als besonderem Aspekt des Teufelskreises besteht darin, dass neue Führer ihre Vorgänger mit dem Versprechen radikalen Wandels stürzen, doch letztlich nur deren Politik fortsetzen. In gewisser Weise ist das Eherne Gesetz der Oligarchie schwerer zu durchschauen als andere Formen des Teufelskreises. Die Fortdauer der extraktiven Institutionen in den amerikanischen Südstaaten und in Guatemala birgt eine klare Logik in sich: Über Jahrhunderte hinweg beherrschten die gleichen Gruppen die Wirtschaft und die Politik; selbst wenn sie herausgefordert wurden, wie die Plantagenbesitzer in den Südstaaten nach dem Bürgerkrieg, blieb ihre Macht intakt, und sie konnten ähnliche extraktive Institutionen neu erschaffen und erneut Nutzen aus ihnen ziehen.

Aber wie sollen wir diejenigen durchschauen, die im Namen radikalen Wandels die Macht ergreifen, nur um das bestehende System noch zu verschlimmern? Die Antwort macht wieder einmal deutlich, dass der Teufelskreis stärker ist, als es zunächst den Anschein hat.

Nicht alle radikalen Änderungen sind zum Scheitern verurteilt. Die Glorreiche Revolution war ein radikaler Wandel, der die vielleicht wichtigste politische Umwälzung der vergangenen zwei Jahrtausende bewirkte. Die Französische Revolution – mit ihrem Chaos und ihrer exzessiven Gewalt und dem Aufstieg von Napoleon Bonaparte – war noch radikaler, aber sie ließ das *ancien régime* nicht erneut erstehen.

Drei Faktoren waren in hohem Maße dafür verantwortlich, dass sich nach der Glorreichen und der Französischen Revolution inklusivere politische Institutionen herausbildeten: Der Erste trat in Gestalt neuer Kauf- und Geschäftsleute auf, welche die Macht der schöpferischen Zerstörung, von der sie selbst profitierten, entfesselten. Diese neuen Männer gehörten zu den einflussreichsten Mitgliedern der revolutionären Koalitionen, und sie wollten die Entwicklung weiterer extraktiver Institutionen vermeiden, von denen sie wiederum ausgebeutet werden würden.

Der zweite Faktor war die umfassende Koalition, die sich in beiden Fällen gebildet hatte. Beispielsweise war die Glorreiche Revolution kein Putsch einer kleinen Gruppe mit spezifischen, eng umrissenen Interessen, sondern sie stützte sich auf eine breite Bewegung, der Kaufleute, Industrielle, der Kleinadel und verschiedene politische Gruppierungen angehörten. Das Gleiche galt weitgehend für die Französische Revolution.

Der dritte Faktor betrifft die Geschichte englischer und französischer politischer Institutionen. Sie schufen Verhältnisse, unter denen sich neue, inklusivere Regierungen entwickeln konnten. In beiden Ländern gab es eine Tradition des Parlamentarismus und der Machtteilung, die in England bis zur Magna Carta und in Frankreich bis zur Notablenversammlung zurückging. Zudem entwickelten sich beide Revolutionen mitten in einem Prozess, der das absolutistische – oder potentiell absolutistische – System bereits geschwächt hatte. In beiden Fällen machten die politischen Institutionen es schwierig für eine kleine Herrschergruppe, die Kontrolle über den Staat zu übernehmen, sich den existierenden wirtschaftlichen Wohlstand anzueignen sowie sich eine uneingeschränkte und dauerhafte Macht zu verschaffen. Im Anschluss an die Französische Revolution riss eine kleine Gruppe unter Führung von Robespierre und Saint-Just dennoch – und mit katastrophalen Folgen – die Herrschaft an sich, doch dies war eine vorübergehende Phase, die das Fortschreiten zu inklusiveren Institutionen nicht verhinderte.

Das alles steht im Gegensatz zu Gesellschaften mit einer langen Geschichte extrem extraktiver wirtschaftlicher und politischer Institutionen, die keine Kontrolle über die Macht der Herrscher ausüben. In solchen Gesellschaften gab es keine neuen Kaufleute oder Unternehmer, die den Widerstand gegen das herrschende Regime finanzierten, teils um inklusivere Wirtschaftsinstitutionen herbeizuführen; es gab auch keine breite Koalition, welche die Macht ihrer einzelnen Mitglieder beschränkte; und keine politischen Institutionen, die neue Herrscher daran hinderten, die Macht an sich zu reißen und sie für ihre eigenen Zwecke zu missbrauchen.

Infolgedessen war es beispielsweise in Sierra Leone, in Äthiopien und im Kongo viel schwieriger, den Teufelskreis zu durchbrechen und Schritte in Richtung inklusiver Institutionen einzuleiten. Außerdem gab es keine Institutionen zur Kontrolle der Macht potentieller Herrscher. Solche Organe hatten in einigen Teilen Afrikas existiert, und manche, etwa in Botswana, überlebten sogar die Kolonialzeit. Aber in der Geschichte von Sierra Leone waren sie weit weniger ausgeprägt und wurden ohnehin durch die indirekte Herrschaft behindert. Das Gleiche galt für andere britische Kolonien in Afrika, zum Beispiel Kenia und Nigeria. Im absolutistischen Königreich Äthiopien hatte es nie indigene Kontrollmechanismen gegeben, und im Kongo wurden sie durch die belgische Kolonialherrschaft und die autokratischen Aktionen Mobutus ihrer Kräfte beraubt. In all jenen Gesellschaften waren auch keine neuen Kaufleute und Unternehmer vorhanden, die neue Regierungen unterstützten und auf die Absicherung der Eigentumsrechte sowie auf die Beseitigung extraktiver Institutionen drangen. Im Gegenteil, die extraktiven Wirtschaftsinstitutionen der Kolonialzeit verhinderten jegliches Unternehmertum.

In der internationalen Gemeinschaft glaubte man, dass die postkoloniale Unabhängigkeit in Afrika durch staatliche Planung und Förderung der Privatwirtschaft zu Wachstum führen werde. Aber der Privatsektor existierte nur in ländlichen Gebieten, die in den neuen Regierungen nicht vertreten waren und ihnen deshalb als Erste zur Beute fielen. Vielleicht am wichtigsten war jedoch, dass der Machtbesitz in den meisten dieser Fälle enorme Vorteile mit sich brachte. Dadurch wurden skrupellose Männer wie Stevens angezogen, welche die Macht monopolisieren wollten, und dadurch kamen deren schlimmste Seiten zum Vorschein. Es gab nichts, was den Teufelskreis hätte durchbrechen können.

Negatives Feedback und Teufelskreise

Reiche Staaten haben ihren Reichtum der Tatsache zu verdanken, dass es ihnen irgendwann in den vergangenen drei Jahrhunderten gelungen ist, inklusive Institutionen aufzubauen. Auch wenn diese zunächst zerbrechlich waren, erzeugten sie eine Dynamik, die einen Prozess des positiven Feedbacks auslöste und die Inklusivität allmählich erhöhte. England wurde nach der Glorreichen Revolution von 1688 keineswegs zu einer Demokratie. Nur ein Bruchteil der Bevölkerung verfügte über offizielle Repräsentanten, doch das Land war pluralistisch. Dies spielte eine entscheidende Rolle, denn dadurch wurden die Institutionen mit der Zeit inklusiver. England erwies sich als typisches Beispiel für den Tugendkreis: Inklusive politische Institutionen schränkten die Ausübung und Aneignung von Macht ein. Daneben brachten sie inklusive Wirtschaftsinstitutionen hervor, die ihrerseits die Fortdauer des inklusiven politischen Systems stützten.

Unter inklusiven Wirtschaftsinstitutionen konzentriert sich der Wohlstand nicht auf eine kleine Gruppe, die ihre ökonomischen Mittel nutzen kann, um ihre politische Macht überproportional zu vergrößern. Daneben halten sich die Vorteile, die mit dem politischen Machtbesitz verbunden sind, unter inklusiven Wirtschaftsinstitutionen in Grenzen, was die Motivation für jede Gruppe und jedes ehrgeizige, aufstrebende Individuum schwächt, die Kontrolle über den Staat zu gewinnen. Das Aufeinandertreffen von Faktoren in einer kritischen Phase, darunter das Zusammenwirken zwischen existierenden Institutionen und den neuen Gelegenheiten und Herausforderungen, ist im Allgemeinen für die Entstehung inklusiver Institutionen verantwortlich, wie das englische Beispiel zeigt. Doch sobald diese inklusiven Institutionen wirksam sind, ist das gleiche Zusammenspiel von Faktoren für ihr Überleben nicht mehr notwendig. Tugendkreise, obwohl immer noch in hohem Maße von Unwägbarkeiten abhängig, ermöglichen den Fortbestand der Institutionen und setzen häufig sogar eine Dynamik frei, durch welche die Gesellschaft zu einer noch größeren Inklusivität angetrieben wird.

Wie Tugendkreise die Fortdauer inklusiver Institutionen sichern, so erzeugen Teufelskreise starke Kräfte, die extraktive Institutionen am Leben erhalten. Die Geschichte ist nicht vorherbestimmt, und Teufelskreise sind nicht unzerbrechlich, wie wir später noch detaillierter ausführen werden. Aber sie sind widerstandsfähig, denn sie erzeugen ein starkes negatives Feedback, wobei extraktive politische Institutionen extraktive Wirtschaftsinstitutionen schaffen, die ihrerseits die Grundlage für das Beharren der Ersteren liefern. Dies wurde am deutlichsten in Guatemala, wo die gleiche Elite vier Jahrhunderte lang – zunächst unter der Kolonialherrschaft und dann während der Unabhängigkeit – an der Macht blieb. Extraktive Institutionen helfen der Elite, sich zu bereichern, und ihr Vermögen bildet die Basis dafür, dass sie ihre Vorherrschaft sichern können.

Der gleiche Teufelskreis ist auch an der Plantagenwirtschaft der amerikanischen Südstaaten erkennbar, wo zudem seine hohe Widerstandskraft gegen Herausforderungen hervortritt. Die Plantagenbesitzer im Süden der USA büßten nach ihrer Niederlage im Bürgerkrieg die offizielle Kontrolle über die wirtschaftlichen und politischen Institutionen ein. Die Sklaverei, die Grundlage der Plantagenwirtschaft, wurde abgeschafft, und Schwarze erhielten gleiche politische und ökonomische Rechte. Doch der Bürgerkrieg zerstörte weder die politische Macht der Plantagenbesitzer-Elite noch ihre Wirtschaftsbasis, wodurch sie das System in anderem Gewand neu strukturieren und das gleiche Ziel wie früher erreichen konnten: ein Überangebot an billigen Arbeitskräften für die Plantagen.

Diese Form des Teufelskreises, in der extraktive Institutionen fortbestehen, weil sich die von ihnen profitierende Elite ebenfalls behauptet, ist nicht die einzige Variante. Zunächst wurde die politische und wirtschaftliche Entwicklung vieler Staaten durch eine verwirrende, doch nicht weniger reale und nicht weniger bösartige Form des negativen Feedbacks gesteuert. Ein Beispiel liefern die Erfahrungen etlicher Staaten im subsaharischen Afrika, insbesondere die Sierra Leones und Äthiopiens. Unter Umständen, die der Soziologe Robert Michels mit dem Ehernen Gesetz der Oligarchie in Verbindung bringen würde, kündigt sich durch den Sturz eines Regimes mit extraktiven Institutionen das Erscheinen neuer Gebieter an, welche sich daran machen, die gleichen verderblichen extraktiven Institutionen für sich zu nutzen. Die Logik eines derartigen Teufelskreises ist im Rückblick ebenfalls leicht zu durchschauen: Durch extraktive politische Institutionen wird dem Machtmissbrauch derjenigen, die frühere Diktatoren gestürzt und die Staatsführung übernommen haben, kaum ein Stein in den Weg gelegt. Unter solchen Umständen können ungeheure Profite erzielt werden, wenn man die Macht besitzt, die Vermögen anderer zu beschlagnahmen und Monopole einzurichten.

Das Eherne Gesetz der Oligarchie ist natürlich nicht mit naturwissenschaftlichen, etwa physikalischen, Gesetzen zu vergleichen. Es beschreibt keinen unvermeidlichen historischen Weg, wie die Glorreiche Revolution in England oder die Meiji-Restauration in Japan veranschaulichen. Ein Schlüsselfaktor in jenen Phasen, in denen eine entscheidende Hinwendung zu inklusiven Institutionen stattfand, war die Stärkung einer breiten Koalition, die sich dem Absolutismus entgegenstemmen und die absolutistischen Institutionen durch inklusivere, pluralistischere ersetzen konnte. Ein Umsturz durch eine breite Koalition lässt das Aufkommen pluralistischer politischer Institutionen viel wahrscheinlicher werden.

In Sierra Leone und Äthiopien dagegen war damit zu rechnen, dass das Eherne Gesetz der Oligarchie wirksam werden würde – nicht nur, weil die bestehenden Institutionen äußerst extraktiv waren, sondern auch, weil es sich weder bei der Unabhängigkeitsbewegung noch bei dem Derg-Putsch um das Werk breiter Koalitionen handelte. Vielmehr wurden die Revolutionen von Einzelnen und von Gruppen durchgeführt, die nach der Macht strebten, um die Ausbeutung zu ihrem eigenen Vorteil fortzusetzen.

Es gibt einen weiteren, noch destruktiveren Aspekt des Teufelskreises, den wir im Zusammenhang mit den Maya-Stadtstaaten im fünften Kapitel skizziert haben. Wenn extraktive Institutionen enorme soziale Ungleichheiten hervorbringen, die den Regierenden zu großem Reichtum und zu uneingeschränkter Macht verhelfen, werden viele bereit sein, um die Herrschaft über den Staat und die Institutionen zu kämpfen. Dann bereiten extraktive Institutionen nicht nur dem nächsten Regime, das noch eigennütziger sein wird, den Weg, sondern sie erzeugen auch ständige interne Machtkämpfe und Bürgerkriege. Solche Bürgerkriege verursachen noch mehr menschliches Leid und vernichten zudem jegliche staatliche Zentralisierung. Häufig beginnt dann ein Abstieg in die Gesetzlosigkeit, in den staatlichen Bankrott und in das politische Chaos, womit alle Hoffnungen auf wirtschaftlichen Wohlstand zunichtegemacht werden, wie das folgende Kapitel verdeutlicht.

13.
WARUM NATIONEN HEUTE SCHEITERN

Wie man in Simbabwe in der Lotterie gewinnt

Es war im Januar 2000 in Harare, Simbabwe. Conférencier Fallot Chawawa leitete die Ziehung des Gewinnloses der nationalen Lotterie, die von einer teils im Staatsbesitz befindlichen Bank, der Zimbabwe Banking Corporation (Zimbank), organisiert wurde. Die Teilnahme stand allen Kunden offen, die im Dezember 1999 fünftausend oder mehr Simbabwe-Dollar auf ihrem Konto hatten. Chawawa zog das Los und war sprachlos. Wie es in der öffentlichen Erklärung der Zimbank hieß: »Conférencier Fallot Chawawa traute seinen Augen nicht, als man ihm das Los für den Preis von 100 000 Simbabwe-Dollar reichte und er die Aufschrift ›Seine Exzellenz R. G. Mugabe‹ sah.«

Präsident Robert Mugabe, der Simbabwe auf Biegen und Brechen – und gewöhnlich mit eiserner Faust – seit 1980 regierte, hatte hunderttausend Simbabwe-Dollar in der Lotterie gewonnen, etwa das Fünffache des jährlichen Pro-Kopf-Einkommens. Die Zimbank behauptete, Mugabes Name sei unter denen von Tausenden teilnahmeberechtigter Kunden gezogen worden. Welch ein Glückspilz! Wie sich versteht, benötigte er das Geld nicht, zumal er sich selbst und seinen Kabinettsmitgliedern Gehaltserhöhungen von bis zu 200 Prozent gewährt hatte.

Das Lotterielos war ein weiteres Symptom für die extraktiven Institutionen von Simbabwe. Man könnte von Korruption sprechen, doch es handelt sich lediglich um einen Hinweis auf die institutionelle Malaise des Landes. Die Tatsache, dass Mugabe nach Belieben in der Lotterie gewinnen konnte, zeigte an, wie sehr er die Situation in Simbabwe unter Kontrolle hatte, und ermöglichte der übrigen Welt einen Blick auf das Ausmaß der extraktiven Institutionen.

Der häufigste Grund dafür, dass Staaten heute scheitern, ist in ihren extraktiven Institutionen zu suchen. Simbabwe unter Mugabes Regime liefert ein anschauliches Beispiel für die wirtschaftlichen und gesellschaftlichen Konsequenzen solch eines Systems. Die offiziellen Statistiken sind sehr unzuverlässig, und die positivste realistische Schätzung läuft darauf hinaus, dass das Pro-Kopf-Einkommen im Jahr 2008 ungefähr halb so hoch war wie im Jahr der Unabhängigkeitserklärung 1980. So drastisch dies klingt, es vermittelt nicht annähernd einen Eindruck von dem Verfall des Lebensstandards in Simbabwe. Der Staat ist zusammengebrochen und stellt nicht einmal mehr elementare öffentliche Dienstleistungen zur Verfügung. Im Jahr 2008 / 2009 konnte sich die Cholera wegen der Verschlechterung des Gesundheitswesens im ganzen Land ausbreiten. Bis zum 10. Januar 2010 gab es 98 741 gemeldete Fälle und 4293 Todesopfer. Damit handelte es sich um die verheerendste Cholera-Epidemie der vergangenen fünfzehn Jahre in Afrika. Außerdem hat auch die Massenarbeitslosigkeit nie dagewesene Höhen erreicht. Anfang 2009 verkündete das UN Office for the Coordination of Humanitarian Affairs, die Arbeitslosigkeit liege bei unglaublichen 94 Prozent.

Die Wurzeln vieler wirtschaftlicher und politischer Institutionen in Simbabwe reichen, wie in den meisten Teilen des subsaharischen Afrika, in die Kolonialzeit zurück. Im Jahr 1890 schickte Cecil Rhodes' British South Africa Company eine Militärexpedition in das damalige Königreich der Ndebele in Matabeleland sowie ins benachbarte Mashonaland. Der afrikanische Widerstand wurde mit überlegenen Waffen rasch gebrochen, und im Jahr 1901 entstand auf dem Gebiet des heutigen Simbabwe die nach Cecil Rhodes benannte Kolonie Südrhodesien. Da es sich nun um ein privates Verwaltungsgebiet der British South Africa Company handelte, plante Rhodes, die dortigen Erzvorkommen auszubeuten. Dazu kam es nie, doch das üppige Ackerland zog weiße Einwanderer an, die bald erhebliche Teile des Bodens für sich beanspruchten. Bis 1923 hatten sie sich von der Herrschaft der British South Africa Company befreit und die Londoner Regierung bewogen, ihnen die Autonomie einzuräumen. Was dann geschah, hatte vieles mit den Ereignissen in Südafrika rund ein Jahrzehnt vorher gemeinsam, wo durch den Natives Land Act von 1913 eine duale Wirtschaft geschaffen worden war. In Rhodesien verabschiedete man ähnliche Gesetze und baute, inspiriert vom südafrikanischen Modell, kurz nach 1923 einen nur den Weißen dienenden Apartheid-Staat auf.

Als die europäischen Kolonialreiche in den späten 1950er und frühen 1960er Jahren zusammenbrachen, erklärte die weiße Elite in Rhodesien, die vielleicht 5 Prozent der Bevölkerung ausmachte, unter Führung von Ian Smith 1965 ihre Unabhängigkeit von Großbritannien. Wenige internationale Regierungen erkannten die rhodesische Unabhängigkeit an, und die Vereinten Nationen planten wirtschaftliche und politische Sanktionen gegen das Land. Die schwarzen Landesbewohner organisierten von Stützpunkten in den Nachbarländern Mósambik und Sambia aus einen Guerillakrieg. Internationaler Druck und die Rebellion der beiden Hauptgruppen, der ZANU (Zimbabwe African National Union) unter Mugabe und der ZAPU (Zimbabwe African People's Union) unter Joshua Nkomo, führten zu dem in London ausgehandelten Ende der weißen Herrschaft. Im Jahr 1980 wurde der Staat Simbabwe proklamiert.

Nach der Unabhängigkeit sicherte Mugabe rasch seine Herrschaft. Entweder schaltete er seine Gegner gewaltsam aus, oder er vereinnahmte sie für sein Regime. Die entsetzlichsten Gewaltakte ereigneten sich in Matabeleland, wo sich die Anhängerschaft der ZAPU konzentrierte. Dort ließ Mugabe Anfang der 1980er Jahre rund 20 000 Menschen ermorden. 1987 schlossen sich ZAPU und ZANU zur ZANU-PF zusammen, und Joshua Nkomo wurde politisch an den Rand gedrängt. Mugabe schrieb zudem die Verfassung um, die er im Rahmen der Unabhängigkeitsverhandlungen geerbt hatte, ernannte sich zum Präsidenten (er hatte als Premierminister begonnen), vernichtete die weißen Wählerverzeichnisse, die ebenfalls Teil des Unabhängigkeitsabkommens gewesen waren, entledigte sich schließlich – 1990 – des Senats ganz und gar und nominierte seine eigenen Kandidaten für neue legislative Ämter. Das Ergebnis war de facto ein Ein-Parteien-Staat mit Mugabe an der Spitze.

Nach der Unabhängigkeit übernahm Mugabe eine Reihe extraktiver Wirtschaftsinstitutionen, die das weiße Regime geschaffen hatte, darunter etliche Verordnungen über Preise und Außenhandel, staatliche Industrien und die obligatorischen Landwirtschaftsverbände. Der öffentliche Sektor wuchs zügig, und die Anhänger der ZANU-PF wurden mit Posten versehen. Die straffe staatliche Lenkung der Wirtschaft kam der ZANU-PF-Elite entgegen, denn dadurch erschwerte sich die Herausbildung einer unabhängigen Schicht afrikanischer Geschäftsleute, die das politische Monopol der Regierung hätten herausfordern können. Die Situation hatte starke Ähnlichkeit mit den Verhältnissen in Ghana in den 1960er Jahren (siehe dazu das zweite Kapitel). Ironischerweise blieb das Geschäftsleben damit überwiegend in der Hand der Weißen. Zunächst wurden ihre Hauptwirtschaftszweige, vor allem der hoch produktive landwirtschaftliche Exportsektor, nicht angetastet, aber das war nur so lange der Fall, bis Mugabes Popularität nachließ.

Das Modell der Marktregulierung und -intervention ließ sich mit der Zeit nicht mehr aufrechterhalten. Nach einer schweren Finanzkrise im Jahr 1991 begann mit Unterstützung der Weltbank und des Internationalen Währungsfonds ein Prozess des institutionellen Wandels. Die sich verschlechternde Wirtschaftsleistung hatte zur Folge, dass sich eine ernstzunehmende politische Opposition gegen die Ein-Parteien-Herrschaft der ZANU-PF entwickelte: die Movement for Democratic Change (MDC). Trotzdem waren die Parlamentswahlen von 1994 alles andere als frei und offen. Die ZANU-PF erhielt 81 Prozent der Stimmen und 118 der 120 Sitze. Fünfundfünfzig der Parlamentsmitglieder wurden ohne Gegenkandidaten gewählt. Im folgenden Jahr waren bei den Präsidentschaftswahlen noch mehr Anzeichen von Unregelmäßigkeiten und Betrug zu entdecken. Mugabe gewann 93 Prozent der Stimmen, doch seine beiden Gegner, Abel Muzorewa und Nbabaningi Sithole, hatten ihre Kandidatur bereits vor der Wahl zurückgezogen, wobei sie die Regierung der Nötigung und des Betrugs bezichtigten.

Nach 2000 schwand die Kontrollmacht der ZANU-PF trotz aller Korruption. Sie erhielt nur 49 Prozent der Stimmen und lediglich 63 Sitze. Die MDC stellte überall Kandidaten auf und gewann sämtliche Sitze in der Hauptstadt Harare. Bei den Präsidentschaftswahlen des Jahres 2000 setzte sich Mugabe mühsam mit lediglich 56 Prozent der Stimmen durch. Beide Wahlen konnte die ZANU-PF nur durch Gewalt und Einschüchterung sowie Betrug für sich entscheiden.

Mugabes Reaktion auf den Rückgang seiner politischen Kontrolle bestand darin, sowohl die Repressionen als auch die Maßnahmen zum Kauf von politischer Unterstützung zu intensivieren. Er entfesselte einen radikalen Angriff auf die weißen Grundeigentümer. Seit 2000 förderte er umfassende Landbesetzungen und -enteignungen. Solche Aktionen wurden häufig von Kriegsveteranenverbänden angeführt, die sich, wie es hieß, aus ehemaligen Kämpfern im Unabhängigkeitskrieg zusammensetzten. Ein Teil der enteigneten Grundstücke wurde diesen Gruppen übergeben, doch große Flächen gingen auch an die ZANU-PF-Elite.

Die Unsicherheit der Grundeigentumsrechte, die Mugabe und die ZANU-PF herbeigeführt hatten, bewirkte den Kollaps der landwirtschaftlichen Erzeugung und Produktivität. Während die Wirtschaft zusammenbrach, sah die Regierung keine andere Möglichkeit mehr, als zum Kauf von Unterstützung Geld zu drucken, was eine galoppierende Inflation auslöste. Im Januar 2009 wurde der Gebrauch anderer Währungen, etwa des südafrikanischen Rand, legalisiert, wonach der Simbabwe Dollar, nun ein wertloses Stück Papier, aus der Zirkulation verschwand.

Was sich nach 1980 in Simbabwe ereignete, war typisch für die Entwicklung des subsaharischen Afrika seit der Unabhängigkeit. Simbabwe hatte 1980 eine Reihe höchst extraktiver politischer und wirtschaftlicher Institutionen geerbt. Diese blieben in den ersten anderthalb Jahrzehnten relativ unverändert erhalten. Obwohl Wahlen stattfanden, waren die politischen Institutionen alles andere als inklusiv, auch wenn es keine explizite Diskriminierung von Schwarzen mehr gab. Im Großen und Ganzen bestand der Hauptunterschied jedoch darin, dass sich nun nicht mehr Ian Smith und die Weißen, sondern Robert Mugabe und die ZANU-PF-Elite die Taschen füllten. Mit der Zeit wurden die Institutionen noch extraktiver, und das Einkommenssystem in Simbabwe brach zusammen.

Das wirtschaftliche und politische Scheitern des Staates bestätigt erneut das Eherne Gesetz der Oligarchie: In diesem Fall wurde das extraktive und repressive Regime von Ian Smith durch das extraktive, korrupte und repressive Regime von Robert Mugabe ersetzt. Dessen manipulierter Lotteriegewinn im Jahr 2000 war also nur die Spitze eines Eisbergs der historisch geprägten Korruption.

Nationen scheitern heute, weil ihre extraktiven Wirtschaftsinstitutionen keine Anreize für die Menschen schaffen zu sparen, zu investieren und Innovationen hervorzubringen. Extraktive wirtschaftliche und politische Institutionen bilden stets, auch wenn die Details variieren mögen, die Ursache solch eines Scheiterns. Wie wir noch an Argentinien, Kolumbien und Ägypten nachweisen werden, äußert es sich oft in einer ungenügenden Wirtschaftätigkeit, weil die Politiker höchst zufrieden damit sind, die vorhandenen Ressourcen auszubeuten und jegliche unabhängige Wirtschaftsaktivität, durch die sie und die bestehenden wirtschaftlichen Eliten gefährdet werden könnten, zu unterdrücken. In einigen extremen Fällen, etwa in Simbabwe und Sierra Leone, auf das wir im Folgenden noch eingehen werden, führen extraktive Institutionen zum völligen Scheitern des Staates, indem sie nicht nur Gesetz und Ordnung, sondern auch die elementarsten wirtschaftlichen Anreize zerstören.

Das Ergebnis sind ökonomische Stagnation und – wie die jüngere Geschichte von Angola, Kamerun, dem Tschad, der Demokratischen Republik Kongo, Haiti, Liberia, Nepal, Sierra Leone, dem Sudan und Simbabwe veranschaulicht – Bürgerkrieg, Massenflucht, Hungersnöte und Epidemien. Dadurch werden viele dieser Länder ärmer, als sie es in den 1960er Jahren waren.

Ein Kinderkreuzzug?

Am 23. März 1991 überquerte eine Gruppe bewaffneter Männer unter Führung von Foday Sankoh die Grenze zwischen Liberia und Sierra Leone und überfiel den südlichen Grenzort Kailahun. Sankoh, ein ehemaliger Gefreiter in der Armee von Sierra Leone, war 1971 nach der Teilnahme an einem misslungenen Putsch gegen Siaka Stevens' Regierung inhaftiert worden. Nach seiner Entlassung gelangte er irgendwann nach Libyen, wo er in ein Ausbildungslager eintrat, das der libysche Diktator Oberst Gaddafi für afrikanische Revolutionäre betrieb. Dort lernte er Charles Taylor kennen, der Pläne zum Sturz der Regierung in Liberia schmiedete. Als Taylor Weihnachten 1989 in Liberia einmarschierte, wurde er von Sankoh begleitet. Später drang dieser mit einer Gruppe von Taylors Männern, hauptsächlich Liberiern und Burkinaben (Bürgern von Burkina Faso), nach Sierra Leone ein. Sie nannten sich Revolutionary United Front (RUF) und verkündeten, die korrupte und tyrannische APC-Regierung beseitigen zu wollen.

Wie im vorigen Kapitel geschildert, hatten Siaka Stevens und seine All People's Congress Party (APC) die extraktiven Institutionen der Kolonialherrschaft in Sierra Leone übernommen und sie intensiviert, ähnlich wie Mugabe und die ZANU-PF es in Simbabwe taten. Im Jahr 1985, als der krebskranke Stevens Joseph Momoh zu seinem Nachfolger bestimmte, war die Wirtschaft dem Untergang nahe. Stevens zitierte, anscheinend ohne jegliche Ironie, gern den Spruch: »Die Kuh frisst, wo sie angebunden ist.« Und wo Stevens gefressen hatte, schlug sich nun Momoh den Wanst voll. Die Straßen zerfielen, und die Schulen lösten sich auf. Die Programme des Staatsfernsehens wurden 1987 eingestellt, als der Informationsminister den Sender verkaufte, und 1989 stürzte der Funkturm ein, der die Signale aus Freetown übermittelte, wonach die Übertragungen außerhalb der Hauptstadt aufhörten. Eine Analyse, die 1995 in einer Zeitung in Freetown veröffentlicht wurde, klingt sehr plausibel:

Als Momohs Herrschaft endete, hatte er die Bezahlung von Beamten, Lehrern und sogar von Paramount Chiefs eingestellt. Die Zentralregierung war zusammengebrochen, und so kam es natürlich zu Grenzübertretungen. Über die Grenze von Liberia drangen massenhaft »Rebellen« und automatische Waffen ein. Der NPRC, die »Rebellen« und die »Sobellen« [zu Rebellen gewordene Soldaten] trugen alle zu dem Chaos bei, das man nach dem Verschwinden einer Regierung erwartet. Nichts davon ist die Ursache unserer Probleme, sondern es handelt sich um Symptome.

Der Zerfall des Staates unter Momoh, wiederum eine Folge des Teufelskreises, den die extrem extraktiven Institutionen unter Stevens ausgelöst hatten, war dafür verantwortlich, dass nichts die RUF daran hindern konnte, die Grenze 1991 zu überschreiten. Der Staat war zu keinem Widerstand mehr fähig, denn Stevens hatte das Militär bereits entmachtet, da er befürchtet hatte, von ihm gestürzt zu werden. Danach fiel es einer relativ kleinen Gruppe bewaffneter Männer leicht, im größten Teil des Landes für Chaos zu sorgen. Sie besaßen sogar ein Programm mit dem Titel »Pfade zur Demokratie«, das mit einem Zitat des schwarzen Intellektuellen Frantz Fanon eingeleitet wurde: »Jede Generation muss aus relativer Unklarheit heraus ihre Mission entdecken, sie erfüllen oder sie verraten.« Der Abschnitt mit der Überschrift »Wofür kämpfen wir?« beginnt:

Wir setzen den Kampf fort, weil wir es überdrüssig sind, ständig Opfer staatlich verursachter Armut und menschlicher Entwürdigung zu sein, die uns durch Jahre autokratischer Herrschaft und des Militarismus heimsuchen. Aber wir werden Zurückhaltung üben und geduldig am Sammelplatz des Friedens warten – wo wir den Sieg davontragen werden. Wir setzen uns mit allen Mitteln für den Frieden ein, aber wir sind nicht bereit, zu Opfern des Friedens zu werden. Wir wissen, dass unsere Sache gerecht ist und dass Gott / Allah uns bei unserem Ringen, ein neues Sierra Leone aufzubauen, nie allein lassen wird.

Obwohl Sankoh und andere RUF-Führer zunächst die politischen Missstände beklagt hatten (und das Elend der Menschen, die unter den extraktiven Institutionen der APC litten, mochte anfangs viele bewogen haben, sich der Bewegung anzuschließen), geriet die Situation bald außer Kontrolle. Durch die »Mission« der RUF wurde das Land in die Agonie getrieben, wie ein Teenager aus Geoma im Süden von Sierra Leone bezeugt:

> Sie holten einige von uns zusammen … Dann wählten sie mehrere unserer Freunde aus und töteten zwei von ihnen. Ihre Väter waren Chiefs, und sie hatten Soldatenstiefel und -ausrüstung in ihren Häusern. Man erschoss sie aus keinem anderen Grund als dem, dass sie angeblich Soldaten versteckten. Die Chiefs – als Teil der Regierung – wurden ebenfalls ermordet. Sie ernannten einen neuen Chief. Immer noch behaupteten sie, sie wollten uns von der APC befreien. Nach einer Weile wählten sie niemanden mehr aus, um ihn zu töten, sondern erschossen einfach beliebige Menschen.

Im ersten Jahr nach dem Einmarsch hatte die RUF sämtliche intellektuellen Wurzeln verloren. Sankoh ließ alle hinrichten, welche die wachsende Zahl der Gräueltaten kritisierten. Bald schlossen sich nur noch wenige Freiwillige der RUF an. Deshalb wandte sie sich der Zwangsrekrutierung, besonders von Kindern, zu. Dies taten übrigens alle Seiten, die Armee eingeschlossen. Wenn der Bürgerkrieg in Sierra Leone als Kreuzzug für eine bessere Gesellschaft begonnen hatte, so wurde er am Ende zu einem Kinderkreuzzug. Der Konflikt verschärfte sich durch Massaker und unglaubliche Menschenrechtsverletzungen, darunter Massenvergewaltigungen und Amputationen von Händen und Ohren. Wenn die RUF ein Gebiet besetzte, beutete sie es auch wirtschaftlich aus. Dies war am offensichtlichsten in den Diamantenbergbau-Regionen, wo die Menschen zur Diamantenförderung gezwungen wurden. Aber solche Praktiken waren auch anderswo verbreitet.

Nicht nur die RUF beging Gemetzel und sonstige Gräueltaten und setzte die organisierte Zwangsarbeit ein. Die Regierung handelte genauso. Die Spuren von Recht und Ordnung verwischten sich so sehr, dass man kaum noch zwischen Soldaten und Rebellen unterscheiden konnte. Jegliche militärische Disziplin war verschwunden. Als der Krieg im Jahr 2001 endete, waren vermutlich 80 000 Menschen gestorben, und das ganze Land lag in Schutt und Asche. Straßen, Häuser und öffentliche Gebäude waren völlig zerstört. Noch heute sieht man auf der Fahrt nach Koidu, wo sich wichtige Diamantenfelder befinden, Reihen ausgebrannter, von Kugeln durchlöcherter Häuser.

Bereits 1991 war der Staat in Sierra Leone gescheitert. Man denke an das, was König Shyaam mit den Bushong anstellte: Er gründete extraktive Institutionen, um seine Macht zu festigen und um die Produktion der Gesellschaft an sich zu reißen. Doch selbst extraktive Institutionen mit der Zentralgewalt in den Händen des Königs waren einer Situation ohne Recht und Ordnung, ohne eine zentrale Autorität und ohne Eigentumsrechte vorzuziehen, welche die Lele-Gesellschaft am anderen Ufer des Kasai kennzeichnete. Der Mangel an Ordnung und an einer Zentralgewalt wurde in den vergangenen Jahrzehnten zum Schicksal vieler afrikanischer Staaten, teils weil der Prozess der politischen Zentralisierung im subsaharischen Afrika aus historischen Gründen verzögert wurde, aber auch deshalb, weil der Teufelskreis der extraktiven Institutionen jegliche staatliche Zentralisierung zunichtemachte, so dass sich das Versagen des Staates anbahnte.

Sierra Leone lieferte während seines blutigen Bürgerkriegs von 1991 bis 2001 das typische Beispiel eines gescheiterten Staates. Zuerst war es nur eines von vielen Ländern, die durch extraktive Institutionen, wenn auch von besonders böser und ineffizienter Art, geschädigt wurden. Staaten scheitern nicht infolge ihrer geographischen Lage oder ihrer Kultur, sondern durch das Vermächtnis extraktiver Institutionen, die Macht und Wohlstand auf die Herrscher beschränken, was zu Unruhe, Streit und Bürgerkrieg führt. Extraktive Institutionen wirken auch dadurch direkt am allmählichen Versagen des Staates mit, dass sie selbst in die elementarsten öffentlichen Dienstleistungen nicht mehr investieren, und genau das geschah in Sierra Leone.

Extraktive Institutionen, die das Volk enteignen und in die Verarmung treiben sowie die Wirtschaftsentwicklung blockieren, sind in

Afrika, Asien und Südamerika recht häufig. Charles Taylor half bei der Entfachung des Bürgerkriegs in Sierra Leone mit, während er gleichzeitig einen brutalen Konflikt in Liberia anzettelte, der auch dort das Scheitern des Staates bewirkte. Ein ähnliches Muster extraktiver Institutionen war in Afrika auch in Angola, an der Elfenbeinküste, in der Demokratischen Republik Kongo, in Mosambik, in der Republik Kongo, in Somalia, im Sudan und in Uganda zu beobachten. Äußerst extraktive Institutionen bereiten Konflikten den Weg, wie es schon in den Maya-Stadtstaaten vor fast tausend Jahren der Fall war. Konflikte beschleunigen das Versagen des Staates. Dies ist als Folge jahrzehntelanger Herrschaft unter extraktiven wirtschaftlichen und politischen Institutionen ein weiterer Grund für das Scheitern von Nationen.

Wer ist der Staat?

Die Beispiele Simbabwe, Somalia und Sierra Leone wirken, selbst wenn sie typisch für arme afrikanische Länder sind, ebenso wie manche Fälle in Asien recht extrem. Gibt es nicht zumindest in Lateinamerika Länder, deren Staatswesen gescheitert ist? Sind deren Präsidenten etwa nicht unverschämt genug, in der Lotterie zu gewinnen?

In Kolumbien gehen die Anden im Norden allmählich in eine große Küstenebene am Karibischen Ozean über. Die Einheimischen bezeichnen die Ebene als *tierra caliente*, »heißes Land«, im Unterschied zur *tierra fria*, dem »kalten Land« der Andenregion. Seit fünfzig Jahren wird Kolumbien von den meisten Politologen und Regierungen als Demokratie eingestuft. Die Vereinigten Staaten zögern nicht, Gespräche über ein potentielles Freihandelsabkommen mit dem Land zu führen und ihm jegliche Unterstützung, vor allem in Form von Militärhilfe, zukommen zu lassen. Nach dem Ende einer kurzlebigen Militärregierung im Jahr 1958 wurden regelmäßig Wahlen abgehalten, obwohl die politische Macht und die Präsidentschaft durch einen Pakt zwischen den beiden traditionellen Parteien, den Konservativen und den Liberalen, lediglich hin- und hergeschoben wurden. Immerhin ratifizierten die Kolumbianer den Pakt in Form der »Nationalen Front« durch ein Plebiszit, was demokratisch genug zu sein scheint.

Doch obwohl Kolumbien über eine lange Geschichte demokratischer Wahlen verfügt, besitzt es keine inklusiven Institutionen. Vielmehr ist seine Geschichte von Bürgerrechtsverletzungen, außergerichtlichen Exekutionen, Gewalt gegenüber der Zivilbevölkerung und Bürgerkrieg geprägt. Das widerspricht dem, was wir von einer Demokratie erwarten. Der Bürgerkrieg in Kolumbien unterscheidet sich von dem in Sierra Leone, wo Staat und Gesellschaft zusammenbrachen und Chaos herrschte. Gleichwohl ist es ein Bürgerkrieg, der zudem viel mehr Opfer gefordert hat. Die Militärherrschaft der 1950er Jahre war ihrerseits teilweise eine Reaktion auf einen Bürgerkrieg, der auf Spanisch schlicht als La Violencia (»Die Gewalt«) bekannt ist. Seit damals malträtieren etliche Gruppen von Aufständischen, zumeist kommunistische Revolutionäre, die Landgebiete, wo sie Entführungen und Morde begehen. Um derartige Heimsuchungen zu vermeiden, muss man im ländlichen Kolumbien eine *vacuna* (»Impfung«) zahlen, die jeden Monat an eine Bande bewaffneter Banditen abgeführt wird.

Nicht alle bewaffneten Gruppen in Kolumbien sind Kommunisten. 1981 entführten Mitglieder der wichtigsten kommunistischen Guerillagruppe, der Fuerzas Armadas Revolucionarias de Colombia (FARC), einen Milchbauern namens Jesus Castaño, der in dem kleinen Ort Amalfi im nordöstlichen Teil des Departamentos Antioquia wohnte. Die FARC verlangten ein Lösegeld von 7500 Dollar, ein kleines Vermögen im ländlichen Kolumbien. Die Familie nahm eine Hypothek auf, um das Geld zusammenzubringen, doch trotzdem wurde der Familienvater tot und an einen Baum gefesselt vorgefunden. Daraufhin gründeten drei von Castaños Söhnen, Carlos, Fidel und Vicente, eine paramilitärische Gruppe, Los Tangueros, um sich an den FARC zu rächen. Bald wuchs die Gruppe und verbündete sich mit anderen, aus ähnlichen Gründen entstandenen paramilitärischen Vereinigungen. In vielen Gegenden litten die Kolumbianer unter linken Guerillas und bildeten zu deren Bekämpfung rechte paramilitärische Organisationen. Die Landbesitzer griffen auf sie zurück, um sich gegen die Guerillas zu verteidigen, doch die Paramilitärs waren ebenfalls in

Drogenhandel, Erpressungen, Entführungen und die Ermordung von Bürgern verwickelt.

1997 gelang es den Paramilitärs unter Führung der Brüder Castaño, eine nationale Organisation namens Autodefensas Unidas de Colombia (AUC – Vereinigte Selbstverteidigungsgruppen von Kolumbien) zu gründen. Die AUC besetzten große Gebiete, besonders im heißen Land in den Departamentos Córdoba, Sucre, Magdalena und César. Um 2001 verfügten die AUC Schätzungen zufolge über rund 30 000 bewaffnete Männer, die in verschiedene Blocks untergliedert waren. In Córdoba stand Salvatore Mancuso an der Spitze des paramilitärischen Bloque Catatumbo.

Als die Macht der AUC wuchs, trafen sie die strategische Entscheidung, sich politisch zu betätigen. Die Paramilitärs und die Politiker umwarben einander. Mehrere AUC-Führer organisierten ein Treffen mit prominenten Politikern in Santa Fé de Ralito in Córdoba. Ein Abkommen, das die »Neugründung des Landes« vorsah, wurde von maßgeblichen AUC-Mitgliedern wie »Jorge 40« (Spitzname von Rodrigo Tóvar Pupo), Adolfo Paz (*nom de guerre* von Diego Fernando »Don Berna« Murillo) und Diego Vecina (wirklicher Name: Edwar Cobo Téllez) sowie von Politikern wie den Senatoren William Montes und Miguel de la Espriella unterzeichnet. Mittlerweile hatten die AUC in großen Teilen Kolumbiens das Heft in der Hand, weshalb sie mühelos bestimmen konnten, wer im Jahr 2002 in den Kongress und in den Senat gewählt wurde. Beispielsweise arrangierte der Paramilitärführer Cadena (»Kette«) die Wahl in der Gemeinde San Onofre im Departamento Sucre. Ein Augenzeuge schilderte, was geschah:

> Die von Cadena ausgesandten Lastwagen fuhren durch die Viertel, *corregimientos* und Landbezirke von San Onofre, um Menschen abzuholen. Laut einigen Bewohnern … wurden Hunderte von Bauern für die Wahl des Jahres 2002 zum *corregimiento* Plan Parejo gebracht, damit sie sich die Gesichter der Kandidaten, für die sie bei der Parlamentswahl stimmen sollten, einprägen konnten: Jairo Merlano für den Senat und Muriel Benito Rebollo für den Kongress.

Cadena legte den Zettel mit den Namen der Ratsmitglieder in einen Beutel, zog zwei heraus und sagte, er werde diese und beliebige andere Personen töten, falls Muriel nicht gewann.

Die Drohung scheint wirksam gewesen zu sein: Jeder der beiden Kandidaten erhielt 40 000 Stimmen in ganz Sucre. Es ist kein Wunder, dass der Bürgermeister von San Onofre den Pakt von Santa Fé de Ralito unterzeichnete. Vermutlich ein Drittel der Kongressabgeordneten und Senatoren verdankten ihre Wahl in jenem Jahr der paramilitärischen Unterstützung. Karte 20, auf der die damals unter paramilitärischer Kontrolle befindlichen Gebiete in Kolumbien markiert sind, macht deutlich, wie verbreitet ihr Einfluss war. Salvatore Mancuso drückte es in einem Interview folgendermaßen aus:

35 Prozent des Kongresses wurden in Gegenden gewählt, die den Selbstverteidigungsgruppen unterstanden. Dort zogen wir Steuern ein, sprachen Recht und hatten die militärische und territoriale Kontrolle über die Region. Alle, die Politiker werden wollten, mussten sich mit unseren dortigen politischen Vertretern verständigen.

Man kann sich leicht vorstellen, welche Auswirkungen eine derartige Kontrolle der Politik und der Gesellschaft auf die Wirtschaftsinstitutionen und die öffentliche Ordnung hatte. Die Ausweitung der AUC vollzog sich nicht friedlich und sie kämpften nicht nur gegen die FARC, sondern ermordeten auch unschuldige Zivilisten, terrorisierten Hunderttausende von Menschen und vertrieben sie aus ihren Behausungen. Nach Angaben des Internal Displacement Monitoring Centre (IDMC) des Norwegischen Flüchtlingsrats (Norwegian Refugee Council, NRC) waren Anfang 2010 rund 10 Prozent der Bevölkerung Kolumbiens, fast 4,5 Millionen Menschen, interne Vertriebene. Die Paramilitärs übernahmen auch, wie Mancuso andeutete, die Regierung und all ihre Funktionen, bloß mit dem Unterschied, dass sämtliche Steuereinnahmen in ihre eigenen Taschen flossen. In einem außergewöhnlichen Pakt zwischen dem Paramilitärführer Martín Llanos (wirklicher Name: Héctor Germán Buitrago) und den

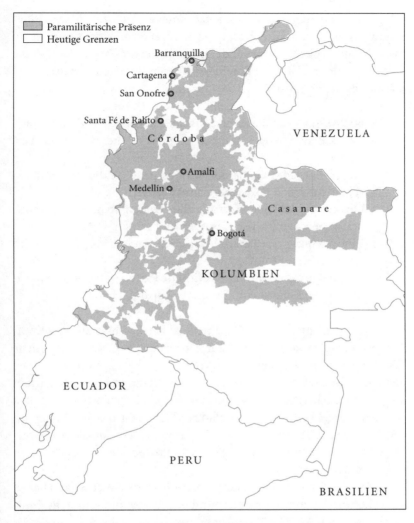

Karte 20: Paramilitärische Präsenz in Kolumbien, 1997–2005

Bürgermeistern der Gemeinden Tauramena, Aguazul, Maní, Villa-nueva, Monterrey und Sabanalarga im Departamento Casanare in Ostkolumbien werden unter anderem folgende Regeln genannt, an die sich die Bürgermeister auf Befehl der »Paramilitärischen Bauern von Casanare« halten mussten:

9) 50 Prozent des Gemeindehaushalts werden den Paramilitäri-schen Bauern von Casanare überlassen und von ihnen ver-waltet.

10) 10 Prozent jedes Gemeindeauftrags [sind an die Paramilitäri-schen Bauern von Casanare abzuführen].

11) Obligatorische Unterstützung aller Treffen, welche die Parami-litärischen Bauern von Casanare einberufen.

12) Einbeziehung der Paramilitärischen Bauern von Casanare in sämtliche Bauprojekte.

13) Angliederung an die neue politische Partei, welche die Parami-litärischen Bauern von Casanare gegründet haben.

Casanare ist nicht arm. Im Gegenteil, es hat das höchste Pro-Kopf-Einkommen aller kolumbianischen Departamentos, da es erhebliche Erdölreserven besitzt (genau die Art Bodenschätze, die Paramilitärs anziehen). Sobald die Paramilitärs an der Macht waren, verschärften sie ihre systematische Enteignung von Grundstücken. Mancuso selbst sammelte angeblich städtischen und ländlichen Grund und Boden im Wert von 25 Millionen Dollar ein. Es wird geschätzt, dass die Parami-litärs in Kolumbien nicht weniger als 10 Prozent der Landgebiete an sich gerissen haben.

Kolumbien ist kein gescheiterter, dem Kollaps naher Staat, aber er ist nicht hinreichend zentralisiert und übt eine keineswegs vollständi-ge Herrschaft über sein Territorium aus. Obwohl der Staat in Groß-städten wie Bogotá und Baranquilla Sicherheit und öffentliche Dienst-leistungen garantieren kann, gibt es weite Landstriche, in denen kaum Dienstleistungen angeboten werden, geschweige denn Recht und Ordnung gewährleistet sind. Dort werden Politik und Bodenschätze von autonom agierenden Gruppen und Personen wie Mancuso kon-

trolliert. In manchen Teilen des Landes funktionieren die Wirtschaftsinstitutionen recht gut, und dort trifft man auf Personal und unternehmerische Kompetenz von hohem Niveau, doch in anderen Teilen
sind die Institutionen äußerst extraktiv und können nicht einmal ein
Minimum an staatlicher Autorität bereitstellen.

Es mag schwer zu begreifen sein, wie sich eine derartige Situation
jahrzehnte- und sogar jahrhundertelang fortsetzen kann. Aber in
Wirklichkeit hat sie ihre eigene Logik als Variante des Teufelskreises.
Gewaltanwendung und das Fehlen zentralisierter staatlicher Institutionen verbinden sich zu einer symbiotischen Beziehung mit Politikern, die für die funktionalen Teile der Gesellschaft zuständig sind.
Die symbiotische Beziehung entsteht deshalb, weil nationale Politiker
die Rechtlosigkeit an der Peripherie des Landes ausnutzen, während
die Staatsregierung die paramilitärischen Gruppen nach Belieben
schalten und walten lässt.

Dieses Muster trat nach 2000 besonders deutlich hervor. Im Jahr
2002 wurde Álvaro Uribe zum Präsidenten gewählt. Uribe hatte etwas
mit den Brüdern Castaño gemeinsam, denn sein Vater war ebenfalls
von den FARC ermordet worden. Deshalb wandte er sich in seinem
Wahlkampf gegen die Versuche der vorherigen Regierung, Frieden
mit den FARC zu schließen. Sein Stimmenanteil war im Jahr 2002 in
Gegenden mit einer paramilitärischen Präsenz um 3 Prozent höher
als anderswo. Als man ihn 2006 wiederwählte, war sein Stimmenanteil in solchen Gegenden sogar um 11 Prozent höher. Mancuso und
seine Partner konnten nicht nur Stimmen für den Kongress und den
Senat einfahren, sondern auch für einen Präsidentschaftskandidaten,
ganz besonders, wenn dieser ihre Weltanschauung teilte und sie wahrscheinlich nachsichtig behandeln würde. Wie Jairo Angarita, Salvatore
Mancusos Stellvertreter und ehemaliger Anführer des Sinú- und des
San-Jorge-Blocks der AUC, im September 2005 erklärte, war er stolz
darauf, für die »Wiederwahl des besten Präsidenten [zu arbeiten], den
wir je hatten«.

Nachdem Uribe gewählt worden war, gaben die paramilitärischen
Senatoren und Kongressabgeordneten ihre Stimmen in seinem Sinne
ab, zum Beispiel für eine Verfassungsänderung, damit er im Jahr 2006

wiedergewählt werden konnte. Im Gegenzug ließ Präsident Uribe ein äußerst mildes Gesetz verabschieden, das den Paramilitärs gestattete, sich aufzulösen. Dies bedeutete jedoch nicht das Ende des Paramilitarismus, sondern vielmehr, dass er in den Gebieten, welche die Paramilitärs besetzt hatten und behalten durften, die Institutionen übernehmen konnte.

In Kolumbien sind viele Aspekte der wirtschaftlichen und politischen Institutionen mit der Zeit inklusiver geworden, doch bedeutende extraktive Elemente bleiben bestehen. Gesetzlosigkeit und ungesicherte Eigentumsrechte sind verbreitet, was auf die mangelnde Kontrolle des Staates in weiten Teilen des Landes und auf die spezifische Form der Dezentralisierung in Kolumbien zurückgeht. Ein solcher Zustand ist jedoch nicht unvermeidlich, sondern eine Folge der Kräfte, in denen sich der Teufelskreis widerspiegelt: Die politischen Institutionen in Kolumbien schaffen keinen Anreiz für die Politiker, überall im Land für funktionierende öffentliche Dienstleistungen sowie für Recht und Ordnung zu sorgen, und sie hindern die Politiker nicht daran, direkte oder indirekte Geschäfte mit Paramilitärs und Gangstern zu machen.

El Corralito

Argentinien wurde Ende 2001 von einer Wirtschaftskrise erschüttert. Seit drei Jahren waren die Einkommen gefallen, die Arbeitslosigkeit war gestiegen, und das Land hatte massive internationale Schulden angehäuft. Diese Situation wurde durch die Maßnahmen verursacht, die Carlos Menems Regierung 1989 eingeleitet hatte, um die Hyperinflation zu stoppen und die Wirtschaft zu stabilisieren. Immerhin eine Zeitlang mit Erfolg.

1991 koppelte Menem den argentinischen Peso an den amerikanischen Dollar. Ein Peso wurde offiziell mit einem Dollar gleichgesetzt, und der Wechselkurs durfte sich nicht ändern – basta. Wirklich? Um die Menschen davon zu überzeugen, dass die Regierung das Gesetz befolgen wollte, bewog man sie, Dollarkonten zu eröffnen. In den Läden von Buenos Aires durfte mit Dollars bezahlt werden, die überall in der Stadt aus den Bankautomaten gezogen werden konnten. Diese Aktion trug tatsächlich dazu bei, die Wirtschaft zu stabilisieren, doch sie hatte einen großen Nachteil: Argentinische Exporte wurden sehr teuer und ausländische Importe sehr billig. Daraufhin versiegten die Exporte, während die Importe überhandnahmen und nur mit Krediten bezahlt werden konnten. Es war eine unhaltbare Situation. Immer mehr Menschen machten sich Sorgen um die Überlebensfähigkeit des Pesos und zahlten immer mehr Geld auf ihre Dollarkonten ein. Schließlich waren sie nun durch Dollarkonten abgesichert, falls die Regierung beschloss, das Gesetz aufzuheben und den Peso abzuwerten, stimmt's? Die Bürger machten sich zu Recht Sorgen um den Peso, aber sie waren zu optimistisch, was ihre Dollars betraf.

Am 1. Dezember 2001 fror die Regierung sämtliche Bankkonten für zunächst 90 Tage ein. Nur eine kleine Bargeldmenge durfte wöchentlich abgehoben werden: zuerst 250 Pesos, die immer noch 250 Dollar wert waren, und dann 300 Pesos; allerdings durften diese Abhebungen nur von Pesokonten erfolgen. Niemand konnte Geld von seinem Dollarkonto abheben, es sei denn, er erklärte sich bereit, die Dollars in Pesos umzutauschen. Dies lehnten alle ab. Die Argentinier bezeichneten die Situation als »El Corralito« (»kleiner Korral«), da die Sparer wie Kühe in einem Korral eingesperrt waren.

Im Januar fand die Abwertung endlich statt, und plötzlich bekam man für einen Peso nur noch einen Vierteldollar. Damit hätten sich diejenigen, die ihre Ersparnisse in Dollars angelegt hatten, gerechtfertigt fühlen sollen, doch die Regierung konvertierte nun sämtliche Dollar- in Pesokonten, allerdings zu dem alten Wechselkurs von eins zu eins. Wer 1000 Dollar gespart hatte, bekam 1000 Pesos mit einem Gegenwert von nur noch 250 Dollar. Die Regierung hatte drei Viertel der Volksersparnisse enteignet.

Für Ökonomen ist Argentinien ein verwirrendes Land. Um zu veranschaulichen, wie schwierig es sei, die dortigen Verhältnisse zu verstehen, bemerkte der Nobelpreisträger Simon Kuznets einmal, es gebe vier Arten von Ländern: entwickelte, unterentwickelte, Japan und Argentinien. Zu dieser Meinung gelangte er, weil Argentinien zur

Zeit des Ersten Weltkriegs einer der reichsten Staaten der Welt war. Dann begann es gegenüber den anderen reichen Ländern in Westeuropa und Nordamerika einen stetigen Abstieg, der in den 1970er und 1980er Jahren zu einer Talfahrt wurde. Auf den ersten Blick ist die Wirtschaftsleistung Argentiniens tatsächlich verwirrend, doch die Gründe für den Verfall werden deutlicher, wenn man den Staat unter dem Aspekt inklusiver und extraktiver Institutionen betrachtet.

Zwar erlebte Argentinien vor 1914 rund fünfzig Jahre wirtschaftlichen Wachstums, aber es handelte sich um einen klassischen Fall des Zuwachses unter extraktiven Institutionen. Damals wurde es von einer kleinen Elite regiert, die stark in die Agrar-Exportwirtschaft investierte. Die Wirtschaft gedieh durch die Ausfuhr von Rindfleisch, Leder und Getreide, da die Weltmarktpreise für diese Produkte boomten. Wie in allen derartigen Fällen von Wachstum unter extraktiven Institutionen wurde es jedoch weder von schöpferischer Zerstörung noch von Neuerungen begleitet. Und es war nicht nachhaltig. Um die Zeit des Ersten Weltkriegs veranlassten die zunehmende politische Instabilität und bewaffnete Aufstände die argentinische Elite zu dem Versuch, das politische System auszuweiten, doch dadurch wurden nicht zu zügelnde Kräfte mobilisiert, und im Jahr 1930 ereignete sich der erste Militärputsch. Danach schwankte Argentinien bis 1983 zwischen Diktatur und Demokratie und zwischen verschiedenen extraktiven Institutionen hin und her. Unter der Militärherrschaft fanden Massenrepressionen statt, die in den 1970er Jahren mit mindestens neuntausend offiziellen Hinrichtungen – und wahrscheinlich viel mehr illegalen Opfern – ihren Höhepunkt erreichten. Hunderttausende wurden inhaftiert und gefoltert.

In den Zeiten der Zivilherrschaft wurden immerhin Wahlen abgehalten. Man konnte also von einer Art Demokratie sprechen, aber das politische System war keineswegs inklusiv. Seit dem Aufstieg Peróns in den 1940er Jahren dominierte im demokratischen Argentinien die von ihm geschaffene politische Partei namens Partido Justicialista, die man gewöhnlich nur als Perónistische Partei bezeichnet. Die Perónisten gewannen die Wahlen dank eines riesigen politischen Apparats, der für Stimmenkauf, Protektion und Korruption sorgte sowie

Regierungsaufträge und Posten im Austausch gegen politische Unterstützung verteilte. Die Macht war vornehmlich in der Perónistischen Partei konzentriert, die kaum Kontrollen unterlag, jedenfalls in dem Zeitraum, in dem das Militär sie nicht aus der Macht drängte. Wie erwähnt, konnte der Oberste Gerichtshof, wenn er eine Maßnahme in Frage stellte, nur den Kürzeren ziehen.

In den 1940er Jahren hatte Perón die Arbeiterbewegung zu seiner politischen Basis gemacht. Als seine Partei in den 1970er und 1980er Jahren durch militärische Repressionen geschwächt wurde, machte sie sich einfach daran, Stimmen von anderen zu kaufen. Die Wirtschaftspolitik und die Wirtschaftsinstitutionen hatten den Zweck, den Anhängern der Partei Einnahmen zu verschaffen, und nicht etwa den, faire Wettbewerbsbedingungen herzustellen. Als Präsident Menem in den 1990er Jahren durch die Befristung seiner Amtszeit an einer neuen Kandidatur gehindert wurde, änderte er einfach die Verfassung und strich die Befristung. Wie El Corralito zeigt, können argentinische Regierungen, selbst wenn sie auf demokratischem Weg gewählt werden, ungestraft Eigentumsrechte missachten und ihre Bürger enteignen. Die Präsidenten und die politische Elite unterliegen in Argentinien kaum einer Kontrolle, und von Pluralismus kann keine Rede sein.

Was Kuznets – und zweifellos viele andere Besucher von Buenos Aires – verblüffte, war die Tatsache, dass die Stadt sich so sehr von Lima, Guatemala City oder Mexiko City zu unterscheiden schien. Man bekommt keine Ureinwohner und keine Nachfahren von Sklaven zu Gesicht. Hauptsächlich sieht man die prächtige Architektur, die während der Belle Époque in den Jahren des Wachstums unter extraktiven Institutionen errichtet wurde. Aber dies ist nur ein Teil Argentiniens. Menem zum Beispiel wurde in Anillaco geboren, in der gebirgigen Provinz La Rioja im Nordwesten von Buenos Aires, wo er drei Amtszeiten lang Provinzgouverneur war.

Während der Eroberung Amerikas durch die Spanier war dieser Teil Argentiniens eine abgelegene, von Ureinwohnern dicht besiedelte Region des Inkareiches (siehe Karte 1). Die Spanier richteten hier *encomiendas* ein, und dann entwickelte sich eine äußerst extraktive Wirtschaft, die sich auf den Anbau von Nahrungsmitteln und die Züchtung von Maultieren für die Bergleute von Potosí im Norden konzentrierte. Überhaupt hatte La Rioja mehr mit Potosí in Bolivien als mit Buenos Aires gemeinsam. Im 19. Jahrhundert brachte La Rioja den berühmten Kriegsherrn Facundo Quirouga hervor, der die Gegend gesetzlos verwaltete und mit seiner Armee gen Buenos Aires marschierte.

Die Geschichte der Entwicklung argentinischer politischer Institutionen handelt davon, wie die im Innern gelegenen Provinzen, etwa La Rioja, Vereinbarungen mit Buenos Aires erzielten. Dabei ging es um Waffenstillstände: Die Kriegsherren von La Rioja erklärten sich bereit, Buenos Aires in Ruhe zu lassen, damit es Geld erwirtschaften konnte. Als Gegenleistung verzichtete die herrschende Elite von Buenos Aires darauf, die Institutionen im Landesinneren zu reformieren. Während Argentinien also auf den ersten Blick wenig mit Peru oder Bolivien gemeinsam zu haben scheint, ist es in Wirklichkeit kaum anders, wenn man die eleganten Boulevards von Buenos Aires hinter sich lässt. Da Politik des Landesinnern die Institutionen prägte, hat Argentinien einen ähnlichen institutionellen Weg hinter sich wie andere extraktive lateinamerikanische Staaten.

Typischerweise haben Wahlen in Lateinamerika weder inklusive politische noch inklusive wirtschaftliche Institutionen entstehen lassen. In Kolumbien können die Paramilitärs ein Drittel der landesweiten Wahlen beeinflussen. In Venezuela greift, ähnlich wie in Argentinien, die demokratisch gewählte Regierung von Hugo Chávez ihre Gegner an, sorgt für ihre Entlassung aus dem öffentlichen Sektor, schließt Zeitungsredaktionen, deren Leitartikel ihr nicht gefallen, und enteignet Eigentum. Bei all seinen Aktionen ist Chávez viel mächtiger und weniger eingeengt als Sir Robert Walpole in Großbritannien in den 1720er Jahren, der nicht in der Lage war, John Huntridge nach dem Black Act verurteilen zu lassen. Im heutigen Venezuela oder Argentinien wäre es Huntridge viel schlimmer ergangen.

Während die sich in Lateinamerika herausbildende Demokratie der Eliteherrschaft prinzipiell feindlich gegenübersteht und theoretisch und praktisch versucht, wenigstens einem Teil der Elite deren beanspruchte Vorrechte und Möglichkeiten zu entziehen, sind ihre Ursprünge in zweierlei Hinsicht fest in extraktiven Regimen verwurzelt.

Erstens bewirken die Ungerechtigkeiten, die jahrhundertelang unter extraktiven Regimen erduldet wurden, dass die Wähler in jungen Demokratien für Politiker mit extremen Programmen stimmen. Dabei sind die Argentinier nicht so naiv zu glauben, dass Juan Perón oder neuere perónistische Politiker wie Menem oder die Kirchners uneigennützig seien und die Interessen des Volkes im Auge hätten, und auch die Venezolaner sehen ihre Rettung nicht in Chávez. Vielmehr ist zahlreichen Argentiniern und Venezolanern klar geworden, dass alle anderen Politiker und Parteien ihnen seit Langem ein Mitspracherecht vorenthalten haben, dass sie auf die elementarsten öffentlichen Dienstleistungen wie Straßenbau und Schulwesen verzichten mussten und dass niemand sie vor der Ausbeutung durch lokale Eliten geschützt hat. Deshalb befürworten viele Venezolaner heutzutage Chávez' Programm, obwohl es von Korruption und Verschwendung begleitet wird, ähnlich wie viele Argentinier Peróns Pläne in den 1940er und 1970er Jahren unterstützten.

Zweitens sind es die dem System zugrunde liegenden extraktiven Institutionen, die Machthaber wie Perón und Chávez so sehr begünstigen und nicht etwa ein funktionierendes Parteiensystem, das gesellschaftlich wünschenswerte Alternativen entstehen lässt. Perón, Chávez und Dutzende anderer starker Männer in Lateinamerika sind nur ein weiteres Symptom des Ehernen Gesetzes der Oligarchie, und die Ursachen dieses Ehernen Gesetzes sind in den von der Elite kontrollierten Regimen zu suchen.

Der neue Absolutismus

Im November 2009 führte man in Nordkorea eine Währungsreform durch. Häufig ist eine hohe Inflation für solche Maßnahmen verantwortlich. In Frankreich wurde der Franc im Januar 1960 durch eine neue Währungseinheit ersetzt, die das Hundertfache wert war. Alte Francs blieben jedoch im Umlauf und wurden sogar für Preisangaben benutzt, während man allmählich zu den neuen Francs überwechselte. Erst im Januar 2002, als Frankreich den Euro einführte, galten alte Francs nicht mehr als gesetzliches Zahlungsmittel.

Die nordkoreanische Reform schien ähnliche Züge zu haben. Wie die Franzosen im Jahr 1960 beschlossen auch die Nordkoreaner, zwei Nullen der Währungseinheit zu streichen. Ein neuer Won sollte hundert alte Won wert sein. Die Bürger durften ihre Ersparnisse in die neu gedruckte Währung umtauschen, was jedoch innerhalb einer Woche statt im Lauf von zweiundvierzig Jahren, wie in Frankreich, geschehen sollte. Dann folgte der Haken: Die Regierung gab bekannt, dass niemand mehr als 100 000 Won – später erhöht auf 500 000 – umtauschen dürfe. Hunderttausend Won entsprachen dem Schwarzmarktkurs von ungefähr 40 Dollar. Mit einem Schlag hatte die Regierung den Löwenanteil des Privatvermögens ihrer Bürger ausgelöscht. Wir wissen nicht genau, um welchen Betrag es sich handelte, doch er ist wahrscheinlich größer als der, den die argentinische Regierung im Jahr 2002 an sich raffte.

Die nordkoreanische Regierung steht an der Spitze einer kommunistischen Diktatur, die Privateigentum und freie Märkte ablehnt. Aber es ist schwierig, den Schwarzmarkt zu kontrollieren, auf dem Geschäfte in Bargeld abgewickelt werden. Natürlich verwendet man dabei auch Devisen, besonders chinesische Yuan, doch oftmals wird mit Won bezahlt. Die Währungsreform hatte den Zweck, die Nutzer dieser Märkte zu bestrafen und zudem sicherzustellen, dass sie nicht reich und mächtig genug wurden, um das Regime zu gefährden. Aber es ging nicht nur um die Schwarzmärkte, denn die Ersparnisse der meisten Menschen in Nordkorea bestanden aus Won, weil es kaum Banken im Land gibt. Und da sich alle Banken im Staatsbesitz befinden, beschlagnahmte die Regierung mit Hilfe der Währungsreform einen Großteil der Ersparnisse des Volkes.

Obwohl die Schwarzmärkte offiziell verurteilt werden, findet die nordkoreanische Elite Gefallen an dem, was sie produzieren. Der oberste Machthaber Kim Jong-Il, der im Dezember 2011 starb, hatte einen siebenstöckigen Vergnügungspalast mit einer Bar, einem Karaoke-Automaten und einem kleinen Kino. Im Erdgeschoss befand sich ein riesiger Swimmingpool mit einer Wellenmaschine, wo Kim gern mit einem motorisierten Bodyboard herumfuhr. Als die Vereinigten Staaten 2006 Sanktionen gegen Nordkorea verhängten, wussten sie genau, wie sie das Regime ins Mark treffen konnten. Man verbot den Export von mehr als sechzig Luxusgegenständen nach Nordkorea, darunter Yachten, Water-Scooter, Rennwagen, Motorräder, DVD-Player und Fernseher mit einer Größe von über 28 Zoll. Auch Seidenschals, Designerstifte, Pelze und Ledergepäck wurden nicht mehr aus den USA geliefert. Genau solche Objekte sammelten Kim und die anderen führenden Mitglieder der Kommunistischen Partei. Ein Wissenschaftler zog die Verkaufszahlen der französischen Firma Hennessy heran und errechnete, dass Kims jährliches Cognacbudget vor den Sanktionen vermutlich bei 800 000 Dollar gelegen hatte.

Viele der ärmsten Regionen der Welt am Ende des 20. Jahrhunderts kann man nur dann verstehen, wenn man sich mit dem neuen Absolutismus des 20. Jahrhunderts beschäftigt: dem Kommunismus. Marx schwebte ein System vor, das Wohlstand unter humaneren Bedingungen und ohne Ungleichheit erzeugte. Lenin und seine Kommunistische Partei wurden von Marx inspiriert, doch die Praxis hätte sich kaum stärker von der Theorie unterscheiden können. Die Bolschewistische Revolution von 1917 war eine blutige Angelegenheit ohne jeglichen humanen Aspekt. Auch Gleichheit spielte keine Rolle, denn als Erstes machten Lenin und sein Gefolge sich selbst zur neuen Elite, der Avantgarde der Bolschewistischen Partei. Dazu ermordeten sie massenhaft Nichtkommunisten und auch Parteigenossen, die ihre Macht hätten gefährden können. Die wirklichen Tragödien standen jedoch noch bevor: der Bürgerkrieg sowie Stalins Kollektivierung und seine allzu häufigen Säuberungen, denen schätzungsweise 40 Millionen Menschen zum Opfer fielen.

Der russische Kommunismus war brutal und repressiv, aber nicht einzigartig. Die wirtschaftlichen Folgen und das menschliche Leid waren genauso für die Ereignisse in Kambodscha in den 1970er Jahren unter den Khmer Rouge sowie für China und Nordkorea typisch. In sämtlichen Fällen brachte der Kommunismus barbarische Diktaturen und umfassende Menschenrechtsverletzungen hervor.

Ganz abgesehen von den Massakern, richteten alle kommunistischen Regime verschiedene Typen extraktiver Institutionen ein. Die Wirtschaftsinstitutionen hatten, ob freie Märkte existierten oder nicht, den Zweck, dem Volk Ressourcen zu entziehen, und da sie Eigentumsrechte ablehnten, brachten sie oftmals Armut hervor. In der Sowjetunion erzeugte das kommunistische System, wie im fünften Kapitel erläutert, zunächst ein rasches Wachstum, geriet dann jedoch ins Stocken und stagnierte. Die Konsequenzen waren in China unter Mao, in Kambodscha unter den Khmer Rouge und in Nordkorea, wo die kommunistischen Wirtschaftsinstitutionen den ökonomischen Kollaps und Hungersnöte auslösten, weitaus vernichtender.

Die kommunistischen Wirtschaftsinstitutionen wurden ihrerseits von einem extraktiven politischen System gestützt, in dem sich die ganze Macht in den Händen der kommunistischen Parteien konzentrierte und in dem ihre Machtausübung keiner Kontrolle unterlag. Obwohl die extraktiven Institutionen hier eine andere Gestalt annahmen, hatten sie ähnliche Auswirkungen auf den Lebensunterhalt der Menschen wie ihre Pendants in Simbabwe und Sierra Leone.

King Cotton

Baumwolle macht ungefähr 45 Prozent der Exporte von Usbekistan aus und ist damit das wichtigste Erzeugnis des Landes, seit es 1991 nach dem Zerfall der Sowjetunion seine Unabhängigkeit erklärte. Unter dem Sowjetkommunismus wurde das gesamte Ackerland in Usbekistan von 2048 Kollektivbetrieben bewirtschaftet. Nach 1991 löste man die Großbetriebe auf und verteilte den Boden, was allerdings nicht bedeutete, dass die Bauern eigenständig handeln konnten. Baumwolle war zu wertvoll für die neue Regierung des ersten – und bisher einzigen – usbekischen Präsidenten, Islam Karimow. Deshalb wurde festgelegt, was Bauern anpflanzen und welche Preise sie dafür verlangen durften.

Baumwolle war ein wertvoller Exportartikel, und man zahlte den

Bauern einen Bruchteil der Weltmarktpreise für ihre Ernte, während der Löwenanteil an die Regierung ging. Niemand war bereit, unter solchen Bedingungen Baumwolle anzubauen, weshalb der Staat Zwang ausübte. Jeder Bauer muss nun auf 35 Prozent seines Landes Baumwolle anpflanzen. Dadurch sind zahlreiche Probleme entstanden, beispielsweise im Hinblick auf die maschinelle Ausrüstung. Zum Zeitpunkt der Unabhängigkeit wurden rund 40 Prozent der Ernte mit Mähdreschern eingebracht, doch nach 1991 konnte es angesichts der mangelnden Anreize unter Karimows Regime nicht verwundern, dass die Bauern nicht bereit waren, Mähdrescher zu kaufen und instand zu halten. Daraufhin ließ sich Karimow eine billigere Lösung einfallen: Schulkinder.

Baumwollkapseln reifen Anfang September und können damit kurz nach Ende der Schulferien geerntet werden. Karimow wies die Ortsverwaltung an, Schulen Baumwolllieferungsquoten aufzuerlegen. Anfang September machen sich 2,7 Millionen Schulkinder (nach Angaben von 2006) zu den Feldern auf, und die Lehrer werden zu Rekrutierern von Arbeitskräften. Gulnaz, eine Mutter zweier dieser Kinder, erklärte, was geschieht:

Am Anfang jedes Schuljahrs, ungefähr in der ersten Septemberhälfte, unterbricht man den Unterricht und schickt die Kinder stattdessen zur Baumwollernte. Niemand fragt nach dem Einverständnis der Eltern. An den Wochenenden gibt es [in der Erntesaison] keine Ruhetage. Wenn ein Kind aus irgendeinem Grund zu Hause bleibt, erscheint der Lehrer oder Klassenverwalter, um die Eltern zu maßregeln. Sie weisen den Kindern, je nach Alter, ein Tagespensum von 20 bis 60 kg zu. Wenn ein Kind das Pensum nicht erfüllt, wird es am folgenden Morgen vor der ganzen Klasse heruntergeputzt.

Die Ernte dauert zwei Monate. Auf dem Land lebende Kinder, die das Glück haben, nicht weit entfernten Höfen zugeteilt zu werden, können zu Fuß oder mit Bussen zur Arbeit gelangen. Sind sie in größerer Entfernung oder in Städten zu Hause, müssen sie in Schuppen oder Scheunen neben den Maschinen und Tieren übernachten. Toiletten oder Küchen sind nicht vorhanden, und die Kinder müssen ihre Mittagsmahlzeiten mitbringen.

Die Hauptnutznießer dieser Zwangsarbeit sind die politischen Eliten mit Präsident Karimow, dem faktischen König der usbekischen Baumwolle, an der Spitze. Die Schulkinder werden angeblich für ihre Arbeit bezahlt, doch diese Bezahlung ist erbärmlich. Im Jahr 2006, als der Weltmarktpreis für Baumwolle bei etwa 1,40 Dollar pro Kilo lag, erhielten die Kinder 0,03 Dollar für ihr Tagespensum von 20 bis 60 Kilo. Rund 75 Prozent der Baumwollernte dürften heutzutage von Kindern eingebracht werden. Auch im Frühjahr werden die Schulen geschlossen, und man zwingt die Kinder zu hacken, zu jäten und Baumwolle umzupflanzen.

Wie ist es zu dieser Situation gekommen? Usbekistan sollte, wie andere Sowjetrepubliken, nach dem Zusammenbruch der UdSSR unabhängig werden, um eine Marktwirtschaft und einen demokratischen Staat aufzubauen. Wie in vielen anderen Sowjetrepubliken auch, geschah all das jedoch nicht. Präsident Karimow, der seine politische Karriere in der Kommunistischen Partei der alten Sowjetunion begann und 1989 genau im richtigen Moment, als die Berliner Mauer fiel, zum Ersten Sekretär von Usbekistan aufstieg, wandelte sich plötzlich zum Nationalisten. Mit maßgeblicher Unterstützung der Sicherheitskräfte gewann er im Dezember 1991 die erste Präsidentschaftswahl Usbekistans. Nach der Machtübernahme ging er brutal gegen die unabhängige politische Opposition vor. Seine Gegner befinden sich heute im Gefängnis oder im Exil. Es gibt keine freien Medien in Usbekistan, und Nichtregierungsorganisationen sind verboten. Die Repressionen erreichten 2005 ihren Höhepunkt, als rund 750 (oder mehr) Demonstranten in Andischan von der Polizei und der Armee ermordet wurden.

Durch seine Befehlsgewalt über die Sicherheitskräfte und durch seine totale Kontrolle über die Medien war es Karimow möglich, seine Präsidentschaft per Volksabstimmung zuerst um fünf Jahre zu verlängern, und im Jahr 2000 wurde er dann mit 91,2 Prozent der Stimmen für eine neue siebenjährige Amtszeit wiedergewählt. Sein einziger Gegenkandidat erklärte, auch er habe für Karimow gestimmt! Bei der

Wiederwahl von 2007, die erneut als betrügerisch eingestuft wurde, erhielt er 88 Prozent der Stimmen.

Die Wahlen in Usbekistan ähneln denen, die Josef Stalin in seiner Glanzzeit veranstalten ließ. 1937 berichtete Harold Denny, der Korrespondent der *New York Times*, über die sowjetische Wahl. Unter anderem zitierte er einen Artikel aus der kommunistischen Parteizeitung *Prawda*, in dem die Spannung und Aufregung des Ereignisses übermittelt werden sollten:

Es hat Mitternacht geschlagen. Der zwölfte Dezember, der Tag der ersten allgemeinen, gleichen und direkten Wahlen zum Obersten Sowjet, ist beendet. Das Ergebnis der Abstimmung wird gleich bekanntgegeben.

Der Wahlausschuss bleibt allein in seinem Zimmer. Es ist still, und die Lampen leuchten feierlich. Unter aufmerksamer und intensiver Erwartung vollführt der Vorsitzende die nötigen Formalitäten, bevor er die Stimmen zählt. Er prüft anhand einer Liste, wie viele Wähler verzeichnet waren und wie viele ihre Stimme abgegeben haben. Und das Ergebnis: 100 Prozent. 100 Prozent! Bei welcher Wahl in welchem Land für welchen Kandidaten sind jemals 100 Prozent der Stimmen abgegeben worden?

Nun zur Hauptsache. Aufgeregt überprüft der Vorsitzende die Siegel der Wahlurnen. Dann folgen die Ausschussmitglieder seinem Beispiel. Die Siegel sind intakt und werden abgeschnitten. Man öffnet die Urnen.

Alles schweigt. Aufmerksam und ernst sitzen sie da, diese Wahlinspekteure und -beamten.

Nun wird es Zeit, die Umschläge zu öffnen. Drei Ausschussmitglieder greifen zu Scheren. Der Vorsitzende steht auf. Die Stimmenzähler nehmen ihre Schreibhefte zur Hand. Der erste Umschlag wird aufgeschlitzt. Alle Augen sind auf ihn gerichtet. Der Vorsitzende zieht zwei Zettel heraus – einen weißen [für einen Kandidaten des Unionssowjets] und einen blauen [für einen Kandidaten des Nationalitätensowjets] – und liest laut und deutlich: »Genosse Stalin.«

Sofort ist die Förmlichkeit beendet. Alle im Raum springen auf und applaudieren freudig und stürmisch zur Feier der ersten Stimmabgabe in der ersten allgemeinen, geheimen Wahl nach der stalinschen Verfassung. Und der Name des Schöpfers der Verfassung steht auf den Stimmzetteln.

Diese Atmosphäre dürfte auch bei den Wiederwahlen von Karimow geherrscht haben, der ein begabter Schüler Stalins zu sein scheint, wenn es um Unterdrückung und politische Kontrolle geht, und der ähnlich surreale Wahlen zu organisieren versteht. Unter Karimow ist Usbekistan ein Land mit sehr extraktiven politischen und wirtschaftlichen Institutionen. Und es ist arm. Schätzungsweise ein Drittel der Bevölkerung lebt im Elend, und das Jahresdurchschnittseinkommen liegt bei ungefähr 1000 Dollar.

Immerhin sind nicht alle Entwicklungsindikatoren negativ. Laut Angaben der Weltbank beträgt die Zahl der Kinder, die eine Schule besuchen, 100 Prozent … Na ja, vielleicht nicht während der Baumwollernte. Die Alphabetisierungsraten sind sehr hoch, wobei das Regime die Medien in der Hand hat und beispielsweise Bücher und das Internet zensiert. Doch während die meisten Usbeken für das Baumwollpflücken nur ein paar Cent pro Tag erhalten, sind die Familie Karimow und andere frühere kommunistische Kader, die sich nach 1989 zu den neuen wirtschaftlichen und politischen Eliten Usbekistans aufschwangen, märchenhaft reich geworden.

Die Wirtschaftsinteressen von Karimows Familie werden von dessen Tochter Gulnora wahrgenommen, die wahrscheinlich seine Nachfolgerin im Präsidentenamt werden wird. In einem so undurchsichtigen und abgeschirmten Land wie Usbekistan weiß niemand genau, welche Besitztümer die Familie Karimow hat und wie viel Geld sie einnimmt, doch die Erfahrung der amerikanischen Firma Interspan ist bezeichnend für das, was sich in den beiden letzten Jahrzehnten in der usbekischen Wirtschaft abspielte.

Baumwolle ist nicht die einzige Nutzpflanze, die in Usbekistan angebaut wird, und Interspan beschloss, in Teekulturen zu investieren, für die manche Landesteile ideal geeignet sind. Bis 2005 hatte das

Unternehmen 30 Prozent des lokalen Anbaus übernommen, doch dann geriet es in Schwierigkeiten. Gulnora hatte festgestellt, dass die Teebranche vielversprechend aussah, und bald wurden die örtlichen Angestellten von Interspan verhaftet, verprügelt und gefoltert. Im August 2006 musste sich das Unternehmen zurückziehen. Seine Vermögenswerte wurden von der Familie Karimow übernommen, die damit ihren vorherigen Anteil am Teeanbau in Höhe von 2 Prozent innerhalb von zwei Jahren auf 67 Prozent erhöhte.

In vieler Hinsicht gleicht Usbekistan einem Relikt aus einem vergessenen Zeitalter. Es darbt unter dem Absolutismus einer einzigen Familie und der sie umgebenden Kumpane, und seine Wirtschaft basiert auf Zwangsarbeit – und zwar auf der Zwangsarbeit von Kindern. Aber es gehört nicht der Vergangenheit an, sondern ist ein Teil des heutigen Mosaiks aus Gesellschaften, die unter extraktiven Institutionen scheitern, und leider hat es viele Gemeinsamkeiten mit anderen früheren Sowjetrepubliken, von Armenien und Aserbaidschan bis hin zu Kirgisistan, Tadschikistan und Turkmenistan. Es zeigt uns, dass extraktive wirtschaftliche und politische Institutionen sogar im 21. Jahrhundert eine grässlich und unverfroren extraktive Form annehmen können.

Die Verzerrung der Wettbewerbsbedingungen

Die 1990er Jahre waren in Ägypten eine Ära der Reformen. Seit dem Militärputsch, durch den die Monarchie 1954 gestürzt wurde, war es als pseudosozialistische Gesellschaft geführt worden, in der die Regierung die Wirtschaft lenkte. Viele Wirtschaftssektoren wurden von staatseigenen Unternehmen dominiert. Im Lauf der Jahre schwächte sich die sozialistische Rhetorik ab, die Märkte wurden geöffnet, und die Privatwirtschaft begann sich zu entwickeln.

Es handelte sich jedoch nicht um inklusive Märkte, sondern um solche, die vom Staat und von ein paar Geschäftsleuten, die sich mit der Nationaldemokratischen Partei (NDP) verbündet hatten, kontrolliert wurden. Die NDP war 1978 von Präsident Anwar Sadat gegründet worden. Geschäftsleute engagierten sich immer stärker für die Partei, und diese engagierte sich unter der Regierung von Hosni Mubarak immer stärker für Geschäftsleute. Mubarak, der 1981 nach Sadats Ermordung Präsident geworden war, herrschte mit der NDP, bis er im Februar 2011 durch Volksproteste und durch das Militär aus dem Amt gedrängt wurde.

Führende Unternehmer erhielten Regierungsposten, die eng mit ihren Geschäftsinteressen verknüpft waren. Rasheed Mohamed Rasheed, der ehemalige Vorstandsvorsitzende von Unilever AMET (Africa, Middle East and Turkey) wurde Außenhandels- und Industrieminister; Mohamed Zoheir Wahid Garana, der Inhaber und Geschäftsführer der Garana Travel Company, eines der größten ägyptischen Reiseunternehmen, wurde Tourismusminister; Amin Ahmed Mohamed Osman Abaza, Gründer der Nile Cotton Trade Company, des größten Baumwollexporteurs in Ägypten, wurde Landwirtschaftsminister.

In vielen Wirtschaftsbereichen bewogen Geschäftsleute die Regierung, den Marktzugang durch staatliche Regulierung zu beschränken. Zu diesen Sektoren gehörten die Medien, Eisen und Stahl, die Autoindustrie, alkoholische Getränke und Zement. Sie alle waren mit hohen Eintrittsbarrieren versehen, um die politisch vernetzten Unternehmer und ihre Firmen zu schützen. Industrielle, die dem Regime nahestanden, wie Ahmed Ezz (Eisen und Stahl), die Familie Sawiris (Multimedia, Getränke und Telekommunikation) oder Mohamed Nosseir (Getränke und Telekommunikation), wurden nicht nur vom Staat protegiert, sondern erhielten auch Regierungsaufträge und hohe Darlehen, ohne Sicherheiten hinterlegen zu müssen. Ahmed Ezz war sowohl Vorsitzender von Ezz Steel, das 70 Prozent des ägyptischen Stahls produzierte, als auch Abgeordneter der NDP, Vorsitzender des Nationalen Haushaltsausschusses und ein enger Vertrauter von Gamal Mubarak, einem von Präsident Mubaraks Söhnen.

Die Reformen der 1990er Jahre, die von internationalen Finanzinstitutionen und Ökonomen gefördert wurden, hatten das Ziel, die Märkte zu öffnen und die Rolle des Staates in der Wirtschaft zu reduzieren. Ein entscheidender Bestandteil solcher Reformen überall auf der Welt ist stets die Privatisierung von öffentlichen Unternehmen. Doch in Mexiko beispielsweise wurde der Wettbewerb durch die Privatisierungen nicht erhöht, sondern staatliche wurden einfach in private Monopole verwandelt, wodurch sich politisch vernetzte Geschäftsleute wie Carlos Slim bereichern konnten. Genau das geschah auch in Ägypten. Dem Regime nahestehende Unternehmer konnten das ägyptische Privatisierungsprogramm zugunsten ihrer Netzwerke aus den bereits führenden Geschäftsleuten beeinflussen – der »Wale«, wie man sie im Land nannte. Als die Privatisierung ihren Anfang nahm, wurde die Wirtschaft von zweiunddreißig dieser »Wale« dominiert.

Einer war Ahmed Zayat an der Spitze der Luxor Group. 1996 beschloss die Regierung, den staatlichen Getränkekonzern Al Ahram (ABC) zu privatisieren, der das Biermonopol in Ägypten besaß. Ein Konsortium der Egyptian Finance Company reichte ein Angebot ein. Geleitet wurde das Konsortium vom Projektentwickler Farid Saad sowie von der ersten, 1995 gegründete Risikokapitalgesellschaft Ägyptens. Zu den Mitgliedern des Konsortiums zählten der ehemalige Tourismusminister Fouad Sultan, Mohamed Nosseir und Mohamed Ragab, ein weiterer führender Unternehmer. Die Gruppe hatte gute Beziehungen, doch ihr Gebot von 400 Millionen ägyptischen Pfund wurde als zu niedrig abgelehnt.

Zayat verfügte über noch bessere Beziehungen, aber ihm fehlte das Geld für den ABC-Kauf, weshalb er sich einen Plan einfallen ließ, der Carlos Slim Ehre gemacht hätte. Die ABC-Aktien wurde an die Londoner Börse gebracht, und die Luxor Group erwarb 74,9 Prozent der Anteile für jeweils 68,5 ägyptische Pfund. Drei Monate später kam es zu einem Aktiensplit von eins zu zwei, wonach die Luxor Group ihre Anteile mit einem Gewinn von 36 Prozent für jeweils 52,5 Pfund weiterverkaufte. Damit konnte Zayat im folgenden Monat den Erwerb von ABC für 231 Millionen Pfund finanzieren. Damals fuhr ABC einen Jahresgewinn von etwa 41,3 Millionen ägyptischen Pfund ein und hatte Barreserven in Höhe von 93 Millionen. Es war ein Schnäppchen.

1999 kaufte ABC die ebenfalls gerade privatisierte Weinfirma

Gianaclis auf und ergänzte dadurch sein Biermonopol um ein Weinmonopol. Dieses Unternehmen war durch einen Einfuhrzoll von 3000 Prozent für ausländische Weine geschützt und erzielte eine Gewinnspanne von 70 Prozent auf seinen Umsatz. Im Jahr 2002 wechselte das Monopol erneut den Besitzer, als Zayat ABC für 1,3 Milliarden ägyptische Pfund an Heineken veräußerte. Damit hatte er einen Profit von 563 Prozent in nur fünf Jahren erzielt.

Mohamed Nosseir hatte nicht immer zu den Verlierern gehört. 1993 kaufte er die privatisierte El Nasr Bottling Company, welche die Monopolrechte für das Abfüllen und den Verkauf von Coca-Cola in Ägypten besaß. Nosseirs Beziehungen zu dem damaligen Minister für staatliche Unternehmen, Atif Abaid, gestatteten ihm, die Firma ohne nennenswerte Konkurrenz zu erwerben. Zwei Jahre später verkaufte er sie für mehr als das Dreifache des Akquisitionspreises. Ein weiteres Beispiel war der Beschluss in den späten 1990er Jahren, die staatliche Kinobranche ebenfalls zu privatisieren. Wiederum hatten politische Beziehungen zur Folge, dass nur zwei Familien – eine davon waren die Sawiris – Gebote einreichen und die Kinos betreiben durften.

Ägypten ist heute eine arme Nation – nicht so arm wie die meisten Länder im subsaharischen Afrika, doch rund 40 Prozent der Bevölkerung müssen von weniger als zwei Dollar pro Tag leben. Im 19. Jahrhundert hatte, wie im zweiten Kapitel geschildert, unter Muhammad Ali zunächst ein erfolgreicher Versuch des institutionellen Wandels und der wirtschaftlichen Modernisierung stattgefunden. Ihm gelang es, für einen gewissen Zeitraum ein extraktives Wirtschaftswachstum zu erzeugen, bevor das Land vom Britischen Reich okkupiert wurde. Die Briten schufen eine Reihe neuer extraktiver Institutionen, die das ägyptische Militär nach 1954 beibehielt. Die Wirtschaft wuchs ein wenig, und man investierte gewisse Summen in das Bildungswesen, doch die Mehrheit der Bevölkerung hatte kaum ökonomische Chancen, während die neue Elite von ihren Beziehungen zur Regierung profitierte.

Diese extraktiven Wirtschaftsinstitutionen wurden erneut von einem extraktiven politischen System gestützt. Präsident Mubarak wollte eine politische Dynastie gründen und seinen Sohn Gamal zu seinem

Nachfolger machen. Dieser Plan wurde durch den Zusammenbruch seines extraktiven Regimes Anfang 2011 infolge verbreiteter Unruhen und Demonstrationen während des Arabischen Frühlings durchkreuzt. Zur Zeit von Nassers Präsidentschaft hatten die Wirtschaftsinstitutionen einige inklusive Aspekte erhalten. Außerdem baute der Staat das Bildungswesen aus und bot der Bevölkerung etwas mehr Chancen als das vorherige Regime unter König Faruk. Aber dabei handelte es sich um eine instabile Verbindung von extraktiven politischen Institutionen mit einer gewissen wirtschaftlichen Inklusivität. Das unvermeidliche Ergebnis unter Mubaraks Herrschaft bestand darin, dass die Wirtschaftsinstitutionen extraktiver wurden, was die Verteilung der politischen Macht in der Gesellschaft widerspiegelte. In mancher Hinsicht war der Arabische Frühling eine Reaktion auf diese Entwicklung. Das Gleiche gilt für Tunesien. Drei Jahrzehnte tunesischen Wachstums unter extraktiven politischen Institutionen gerieten ins Stocken, als Präsident Ben Ali und seine Familie die Wirtschaft immer mehr ausbeuteten.

Warum Nationen scheitern

Nationen scheitern wirtschaftlich infolge extraktiver Institutionen. Durch sie bleiben arme Länder arm und werden daran gehindert, den Weg zu wirtschaftlichem Wachstum einzuschlagen. Dies trifft heutzutage in Afrika auf Länder wie Simbabwe und Sierra Leone zu; in Südamerika auf Länder wie Kolumbien und Argentinien; in Asien auf Länder wie Nordkorea und Usbekistan; und im Nahen Osten auf Länder wie Ägypten. Es gibt beträchtliche Unterschiede zwischen ihnen. Manche liegen in tropischen, andere in gemäßigten Breiten. Manche waren britische, andere japanische, spanische oder russische Kolonien. Ihre Geschichte, Sprache und Kultur hat sich kontrastreich entwickelt, doch was sie alle gemeinsam haben, sind extraktive Institutionen.

In allen Fällen wurden die Wirtschaftsinstitutionen von einer Elite mit dem Ziel geschaffen, sich zu bereichern und ihre Macht auf

Kosten der großen Bevölkerungsmehrheit zu sichern. Die Geschichte und die Gesellschaftsstrukturen der Länder bewirkten, dass sich der Charakter der Eliten und die Details der extraktiven Institutionen voneinander unterschieden. Aber der Grund für die Fortdauer der extraktiven Institutionen ist immer im Teufelskreis zu suchen, und die Folgen für die Verarmung der Bürger sind einander ähnlich, auch wenn die Intensität nicht einheitlich ist.

In Simbabwe zum Beispiel besteht die Elite aus Robert Mugabe und dem Kern der ZANU-PF, die den antikolonialen Kampf in den 1970er Jahren anführten. In Nordkorea haben wir es mit der Clique um Kim Jong-il und mit der Kommunistischen Partei zu tun. In Usbekistan handelt es sich um Präsident Islam Karimow, seine Familie und seine Kumpane aus der Zeit der Sowjetunion, die sich ein neues Image zugelegt haben. Diese Gruppen sowie die von ihnen beeinflussten Gemeinwesen und Wirtschaftssysteme unterscheiden sich natürlich stark voneinander, weshalb sie jeweils spezifische Arten von extraktiven Institutionen hervorbringen. Da beispielsweise Nordkorea durch eine kommunistische Revolution entstanden ist, haben sich seine Regierenden die kommunistische Ein-Parteien-Herrschaft zum Vorbild gemacht. Aber obwohl Mugabe in den 1980er Jahren nordkoreanische Soldaten heranzog, um seine Gegner in Matabeleland niedermetzeln zu lassen, ist ein solches Modell extraktiver politischer Institutionen nicht auf Simbabwe anwendbar. Vielmehr musste er, da er durch den Kampf gegen den Kolonialismus an die Macht kam, seine Herrschaft durch Wahlen verschleiern, wobei es ihm für eine Weile tatsächlich gelang, einen konstitutionell abgesegneten Ein-Parteien-Staat aufzubauen. Dem gegenüber werden in Kolumbien seit Langem Wahlen durchgeführt, die man seit der Unabhängigkeit von Spanien als Methode der Machtteilung zwischen der Liberalen und der Konservativen Partei benutzt.

Nicht nur die Eigenarten der Eliten sind unterschiedlich, sondern auch ihre jeweilige Anzahl. In Usbekistan konnte Karimow die Reste des Sowjetstaats vereinnahmen, wodurch er einen effektiven Apparat zur Unterdrückung und Ermordung alternativer Eliten erhielt. In Kolumbien hat die mangelnde Autorität des Zentralstaats in vielen

Teilen des Landes zu stärker zersplitterten Eliten geführt, die einander oft gegenseitig ermorden. Doch ungeachtet der Mannigfaltigkeit der Eliten können die von ihnen geschaffenen politischen Institutionen häufig ihre Macht festigen und vergrößern. Aber zuweilen wird der Zusammenbruch des Staates durch interne Kämpfe unvermeidlich, wie das Beispiel Sierra Leones zeigt.

Genau wie sich die Identität der Eliten und die Details der extraktiven politischen Institutionen je nach Geschichte und Gesellschaftsstruktur unterscheiden, so variieren auch die Einzelheiten der von den Eliten gegründeten extraktiven Wirtschaftsinstitutionen. In Nordkorea entstammten die Instrumente der Extraktion wiederum dem kommunistischen Werkzeugkasten: die Abschaffung von Privateigentum und die staatliche Lenkung von Landwirtschaft und Industrie.

In Ägypten entstand nach 1952 eine recht ähnliche Situation unter Oberst Nassers erklärtermaßen sozialistischem Militärregime. Nasser ergriff im Kalten Krieg für die Sowjetunion Partei, konfiszierte ausländische Vermögenswerte wie den in britischer Hand befindlichen Suezkanal und verstaatlichte große Teile der Wirtschaft. Die Umstände im Ägypten der 1950er und 1960er Jahre waren jedoch ganz anders als die im Korea der 1940er Jahre. Den Nordkoreanern fiel es weitaus leichter, eine radikalkommunistische Wirtschaft aufzubauen, da sie japanische Vermögenswerte beschlagnahmen und dem Vorbild der chinesischen Revolution folgen konnten.

Dagegen war die ägyptische Revolution in erster Linie ein Putsch von Armeeoffizieren. Als Ägypten im Kalten Krieg auf die Seite des Westens überwechselte, war es deshalb für das ägyptische Militär relativ einfach – und vorteilhaft –, die Ausbeutungsmethode von der zentralen Kommandowirtschaft auf den Kumpelkapitalismus umzustellen. Gleichwohl lässt sich die im Vergleich zu Nordkorea bessere Wirtschaftsleistung Ägyptens auf den weniger extraktiven Charakter der ägyptischen Institutionen zurückführen. Zum einen musste das ägyptische Regime, das nicht über die erstickende Kontrolle der nordkoreanischen Kommunistischen Partei verfügte, seine Bevölkerung versöhnlicher stimmen, als es in Nordkorea erforderlich war. Zum anderen erzeugte der Kumpelkapitalismus ein paar Investitionsanreize, jedenfalls bei den Günstlingen des Regimes, die in Nordkorea völlig fehlten.

Solche Details sind wichtig und interessant, aber entscheidend ist der Blick aufs Ganze, der deutlich macht, dass extraktive politische Institutionen in allen genannten Fällen ein extraktives Wirtschaftssystem hervorgebracht haben, das nur der Elite Macht und Wohlstand beschert.

Die Intensität der Extraktion variiert in den erwähnten Staaten natürlich, was erhebliche Konsequenzen für den Wohlstand hat. In Argentinien zum Beispiel tragen die Verfassung und demokratische Wahlen wenig dazu bei, den Pluralismus zu fördern, doch sie funktionieren viel besser als in Kolumbien. Zumindest kann in Argentinien der Staat das Gewaltmonopol für sich beanspruchen. Teils aus diesem Grund ist das Pro-Kopf-Einkommen in Argentinien doppelt so hoch wie in Kolumbien. Die politischen Institutionen beider Länder halten die Eliten viel effektiver unter Kontrolle, als es in Simbabwe und Sierra Leone der Fall ist, weshalb die beiden Letzteren beträchtlich ärmer sind als die Ersteren.

Der Teufelskreis bewirkt auch, dass sogar dann, wenn extraktive Institutionen den Zusammenbruch des Staates, wie in Sierra Leone und Simbabwe, verursachen, sie deshalb nicht endgültig von der Bildfläche zu verschwinden brauchen. Wie ausgeführt, bewirken Bürgerkriege und Revolutionen, auch wenn sie sich in Umbruchphasen ereignen, nicht unbedingt einen institutionellen Wandel. Die Ereignisse in Sierra Leone seit dem Ende des Bürgerkriegs im Jahr 2002 liefern dafür ein anschauliches Beispiel.

2007 kehrte Siaka Stevens' alte Partei, die APC, auf demokratischem Weg an die Macht zurück. Ernest Bai Koroma, der die Präsidentschaftswahl gewann, hatte zwar keine Verbindung zur alten APC-Führung, doch das ließ sich von vielen seiner Kabinettsmitglieder nicht sagen. Zwei von Stevens' Söhnen, Bockarie und Jengo, wurden sogar zu Botschaftern in den Vereinigten Staaten und in Deutschland ernannt. In gewissem Sinne ist dies eine weniger berechenbare Version der Ereignisse in Kolumbien. Dort bleibt ein Mangel an staatlicher Autorität in vielen Landesteilen erhalten, weil dies dem Interesse einiger Vertreter der politischen Elite entspricht, doch die maßgeblichen politischen Institutionen sind stark genug, um zu verhindern, dass die Unordnung in völliges Chaos abgleitet. In Sierra Leone – teils wegen des extraktiveren Charakters der Wirtschaftsinstitutionen und teils wegen der Geschichte des genauso extraktiven politischen Systems – leidet die Gesellschaft nicht nur wirtschaftlich, sondern sie schwankt auch zwischen Chaos und einem gewissen Maß an Ordnung hin und her. Langfristig ist der Effekt jedoch der gleiche: Der Staat ist so gut wie abwesend, und die Institutionen sind extraktiv.

In sämtlichen Fällen bestehen die extraktiven Institutionen mindestens seit dem 19. Jahrhundert. Alle genannten Länder sind in einem Teufelskreis gefangen. In Kolumbien und Argentinien ist man in den Institutionen der spanischen Kolonialherrschaft verwurzelt. Simbabwe und Sierra Leone gingen aus britischen Kolonialregimen hervor, die im späten 19. Jahrhundert entstanden. In Sierra Leone, wo es keine weißen Siedler gab, stützten sich die Regime in großem Rahmen auf vorkoloniale extraktive politische Machtstrukturen und kräftigten sie. Diese Strukturen waren das Ergebnis eines langen Teufelskreises, in dem der Mangel an politischer Zentralisierung und die katastrophalen Auswirkungen des Sklavenhandels eine Rolle spielten. In Simbabwe kann man eher davon sprechen, dass eine neue Form extraktiver Institutionen aufgebaut wurde, da die British South Africa Company eine duale Wirtschaft erzeugte. Usbekistan übernahm die extraktiven Institutionen der UdSSR und nutzte sie, ähnlich wie Ägypten, für den Kumpelkapitalismus. Die extraktiven Institutionen der UdSSR gründeten sich auf die des zaristischen Regimes – wiederum ein Muster, das mit dem Ehernen Gesetz der Oligarchie zu erklären ist. Die Teufelskreise in verschiedenen Teilen der Welt erzeugten in den vergangenen 250 Jahren eine noch heute bestehende Ungleichheit.

Das wirtschaftliche und politische Versagen heutiger Staaten kann behoben werden, wenn sich extraktive Institutionen in inklusive verwandeln. Der Teufelskreis macht dies nicht leicht, aber es ist nicht unmöglich, und das Eherne Gesetz der Oligarchie braucht nicht zwangsläufig wirksam zu werden. Entweder schon früher vorhandene inklusive Elemente von Institutionen oder breite Koalitionen, die den Kampf gegen das überkommene Regime führen, oder auch nur die Zufälle der Geschichte können Teufelskreise brechen.

Wie der Bürgerkrieg in Sierra Leone war auch die Glorreiche Revolution von 1688 ein Kampf um die Macht – allerdings von ganz anderer Art. Möglicherweise sah sich irgendjemand im Parlament, der die Absetzung Jakobs I. nach der Glorreichen Revolution anstrebte, in der Rolle eines neuen absolutistischen Herrschers, wie es Oliver Cromwell nach dem Englischen Bürgerkrieg tat. Aber die Tatsache, dass das Parlament bereits Einfluss hatte und aus einer breiten Koalition von Vertretern unterschiedlicher Wirtschaftsinteressen und politischer Meinungen bestand, ließ das Wirksamwerden des Ehernen Gesetzes der Oligarchie weniger wahrscheinlich werden. Außerdem hatte das Parlament im Ringen mit Jakob II. das Glück auf seiner Seite.

Im folgenden Kapitel werden wir uns anderen Ländern widmen, denen es gelungen ist, den Rahmen zu sprengen und trotz einer langen Geschichte extraktiver Institutionen ein besseres System aufzubauen.

14.
DEN RAHMEN SPRENGEN

Drei afrikanische Chiefs

Am 6. September 1895 legte der Ozeandampfer *Tantallon Castle* in Plymouth an der Südküste Englands an. Drei afrikanische Chiefs, Khama von den Ngwato, Bathoen von den Ngwaketse und Sebele von den Kwena, gingen von Bord und nahmen den Express um 8.10 Uhr zur Londoner Paddington Station. Die drei Chiefs hatten eine Mission: Sie wollten ihre eigenen und fünf andere Tswana-Staaten vor Cecil Rhodes retten. Die Ngwato, Ngwaketse und Kwena machten drei der acht Tswana-Staaten des damaligen Bechuanalands aus, das nach der Unabhängigkeit im Jahr 1966 den Namen Botswana tragen sollte.

Die Stämme hatten fast das ganze 19. Jahrhundert hindurch Handel mit den Europäern getrieben. In den 1840er Jahren war der berühmte schottische Missionar David Livingstone ausgiebig durch Bechuanaland gereist und hatte König Sebele von den Kwena zum Christentum bekehrt. Die erste Bibelübersetzung in eine afrikanische Sprache lag auf Setswana vor, das die Tswana verwendeten.

Im Jahr 1885 hatte Großbritannien Bechuanaland zum Protektorat erklärt. Damit waren die Tswana zufrieden, denn sie glaubten sich nun vor weiteren europäischen Einmärschen geschützt, besonders vonseiten der Buren, mit denen sie seit dem großen Treck von 1835 (der Flucht Tausender von Buren vor dem britischen Kolonialismus ins Landesinnere) immer wieder zusammengestoßen waren. Die Briten dagegen wollten das Gebiet kontrollieren, um weitere Expansionen der Buren und möglicherweise auch der Deutschen zu verhindern, die gerade den Teil von Südwestafrika, der dem heutigen Namibia entspricht, besetzt hatten. Eine umfassende Kolonisierung hielten die Briten jedoch nicht für lohnend. Hochkommissar Rey fasste den Standpunkt seiner Regierung 1885 unmissverständlich zusammen: »Wir haben kein Interesse an dem Land nördlich des Molope [dem Protektorat Bechuanaland], abgesehen vom Zugang ins Landesinnere. Wir könnten uns deshalb vorläufig, unter weitgehendem Verzicht auf Verwaltung oder Besiedlung, damit begnügen, die Besetzung jenes Teils des Protektorats durch Freibeuter oder ausländische Mächte zu verhindern.«

Aber die Situation änderte sich für die Tswana im Jahr 1889, als Cecil Rhodes' British South Africa Company aus Südafrika nach Norden vordrang und sich große Regionen aneignete, die später zu Nord- und Südrhodesien, heute Sambia und Simbabwe, werden sollten. 1895, als die drei Chiefs London besuchten, hatte Rhodes ein Auge auf die Territorien im Südwesten von Rhodesien, also auf Bechuanaland, geworfen. Die Chiefs wussten, dass Gebieten, die Rhodes in die Hände fielen, nur Unheil und Ausbeutung bevorstanden. Zwar konnten sie Rhodes nicht mit Waffengewalt besiegen, doch sie waren entschlossen, ihn mit allen verfügbaren Mitteln zu bekämpfen. Darum entschieden sie sich für das geringere Übel: eine stärkere Kontrolle durch die Briten statt Annexion durch Rhodes. Mit Hilfe der London Missionary Society reisten sie zur britischen Hauptstadt, um Königin Viktoria und Joseph Chamberlain, den damaligen Kolonialminister, zu bitten, sich intensiver um Bechuanaland zu kümmern und es vor Rhodes zu schützen.

Am 11. September 1895 kam es zu ihrem ersten Treffen mit Chamberlain. Sebele sprach als Erster, gefolgt von Bathoen und Khama. Chamberlain erklärte, er werde zum Schutz der Stämme vor Rhodes eine stärkere britische Kontrolle ins Auge fassen. Daraufhin machten sich die Chiefs rasch zu einer landesweiten Vortragsreise auf, um die Öffentlichkeit für sich zu gewinnen. Sie sprachen unweit von London in Windsor und Reading; in Southampton an der Südküste; in Leicester und Birmingham sowie in den Midlands, Chamberlains politischer Basis. Dann fuhren sie nach Norden ins industrielle Yorkshire, nach Sheffield, Leeds, Halifax und Bradford; nach Bristol im Westen und schließlich hinauf nach Manchester und Liverpool.

Unterdessen bereitete Cecil Rhodes in Südafrika den katastrophalen Jameson Raid vor, einen bewaffneten Überfall auf die Burenrepublik Transvaal. Der Angriff fand trotz Chamberlains nachdrücklicher Einwände statt und hatte wahrscheinlich zur Folge, dass er die Notlage der Chiefs aufgeschlossener betrachtete. Am 6. November trafen sie sich in London erneut mit ihm und machten sich mit Hilfe eines Dolmetschers verständlich:

Chamberlain: Ich werde über die Länder der Chiefs sprechen und über die Eisenbahn und über das Gesetz, das auf dem Territorium der Chiefs eingehalten werden muss … Nun wollen wir einen Blick auf die Karte werfen … Wir werden das Land nehmen, das wir für die Eisenbahn brauchen, und nicht mehr.

Khama: Ich sage, wenn Mr Chamberlain das Land selbst an sich nimmt, werde ich zufrieden sein.

Chamberlain: Dann sagen Sie ihm, dass ich den Bau der Eisenbahn persönlich durch die Augen eines Abgesandten überwachen werde. Und ich werde nur so viel nehmen, wie ich benötige, und Entschädigung für das leisten, was von Wert ist.

Khama: Ich würde gern wissen, wie [d. h. wohin] die Eisenbahn fahren wird.

Chamberlain: Sie wird durch sein Gebiet fahren, doch eingezäunt sein, und wir werden kein Land nehmen.

Khama: Ich vertraue darauf, dass Sie diese Arbeit wie für mich selbst machen und mich in dieser Angelegenheit fair behandeln werden.

Chamberlain: Ich werde Ihre Interessen wahren.

Am folgenden Tag erklärte Edward Fairfield vom Kolonialamt die von Chamberlain getroffene Absprache ausführlicher:

Jeder der drei Chiefs, Khama, Sebele und Bathoen, wird ein Land haben, in dem er wie bisher unter dem Schutz der Königin leben kann. Die Königin wird einen Beamten ernennen, der bei ihnen residiert. Die Chiefs werden ihr eigenes Volk so wie derzeit regieren.

Rhodes' Reaktion darauf, dass die drei afrikanischen Chiefs ihn ausmanövriert hatten, war vorhersehbar. Er telegraphierte einem seiner Angestellten: »Ich habe etwas dagegen, von drei scheinheiligen Eingeborenen besiegt zu werden.«

Tatsächlich besaßen die Chiefs etwas Wertvolles, das sie vor Rhodes geschützt hatten und auch vor der britischen indirekten Herrschaft schützen würden. Im 19. Jahrhundert hatten die Tswana-Staaten einen Kern politischer Institutionen entwickelt. Diese verfügten, nach den Maßstäben des subsaharischen Afrika, über einen ungewöhnlichen Grad an politischer Zentralisierung und an kollektiven Entscheidungsprozessen, den man als aufkeimende, primitive Form des Pluralismus bezeichnen könnte. Wie die Magna Carta die Beteiligung der Barone am politischen Entscheidungsprozess ermöglicht und die Handlungen der englischen Monarchen eingeschränkt hatte, förderten die politischen Institutionen der Tswana, insbesondere die *kgotla*, die politische Partizipation und setzten den Chiefs Grenzen. Der südafrikanische Anthropologe Isaac Schapera beschreibt, wie die *kgotla* funktionierte:

Alle Angelegenheiten der Stammesstrategie werden abschließend vor einer allgemeinen Versammlung der erwachsenen Männer in der *kgotla* (Ratsort) des Häuptlings besprochen. Solche Treffen finden sehr häufig statt … Zu den Themen … gehören Stammesdispute, Streitigkeiten zwischen dem Häuptling und seinen Verwandten, die Erhebung neuer Abgaben, die Ausführung neuer öffentlicher Arbeiten, die Verkündung neuer Erlasse durch den Häuptling … Es kommt durchaus vor, dass die Stammesversammlung den Wünschen des Chiefs widerspricht. Denn jeder kann das Wort ergreifen, was dem Chief ermöglicht, die allgemeine Stimmung abzuschätzen, und was den Stammesmitgliedern eine Gelegenheit zum Vortragen ihrer Beschwerden gibt. Wenn der Anlass es erfordert, können der Chief und seine Berater scharf zur Rede gestellt werden, denn die Menschen fürchten sich selten, offen und freimütig zu sprechen.

Die Chieftaincy der Tswana war nicht strikt erblich, sondern jedem Mann zugänglich, der genug Talent und Fähigkeiten nachweisen konnte. Der Anthropologe John Cormaroff beschäftigte sich gründlich mit der politischen Geschichte eines anderen Tswana-Staats, jenes der Rolong. Wie er aufzeigt, hatten die Tswana offenbar klare Vorschriften für die Vererbung der Chieftaincy, doch in der Praxis dienten die Vorschriften dazu, schlechte Herrscher zu entfernen und begabte Kandidaten zum Chief aufrücken zu lassen. Das Erringen dieser Position war eine außerordentliche Leistung, die dann so interpretiert wurde, als wäre der erfolgreiche Kandidat der rechtmäßige Erbe gewesen. Die Tswana fassten den Sachverhalt in einem Sprichwort zusammen, das an eine konstitutionelle Monarchie denken lässt: *kgosi ke kgosi ka morafe,* »Der König ist König durch Volkes Gnaden.«

Auch nach ihrer Reise nach London setzten die Tswana-Chiefs ihre Bemühungen fort, ihre Unabhängigkeit von Großbritannien aufrechtzuerhalten und ihre indigenen Institutionen zu bewahren. Sie gestatteten den Bau von Eisenbahnlinien in Bechuanaland, schränkten die Interventionen der Briten in anderen Bereichen des wirtschaftlichen und politischen Lebens jedoch ein. Wenn sie Einwände gegen den Eisenbahnbau hatten, dann jedenfalls nicht aus den gleichen Gründen wie die österreichisch-ungarischen und die russischen Monarchen. Aber sie begriffen, dass der Bahnbau die Entwicklung von Bechuanaland genauso wenig wie jede andere Maßnahme der Briten begünstigen würde, solange das Land der kolonialen Kontrolle unterlag.

Die frühen Erfahrungen von Quett Masire, dem Präsidenten des unabhängigen Botswana von 1980 bis 1998, erklären ihre Haltung. Masire war in den 1950er Jahren ein geschäftstüchtiger Bauer gewesen, der neue Anbaumethoden für Sorghum entwickelte und einen potentiellen Abnehmer in Vryburg Milling fand, einer jenseits der Grenze in Südafrika ansässigen Firma. Er suchte den Bahnhofsvorsteher in Lobatse in Bechuanaland auf, um zwei Eisenbahnwaggons zu mieten und seine Ernte zu Vryburg Milling befördern zu lassen. Der Mann weigerte sich, woraufhin Masire einen weißen Freund um Hilfe bat. Nun gab der Bahnhofsvorsteher widerwillig sein Einverständnis, verlangte jedoch einen viermal so hohen Preis wie für

Weiße. Masire kam resignierend zu dem Schluss: »Nicht nur die Gesetze, die Afrikanern verboten, Grundstücke zu besitzen oder Handelslizenzen zu erwerben, sondern in erster Linie die Praktiken der Weißen hinderten die Schwarzen daran, Unternehmen in Bechuanaland aufzubauen.«

Alles in allem hatten die Chiefs – und das Tswana-Volk – Glück gehabt. Gegen alle Erwartungen schafften sie es, die Übernahme durch Rhodes zu verhindern. Da Bechuanaland für die Briten noch immer nebensächlich war, rief die Errichtung ihrer indirekten Herrschaft dort keinen Teufelskreis der Art hervor, wie er sich in Sierra Leone entwickelte. Auch entgingen die Tswana der kolonialen Expansion, die im Innern Südafrikas stattfand und es zu einem billigen Arbeitskräftereservoir für weiße Bergbauunternehmer und Farmer machen sollte. Die frühen Stadien der Kolonisierung sind eine Umbruchphase für viele Gesellschaften, in der die Ereignisse wichtige langfristige Konsequenzen für ihre wirtschaftliche und politische Entwicklung haben. Wie im neunten Kapitel dargelegt, erlebten die meisten Gesellschaften im subsaharischen Afrika, genau wie jene in Südamerika und Südasien, während der Kolonisierung, dass man extraktive Institutionen gründete oder intensivierte. Die Tswana dagegen konnten sowohl eine tiefgehende indirekte Herrschaft als auch das viel schlimmere Schicksal vermeiden, das sie nach der Annexion ihrer Gebiete durch Rhodes ereilt hätte. Dies war jedoch nicht nur reines Glück, sondern wieder einmal das Ergebnis des Zusammenwirkens der bestehenden, vom Tswana-Volk geprägten Institutionen und der vom Kolonialismus ausgelösten Umbruchphase. Die drei Chiefs hatten ihr Glück beeinflusst, indem sie die Initiative ergriffen und nach London reisten. Dazu waren sie in der Lage, weil sie infolge der politischen Zentralisierung der Tswana-Stämme im Vergleich mit den anderen Stammesführern im subsaharischen Afrika ein ungewöhnliches Maß an Autorität besaßen. Und vielleicht hatten sie wegen der Ansätze ihrer Stammesinstitutionen zum Pluralismus auch ein ungewöhnliches Maß an Legitimität.

Eine weitere Umbruchphase am Ende der Kolonialzeit dürfte noch wichtiger für den Erfolg Botswanas gewesen sein, da sie ihm erlaubte, inklusive Institutionen zu entwickeln. Als Bechuanaland 1966 unter dem Namen Botswana unabhängig wurde, war die erfolgreiche Aktion der Chiefs Sebele, Bathoen und Khama längst vergessen. In der Zwischenzeit hatten die Briten kaum in Bechuanaland investiert. Zu Beginn seiner Unabhängigkeit war Botswana eines der ärmsten Länder der Welt. Es verfügte über befestigte Straßen von insgesamt zwölf Kilometern Länge, über zweiundzwanzig Universitätsabsolventen und einhundert Abiturienten. Zu allem Überdruss war es von den durch Weißen beherrschten Regimen in Südafrika, Namibia und Rhodesien, die unabhängige, von Schwarzen regierte afrikanische Länder feindselig behandelten, fast vollständig eingeschlossen. Kaum jemand wird mit seinem Erfolg gerechnet haben, doch in den folgenden fünfundvierzig Jahren sollte Botswana eines der wachstumsstärksten Länder der Welt werden. Heute hat es das höchste Pro-Kopf-Einkommen im subsaharischen Afrika und befindet sich auf dem gleichen Niveau mit erfolgreichen osteuropäischen Staaten wie Estland und Ungarn sowie mit lateinamerikanischen Spitzenländern wie Costa Rica.

Wie konnte Botswana den Rahmen sprengen? Indem es nach der Unabhängigkeit rasch inklusive wirtschaftliche und politische Institutionen entwickelte. Seitdem hält man regelmäßig demokratische Wahlen ab und hat weder einen Bürgerkrieg noch militärische Interventionen durchgemacht. Die Regierung gründete Wirtschaftsinstitutionen, die Eigentumsrechte durchsetzten, für makroökonomische Stabilität sorgten und eine inklusive Marktwirtschaft förderten.

Aber die schwerer zu beantwortende Frage lautet natürlich: Wie gelang es Botswana, eine stabile Demokratie und pluralistische Institutionen sowie ein inklusives Wirtschaftssystem hervorzubringen, während die meisten afrikanischen Regierungen das Gegenteil taten? Um die Antwort zu finden, müssen wir verstehen, wie eine Umbruchphase, diesmal das Ende der Kolonialherrschaft, mit den bestehenden Institutionen Botswanas zusammenwirkte.

In den meisten subsaharischen Ländern – zum Beispiel in Sierra Leone und Simbabwe – war die Unabhängigkeit eine verpasste Gelegenheit, da die gleichen extraktiven Institutionen wie in der Kolonialzeit bestehen blieben. In Botswana dagegen schlug man in den frühen

Stadien der Unabhängigkeit einen ganz anderen Weg ein, wiederum hauptsächlich infolge der von den Tswana zuvor geschaffenen Institutionen. In dieser Hinsicht waren in Botswana viele Parallelen mit England kurz vor der Glorreichen Revolution zu beobachten. England hatte sich unter den Tudors zügig zentralisiert und besaß die Magna Carta und die parlamentarischen Traditionen, mit deren Hilfe die Bürger wenigstens hoffen konnten, die Monarchen in Schach zu halten und einen gewissen Grad an Pluralismus sicherzustellen. Auch Botswana konnte sich einer gewissen staatlichen Zentralisierung und relativ pluralistischer Stammesinstitutionen rühmen, die den Kolonialismus überlebt hatten. England besaß eine neu gebildete breite Koalition aus Überseehändlern, Industriellen und dem kommerziell gesinnten Kleinadel, die gut gesicherte Eigentumsrechte befürwortete. Botswana hatte ebenfalls eine Koalition, die sichere Eigentumsrechte forderte; sie bestand aus den Tswana-Chiefs und den Eliten, denen die Hauptvermögenswerte der Wirtschaft, nämlich Rinder, gehörten. Obwohl Grund und Boden im Gemeinbesitz waren, sah man Rinder in den Tswana-Staaten als Privateigentum an, weshalb die Eliten für dessen Schutz eintraten.

All das ändert natürlich nichts an den Unwägbarkeiten der Geschichte. Die Dinge hätten sich in England ganz anders entwickeln können, wenn die Parlamentsführer und der neue Monarch die Glorreiche Revolution genutzt hätten, um die Macht an sich zu reißen. Auch Botswana hätte eine sehr andere Entwicklung einschlagen können, wären nicht führende Politiker wie Seretse Khama und Quett Masire zur Stelle gewesen, die beschlossen, sich in demokratischen Wahlen um die Macht zu bewerben, statt das Wahlsystem zu untergraben, wie es viele Regierungschefs im subsaharischen Afrika nach der Unabhängigkeit taten.

Die Tswana hatten zum Zeitpunkt der Unabhängigkeit bereits eine Institutionsgeschichte, die eine eingeschränkte Chieftaincy und eine gewisse Rechenschaftspflicht der Chiefs gegenüber dem Volk vorsah. Sie waren mit ihren Institutionen natürlich nicht einzigartig in Afrika, aber nirgendwo sonst hatten sich diese Institutionen über die Kolonialzeit hinweg so unbeschadet erhalten. Die britische Herrschaft hatte sich kaum bemerkbar gemacht, denn Bechuanaland wurde von Mafeking in Südafrika aus verwaltet, und erst während des Übergangs zur Unabhängigkeit in den 1960er Jahren entstanden die Pläne für die Hauptstadt Gaborone. Die neuen hauptstädtischen Strukturen sollten die indigenen Institutionen nicht verdrängen, sondern sie zu ihrem Fundament machen; während Gaborone errichtet wurde, plante man gleichzeitig neue *kgotlas*.

Auch die Unabhängigkeit vollzog sich relativ geordnet. Die Initiative dazu ging von der Botswana Democratic Party (BDP) aus, die Quett Masire und Seretse Khama 1960 gegründet hatten. Khama war der Enkel von König Khama III.; sein Vorname bedeutet »der Ton, der bindet«, und hätte nicht zutreffender sein können. Da er der Erbherrscher der Ngwato war, schlossen sich die meisten führenden Tswana der BDP an. In Botswana gab es keinen Wirtschaftsverband, da die Briten desinteressiert an der Kolonie gewesen waren. Die BDP richtete 1967 die Botswana Meat Commission ein, doch statt die Viehzüchter zu enteignen, spielte die Kommission eine zentrale Rolle bei der Entwicklung der Rinderwirtschaft. Sie ließ Zäune errichten, um der Maul- und Klauenseuche vorzubeugen, und sie förderte Exporte, was zum Wirtschaftswachstum beitragen und die inklusiven Wirtschaftsinstitutionen verstärkt fördern sollte.

Während das frühe Wachstum in Botswana von Fleischexporten abhing, änderten sich die Dinge drastisch, als Diamanten entdeckt wurden. Auch der Umgang mit Bodenschätzen unterschied sich in Botswana deutlich von dem in anderen afrikanischen Staaten. In der Kolonialzeit hatten sich die Tswana-Chiefs bemüht, die Suche nach Mineralien in Bechuanaland zu verhindern, weil sie wussten, dass ihre Autonomie beendet sein würde, wenn die Europäer Edelmetalle oder Edelsteine entdeckten. Das erste große Diamantenvorkommen wurde in Ngwato-Land, Seretse Khamas Heimat, gefunden. Vor der Bekanntgabe der Entdeckung veranlasste Khama eine Gesetzesänderung, damit alle Abbaurechte für Bodenschätze nicht dem Stamm, sondern dem Staat gehörten. Dadurch war gewährleistet, dass der Diamantenreichtum keine großen Ungleichheiten in Botswana schuf. Außerdem war dies ein Anstoß zur Zentralisierung, denn die durch die Diamanten erzielten Einnahmen konnten nun zum Aufbau der Verwaltung und der Infrastruktur des Staates sowie für Investitionen ins Bildungswesen benutzt werden. In Sierra Leone und vielen anderen subsaharischen Staaten lösten Diamantenfunde Konflikte zwischen unterschiedlichen Gruppen aus und trugen zur Verlängerung von Bürgerkriegen bei, weshalb man sie als »Blutdiamanten« bezeichnete. In Botswana dagegen dienten die Diamanteneinnahmen dem Wohl des Staates.

Die Änderung der Bodenschatzrechte war nicht die einzige Maßnahme zum Aufbau des Staates, die Seretse Khama während seiner Regierungszeit durchführte. Vor allem der Chieftaincy Act von 1965, der vor der Unabhängigkeit verabschiedet wurde, sowie der Chieftaincy Amendment Act von 1970 sollten den Prozess der politischen Zentralisierung vorantreiben, denn sie festigten die Macht des Staates und des gewählten Präsidenten, indem sie den Chiefs das Recht zur Verteilung von Land entzogen und dem Präsidenten ermöglichten, einen Chief nötigenfalls aus dem Amt zu entfernen.

Ein anderer Aspekt der politischen Zentralisierung bestand darin, die Vereinheitlichung des Landes zu beschleunigen, indem man in den Schulen keine anderen Sprachen als Setswana und Englisch unterrichten ließ. Heutzutage wirkt Botswana homogen, im Unterschied zu vielen anderen afrikanischen Staaten mit ihrer ethnischen und sprachlichen Zersplitterung. Dadurch, dass man in den Schulen nur Englisch und Setswana lehrte, wurden die Konflikte zwischen den verschiedenen Stämmen und gesellschaftlichen Gruppen entschärft. Der letzte Zensus, in dem Fragen nach der Ethnizität gestellt wurden, wurde 1946 durchgeführt. Er wies auf eine beträchtliche Heterogenität in Botswana hin. Beispielsweise begriffen sich im Ngwato-Reservat nur 20 Prozent der Bevölkerung als reine Ngwato; neben anderen Tswana-Stämmen fand man auch viele Nicht-Tswana-Gruppen, die eine andere Muttersprache als Setswana sprachen. Diese grundlegende Heterogenität ist nach der Unabhängigkeit durch die Regierung und durch die relativ inklusiven Institutionen der Tswana-Stämme auf ähnliche Weise geglättet worden, wie der britische Staat die Kontraste etwa zwischen Engländern und Walisern eingeebnet hat. Seit der Unabhängigkeit wird in Botswana in keinem Zensus mehr nach der ethnischen Zugehörigkeit gefragt, da sich jeder als Tswana fühlt.

Botswana erzielte erstaunliche Wachstumsraten, weil Seretse Khama, Quett Masire und die BDP es auf den Pfad inklusiver wirtschaftlicher und politischer Institutionen führten. Als die Diamantenförderung in den 1970er Jahren begann, verursachte sie keinen Bürgerkrieg, sondern verschaffte der Regierung stattliche Einnahmen, welche sie für Investitionen in öffentliche Dienstleistungen nutzte. Es gab kaum einen Anreiz, die Regierung zu stürzen und die Kontrolle über den Staat an sich zu reißen. Inklusive politische Institutionen sorgten für politische Stabilität und unterstützten inklusive Wirtschaftsinstitutionen. Und nach dem Muster des mehrfach beschriebenen Tugendkreises stärkten die inklusiven Wirtschaftsinstitutionen die Funktionsfähigkeit und Lebensdauer des inklusiven politischen Systems.

Botswana sprengte den Rahmen, weil es eine Umbruchphase, die postkoloniale Unabhängigkeit, nutzen und inklusive Institutionen einrichten konnte. Die Botswana Democratic Party und die traditionellen Eliten, denen auch Khama selbst angehörte, versuchten nicht, ein diktatorisches Regime oder extraktive Institutionen aufzubauen, durch die sie sich auf Kosten der Gesellschaft hätten bereichern können. Dies war erneut das Ergebnis des Zusammenwirkens zwischen einer Umbruchphase und den bestehenden Institutionen. Im Unterschied zu fast jedem anderen Staat im subsaharischen Afrika besaß Botswana bereits Stammesinstitutionen, die ein gewisses Maß an zentralisierter Autorität erreicht hatten und über wichtige pluralistische Merkmale verfügten. Zudem hatten die Wirtschaftseliten durch gesicherte Eigentumsrechte viel zu gewinnen.

Was keine geringere Rolle spielte: Das Zufallspendel der Geschichte schlug zu Botswanas Gunsten aus. Ein besonderer Glücksfall war, dass Seretse Khama und Quett Masire nichts mit Siaka Stevens und Robert Mugabe gemeinsam hatten. Die Ersteren arbeiteten schwer und redlich darauf hin, inklusive Institutionen auf den Fundamenten der Tswana-Stammesbräuche zu errichten. Dadurch war es viel wahrscheinlicher, dass Botswana den Weg zu inklusiven Institutionen einschlug, während die meisten anderen Staaten im subsaharischen Afrika dies nicht einmal versuchten oder von vornherein scheiterten.

Das Ende der südstaatlichen Extraktion

Es war der 1. Dezember 1955. Aus dem in Montgomery, Alabama, ausgestellten Haftbefehl geht hervor, dass sich das Vergehen um 18.06 Uhr ereignete. James Blake, ein Busfahrer, hatte ein Problem und rief die Polizei an. Die Beamten Day und Mixon trafen am Schauplatz ein und notierten in ihrem Bericht:

> Wir erhielten einen Anruf. Bei unserer Ankunft sagte der Busfahrer, eine farbige Frau habe im weißen Abschnitt Platz genommen und rühre sich nicht von der Stelle. Wir … sahen sie ebenfalls. Der Busfahrer unterzeichnete einen Haftbefehl für sie. Rosa Parks wurde nach Kapitel 6, Abschnitt 11 der Stadtverordnung von Montgomery angeklagt.

Rosa Parks' Delikt bestand darin, dass sie sich auf einen für Weiße reservierten Platz des Cleveland-Avenue-Busses gesetzt hatte – ein Verbrechen nach den Jim-Crow-Gesetzen von Alabama. Sie wurde zu einer Geldstrafe von zehn Dollar und zur Zahlung von Gerichtsgebühren in Höhe von vier Dollar verurteilt.

Rosa Parks war nicht irgendwer, sondern die Sekretärin des Ortsverbands Montgomery der National Association for the Advancement of Colored People (NAACP), die seit langem darum kämpfte, die Institutionen in den Südstaaten zu ändern. Mrs Parks' Verhaftung löste eine Massenbewegung aus, den Montgomery Bus Boycott. Am 3. Dezember organisierten Martin Luther King jun. und andere eine Protestaktion mit dem Ziel, alle Schwarzen von der Benutzung der Busse in Montgomery abzuhalten. Der Boykott war erfolgreich und dauerte bis zum 20. Dezember 1956. Letztlich führte er zu einer Entscheidung des Obersten Gerichtshofs, dass die Rassentrennung in den Bussen von Alabama verfassungswidrig sei.

Der Montgomery Bus Boycott war ein entscheidendes Ereignis für die Bürgerrechtsbewegung in den amerikanischen Südstaaten. Er gehörte zu einer Reihe von Aktionen, durch die der Rahmen gesprengt und ein radikaler Wandel der Institutionen bewirkt wurde. Wie im zwölften Kapitel dargestellt, war es der südstaatlichen Grundbesitzer-Elite nach dem Bürgerkrieg gelungen, die extraktiven wirtschaftlichen und politischen Institutionen neu zu erschaffen, die den Süden schon vor dem Krieg beherrscht hatten. Obwohl sich einige Details änderten – beispielsweise war die Sklaverei nun verboten – waren die negativen Auswirkungen auf die wirtschaftlichen Anreize und auf den Wohlstand in den Südstaaten die gleichen. Der Süden blieb merklich ärmer als der Rest der USA.

Seit den 1950er Jahren begannen die Institutionen der Südstaaten ein viel schnelleres Wachstum in der Region herbeizuführen. Die extraktiven Institutionen, die man in den US-amerikanischen Südstaaten letztlich beseitigte, unterschieden sich von den kolonialen Institutionen in Botswana vor der Unabhängigkeit. Auch die Umbruchphase, die ihre Beseitigung einleitete, war – trotz einiger Gemeinsamkeiten – im Prinzip eine andere. In den 1940er Jahren begannen Menschen wie Rosa Parks, welche die Hauptlast der Diskriminierung und des Wirkens der extraktiven Institutionen in den Südstaaten tragen mussten, ihren Kampf viel besser zu organisieren. Gleichzeitig machten sich der Supreme Court und die Bundesregierung endlich daran, die extraktiven Institutionen in den Südstaaten systematisch zu reformieren. Die Hauptfaktoren für die Entstehung einer Umbruchphase in den Südstaaten waren also das Erstarken der dortigen Schwarzamerikaner und das Ende der unangefochtenen Vorherrschaft der weißen Elite.

Die politischen Institutionen der Südstaaten hatten, sowohl vor dem Bürgerkrieg als auch danach, eine klare wirtschaftliche Logik, die sich nicht sehr von der des südafrikanischen Apartheid-Regimes unterschied: die Bereitstellung billiger Arbeitskräfte für die Plantagen. Aber in den 1950er Jahren wurde diese Logik weniger zwingend, denn die massenhafte Auswanderung von Schwarzen aus den Südstaaten –

ein Vermächtnis sowohl der Weltwirtschaftskrise als auch des Zweiten Weltkriegs – hatte bereits begonnen. In den 1940er und 1950er Jahren waren es durchschnittlich hunderttausend Menschen pro Jahr.

Unterdessen verringerte sich die Abhängigkeit der Plantagenbesitzer von billigen Arbeitskräften dadurch, dass langsam technische Neuerungen in die Landwirtschaft vordrangen. Die meisten Arbeiter auf den Plantagen wurden zum Baumwollpflücken eingesetzt. Noch 1950 erntete man fast die gesamte Baumwolle in den Südstaaten mit der Hand, doch die Automatisierung ließ die Nachfrage nach solchen Tätigkeiten zurückgehen. Um 1960 hatte man beinahe die Hälfte der Ernte in den wichtigen Staaten Alabama, Louisiana und Mississippi mechanisiert.

Zum einen war es also schwieriger geworden, die Schwarzen in den Südstaaten festzuhalten, und zum anderen endete ihre Unentbehrlichkeit für die Plantagenbesitzer. Deshalb hatten die Eliten weniger Gründe, energisch für die Aufrechterhaltung der alten extraktiven Wirtschaftsinstitutionen zu kämpfen. Das bedeutete allerdings nicht, dass sie die institutionellen Änderungen bereitwillig akzeptiert hätten, sondern es kam zu einem langwierigen Konflikt. Doch durch eine ungewöhnliche Koalition zwischen den Schwarzen der Südstaaten und den inklusiven Bundesinstitutionen der USA entstand eine machtvolle Tendenz fort von der südstaatlichen Extraktion und hin zur politischen und bürgerlichen Gleichberechtigung. Dies hatte zur Folge, dass endlich entscheidende Hindernisse für das Wirtschaftswachstum in den amerikanischen Südstaaten ausgeräumt wurden.

Der wichtigste Anstoß für den Wandel ging von der Bürgerrechtsbewegung aus. Die Schwarzen in den Südstaaten waren selbstbewusst geworden. Sie stellten, wie in Montgomery, die sie umgebenden extraktiven Institutionen in Frage und forderten ihre Rechte ein, indem sie sich zu Protesten mobilisierten. Aber sie waren nicht allein, denn der Süden war kein separater Staat, und die Eliten konnten nicht nach Belieben schalten und walten wie etwa in Guatemala. Als Teil der Vereinigten Staaten von Amerika war der Süden der amerikanischen Verfassung und der Bundesgesetzgebung unterworfen. Die Forderung nach grundlegenden Reformen sollte endlich von der US-Regierung, dem Kongress und dem Obersten Gerichtshof unterstützt werden, zum Teil auch deshalb, weil sich die Bürgerrechtsbewegung auch außerhalb der Südstaaten Gehör verschaffen konnte.

Das Eingreifen Washingtons in die Modernisierung der südstaatlichen Institutionen begann 1944 mit der Entscheidung des Supreme Court, dass Vorwahlen, bei denen ausschließlich Weiße kandidieren durften, verfassungswidrig seien. Wie erwähnt, waren Schwarze in den 1890er Jahren durch Kopfsteuern und Lese- und Schreibtests politisch entrechtet worden. Man manipulierte die Tests routinemäßig, um Schwarze zu diskriminieren, während arme und analphabetische Weiße das Stimmrecht behielten. Das Urteil des Supreme Court von 1944 war der Startschuss für eine längere Schlacht um die politische Gleichberechtigung der Schwarzen, und die Richter wussten, welche Bedeutung die Lockerung der Kontrolle der Weißen über die politischen Parteien hatte.

Dem Urteil von 1944 folgte 1954 der Fall »Brown gegen Erziehungsbehörde«. Hier entschied das Oberste Gericht, dass die vom Staat veranlasste Rassentrennung in Schulen und an anderen öffentlichen Stätten der Verfassung widersprach. 1962 beseitigte das Gericht eine weitere Säule der politischen Vorherrschaft der weißen Eliten: die legislative Disproportionalität. Wenn eine ungleiche Wahlbevölkerungsverteilung vorliegt – wie etwa in den englischen »Rotten Boroughs« vor dem First Reform Act –, können manche Regionen im Parlament überrepräsentiert sein. Die Disproportionalität in den Südstaaten führte dazu, dass die ländlichen Gebiete, die Basis der Plantagenbesitzer, im Vergleich zu den Städten stark überrepräsentiert waren. Der Supreme Court beendete diese Situation 1962 durch sein Urteil im Fall »Baker gegen Carr«, in dem es das Prinzip »Eine Person, eine Stimme« unterstrich.

Sämtliche Entscheidungen des Supreme Court hätten jedoch kaum Gewicht gehabt, wären sie nicht in die Praxis umgesetzt worden. In den 1890er Jahren zum Beispiel wurde die Bundesgesetzgebung, die den südstaatlichen Schwarzen das Wahlrecht einräumte, nicht verwirklicht, da der lokale Gesetzesvollzug von der südstaatlichen Elite und der Demokratischen Partei kontrolliert wurde und die Washingtoner Regierung diese Praxis duldete. Aber als die Schwarzen gegen die Elite der Südstaaten aufbegehrten, zerbröckelte eines der letzten Jim-Crow-Bollwerke, und die Demokratische Partei, angeführt von ihren nichtsüdstaatlichen Vertretern, wandte sich gegen die Rassentrennung.

Die südstaatlichen Mitglieder spalteten sich unter dem Banner der States Right Democratic Party ab und stellten bei der Präsidentschaftswahl von 1948 einen eigenen Kandidaten namens Strom Thurmond auf. Er gewann in vier Staaten und erhielt neununddreißig Stimmen im Wahlmännerkollegium. Das war natürlich weit von dem Einfluss der vereinten Demokratischen Partei auf die Bundespolitik und ihrer Eroberung durch die südstaatlichen Eliten entfernt. Strom Thurmonds Wahlkampf konzentrierte sich darauf, dass er der Bundesregierung das Recht absprach, in die Institutionen des Südens einzugreifen. Er brachte seine Position energisch zum Ausdruck: »Alle Soldaten unserer Armee können die Südstaaten nicht zwingen, die Rassentrennung aufzugeben und Neger in unseren Theatern, unseren Schwimmbädern, unseren Häusern und unseren Kirchen zu dulden.«

Er sollte unrecht haben. Laut den Urteilen des Supreme Court musste die Rassentrennung in den Bildungseinrichtungen der Südstaaten aufgehoben werden, auch an der University of Mississippi in Oxford. 1962, nach einem langen Rechtsstreit, entschieden die Bundesgerichte, dass James Meredith, ein junger schwarzer Luftwaffenveteran, zum Studium an der »Ole Miss« zuzulassen sei.

Der Widerstand gegen die Umsetzung dieses Urteils wurde von den sogenannten Citizens' Councils organisiert, deren ersten man 1954 in Indianola, Mississippi, gegründet hatte, um die Aufhebung der Rassenschranken zu bekämpfen. Staatsgouverneur Ross Barnett verkündete am 13. September im Fernsehen, dass man die Universitäten eher schließen werde, als sich mit der Desegregation abzufinden. Nach langwierigen Verhandlungen in Washington zwischen Barnett und Präsident John F. Kennedy und Justizminister Robert Kennedy griff die Bundesregierung gewaltsam ein, um dem Urteil Geltung zu verschaffen. Es wurde ein Tag festgesetzt, an dem U. S. Marshals Meredith nach Oxford bringen sollten. Daraufhin organisierten sich weiße Suprematisten zum Widerstand. Am 30. September, dem Tag vor Merediths geplanter Ankunft, besetzten U. S. Marshals den Campus und umringten das Verwaltungsgebäude. Ungefähr 2500 Menschen versammelten sich zum Protest, und ein Aufruhr brach los. Die Marshals verwendeten Tränengas, um die Menge aufzulösen, gerieten jedoch unter Feuer. Um 22 Uhr rückten Bundestruppen in die Stadt vor, um die Ordnung wiederherzustellen. Bald befanden sich 20 000 Soldaten und 11 000 Nationalgardisten in Oxford. Man verhaftete insgesamt 300 Menschen. Meredith beschloss, an der Universität zu bleiben, und machte, beschützt von U. S. Marshals und 300 Soldaten, dort schließlich sein Examen.

Die Bundesgesetzgebung sorgte maßgeblich für die institutionelle Reform in den Südstaaten. Während der Debatte über den ersten Civil Rights Act im Jahr 1957 sprach Strom Thurmond, damals Senator, vierundzwanzig Stunden und achtzehn Minuten lang unaufhörlich, um die Verabschiedung des Gesetzes zu verhindern oder wenigstens hinauszuzögern. Während seiner Rede las er aus der Unabhängigkeitserklärung und aus verschiedenen Telefonbüchern vor – doch vergeblich. Es folgte der Civil Rights Act von 1964, durch den eine Reihe von rassentrennenden Staatsgesetzen und -praktiken für illegal erklärt wurden. Im Voting Rights Act von 1965 wurden auch die Lese- und Schreibfähigkeitstests, die Kopfsteuer und andere Methoden zur Entrechtung südstaatlicher Schwarzer als gesetzwidrig eingestuft. Außerdem betraute man die Bundesregierung mit der weitgehenden Aufsicht über die Staatswahlen.

All diese Ereignisse führten zu einem erheblichen Wandel der wirtschaftlichen und juristischen Institutionen der Südstaaten. Beispielsweise nahmen im Jahr 1960 nur ungefähr 5 Prozent der dazu berechtigten Schwarzen an den Wahlen teil. Im Jahr 1970 hatte sich diese Zahl auf 50 Prozent erhöht. In Alabama und South Carolina stieg sie zwischen 1960 und 1970 von etwa 10 auf 50 Prozent. Das führte zu strukturellen Änderungen der Wahlen auf kommunaler und auf nationaler Ebene. Was aber noch wichtiger war: Die politische Unterstützung vonseiten der dominanten Demokratischen Partei für die diskriminierenden extraktiven Institutionen löste sich auf. Damit war der Weg frei für etliche Veränderungen der Wirtschaftsinstitutionen.

Vor den institutionellen Reformen der 1960er Jahre waren Schwarze fast völlig von der Arbeit in Textilfabriken ausgeschlossen gewesen. 1960 betrug der Anteil schwarzer Beschäftigter in solchen Fabriken nur ungefähr 5 Prozent. Dieser Diskriminierung wurde durch die Bürgerrechtsgesetze ein Ende gesetzt. 1970 erhöhte sich ihr Anteil auf 15, 1990 auf 25 Prozent. Die wirtschaftliche Diskriminierung von Schwarzen ging zurück, ihre Ausbildungschancen verbesserten sich stark, und auf dem Arbeitsmarkt der Südstaaten nahm die Konkurrenz zu. Die inklusiven Institutionen bewirkten zügige wirtschaftliche Verbesserungen. Im Jahr 1940 verfügten die Südstaaten nur über etwa 50 Prozent des amerikanischen Pro-Kopf-Einkommens. Dies änderte sich in den späten 1940er und in den 1950er Jahren. Bis 1990 hatte sich die Kluft geschlossen.

In den Südstaaten war – wie in Botswana – die Entwicklung inklusiver politischer und wirtschaftlicher Institutionen von zentraler Bedeutung. Den Anstoß dazu gaben die wachsende Unzufriedenheit der Schwarzen, die unter den extraktiven Institutionen litten, und der Zusammenbruch der Ein-Parteien-Herrschaft der Demokraten im Süden. Wieder gestalteten die bestehenden Institutionen den Pfad des Wandels. In diesem Fall war entscheidend, dass die Institutionen des Südens in das inklusive System der US-amerikanischen Bundesinstitutionen eingebettet waren, denn das ermöglichte den Schwarzen der Südstaaten, schließlich die Bundesregierung für ihre Sache zu mobilisieren. Dieser Prozess wurde außerdem durch die Tatsache begünstigt, dass sich die Wirtschaftsbedingungen durch die massive Abwanderung der Schwarzen aus dem Süden und durch die Mechanisierung der Baumwollproduktion geändert hatten, was den Widerstandswillen der südstaatlichen Eliten abschwächte.

Wiedergeburt in China

Nach dreijährigem Bürgerkrieg setzte sich die Kommunistische Partei unter Mao Zedong 1949 schließlich gegen die Nationalisten unter Chiang Kai-shek durch. Am 1. Oktober wurde die Volksrepublik China ausgerufen. Die nach 1940 geschaffenen politischen und wirtschaftlichen Institutionen waren äußerst extraktiv und dienten der Diktatur der Kommunistischen Partei. Seitdem ist keine andere politische Organisation in China zugelassen worden. Bis zu seinem Tod im Jahr 1976 dominierte Mao die Partei und die Regierung.

Die autoritären, extraktiven politischen Institutionen gingen mit einem genauso extraktiven Wirtschaftssystem einher. Mao verstaatlichte unverzüglich alles im Land und schaffte sämtliche Eigentumsrechte ab. Grundbesitzer und andere Personen, die er verdächtigte, sein Regime abzulehnen, ließ er hinrichten. Die Marktwirtschaft wurde beseitigt, und die Bevölkerung in den ländlichen Gebieten musste sich zu Kollektiven zusammenschließen. An die Stelle von Geld und Löhnen traten »Arbeitspunkte«, die man gegen Waren eintauschen konnte. 1956 wurden Binnenpässe eingeführt, um unautorisierte Reisen zu verhindern und um die politische und wirtschaftliche Kontrolle zu verschärfen. Nachdem Mao die Industrie ebenfalls verstaatlicht hatte, leitete er nach dem Vorbild der Sowjetunion ein ehrgeiziges Wachstumsprogramm auf der Basis von »Fünfjahresplänen« ein.

Wie alle extraktiven Regime versuchte Maos Regierung nun, das ihr unterstehende riesige Land auszubeuten. Ähnlich wie der Wirtschaftsverband von Sierra Leone besaß die Kommunistische Partei Chinas ein Monopol für den Verkauf von Produkten wie Reis und anderen Getreidearten, durch das die Bauern indirekt hoch besteuert wurden. Die Industrialisierungsversuche fanden nach 1958 in Form des angeblichen Großen Sprungs nach vorn statt, der mit dem zweiten Fünfjahresplan zusammenfiel. Mao gab bekannt, dass sich die Stahlproduktion innerhalb eines Jahres durch »Hinterhofhochöfen« verdoppeln und China innerhalb von fünfzehn Jahren so viel Stahl wie Großbritannien erzeugen werde.

Allerdings bestand keine realistische Möglichkeit, diese Ziele zu erreichen. Folglich musste Altmetall gefunden werden, wozu man die Töpfe und Pfannen der Menschen und sogar ihre landwirtschaftlichen Geräte wie Hacken und Pflüge einschmolz. Arbeiter, welche die Felder hätten bestellen sollen, erzeugten Stahl, indem sie ihre Pflüge zerstörten – und damit ihre Fähigkeit, sich selbst und das Land zu ernähren. Das Ergebnis war eine katastrophale Hungersnot in den chinesischen Landgebieten. Obwohl Wissenschaftler die Auswirkungen von Maos Politik mit denen von sich gleichzeitig ereignenden Dürren vergleichen, zweifelt niemand an der zentralen Rolle, den der Große Sprung nach vorn beim Tod von 20 bis 40 Millionen Menschen einnahm. Die genaue Zahl ist nicht bekannt, da solche Gräuel unter Mao nicht dokumentiert wurden. Jedenfalls fiel das Pro-Kopf-Einkommen um rund ein Viertel.

Eine Folge des Großen Sprungs nach vorn bestand darin, dass Deng Xiaoping – ein hoher Parteifunktionär und erfolgreicher General, der im Rahmen einer »Anti-Rechtsabweichler-Kampagne« zahlreiche »Feinde der Revolution« hatte hinrichten lassen – einen Gesinnungswandel durchmachte. Auf einer Konferenz im südchinesischen Guangzhou erklärte Deng 1961: »Egal, ob die Katze weiß oder schwarz ist – Hauptsache, sie fängt Mäuse.« Kurz, es komme nicht darauf an, ob politische Maßnahmen einen kommunistischen Eindruck machten oder nicht, solange sie zur Erhöhung der Produktion und zur Ernährung des Volkes beitrugen.

Doch Deng sollte bald unter seinem neu entdeckten Pragmatismus zu leiden haben. Am 16. Mai 1966 warnte Mao, die Revolution werde durch »bourgeoise« Interessengruppen bedroht, welche die kommunistische Gesellschaft sabotierten und den Kapitalismus wiederherstellen wollten. Als Gegenmaßnahme rief er die Große Proletarische Kulturrevolution aus, die auf sechzehn Punkten basierte. Der erste lautete:

Obwohl die Bourgeoisie gestürzt worden ist, versucht sie immer noch, die alten Ideen, die alte Kultur, die alten Sitten und Gebräuche der Ausbeuterklassen zu verwenden, um die Massen zu korrumpieren, ihre Herzen zu gewinnen und eine Restauration mit allen Kräften herbeizuführen. Das Proletariat muss genau das Gegenteil tun: Es muss jeder Herausforderung der Bourgeoisie auf ideologischem Gebiet hartnäckig begegnen und neue Ideen, eine neue Kultur, neue Sitten und Gebräuche des Proletariats anwenden, um das geistige Antlitz der gesamten Gesellschaft zu ändern. Gegenwärtig besteht unser Ziel darin, gegen jene Leute in Machtpositionen, die den kapitalistischen Weg gehen, zu kämpfen und ihnen einen vernichtenden Schlag zu versetzen, die reaktionären bürgerlichen akademischen »Autoritäten« und die Ideologie der Bourgeoisie und aller anderen Ausbeuterklassen zu kritisieren und zurückzuweisen sowie die Erziehung, Literatur und Kunst und alle anderen Teile des Überbaus, die nicht der sozialistischen Wirtschaftsbasis entsprechen, umzuformen, damit die Konsolidierung und Entwicklung des sozialistischen Systems gefördert werden.

Bald sollte die Kulturrevolution, genau wie der Große Sprung nach vorn, sowohl die Wirtschaft als auch viele Menschenleben zerstören. Überall im Land formierten sich Rote Garden aus jungen, enthusiastischen Mitgliedern der Kommunistischen Partei, die zur Vernichtung von Regimegegnern eingesetzt wurden. Viele Menschen wurden getötet, verhaftet oder in die innere Verbannung geschickt. Mao erwiderte auf Bedenken über das Ausmaß der Gewalt: »Dieser Hitler war noch grausamer. Je grausamer, desto besser, meinen Sie nicht? Je mehr Menschen man umbringt, desto revolutionärer ist man.«

Deng sah sich als »kapitalistischen Rechtsabweichler Nummer zwei« abgestempelt, wurde 1967 inhaftiert und 1969 in die Provinz Jiangxi verbannt, wo er in einer Traktorfabrik arbeitete. Er wurde 1974 rehabilitiert, und Ministerpräsident Zhou Enlai überredete Mao, Deng zum Ersten Stellvertretenden Premier zu ernennen. Bereits 1975 beaufsichtigte er die Abfassung von drei Parteidokumenten, die eine neue Richtung vorgegeben hätten, wären sie angenommen worden. In ihnen wurden die Wiederbelebung des Hochschulwesens, die Rückkehr zu materiellen Anreizen in Industrie und Landwirtschaft sowie die Entfernung von »Linksabweichlern« aus der Partei gefordert.

Damals verschlechterte sich Maos Gesundheit, und die Macht konzentrierte sich zunehmend in den Händen genau der Linksabweichler, die Deng Xiaoping von der Macht fernhalten wollte. Maos Ehefrau Jiang Qing und drei ihrer engen Mitarbeiter, kollektiv als Viererbande bekannt, hatten die Kulturrevolution und die daraus resultierende Unterdrückung begrüßt. Sie beabsichtigten, das Land weiterhin nach diesem Modell unter der Diktatur der Kommunistischen Partei zu regieren. 1976 starb Zhou Enlai. Am 5. April verwandelte sich eine spontane Trauerfeier zu seinen Ehren auf dem Tiananmen-Platz in einen Protest gegen das Regime. Die Viererbande machte Deng für die Demonstrationen verantwortlich, und er wurde erneut sämtlicher Ämter enthoben und entlassen. Statt dass er, wie er gehofft hatte, die Linksabweichler entfernte, musste Deng nun feststellen, dass sie ihn entfernt hatten. Nach dem Tod von Zhou Enlai hatte Mao den Funktionär Hua Guofeng und nicht Deng zum amtierenden Ministerpräsidenten ernannt, und Hua konnte in dem relativen Machtvakuum erheblichen persönlichen Einfluss gewinnen.

Im September kam es durch Maos Tod zu einer Umbruchphase. Er hatte bisher die Kommunistische Partei Chinas dominiert, und der Große Sprung nach vorn sowie die Kulturrevolution waren überwiegend auf seine Initiative zurückgegangen. Nun entstand ein vollständiges Machtvakuum, und zwischen den Vertretern der unterschiedlichen Lager brach ein Kampf aus. Die Viererbande wollte die Politik der Kulturrevolution fortsetzen, um ihre eigene Macht und die der Kommunistischen Partei zu konsolidieren. Hua wollte die Kulturrevolution hinter sich lassen, aber er konnte sich nicht zu sehr von ihr distanzieren, weil er ihr seinen eigenen Aufstieg verdankte. Deshalb befürwortete er die Rückkehr zu einer ausgewogeneren Variante von Maos Ideologie, die er 1977 in der *Volkszeitung* als »Zwei Trotzdem-Prinzipien« zusammenfasste. Hua erläuterte: »Alle politischen Entscheidungen und Anweisungen des Vorsitzenden Mao müssen wir weiter voll und ganz durchführen und sie immer treu befolgen.«

Deng Xiaoping wollte das kommunistische Regime genauso wenig wie Hua abschaffen und durch inklusive Märkte ersetzen. Auch er gehörte zu denen, die durch die kommunistische Revolution an die

Macht gelangt waren. Aber seine Anhänger und er glaubten, dass sie ein beträchtliches Wirtschaftswachstum erzielen konnten, ohne ihre politische Kontrolle zu gefährden. Sie dachten an ein Wachstumsmodell unter extraktiven politischen Institutionen, das ihre Macht nicht bedrohen würde, da jegliche nennenswerte Opposition gegen die Kommunistische Partei unter Maos Herrschaft und während der Kulturrevolution beseitigt worden war. Aber um dem chinesischen Volk die dringend benötigte Verbesserung seines Lebensstandards zu verschaffen, planten sie, nicht nur die Kulturrevolution, sondern auch den größten Teil von Maos institutionellem Vermächtnis zurückzuweisen. Wirtschaftswachstum würde, wie sie begriffen hatten, nur durch eine deutliche Annäherung an inklusive Institutionen möglich sein. Zu diesem Zweck mussten die Wirtschaft reformiert und die Rolle der Marktkräfte und -anreize verstärkt werden. Außerdem wollten sie wieder ein gewisses Maß an Privateigentum zulassen und den Einfluss der Kommunistischen Partei auf die Gesellschaft und die Regierung verringern, indem sie Begriffe wie den des Klassenkampfs ausmusterten. Dengs Gruppe war zudem gegenüber Auslandsinvestitionen aufgeschlossen und befürwortete eine aggressivere Einbindung in den internationalen Handel. Aber es gab Grenzen, und der Aufbau wahrhaft inklusiver Wirtschaftsinstitutionen sowie eine erhebliche Lockerung der ökonomischen Kontrolle durch die Kommunistische Partei standen nicht zur Debatte.

Der Wendepunkt für China wurde durch Hua Guofengs Machtübernahme und seine Bereitschaft, gegen die Viererbande vorzugehen, gekennzeichnet. Innerhalb eines Monats nach Maos Tod ließ er die Viererbande verhaften, und 1977 setzte er Deng wieder in dessen politische Ämter ein. Nichts war unvermeidlich an diesem Lauf der Ereignisse oder den nächsten wichtigen Schritten, die dazu führten, dass Hua von Deng Xiaoping ausmanövriert wurde. Deng rief zur Kritik an der Kulturrevolution auf und ließ auf allen Ebenen der Kommunistischen Partei Personen nachrücken, die wie er in jener Zeit gelitten hatten. Hua konnte sich nicht von der Kulturrevolution lossagen, was seine Position schwächte. Zudem war er vergleichsweise neu im Machtzentrum, und ihm fehlte das Beziehungsnetz, das Deng über viele Jahre hinweg geknüpft hatte. Dann begann Deng, die Politik des Parteivorsitzenden zu kritisieren. Im September 1978 attackierte er Huas »Zwei Trotzdem-Prinzipien« und betonte, dass es weniger darauf ankomme, an Maos Weisungen festzuhalten, als darauf, »die Wahrheit aus den Fakten herauszuarbeiten«.

Deng verstand sich auch glänzend darauf, öffentlichen Druck auf Hua auszuüben. Dies zeigte sich am deutlichsten an der Demokratiemauer-Bewegung von 1978, bei der die Bürger Klagen über das Regime auf eine Mauer in Beijing schrieben. Im Juli 1978 legte Hu Qiaomu, der Deng sonst eher kritisch gegenüberstand, einige Grundüberlegungen für eine Wirtschaftsreform vor. Dazu gehörte der Gedanke, dass Firmen mehr Freiheit bei den Produktionsentscheidungen haben sollten. Die Preise hätten sich nach Angebot und Nachfrage zu richten, statt von der Regierung festgelegt zu werden, und überhaupt solle der Staat die Wirtschaft in geringerem Maße regulieren.

Es waren radikale Vorschläge, doch die von Deng eingeleitete Kritik an dem von Mao geschaffenen System gewann immer mehr Einfluss. Im November und Dezember 1978 fand auf der Dritten Plenarsitzung des Elften Parteikomitees ein Durchbruch statt. Gegen Huas Einwände beschloss man, dass sich die Partei nicht mehr auf den Klassenkampf, sondern auf die wirtschaftliche Modernisierung konzentrieren solle. Das Plenum gab grünes Licht für ein paar vorsichtige Experimente: In mehreren Provinzen wollte man ein »Haushaltsverantwortungssystem« einrichten, was bedeutete, dass in der Landwirtschaft wirtschaftliche Anreize an die Stelle des Kollektivismus traten. Im folgenden Jahr bestätigte das Zentralkomitee Dengs Gedanken, dass »die Wahrheit aus den Fakten herauszuarbeiten« sei, und erklärte die Kulturrevolution zu einer Katastrophe für das chinesische Volk.

Unterdessen sorgte Deng weiterhin dafür, dass seine Anhänger in wichtige Partei-, Armee- und Regierungspositionen gelangten. Zwar musste er im Zentralkomitee behutsam gegen Huas Mitarbeiter vorgehen, aber er errichtete parallele Machtbasen. 1980 blieb Hua dann nichts anderes mehr übrig, als zugunsten von Zhao Ziyang vom Amt des Ministerpräsidenten zurückzutreten. 1982 wurde er auch aus dem Zentralkomitee entfernt.

Doch damit war Deng noch nicht zufrieden. Auf dem 12. National-kongress im Jahr 1982 und dann auf dem Nationalen Volkskongress im September 1985 gelang es ihm, die Parteiführung und die höchsten Kader fast völlig auszutauschen. Viel jüngere, reformbereite Personen rückten nach. Zwischen 1980 und 1985 wurden einundzwanzig der sechsundzwanzig Politbüromitglieder, acht der elf Sekretariatsmit-glieder der Kommunistischen Partei sowie zehn der achtzehn Vize-ministerpräsidenten ersetzt.

Nachdem Deng und die Reformer ihre politische Revolution voll-zogen hatten und das Heft im Staat in der Hand hielten, leiteten sie eine Reihe weiterer Änderungen in den Wirtschaftsinstitutionen ein. Sie begannen mit der Landwirtschaft: 1983 wurde das Haushaltsver-antwortungssystem, das den Bauern Anreize liefern sollte, allgemein eingeführt. 1985 gab man die staatlichen Zwangsverkäufe von Ge-treide zugunsten freiwilliger Verträge auf, und die administrative Kontrolle der Agrarpreise wurde stark gelockert. In der städtischen Wirtschaft erhielten die Staatsunternehmen mehr Autonomie, und es wurden vierzehn »offene Städte« benannt, die sich um ausländische Investitionen bemühen durften.

Als Erstes kam die Landwirtschaft in Bewegung. Die gesetzten Anreize führten zu einer drastischen Erhöhung der Agrarpro-duktivität. Bereits 1984 war die Getreideerzeugung gegenüber 1978 um ein Drittel gestiegen, obwohl inzwischen weniger Menschen in der Landwirtschaft arbeiteten. Viele waren in die neuen ländlichen Wirtschaftszweige, die sogenannten Dorfgemeinde-Unternehmen, übergewechselt. Diese hatte man nach 1979 außerhalb des offiziellen Plansystems zum Zweck der Konkurrenz zu staatseigenen Firmen heranwachsen lassen. Allmählich wurden auch wirtschaftliche An-reize in staatseigenen Unternehmen eingeführt, wobei allerdings von Privatisierung, die bis Mitte der 1990er Jahre warten musste, noch keine Rede war.

Die Wiedergeburt Chinas vollzog sich durch eine spürbare Ver-lagerung von den höchst extraktiven Wirtschaftsinstitutionen hin zu einem inklusiveren System. Marktanreize in Landwirtschaft und Industrie, gefolgt von ausländischen Investitionen und Technologien, sollten China zu einem zügigen Wachstum verhelfen. Wie wir im folgenden Kapitel noch gründlicher erläutern werden, handelte es sich um ein Wachstum unter extraktiven politischen Institutionen, selbst wenn sie nicht mehr so repressiv wie zur Zeit der Kulturrevolution waren und obwohl die Wirtschaftsinstitutionen zum Teil mehr und mehr inklusiv wurden. All das sollte der Radikalität des Wandels der chinesischen Wirtschaftsinstitutionen jedoch keinen Abbruch tun. China sprengte den Rahmen, obwohl seine politischen Institutionen erhalten blieben.

Wie in Botswana und in den amerikanischen Südstaaten kamen die entscheidenden Änderungen in einer kritischen Phase zustande, in diesem Fall nach Maos Tod. Zudem waren sie höchst unberechenbar, denn es war keineswegs unvermeidlich, dass die Viererbande den Machtkampf verlor. Hätte sie ihn gewonnen, wäre das nachhaltige Wirtschaftswachstum der vergangenen dreißig Jahre in China nicht eingetreten. Aber die Verheerung und das menschliche Leid, die der Große Sprung nach vorn und die Kulturrevolution verursacht hatten, ließen den Drang nach einem Wandel so stark werden, dass Deng Xiaoping und seine Verbündeten den politischen Kampf gewinnen konnten.

Botswana, China und die US-amerikanischen Südstaaten sind ebenso wie die Glorreiche Revolution in England, die Französische Revolution und die Meiji-Restauration in Japan, anschauliche Beispiele dafür, dass die Geschichte nicht vorherbestimmt ist. Trotz des Teufelskreises können extraktive durch inklusive Institutionen ersetzt werden. Aber dies geschieht weder automatisch noch mühelos. Häufig ist ein Zusammenwirken verschiedener Faktoren erforderlich – insbesondere eine Umbruchphase, verbunden mit einer breiten Koalition von Reformern oder mit anderen, positiven Institutionen, die bereits bestehen –, damit ein Staat zu größerer Inklusivität fortschreitet. Auch ein gewisses Maß an Glück ist notwendig, denn die Entwicklung der Geschichte hängt stets von Unwägbarkeiten und Zufällen ab.

15.
WOHLSTAND UND ARMUT VERSTEHEN

Historische Ursprünge

Es gibt weltweit gewaltige Unterschiede im Lebensstandard. Selbst die ärmsten Bürger der Vereinigten Staaten haben Einkünfte und einen Zugang zur Gesundheitsversorgung, zum Erziehungswesen, zu öffentlichen Dienstleistungen und zu den bestehenden wirtschaftlichen und sozialen Möglichkeiten, die alles in den Schatten stellen, was der überwiegenden Mehrheit der Menschen im subsaharischen Afrika, in Südasien und Zentralamerika zur Verfügung steht. Der Kontrast zwischen Süd- und Nordkorea, zwischen den beiden Nogales und zwischen den Vereinigten Staaten und Mexiko ist relativ neuen Ursprungs. Vor fünfhundert Jahren waren die Menschen in Mexiko, der Heimat der Azteken, unzweifelhaft reicher als die in Nordamerika. Erst im 19. Jahrhundert zogen die USA an Mexiko vorbei. Die Kluft zwischen den beiden Nogales ist vor noch kürzerer Zeit entstanden. Auch Süd- und Nordkorea waren in wirtschaftlicher, gesellschaftlicher und kultureller Hinsicht nicht voneinander zu unterscheiden, bevor man das Land nach dem Zweiten Weltkrieg entlang des 38. Breitengrads teilte. Überhaupt sind die meisten der großen wirtschaftlichen Unterschiede, die wir heutzutage beobachten können, erst in den vergangenen zweihundert Jahren entstanden.

War all das unvermeidlich? War es historisch – oder geographisch oder kulturell oder ethnisch – vorherbestimmt, dass Westeuropa, die Vereinigten Staaten und Japan in den beiden vergangenen Jahrhunderten so viel reicher wurden als das subsaharische Afrika, Lateinamerika und China? Stand es fest, dass die Industrielle Revolution

im 18. Jahrhundert in Großbritannien beginnen und dann auf Westeuropa und die europäischen Kolonien in Nordamerika und Australien übergreifen würde? Ist eine kontrafaktische Welt denkbar, in der
sich die Glorreiche und die Industrielle Revolution in Peru ereignen,
das danach Westeuropa kolonisiert und dessen weiße Einwohner versklavt, oder wäre das nur eine Form der historischen Science-Fiction?

Um diese Fragen zu beantworten – oder um uns auch nur ernst-
haft mit ihnen beschäftigen zu können –, benötigen wir eine Theorie,
die erklärt, warum manche Staaten wohlhabend und andere arm sind.
Diese Theorie muss sowohl die Faktoren, die Wohlstand schaffen oder
bremsen, als auch die historischen Ursprünge der heutigen Situation
umreißen. Im vorliegenden Buch ist eine solche Theorie entwickelt
worden. Alle gesellschaftlichen Phänomene, die so komplex sind wie
die Ursprünge der unterschiedlichen wirtschaftlichen und politischen Entwicklungen Hunderter von Gemeinwesen überall auf der
Welt, könnten eine Vielzahl von Ursachen haben, weshalb die meisten
Sozialwissenschaftler monokausale, einfache und allgemein anwend-
bare Theorien vermeiden und sich um unterschiedliche Erklärungen
für augenscheinlich ähnliche Resultate in verschiedenen Zeiten und
Regionen bemühen.

Demgegenüber bieten wir eine einfache Theorie an, um die Haupt-
konturen der wirtschaftlichen und politischen Entwicklung überall auf der Welt seit der Neolithischen Revolution nachzuzeichnen.
Unsere Entscheidung wurde nicht von dem naiven Glauben motiviert, dass solch eine Theorie alles erklären könne, sondern von der
Überzeugung, dass sie uns ermöglichen sollte, die Parallelen ins Auge
zu fassen, wenn auch manchmal auf Kosten des Verzichts auf interessante Details. Eine erfolgreiche Theorie gibt nicht originalgetreu alle
Einzelheiten wieder, sondern sie liefert eine nützliche und empirisch
fundierte Erklärung für eine Reihe von Prozessen, wobei sie auch die
jeweils wirksamen Hauptkräfte veranschaulicht.

Unsere Theorie versucht, diesem Ziel zu dienen, indem sie auf zwei
Ebenen operiert. Die erste ist die Unterscheidung zwischen extrak-
tiven und inklusiven wirtschaftlichen und politischen Institutionen.
Die zweite ist unsere Erklärung dafür, warum inklusive Institutionen

in manchen Teilen der Welt entstanden, in anderen jedoch nicht. Während sich die erste Ebene unserer Theorie mit der institutionellen Interpretation der Geschichte befasst, geht es auf der zweiten Ebene darum, wie die Geschichte die institutionelle Entwicklung von Staaten beeinflusst.

Im Mittelpunkt unserer Theorie steht die Verbindung zwischen inklusiven wirtschaftlichen und politischen Institutionen einerseits und dem Wohlstand andererseits. Inklusive Wirtschaftsinstitutionen, die den Schutz von Eigentumsrechten durchsetzen, faire Wettbewerbsbedingungen herstellen sowie Investitionen in neue Technologien und Fertigkeiten fördern, sind für das Wachstum nützlicher als extraktive Wirtschaftsinstitutionen, deren Struktur zur Folge hat, dass wenige die Ressourcen von vielen an sich bringen, dass Eigentumsrechte nicht geschützt und keine Anreize für ein wirtschaftliches Engagement geschaffen werden. Inklusive Wirtschaftsinstitutionen stützen ihre politischen Pendants und werden ihrerseits von ihnen gestützt. Die Letzteren verteilen die Macht auf pluralistische Art und erzeugen eine gewisse politische Zentralisierung, wodurch sie Recht und Ordnung, die Grundlagen sicherer Eigentumsrechte und eine inklusive Marktwirtschaft herstellen können. Entsprechend sind extraktive Wirtschaftsinstitutionen mit einem extraktiven politischen System synergistisch verknüpft, in dem sich die Macht in den Händen weniger konzentriert. Diese sind motiviert, extraktive Wirtschaftsinstitutionen zu ihrem eigenen Nutzen zu entwickeln und zu erhalten und die Ressourcen, über die sie verfügen, zur Festigung ihrer politischen Macht zu verwenden.

Daraus sollte nicht geschlossen werden, dass extraktive wirtschaftliche und politische Institutionen unvereinbar mit ökonomischem Wachstum sind. Im Gegenteil, jede Elite würde, ceteris paribus, gern so viel Wachstum wie möglich herbeiführen, um ihre Gewinne zu erhöhen. Extraktive Institutionen, die wenigstens ein Minimum an politischer Zentralisierung erreicht haben, sind häufig in der Lage, ein gewisses Wachstum zu erzeugen. Allerdings kann Wachstum unter extraktiven Institutionen nicht dauerhaft durchgehalten werden. Dafür gibt es zwei Gründe: Erstens erfordert Wirtschaftswachstum immer wieder Innovationen, die nicht von schöpferischer Zerstörung abzukoppeln sind. Diese wiederum ersetzt im Wirtschaftsbereich Altes durch Neues und destabilisiert überkommene Machtbeziehungen in der Politik. Eliten, die extraktive Institutionen dominieren, haben Angst vor der schöpferischen Zerstörung und widersetzen sich ihr, weshalb jegliches Wachstum unter solchen Bedingungen nur kurzlebig sein kann. Zweitens ist, da die Herrschenden unter extraktiven Institutionen ihre Profite in hohem Maße auf Kosten der übrigen Gesellschaft einfahren, die politische Macht in solchen Systemen sehr begehrt, und viele Gruppen und Einzelpersonen versuchen, sie an sich zu reißen. Folglich gibt es mächtige Kräfte, die Gesellschaften mit extraktiven Institutionen in die politische Instabilität treiben.

Die Synergien zwischen extraktiven wirtschaftlichen und extraktiven politischen Institutionen erzeugen einen Teufelskreis, in dem das extraktive System, wenn es erst einmal verankert ist, zumeist weiterexistiert. Außerdem gibt es einen Tugendkreis, der mit inklusiven wirtschaftlichen und politischen Institutionen verbunden ist. Aber keiner der beiden ist unveränderlich. Im Gegenteil, manche Staaten haben heute inklusive Institutionen, weil sie, obwohl extraktive Systeme in der Geschichte die Regel sind, fähig waren, den Rahmen zu sprengen und den Übergang zu vollziehen. Wir erklären solche Übergänge mit historischen Fakten, doch sie sind nicht historisch vorgegeben. Ein bedeutender institutioneller Wandel, die Voraussetzung für wichtige ökonomische Veränderungen, kann sich als Resultat des Zwischenspiels zwischen bestehenden Institutionen und Umbruchphasen vollziehen. Umbruchbruchphasen sind durch folgenschwere Ereignisse gekennzeichnet, die das politische und wirtschaftliche Gleichgewicht in einer oder vielen Gesellschaften erschüttern. Dazu gehören beispielsweise der Schwarze Tod, dem im 14. Jahrhundert möglicherweise die halbe Bevölkerung fast ganz Europas zum Opfer fiel; die Öffnung der atlantischen Handelsrouten, die zahlreichen Personen in Westeuropa enorme Gewinnmöglichkeiten bot; und die Industrielle Revolution, die das Potential für rasche, doch auch zerstörerische Veränderungen der Wirtschaftsstruktur von Staaten überall auf der Welt in sich barg.

Die bestehenden institutionellen Unterschiede zwischen Gesellschaften sind selbst das Ergebnis einstiger institutioneller Veränderungen. Warum schlagen Gesellschaften voneinander abweichende Wege des institutionellen Wandels ein? Die Antwort findet man in der unterschiedlichen institutionellen Entwicklungstendenz. Genauso, wie sich die Gene von zwei isolierten Populationen infolge zufälliger Mutationen langsam auseinanderbewegen, können sich auch zwei ansonsten ähnliche Gesellschaften in institutioneller Hinsicht allmählich voneinander entfernen. Der Konflikt um Besitz und Macht – und indirekt um Institutionen – ist in sämtlichen Gesellschaften eine konstante Größe. Häufig hängt sein Ergebnis von Unwägbarkeiten ab, selbst wenn er sich unter ungleichen Wettbewerbsbedingungen abspielt, und das Resultat bewirkt eine bestimmte institutionelle Entwicklungsrichtung, was kein kumulativer Prozess zu sein braucht. Denn die kleinen Unterschiede, die sich irgendwann herausbilden, werden mit der Zeit nicht unbedingt größer. Im Gegenteil, wie unsere Beschreibung des römischen Britannien im sechsten Kapitel illustriert, können kleine Unterschiede auftreten, um dann zu verschwinden und später erneut wiederzukehren. Wenn jedoch eine Umbruchphase eintritt, können diese kleinen Unterschiede, die aus der institutionellen Verschiebung hervorgegangen sind, dazu führen, dass ansonsten recht ähnliche Gesellschaften radikal auseinanderklaffen.

Wir haben im siebten und im achten Kapitel nachgewiesen, dass die durch den Atlantikhandel bewirkte Umbruchphase trotz der vielen Ähnlichkeiten zwischen England, Frankreich und Spanien wegen solcher kleinen Unterschiede zwischen diesen Staaten die nachhaltigsten Auswirkungen in England hatte. Der Grund war, dass die englische Krone durch die Entwicklungen im 15. und 16. Jahrhundert nicht den gesamten Überseehandel kontrollieren konnte, während in Frankreich und Spanien königliche Monopole herrschten. Infolgedessen waren in Frankreich und Spanien die Monarchie und die mit ihr verbündeten Gruppen die Hauptnutznießer der enormen Profite des Atlantikhandels und der kolonialen Expansion. In England hingegen waren es die monarchiefeindlichen Gruppen, welche die in der Umbruchphase entstandenen wirtschaftlichen Möglichkeiten am besten nutzen konnten. Obwohl die institutionelle Entwicklung nur kleine Unterschiede bewirkt, führt sie in Umbruchphasen zu einer institutionellen Divergenz, die dann größere, von der nächsten Umbruchphase beeinflusste Unterschiede hervorbringt.

Entscheidend ist die Geschichte, denn historische Prozesse erzeugen durch die institutionelle Entwicklungstendenz Unterschiede, die in Umbruchphasen folgenreich sein können. Umbruchphasen selbst sind historische Wendepunkte, und die Teufels- und Tugendkreise weisen darauf hin, dass wir uns mit der Geschichte beschäftigen müssen, um den Charakter institutioneller Unterschiede zu verstehen. Doch unsere Theorie hat nichts mit einem historischen – oder irgendeinem anderen – Determinismus zu tun. Deshalb lautet die Antwort auf die Frage am Anfang dieses Kapitels: Nein, es gab keine historische Notwendigkeit dafür, dass Peru so viel ärmer wurde als Westeuropa oder die Vereinigten Staaten.

Im Gegensatz zur Geographie- oder Kultur-Hypothese ist Peru nicht wegen seiner Geographie oder Kultur zur Armut verurteilt. Unserer Theorie zufolge ist Peru heutzutage vielmehr wegen seiner Institutionen erheblich ärmer als Westeuropa oder die Vereinigten Staaten. Um die Gründe dafür zu begreifen, müssen wir die historischen Prozesse der institutionellen Entwicklung in Peru verstehen. Wie im zweiten Kapitel geschildert, war das Inkareich als Vorläufer des heutigen Peru reicher, technologisch fortgeschrittener und politisch stärker zentralisiert als die kleineren Gemeinwesen Nordamerikas. Die Wende kam durch den Kontrast zwischen der unterschiedlichen Kolonisierung jener Region und der Nordamerikas zustande. Dafür war kein historisch vorherbestimmter Prozess, sondern das von Zufällen abhängige Ergebnis mehrerer zentraler institutioneller Entwicklungen in Umbruchphasen verantwortlich. Mindestens drei Faktoren hätten diesen Kurs ändern und stark abweichende langfristige Muster hervorbringen können.

Erstens bestimmten institutionelle Unterschiede in Nord- und Südamerika während des 15. Jahrhunderts darüber, in welcher Form diese Gebiete kolonisiert wurden. Nordamerika schlug einen anderen institutionellen Pfad ein als Peru, weil es vor der Kolonisierung spärlich bevölkert war und europäische Siedler anzog. Diese erhoben sich dann erfolgreich gegen die Elite, welche die Virginia Company und die englische Krone hatten etablieren wollen. Die spanischen Konquistadoren dagegen fanden in Peru einen zentralisierten, extraktiven Staat, den sie übernehmen, und dazu dicht besiedelte Gegenden vor, deren Bevölkerung sie in Bergwerken und auf Plantagen einsetzen konnten.

Auch die Situation in Nord- und Südamerika hatte zur Zeit der Ankunft der Europäer nichts geographisch Prädeterminierendes an sich. Genau wie die Entstehung eines zentralisierten Staates unter König Shyaam bei den Bushong das Ergebnis einer bedeutenden institutionellen Neuerung – oder vielleicht sogar einer politischen Revolution – war (siehe fünftes Kapitel), so resultierten auch die Inkakultur in Peru und der dortige Bevölkerungsreichtum aus wichtigen institutionellen Innovationen. Diese hätten auch in Nordamerika, etwa im Mississippi-Tal oder sogar im Gebiet der heutigen nordöstlichen Vereinigten Staaten, stattfinden können. In einem solchen Fall wären die Europäer vielleicht auf leere Flächen in den Anden und auf zentralisierte Staaten in Nordamerika gestoßen, womit sich die Rollen Perus und der Vereinigten Staaten umgekehrt hätten. Die Europäer hätten sich dann möglicherweise in Gegenden um Peru angesiedelt, und der Konflikt zwischen ihrer Mehrheit und ihrer Elite hätte dort statt in Nordamerika zur Schaffung inklusiver Institutionen führen können. Danach wäre es wahrscheinlich zu ganz anderen Wirtschaftsentwicklungen gekommen.

Zweitens hätte das Inkareich dem europäischen Kolonialismus widerstehen können, ähnlich wie es Japan tat, als Commodore Perrys Schiffe in die Bucht von Edo einfuhren. Obwohl das Inkareich extraktiver war als Japan unter den Tokugawas, wodurch eine politische Umwälzung nach Art der Meiji-Restauration in Peru weniger wahrscheinlich wirkte, bestand keine historische Notwendigkeit dafür, dass sich die Inka der europäischen Vorherrschaft völlig unterwarfen. Wären sie fähig gewesen, Widerstand zu leisten und ihre Institutionen der Bedrohung gemäß zu modernisieren, hätte die Geschichte Amerikas – und damit der ganzen Welt – anders aussehen können.

Drittens war es weder historisch noch geographisch noch kulturell vorherbestimmt, dass ausgerechnet die Europäer die Welt kolonisierten. Es hätten genauso gut die Chinesen oder sogar die Inka sein können. Natürlich ist solch eine Entwicklung unmöglich, wenn wir die Welt aus der Sicht des fünfzehnten Jahrhunderts betrachten, als Westeuropa bereits einen Vorsprung vor Amerika besaß und China sich nach innen gekehrt hatte. Aber das Westeuropa des 15. Jahrhunderts war seinerseits aus einem nicht vorhersehbaren Prozess der von Umbruchphasen durchsetzten institutionellen Entwicklungen hervorgegangen, und nichts davon war unvermeidlich. Die westeuropäischen Staaten hätten nicht voranschreiten und die Welt erobern können, wären zuvor nicht mehrere historische Wendepunkte eingetreten. Dazu gehörten die Tatsache, dass der Feudalismus eine spezifische Richtung einschlug, wodurch die Sklaverei abgeschafft und die Macht der Monarchen verringert wurde; die Tatsache, dass Europa in den Jahrhunderten nach dem ersten Millennium die Gründung unabhängiger und wirtschaftlich autonomer Städte erlebte; die Tatsache, dass sich europäische Monarchen, anders als die chinesischen Kaiser der Ming-Dynastie, nicht vom Überseehandel bedroht fühlten und ihm deshalb nicht entgegenwirkten; und die Ankunft des Schwarzen Todes, der die Feudalordnung in ihren Grundfesten erschütterte. Wären diese Ereignisse anders abgelaufen, könnten wir heute möglicherweise in einer Welt leben, in der Peru reicher wäre als Westeuropa oder die Vereinigten Staaten.

Natürlich ist die Vorhersagekraft einer Theorie begrenzt, in der sowohl kleine Unterschiede als auch der Zufall Schlüsselrollen spielen. Kaum jemand hätte im 15. oder auch im 16. Jahrhundert, geschweige denn in den vielen Jahrhunderten nach dem Fall des Römischen Reiches, prognostiziert, dass sich der entscheidende Durchbruch hin zu inklusiven Institutionen in Britannien abspielen würde. Dies wurde nur durch den spezifischen Prozess der institutionellen Entwicklung und das Wesen der Umbruchphase ermöglicht, die durch die Öffnung des Atlantikhandels entstand. Auch hätte niemand mitten in der Kulturrevolution während der 1970er Jahre geglaubt, dass China bald den

Weg zu radikalen Änderungen seiner Wirtschaftsinstitutionen und zu einem halsbrecherischen Wirtschaftswachstum beschreiten würde. Genauso unmöglich ist es, mit Sicherheit zu prognostizieren, wie die Situation in fünfhundert Jahren aussehen wird. Doch dies sind keine Mängel unserer Theorie. Unser historischer Überblick weist darauf hin, dass jeder Ansatz unzureichend ist, der auf historischem Determinismus beruht – mag er auf geographischen, kulturellen oder historischen Fakten gründen. Kleine Unterschiede und Unwägbarkeiten sind nicht bloß Teil unserer Theorie, sondern auch der geschichtlichen Entwicklung.

Wenngleich es schwierig ist, genaue Voraussagen darüber zu treffen, welche Gesellschaften besser gedeihen werden als andere, haben wir in diesem Buch dargelegt, dass unsere Theorie die großen Unterschiede hinsichtlich des Wohlstands und der Armut von Staaten überall auf der Welt recht gut erklärt. Wie wir noch ausführen werden, liefert sie auch einige Richtlinien dafür, welche Gesellschaftstypen in den kommenden Jahrzehnten am ehesten Wirtschaftswachstum erzielen dürften.

Teufels- und Tugendkreise erzeugen ein hohes Maß an Beharrlichkeit und Trägheit. Es sollte kaum Zweifel daran geben, dass die Vereinigten Staaten und Westeuropa aufgrund ihrer inklusiven wirtschaftlichen und politischen Institutionen in fünfzig oder sogar hundert Jahren reicher – höchstwahrscheinlich viel reicher – sein werden als das subsaharische Afrika, der Nahe Osten, Zentralamerika oder Südostasien. Doch innerhalb dieser breiten Muster werden sich im kommenden Jahrhundert bedeutende institutionelle Veränderungen ergeben, wodurch manche Länder den Rahmen sprengen und den Übergang von der Armut zum Reichtum bewältigen dürften.

Staaten, die fast keine politische Zentralisierung vorweisen können, etwa Somalia und Afghanistan, oder solche, in denen das Staatswesen zusammengebrochen ist, wie auf Haiti in den letzten Jahrzehnten – lange bevor das dortige schwere Erdbeben von 2011 die Infrastruktur des Landes vernichtete –, werden vermutlich kein Wachstum unter extraktiven politischen Institutionen erzielen noch große Schritte in Richtung eines inklusiven Systems machen. Vielmehr dürften diejenigen derzeit armen Staaten in den nächsten Jahrzehnten wachsen – wenn auch wahrscheinlich unter extraktiven Institutionen –, die einen gewissen Grad an politischer Zentralisierung aufweisen. Im subsaharischen Afrika sind dies Burundi, Äthiopien, Ruanda – die sämtlich auf eine lange Geschichte der Zentralisierung zurückblicken – sowie Tansania, das seit seiner Unabhängigkeit eine gewisse Zentralisierung (oder zumindest die Voraussetzungen dafür) aufgebaut hat. In Lateinamerika gehören Brasilien, Chile und Mexiko dazu, die neben politischer Zentralisierung auch eine beträchtliche Annäherung an den Pluralismus erzielt haben. Dagegen deutet unsere Theorie darauf hin, dass ein nachhaltiges Wirtschaftswachstum in Kolumbien sehr unwahrscheinlich ist.

Unsere Theorie legt auch nahe, dass Wachstum unter extraktiven politischen Institutionen, wie in China, nicht nachhaltig sein und voraussichtlich im Sande verlaufen wird. Ansonsten herrscht Ungewissheit. Kuba zum Beispiel könnte sich inklusiven Institutionen zuwenden und einen bedeutenden Wirtschaftsumschwung erleben, oder es könnte weiterhin unter extraktiven politischen und wirtschaftlichen Institutionen schmachten. Das Gleiche gilt für Nordkorea und Burma (Myanmar). Während unsere Theorie also die Mittel zum Nachdenken darüber liefert, wie und mit welchen Konsequenzen sich Institutionen wandeln, lässt das Wesen dieses Wandels – wegen der Rolle kleiner Unterschiede und der Unwägbarkeiten – exaktere Prognosen schwierig werden.

Noch größere Vorsicht ist erforderlich, wenn man aus dieser allgemeinen Darstellung der Ursprünge von Wohlstand und Armut Handlungsempfehlungen ableiten will. Ebenso wie die Wirkung der Umbruchphasen von den bestehenden Institutionen abhängt, richtet sich auch die Reaktion einer Gesellschaft auf politische Eingriffe nach solchen Institutionen. Gewiss, unsere Theorie handelt in erster Linie davon, wie Staaten mehr Wohlstand schaffen können, indem sie von extraktiven zu inklusiven Institutionen übergehen. Aber sie macht auch von Anfang an klar, dass es keine einfachen Rezepte für solch einen Übergang gibt. Erstens sorgt der Teufelskreis dafür, dass es viel schwieriger ist, Institutionen zu verändern, als es den Anschein hat.

Vor allem können sich extraktive Institutionen in verschiedenem Gewand neu erschaffen, wie wir im Zusammenhang mit dem Ehernen Gesetz der Oligarchie im zwölften Kapitel nachgewiesen haben. Die Tatsache, dass das extraktive Regime von Präsident Mubarak im Februar 2011 durch die Proteste des Volkes gestürzt wurde, garantiert noch nicht, dass Ägypten zu inklusiveren Institutionen fortschreiten wird. Trotz der dynamischen und hoffnungsvollen Pro-Demokratie-Bewegung könnten die extraktiven Institutionen wiedererstehen.

Zweitens wäre es angesichts der Unwägbarkeiten der Geschichte, die es schwierig machen festzustellen, ob ein spezifisches Zusammenwirken von Umbruchphasen und bestehenden institutionellen Unterschieden zu inklusiveren oder extraktiveren Institutionen führen wird, recht gewagt, allgemeine Handlungsempfehlungen für die Schaffung eines inklusiven Systems zu formulieren. Trotzdem ist unsere Theorie für die politische Analyse nützlich, da sie ermöglicht, mangelhafte Ratschläge zu erkennen, die entweder auf inkorrekten Hypothesen oder auf einem unzureichenden Verständnis der Wandlungsmöglichkeiten von Institutionen beruhen. Dabei ist es genauso wichtig, die schlimmsten Fehler zu vermeiden und nicht nach schlichten Lösungen zu suchen, wie sie etwa die gegenwärtige Handlungsempfehlung vorgibt, aufgrund des erfolgreichen chinesischen Beispiels der letzten Jahrzehnte zu »autoritärem Wachstum« zu greifen. Im Folgenden werden wir erklären, warum solch eine Handlungsempfehlung irreführend ist und warum das bisherige chinesische Wachstum, das sich unter extraktiven politischen Institutionen vollzieht, schwerlich zu einer nachhaltigen Wirtschaftsentwicklung führen kann.

Der unwiderstehliche Charme des autoritären Wachstums

Dai Guofang sah den städtischen Boom in China schon früh voraus. In den 1990er Jahren wurden plötzlich überall neue Autobahnen, Geschäftszentren, Wohnhäuser und Wolkenkratzer gebaut, und Dai rechnete damit, dass sich dieses Wachstum im folgenden Jahrzehnt noch beschleunigen würde. Seiner Einschätzung nach konnte sein Unternehmen, Jingsu Tieben Iron and Steel, als kostengünstiger Produzent, zumal im Vergleich zu den ineffizienten staatseigenen Stahlwerken, einen großen Marktanteil an sich bringen. Dai plante, einen wahren Stahlgiganten zu bauen, und damit begann er, unterstützt von den lokalen Parteichefs in Changzhou, im Jahr 2003. Doch im März 2004 musste das Projekt auf Befehl der Kommunistischen Partei in Beijing eingestellt werden, und man verhaftete Dai aus nie völlig geklärten Gründen. Die Behörden nahmen vielleicht an, dass sie belastendes Beweismaterial in Dais Büchern finden würden. Jedenfalls verbrachte er die folgenden fünf Jahre im Gefängnis und unter Hausarrest und wurde schließlich im Jahr 2009 eines Bagatelldelikts für schuldig befunden. Sein wahres Verbrechen bestand jedoch darin, ein Großprojekt, das mit Staatsbetrieben konkurrieren würde, in Angriff genommen zu haben, und zwar ohne Billigung der höheren Tiere in der Kommunistischen Partei. Das war zumindest die Lehre, die andere aus der Angelegenheit zogen.

Die Reaktion der Kommunistischen Partei auf Unternehmer wie Dai sollte nicht überraschen. Chen Yun, einer von Deng Xiaopings engsten Mitarbeitern und möglicherweise der Hauptarchitekt der frühen Marktreformen, fasste die Ansicht der meisten Parteikader in seiner »Vogelkäfig«-Analogie zusammen: Die chinesische Wirtschaft sei der Vogel; der Käfig, das heißt die Parteikontrolle, sei zu erweitern, damit der Vogel gesünder und kräftiger werde, aber man könne den Käfig nicht öffnen oder entfernen, damit der Vogel nicht wegflog.

Jiang Zemin, der 1989 das mächtigste Amt in China, nämlich das des Generalsekretärs der Kommunistischen Partei, angetreten hatte, ging noch weiter und ließ keinen Zweifel am Argwohn der Partei gegenüber Unternehmern. Er bezeichnete sie als »selbständige Händler und Hausierer, [die] betrügen, unterschlagen, bestechen und Steuern hinterziehen«. Die gesamten 1990er Jahre hindurch betrachtete man das Privatunternehmertum mit Argwohn, obwohl gleichzeitig Auslandsinvestoren angeworben und Staatsbetriebe zur Expansion ermuntert wurden. Viele chinesische Firmenchefs wurden enteignet oder sogar ins Gefängnis geworfen. Jiang Zemins Einschätzung von

Unternehmern ist in China immer noch recht weitverbreitet. Dazu ein chinesischer Ökonom: »Große Staatsbetriebe können sich gewaltigen Projekten widmen. Aber wenn Privatunternehmen das Gleiche tun, besonders im Wettbewerb mit dem Staat, kommen aus allen Richtungen Probleme auf sie zu.«

Während inzwischen Dutzende von Privatfirmen profitabel in China operieren, befinden sich viele Wirtschaftsbereiche immer noch unter dem Kommando und dem Schutz der Partei. Der Journalist Richard McGregor berichtet, dass auf dem Schreibtisch der Leiter sämtlicher großen Staatsunternehmen in China ein rotes Telefon steht. Darüber übermittelt die Partei ihre Befehle, wo das Unternehmen zu investieren und welche Ziele es sich zu setzen habe. Daran, dass diese riesigen Unternehmen noch immer der Partei zu gehorchen haben, erinnern wir uns, wenn die Führungskräfte ohne jede Erklärung versetzt, entlassen oder befördert werden.

Damit stellen wir natürlich nicht in Abrede, dass China große Fortschritte auf dem Weg zu inklusiven Wirtschaftsinstitutionen gemacht hat, wodurch die spektakulären Wachstumsraten der vergangenen dreißig Jahre zustande gekommen sind. Die meisten Unternehmer können sich auch recht sicher fühlen, nicht zuletzt, weil sie sich um Unterstützung durch die lokalen Kader und durch die Parteiführung in Beijing bemühen. Und die Mehrzahl der Staatsbetriebe versucht, Gewinne zu erzielen und mit dem Wettbewerb auf den internationalen Märkten gleichzuziehen. Das ist ein radikaler Wandel gegenüber der Zeit unter Mao. Wie wir im vorigen Kapitel erläutert haben, konnte China erst unter Deng Xiaoping wachsen, weil er durchgreifende Reformen – fort von äußerst extraktiven und hin zu inklusiven Wirtschaftsinstitutionen – durchführte. Das Wachstum hat sich fortgesetzt, weil sich die chinesischen Wirtschaftsinstitutionen, wenn auch langsam, zu einer größeren Inklusivität hin entwickeln. Außerdem profitiert China erheblich von seinen billigen Arbeitskräften sowie von seinem Zugang zu ausländischen Waren- und Kapitalmärkten und zu im Ausland entwickelten Technologien.

Auch wenn chinesische Wirtschaftsinstitutionen heute unvergleichlich inklusiver sind als vor drei Jahrzehnten, vollzieht sich das

Wachstum immer noch unter einem extraktiven politischen System. Obwohl China in letzter Zeit die Bedeutung von Innovation und Technologie betont, beruht sein Wachstum auf der Übernahme bestehender Techniken und kurzfristigen Investitionen, nicht auf schöpferischer Zerstörung. Ein wichtiger Aspekt dieses Sachverhalts ist der, dass die Eigentumsrechte in China nicht wirklich abgesichert sind. Hin und wieder werden Unternehmer, genau wie Dai, enteignet. Die Bewegungsfreiheit der Arbeitskräfte unterliegt strengen Vorschriften, und das elementarste Eigentumsrecht, nämlich das Recht, seine Arbeitskraft nach eigenem Gutdünken zu verkaufen, ist immer noch höchst unsicher.

In welchem Maße die chinesischen Wirtschaftsinstitutionen auch weiterhin von wirklicher Inklusivität entfernt sind, ist daran abzulesen, dass nur wenige Unternehmer ein Projekt ohne Unterstützung durch die Ortskader oder, besser noch, durch Beijing in Angriff nehmen würden. Die Verbindung zwischen der Geschäftswelt und der Partei ist für beide äußerst lukrativ. Unternehmen, die mit der Partei zusammenarbeiten, erhalten günstige Verträge, können sich das Land gewöhnlicher Bürger aneignen sowie ungestraft gegen Gesetze und Vorschriften verstoßen. Wer sich ihren Geschäftsplänen in den Weg stellt, wird niedergetrampelt und kann sogar inhaftiert oder ermordet werden.

Die immer noch sehr gegenwärtige Macht der Kommunistischen Partei und der extraktiven Institutionen in China erinnert uns an die vielen Ähnlichkeiten mit dem sowjetischen Wachstum in den 1950er und 1960er Jahren, obwohl es auch beträchtliche Unterschiede gibt. Die Sowjetunion erzielte unter extraktiven wirtschaftlichen und politischen Institutionen Wachstum, weil sie dank ihrer zentralisierten Kommandostruktur Ressourcen zwangsweise in die Industrie umlenken konnte, besonders in die Rüstungs- und in die Schwerindustrie. Das Wachstum wurde teils dadurch ermöglicht, dass ein hoher Nachholbedarf bestand. Ein Wachstum unter extraktiven Institutionen ist leichter möglich, wenn sie nicht mit schöpferischer Zerstörung verbunden ist. Die chinesischen Wirtschaftsinstitutionen sind unzweifelhaft inklusiver als jene der Sowjetunion, doch die politischen

Institutionen Chinas bleiben extraktiv. Die Kommunistische Partei ist allmächtig und kontrolliert den gesamten Staatsapparat, die Streitkräfte, die Medien und große Teile der Wirtschaft. Das chinesische Volk hat so gut wie keine politischen Freiheiten und nimmt kaum am politischen Prozess teil.

Viele haben lange geglaubt, dass das Wachstum in China zur Demokratisierung und zu mehr Pluralismus überleiten würde. 1989 hoffte manch einer, dass die Demonstrationen auf dem Tiananmen-Platz zu einer Öffnung und vielleicht sogar zum Zusammenbruch des kommunistischen Regimes führen könnten. Aber die Machthaber setzten gegen die Demonstranten Panzer ein, und nicht eine friedliche Revolution, sondern ein Massaker ist in die Geschichtsbücher eingegangen. Die politischen Institutionen in China wurden im Anschluss an Tiananmen in vielerlei Hinsicht noch extraktiver. Reformer wie Zhao Ziyang, der die Studenten als Generalsekretär der Kommunistischen Partei unterstützt hatte, wurden aus ihrem Amt entfernt, und die Partei schränkte die Bürgerrechte und die Pressefreiheit noch entschiedener ein. Zhao Ziyang stand über fünfzehn Jahre unter Hausarrest, und man ließ ihn allmählich aus den Dokumenten verschwinden, damit er den Anhängern des politischen Wandels nicht als Identifikationsfigur dienen konnte.

Heute ist die Kontrolle der Partei über die Medien, das Internet eingeschlossen, beispiellos. Dafür ist großenteils die Selbstzensur verantwortlich. Bei den Medienunternehmen weiß man, dass man Zhao Ziyang oder Liu Xiaobo – den Regierungskritiker, der eine größere Demokratisierung forderte und trotz der Verleihung des Friedensnobelpreises an ihn noch immer im Gefängnis sitzt – nicht erwähnen darf. Die Selbstzensur wird durch ein Art orwellschen Apparat gefördert, der Gespräche und Mitteilungen überwachen, Websites und Zeitungen schließen und den Zugang zu Nachrichtenartikeln im Internet selektiv blockieren kann. All das war zu beobachten, als 2009 Korruptionsvorwürfe gegen den Sohn des seit 2002 amtierenden Generalsekretärs Hu Jintao erhoben wurden. Der Parteiapparat trat sofort in Aktion und hinderte nicht nur die chinesischen Medien daran, über den Fall zu berichten, sondern schaffte es auch, den Internetzugang zu entsprechenden Artikeln auf den Websites der *New York Times* und der *Financial Times* von China aus zu blockieren.

Durch die Parteikontrolle über die Wirtschaftsinstitutionen ist die schöpferische Zerstörung stark beschnitten, woran sich nichts ändern wird, solange eine radikale Reform der politischen Institutionen ausbleibt. Genau wie in der Sowjetunion wird das chinesische Wachstum unter extraktiven politischen Institutionen durch den hohen Nachholbedarf vorangetrieben. Das Pro-Kopf-Einkommen in China macht immer noch einen Bruchteil dessen der Vereinigten Staaten und Westeuropas aus. Allerdings ist das chinesische Wachstum erheblich stärker diversifiziert, als es in der Sowjetunion der Fall war. Es stützt sich nicht nur auf die Rüstung und die Schwerindustrie, und die chinesischen Unternehmer legen viel Einfallsreichtum an den Tag. Gleichwohl wird dieses Wachstum im Sande verlaufen, wenn die extraktiven nicht von inklusiven politischen Institutionen abgelöst werden, so wie es in all den anderen ähnlich gelagerten Fällen geschehen ist.

Die Entwicklung Chinas wirft mehrere interessante Fragen nach der Zukunft der chinesischen Wirtschaft und, was wichtiger ist, nach der Wünschbarkeit und Lebensfähigkeit von autoritärem Wachstum auf. Diese Art von Wachstum wird inzwischen gern als Alternative zum »Washingtoner Konsens« genannt, der die Bedeutung des Marktes, die Liberalisierung des Handels und gewisse institutionelle Reformen für die Ankurbelung des wirtschaftlichen Wachstums in vielen weniger entwickelten Teilen der Welt betont. Während das autoritäre Wachstum einen Teil seines Reizes aus der Reaktion auf den Washingtoner Konsens bezieht, liegt sein besonderer Charme für die Herrscher über die extraktiven Institutionen darin, dass es ihnen ermöglicht, ihre Macht zu behalten und sie sogar noch zu verstärken, und darin, dass es ihre Ausbeutung legitimiert.

Wie unsere Theorie aufzeigt, ist ein derartiges Wachstum besonders in Gesellschaften, die einen gewissen Grad an staatlicher Zentralisierung erreicht haben, unter extraktiven Institutionen möglich und könnte sogar das wahrscheinlichste Szenario für etliche Staaten sein: von Kambodscha und Vietnam bis hin zu Burundi, Äthiopien und Ruanda. Aber unsere Untersuchungen weisen auch darauf hin, dass es, wie alle anderen Beispiele des Wachstums unter extraktiven politischen Institutionen, nicht nachhaltig sein wird.

Im Fall Chinas dürfte sich der Wachstumsprozess, der auf Nachholbedarf, der Einfuhr ausländischer Technologien und der Ausfuhr billiger Fertigungsprodukte beruht, noch eine Weile fortsetzen. Trotzdem wird er wahrscheinlich enden, sobald China den Lebensstandard eines Landes mit mittlerem Einkommen erreicht hat. Andererseits könnte es der Kommunistischen Partei und der zunehmend einflussreichen chinesischen Wirtschaftselite gelingen, die Macht auch in den kommenden Jahrzehnten fest im Griff zu behalten. In diesem Fall deuten die Geschichte und unsere Theorie darauf hin, dass ein Wachstum mit schöpferischer Zerstörung und wahrer Innovation ausbleiben wird und dass die spektakulären Wachstumsraten allmählich zurückgehen dürften. Aber eine solche Situation ist keineswegs vorherbestimmt, und sie kann vermieden werden, wenn China zu inklusiven politischen Institutionen überwechselt, bevor sein Wachstum unter dem extraktiven System seine Grenze erreicht hat. Nichtsdestoweniger gibt es, wie wir im Folgenden zeigen werden, kaum einen Grund zu der Annahme, dass der Übergang zu inklusiveren politischen Institutionen in China wahrscheinlich ist oder dass er sich automatisch und reibungslos vollziehen wird.

Sogar innerhalb der Kommunistischen Partei äußern sich einige über die vor China liegenden Gefahren und lassen den Gedanken laut werden, dass eine politische Reform – also ein Übergang zu inklusiveren politischen Institutionen, um unsere Terminologie zu benutzen – erforderlich sei. Zum Beispiel warnte der mächtige Ministerpräsident Wen Jiabao kürzlich davor, dass das Wirtschaftswachstum ohne eine Reform ins Stocken geraten könne. Wir halten Wens Analyse für weitblickend, obgleich manche an seiner Aufrichtigkeit zweifeln.

Viele im Westen stimmen jedoch nicht mit Wen überein, denn ihrer Meinung nach befindet sich China auf einem alternativen Weg zu einem nachhaltigen Wirtschaftswachstum, der nicht von inklusiven wirtschaftlichen und politischen Institutionen, sondern vom Autoritarismus bestimmt wird. Aber sie irren sich, denn die entscheidende Ursache des chinesischen Erfolgs ist bereits unverkennbar: ein radikaler Wandel der Wirtschaftsinstitutionen von einer starr kommunistischen Einstellung hin zu einer Haltung, die Anreize für eine erhöhte Produktivität und für den Handel setzt. Daher gibt es keinen grundlegenden Unterschied zwischen China und anderen Staaten, denen es, ebenfalls unter einem extraktiven politischen System, gelungen ist, sich inklusiven Wirtschaftsinstitutionen anzunähern. Mithin hat China sein Wirtschaftswachstum nicht dank, sondern trotz seiner extraktiven politischen Institutionen erzielt. In den vergangenen drei Jahrzehnten hat es sich radikal von extraktiven ab- und erheblich inklusiveren Wirtschaftsinstitutionen zugewandt, was durch die Existenz überaus autoritärer, extraktiver politischer Institutionen nicht erleichtert, sondern erschwert wurde.

Andere Befürworter des autoritären Wachstums räumen dessen unschönen Charakter ein, behaupten jedoch, der Autoritarismus sei nur eine vorübergehende Phase. Diese Meinung geht auf eine der klassischen Theorien der politischen Soziologie zurück, nämlich auf die Modernisierungstheorie von Seymour Martin Lipset. Sie besagt, dass sich sämtliche Gesellschaften während des Wachstums auf eine modernere, höher entwickelte und zivilisiertere Existenz, insbesondere auf die Demokratie, zubewegen würden. Viele Vertreter der Modernisierungstheorie behaupten auch, dass inklusive Institutionen ebenso wie die Demokratie Nebenprodukte des Wachstumsprozesses seien. Und obwohl man Demokratie und inklusive politische Institutionen nicht gleichsetzen könne, sei die Entwicklung der Letzteren durch regelmäßige Wahlen und einen relativ unbehinderten politischen Wettbewerb sehr wahrscheinlich.

Anderen Versionen der Modernisierungstheorie zufolge geben gut ausgebildete Arbeitskräfte automatisch den Anstoß zur Entstehung von Demokratie und besseren Institutionen. In einer geradezu postmodernen Variante der Theorie behauptete Thomas Friedman, Kolumnist der *New York Times*, sogar, dass ein Land, wenn es nur genug McDonald's-Restaurants habe, bald auch über demokratische Institutionen verfügen werde.

All das weckt optimistische Erwartungen. In den letzten sechzig

Jahren haben die meisten Länder, darunter viele mit extraktiven Institutionen, durch einen merklichen Anstieg des Ausbildungsniveaus ihrer Arbeitskräfte ein gewisses Wachstum erlebt. Da sich Einkommen und Qualifikationen dort verbesserten, müssten also alle anderen guten Dinge – etwa Demokratie, Menschenrechte, bürgerliche Freiheiten und gesicherte Eigentumsrechte – zwangsläufig folgen.

Die Modernisierungstheorie hat eine breite Anhängerschaft sowohl innerhalb als auch außerhalb der akademischen Welt. Beispielsweise ist das Verhalten der USA gegenüber China von ihr geprägt worden. George H. W. Bush fasste die amerikanische Einschätzung einer Demokratisierung Chinas so zusammen: »Wenn wir ausgiebig Handel mit China treiben, ist die Zeit auf unserer Seite.« Laut der Modernisierungstheorie wächst China durch den uneingeschränkten Handel mit dem Westen, was zur Demokratisierung und zu besseren Institutionen führen müsse. Doch der rasche Anstieg des amerikanisch-chinesischen Handels seit Mitte der 1980er Jahre hat wenig für die chinesische Demokratisierung bewirkt, und die noch engere Integration, mit der im kommenden Jahrzehnt zu rechnen ist, wird genauso wenig ausrichten.

Die Ansichten zahlreicher Modernisierungstheoretiker über die Zukunft der irakischen Gesellschaft und der Demokratisierung nach dem Einmarsch der Westkräfte unter Leitung der USA waren optimistisch. Trotz der katastrophalen Wirtschaftsleistung unter Saddam Husseins Regime war der Irak im Jahr 2002 nicht so arm wie viele subsaharische Staaten, und er besaß eine relativ gut ausgebildete Bevölkerung. Deshalb galt er als hervorragender Nährboden für die Entwicklung der Demokratie und der Bürgerfreiheiten und vielleicht sogar für eine Form des Pluralismus. Diese Hoffnungen wurden rasch zunichtegemacht, als nach dem Einmarsch Chaos und Bürgerkrieg über den Irak hereinbrachen.

Die Modernisierungstheorie ist sowohl unzutreffend als auch wenig hilfreich für eine Auseinandersetzung mit den bedeutenden Problemen extraktiver Institutionen in scheiternden Staaten. Das am stärksten für die Theorie sprechende Indiz besteht darin, dass es die reichen Staaten sind, die demokratische Regierungen aufweisen, die

Bürger- und Menschenrechte respektieren sowie über funktionierende Märkte und generell über inklusive Wirtschaftsinstitutionen verfügen. Doch wer diese Verknüpfung als Beleg für die Gültigkeit der Modernisierungstheorie betrachtet, ignoriert den entscheidenden Effekt inklusiver wirtschaftlicher und politischer Institutionen für das ökonomische Wachstum. Wie wir im vorliegenden Buch immer wieder betont haben, sind es die Gesellschaften mit inklusiven Institutionen, die in den vergangenen dreihundert Jahren gewachsen und inzwischen relativ reich geworden sind.

Noch deutlicher wird dies, wenn wir die Fakten aus einer etwas anderen Perspektive betrachten: Während die Staaten, die in den letzten Jahrhunderten inklusive wirtschaftliche und politische Institutionen aufgebaut haben, ein nachhaltiges Wirtschaftswachstum verzeichnen, sind autoritäre Regime, die in den vergangenen sechzig oder hundert Jahren zügiger gewachsen sind, im Widerspruch zu Lipsets Modernisierungstheorie nicht demokratischer geworden. Und das sollte nicht überraschen. Wachstum unter extraktiven Institutionen ist ebendeshalb möglich, weil es nicht automatisch zum Untergang jener Institutionen führt. Im Gegenteil, es kommt häufig zustande, weil die Lenker der extraktiven Institutionen Wirtschaftswachstum nicht als Bedrohung, sondern als Stütze ihres Regimes ansehen, wie es bei der Kommunistischen Partei Chinas seit den 1980er Jahren der Fall ist. Es überrascht auch nicht, dass Wachstum, das durch den Wertanstieg der Bodenschätze eines Staates geschaffen wird, wie in Gabun, Russland, Saudi-Arabien oder Venezuela, nicht zu einer fundamentalen Umwandlung der autoritären Regime in Richtung inklusiver Institutionen führt.

Der historische Befund fällt sogar noch ungünstiger für die Modernisierungstheorie aus. Etliche relativ wohlhabende Staaten sind repressiven Diktaturen und extraktiven Institutionen zum Opfer gefallen. Sowohl Deutschland als auch Japan gehörten in der ersten Hälfte des 20. Jahrhunderts zu den reichsten und am stärksten industrialisierten Staaten der Welt und hatten relativ gut ausgebildete Bürger. Das konnte den Aufstieg der NSDAP in Deutschland und eines militaristischen, kriegslüsternen und nach Gebietserweiterung strebenden Regimes in Japan jedoch nicht verhindern – wodurch ihre politischen und wirtschaftlichen Institutionen eine scharfe Wende zur Extraktivität vollzogen. Auch Argentinien war im 19. Jahrhundert eines der reichsten Länder der Welt (mindestens ebenso wohlhabend wie Großbritannien), weil es von dem weltweiten Bodenschatzboom profitierte; daneben besaß es die am besten ausgebildete Bevölkerung in Lateinamerika. Aber Demokratie und Pluralismus waren in Argentinien nicht erfolgreicher als in den übrigen Teilen des Kontinents. Ein Putsch folgte dem anderen, und sogar demokratisch gewählte Staatschefs benahmen sich kaum anders als raubgierige Diktatoren. Auch in jüngerer Vergangenheit ist es kaum zu Fortschritten in Richtung inklusiver Wirtschaftsinstitutionen gekommen, und sogar im 21. Jahrhundert sind die argentinischen Regierungen immer noch in der Lage, ihre Bürger ungestraft zu enteignen.

All das verhilft uns zu mehreren wichtigen Einsichten. Erstens wird das Wachstum in China unter autoritären, extraktiven politischen Institutionen, auch wenn es sich noch eine Zeitlang fortsetzt, keine Nachhaltigkeit erreichen, die auf der Unterstützung durch wahrhaft inklusive Wirtschaftsinstitutionen und schöpferische Zerstörung basiert. Zweitens sollten wir, entgegen den Behauptungen der Modernisierungstheorie, nicht damit rechnen, dass autoritäres Wachstum zu Demokratie oder zu inklusiven politischen Institutionen führen wird. China, Russland und mehrere andere autoritäre Regime erleben gegenwärtig ein gewisses Wachstum, das jedoch an seine Grenzen stoßen dürfte, bevor sie ihre politischen Institutionen inklusiver gestalten. Wahrscheinlich ist die Elite kaum an einem derartigen Wandel interessiert, und es gibt auch keine starke Opposition, die solche Veränderungen durchsetzen könnte. Drittens ist autoritäres Wachstum auf lange Sicht weder wünschenswert noch lebensfähig und sollte deshalb nicht von der internationalen Gemeinschaft als akzeptables Leitbild für Staaten in Lateinamerika, Asien und im subsaharischen Afrika betrachtet werden, auch wenn viele diesen Weg genau deshalb einschlagen werden, weil er den Interessen ihrer wirtschaftlichen und politischen Eliten entspricht.

Wohlstand lässt sich nicht konstruieren

Im Unterschied zu der Theorie, die wir in diesem Buch entwickelt haben, hält die Ignoranz-Hypothese einen Vorschlag bereit, wie das Problem der Armut zu lösen sei: Wenn Ignoranz für unseren jetzigen Zustand verantwortlich ist, dann können uns aufgeklärte, gut informierte Herrscher und politische Entscheidungsträger aus der Patsche helfen, und wir sollten fähig sein, überall auf der Welt Wohlstand zu konstruieren, indem wir den richtigen Rat erteilen und Politiker von den Vorzügen einer leistungsfähigen Wirtschaft überzeugen. Als wir diese Hypothese im zweiten Kapitel behandelten, gingen wir auf die Erfahrungen des ghanesischen Premierministers Kofi Busia Anfang der 1970er Jahre ein. Sie bestätigten, dass das Haupthindernis für die Durchführung von Maßnahmen, die Marktfehlschläge verringern und Wirtschaftswachstum fördern, nicht in der Ignoranz von Politikern besteht, sondern in den Anreizen und Zwängen, die von den jeweiligen politischen und wirtschaftlichen Institutionen ausgehen. Gleichwohl hat die Ignoranz-Hypothese immer noch Vorrang in den Kreisen westlicher Entscheidungsträger, die sich fast ausschließlich mit der Frage beschäftigen, wie man Wohlstand erzeugen kann.

Diese Konstruktionsversuche treten in zweierlei Gestalt auf. In der ersten Variante, häufig befürwortet von Organisationen wie dem Internationalen Währungsfonds, wird eingeräumt, dass eine dürftige Entwicklung durch eine schlechte Wirtschaftspolitik und ungeeignete Institutionen verursacht wird. Danach schlagen die internationalen Organisationen eine Reihe von Verbesserungen vor, die von den armen Ländern umgesetzt werden sollen (der Washingtoner Konsens hat eine dieser Listen hervorgebracht). Bei den Verbesserungen konzentriert man sich auf vernünftige Dinge wie die makroökonomische Stabilität und dem Anschein nach attraktive makroökonomische Ziele, beispielsweise eine Verringerung des Verwaltungsapparats, flexible Wechselkurse und die Liberalisierung des Kapitalverkehrs. Hinzu kommen eher mikroökonomische Ziele wie Privatisierung oder Verbesserung der öffentlichen Dienstleistungen und vielleicht auch Vorschläge dazu, wie das Funktionieren des Staates selbst durch Antikorruptionsmaßnahmen gefördert werden könne. Obwohl viele dieser Reformen für sich betrachtet einleuchten, übersehen internationale Organisationen in Washington, London, Paris und anderswo immer noch die Rolle politischer Institutionen und der Zwänge, die sie der Tagespolitik auferlegen. Die Versuche, Wirtschaftswachstum zu konstruieren, indem man arme Länder zur Übernahme besserer politischer Verfahren und Institutionen drängt, müssen erfolglos bleiben, weil nicht reflektiert wird, welchen Grund es außer der Ignoranz der Staatsführer dafür geben könnte, dass eine so schlechte Politik gemacht wird und derart schädliche Institutionen bestehen. Die Folge davon ist, dass außer ein paar Lippenbekenntnissen nichts passiert und die neue Politik nicht umgesetzt wird.

Zum Beispiel stagnierte in den 1980er und 1990er Jahren überall auf der Welt die wirtschaftliche Entwicklung in vielen Staaten, vorwiegend in Lateinamerika, obwohl sie angeblich derartige Reformen durchführten. In Wirklichkeit wurden sie den Staaten aufgezwungen, ohne dass sich deren Politik änderte. Also untergruben die Verantwortlichen den Zweck der Reformen oder bremsten sie aus. Dies lässt sich etwa an der »Durchführung« einer der Schlüsselempfehlungen von internationalen Organisationen zur Erreichung makroökonomischer Stabilität aufzeigen, nämlich der Unabhängigkeit der Zentralbanken. Man befolgte die Empfehlung entweder in der Theorie, doch nicht in der Praxis, oder man untergrub sie durch andere politische Instrumente. Im Prinzip war diese Empfehlung durchaus vernünftig, denn etliche Regierungen gaben mehr aus, als ihre Steuereinnahmen rechtfertigten, und zwangen ihre Zentralbanken dann, zum Ausgleich Geld zu drucken. Die dadurch entstehende Inflation erzeugte Instabilität und Ungewissheit. Theoretisch würden die Zentralbanken, wenn sie unabhängig wären, wie die Bundesbank in Deutschland, dem politischen Druck widerstehen und die Inflation eindämmen.

Der Präsident von Simbabwe, Robert Mugabe, beschloss, dem internationalen Rat zu folgen, und erklärte die Zentralbank seines Landes 1995 für unabhängig. Bis zu jenem Zeitpunkt lag die Inflationsrate bei rund 20 Prozent. 2002 erreichte sie jedoch 140, 2003 fast 600, 2007 dann 66 000 und 2008 unfassbare 230 Millionen Prozent. Natürlich sollte es in einem Land, in dem der Präsident automatisch in der Lotterie gewinnt, niemanden überraschen, dass die Verabschiedung eines Gesetzes, das die Zentralbank für unabhängig erklärt, nichts zu bedeuten hat. Der Gouverneur der Zentralbank von Simbabwe wusste wahrscheinlich, dass sein Amtskollege in Sierra Leone aus dem Obergeschoss des Zentralbankgebäudes »gefallen« war, als er Siaka Stevens widersprochen hatte. Unabhängig oder nicht, die Forderungen des Präsidenten zu erfüllen, war die richtige Entscheidung für die persönliche Gesundheit des Gouverneurs, wenn auch nicht für die Gesundheit der Wirtschaft.

Nicht alle Länder sind wie Simbabwe. In Argentinien und Kolumbien wurden die Zentralbanken in den 1990er Jahren ebenfalls unabhängig, und sie erfüllten tatsächlich ihre Aufgabe und verringerten die Inflation. Aber da sich die Politik in keinem der beiden Länder wandelte, konnten die Eliten andere Möglichkeiten nutzen, um Stimmen zu kaufen, ihre Interessen durchzusetzen und sich selbst und ihre Anhänger zu belohnen. Da sie zu diesem Zweck kein Geld mehr drucken konnten, fanden sie eine Alternative: In beiden Ländern fiel die Unabhängigkeit der Zentralbank mit einer gewaltigen Erhöhung der Regierungsausgaben zusammen, die hauptsächlich fremdfinanziert wurde.

Der zweite Ansatz zur Konstruktion von Wohlstand ist heutzutage viel beliebter. Hier wird eingeräumt, dass es keine Patentlösungen gibt, einen Staat über Nacht oder auch im Lauf mehrerer Jahrzehnte aus der Armut in den Wohlstand zu führen. Stattdessen könne man manchen »Mikromarkt-Fehler« durch gute Ratschläge beseitigen. Der Wohlstand werde sich einstellen, wenn die Entscheidungsträger günstige Gelegenheiten nutzten, was durch die Hilfe und die Weitsicht von Ökonomen und anderen zu ermöglichen sei. Kleine Marktfehler seien in armen Ländern überall zu finden, beispielsweise im Erziehungssystem, im Gesundheitswesen und in der Organisation der Wirtschaft.

Das stimmt unzweifelhaft, doch das Problem ist, dass die kleinen Marktfehler die Spitze des Eisbergs sein können, das Symptom tiefer verwurzelter Schwierigkeiten in einer Gesellschaft, die von extraktiven Institutionen gesteuert wird. Wie es kein Zufall ist, dass arme Länder schlechte makroökonomische Maßnahmen ergreifen, so ist es auch kein Zufall, dass ihre Erziehungssysteme unzulänglich sind. Diese Marktfehler sind möglicherweise nicht ausschließlich auf Ignoranz zurückzuführen. Die Politiker und Bürokraten, die den wohlgemeinten Ratschlägen folgen sollen, könnten ihrerseits ein Teil des Problems sein, und die vielen Versuche, die Unzulänglichkeiten zu beheben, scheitern vielleicht gerade deshalb, weil die Verantwortlichen die institutionellen Ursachen der Armut nicht bekämpfen wollen.

Beispielhaft für einen solchen Sachverhalt sind Eingriffe durch die Nichtregierungsorganisation Seva Mandir, die das Gesundheitswesen im Staat Rajasthan in Indien verbessern soll. Die Geschichte der Gesundheitsversorgung in Indien ist durch tiefgreifende Ineffizienz und ständiges Versagen gekennzeichnet. Die öffentliche medizinische Versorgung ist, zumindest theoretisch, weithin verfügbar und billig, und das Personal ist im Allgemeinen hinreichend qualifiziert. Aber nicht einmal die ärmsten Inder nutzen die Einrichtungen des staatlichen Gesundheitswesens, sondern sie wenden sich an viel teurere, nicht regulierte und manchmal sogar mangelhafte private Dienstleister. Das hat nichts mit Unvernunft zu tun. Vielmehr können die Menschen die Regierungseinrichtungen, die kaum besetzt sind, nicht nutzen. Wenn ein Inder eine offizielle Stelle aufsucht, findet er keine Krankenschwestern vor und kann wahrscheinlich nicht einmal ins Gebäude gelangen, denn diese Einrichtungen sind meistens geschlossen.

Im Jahr 2006 entwickelte Seva Mandir gemeinsam mit einer Gruppe von Ökonomen ein einfaches Anreizsystem, das Krankenschwestern im Bezirk Udaipur von Rajasthan bewegen sollte, zur Arbeit zu erscheinen: Seva Mandir führte Stechuhren ein, mit denen die Krankenschwestern ihre Arbeitszeit dreimal am Tag erfassen sollten, um so sicherzustellen, dass sie pünktlich eintrafen, am Arbeitsplatz blieben und sich nicht zu früh entfernten. Wenn der Plan funktioniert und sich die Qualität und Quantität der Gesundheitsversorgung erhöht hätte, wäre dies ein starker Beleg für die Richtigkeit der Theorie gewesen, dass es einfache Lösungen für Schlüsselprobleme bei der Entwicklung armer Länder gibt.

Doch es wurde etwas ganz anderes deutlich. Kurz nach der Einführung des Programms stieg die Anwesenheit der Schwestern ganz erheblich, aber nach kaum mehr als einem Jahr untergrub die lokale Gesundheitsverwaltung das Anreizsystem von Seva Mandir ganz bewusst. Die Abwesenheitsquote war wieder auf dem gewohnten Niveau, und die Zahl der »Ruhetage«, sanktioniert von der lokalen Gesundheitsverwaltung, hatte stark zugenommen. Außerdem gab es beträchtlich mehr »Maschinenprobleme«, das heißt zerstörte Stechuhren, und Seva Mandir konnte die Geräte nicht ersetzen, da die Gesundheitsminister der Region nicht kooperieren wollten.

Krankenschwestern dreimal am Tag eine Stechuhr benutzen zu lassen klingt nicht besonders innovativ. Vielmehr ist es ein überall in der Gesundheitsbranche, auch in Indien, angewandtes Verfahren, und es muss den Verwaltern des Gesundheitswesens als potentielle Lösung für ihre Probleme eingefallen sein. Folglich ist es unwahrscheinlich, dass ein einfaches Anreizsystem wie dieses durch reine Ignoranz übersehen wurde. Genau das bestätigte sich im Verlauf des Programms: Die Verwalter sabotierten es, weil sie mit den Krankenschwestern unter einer Decke steckten und mitschuldig an den Abwesenheitsproblemen waren. Sie wollten nicht, dass die Schwestern durch ein Anreizsystem zur Arbeit gezwungen wurden oder im Fall von Abwesenheit Gehaltseinbußen hinnehmen mussten.

Dieser Fall zeigt im kleinen Maßstab, wie schwierig es ist, einschneidende Veränderungen durchzuführen, wenn Institutionen die Ursache von Problemen sind. In Udaipur waren es nicht korrupte Politiker oder einflussreiche Unternehmen, die institutionelle Reformen blockierten, sondern die lokale Gesundheitsverwaltung im Verein mit den Krankenschwestern, denen es gelang, das von Seva Mandir und den Entwicklungsökonomen ersonnene Anreizsystem zu unterlaufen.

Daraus lässt sich schließen, dass viele Mikromarkt-Fehler nicht so leicht zu beheben sind, wie es den Anschein hat, denn die institutionelle Struktur, die solche Fehler verursacht hat, wird auch Eingriffe zur Verbesserung von Anreizen auf der Mikroebene durchkreuzen. Versuche, Wohlstand zu konstruieren, ohne sich mit den Hauptursachen des Problems auseinanderzusetzen – also mit den extraktiven Institutionen und der Politik, die sie aufrechterhält –, dürften keine Früchte tragen.

Das Scheitern der Auslandshilfe

Nach den Anschlägen von Al Qaida am 11. September 2001 stürzten Streitkräfte unter Führung der Vereinigten Staaten in aller Schnelle das repressive Taliban-Regime in Afghanistan, das wichtigen Mitgliedern von Al Qaida Unterschlupf gewährt und ihre Auslieferung verweigert hatte. Durch das Bonner Abkommen vom Dezember 2001 zwischen Vertretern der früheren afghanischen Mudschaheddin, die mit den US-Streitkräften kooperiert hatten, und maßgeblichen Angehörigen der afghanischen Diaspora, darunter Hamid Karzai, entstand ein Plan zur Gründung einer demokratischen Regierung.

Der erste Schritt war die Einberufung der Loya Jirga, der großen Ratsversammlung, die Karzai zum Vorsitzenden der provisorischen Regierung wählte. Es schien in Afghanistan aufwärtszugehen. Die Mehrheit des Volkes brannte darauf, die Taliban hinter sich zu lassen. Die internationale Gemeinschaft glaubte, dass dazu nichts anderes als ein hoher Betrag an Auslandshilfe erforderlich sei. Vertreter der Vereinten Nationen und führender NGOs flogen bald in die Hauptstadt Kabul.

Was dann kam, sollte eigentlich nicht überraschen, besonders wenn man an das Scheitern der Auslandshilfe für arme Staaten in den vergangenen fünf Jahrzehnten denkt. Wie auch immer, das übliche Ritual wiederholte sich. Dutzende von Entwicklungshelfern und ihr Gefolge trafen mit ihren Privatflugzeugen in der Stadt ein. Alle möglichen NGOs entsandten Mitarbeiter, um ihr eigenes Programm zu verfolgen. Gespräche auf hoher Ebene zwischen Regierungsvertretern und

Delegationen der internationalen Gemeinschaft begannen. Etliche Milliarden Dollar flossen nach Afghanistan. Doch man verwendete kaum etwas davon für den Aufbau der Infrastruktur, von Schulen oder anderen öffentlichen Dienstleistungen, die für die Entwicklung inklusiver Institutionen oder auch nur für die Wiederherstellung von Recht und Ordnung unerlässlich sind.

Während die Infrastruktur weitgehend in Trümmern lag, verwendete man vielmehr den ersten Teilbetrag dazu, eine Fluggesellschaft mit der Hin- und Herbeförderung von UN-Vertretern und anderen internationalen Amtspersonen zu beauftragen. Als Nächstes benötigte man Chauffeure und Dolmetscher. Also heuerte man die wenigen Englisch sprechenden Bürokraten und die an afghanischen Schulen verbliebenen Lehrer an, um sich von ihnen herumkutschieren zu lassen, und zahlte ihnen ein Vielfaches des Durchschnittsgehalts. Da die wenigen qualifizierten Bürokraten auf Arbeitsplätze zur Unterstützung der Auslandshelfer manövriert wurden, dienten die eingehenden Gelder nicht dazu, die Infrastruktur aufzubauen, sondern die Zwecke, für die sie verwendet wurden, unterminierten den Staat, den sie stärken sollten.

Die Dorfbewohner in einem entlegenen Bezirk des afghanischen Zentraltals hörten eine Rundfunkmeldung über ein neues Multi-Millionen-Dollar-Programm zur Wiederherstellung von Schutzunterkünften in ihrer Gegend. Nach langer Zeit wurden ein paar Holzbalken geliefert, und zwar durch das Lastwagenkartell von Ismail Khan, einem berühmten ehemaligen Kriegsherrn und Mitglied der afghanischen Regierung. Da die Balken zu groß für jegliche Verwendung im Bezirk waren, benutzten die Dorfbewohner sie für den einzig möglichen Zweck: als Feuerholz.

Was also war aus den vielen Millionen Dollar geworden, die man den Bewohnern versprochen hatte? Zwanzig Prozent wurden für die Kosten des UN-Amtssitzes in Genf abgezogen, der Rest wurde einer NGO übergeben, die weitere 20 Prozent für ihre eigenen Niederlassungskosten in Brüssel vereinnahmte. Sie beauftragte drei zusätzliche Instanzen, die jeweils ungefähr 20 Prozent der verbliebenen Beträge einstrichen. Die geringe Summe, die Afghanistan letztlich erreichte, wurde für den Holzkauf im westlichen Iran und für die überhöhten Transportkosten durch Ismail Khans Lkw-Kartell verwendet. Es war geradezu ein Wunder, dass die zu großen Holzbalken überhaupt in dem Dorf eintrafen.

Was im afghanischen Zentraltal geschah, ist keine Ausnahme. In vielen Untersuchungen wird geschätzt, dass nur 10 oder höchstens 20 Prozent der Auslandshilfe ihr Ziel erreichen. Es laufen Dutzende von Betrugsermittlungsverfahren gegen UN-Vertreter und Beamte vor Ort, die der Abschöpfung von Hilfsgeldern verdächtigt werden. Aber die Verschwendung hat überwiegend nichts mit Betrug, sondern mit Inkompetenz oder, noch schlimmer, mit den üblichen Gepflogenheiten von Hilfsorganisationen zu tun.

Die afghanische Erfahrung mit der Auslandshilfe war wahrscheinlich sogar ein relativer Erfolg. In den vergangenen fünf Jahrzehnten haben Regierungen überall auf der Welt Hunderte von Milliarden Dollar als »Entwicklungshilfe« gezahlt. Der Löwenanteil wurde, wie in Afghanistan, für Verwaltungskosten und durch Korruption vergeudet. Noch übler ist, dass hohe Summen an Diktatoren wie Mobutu gezahlt wurden, der auf Hilfe durch seine westlichen Gönner angewiesen war, um sich Unterstützung für sein Regime erkaufen und sich selbst bereichern zu können. Im übrigen subsaharischen Afrika herrschten zumeist ähnliche Verhältnisse. Die kurzfristige humanitäre Krisenhilfe, in letzter Zeit beispielsweise auf Haiti und in Pakistan, war unzweifelhaft effektiver, obwohl auch ihre Realisierung von ähnlichen Problemen beeinträchtigt wurde.

Trotz der wenig schmeichelhaften Erfolgsbilanz ist »Entwicklungshilfe« eine der populärsten Aktionen, die westliche Regierungen, internationale Einrichtungen wie die Vereinten Nationen und allerlei NGOs zur Bekämpfung der weltweiten Armut empfehlen. Und natürlich wiederholt sich der Zyklus des Scheiterns von Auslandshilfe ein ums andere Mal. Der Gedanke, dass reiche westliche Länder hohe Summen an »Entwicklungshilfe« bereitstellen sollten, um das Problem der Armut im subsaharischen Afrika, in der Karibik, in Zentralamerika und Südasien zu lösen, beruht auf einem mangelnden Verständnis der Ursachen von Armut. Staaten wie Afghanistan sind wegen ihrer extraktiven Institutionen arm, die dafür verantwortlich sind, dass es keine Sicherung von Eigentumsrechten und von Gesetz und Ordnung und auch keine gut funktionierenden Justizsysteme gibt, während die erstickende Dominanz nationaler und, noch häufiger, lokaler Eliten im politischen und wirtschaftlichen Leben fortdauert.

Die gleichen institutionellen Probleme führen dazu, dass die Auslandshilfe ineffektiv bleibt, da die Gelder entweder geraubt werden oder ihren Zielort nicht erreichen. Im schlimmsten Fall erhalten sie Regime am Leben, welche die Wurzel allen Übels in jenen Gesellschaften sind. Wenn ein nachhaltiges Wirtschaftswachstum von inklusiven Institutionen abhängig ist, kann die Unterstützung von Regimen mit extraktiven Institutionen nicht die Lösung sein. Damit soll jedoch nicht bestritten werden, dass spezifische Hilfsprogramme viel Gutes bewirken können, wenn durch sie in Gegenden Schulen gebaut und Lehrer bezahlt werden, in denen man sonst auf beides verzichten müsste. Während die meisten »Entwicklungshelfer« in Kabul wenig zur Verbesserung des Lebens für die gewöhnlichen Afghanen beitrugen, wurden einige bemerkenswerte Erfolge beim Bau von Schulen erzielt, besonders für Mädchen, die unter den Taliban und auch vorher völlig vom Erziehungswesen ausgeschlossen waren.

Eine Lösung, die in letzter Zeit mehr Anklang findet – teils, weil man begriffen hat, dass Wohlstand und auch die Realisierung der geplanten Hilfen etwas mit den Institutionen zu tun haben –, besteht darin, die Auslandshilfe an Bedingungen zu knüpfen, etwa daran, dass die Empfänger die Märkte liberalisieren oder einen Prozess der Demokratisierung einleiten. Die Administration von George W. Bush unternahm den größten Schritt hin zu dieser Form der Hilfe, indem sie den Millenium Challenge Account gründete, der künftige Zahlungen von quantitativen Verbesserungen in mehreren Bereichen der wirtschaftlichen und politischen Entwicklung abhängig machte.

Aber die Effektivität der Hilfsleistungen, ob sie an Bedingungen gebunden sind oder nicht, scheint sich nicht erhöht zu haben. Länder, welche die Bedingungen nicht erfüllen, erhalten in der Regel keine geringeren Beträge als andere. Dafür gibt es einen schlichten Grund: Sie haben einen größeren Bedarf an Entwicklungs- oder humanitärer

Hilfe. Und wie zu erwarten war, scheint die an Bedingungen geknüpfte Hilfe kaum Auswirkungen auf die Institutionen eines Staates zu haben. Schließlich wäre es recht erstaunlich, wenn jemand wie Siaka Stevens in Sierra Leone oder Mobutu im Kongo plötzlich begönne, die extraktiven Institutionen, auf die er angewiesen ist, für ein wenig mehr Auslandshilfe abzubauen. Sogar im subsaharischen Afrika, wo die Finanzhilfe einen beträchtlichen Prozentsatz der Regierungshaushalte ausmachen kann, und auch nach der Gründung des Millenium Challenge Account, der die Bedingungen verschärft hat, ist die zusätzliche Auslandshilfe, die ein Diktator durch die Schwächung seiner eigenen Macht erhalten kann, recht gering und nicht das Risiko wert, das für die Fortdauer seiner Herrschaft oder für sein Leben entstehen könnte.

All das heißt jedoch nicht, dass die Auslandshilfe, abgesehen von der humanitären Variante, eingestellt werden sollte. Das wäre unpraktisch und würde wahrscheinlich noch mehr menschliches Leid verursachen. Es wäre ferner unpraktisch, weil die Bürger vieler westlicher Staaten Unbehagen und Schuldgefühle angesichts der wirtschaftlichen und humanitären Katastrophen in der Welt empfinden und weil Auslandshilfe ihnen das Gefühl verschafft, dass wenigstens etwas zur Bekämpfung der Probleme unternommen wird. Darum wird die Leistung von Auslandshilfe fortgesetzt werden. Auch die umfangreichen internationalen Organisationen und NGOs werden unermüdlich Ressourcen verlangen und mobilisieren. Zudem wäre es grausam, die Hilfe für die bedürftigsten Staaten der Welt zu kürzen. Gewiss, vieles davon wird verschwendet. Aber wenn zehn Cent von jedem Dollar die Ärmsten der Welt erreichen, dann sind das immer noch zehn Cent mehr als vorher, die zur Linderung des bittersten Elends dienen können.

Hieraus lassen sich zwei wichtige Lektionen ableiten. Erstens ist Auslandshilfe heutzutage kein wirkungsvolles Mittel, um dem Scheitern von Nationen, wo auch immer auf der Welt, entgegenzuwirken. Ganz im Gegenteil. Länder benötigen inklusive wirtschaftliche und politische Institutionen, um aus dem Armutszyklus auszubrechen. Auslandshilfe kann an diesem Punkt wenig bewirken, und schon gar nicht in ihrer gegenwärtigen Organisationsform. Die Wurzeln der Weltungleichheit und -armut zu erkennen ist wichtig, damit wir unse- re Hoffnungen nicht an falsche Versprechen knüpfen. Da diese Wur- zeln in den Institutionen zu finden sind, kann Auslandshilfe, zumal innerhalb der Organisationsstruktur der Empfängerstaaten, wenig zur Entstehung nachhaltigen Wachstums beitragen.

Zweitens wäre es, da die Entwicklung inklusiver wirtschaftlicher und politischer Institutionen entscheidend ist, nützlich, den existie- renden Strom der Auslandshilfe zumindest teilweise in die Förderung solcher Prozesse umzulenken. Wie wir gesehen haben, ist es nicht sinnvoll, Bedingungen zu stellen, da die Herrscher dann Konzessionen machen müssten. Bessere Aussichten hätte es wahrscheinlich, wenn man die Auslandshilfe so strukturierte, dass durch ihre Verwaltung und Verwendung Gruppen und Anführer, die sonst von der Macht ausgeschlossen wären, in den Entscheidungsprozess eingebunden und breitere Bevölkerungsschichten gestärkt werden.

Empowerment

Der 12. Mai 1978 schien ein normaler Tag in dem Scânia-Lkw-Werk in São Bernardo im brasilianischen Staat São Paulo zu werden. Aber die Arbeiter waren unruhig. Seit 1964, als das Militär die demokra- tische Regierung von Präsident João Goulart gestürzt hatte, waren Streiks in Brasilien verboten. Aber gerade war bekannt geworden, dass die Regierung die Inflationszahlen und damit den Anstieg der Lebens- haltungskosten falsch angegeben hatte. Zu Beginn der Frühschicht, um 7 Uhr, verweigerte das Personal die Arbeit. Um 8 Uhr rief der im Betrieb arbeitende Gewerkschaftsorganisator Gilson Menezes die Ge- werkschaft an. Der Vorsitzende der Metallarbeiter von São Bernardo war ein dreiunddreißigjähriger Aktivist namens Luiz Inácio Lula da Silva (»Lula«). Bereits am Mittag tauchte er in der Fabrik auf. Als die Werkleitung ihn aufforderte, das Personal zur Arbeitsaufnahme zu bewegen, weigerte er sich.

Der Scânia-Streik war der erste in einer Welle, die Brasilien überschwemmte. Oberflächlich betrachtet, ging es nur um Lohnforderungen, doch Lula erläuterte später:

> Ich glaube, wir können wirtschaftliche und politische Faktoren nicht voneinander trennen ... Der ... Kampf hatte mit den Löhnen zu tun, aber dadurch errang die Arbeiterklasse einen politischen Sieg.

Das Wiederaufkommen der brasilianischen Gewerkschaftsbewegung war nur ein Teil der viel umfassenderen gesellschaftlichen Reaktion auf anderthalb Jahrzehnte Militärherrschaft. Der Linksintellektuelle Fernando Henrique Cardoso, der wie Lula dazu bestimmt war, nach der Wiederherstellung der Demokratie Präsident zu werden, erklärte 1973, in Brasilien könne ein demokratisches System durch das Zusammenwirken der vielen sozialen Gruppen, die das Militär ablehnten, geschaffen werden. Dazu benötige man eine »reaktivierte Bürgergesellschaft ... die Berufsverbände, die Gewerkschaften, die Kirchen, die Studentenvereinigungen und die Debattierclubs sowie die Gesellschaftsbewegungen« – mit anderen Worten, eine breite Koalition mit dem Ziel, die Demokratie wiedererstehen zu lassen und die brasilianische Gesellschaft umzuwandeln.

Durch den Scânia-Streik kündigte sich die Bildung einer solchen Koalition an. Ende 1978 stellte Lula die Idee in den Raum, eine neue politische Partei, die Arbeiterpartei, zu gründen. Ihr sollten, wie Lula forderte, jedoch nicht nur Gewerkschaftler angehören, sondern auch sämtliche Lohnempfänger und die Armen generell. Die Versuche der Gewerkschaftsführer, ein politisches Programm zu entwickeln, fanden bei den vielen neuen Gesellschaftsbewegungen Anklang. Am 18. August 1979 wurde in São Paulo eine Versammlung abgehalten, auf der über die Gründung der Arbeiterpartei diskutiert werden sollte. Dazu kamen Oppositionspolitiker, Gewerkschaftsführer, Studenten, Intellektuelle und Vertreter von hundert Gesellschaftsbewegungen zusammen, die sich in den 1970er Jahren in ganz Brasilien herausgebildet hatten. Die Arbeiterpartei, die man im Oktober 1979 im Restaurant São Judas Tadeo in São Bernardo gründete, sollte all diese unterschiedlichen Gruppen repräsentieren.

Die Partei profitierte rasch von der politischen Öffnung, die das Militär widerwillig zuließ. Bei den Kommunalwahlen von 1982 stellte sie zum ersten Mal Kandidaten auf und errang zwei Bürgermeisterposten. Das ganze Jahrzehnt hindurch übernahm die Arbeiterpartei, während in Brasilien allmählich ein Prozess der Demokratisierung begann, immer mehr Kommunen. 1988 hatte sie bereits sechsunddreißig Verwaltungen unter sich, auch die von Großstädten wie São Paulo und Porto Alegre. 1989, in der ersten freien Präsidentschaftswahl seit dem Militärputsch, errang Lula als Kandidat der Arbeiterpartei im ersten Wahlgang 16 Prozent der Stimmen. In der Stichwahl mit Fernando Collor brachte er es auf 44 Prozent.

Nach der Übernahme zahlreicher Ortsverwaltungen – ein Prozess, der sich in den 1990er Jahren beschleunigte – ging die Arbeiterpartei eine symbiotische Beziehung mit vielen lokalen Gesellschaftsbewegungen ein. In Porto Alegre führte die erste Administration der Arbeiterpartei nach 1988 »Beteiligungshaushalte« ein, einen Mechanismus, der es gewöhnlichen Bürgern erlaubte, die Ausgabenprioritäten der Stadt mitzubestimmen. So entstand ein System, das zum internationalen Vorbild für die Rechenschaftspflicht und die Gesprächsbereitschaft von Lokalverwaltungen geworden ist. Damit einher gingen gewaltige Verbesserungen der öffentlichen Dienstleistungen und der städtischen Lebensqualität. Die erfolgreiche Regierungsstruktur der Partei auf Ortsebene bewirkte nun auch auf nationaler Ebene eine stärkere politische Mobilisierung und politische Erfolge. Während Lula in den Wahlen von 1994 und 1998 Fernando Henrique Cardoso unterlag, wurde er 2002 schließlich zum Präsidenten Brasiliens gekürt. Seitdem ist die Arbeiterpartei an der Macht.

Die Bildung einer breiten Koalition durch das Bündnis zwischen unterschiedlichen Gesellschaftsbewegungen und den Gewerkschaften hat bemerkenswerte Auswirkungen auf die brasilianische Wirtschaft gehabt. Seit 1990 ist ein zügiges Wachstum zu beobachten, und der Anteil der in Armut lebenden Bevölkerung ist von 45 auf 30 Prozent im Jahr 2006 gefallen. Die Ungleichheit, die sich unter der Militärherrschaft rasch erhöht hatte, ist stark zurückgegangen, besonders nach der Machtübernahme durch die Arbeiterpartei. Auch der durchschnittliche Schulbesuch hat sich zwischen 1995 und 2006 von sechs auf acht Jahre erhöht. Mittlerweile gehört das Land zu den BRIC-Staaten (Brasilien, Russland, Indien und China), und Brasilien hat als erster Vertreter Lateinamerikas in internationalen Diplomatenkreisen Einfluss.

Der Aufstieg Brasiliens seit den 1970er Jahren wurde nicht von den Wirtschaftsexperten internationaler Institutionen bewerkstelligt, indem sie die brasilianischen Entscheidungsträger darin unterwiesen, bessere politische Maßnahmen zu ergreifen oder Marktfehler zu vermeiden. Er wurde nicht durch Zahlungen von Auslandshilfe bewirkt und war nicht das natürliche Ergebnis einer Modernisierung. Vielmehr ging er darauf zurück, dass unterschiedliche Personengruppen mutig genug waren, inklusive Institutionen aufzubauen, die schließlich auch zu inklusiveren Wirtschaftinstitutionen überleiteten. Und die brasilianische Umgestaltung begann, wie die Englands im 17. Jahrhundert, mit der Schaffung inklusiver politischer Institutionen. Aber wie kann eine Gesellschaft solche Institutionen aufbauen?

Die Geschichte strotzt von Beispielen für Reformbewegungen, die dem Ehernen Gesetz der Oligarchie unterlagen und bereits bestehende extraktive Institutionen durch noch verderblichere ersetzten. Wie beschrieben, begann der Entstehungsprozess inklusiver politischer Institutionen 1688 in England, 1789 in Frankreich und 1868 in Japan während der Meiji-Restauration mit einer politischen Umwälzung. Doch solche Ereignisse sind in der Regel mit einem hohen Maß an Zerstörung und Elend verbunden, und ihr Erfolg steht keineswegs fest. Die Bolschewistische Revolution machte es zu ihrem Ziel, das ausbeuterische Wirtschaftssystem des zaristischen Russland durch eine gerechtere und effektivere Ordnung zu ersetzen, die Millionen Russen Freiheit und Wohlstand bescheren sollte. Leider war das genaue Gegenteil der Fall, und noch viel repressivere und extraktivere Institutionen rückten anstelle derjenigen nach, welche die Bolschewiki gestürzt hatten. Die Erfahrungen in China, auf Kuba und in Vietnam waren ähnlicher Art.

Auch im Fall vieler nichtkommunistischer Top-down-Reformen kam nichts Besseres zustande. Nasser gelobte, in Ägypten eine moderne, egalitäre Gesellschaft aufzubauen, doch dies führte nur zu Hosni Mubaraks korruptem Regime. Robert Mugabe galt vielen als Freiheitskämpfer, der Ian Smiths rassistisches und höchst extraktives rhodesisches Regime beseitigt hatte. Aber die Institutionen von Simbabwe wurden nicht weniger extraktiv, und ihre Wirtschaftsleistung ist sogar noch schlechter als vor der Unabhängigkeit.

All den politischen Revolutionen, die in Nordamerika, im England des 19. Jahrhunderts und in Botswana nach der Unabhängigkeit inklusiveren Institutionen den Weg ebneten, ist gemeinsam, dass sie gleichzeitig das Empowerment recht breiter Bevölkerungskreise mit sich brachten. Pluralismus, das Fundament inklusiver politischer Institutionen, hängt davon ab, dass sich die Macht in der Gesellschaft breit verteilt. Und wenn extraktive Institutionen vorherrschen, die nur eine kleine Elite mit Macht ausstatten, muss ein Prozess des Empowerment eingeleitet werden. Genau das unterscheidet die Glorreiche Revolution, wie wir im siebten Kapitel hervorgehoben haben, vom Sturz der einen Elite durch eine andere. Im Fall der Glorreichen Revolution wurzelte der Pluralismus in der Absetzung Jakobs II. durch eine breite Koalition aus Kaufleuten, Industriellen, Kleinadligen und sogar vielen Angehörigen der englischen Aristokratie, die nicht mit der Krone verbündet waren. Die Glorreiche Revolution verdankte sich also der vorherigen Mobilisierung und Stärkung eines breiten Bündnisses, was, wichtiger noch, zum Empowerment eines größeren Bevölkerungsanteils führte. Allerdings sollte es über zweihundert Jahre dauern, bis ganz England von dieser Entwicklung erfasst wurde und eine wahre Demokratie zustande kam. Ähnliche Faktoren waren in den nordamerikanischen Kolonien für die Herausbildung inklusiver Institutionen verantwortlich, wie wir im ersten Kapitel dargestellt haben. Wiederum war es das Empowerment immer größerer Gesellschaftsschichten, das in Virginia, Carolina, Maryland und Massachusetts begann und über die Unabhängigkeitserklärung zur Konsolidierung inklusiver politischer Institutionen in den Vereinigten Staaten führte.

Auch die Französische Revolution liefert ein Beispiel für die Stärkung breiterer Gesellschaftsschichten, die sich gegen das *Ancien Régime* erhoben und die Grundlagen für ein pluralistischeres System legten. Aber die Französische Revolution, besonders das repressive und mörderische Zwischenspiel des Terrors unter Robespierre, macht auch deutlich, dass der Prozess des Empowerment seine Tücken haben kann. Doch letzten Endes wurden Robespierre und seine Jakobiner hinweggefegt, und das wichtigste Vermächtnis der Französischen Revolution besteht nicht in der Guillotine, sondern in den weitreichenden Reformen, die in Frankreich und anderen Teilen Europas eingeleitet wurden.

Es gibt viele Parallelen zwischen den historischen Prozessen des Empowerment und den Ereignissen in Brasilien Anfang der 1970er Jahre. Obwohl die Gewerkschaftsbewegung der Nährboden der Arbeiterpartei war, versuchten führende Persönlichkeiten wie Lula – zusammen mit vielen Intellektuellen und Oppositionspolitikern, welche die Partei unterstützten – von Anfang an, sie zu einer breiten Koalition zu machen. Dieser Impuls wurde von lokalen Gesellschaftsbewegungen überall im Land aufgegriffen, während die Partei Kommunalverwaltungen übernahm, was Bürgerbeteiligungen förderte und eine Art Regierungsrevolution auslöste.

Im Unterschied zu England im 17. Jahrhundert oder zu Frankreich am Ende des 18. Jahrhunderts kam es in Brasilien zu keiner radikalen Revolution, die mit einem Schlag zur Umgestaltung der politischen Institutionen führte. Aber das Empowerment, das in den Fabriken von São Bernardo begann, war teils deshalb wirksam, weil es einen fundamentalen politischen Wandel auf nationaler Ebene verursachte, beispielsweise den Übergang von der Militärherrschaft zur Demokratie. Vor allem jedoch sorgte das Empowerment an der Basis dafür, dass der Wechsel zur Demokratie mit Schritten in Richtung inklusiver politischer Institutionen verbunden war. Dadurch war es ein Schlüsselfaktor für die Herausbildung einer Regierung, die sich für öffentliche Dienstleistungen, den Ausbau der Bildung und echte Chancengleichheit engagierte.

Wie ausgeführt, kann Demokratie keinen Pluralismus garantieren. In diesem Zusammenhang ist der Kontrast zwischen der Entwicklung pluralistischer Institutionen in Brasilien und den Ereignissen in Venezuela aufschlussreich. Auch Venezuela vollzog nach 1958 den Wechsel zur Demokratie. Doch dabei kam es zu keinem Empowerment an der Basis und zu keiner pluralistischen Verteilung der politischen Macht. Stattdessen blieben die korrupte Politik, die Vetternwirtschaft und die Konflikte in Venezuela bestehen, was zur Folge hatte, dass viele Wähler sogar bereit waren, einem potentiellen Despoten wie Hugo Chávez ihre Stimme zu geben – höchstwahrscheinlich, weil sie meinten, nur er könne den etablierten Eliten von Venezuela die Stirn bieten. Dadurch schmachtet Venezuela immer noch unter einem extraktiven System, während man in Brasilien mit den Traditionen brach.

Was kann unternommen werden, um den Prozess des Empowerment und damit die Entwicklung inklusiver politischer Institutionen in Gang zu bringen oder wenigstens zu ermöglichen? Die ehrliche Antwort lautet natürlich, dass es kein Rezept für den Aufbau solcher Institutionen gibt. Gewiss, einige offensichtliche Faktoren können das Empowerment begünstigen. Dazu gehören eine mehr oder weniger zentralisierte Ordnung, damit Gesellschaftsbewegungen, die bestehende Regime herausfordern, nicht sofort in Rechtlosigkeit abgleiten; einige bereits bestehende politische Institutionen, die ein Minimum an Pluralismus unterstützen, so wie die traditionellen politischen Organe in Botswana, damit sich breite Koalitionen bilden und fortdauern können; und die Existenz zivilgesellschaftlicher Institutionen, welche die Forderungen der Bevölkerung koordinieren, damit Oppositionsbewegungen nicht von den herrschenden Eliten mühelos zerschlagen oder zu einem Instrument gemacht werden, durch das eine andere Gruppe die Kontrolle über die bestehenden extraktiven Institutionen übernimmt. Aber viele dieser Faktoren sind historisch bedingt und ändern sich nur langsam. Das brasilianische Beispiel macht deutlich, dass zivilgesellschaftliche Institutionen und mit ihnen verbundene Parteien von unten aufgebaut werden können, doch wie ein derart langwieriges Verfahren unter anderen Bedingungen erfolgreich sein kann, ist schwer zu ermessen.

Ein weiteres Element kann eine zentrale Rolle für das Empower-

ment spielen: die Medien. Das Empowerment der gesamten Gesellschaft ist schwer zu koordinieren und aufrechtzuerhalten, wenn keine
umfassenden Informationen darüber vorliegen, ob die Machthaber
wirtschaftliche und politische Missbräuche begehen. Im elften Kapitel haben wir am Beispiel Amerikas geschildert, wie die Medien die
Öffentlichkeit unterrichtet und ihre Forderungen gegen die Kräfte
aufeinander abgestimmt haben, welche die inklusiven Institutionen
in den Vereinigten Staaten untergruben. Außerdem können die Medien das Empowerment breiter Gesellschaftsschichten in dauerhafte
politische Reformen umleiten, wie wir ebenfalls im elften Kapitel,
besonders im Zusammenhang mit der britischen Demokratisierung,
ausgeführt haben.

Broschüren und Bücher, welche die Menschen informierten und
aufrüttelten, spielten eine entscheidende Rolle während der Glorreichen Revolution in England, während der Französischen Revolution
und auf dem Marsch zur Demokratie im Großbritannien des 19. Jahrhunderts. Eine ähnliche Aufgabe erfüllten die Medien – besonders
ihre neuen, auf Fortschritten der Informations- und Kommunikati-
onstechnologie basierende Erscheinungsformen wie Blogs, anonyme
Chats, Facebook und Twitter – für die iranische Opposition gegen
Ahmadinedschads Wahlbetrug von 2009 und gegen die sich anschließenden Repressionen sowie, in jüngerer Zeit, für die Protestbewegung
des Arabischen Frühlings.

Autoritäre Regime sind sich der Bedeutung freier Medien häufig
bewusst und bekämpfen sie nach Kräften. Ein extremes Beispiel
liefert Alberto Fujimoris Herrschaft in Peru. Obwohl er zunächst
demokratisch gewählt wurde, beging er 1992, während er noch im
Amt war, einen Staatsstreich und errichtete ein diktatorisches Regime. Danach wurden zwar weiterhin Wahlen abgehalten, doch Fujimori baute seine korrupte Herrschaft mit Hilfe von Repression und
Bestechung aus. Dabei verließ er sich weitgehend auf seinen Helfer
Vladimiro Montesinos, der den mächtigen Geheimdienst von Peru
leitete. Montesinos war ein gewissenhafter Mann, weshalb er Buch
darüber führte, wie viel die Regierung verschiedenen Individuen für
ihre Loyalität bezahlte; einige Bestechungsakte zeichnete er sogar auf

Video auf. Damit sorgte er dafür, dass auch die Komplizen im Bild festgehalten waren und als genauso schuldig wie Fujimori und Montesinos gelten würden.

Nach dem Sturz des Regimes fielen die Aufzeichnungen Journalisten und Behördenvertretern in die Hände. Die Beträge geben Aufschluss über den Wert der Medien für eine Diktatur. Ein Richter am Obersten Gerichtshof kostete monatlich zwischen 5000 und 10 000 Dollar, und Politiker der verschiedenen Parteien erhielten etwa das Gleiche. Aber wenn es um Zeitungen und Fernsehsender ging, wurden Millionen aufgewendet. Bei einer Gelegenheit zahlten Fujimori und Montesinos 9 Millionen Dollar und bei einer anderen über 10 Millionen Dollar, um Fernsehsender in den Griff zu bekommen. Eine Massenzeitung strich über 1 Million Dollar ein, und andere Zeitungen bekamen zwischen 3000 und 8000 Dollar pro Schlagzeile. Fujimori und Montesinos hielten es für viel wichtiger, die Medien zu kontrollieren, als sich Politiker und die Richter dienstbar zu machen. Einer von Montesinos Handlangern, General Bello, fasste diese Haltung auf einem der Videos zusammen: »Wenn wir das Fernsehen nicht kontrollieren, können wir überhaupt nichts tun.«

Auch die extraktiven Institutionen in China sind darauf angewiesen, dass die Behörden eine Medienkontrolle ausüben, die, wie wir geschildert haben, erschreckend raffiniert geworden ist. Dazu ein chinesischer Kommentator: »Um die Führerschaft der Partei bei politischen Reformen aufrechtzuerhalten, müssen drei Prinzipien befolgt werden: dass die Partei die Streitkräfte, die Kader und die Nachrichten kontrolliert.«

Doch freie Medien und neue Kommunikationstechniken können natürlich nur eine begrenzte Hilfe leisten, indem sie Informationen liefern sowie die Forderungen und Aktionen derjenigen koordinieren, die nach inklusiveren Institutionen streben. Ihre Arbeit wird erst dann zu wirklichen Veränderungen führen, wenn breite Gesellschaftsschichten mobilisiert werden, um einen politischen Wandel zu bewirken – und zwar nicht aus sektiererischen Gründen oder um die extraktiven Institutionen an sich zu reißen, sondern um das extraktive System zu einem inklusiveren zu machen. Ob ein solcher

Prozess in Gang gerät und ein weiteres Empowerment sowie letztlich nachhaltige politische Reformen ermöglicht, hängt, wie wir an vielen unterschiedlichen Beispielen dargelegt haben, von der Geschichte der wirtschaftlichen und politischen Institutionen, von vielen kleinen, doch wesentlichen Unterschieden und von dem sehr unberechenbaren historischen Pfad ab.

DANKSAGUNG

Dieses Buch ist das Ergebnis fünfzehnjähriger gemeinsamer Forschungen, in deren Verlauf wir eine Menge praktischer und intellektueller Schulden angesammelt haben. Unsere größten Schulden bestehen gegenüber unserem langjährigen Mitarbeiter Simon Johnson, dem Co-Autor vieler maßgeblicher wissenschaftlicher Abhandlungen, die unser Verständnis der komparativen Wirtschaftsentwicklung geprägt haben.

Unsere anderen Co-Autoren, mit denen wir an verwandten Forschungsprojekten tätig waren, haben eine wichtige Rolle bei der Entfaltung unserer Ansichten gespielt. In diesem Zusammenhang danken wir insbesondere Philippe Aghion, Jean-Marie Baland, María Angélica Bautista, Davide Cantoni, Isaías Chaves, Jonathan Conning, Melissa Dell, Georgy Egorov, Leopoldo Fergusson, Camilo García-Jimeno, Tarek Hassan, Sebastián Mazzuca, Jeffrey Nugent, Neil Parsons, Steve Pincus, Pablo Querubín, Rafael Santos, Konstantin Sonin, Davide Ticchi, Ragnar Torvik, Juan Fernando Vargas, Thierry Verdier, Andrea Vindigni, Alex Wolitzky, Pierre Yared und Fabrizio Zilibotti.

Weitere Personen, denen unser Dank dafür gilt, dass sie uns im Lauf der Jahre ermutigt, herausgefordert und kritisiert haben, sind Lee Alston, Abhijit Banerjee, Robert Bates, Timothy Besley, John Coatsworth, Jared Diamond, Richard Easterlin, Stanley Engerman, Peter Evans, Jeff Frieden, Peter Gourevitch, Stephen Haber, Mark Harrison, Elhanan Helpman, Peter Lindert, Karl Ove Moene, Dani Rodrik und Barry Weingast.

Zwei Kollegen hatten entscheidenden Anteil daran, unsere Meinungen zu prägen und unsere Forschung voranzutreiben, und wir möchten die Gelegenheit nutzen, ihnen unsere intellektuelle Schuld und unseren aufrichtigen Dank auszudrücken: Joel Mokyr und Ken Sokoloff, der das Erscheinen dieses Buches leider nicht mehr erlebt hat. Wir beide vermissen Ken zutiefst.

Sehr dankbar sind wir auch den Wissenschaftlern, die im Februar 2010 am Institute for Quantitative Social Science in Harvard zu einer Konferenz über eine vorläufige Fassung unseres Buchmanuskripts zusammenkamen. Vor allem danken wir den beiden Organisatoren Jim Alt und Ken Shepsle sowie den Diskussionsteilnehmern auf der Konferenz: Robert Allen, Abhijit Banerjee, Robert Bates, Stanley Engerman, Claudia Goldin, Elhanan Helpman, Joel Mokyr, Ian Morris, Şevket Pamuk, Steve Pincus und Peter Temin. Außerdem danken wir Melissa Dell, Jesús Fernández-Villaverde, Sándor László, Suresh Naidu, Roger Owen, Dan Trefler, Michael Walton und Noam Yuchtman, die uns auf der Konferenz und bei vielen anderen Gelegenheiten durch ausführliche Kommentare unterstützten.

Dankbar sind wir auch Charles Mann, Leandro Prados de la Escosura und David Webster für ihren kundigen Rat.

Während eines Großteils der Recherchen an diesem Buch und während der Niederschrift waren wir beide Mitglieder des Programms für »Institutions, Organizations, and Growth« des Canadian Institute for Advanced Research (CIFAR). Häufig präsentierten wir auf CIFAR-Sitzungen mit unserem Buch zusammenhängende Forschungen und profitierten enorm von der Unterstützung durch diese wunderbare Organisation und durch die Wissenschaftler, die sie an einen Tisch brachte.

Daneben erhielten wir auf verschiedenen Seminaren und Konferenzen viele hundert Kommentare zu dem hier vorgelegten Material, und wir entschuldigen uns, wenn wir nicht alle Vorschläge, Ideen oder Einsichten, die wir aus solchen Diskussionen mitnahmen, hinreichend kenntlich gemacht haben.

Sehr zu danken haben wir auch María Angélica Bautista, Melissa Dell und Leander Heldring für ihre vorzügliche Hilfe bei unserer Forschungsarbeit für dieses Projekt.

Nicht zuletzt hatten wir das Glück, dass uns mit John Mahaney ein großartiger, verständnisvoller und äußerst hilfreicher Lektor zur Seite stand. Unser Buch ist durch Johns Kommentare und Vorschläge erheblich besser geworden. Durch seine Unterstützung und seinen Enthusiasmus waren die letzten anderthalb Jahre viel erfreulicher und weniger anstrengend, als sie es hätten sein können.

BIBLIOGRAPHISCHER ESSAY UND QUELLEN

Vorwort

Mohammed el-Baradeis Ansichten findet man auf twitter.com / #! / El-Baradei.

Mosaab el-Shami und Noha Hamed werden von Yahoo! news2 / 6 / 2011 unter news.yahoo.com / s / yblog_exclusive / 20 110 206 / ts_yblog_exclusive / egyptian-voices-from-tahrir-square zitiert.

Zu den zwölf unmittelbaren Forderungen, veröffentlicht in Wael Khalils Blog, siehe alethonews.wordpress.com / 2011 / 02 / 27 / egypt-reviewing-the-demands /.

Reda Metwaly wird von Al Jazeera zitiert, 2 / 1 / 2011, unter english. aljazeera.net / news / middleeast / 2011 / 02 / 2011212 597 913 527.html.

Kapitel 1: So nah und doch so verschieden

Eine gute Schilderung der spanischen Erforschung des Rio de la Plata liefert Rock (1985), Kap. 1. Zur Entdeckung und Kolonisierung der Guaraní siehe Ganson (2006). Die Zitate von de Sahagún sind zu finden in Sahagún (1990), S. 265 ff. Gibson (1991) ist ein grundlegendes Werk über die spanische Eroberung Mexikos und die von den Spaniern aufgebauten Institutionen. Die Zitate von de las Casas entstammen Casas (2006), S. 51, 138 f. und 127.

Zu Pizarro in Peru siehe Hemming (1983). Kap. 1–6 behandeln das Treffen in Cajamarca, den Marsch nach Süden und die Einnahme der Inkahauptstadt Cuzco. Siehe Hemming (1970), Kap. 20, zu Toledo.

Bakewell (1984) gibt einen Überblick über die Funktionsweise der Potosí-*mita*, und Dell (2010) weist mit Hilfe statistischen Materials nach, welch hartnäckige Auswirkungen sie hatte.

Arthur Young wird zitiert nach Sheridan (1974), S. 8. Viele vorzügliche Bücher beschreiben die frühe Geschichte von Jamestown, zum Beispiel Price (2005) und Kupperman (2007). Unsere Darstellung wurde stark durch Morgan (2003) und Galenson (2007) beeinflusst. Das Zitat von Anas Todkill stammt aus Todkill (1885), S. 38. Die Zitate von John Smith liefert Price (2005), S. 77 (»Viktualien …«), S. 93 (»Euer König mag …«) und S. 96 (»Wenn Ihr neue Leute schickt …«). Die Charta von Maryland, die Grundverfassung von Carolina und andere Kolonialverfassungen wurden vom Avalon Project der Yale University unter avalon.law.yale.edu / 17th_century ins Internet gestellt.

Bakewell (1984), Kap. 14, erörtert die Unabhängigkeit Mexikos und die Verfassung. Zur politischen Instabilität nach der Unabhängigkeit und zu den Präsidenten siehe Stevens (1991) und Knight (2011). Coatsworth (1978) liefert den entscheidenden Beitrag über den wirtschaftlichen Verfall Mexikos nach der Unabhängigkeit. Haber (1997) vergleicht die Entwicklung des Bankwesens in Mexiko mit der in den Vereinigten Staaten. Sokoloff (1988) sowie Sokoloff und Khan (1990) beschreiben die soziale Herkunft von US-amerikanischen Erfindern, die Patente anmeldeten. Zur Biographie von Thomas Edison siehe Israel (1998). Haber, Maurer und Razo (2003) interpretieren die Volkswirtschaft des Regimes von Porfirio Díaz weitgehend im Sinne unserer eigenen Darstellung. Haber, Klein, Maurer und Middlebrook (2008) setzen die Untersuchung der mexikanischen Volkswirtschaft bis ins 20. Jahrhundert hinein fort. Zur unterschiedlichen Verteilung von Grenzland in Nord- und Lateinamerika siehe Nugent und Robinson (2010) sowie García-Jimeno und Robinson (2011). Hu-DeHart (1984) beschäftigt sich in Kap. 6 mit der Deportierung des Yaqui-Volkes.

Zum Vermögen von Carlos Slim und dazu, wie es entstand, siehe Relea (2007) und Martinez (2002). Unsere Interpretation der vergleichenden Wirtschaftsentwicklung Nord- und Südamerikas stützt sich auf unsere eigenen früheren Forschungen mit Simon Johnson, insbesondere Acemoglu, Johnson und Robinson (2001, 2002). Sie wurde außerdem stark beeinflusst durch Coatsworth (1978, 2008) sowie Engerman und Sokoloff (1997).

Kapitel 2: Theorien, die nicht funktionieren

Jared Diamonds Ansichten über die Weltungleichheit sind dargelegt in seinem Buch *Arm und Reich. Die Schicksale menschlicher Gesellschaften* (2011). Sachs (2005) präsentiert seine eigene Version des geographischen Determinismus. Kulturelle Einschätzungen sind in der Hochschulliteratur weitverbreitet, ohne dass man sie in einem einzigen Werk zusammengefasst hat. Weber (2009) argumentierte, die protestantische Reformation sei die Ursache dafür gewesen, dass die Industrielle Revolution in Europa Fuß gefasst habe. Landes (2000) mutmaßte, die Nordeuropäer hätten eine beispiellose kulturelle Einstellung entwickelt, die sie veranlasst habe, schwer zu arbeiten, zu sparen und innovativ zu sein. Harrison und Huntington (Hrsg., 2000) legen nachdrücklich dar, wie wesentlich die Kultur für eine vergleichbare Entwicklung der Wirtschaft ist. Die Überzeugung, dass es eine überlegene britische Kultur und überlegene britische Institutionen gebe, ist weitverbreitet und dient zur Erklärung des »American Exceptionalism« (Fisher, 1989) und auch von komparativen Entwicklungsmustern im Allgemeinen (La Porta, Lopez-de-Silanes und Shleifer, 2008). Die Arbeiten von Banfield (1967) sowie von Putnam, Leonardi und Nanetti (1994) sind einflussreiche Interpretationen dessen, wie ein Aspekt der Kultur – nämlich das mangelnde »Sozialkapital« – den Süden Italiens in die Armut treibt. Einen Überblick darüber, wie Ökonomen mit kulturellen Aspekten umgehen, siehe bei Guiso, Sapienza und Zingales (2006). Tabellini (2010) untersucht die Korrelation zwischen dem Ausmaß des gegenseitigen Vertrauens in Westeuropa und der Höhe der jährlichen Pro-Kopf-Einkommen. Nunn und Wantchekon (2011) zeigen auf, wie der Mangel an Vertrauen und Sozialkapital in Afrika mit der historischen Intensität des Sklavenhandels verknüpft ist.

Die Geschichte des Kongo wurde von Hilton (1985) und Thornton (1983) untersucht. Zur historischen Rückständigkeit der afrikanischen Technologie siehe die Arbeiten von Goody (1980), Law (1980) sowie Austen und Headrick (1983).

Zu Robbins Ökonomiedefinition siehe Robbins (1984), S. 16.

Das Zitat von Abba Lerner ist nachzulesen in Lerner (1972), S. 259. Der Gedanke, dass Ignoranz Entwicklungsunterschiede erkläre, ist in den meisten Analysen von wirtschaftlichen Entwicklungen und politischen Reformen enthalten, zum Beispiel in Williamson (1990), Perkins, Radelet und Lindauer (2006) sowie in Aghion und Howitt (2009). Eine neuere, beredte Version dieser Betrachtungsweise wurde von Banerjee und Duflo (2011) vorgelegt.

Acemoglu, Johnson und Robinson (2001, 2002) liefern eine statistische Analyse der relativen Rolle von Institutionen, Geographie und Kultur und weisen nach, dass die Institutionen in höherem Maße als die beiden anderen Faktoren für die Unterschiede der heutigen Pro-Kopf-Einkommen verantwortlich sind.

Kapitel 3: Die Schaffung von Wohlstand und Armut

Die Rekonstruktion des Treffens zwischen Hwang Pyŏng-Wŏn und seinem Bruder ist James A. Foleys Interview mit Hwang entnommen, siehe Foley (2003), S. 197–203.

Der Begriff extraktive Institutionen wurde von Acemoglu, Johnson und Robinson (2001) entwickelt. Die Terminologie der inklusiven Institutionen wurde uns von Tim Besley vorgeschlagen. Der Begriff wirtschaftliche Verlierer und die Unterscheidung zwischen ihnen und politischen Verlierern stammt aus Acemoglu und Robinson (2000 b). Die Angaben über Barbados findet man in Dunn (1969). Unsere Darstellung der Sowjetwirtschaft stützt sich auf Nove (1992) und Davies (1998). Allen (2003) legte eine alternative und positivere Interpretation der sowjetischen Wirtschaftsgeschichte vor.

Die sozialwissenschaftliche Literatur enthält zahlreiche Arbeiten, die mit unserer Theorie und Argumentation verwandt sind. Siehe

Acemoglu, Johnson und Robinson (2005 b) zu einer Übersicht über diese Werke und zu unserem Beitrag. Die institutionelle Sicht der komparativen Entwicklung beruht auf einer Reihe wichtiger Arbeiten. Hervorzuheben sind die Werke von North, siehe North und Thomas (2008), North (1988), North und Weingast (1989) sowie North, Wallis und Weingast (2011). Olson (1982) legte ebenfalls eine oft zitierte politische Theorie des Wirtschaftswachstums vor. Mokyr (1992) stellt eine Verbindung zwischen wirtschaftlichen Verlierern und komparativem technologischen Wandel in der Weltgeschichte her. Wirtschaftliche Verlierer werden in der Sozialwissenschaft häufig zur Erklärung dafür herangezogen, warum institutionelle und politische Verbesserungen ausbleiben. Unsere Interpretation, die auf Robinson (1998) sowie Acemoglu und Robinson (2000 b, 2006 b) aufbaut, betont dagegen die Auffassung, dass die wichtigste Schranke für die Entstehung von inklusiven Institutionen durch Eliten errichtet wird, die befürchten, ihre politische Macht einzubüßen. Jones (1991) ist der Autor eines reichhaltigen komparativen Geschichtswerks über ähnliche Themen, die ebenfalls in Engermans und Sokoloffs (1997) bedeutender Arbeit über Nord- und Südamerika hervorgehoben werden. Eine beachtenswerte volkswirtschaftliche Interpretation der afrikanischen Unterentwicklung erarbeitete Bates (1984, 1987, 1989, 2010), der unsere Arbeit stark beeinflusst hat. In den anregenden Untersuchungen von Dalton (1965) und Killick (2010) wird die Rolle der Politik für die afrikanische Entwicklung behandelt und insbesondere die Art und Weise beschrieben, wie sich die Furcht vor dem Verlust der politischen Macht auf die Wirtschaftspolitik auswirkt. Der Begriff des politischen Verlierers tauchte bereits zuvor in anderen volkswirtschaftlichen Arbeiten auf, zum Beispiel in Besley und Coate (1998) sowie in Bourguignon und Verdier (1990).

Die Rolle der politischen Zentralisierung und der staatlichen Institutionen für die Wirtschaftsentwicklung wird im Anschluss an Max Weber vor allem von Geschichtssoziologen unterstrichen. Nennenswert sind die Schriften von Mann (1998), Migdal (1988) und Evans (1995). Die Verbindung zwischen dem Staat und der Wirtschaftsentwicklung in Afrika haben Herbst (2000) und Bates (1984) herausgearbeitet. Wirtschaftswissenschaftler leisten seit kurzem auf diesem Gebiet ebenfalls einen Beitrag, zum Beispiel Acemoglu (2005) sowie Besley und Persson (2011). Johnson (1982), Haggard (1990), Wade (1990) und Amsden (1992) haben darauf hingewiesen, wie die spezifische politische Ökonomie ostasiatischer Staaten deren Erfolg ermöglichte. Finley (1993) entwickelte die folgenreiche Theorie, dass die Sklaverei für den Mangel an technischer Dynamik in der Antike verantwortlich gewesen sei.

Der Gedanke, dass Wachstum unter extraktiven Institutionen möglich ist, doch wahrscheinlich schon nach kurzer Zeit an Kraft verliert, wird in Acemoglu (2008) vertreten.

Kapitel 4: Kleine Unterschiede und Umbruchphasen

Benedictow (2004) hat einen erschöpfenden Überblick über die Pestepidemien vorgelegt, wiewohl seine Schätzungen der Zahl der Pestopfer umstritten sind. Boccaccio wird zitiert nach Boccaccio (1961) und Ralph of Shrewsbury nach Horrox (1994). Hatcher (2008) schrieb einen faszinierenden Bericht über die Erwartung und den Ausbruch der Pest in England. Der englische Text des Arbeiterstatuts ist online verfügbar im Rahmen des Avalon Projekts unter avalon.law.yale. edu / medieval / statlab.asp.

Die grundlegenden Werke über die Auswirkung des Schwarzen Todes auf die Divergenz zwischen Ost- und Westeuropa stammen von North und Thomas (2008) und besonders von Brenner (1976), dessen Analyse der ursprünglichen Machtverteilung und ihrer Folgen für die Auswirkungen der Pest unsere Einschätzung stark beeinflusst hat. Zur Zweiten Leibeigenschaft in Osteuropa siehe DuPlessis (2004). Conning (2010) sowie Acemoglu und Wolitzky (2011) formalisieren Brenners These. James Watt wird zitiert nach Robinson (1964), S. 223 f.

In Acemoglu, Johnson und Robinson (2005 a) argumentierten wir zum ersten Mal, dass das Zusammenwirken zwischen Atlantikhandel und ursprünglichen institutionellen Unterschieden zur Divergenz der englischen Institutionen und letztlich zur Industriellen Revolution geführt hat. Der Begriff des Ehernen Gesetzes der Oligarchie geht auf Michels (1962) zurück. Der Begriff der kritischen Phasen oder Umbruchphasen wurde zuerst von Lipset und Rokkan (1967) entwickelt.

Maßgebliche Forschung über die Rolle der Institutionen für die langfristige Entwicklung des Osmanischen Reiches leisteten Owen (1981), Owen und Pamuk (1999) sowie Pamuk (2006).

Kapitel 5: »Ich habe die Zukunft gesehen, und sie funktioniert«

Zu Steffens' Reise nach Russland und seinem Gespräch mit Baruch siehe Steffens (1948), S. 860-865. Die Zahl der Hungeropfer in den 1930er Jahren haben wir Davies und Wheatcroft (2009) entnommen. Zu den Zensuszahlen von 1937 siehe Wheatcroft und Davies (1994 a, 1994 b). Das Wesen der Innovationen in der Sowjetwirtschaft wird von Berliner (1978) untersucht. Unsere Erörterung der Funktionsweise des Stalinismus und vor allem der Wirtschaftsplanung basiert auf Gregory und Harrison (2005). Zu der Tatsache, dass die Autoren von US-amerikanischen Wirtschaftsfachbüchern das sowjetische Wirtschaftswachstum ständig falsch wiedergaben, siehe Levy und Peart (2009).

Unsere Darstellung der Lele und der Bushong stützt sich auf Douglas (1962, 1963) und Vansina (1978). Zum Konzept des Langen Sommers siehe Fagan (2005). Eine überzeugende Einführung in die Geschichte der Natufier und der erwähnten archäologischen Stätten findet man in Mithen (2006) und Barker (2009). Das grundlegende Werk über Abu Hureyra verfassten Moore, Hillman und Legge (2000), in dem dokumentiert wird, dass Sesshaftigkeit und institutionelle Innovationen bereits vor dem Ackerbau stattfanden. Zu einer allgemeinen Übersicht dazu siehe Smith (1998) sowie Bar-Yosef und Belfer-Cohen (1992) zum Fall der Natufier. Unsere Einstellung zur Neolithischen Revolution wurde von Sahlins' Werk (1981) inspiriert, das auch die Anekdote über die Yir Yoront enthält.

554 Bibliographischer Essay und Quellen

Unsere Beschreibung der Maya-Geschichte orientiert sich an Martin und Grube (2000) sowie an Webster (2002). Die Rekonstruktion der Bevölkerungsgeschichte von Copán entstammt Webster, Freter und Gonlin (2000). Die Zahl der datierten Monumente ist Sidrys und Berger (1979) entnommen.

Kapitel 6: Auseinanderdriften

Unsere Erörterung der venezianischen Verhältnisse richtet sich aus an Puga und Trefler (2010) sowie an Lane (1980), Kap. 8 und 9.

Die Fakten über Rom kann man in jedem historischen Standardwerk nachlesen. Unsere Interpretation der römischen Wirtschaftsinstitutionen stützt sich auf Finley (1999) und Bang (2008). Unsere Bemerkungen über den römischen Verfall folgen Ward-Perkins (2007) und Goldsworthy (2009). Zu institutionellen Veränderungen im spätrömischen Reich siehe Jones (1992). Die Anekdoten über Tiberius und Hadrian findet man bei Finley (1999). Die durch die Schiffswracks gelieferten Indizien wurden zuerst von Hopkins (1980) genutzt. Ein Überblick hierüber und über das Greenland Ice Core Project findet sich bei de Callataÿ (2005) und Jongman (2007).

Die Schreibtafeln von Vindolanda sind online einzusehen unter vindolanda.csad.ox.ac.uk/. Unser Zitat entstammt TVII Pub. Nr. 343.

Die Erörterung der Faktoren, die zum Verfall des römischen Britannien führten, gründet sich auf Cleary (1989), Kap. 4; Faulkner (2000), Kap. 7; Dark (1994), Kap. 2.

Zu Axum siehe Munro-Hay (1991). Das maßgebliche Werk über den europäischen Feudalismus und seine Ursprünge ist Bloch (1961); zum äthiopischen Feudalismus siehe Crummey (2000). Phillipson (1998) stellt die Parallele zwischen dem Zusammenbruch von Axum und dem des Römischen Reiches her.

Kapitel 7: Die Wende

Die Geschichte von Lees Maschine und seiner Audienz bei Königin Elizabeth I. kann man einsehen unter calverton.homestead.com / willlee.html.

Allen (2009 b) hat die Reallöhne mit Hilfe von Diokletians Edikt über Höchstpreise berechnet.

Unsere Ansicht über die Ursachen der Industriellen Revolution ist stark von North und Thomas (2008), North und Weingast (1989), Brenner (1993), Pincus (2009) sowie Pincus und Robinson (2010) beeinflusst. Diese Autoren wiederum ließen sich durch frühere marxistische Interpretationen des britischen institutionellen Wandels und der Entstehung des Kapitalismus inspirieren; siehe Dobb (1984) und Hill (1974, 1980). Siehe auch Tawneys (1941) These darüber, wie sich die englische Gesellschaftsstruktur durch das Staatsbauprojekt Heinrichs VIII. veränderte.

Der deutsche Text der Magna Carta liegt online vor unter http:// www.verfassungen.eu / gb / gb1215.htm.

Elton (1983) verfasste die grundlegende Arbeit über die Entwicklung staatlicher Institutionen unter Heinrich VIII. und Neale (1971) sieht eine Beziehung zwischen ihnen und der Entwicklung des Parlaments.

Zum Bauernaufstand siehe Hilton (1985). Zu dem Zitat von Hill über Monopole vergleiche Hill (1974). Was die »persönliche Herrschaft« Karls I. angeht, stützen wir uns auf Sharpe (1995). Unsere Informationen darüber, wie unterschiedliche Gruppen und Regionen für oder gegen das Parlament Partei ergriffen, stammen von Brunton und Pennington (1968), Hill (1974) und Stone (1983). Pincus (2009) ist für das Verständnis der Glorreichen Revolution unerlässlich und erläutert viele spezifische Änderungen der politischen Maßnahmen und der Wirtschaftsinstitutionen, zum Beispiel die Aufhebung der Herdsteuer und die Gründung der Bank von England; siehe auch Pincus und Robinson (2010). Pettigrew (2007, 2009) beschreibt den Angriff auf die Monopole, darunter das der Royal African Company; unsere Daten über das Petitionswesen sind seinen Publikationen entnommen. Knights (2009) betont die politische Bedeutung von Petitionen. Unsere Angaben über Hoare's Bank stammen von Temin und Voth (2008).

Unsere Informationen über Supervisor Cowperthwaite und die mit der Verbrauchssteuer verbundene Bürokratie beziehen wir von Brewer (1990).

Unser Überblick über die Wirtschaftsgeschichte der Industriellen Revolution fußt auf Mantoux (2006), Daunton (1997), Allen (2009 a) und Mokyr (1992, 2009), die Details über berühmte Erfinder und Erfindungen beisteuern. Die Geschichte der Familie Baldwyn beschreiben Bogart und Richardson (2009, 2011), die den Zusammenhang zwischen der Glorreichen Revolution, der Neugestaltung der Eigentumsrechte und dem Bau von Straßen und Kanälen betonen. Zu den Calico und Manchester Acts siehe O'Brien, Griffiths und Hunt (1991); diesem Werk entstammen auch die Zitate aus der Gesetzgebung. Zur beherrschenden Stellung von Neuankömmlingen in der Industrie siehe Daunton (1997), Kap. 7, und Crouzet (1986).

Unsere Begründung dafür, dass sich die bedeutenden institutionellen Veränderungen zuerst in England ereigneten, stützt sich auf Acemoglu, Johnson und Robinson (2005 a) und Brenner (1976). Die Details über die Zahl unabhängiger Kaufleute und deren politische Position liefert Zahedieh (2010).

Kapitel 8: Nicht in unserem Revier

Zur Ablehnung der Druckerpressen im Osmanischen Reich siehe Savage-Smith (2003), S. 656–659. Die historisch vergleichenden Angaben zur Alphabetisierung sind Easterly (2006) entnommen.

Unsere Darstellung der politischen Institutionen Spaniens stützt sich auf Thompson (1994 a, 1994 b). Zum wirtschaftlichen Niedergang Spaniens im selben Zeitraum siehe Nogal und Prados de la Escosura (2007). Unsere Behandlung der Hindernisse der Wirtschaftsentwicklung in Österreich-Ungarn folgt Blum (1943), Freudenberger (1967) und Gross (1973). Die Äußerung von Maria Theresia ist enthalten in Freudenberger, S. 495. Alle anderen Zitate von Graf Hartig und Franz I. entstammen Blum. Franz' Antwort an die Delegierten aus Tirol steht ausführlicher bei Jászi (1929), S. 80 f. Der Kommentar von Friedrich von Gentz gegenüber Robert Owen wird ebenfalls nach Jászi (1929), S. 80, zitiert. Die Erfahrungen der Rothschilds in Österreich beschreibt Corti (1928), Kap. 2.

Unsere Analyse Russlands orientiert sich an Gerschenkron (1970). Das Kropotkin-Zitat entstammt S. 73 der deutschen Ausgabe seines Buches (1973). Das Gespräch zwischen Nikolaus und Michail wird zitiert nach: Saunders (1992), S. 117. Kankrins Bemerkung über Eisenbahnen steht in Owen (1993), S. 15 f.

Nikolaus' Rede vor den Fabrikanten ist in Pintner (1967), S. 100, wiedergegeben.

Das Zitat von A. A. Sakrewski liefert Pintner (1967), S. 235.

Zu Admiral Zheng siehe Dreyer (2006). Die Wirtschaftsgeschichte Chinas in der frühen Neuzeit beschreiben Myers und Wang (2002). T'ang Chen wird zitiert nach Myers und Wang, S. 564 f.

Einen Überblick über die entscheidenden Phasen der äthiopischen Geschichte liefert Zewde (2007). Die Details dazu, wie extraktiv Äthiopien im Lauf der Geschichte gewesen ist, liefert Pankhurst (1961); ebenso die hier wiedergegebenen Zitate.

Unsere Beschreibung somalischer Institutionen und geschichtlicher Ereignisse beruht auf Lewis (1999, 2002). Zum *heer* der Hassan Ugaas siehe Lewis (1999), S. 177; unsere Schilderung einer Fehde ist Kap. 8 entnommen, wo Lewis noch viele andere Beispiele nennt. Zum Königreich Taqali und zur Schriftkundigkeit siehe Ewald (1988).

Kapitel 9: Umkehr der Entwicklung

Unsere Darstellung der Übernahme von Ambon und Banda durch die Niederländische Ostindien-Kompanie folgt Hanna (1978) und besonders Reid (1993), Kap. 5. Die Zitate von Tomé Pires stehen auf S. 271, die von den niederländischen Händlern in Maguindanao auf S. 299, die des Herrschers von Maguindanao auf S. 299 f. Einzelheiten über den Einfluss der Niederländischen Ostindien-Kompanie auf die Gewürzpreise sind zu finden in O'Rourke und Williamson (2002).

Einen erschöpfenden Überblick über die Sklaverei in der afrikanischen Gesellschaft und über die Folgen des Sklavenhandels liefert Lovejoy (2006); Tabelle 31, S. 47, enthält Konsensschätzungen über das Ausmaß des Sklavenhandels. Nunn (2008) legte die ersten quantitativen Bewertungen der Wirkung vor, die der Sklavenhandel auf die afrikanischen Wirtschaftsinstitutionen und auf das Wirtschaftswachstum ausübte. Die Angaben über Feuerwaffen- und Schießpulverimporte wurden von Inikori (1977) übernommen. Die Aussage von Francis Moore wird zitiert nach Lovejoy (2006), S. 89 f. Law (1977) verfasste das Standardwerk über die Expansion des Oyo-Staates. Die Schätzungen der Auswirkungen des Sklavenhandels auf das Bevölkerungswachstum in Afrika verdanken sich Manning (1998). Die Grundlagen für unsere Analyse des »rechtmäßigen Handels« liefern Lovejoy (2006), Kap. 8, die Essays in Law (1977) sowie das wichtige Buch von Austin (2005). Die Daten über den Bevölkerungsanteil von Afrikanern, die versklavt wurden, entstammen Lovejoy (2006), z.B. S. 192, Tabelle 9.2.

Die Details über die Versklavung von Arbeitskräften in Liberia stammen von Clower, Dalton, Harwitz und Walters (1966).

Die Theorie der dualen Wirtschaft wurde von Lewis (1954) entwickelt. Fergusson (2010) hat ein mathematisches Modell dazu beigesteuert. Der Gedanke, dass der Kolonialismus die duale Wirtschaft hervorgebracht habe, wurde zum ersten Mal in der bedeutenden, von Palmer und Parsons (1977) herausgegebenen Essaysammlung laut. Unsere Beschreibung Südafrikas basiert auf Bundy (2006) und Feinstein (2008).

Der mährische Missionar wird zitiert in Bundy (2006), S. 46; John Hemming auf S. 72. Die Ausbreitung des Grundeigentums in Griqualand-Ost wird von Bundy auf S. 89 aufgeführt; die Leistungen von Stephen Sonjica schildert Bundy auf S. 94; das Zitat von Matthew Blyth steht auf S. 97; und das Zitat eines europäischen Beobachters in Fingoland im Jahr 1884 ist auf S. 100 f. zu finden.

George Albu wird zitiert in Feinstein (2008), S. 63; das Zitat des

Ministers für Eingeborenenangelegenheiten steht auf S. 45, das von Verwoerd auf S. 159. Die Angaben über die Reallöhne afrikanischer Goldbergarbeiter liefert Wilson (2011), S. 66. G. Findlay wird zitiert in Bundy (1979), S. 242.

Der Gedanke, dass die Entwicklung der reichen Länder des Westens ein Spiegelbild der Unterentwicklung der übrigen Welt sei, wurde ursprünglich von Wallerstein (1998) vorgetragen, doch er stellt andere Mechanismen als wir in den Vordergrund.

Kapitel 10: Die Verbreitung des Wohlstands

In diesem Kapitel greifen wir ausgiebig auf unsere früheren Recherchen mit Simon Johnson und Davide Cantoni zurück: Acemoglu, Johnson und Robinson (2002) sowie Acemoglu, Cantoni, Johnson und Robinson (2010, 2011).

Unsere Erörterung der frühen Institutionen in Australien orientiert sich an den grundlegenden Arbeiten von Hirst (1983, 1988, 2003) und Neal (1991). Das Originalmanuskript der Verfügung von Richter Collins ist (dank der Macquarie University Law School in Australien) nachzulesen unter www.law.mq.edu.au / scnsw / html / Cable%20 v%20Sinclair,%201788.htm.

Macarthurs Charakterisierung von Wentworths Anhängern wird zitiert von Melbourne (1963), S. 131 f.

Unsere Darstellung der Ursprünge der Familie Rothschild folgt Ferguson (2002); Mayer Rothschilds Bemerkung an seinen Sohn ist übernommen aus Ferguson, S. 76.

Unsere Darlegung des Einflusses, den die französische Entwicklung auf die Institutionen in anderen europäischen Ländern hatte, stützt sich auf Acemoglu, Cantoni, Johnson und Robinson (2010, 2011) und auf die darin enthaltenen Verweise. Einen grundlegenden Überblick über die Französische Revolution gibt Doyle (2002). Die Details über die Feudalabgaben in Nassau-Usingen stammen von Lenger (2004), S. 96. Ogilvie (2011) untersucht die historischen Auswirkungen der Zünfte auf die europäische Entwicklung.

Zum Leben von Ōkubo Toshimichi siehe Iwata (1964). Sakamoto Ryūmas Acht-Punkte-Plan wird zitiert nach Jansen (2000), S. 310.

Kapitel 11: Der Tugendkreis

Unsere Erörterung des Black Act orientiert sich an Thompson (1975). Baptist Nunns Bericht vom 27. Juni entstammt Thompson (1975), S. 65 f. Die anderen Zitate sind Thompsons Abschnitt über die Rechtstaatlichkeit, S. 258–269, entnommen, den es lohnt in seiner Gesamtheit zu lesen.

Unsere Behandlung der Demokratisierung in England beruht auf Acemoglu und Robinson (2000 a, 2001 und 2006 a). Die Rede von Earl Grey wird zitiert nach Evans (1996), S. 223. Stephens' Kommentar über die Demokratie wird zitiert in Briggs (1978), S. 34. Thompsons Zitat steht in Thompson (1975), S. 269.

Der gesamte Text der Volks-Charta ist zu finden in Cole und Filson (1951) sowie unter web.bham.ac.uk / 1848 / document / peoplech.htm. Das Burke-Zitat findet sich in Burke (1793), S. 152.

Lindert (2007, 2009) ist eine maßgebliche Abhandlung über die Koevolution von Demokratie und öffentlicher Politik im Lauf der vergangenen zweihundert Jahre.

Keyssar (2009) liefert eine wichtige Einführung in die Entwicklung der politischen Rechte in den Vereinigten Staaten. Vanderbilt wird zitiert in Josephson (1934), S. 15. Roosevelts Ansprache findet man unter www.theodore-roosevelt.com / sotu1.html.

Das Woodrow-Wilson-Zitat steht in Wilson (1919), S. 286.

Der Text von Präsident Roosevelts Kamingespräch ist nachzulesen unter millercenter.org / scripps / archive / speeches / detail / 3309.

Angaben zur Amtszeit von Mitgliedern des Obersten Gerichtshofs in Argentinien und in den Vereinigten Staaten liefern Iaryczower, Spiller und Tommasi (2002). Helmke (2005) behandelt die Geschichte von Richterernennungen in Argentinien und zitiert Richter Carlos Fayt.

Kapitel 12: Der Teufelskreis

Dieses Kapitel stützt sich vorwiegend auf unsere theoretische und empirische Forschung über institutionelles Beharrungsvermögen, insbesondere Acemoglu, Johnson und Robinson (2005 b) sowie Acemoglu und Robinson (2008 a). Heath (1972) sowie Kelley und Klein (1980) zeigten das Eherne Gesetz der Oligarchie beispielhaft an der bolivianischen Revolution von 1952 auf.

Das Zitat aus den britischen Parlamentspapieren stammt aus House of Commons (1904), S. 15. Die frühe politische Geschichte von Sierra Leone nach der Unabhängigkeit wird anschaulich in Cartwright (1970) dargestellt. Es gibt unterschiedliche Thesen darüber, weshalb Siaka Stevens den Bau der Eisenbahnlinie einstellte, doch die überzeugendste ist die, dass er Mendeland isolieren wollte. Darin folgen wir Abraham und Sesay (1993), S. 120; Richards (1996), S. 42 f; und Davies (2008), S. 684 f.

Reno (1995, 2003) liefert die besten Untersuchungen zu Stevens' Regime. Die Daten über die Wirtschaftsverbände stammen von Davies (2008). Zur Ermordung von Sam Bangura durch Fenstersturz siehe Reno (1995), S. 137–141. Jackson (2004), S. 63, und Keen (2005), S. 17, erläutern die Akronyme ISU und SSD.

Bates (1981) legt eine wegweisende Analyse darüber vor, wie die Wirtschaftsverbände die Agrarproduktivität in Afrika nach der Unabhängigkeit zerstörten. Auf die Frage, wie politische Verbindungen zu den Chiefs die Grundeigentumsrechte in Ghana beeinflussten, gehen Goldstein und Udry (2009) ein.

Einen Zusammenhang zwischen den Politikern von 1993 und den Konquistadoren stellen Dosal (1995), Kap. 1, und Casaús Arzú (2007) her. Unsere Untersuchung der Aktionen des Consulado de Comercio orientiert sich an Woodward (1966). Das Zitat von Präsident Barrios ist zu finden in McCreery (1994), S. 187 f. Unsere Darstellung des Regimes von Jorge Ubico folgt Grieb (1979).

Unsere Analyse der Unterentwicklung der amerikanischen Südstaaten stützt sich auf Acemoglu und Robinson (2008 b). Zur Entwicklung der Sklavenwirtschaft vor dem Bürgerkrieg siehe Wright

(1986); Bateman und Weiss (1981) äußern sich zum Mangel an Industrie. Fogel und Engerman (1995) legen eine andere, kontroverse Interpretation vor. Wright (1986) sowie Ransom und Sutch (2001) geben einen Überblick darüber, in welchem Maße sich die Wirtschaft der Südstaaten nach 1865 wirklich veränderte. Der Kongressabgeordnete George Washington Julian wird zitiert in Wiener (1978), S. 6. Im selben Buch wird auch das Fortbestehen der südstaatlichen Grundbesitzer-Elite nach dem Bürgerkrieg analysiert. Naidu (2009) untersucht, welche Folgen die Einführung von Kopfsteuern sowie Lese- und Schreibfähigkeitstests in den 1890er Jahren in den Südstaaten hatte. Das Zitat von W. E. B. DuBois ist seinem Buch DuBois (2003), S. 88, entnommen. Abschnitt 256 der Verfassung von Alabama ist zu finden unter www.legislature.state.al.us / CodeOfAlabama / Constitution / 1901 / CA-245806.htm.

Alston und Ferrie (1999) schildern, wie südstaatliche Politiker Bundesgesetze blockierten, weil sie meinten, diese würden die Wirtschaft des Südens zerstören. Woodward (1981) liefert einen grundlegenden Überblick über die Entstehung von Jim Crow.

Beschreibungen der äthiopischen Revolution findet man in Halliday und Molyneux (1983). Zu den Kissen des Kaisers äußert sich Kapuściński (1983). Die Zitate von Dawit Wolde Giorgis sind nachzulesen in Dawit Wolde Giorgis (1989), S. 48 f.

Kapitel 13: Warum Nationen heute scheitern

Zu dem BBC-Bericht über Mugabes Lotteriegewinn, einschließlich der öffentlichen Erklärung der Zimbank siehe news.bbc.co.uk / 2 / hi / africa / 621 895.stm.

Was die Entstehung der weißen Herrschaft in Rhodesien betrifft, orientieren wir uns an Palmer (1977) und Alexander (2006). Meredith (2007) liefert eine gute Übersicht über die jüngere Politik in Simbabwe.

Unsere Darstellung des Bürgerkriegs in Sierra Leone folgt Richards (1996), der Truth and Reconciliation Commission (2004) und Keen (2005). Die 1995 in einer Zeitung in der Hauptstadt Freetown veröffentlichte Analyse wird zitiert nach Keen (2005), S. 34. Der RUF-Text »Wege zur Demokratie« ist zu finden unter www.sierra-leone. org/AFRC-RUF/footpaths.html.

Das Zitat des Teenagers aus Geoma steht in Keen (2005), S. 42.

Unsere Erörterung der kolumbianischen Paramilitärs stützt sich auf Acemoglu, Robinson und Santos (2010) sowie auf Chaves und Robinson (2010), die ihrerseits in hohem Maße auf die umfangreiche Arbeit kolumbianischer Wissenschaftler zurückgreifen, besonders auf Romero (2003), die Essays in Romero (2007) sowie auf López (2010). León (2009) verfasste eine überzeugende und ausgewogene Schilderung der zeitgenössischen Konflikte in Kolumbien. Von grundlegender Bedeutung ist auch die Website der Wochenzeitung *Semana*, www.verdadabierta.com/. Sämtliche Zitate sind Acemoglu, Robinson und Santos (2010) entnommen. Der Vertrag zwischen Martín Llanos und den Bürgermeistern in Casanare ist auf Spanisch verfügbar unter www.verdadabierta.com/victimarios/los-jefes/714-perfil-hector-german-buitrago-alias-martin-llanos.

Die Ursprünge und Konsequenzen von El Corralito werden übersichtlich in einer Artikelreihe der Zeitschrift *The Economist* präsentiert, nachzulesen unter www.economist.com/search/apachesolr_search/corralito.

Zur Rolle des Landesinnern für die argentinische Entwicklung siehe Sawers (1996).

Hassig und Oh (2009) haben einen ausgezeichneten Bericht über die Verhältnisse in Nordkorea verfasst. In Kap. 2 wird das Luxusleben der Führungselite beschrieben, während Kap. 3 und 4 die wirtschaftliche Realität der Mehrheit wiedergibt. Die BBC-Berichterstattung über die Währungsreform ist nachzulesen unter news.bbc. co.uk/2/hi/8500017.stm.

Zum Vergnügungspalast und dem Cognacverbrauch siehe Post (2004), Kap. 12.

Unsere Beschreibung der Kinderarbeit für die Baumwollernte in Usbekistan orientiert sich an Kandiyoti (2008), verfügbar unter www.soas. ac.uk/cccac/events/cottonsector-in-central-asia-2005/file49842. pdf. Das Gulnaz-Zitat steht dort auf S. 20. Zum Andischon-Aufstand siehe International Crisis Group (2005). Die Schilderung der Wahl Josef Stalins in der Sowjetunion wird zitiert nach Denny (1937). Unsere Analyse des »Kumpelkapitalismus« in Ägypten stützt sich auf Sfakianakis (2004).

Kapitel 14: Den Rahmen sprengen

Unsere Darstellung von Botswana basiert auf Acemoglu, Johnson und Robinson (2003), Robinson und Parsons (2006) sowie Leith (2005). Schapera (1970) und Parsons, Henderson und Tlou (1995) sind maßgebliche Werke. Hochkommissar Rey wird zitiert in Acemoglu, Johnson und Robinson (2003), S. 96. Die Schilderung des Besuchs der drei Chiefs in England sowie alle damit zusammenhängenden Zitate entstammen Parsons (1998); weitere Details sind zu finden in Chamberlain, S. 206 f., Fairfield, S. 209, und Rhodes, S. 223. Schapera wird zitiert aus Schapera (1940), S. 72. Das Zitat von Quett Masire steht in Masire (2006), S. 43. Zur ethnischen Zusammensetzung der Tswana-Stämme siehe Schapera (1952).

Unsere Beschreibung des Wandels in den US-Südstaaten basiert auf Acemoglu und Robinson (2008 b). Zur Emigration aus dem Süden siehe Wright (1999); zur Mechanisierung der Baumwollernte siehe Heinicke (1994). Thurmonds Rede von 1948 ist zu finden unter www. slate.com / id / 2075151 /, wo man sich auch die Tonaufnahme anhören kann. Zu James Meredith und Oxford, Mississippi, siehe Doyle (2001). Wright (1999) informiert über die Auswirkungen der Bürgerrechts- gesetzgebung auf das Wahlverhalten der Schwarzen in den Südstaaten.

Zu den Hintergründen der politischen Übergangsphase in China nach Maos Tod siehe Harding (1987) sowie MacFarquhar und Schoenhals (2008). Dengs Ausspruch über die Katze findet sich u. a. in Harding, S. 58. Der erste Punkt des ZK-Beschlusses über die Kulturrevolution ist nachzulesen unter www.infopartisan.net / archi- ve / 1967 / 2667100.html; Maos Worte über Hitler zitieren MacFarqu- har und Schoenhals, S. 102; mit Huas Artikel über die »Zwei Trotz- dem-Prinzipien« befasst sich Harding (1987), S. 56.

Kapitel 15: Wohlstand und Armut verstehen

Zur Geschichte von Dai Guofang siehe McGregor (2012), der auch die roten Telefone erwähnt, siehe Kap. 1. Zur Kontrolle der Partei über die Medien siehe Pan (2008), Kap. 9, sowie McGregor (2012). Auch die Zitate über die Einstellung der Partei zu Unternehmern findet man in McGregor (2012). Zu Wen Jiabaos Kommentaren über politische Reformen in China siehe www.guardian.co.uk / world / 2010 / aug / 29 / wenjiabao-china-reform.

Die Modernisierungshypothese wird klar dargelegt in Lipset (1959). Die dagegensprechenden Fakten werden detailliert erörtert in Acemoglu, Johnson, Robinson und Yared (2008, 2009). Das Zitat von George H. W. Bush entstammt news.bbc.co.uk / 2 / hi / business / 752 224.stm.

Unsere Schilderung der NGO-Aktivitäten und der Auslandshilfe in Afghanistan nach Dezember 2001 stützt sich auf Ghani und Lockhart (2008). Zu Problemen mit der Auslandshilfe siehe auch Reinikka und Svensson (2004) sowie Easterly (2006).

Unsere Erörterung der Schwierigkeiten von makroökonomischen Reformen und der Inflation in Simbabwe basiert auf Acemoglu, Johnson, Robinson und Querubín (2008). Die Seva-Mandir-Episode wird von Banerjee, Duflo und Glennerster (2008) beschrieben.

Die Gründung der Arbeiterpartei in Brasilien schildert Keck (1992); zum Scânia-Streik siehe dort Kap. 4. Das Cardoso-Zitat steht in Keck, S. 44 f., ebenso das Lula-Zitat, S. 65.

Fujimoris und Montesinos' Maßnahmen zur Kontrolle der Medien beschreiben McMillan und Zoido (2004), und das Zitat über die Kontrollmechanismen der Kommunistischen Partei Chinas findet man in McGregor (2012).

QUELLEN FÜR DIE KARTEN

Karte 1: Die Darstellung des Inkareichs und des Straßensystems basieren auf John V. Murra (1984), »Andean Societies before 1532«, in Leslie Bethell, Hrsg., *The Cambridge History of Latin America*, Bd. 1 (New York, Cambridge University Press). Die Karte des *mita*-Einzugsbereichs wurde übernommen von Melissa Dell (2010), »The Persistent Effects of Peru's Mining *Mita*«, *Econometrica* 78:6, S. 1863–1903.

Karte 2: Angefertigt nach Daten von Miriam Bruhn und Francisco Gallego (2012), »The Good, the Bad, and the Ugly. Do They Matter for Economic Development?«, *Review of Economics and Statistics* 94:2, S. 433–461.

Karte 3: Angefertigt nach Daten von: *World Development Indicators* (2008), World Bank.

Karte 4: Die Wildschweinverbreitung dokumentieren W. L. R. Oliver, I. L. Brisbin jun. und S. Takahashi (1993), »The Eurasian Wild Pig (*Sus scrofa*)«, in W. L. R. Oliver, Hrsg., *Pigs, Peccaries, and Hippos. Status Survey and Action Plan* (Gland, Switzerland, IUCN), S. 112–121. Die Wildrindverbreitung ist wiedergegeben auf der Auerochsenkarte in Cis van Vuure (2005), *Retracing the Aurochs* (Sofia, Pensoft Publishers), S. 41.

Karte 5: Basierend auf Daniel Zohary und Maria Hopf (2001), *The Domestication of Plants in the Old World*, 3. Auflage (New York, Oxford University Press), Weizen-Karte 4, S. 56; Gerste-Karte 5, S. 55. Die Karte der Reisverbreitung ist ausgerichtet an Te-Tzu Chang (1976), »The Origin, Evolution, Cultivation, Dissemination, and Diversification of Asian and African Rices«, *Euphytica* 25, S. 425–441, Abb. 2, S. 433.

Karte 6: Die Darstellung des Königreichs der Kuba beruht auf Jan Vansina (1978), *The Children of Woot* (Madison, University of Wisconsin Press), Karte 2, S. 8; die des Königreichs der Kongo auf Jan Vansina (1995), »Equatorial Africa Before the Nineteenth Century«, in Philip Curtin, Steven Feierman, Leonard Thompson und Jan Vansina, *African History. From Earliest Times to Independence* (New York, Longman), Karte 8.4, S. 228.

Karte 7: Angefertigt nach Daten des Defense Meteorological Satellite Program, Operational Linescan System (DMSP-OLS), das Bilder der Erde übermittelt, die von 20 bis 21.30 Uhr Ortszeit aus 830 km Höhe aufgenommen werden, siehe (http://www.ngdc.noaa.gov / dmsp / sensors / ols.html).

Karte 8: Erstellt nach Daten in Jerome Blum (1998), *The End of the Old Order in Rural Europe* (Princeton, Princeton University Press).

Karte 9: Basierend auf Colin Martin und Geoffrey Parker (1988), *The Spanish Armada* (London, Hamilton), S. i–ii, 243.

Karte 10: Ausgerichtet an Simon Martin und Nikolai Gribe (2000), *Chronicle of the Maya Kings and Queens. Deciphering the Dynasties of the Ancient Maya* (London, Thames and Hudson), S. 21.

Karte 11: Erstellt nach Mark A. Kishlansky, Patrick Geary und Patricia O'Brien (1991), *Civilization in the West* (New York, HarperCollins Publishers), S. 151.

Karte 12: Die Darstellung der Gebiete der somalischen Clanfamilien richtet sich nach Ioan M. Lewis (2002), *A Modern History of Somalia* (Oxford, James Currey), Karte »Somali ethnic and clan-family distribution 2002«; die Karte von Axum basiert auf Kevin Shillington (1995), *History of Africa*, 2. Auflage (New York, St. Martin's Press), Karte 5.4, S. 69.

Karte 13: Aus J. R. Walton (1998), »Changing Patterns of Trade and Interaction Since 1500«, in R. A. Butlin und R. A. Dodgshon, Hrsg., *An Historical Geography of Europe* (Oxford, Oxford University Press), Abb. 15.2, S. 326.

Karte 14: Nach Anthony Reid (1988), *Southeast Asia in the Age of Commerce, 1450–1680*. Bd. 1, *The Land Below the Winds* (New Haven, Yale University Press), Karte 2, S. 9.

Karte 15: Angefertigt nach Daten in Nathan Nunn (2008), »The Long Term Effects of Africa's Slave Trades«, *Quarterly Journal of Economics* 123, Nr. 1, S. 139–176.

Karte 16: Beruhend auf folgenden Karten: für Südafrika: A. J. Christopher (2001), *The Atlas of Changing South Africa* (London, Routledge), Abb. 1.19, S. 31; für Simbabwe: Robin Palmer (1977), *Land and Racial Domination in Rhodesia* (Berkeley, University of California Press), Karte 5, S. 245.

Karte 17: Ausgerichtet an Alexander Grab (2003), *Napoleon and the Transformation of Europe* (London, Palgrave Macmillan), Karte 1, S. 17; Karte 2, S. 91.

Karte 18: Angefertigt nach Daten des US-Zensus von 1840, abrufbar bei National Historical Geographic Information System: http://www.nhgis.org/.

Karte 19: Angefertigt nach Daten des US-Zensus von 1880, abrufbar bei National Historical Geographic Information System: http://www.nhgis.org/.

Karte 20: Aus Daron Acemoglu, James A. Robinson und Rafael J. Santos (2010), »The Monopoly of Violence. Evidence from Colombia«, abrufbar unter http://scholar.harvard.edu/jrobinson/fi les/jr_formationofstate.pdf.

LITERATURVERZEICHNIS

Abraham, Arthur und Habib Sesay (1993), »Regional Politics and Social Service.« In: C. Magbaily Fyle (Hrsg.), *The State and the Provision of Social Services in Sierra Leone Since Independence, 1961–1991.* Oxford, U. K., Codesaria.

Acemoglu, Daron (2005), »Politics and Economics in Weak and Strong States.« In: *Journal of Monetary Economics* 52, 1199–1226.

– (2008), »Oligarchic Versus Democratic Societies.« In: *Journal of European Economic Association* 6, 1–44.

Acemoglu, Daron, Davide Cantoni, Simon Johnson und James A. Robinson (2010), »From Ancien Régime to Capitalism. The Spread of the French Revolution as a Natural Experiment.« In: Jared Diamond und James A. Robinson (Hrsg.), *Natural Experiments of History.* Cambridge, Mass., Belknap Press of Harvard University Press.

– (2011), »The Consequences of Radical Reform. The French Revolution.« In: *The American Economic Review* 101, 7, 3286–3307.

Acemoglu, Daron, Simon Johnson und James A. Robinson (2001), »The Colonial Origins of Comparative Development. An Empirical Investigation.« In: *American Economic Review* 91, 1369–1401.

– (2002), »Reversal of Fortune. Geography and Institutions in the Making of the Modern World Income Distribution.« In: *Quarterly Journal of Economics* 117 (4), 1231–1294.

– (2003), »An African Success Story. Botswana.« In: Dani Rodrik (Hrsg.), *In Search of Prosperity. Analytic Narratives on Economic Growth.* Princeton, N. J., Princeton University Press.

– (2005 a), »The Rise of Europe. Atlantic Trade, Institutional Change and Economic Growth.« In: *American Economic Review* 95, 546–579.

– (2005 b), »Institutions as the Fundamental Cause of Long-Run Growth.« In: Philippe Aghion und Steven Durlauf (Hrsg.), *Handbook of Economic Growth.* Amsterdam, Elsevier.

Acemoglu, Daron, Simon Johnson, James A. Robinson und Pablo Querubín (2008), »When Does Policy Reform Work? The Case of Central Bank Independence.« In: *Brookings Papers in Economic Activity* 98, 351–418.

Acemoglu, Daron, Simon Johnson, James A. Robinson und Pierre Yared (2008), »Income and Democracy.« In: *American Economic Review* 98, 808–842.

- (2009), »Reevaluating the Modernization Hypothesis.« In: *Journal of Monetary Economics* 56, 1043–1058.

Acemoglu, Daron und James A. Robinson (2000 a), »Why Did the West Extend the Franchise? Growth, Inequality and Democracy in Historical Perspective.« In: *Quarterly Journal of Economics* 115, 1167–1199.

- (2000 b), »Political Losers as Barriers to Economic Development.« In: *American Economic Review* 90, 126–130.

- (2001), »A Theory of Political Transitions.« In: *American Economic Review* 91, 938–963.

- (2006 a), *Economic Origins of Dictatorship and Democracy.* New York, Cambridge University Press.

- (2006 b), »Economic Backwardness in Political Perspective.« In: *American Political Science Review* 100, 115–131.

- (2008 a), »Persistence of Power, Elites and Institutions.« In: *American Economic Review* 98, 267–293.

- (2008 b), »The Persistence and Change of Institutions in the Americas.« In: *Southern Economic Journal* 75, 282–299.

Acemoglu, Daron, James A. Robinson und Rafael Santos, (2010), »*The Monopoly of Violence. Evidence from Colombia.*« Unveröffentlicht.

Acemoglu, Daron und Alexander Wolitzky (2010), »The Economics of Labor Coercion.« In: *Econometric* 79, 555–600.

Aghion, Philippe und Peter Howitt (2009), *The Economics of Growth.* Cambridge, Mass., MIT Press.

Alexander, Jocelyn (2006), *The Unsettled Land. State-Making & the Politics of Land in Zimbabwe 1893–2003.* Oxford, James Currey.

Allen, Robert C. (2003), *Farm to Factory. A Reinterpretation of the Soviet Industrial Revolution.* Princeton, N. J., Princeton University Press.

- (2009 a), *The British Industrial Revolution in Global Perspective.* Cambridge, Cambridge University Press.

- (2009 b), »How Prosperous Were the Romans? Evidence from Diocletian's Price Edict (301 AD).« In: Alan Bowman (Hrsg.), *Quantifying the Roman Economy. Methods and Problems.* Oxford, Oxford University Press.

Alston, Lee J. und Joseph P. Ferrie (1999), *Southern Paternalism and the American Welfare State. Economics, Politics, and Institutions in the South, 1865–1965*. Cambridge, U. K., New York, Cambridge University Press.

Amsden, Alice H. (1992), *Asia's Next Giant. South Korea and Late Industrialization*. New York, Oxford University Press.

Austen, Ralph A. und Daniel Headrick (1983), »The Role of Technology in the African Past.« In: *African Studies Review* 26, 163–184.

Austin, Gareth (2005), *Labour, Land and Capital in Ghana. From Slavery to Free Labour in Asante, 1807–1956*. Rochester, N. Y., University of Rochester Press.

Bakewell, Peter J. (1984), *Miners of the Red Mountain. Indian Labor in Potosí, 1545–1650*. Albuquerque, University of New Mexico Press.

– (2009), *A History of Latin America 1825*. Hoboken, N. J., Wiley-Blackwell.

Banerjee, Abhijit V. und Esther Duflo (2011), *Poor Economics. A Radical Rethinking of the Way to Fight Global Poverty*. New York, Public Affairs.

Banerjee, Abhijit V., Esther Duflo und Rachel Glennerster (2008), »Putting a Band-Aid on a Corpse. Incentives for Nurses in the Indian Public Health Care System.« In: *Journal of European Economic Association* 7, 487–500.

Banfield, Edward C. (1967), *The Moral Basis of a Backward Society*. N. Y., The Free Press.

Bang, Peter F. (2008), *The Roman Bazaar. A Comparative Study of Trade and Markets in a Tributary Empire*. N. Y., Cambridge University Press.

Barker, Graeme (2009), *The Agricultural Revolution in Prehistory. Why Did Foragers Become Farmers?* N. Y., Oxford University Press.

Bar-Yosef, Ofer und Avner Belfer-Cohen (1992), »From Foraging to Farming in the Mediterranean Levant.« In: A. B. Gebauer und T. D. Price (Hrsg.), *Transitions to Agriculture in Prehistory*. Madison, Wisc., Prehistory Press.

Bateman, Fred und Thomas Weiss (1981), *A Deplorable Scarcity. The Failure of Industrialization in the Slave Economy*. Chapel Hill, University of North Carolina Press.

Bates, Robert H. (1984), *Markets and States in Tropical Africa. The Political Basis of Agricultural Policies*. Berkeley, University of California Press.

– (1987), *Essays on the Political Economy of Rural Africa.* Berkeley, University of California Press.
– (1989), *Beyond the Miracle of the Market. The Political Economy of Agrarian Development in Kenya.* New York, Cambridge University Press.
– (2010), *Prosperity and Violence. The Political Economy of Development.* New York, Norton.
Benedictow, Ole J. (2004), *The Black Death, 1346–1353.* Woodbridge, Boydell Press.
Berliner, Joseph S. (1978), *The Innovation Decision in Soviet Industry.* Cambridge, Mass., MIT Press.
Besley, Timothy und Stephen Coate (1998), »Sources of Inefficiency in a Representative Democracy: A Dynamic Analysis.« In: *American Economic Review* 88, 139–156.
Besley, Timothy und Torsten Persson (2011), *Pillars of Prosperity. The Political Economics of Development Clusters.* Princeton, N. J., Princeton University Press.
Bloch, Marc L. B. (1982), *Die Feudalgesellschaft.* Frankfurt / M., Propyläen-Verlag.
Blum, Jerome (1943), »Transportation and Industry in Austria, 1815–1848.« In: *The Journal of Modern History* 15, 24–38.
Boccaccio, Giovanni (1961), *Das Dekameron.* Frankfurt a. M., Fischer Verlag.
Bogart, Dan und Gary Richardson (2009), »Making Property Productive. Reorganizing Rights to Real and Equitable Estates in Britain, 1660 to 1830.« In: *European Review of Economic History* 13, 3–30.
– (2011), »Did the Glorious Revolution Contribute to the Transport Revolution? Evidence from Investment in Roads and Rivers.« In: *Economic History Review* 64, 1073–1112.
Bourguignon, François und Thierry Verdier (1990), »Oligarchy, Democracy, Inequality and Growth.« In: *Journal of Development Economics* 62, 285–313.
Bowman, Alan K. (Hrsg.) (2009), *Quantifying the Roman Economy. Methods and Problems.* Oxford, Oxford University Press.
Brenner, Robert (1993), »Agrarian Class Structure and Economic Development in Preindustrial Europe.« In: *Past and Present* 70, 30–75.
– (2003), *Merchants and Revolution. Commercial Change, Political Conflict, and London's Overseas Traders, 1550 - 1653.* London, Verso.
Brenner, Robert und Christopher Isett (2002), »England's Divergence from China's Yangzi Delta. Property Relations, Microeconomics,

and Patterns of Development.« In: *Journal of Asian Studies* 61, 609–662.

Brewer, John (1990), *The Sinews of Power. War, Money, and the English State, 1688–1783*. Cambridge, Mass., Harvard University Press.

Briggs, Asa (1978), *Chartist Studies*. London, Macmillan.

Brunton, D. und D. H. Pennington (1968), *Members of the Long Parliament*. Hamden, Conn., Archon Books.

Bundy, Colin (2006), *The Rise and Fall of the South African Peasantry*. Berkeley, University of California Press.

Burke, Edmund (1793), *Betrachtungen über die Französische Revolution*. Berlin, Vieweg.

Callataÿ, François de (2005), »The Graeco-Roman Economy in the Super Long-Run. Lead, Copper, and Shipwrecks.« In: *Journal of Roman Archaeology* 18, 361–372.

Cartwright, John R. (1970), *Politics in Sierra Leone 1947–67*. Toronto, University of Toronto Press.

Casas, Bartolomé de las (2006), *Kurzgefasster Bericht von der Verwüstung der Westindischen Länder. Brevísima Relación de la Destruición de las Indias*. Frankfurt / M., Insel Verlag.

Casaús Arzú, Marta (2010), *Guatemala. Linaje y Racismo*. Guatemala City, F&G Editores.

Chaves, Isaias und James A. Robinson (2010), »*Political Consequences of Civil Wars*.« Unveröffentlicht.

Cipolla, Carlo M. (Hrsg.)(1978), *The Fontana Economic History of Europe*. Glasgow, William Collins.

Cleary, Esmonde A. S. (2000), *The Ending of Roman Britain*. London, Routledge.

Clower, Robert W., George H. Dalton, Mitchell Harwitz und Alan Walters (1966), *Growth Without Development; an Economic Survey of Liberia*. Evanston: Northwestern University Press.

Coatsworth, John H. (1974), »Railroads, Landholding and Agrarian Protest in the Early Porfiriato.« In: *Hispanic American Historical Review* 54, 48–71.

– (1978), »Obstacles to Economic Growth in Nineteenth-Century Mexico.« In: *American Historical Review* 54, 80–100.

– (2008), »Inequality, Institutions and Economic Growth in Latin America.« In: *Journal of Latin American Studies* 40, 545–569.

Cole, G. D. H. und A. W. Filson (Hrsg.) (1951), *British Working Class Movements. Select Documents 1789–1875*. London, Macmillan.

Conning, Jonathan (2010), »*On the Causes of Slavery or Serfdom and the*

Roads to Agrarian Capitalism. Domar's Hypothesis Revisited.« Unveröffentlicht.

Corti, Egon C. (1928), *Das Haus Rothschild in der Zeit seiner Blüte 1830–1871*. Leipzig, Insel Verlag.

Crouzet, François M. (1986), *The First Industrialists. The Problem of Origins*. Cambridge, Cambridge University Press.

Crummey, Donald (2000), *Land and Society in the Christian Kingdom of Ethiopia. From the Thirteenth to the Twentieth Century*. Urbana, University of Illinois Press.

Dalton, George H. (1965), »History, Politics and Economic Development in Liberia.« In: *Journal of Economic History* 25, 569–591.

Dark, Ken R. (1994), *Civitas to Kingdom. British Political Continuity 300–800*. Leicester, Leicester University Press.

Daunton, Martin J. (1997), *Progress and Poverty. An Economic and Social History of Britain, 1700–1850*. Oxford, Oxford University Press.

Davies, Robert W. (1998), *Soviet Economic Development from Lenin to Khrushchev*. Cambridge, U. K., New York, N. Y., Cambridge University Press.

Davies, Robert W. und Stephen G. Wheatcroft (2009), *The Years of Hunger. Soviet Agriculture, 1931–1933*. New York, Palgrave Macmillan.

Davies, Victor A. B. (2008), »Sierra Leone's Economic Growth Performance, 1961–2000.« In: Ndulu, B. J. (Hrsg.), *The Political Economy of Economic Growth in Africa, 1960–2000*. Bd. 2. New York, Cambridge University Press.

Dell, Melissa (2010), »The Persistent Effects of Peru's Mining *Mita*.« In: *Econometrica* 78, 1863–1903.

Denny, Harold (1937), »Stalin Wins Poll by a Vote of 1005.« In: *New York Times*, 14. Dez. 1937, S. 11.

Diamond, Jared (2011), *Arm und Reich. Die Schicksale menschlicher Gesellschaften*. Frankfurt a. M., Fischer Taschenbuch Verlag.

Diamond, Jared M. und James A. Robinson (Hrsg.) (2010), *Natural Experiments of History*. Cambridge, Mass., Belknap Press of Harvard University Press.

Dobb, Maurice (1984), *Studies in the Development of Capitalism*. New York, International Publishing.

Dosal, Paul J. (1995), *Power in Transition. The Rise of Guatemala's Industrial Oligarchy, 1871–1994*. Westport, Conn., London, Praeger.

Douglas, Mary (1962), »Lele Economy Compared to the Bushong.« In: G. H. Dalton (Hrsg.), *Markets in Africa*. Evanston, Ill., Northwestern University Press.

- (1963), *The Lele of the Kasai*. London, Routledge.
Doyle, William (2001), *An American Insurrection. The Battle of Oxford, Mississippi, 1962*. New York, Doubleday.
- (2002), *The Oxford History of the French Revolution*. Oxford, New York, Oxford University Press.
Dreyer, Edward L. (2006), *Zheng He. China and the Oceans in the Early Ming Dynasty, 1405–1433*. New York, Pearson Longman.
DuBois, William E. B. (2003), *Die Seelen der Schwarzen. The Souls of Black Folk*. Freiburg im Breisgau, orange-press.
Dunn, Richard S. (1969), »The Barbados Census of 1680. Profile of the Richest Colony in English America.« In: *William and Mary Quarterly* 26, 3–30.
DuPlessis, Robert S. (2004), *Transitions to Capitalism in Early Modern Europe*. Cambridge, Cambridge University Press.
Easterly, William (2006), *Wir retten die Welt zu Tode. Für ein professionelles Management im Kampf gegen die Armut*. Frankfurt / M., Campus Verlag.
Elton, Geoffrey R. (1983), *England unter den Tudors*. München, Callwey.
Engerman, Stanley L. (2007), *Slavery, Emancipation and Freedom. Comparative Perspectives*. Baton Rouge, Louisiana State University Press.
Engerman, Stanley L. und Kenneth L. Sokoloff (1997), »Factor Endowments, Institutions, and Differential Paths of Growth Among New World Economies.« In: S. H. Haber (Hrsg.), *How Latin America Fell Behind. Essays on the Economic Histories of Brazil and Mexico, 1800–1914*. Stanford, Calif., Stanford University Press.
- (2005), »The Evolution of Suffrage Institutions in the New World.« In: *Journal of Economic History* 65, 891–921.
Evans, Eric J. (1996), *The Forging of the Modern State. Early Industrial Britain, 1783–1870*. 2. Aufl. New York, Longman.
Evans, Peter B. (1996), *Embedded Autonomy. States and Industrial Transformation*. Princeton, N. J., Princeton University Press.
Evans-Pritchard, E. E. (1987), *African Political Systems*. London, KPI.
Ewald, Janet (1988), »Speaking, Writing and Authority. Explorations in and from the Kingdom of Taqali.« In: *Comparative Studies in History and Society* 30, 199–224.
Fagan, Brian M. (2005), *The Long Summer. How Climate Changed Civilization*. New York, Basic Books.
Faulkner, Neil (2004), *The Decline and Fall of Roman Britain*. Stroud, Gloucestershire, Tempus Publishers.
Feinstein, Charles H. (2008), *An Economic History of South Africa*. Con-

quest, Discrimination and Development. Cambridge, Cambridge University Press.

Ferguson, Niall (2002), *Die Geschichte der Rothschilds. Propheten des Geldes.* Stuttgart, DVA.

Fergusson, Leopoldo (2010), *The Political Economy of Rural Property Rights and the Persistence of the Dual Economy.* Unveröffentlicht, einsehbar unter http://economia.uniandes.edu.co.

Finley, Moses I. (1993), *Die antike Wirtschaft.* München, Deutscher Taschenbuch Verlag.

– **(1965),** »Technical Innovation and Economic Progress in the Ancient World.« In: *Economic History Review* 18, 29–45.

Fischer, David H. (1991), *Albion's Seed. Four British Folkways in America.* New York, Oxford University Press.

Fogel, Robert W. und Stanley L. Engerman (1995), *Time on the Cross. The Economics of American Negro Slavery.* New York, Norton.

Foley, James A. (2003), *Korea's Divided Families. Fifty Years of Separation.* London, New York, Routledge.

Freudenberger, Herman (1967), »The State as an Obstacle to Economic Growth in the Habsburg Monarchy.« In: *Journal of Economic History* 27, 493–509.

Fyle, C. Magbailey (Hrsg.) (1993), *The State and the Provision of Social Services in Sierra Leone Since Independence, 1961–91.* Oxford, U. K., Codesaria.

Galenson, David W. (2007), »The Settlement and Growth of the Colonies. Population, Labor and Economic Development.« In: S. L. Engerman (Hrsg.), *The Colonial Era.* Cambridge, Cambridge University Press.

García-Jimeno, Camilo und James A. Robinson (2011), »The Myth of the Frontier.« In: Dora L. Costa und Naomi R. Lamoreaux (Hrsg.), *Understanding Long-Run Economic Growth.* Chicago, University of Chicago Press.

Ganson, Barbara A. (2006), *The Guaraní Under Spanish Rule in the Río de la Plata.* Stanford, Calif., Stanford University Press.

Gebauer, Anne B. und D. Price, (Hrsg.) (1992), *Transitions to Agriculture in Prehistory.* Madison, Wisc., Prehistory Press.

Gerschenkron, Alexander (1970), *Europe in the Russian Mirror. Four Lectures in Economic History.* London, Cambridge University Press.

Ghani, Ashraf und Clare Lockhart (2008), *Fixing Failed States. A Framework For Rebuilding a Fractured World.* Oxford, Oxford University Press.

Gibson, Charles (1991), *The Aztecs under Spanish Rule. A History of the*

Indians of the Valley of Mexico, 1519–1810. Stanford, Calif., Stanford University Press.

Giorgis, Dawit W. (1989), *Red Tears. War, Famine and Revolution in Ethiopia.* Trenton, N. J., Red Sea Press.

Goldstein, Marcus und Christopher Udry (2008), »The Profits of Power. Land Rights and Agricultural Investment in Ghana.« In: *Journal of Economic History* 116, 981–102.

Goldsworthy, Adrian K. (2009), *How Rome Fell. Death of a Superpower.* New Haven, Yale University Press.

Goody, Jack (1980), *Technology, Tradition and the State in Africa.* New York, Cambridge University Press.

Gregory, Paul R. und Mark Harrison (2005), »Allocation Under Dictatorship. Research in Stalin's Archives.« In: *Journal of Economic Literature* 43, 721–761.

Grieb, Kenneth J. (1979), *Guatemalan Caudillo. The Regime of Jorge Ubico, Guatemala, 1931–1944.* Athens, Ohio University Press.

Gross, Nachum T. (1973), »The Habsburg Monarchy, 1750–1914.« In: Carlo M. Cipolla (Hrsg.), *The Fontana Economic History of Europe.* Glasgow, U. K., William Collins Sons and Co.

Grube, Nikolai (2000), *Maya. Gottkönige im Regenwald.* Köln, Könemann.

Guiso, Luigi, Paola Sapienza und Luigi Zingales (2006), »Does Culture Affect Economic Outcomes?« In: *Journal of Economic Perspectives* 20, 23–48.

Haber, Stephen H. (Hrsg.) (1997), *How Latin America Fell Behind. Essays on the Economic Histories of Brazil and Mexico, 1800–1914.* Stanford, Calif., Stanford University Press.

Haber, Stephen H., Herbert S. Klein, Noel Maurer und Kevin J. Middlebrook (2008), *Mexico Since 1980.* Cambridge, Cambridge University Press.

Haber, Stephen H., Noel Maurer und Armando Razo (2003), *The Politics of Property Rights. Political Instability, Credible Commitments, and Economic Growth in Mexico, 1876–1929.* New York, Cambridge University Press.

Haggard, Stephan (1990), *Pathways from the Periphery. The Politics of Growth in the Newly Industrializing Countries.* Ithaca, N. Y., Cornell University Press.

Halliday, Fred und Maxine Molyneux (1983), *The Ethiopian Revolution.* London, Verso.

Hanna, Willard A. (1978), *Indonesian Banda. Colonialism and its After-*

math in the Nutmeg Islands. Philadelphia, Institute for the Study of Human Issues.

Harding, Harry (1987), *China's Second Revolution. Reform After Mao.* Washington, D. C., Brookings Institution Press.

Harrison, Lawrence E. (2002), *Culture Matters. How Values Shape Human Progress.* New York, Basic Books.

Harrison, Lawrence E. und Samuel P. Huntington (Hrsg.) (2000), *Culture Matters. How Values Shape Human Progress.* New York, Basic Books.

Hassig, Ralph C. und Kongdan Oh (2009), *The Hidden People of North Korea. Everyday Life in the Hermit Kingdom.* Lanham, Md., Rowman and Littlefield Publishers.

Hatcher, John (2008), *The Black Death. A Personal History.* Cambridge, Mass., Da Capo Press.

Heath, Dwight (1972), »New Patrons for Old. Changing Patron-Client Relations in the Bolivian Yungas.« In: Arnold Strickton und Sidney Greenfield (Hrsg.), *Structure and Process in Latin America.* Albuquerque, University of New Mexico Press.

Heinicke, Craig (1994), »African-American Migration and Mechanized Cotton Harvesting, 1950–1960.« In: *Explorations in Economic History* 31, 501–520.

Helmke, Gretchen (2005), *Courts Under Constraints. Judges, Generals, and Presidents in Argentina.* New York, Cambridge University Press.

Hemming, John (1970), *The Conquest of the Incas.* New York, Harcourt Brace Jovanovich.

Herbst, Jeffrey (2000), *States and Power in Africa. Comparative Lessons in Authority and Control.* Princeton, N. J., Princeton University Press.

Heydemann, Steven (Hrsg.) (2004), *Networks of Privilege in the Middle East.* New York, Palgrave Macmillan.

Hill, Christopher (1974), *Das Jahrhundert der Revolution.* München, Verlagsgruppe Droemer Knaur.

– **(1980),** »A Bourgeois Revolution?« In: Lawrence Stone (Hrsg.), *The British Revolutions. 1641, 1688, 1776.* Princeton, N. J., Princeton University Press.

Hilton, Anne (1985), *The Kingdom of Kongo.* Oxford, Clarendon Press.

Hilton, Rodney H. (Hrsg.) (1953), *Der englische Bauernaufstand von 1381,* Berlin, Rütten und Loening.

Hirst, John B. (1983), *Convict Society and its Enemies. A History of Early New South Wales.* Sydney, Allen and Unwin.

– **(1988),** *The Strange Birth of Colonial Democracy. New South Wales, 1848–1884.* Sydney, Allen and Unwin.

– (2003), *Australia's Democracy. A Short History.* Crows Nest, Allen and Unwin.

Hoffman, Philip und Kathryn Norberg (Hrsg.) (2001), *Fiscal Crises, Liberty, and Representative Government, 1450–1789.* Palo Alto, Calif., Stanford University Press.

Hopkins, Anthony G. (1973), *An Economic History of West Africa.* New York, Columbia University Press.

Hopkins, Keith (1980), »Taxes and Trade in the Roman Empire, 200 BC–400 AD.« In: *Journal of Roman Studies* 70, 101–125.

Horrox, Rosemary (Hrsg.) (1994), *The Black Death.* Manchester, Manchester University Press.

House of Commons (1904), »*Papers Relating to the Construction of Railways in Sierra Leone, Lagos and the Gold Coast.*«

Hu-DeHart, Evelyn (1984), *Yaqui Resistance and Survival. The Struggle for Land and Autonomy, 1821–1910.* Madison, Wisc., University of Wisconsin Press.

Huntington, Samuel P. (Hrsg.) (2002), *Streit um Werte. Wie Kulturen den Fortschritt prägen.* Hamburg, Europa-Verlag.

Iaryczower, Mathias und Pablo T. M. Spiller (2002), »Judicial Independence in Unstable Environments. Argentina 1935–1998.« In: *American Journal of Political Science* 46, 699–716.

Inikori, Joseph (1977), »The Import of Firearms into West Africa, 1751–1807.« In: *Journal of African History* 18, 339–368.

International Crisis Group (2005), »Uzbekistan. The Andijon Uprising.« Abrufbar unter: www.crisisgroup.org/en, regions/asia/central-asia/uzbekistan.

Israel, Paul (1998), *Edison. A Life of Invention.* New York, John Wiley.

Iwata, Masakazu (1964), *Okubo Toshimichi. The Bismarck of Japan.* Berkeley, University of California Press.

Jackson, Michael (2004), *In Sierra Leone.* Durham, Duke University Press.

Jansen, Marius B. (2000), *The Making of Modern Japan.* Cambridge, Mass., Belknap Press of Harvard University Press.

Jászi, Oscar (1929), *The Dissolution of the Habsburg Monarchy.* Chicago, University of Chicago Press.

Johnson, Chalmers (1982), MITI *and the Japanese Miracle. The Growth of Industrial Policy, 1925–1975.* Stanford, Calif., Stanford University Press.

Jones, Arnold H. M. (1992), *The Later Roman Empire 284–602; a Soci-*

al, Economic, and Administrative Survey. Baltimore, Johns Hopkins University Press.

Jones, Eric L. (1991), *Das Wunder Europa. Umwelt, Wirtschaft und Geopolitik in der Geschichte Europas und Asiens.* Tübingen, Mohr Siebeck.

Jongman, Willem M. (2007), »Gibbon Was Right. The Decline and Fall of the Roman Economy.« In: O. Hekster et al. (Hrsg.), *Crises and the Roman Empire.* Leiden, Brill.

Josephson, Matthew (1934), *The Robber Barons. The Great American Capitalists, 1861–1901.* San Diego, Harcourt.

Kandiyoti, Deniz (2008), »Invisible to the World? The Dynamics of Forced Child Labour in the Cotton Sector of Uzbekistan.« Unveröffentlicht. School of Oriental and Africa Studies.

Kapuściński, Ryszard (2010), *König der Könige. Eine Parabel der Macht.* München, Piper.

Keck, Margaret E. (1992), *Workers' Party and Democratization in Brazil.* New Haven, Conn., Yale University Press.

Keen, David (2005), *Conflict and Collusion in Sierra Leone.* Oxford, Currey.

Kelley, Jonathan und Herbert S. Klein (1981), *Revolution and the Rebirth of Inequality. A Theory Applied to the National Revolution in Bolivia.* Berkeley, University of California Press.

Keyssar, Alexander (2009), *The Right to Vote. The Contested History of Democracy in the United States.* New York, Basic Books.

Killick, Tony (2010), *Development Economics in Action. A Study of Economic Policies in Ghana.* New York, Routledge.

Knight, Alan (2011), *Mexico. The Nineteenth and Twentieth Centuries.* New York, Cambridge University Press.

Knights, Mark (2009), »Participation and Representation Before Democracy. Petitions and Addresses in Premodern Britain.« In: I. Shapiro (Hrsg.), *Political Representation.* New York, Cambridge University Press.

Kramer, Fritz (Hrsg.) (1983), *Gesellschaften ohne Staat.* Frankfurt a. M., Syndikat.

Kropotkin, Petr A. (1973), *Memoiren eines Revolutionärs.* Frankfurt a. M., Insel Verlag.

Kupperman, Karen O. (2007), *The Jamestown Project.* Cambridge, Mass., Belknap Press of Harvard University Press.

Landes, David S. (2000), *Wohlstand und Armut der Nationen. Warum die einen reich und die anderen arm sind.* Berlin, Siedler.

Lane, Frederic C. (1980), *Seerepublik Venedig*. München, Prestel.

LaPorta, Rafael, Florencio Lopez-de-Silanes und Andrei Shleifer (2008), »The Economic Consequences of Legal Origins.« In: *Journal of Economic Literature* 46, 285–332.

Law, Robin (1977), *The Oyo Empire., c.1600–c.1836. West African Imperialism in the Era of the Atlantic Slave Trade*. Oxford, Clarendon Press.

‐ (1980), »Wheeled Transportation in Pre-Colonial West Africa.« In: *African Studies Review* 50, 249–262.

‐ (2002), *From Slave Trade to »Legitimate« Commerce. The Commercial Transition in Nineteenth-Century West Africa*. Cambridge, Cambridge University Press.

Leith, James C. (2005), *Why Botswana Prospered*. Montreal, McGill University Press.

Lenger, Friedrich (2004), »Economy and Society.« In: Jonathan Sperber (Hrsg.), *The Shorter Oxford History of Germany. Germany 1800–1870*. New York, Oxford University Press.

León, Juanita (2009), *Country of Bullets. Chronicles of War*. Albuquerque, University of New Mexico Press.

Lerner, Abba P. (1972), »The Economics and Politics of Consumer Sovereignty.« In: *American Economic Review* 62, 258–266.

Levy, David M. und Sandra J. Peart (2009), *Soviet Growth and American Textbooks*. Unveröffentlicht.

Lewis, Ioan M. (1999), *A Pastoral Democracy. A Study of Pastoralism and Politics among the Northern Somali of the Horn of Africa*. Oxford, Oxford University Press.

‐ (2002), *A Modern History of the Somali. Nation and State in the Horn of Africa*. Woodbridge, James Currey.

Lewis, W. A. (1954), »Economic Development with Unlimited Supplies of Labour.« In: *Manchester School of Economic and Social Studies* 22, 139–191.

Lindauer, David L. (2006), *Economics of Development*. New York, Norton.

Lindert, Peter H. (2007), *Growing Public*. Bd. 1.: *Social Spending and Economic Growth Since the Eighteenth Century*. Cambridge, Cambridge University Press.

‐ (2009), *Growing Public*. Bd. 2.: *Further Evidence. Social Spending and Economic Growth Since the Eighteenth Century*. New York, Cambridge University Press.

Lipset, Seymour M. (1959), »Some Social Requisites of Democracy. Economic Development and Political Legitimacy.« In: *American Political Science Review* 53, 69–105.

Lipset, Seymour M. und Rokkan Stein (Hrsg.) (1967), *Party System and Voter Alignments.* New York, Free Press.

López Hernández, Claudia N. (Hrsg.) (2010), *Y Refundaron la Patria ... de cómo mafiosos y políticos reconfiguraron el estado colombiano.* Bogotá, Corporación Nuevo Arco Iris, Intermedio.

Lovejoy, Paul E. (2006), *Transformations in Slavery. A History of Slavery in Africa.* Cambridge, Cambridge University Press.

MacFarquhar, Roderick und Michael Schoenhals (2008), *Mao's Last Revolution.* Cambridge, Mass., Belknap Press of Harvard University Press.

Mann, Michael (1998), *Geschichte der Macht.* Bd. I und II. Frankfurt a. M., Campus Verlag.

Manning, Patrick (1998), *Slavery and African Life. Occidental, Oriental and African Slave Trades.* New York, Cambridge University Press.

Mantoux, Paul (2006), *The Industrial Revolution in the Eighteenth Century. An Outline of the Beginnings of the Modern Factory System in England.* London, Routledge.

Martin, Simon (2000), »Die dynastische Geschichte der Maya.« In: Nikolai Grube (Hrsg.), *Gottkönige im Regenwald.* Köln, Könemann.

Martínez, José M. (2002), *Carlos Slim. Retrato Inédito.* México City, Editorial Océano.

McCreery, David J. (1994), *Rural Guatemala, 1760–1940.* Palo Alto, Calif., Stanford University Press.

McGregor, Richard (2012), *Der rote Apparat. Chinas Kommunisten.* Berlin, Matthes & Seitz.

McMillan, John und Pablo Zoido (2004), »How to Subvert Democracy. Montesinos in Peru.« In: *Journal of Economic Perspectives* 18, 69–92.

Masire, Quett K. J. (2006), *Very Brave or Very Foolish? Memoirs of an African Democrat.* Gaborone, Botswana, Macmillan.

Melbourne, A. C. V. (1963), *Early Constitutional Development in Australia. New South Wales 1788–1856; Queensland 1859–1922.* St. Lucia, University of Queensland Press.

Meredith, Martin (2007), *Mugabe. Power, Plunder, and the Struggle for Zimbabwe.* New York, Public Affairs Press.

Michels, Robert (1989), *Zur Soziologie des Parteiwesens in der modernen Demokratie. Untersuchungen über die oligarchischen Tendenzen des Gruppenlebens.* Stuttgart, Kröner.

Mickey, Robert W. (2008), *Paths out of Dixie. The Democratization of Authoritarian Enclaves in America's Deep South, 1944–1972.* Unveröffentlicht.

Migdal, Joel S. (1988), *Strong Societies and Weak States. State-Society*

Relations and State Capabilities in the Third World. Princeton, N. J., Princeton University Press.

Mithen, Steven (2006), *After the Ice. A Global Human History, 20 000 - 5000 BC.* Cambridge, Mass., Harvard University Press.

Mokyr, Joel (1992), *The Lever of Riches. Technological Creativity and Economic Progress.* New York, Oxford University Press.

- **(2009),** *The Enlightened Economy. An Economic History of Britain, 1700–1850.* New Haven, Conn., Yale University Press.

Moore, Andrew M. T., Gordon C. Hillman und Anthony J. Legge (2000), *Village on the Euphrates. From Foraging to Farming at Abu Hureyra.* London, Oxford University Press.

Morgan, Edmund S. (2003), *American Slavery, American Freedom. The Ordeal of Colonial Virginia.* New York, W. W. Norton.

Munro-Hay, Stuart C. (1991), *Aksum. An African Civilisation of Late Antiquity.* Edinburgh, Edinburgh University Press.

Myers, Ramon H. und Yeh-Chien Wang (2002), »Economic Developments, 1644–1800.« In: Willard J. Peterson (Hrsg.), *The Cambridge History of China.* Bd. 9, Teil 1.: *The Ch'ing Empire to 1800.* New York, Cambridge University Press.

Naidu, Surresh (2009), »Suffrage, Schooling, and Sorting in the Post-Bellum South.« Unveröffentlicht. Department of Economics, Columbia University. Einsehbar unter: tuvalu.santafe.edu / ~snaidu / papers / suffrage_sept_16_2010_combined.pdf.

Narayan-Parker, Deepa (Hrsg.)(2002), *Empowerment and Poverty Reduction. A Sourcebook.* Washington, D. C., World Bank.

Ndulu, Benno J. (Hrsg.) (2008), *The Political Economy of Economic Growth in Africa, 1960–2000.* Bd. 2. Cambridge, Cambridge University Press.

Neal, David (1991), *The Rule of Law in a Penal Colony. Law and Power in Early New South Wales.* Cambridge, Cambridge University Press.

Neale, J. E. (1971), *Elizabeth I and Her Parliaments, 1559–1581.* London, Cape.

Nogal, C. Á. und Leandro P. de la Escosura (2007), »The Decline of Spain, 1500–1850. Conjectural Estimates.« In: *European Review of Economic History* 11, 319–366.

North, Douglass C. (1988), *Theorie des institutionellen Wandels. Eine neue Sicht der Wirtschaftsgeschichte.* Tübingen, Mohr.

North, Douglass C. und Robert P. Thomas (2008), *The Rise of the Western World. A New Economic History.* Cambridge, Cambridge University Press.

North, Douglass C. und Barry R. Weingast (1989), »Constitutions and Commitment. Evolution of Institutions Governing Public Choice in 17th Century England.« In: *Journal of Economic History* 49, 803–832.

North, Douglass C., John J. Wallis und Barry R. Weingast (2011), *Gewalt und Gesellschaftsordnungen. Eine Neudeutung der Staats- und Wirtschaftsgeschichte*. Tübingen, Mohr Siebeck.

Nove, Alec (1992), *An Economic History of the USSR, 1917–1991*. London, Penguin Books.

Nugent, Jeffrey B. und James A. Robinson (2010), »Are Endowments Fate? On the Political Economy of Comparative Institutional Development.« In: *Revista de Historia Económica (Journal of Iberian and Latin American Economic History)* 28, 45–82.

Nunn, Nathan (2008), »The Long-Term Effects of Africa's Slave Trades.« In: *Quarterly Journal of Economics* 123, 139–176.

Nunn, Nathan und Leonard Wantchekon (2011), »The Slave Trade and the Origins of Mistrust in Africa.« In: *American Economic Review* 10, 3221–3252.

O'Brien, Patrick K., Trevor Griffiths und Philip Hunt (1991), »Political Components of the Industrial Revolution. Parliament and the English Cotton Textile Industry, 1660–1774.« In: *Economic History Review*, New Series 44, 395–423.

Ogilvie, Sheilagh C. (2011), *Institutions and European Trade. Merchant Guilds, 1000–1800*. New York, Cambridge University Press.

Olson, Mancur L. (1982), *The Rise and Decline of Nations. Economic Growth, Stagflation, and Social Rigidities*. New Haven, Yale University Press.

O'Rourke, Kevin H. und Jeffrey G. Williamson (2002), »After Columbus. Explaining the Global Trade Boom 1500–1800.« In: *Journal of Economic History* 62, 417–456.

Owen, Roger (1993), *The Middle East in the World Economy, 1800–1914*. London, Tauris.

Owen, Roger und Şevket Pamuk (1998), *A History of Middle East Economies in the Twentieth Century*. London, Tauris.

Owen, Thomas C. (1991), *The Corporation under Russian Law, 1800–1917. A Study in Tsarist Economic Policy*. New York, Cambridge University Press.

Palmer, Robin (1977), *Land and Racial Domination in Rhodesia*. Berkeley, Calif., University of California Press.

Palmer, Robin und Neil Parsons (Hrsg.) (1977), *The Roots of Rural Po-*

verty in Central and Southern Africa. Berkeley, Calif., University of California Press.

Pamuk, Şevket (2006), »Estimating Economic Growth in the Middle East Since 1820.« In: Journal of Economic History 66, 809–828.

Pan, Philip P. (2008), Out of Mao's Shadow. The Struggle for the Soul of a New China. New York, Simon & Schuster.

Pankhurst, Richard (1961), An Introduction to the Economic History of Ethiopia, from Early Times to 1800. London, Lalibela House.

Parsons, Q. Neil (1998), King Khama, Emperor Joe and the Great White Queen. Victorian Britain through African Eyes. Chicago, Ill., University of Chicago Press.

Parsons, Q. Neil, Willie Henderson und Thomas Tlou (1995), Seretse Khama, 1921–1980. Bloemfontein, Südafrika, Macmillan.

Perkins, Dwight H., Steven Radelet und David L. Lindauer (2006), Development Economics. New York, W. W. Norton and Co.

Pettigrew, William (2007), »Free to Enslave. Politics and the Escalation of Britain's Transatlantic Slave Trade, 1688–1714.« In: William and Mary Quarterly 64, 3–37.

– (2009), »Some Underappreciated Connections Between Constitutional Change and National Economic Growth in England, 1660–1720.« Unveröffentlicht. Department of History, University of Kent, Canterbury.

Phillipson, David W. (1998), Ancient Ethiopia. Aksum. Its Antecedents and Successors. London, British Museum Press.

Pincus, Steven C. A. (2009), 1688. The First Modern Revolution. New Haven, Yale University Press.

Pincus, Steven C. A. und James A. Robinson, »What Really Happened During the Glorious Revolution?« Unveröffentlicht. Einsehbar unter: http://scholar.harvard.edu/jrobinson.

Pintner, Walter M. (1967), Russian Economic Policy Under Nicholas I. Ithaca, N. Y., Cornell University Press.

Pocock, J. G. A. (1980), Three British Revolutions. 1641, 1688, 1776. Princeton, N. J., Princeton University Press.

Post, Jerrold M. (2004), Leaders and Their Followers in a Dangerous World. The Psychology of Political Behavior. Ithaca, N. Y., Cornell University Press.

Price, David A. (2005), Love and Hate in Jamestown. John Smith, Pocahontas, and the Start of a New Nation. New York, Vintage Books.

Puga, Diego T. D. (2010), »International Trade and Domestic Institutions.

The Medieval Response to Globalization.« Unveröffentlicht. Department of Economics, University of Toronto.

Putnam, Robert D., Robert Leonardi und Raffaella Y. Nanetti (1994), *Making Democracy Work. Civic Traditions in Modern Italy.* Princeton, N. J., Princeton University Press.

Ransom, Roger L. und Richard Sutch (2001), *One Kind of Freedom. The Economic Consequences of Emancipation.* Cambridge, Cambridge University Press.

Reid, Anthony (1993), *Expansion and Crisis.* New Haven, Yale University Press.

Reinikka, Ritva und Jacob Svensson (2004), »Local Capture. Evidence from a Central Government Transfer Program in Uganda.« In: *Quarterly Journal of Economics* 119, 679–705.

Relea, Francesco (2007), »Carlos Slim, Liderazgo sin Competencia.« In: Jorge Zepeda Patterson (Hrsg.), *Los amos de México. Los juegos de poder a los que solo unos pocos son invitados.* Mexico City, Planeta Mexicana.

Reno, William (1995), *Corruption and State Politics in Sierra Leone.* New York, Cambridge University Press.

– **(2003),** »Political Networks in a Failing State. The Roots and Future of Violent Conflict in Sierra Leone.« In: *IPG* 2, 44–66.

Richards, Paul (2008), *Fighting for the Rain Forest. War, Youth and Resources in Sierra Leone.* Oxford, U. K., James Currey.

Robbins, Lionel (1984), *An Essay on the Nature and Significance of Economic Science.* London, Macmillan.

Robinson, Eric (1964), »Matthew Boulton and the Art of Parliamentary Lobbying.« In: *The Historical Journal* 7, 209–229.

Robinson, James A. (1998), »Theories of Bad Policy.« In: *Journal of Policy Reform* 1, 1–46.

Robinson, James A. und Neil Parsons (2006), »State Formation and Governance in Botswana.« In: *Journal of African Economies* 15, AERC Supplement, 100–140.

Rock, David (1985), *Argentina, 1516–1982. From Spanish Colonization to the Falklands War.* Berkeley, Calif., University of California Press.

Rodrik, Dani (Hrsg.) (2003), *In Search of Prosperity. Analytic Narratives on Economic Growth.* Princeton, N. J., Princeton University Press.

Romero, Mauricio (2003), *Paramilitares y autodefensas, 1982–2003.* Bogotá, Editorial Planeta Colombiana.

Romero, Mauricio und Léon Valencia (2007), *Parapolítica. La ruta de la expansión paramilitar y los acuerdos políticos.* Bogotá, Intermedio.

Sachs, Jeffrey D. (2005), *Das Ende der Armut. Ein ökonomisches Programm für eine gerechtere Welt.* München, Siedler.

Sahagún, Bernardino de (1990), *Die Welt der Azteken,* Frankfurt a. M., Insel Verlag.

Sahlins, Marshall (1981), *Stone Age Economics.* New York, Aldine.

Saunders, David (1992), *Russia in the Age of Reaction and Reform 1801–1881.* London, Longman.

Savage-Smith, Emily (2003), »Islam.« In: Roy Porter (Hrsg.), *The Cambridge History of Science.* Bd. 4: *Eighteenth-Century Science.* New York, Cambridge University Press.

Sawers, Larry (1996), *The Other Argentina. The Interior and National Development.* Boulder, Westview Press.

Schapera, Isaac (1940), »The Political Organization of the Ngwato of Bechuanaland Protectorate.« In: E. E. Evans-Pritchard und Meyer Fortes (Hrsg.), *African Political Systems.* Oxford, U.K., Oxford University Press.

– (1952), *The Ethnic Composition of the Tswana Tribes.* London, London School of Economics and Political Science.

– (1970), *Tribal Innovators. Tswana Chiefs and Social Change 1795–1940.* London, The Athlone Press.

Schoenhals, Michael (Hrsg.) (1996), *China's Cultural Revolution, 1966–1969. Not a Dinner Party.* Armonk, N.Y., Sharpe.

Sfakianakis, John. (2004), »The Whales of the Nile. Networks, Businessmen and Bureaucrats During the Era of Privatization in Egypt.« In: S. Heydemann (Hrsg.), *Networks of Privilege in the Middle East.* New York, Palgrave Macmillan.

Shapiro, Ian (Hrsg.) (2009), *Political Representation.* New York, Cambridge University Press.

Sharpe, Kevin (1995), *The Personal Rule of Charles I.* New Haven, Yale University Press.

Sheridan, Richard B. (1974), *Sugar and Slavery. An Economic History of the British West Indies 1623–1775.* Baltimore, Md., Johns Hopkins University Press.

Sidrys, Raymond und Rainer Berger (1979), »Lowland Maya Radiocarbon Dates and the Classic Maya Collapse.« In: *Nature* 277, 269–277.

Smith, Bruce D. (1998), *The Emergence of Agriculture.* New York, Scientific American Library.

Sokoloff, Kenneth L. (1988), »Inventive Activity in Early Industrial America. Evidence from Patent Records, 1790–1846.« *Journal of Economic History 48*, 813–830.

Sokoloff, Kenneth L. und B. Z. Khan (1990), »The Democratization of Invention During Early Industrialization. Evidence from the United States, 1790–1846.« In: *Journal of Economic History 50*, 363–378.

Sperber, Jonathan (2010), *Germany, 1800–1870*. Oxford, Oxford University Press.

Steffens, Lincoln (1948), *Die Geschichte meines Lebens*. Zürich, Artemis-Verlag.

Stevens, Donald F. (1991), *Origins of Instability in Early Republican Mexico*. Durham, N. C., Duke University Press.

Stone, Lawrence (1983), *Ursachen der Englischen Revolution, 1529–1642*. Frankfurt a. M., Ullstein.

Strickon, Arnold und Sidney M. Greenfield (Hrsg.) (1972), *Structure and Process in Latin America. Patronage, Clientage, and Power Systems*. Albuquerque, University of New Mexico Press.

Tabellinni, Guido (2010), »Culture and Institutions. Economic Development in the Regions of Europe.« In: *Journal of the European Economic Association 8*, 677–716.

Tarbell, Ida M. (1904), *The History of the Standard Oil Company*. Mineola, N. Y., Dover Publications.

Tawney, R. H. (1941), »The Rise of the Gentry.« In: *Economic History Review 11*, 1–38.

Temin, Peter und Hans-Joachim Voth (2008), »Private Borrowing During the Financial Revolution. Hoare's Bank and Its Customers, 1702–24.« In: *Economic History Review 61*, 541–564.

Thompson, E. P. (1975), *Whigs and Hunters. The Origin of the Black Act*. New York, Pantheon Books.

Thompson, I. A. A. (1994 a), »Castile. Absolutism, Constitutionalism and Liberty.« In: P. Hoffman und K. Norberg (Hrsg.), *Fiscal Crises, Liberty, and Representative Government, 1450–1789*. Palo Alto, Calif., Stanford University Press.

– **(1994 b)**, »Castile. Policy, Fiscality, and Fiscal Crisis.« In: P. Hoffman und K. Norberg (Hrsg.), *Fiscal Crises, Liberty, and Representative Government, 1450–1789*. Palo Alto, Calif., Stanford University Press.

Thornton, John K. (1983), *The Kingdom of Kongo. Civil War and Transition 1641–1718*. Madison, Wisc., University of Wisconsin Press.

Todkill, Anas (1885), *My Lady Pocahontas. A True Relation of Virginia*. Boston, Houghton, Mifflin and Company.

Twitchett, Denis C. (2006), *The Ch'in and Han Empires, 221 B. C.–A. D. 220*. Cambridge, Cambridge University Press.

Vansina, Jan (1978), *The Children of Woot. A History of the Kuba Peoples*. Madison, University of Wisconsin Press.

Wade, Robert (2004), *Governing the Market. Economic Theory and the Role of Government in East Asian Industrialization*. Princeton, N. J., Princeton University Press.

Wallerstein, Immanuel (1998), *Das Moderne Weltsystem*. Wien, Promedia.

Ward-Perkins, Bryan (2007), *Der Untergang des Römischen Reiches und das Ende der Zivilisation*. Darmstadt, Wissenschaftliche Buchgesellschaft.

Weber, Max (2009), *Die protestantische Ethik und der Geist des Kapitalismus*. Köln, Anaconda-Verlag.

Webster, David L. (2002), *The Fall of the Ancient Maya. Solving the Mystery of the Maya Collapse*. London, Thames & Hudson.

Webster, David L., Ann Corinne Freter und Nancy Gonlin (2000), *Copán. The Rise and Fall of an Ancient Maya Kingdom*. Fort Worth, Tex., Harcourt College Publishers.

Wheatcroft, Stephen G. und Davies Robert W. (1994 a), »The Crooked Mirror of Soviet Economic Statistics.« In: R. W. Davies (Hrsg.), *The Economic Transformation of the Soviet Union, 1913–1945*. New York, Cambridge University Press.

– (1994 b), »Population.« In: R. W. Davies (Hrsg.), *The Economic Transformation of the Soviet Union, 1913–1945*. New York, Cambridge University Press.

Wiener, Jonathan M. (1978), *Social Origins of the New South. Alabama, 1860–1885*. Baton Rouge, Louisiana State University Press.

Williamson, John (1990), *Latin American Adjustment. How Much Has Happened?* Washington, D.C., Institute for International Economics.

Wilson, Charles (Hrsg.) (1971), *Europa im Spiegel russischer Geschichte, wie Alexander Gerschenkron es sieht*. Köln, Forschungsinstitut für Sozial- u. Wirtschaftsgeschichte an der Universität zu Köln.

Wilson, Francis (2011), *Labour in the South African Gold Mines, 1911–1969*. Cambridge, Cambridge University Press.

Wilson, Woodrow (1919), *Die Neue Freiheit. Ein Aufruf zur Befreiung der edlen Kräfte eines Volkes*. München, G. Müller.

Woodward, C. V. (1981), *The Strange Career of Jim Crow*. New York, Oxford University Press.

Woodward, Ralph L. (1966), *Class Privilege and Economic Development*.

The Consulado de Comercio of Guatemala, 1793–1871. Chapel Hill, University of North Carolina Press.

Wright, Gavin (1978), *The Political Economy of the Cotton South. Households, Markets, and Wealth in the Nineteenth Century.* New York, Norton.

- **(1996)**, *Old South, New South. Revolutions in the Southern Economy Since the Civil War.* Baton Rouge, Louisiana State University Press.

- **(1999)**,»The Civil Rights Movement as Economic History.« In: *Journal of Economic History* 59, 267–289.

Zahedieh, Nuala (2010), *The Capital and the Colonies. London and the Atlantic Economy 1660–1700.* New York, Cambridge University Press.

Zewde, Bahru (2007), *A History of Modern Ethiopia, 1855–1991.* Oxford, Currey.

Zohary, Daniel und Maria Hopf (2000), *Domestication of Plants in the Old World. The Origin and Spread of Cultivated Plants in West Asia, Europe and the Nile Valley.* Oxford, Oxford University Press.

REGISTER

(kursive Seitenzahlen verweisen auf Abbildungen)

Rhodesien 438 f., 478, 483, 538
Rind 82 f. 83, 456 (Rindfleisch)
Río de la Plata 30, 32
Ríos Montt, Efraín 63
Roanake, North Carolina 42, 143
»Robber Barons« 383 ff., 388 ff., 400
Robbins, Lionel 93
Roberts, Richard 254
Robespierre, Maximilien de 348, 431
Rockefeller, John D. 384 f., 389
Römische Republik 203–207, 209, 353
römisches Recht 227, 354
Römisches Reich 130, 134, 196, 209, 210, 211,
213, 215–218, 221 (Weströmisches Reich),
226 ff. Roggen 136
Roh Tae-woo 128
Rolong 481
Rom 202, 205, 209, 212 (Plünderung), 213 f.
Romulus 207
Roosevelt, Franklin D. 390–395, 397 f., 410
Roosevelt, Theodore »Teddy« 95, 385 ff., 389 f.
Rosenkrieg 41, 233, 259
Rote Armee 11
Rote Garden 497
Rothschild, Mayer Amschel 349 f.
Rothschild, Salomon, und Nathan 278
Rotifunk 402
Rotten Boroughs 241, 375 f., 382, 491
Royal African Company 242 f.
Royal Navy 237
Ruanda 411, 512, 518
Rubikon 210
Rüstung, militärische 129 f., 168
RUF (Revolutionary United Front) 443 ff.
Rum-Rebellion 336 f.
Russland 100, 119, 164 f., 225, 267 f., 274,
279–282, 292, 297, 337, 345, 355, 362, 377,
414, 417, 522 f., 537
s. a. Sowjetunion
Ryūkyū-Inseln 356

Saad, Farid 469
Saba-Königin 288
Sachs, Jeffrey 76
Sadat, Anwar 468
Säuglingssterblichkeit 78
Sahagún, Bernardino de 33
Sahara 81, 306, 327
Saint-Just, Louis Antoine de 348, 431
Sakamoto Ryūma 356
Sakrewski, A. A. 281

Salinas, Carlos 64
Salomon (legend. König) 288
Salomonische Dynastie 426 f.
Salwerpe 247
Salz 188, 236
Samaale 292
Sambia 410, 439, 478
Samsung 109
Samuelson, Paul 167
Samurai 355 ff.
San-Volk 146
Sankoh, Foday 443, 445
Sankt Petersburg 268, 282
Sansculotten 348
Santa Ana, Antonio López de 55, 59 f.
Santa Fé de Ralito 449 f., 451
Santiago de los Caballeros (Antigua) 412
São Paulo 534, 536
São Salvador 87, 121 f.
Satcho-Allianz 355
Satsuma 356 f., 359
Saudi-Arabien 73, 89, 223 f., 522
Savoyen 353
Sawiri-Familie 468, 470
Saxton, John Thacker 257
Scânia-Streik 534 f.
Schafzucht 337
Schapera, Isaac 480
Scharia 293
Schießpulver 308
Schiffergilde 252 f.
Schrift 220, 295 ff.
Schulpflicht, allgemeine 381
Schumpeter, Joseph 117
Schwarze 419, 421 f., 424 ff., 441, 488, 490, 491
(Gleichberechtigung), 493 (Wahlrecht), 494
Schwarzer Tod s. Pest
Schwein 82 f., 83, 213 (Fleisch)
Schweiz 353 f., 362
Scipio Africanus, Publius Cornelius 203
Scipio Nasica, Publius Cornelius 203
Sebele (Kwena-Chief) 477 ff., 483
Seide 248 ff.
Seidenstraße 132
Selbstverbrennung 21
Selbstzensur 517
Selim I. (Sultan) 264
Seoul 100
serrata, La 199 ff., 210
Sesshaftigkeit 179 f., 182, 184, 225
Seva Mandir (NGO) 527 f.